Ulrich Sonnemann

Ulrich Sonnemann
Schriften in 10 Bänden
Herausgegeben von Paul Fiebig
Band 1
mit einem Geleitwort von Miriam Ehrenberg
zu Klampen

Ulrich Sonnemann

Graphologie

Handschrift als Spiegel

Irrationalismus im Widerstreit

Erste Auflage 2005

Gestaltung und Satz: Friedrich Forssman
Druck: Quensen Druck und Verlag, Lamspringe/Hildesheim
Printed in Germany
ISBN 3-934920-61-6

Die Schriften Ulrich Sonnemanns werden gefördert
von der Hamburger Stiftung zur Förderung von Wissenschaft und Kultur
und der Ulrich Sonnemann-Gesellschaft.
Die Übersetzungen von ›Handwriting Analysis‹ und ›Existence and Therapy‹
wurden von der Universität Kassel im Rahmen eines Forschungsprojekts
der DFG über die Vorstudien zur ›Negativen Anthropologie‹
von Ulrich Sonnemann ermöglicht, das von Wolfdietrich Schmied-Kowarzik
und Rolf-Peter Warsitz unter Mitarbeit von Claus-Volker Klenke u. a.
durchgeführt wurde.

Um die Sachen in ihrem Real-Zusammenhang erfahrbar zu machen, muß man nach Möglichkeit die Topologie, in der sie gegeben sind, wieder lebendig werden lassen, und das kann man nur, indem man nicht systematisch verfährt, sondern gliedernd, so gliedernd, wie etwa in der Geographie ein Kontinent gegliedert ist.

Wenn ein Gedanke sich dessen annimmt, was ihm wirklich oder scheinbar widerspricht, und dieses bereits in sich aufnimmt, dann kommt ein Satz zustande, dessen syntaktische Ordnung mit seiner rhythmischen auf eine bestimmte Weise – es kann eine widerspruchsvolle Weise sein, es kann eine kongruente Weise sein – übereinstimmt; etwas quasi Gesetzvolles, was nicht anders sein könnte.

Daß ich meine Sätze höre, kommt nicht nur vor, sondern ich kann mir die Schreibtätigkeit anders gar nicht vorstellen. Ich stelle mir alle meine Sätze laut gelesen vor, da gibt's gar keine Ausnahmen.

Natürlich: Lautlesen bedeutet nicht, daß wirklich laut gelesen werden muß, sondern daß man sich das, wofür man, rein instrumentell-technisch, die Augen gar nicht entbehren kann, in sich aufnimmt, sich laut gelesen vorstellt. Was einen Begriff des Vorstellens benötigt, der mit dem, was gewöhnlich damit verbunden wird – und das ist ja die berühmte innere Anschauung – nicht übereinstimmt, sondern darüber hinausgeht in eine ganz andere Sinnesdimension.

Ulrich Sonnemann
Schriften in 10 Bänden
Herausgegeben von Paul Fiebig
Band 1
mit einem Geleitwort von Miriam Ehrenberg
zu Klampen

Mir ging es immer um die Gegenposition zur Hegelschen, die Vernunft entmächtigenden, Ausweitung ihres Begriffs auf ihr eigenes Gegenteil. Wenn das *Ganze* vernünftig ist, bleibt nichts, woran die Vernunft sich abzuarbeiten hätte. Ihre ganze eigene Aufgabe in der Welt, sich mit vielem auseinanderzusetzen, was auf den ersten Blick als irrational erscheint, vielleicht auch wirklich mit Recht dafür gilt, aber auch jedes Recht hat, selber nicht bereits Vernunftträger zu sein, wird verwischt, wo der Begriff der Vernunft sich so maßlos erweitert, daß es am Schluß überhaupt nichts mehr gibt, was ihm nicht subsumiert werden kann; oder dort, wo es nicht erfolgreich subsumiert werden kann, als gleichgültig ad acta gelegt wird.

Ulrich Sonnemann 1990

Geleitwort

Auf Ulrich Sonnemanns nachgerade magische Kräfte als Graphologe wurde ich in den frühen neunzehnhundertfünfziger Jahren aufmerksam, als ich am *College of the City of New York* (das sich heute *City University of New York* nennt) an einem Seminar über projektive Techniken des *Master of Arts*-Programms im Fach Psychologie teilnahm. Geleitet wurde das Seminar von einem Psychiater, Bela Mittelmann, der uns als erstes eine Fallgeschichte eines seiner Patienten präsentierte und anschließend, einmal die Woche, mit dem Protokoll eines projektiven Tests bekanntmachte, dessen *blind analysis* von einem zuständigen Experten durchgeführt wurde. Den ›Thematischen Apperzeptions-Test‹ analysierte Leopold Bellak, der dafür der erste Fachmann war; den Szondi-Test kommentierte Susan Deri, die über ihn das maßgebliche amerikanische Buch geschrieben hatte; den ›Zeichne eine Person‹-Test betreute Karen Machover, Nummer eins auf diesem Gebiet; usw. Die Handschriftenanalyse war Ulrich Sonnemanns Domäne. Von all den graduierten Psychologie-Studenten des Seminars hatte zuvor noch keiner davon gehört, daß es sich bei der Handschriftenanalyse etwa um eine seriöse Angelegenheit handeln könnte; wir waren überrascht, daß sie es überhaupt unter die projektiven Tests geschafft hatte.

Die Analyse der Testprotokolle nun war durchaus bemerkenswert, mal war das Ergebnis mehr, mal weniger erhellend, keine aber erschloß das Wesen des Klienten, wie Mittelmann es vorab skizziert hatte. Als Sonnemann seine Interpretation der Handschriftenproben vortrug, war die Klasse baß erstaunt, niemand wollte ihm so recht glauben, daß er keine Vorkenntnisse über den betreffenden Klienten gehabt habe. Über seine außergewöhnlich weitreichende, lebendige Beschreibung der Persönlichkeit des Klienten hinaus ging Sonnemann ins genaue Detail, was die Belastungen auf dessen beruflicher Laufbahn und was dessen physische Kondition betraf. Beispiels- und korrekterweise hob er auf die Musikalität eines Klienten ab, bezeichnete ihn als »ausübenden Musiker«, verbesserte sich dann aber und sagte: »Nein, er ist zwar ausübender Musiker, in Wirklichkeit aber will er komponieren, er ist nur blockiert, er hat sich *zum Trost* aufs Instrumentale verlegt.« Sie werden es sich bereits gedacht haben, daß genau das der Konflikt war, unter dem dieser Klient litt. Ein anderes erstaunliches Detail, das Sonnemann aus einer Handschriftenprobe herauslas, kam in der Bemerkung zum Ausdruck, der Klient habe ein Geschwür im Verdauungstrakt, doch schon verbesserte er sich wieder: »Nein, ein Magengeschwür«, und erneut hatte er den Finger auf ein Hauptproblem gelegt.

Fasziniert von Ulrich Sonnemanns glänzenden Einsichten, folgte ich ihm an seine Unterrichtsstätte, die *Graduate Faculty* der New Yorker *New School for Social Research* (der heutigen *New School University*), wo ich mehr über Graphologie lernen und mein Graduiertenstudium unter seiner Mentorschaft fortsetzen konnte. Sonnemann hielt an der *New School* ein einjähriges Graphologie-Seminar ab, bei welchem er seinen Studenten durchaus eine gewisse Befähigung zum Handschriftenlesen vermitteln konnte, wenn auch keiner von uns seinem Genie auch nur nahekam. Das Unterrichtsmaterial bestand aus Schriftproben, die die Studenten aus ihrem Bekanntenkreis mitbrachten: die Klasse analysierte sie, Sonnemann verbesserte und erweiterte unsere Ergebnisse, und regelmäßig wurde das, was *er* herauslas, von denjenigen bestätigt, die uns die entsprechenden Handschriftenproben zur Verfügung gestellt hatten. Als Sonnemann die *New School* verließ, organisierte eine kleine Gruppe von Studenten ein privates Seminar mit ihm, um unsere Graphologie-Studien weiterzutreiben. Es traf sich gut, daß wir eine Mitstudentin hatten, deren Ehemann als Henry James-Biograph angesehen und überhaupt ein *Homme de lettre* war. Er versorgte uns mit Handschriftenproben etlicher literarischer Tagesgrößen, ohne deren Identität zu enthüllen, ehe wir mit unseren Analysen fertig waren. Stets wieder – wir erwarteten es längst nicht mehr anders – zeigte Sonnemann sich zielsicher in der Lage, eine Beschreibung sowohl der offensichtlichen wie versteckten Persönlichkeitszüge des Schreibers als auch von dessen Lebenskonflikten und gesundheitlichen Problemen zu liefern.

Ansonsten übernahm Sonnemann während seiner Zeit in den Vereinigten Staaten Handschriftenanalyse-Aufträge insbesondere für *Vick Chemical Company* und für die *Metropolitan Life Insurance*. Erstere wollte geklärt wissen, ob die Handschrift sinnvollerweise bei der Personalauswahl eingesetzt werden könnte. Obwohl die Untersuchungen rundum erfolgreich waren, indem sie den Beweis lieferten, daß auf diesem Wege präzise Angaben über künftige wie derzeitige Angestellte beizubringen sind, fügte *Vick*, meines Wissens, die Handschriftenanalyse ihrem Kriterienkatalog für die Personalauswahl nicht, jedenfalls nicht auf Dauer hinzu. Die Untersuchungen für die *Metropolitan Life Insurance* hatten mit dem Herauspicken von Leuten zu tun, die ein Versicherungs-Risiko darstellten, weil bei ihnen ein Herzleiden oder Krebs zu erwarten war. Sonnemanns Aufgabe bestand darin,

Stöße von Handschriftenproben derzeit wie ehedem versicherter Personen mit nur ihm nicht bekannten Krankengeschichten in solche, die ernsthaft und lebensbedrohlich krank, und solche, die gesund waren, auseinander zu sortieren. Auch diese Untersuchungen blieben, wiewohl in hohem Maße erfolgreich, folgenlos für die praktische Anwendung der Graphologie. Da die Untersuchungen privatfinanziert waren, wurden die Berichte nie in vollem Umfang in den wissenschaftlichen Zeitschriften veröffentlicht, sodaß sich am Negativ-Image der Handschriftenanalyse und ihres Nutzens in den Vereinigten Staaten bis heute so gut wie nichts geändert hat.

Mir war es möglich, etliche Personen für eine Diagnose an Ulrich Sonnemann zu verweisen, und immer gelang es ihm, in Auswertung der Handschriften aufsehenerregend genaue Personencharakterisierungen und im übrigen einschneidende Befunde zu liefern, derer die Schreiber nicht gewärtig gewesen waren. Einer der Fälle, die mir im Gedächtnis geblieben sind, war der eines Installateurs, der Hilfe suchte, weil er mit einem Male zu einem ängstlichen und deprimierten Menschen geworden war. Ohne über den Schreiber mehr zu wissen als wie alt, welchen Geschlechts und ob er Rechts- oder Linkshänder war, sagte Sonnemann, es treibe ihn eine große Sorge um seine, wörtlich, »interne Installation« um – was später als Störung im Magen-Darm-Trakt verifiziert wurde. Eine andere Handschriftenprobe identifizierte er zutreffend als die eines Architekten, der zwischen der Architektur und dem Wunsch nach einer Musikerlaufbahn hin- und hergerissen war. Überdies lehrte er mich, den Schriftzügen Hautstörungen abzulesen, wie sie sich in Form von Ausschlägen bemerkbar machten, bei Klienten, die buchstäblich zu dünnhäutig waren und übersensibel reagierten auf die Schwingungen der Personen in ihrer Umgebung. Einer derjenigen, die ich an Sonnemann für eine Handschriftenanalyse vermittelte, ein Unternehmensanwalt, war von den Ergebnissen derart beeindruckt, daß er, mit Sonnemann als Direktor, ein Graphologie-Institut errichten wollte, damit sich die Handschriftenanalyse in unserem Lande endlich weiter verbreiten könnte. Das Projekt gedieh immerhin bis zur Registrierung des Namens, unter dem das Institut an die Öffentlichkeit treten wollte, beim Staate New York, das war es dann aber auch schon.

Übrigens war Sonnemanns in seiner amerikanischen Zeit geschriebenes Buch ›Handwriting Analysis‹ der Basistext unseres Kursus. Der amerikanischen Leserschaft geradezu entgegen kam Sonnemanns Art zu schreiben nicht, sodaß sich das Buch, trotz seiner mehreren Auflagen, allemal nicht weit genug verbreitete. Traurigerweise steht man in den Vereinigten Staaten der Handschriftenanalyse nach wie vor mit großer Skepsis gegenüber. Die meisten Psychologen betrachten sie abschätzig als Gesellschaftsspiel oder als projektive Technik ohne sonderlichen Wert. Sie tun gerade so, als hätte sich das jemand aus den Fingern gesogen, daß in der Handschrift als einer Ausdrucksbewegung der Person deren ganze Fülle eben zum Ausdruck kommt im Augenblick des Schreibens. Die meisten unserer grundlegenden Psychologielehrbücher halten es schlicht für nicht angebracht, die Handschriftenanalyse in ihre Darstellung projektiver Techniken oder diagnostischer Hilfsmittel einzubeziehen. Die den klinischen Tests gewidmeten Lehrbücher ignorieren oder verwerfen die Handschrift gleicherweise. Graphologie wird genauso behandelt wie alles andere mit paranormalen Erfahrungen in Zusammenhang Stehende – man betrachtet sie als ein Phänomen, das im Umkreis wissenschaftlichen Arbeitens nichts zu suchen hat. Und so bleibt das Schreiben über Graphologie – unwert einer jeglichen akademischen Bemühung – denen überlassen, welche die bunten Seiten der Tagespresse beliefern.

Einiges kommt da zusammen bei dieser Blindheit seitens der amerikanischen Psychologen. Unberücksichtigt blieb bereits, daß, mit Sonnemann zu sprechen, die Aufmerksamkeit am Offensichtlichen immer schon vorbeischweift: so selbstverständlich, wie wir den Boden nehmen, auf dem wir stehen, interessiert uns an den Schriftzügen zuerst und zuletzt der mitgeteilte Inhalt, kaum aber die Person, die sich in ihnen offenbart. Unglücklicherweise waren die bei dem Versuch einer *wissenschaftlichen* Erforschung der Handschrift angewandten Methoden alles andere als wissenschaftlich. Immer – Sonnemann wurde nicht müde darauf hinzuweisen – müssen Untersuchung und Gegenstand aufeinander bezogen sein, nie darf sich die Untersuchung, wie in der Handschriftenforschung geschehen, von der in *diesem* Sinne wissenschaftlichen Methode entfernen. Die Handschrift aber, die ihre Bedeutung dann am besten zu erkennen gibt, wenn sie als Ganzes in den Blick genommen wird, zerfiel in ihre Bestandteile; soll heißen: die »Zeichen«-Methode wurde über die Handschriftenanalyse verhängt – man nahm *t*-Striche, *i*-Punkte, Neigung, Größe und derlei mehr unter die Lupe, ließ den Zusammenhang unter den Tisch fallen und die Zeichen damit bedeutungslos werden. So wenig ein »Aussenden und Empfangen« von Gedanken und Bildern in künstlich erzeugter Laborsituation mit spontaner telepathischer Erfahrung zu vergleichen ist, so untauglich ist der Versuch, bestimmte Zeichen in der Handschrift zu Persönlichkeitszügen in Beziehung zu setzen, gemessen am Vertiefen in die Person als ganzer, wie sie eine jede Handschriftenprobe uns vor Augen stellt. Wir sollten, Sonnemann folgend, »die Phänomene selber zum Sprechen bringen«, statt sie in bedeutungsleere Fragmente zu zersplittern. Im Namen von Rationalität und Wissenschaftlichkeit rückte die Psychologie in den Vereinigten Staaten irrationalerweise von menschlichen Erfahrungen ab, bloß weil sie ihr unbegreiflich waren.

Leider konnte Ulrich Sonnemann seine schier unheimliche Fähigkeit niemandem vererben, was womöglich auch der Schreibweise seines Buches geschuldet ist, gewiß aber und zuerst unserem Mangel an der in seiner Person lebendigen bemerkenswerten Einfühlsamkeit in die Nuancen der Schreibspur.

Miriam Ehrenberg New York, im Februar 2004

Aus dem Englischen von Paul Fiebig

Erste Abteilung: Graphologie

Handschriftenanalyse im Dienste der Psychodiagnostik

Eine Darstellung der allgemeinen und klinischen Graphologie

Aus dem Englischen von Claus-Volker Klenke

I. Einleitung

Wesen und Absicht der Graphologie. Geschichte und Grundannahmen

Daß etwas so »Persönliches« wie die Handschrift uns etwas über den Charakter, das Temperament und die geistige Verfassung einer Person sagen kann, ist eine simple und beinahe selbstverständliche Erwartung. Schon lange, bevor eine irgend systematische Erforschung der Handschriftenpsychologie aufgenommen wurde, war sensiblen Beobachtern des menschlichen Verhaltens, unabhängig voneinander, aufgefallen, daß die Handschrift verschiedener Personen dauerhaft und unausweichlich ein Kennzeichen von deren Individualität darstellt. Das wirft eine interessante Frage auf. Gewiß verzeichnen wir gegenwärtig in diesem Lande unter professionellen Psychologen ein wiedererwachendes Interesse an dem, was sich psychologisch durch die Handschrift mitteilt, warum aber erhielt sie, zumindest in Amerika (die Entwicklung in Europa nahm einen ganz anderen Verlauf), nicht schon lange vor unserer Zeit den ihr angemessenen Platz in der Persönlichkeitsforschung? Warum blieb zu einer Zeit, als in Europa für Psychologiestudenten das Studium von Klages' grundlegenden Büchern zu diesem Gegenstand verpflichtend geworden war, die Handschriftenanalyse hierzulande fast ausschließlich den »Quacksalbern« überlassen – um von diesen dann je nach Absicht und Verständnis zurechtgemodelt zu werden? Lassen Sie uns diese Fragen an geeigneter Stelle wieder aufnehmen, nachdem wir zuvor erkundet haben, was Handschriftenanalyse ist und will und welche Vor- und Grundannahmen ihrem so kniffelig verästelten Apparat zugrunde liegen.

Aus dem Blickwinkel der psychologischen Forschung bietet die Handschrift sich für zwei verschiedene, scharf zu trennende Ziele an. Das eine ist ihre Verwendung zu psychodiagnostischen Zwecken, das andere die zu Zwecken der Identifikation. Auch wenn es sich vom Material her in einigen Untersuchungsbereichen mit unserem Gegenstand überschneidet, fällt das letztgenannte Ziel nicht in den Rahmen dieser Studie, die sich auf die Graphologie im eigentlichen Sinne, nämlich die psychologische Handschriftenanalyse zum Zwecke der Erforschung und Beschreibung der Persönlichkeit beschränkt.

Gegenwärtig kann man bei den Graphologen, je nach ihren Denk- und Herangehensweisen bei der Verfolgung ihrer dergestalt definierten Zielsetzung, drei Gruppen unterscheiden.

Die eine unternimmt einen bloß intuitiven und impressionistischen Versuch, angesichts einer vorliegenden Handschriftenprobe und mittels einer sich auf die visuelle Erfahrung ihrer Ausdrucksqualitäten insgesamt stützenden Einfühlung sich selbst mit deren Urheber zu identifizieren und dadurch Einsicht in dessen Charakter zu gewinnen. Zwar erweist sich die in solch einem Verfahren implizierte Haltung einer wachsamen und doch unvoreingenommenen Aufmerksamkeit für Gesamteigenschaften des visuellen Musters als unabdingbar für einen graphologischen Erfolg mit gleich welcher Methode, doch ist der rein intuitive Zugang, da er keinerlei systematische Kontrollen einschließt, subjektivistisch bis hin zu möglicher Willkür; zumindest also ist er unzuverlässig.

Ein zweiter, in jüngerer Zeit aufgekommener Ansatz stützt sich in starkem Maße auf die statistische Methode, nicht als ein Hilfsmittel für die endgültige Validierung der graphologischen Persönlichkeitsbilder, sondern als einen am Aufbau des grapho-analytischen Systems selbst mitwirkenden Faktor. Das Konzept der Korrelationen zwischen bestimmten psychologischen Trends und Zügen der Handschrift wird, zwecks Überprüfung, einer statistischen Analyse des gehäuften Auftretens quantitativer Verstärkungen und Verminderungen solcher Züge unterzogen, und die Ergebnisse vergleicht man dann mit auf die fragliche Gruppe zutreffenden sozialen, psychologischen und klinischen Indikatoren. Dieser Ansatz wurde bisher selten praktisch angewandt. Aus Gründen, die im methodologischen Teil dieser Studie diskutiert werden, dürfte er kaum adäquater sein als der erstgenannte.

Die dritte Methode – die, die wir hier entwickeln werden – ist die Frucht vieler Jahrzehnte systematischer Untersuchung der Handschriftenanalyse, die in Europa von Ludwig Klages und einigen seiner Schüler sowie unmittelbareren Vorläufern betrieben wurde. Diese vom graphologischen Dilettantismus vor ihrer Zeit so klar unterschiedene Untersuchung gründete auf einer Erforschung der Ausdrucksbewegungen im allgemeinen. Was sind Ausdrucksbewegungen? Um die Leistungen von Klages zu erfassen, müssen wir einen ersten Blick auf diesen äußerst grundlegenden und entscheidenden Begriff werfen.

In einem weiter gefaßten Sinne können alle von einem beliebigen Organismus wann und wo immer ausgeführten Bewegungen aus dem einfachen Grund solche des Ausdrucks genannt werden, daß die jeweilige Art und Weise ihrer Ausführung, auch wenn der Zweck und die äußeren Umstände der Bewegung »konstant« sind, nicht nur von individuellem Organismus zu individuellem Organismus, sondern auch innerhalb des Rahmens der Aktivität eines einzelnen Organismus' von einem Auftreten der Bewegung zum anderen variiert. Da seitens eines Organismus' biologisch keine mathematisch genaue automatische Wiederholung ein- und derselben Bewegung möglich ist, kann das Element der Einzigartigkeit in jeder Bewegung weder ihrem Zweck noch ihren äußeren Umständen, sondern nur einem strukturellen Prinzip innerhalb des Organismus, das in genau dieser Einzigartigkeit sich ausdrückt, zugeschrieben werden. Insoweit die Bewegungen eines Organismus im Vergleich zu denen eines anderen allesamt einzigartig sind – insoweit sie durch Analogien struktureller Merkmale verbunden sind –, spiegelt diese globale Einzigartigkeit ihrerseits die Individualität des Organismus als ganzem wider; insofern die Bewegungen des Organismus sich voneinander unterscheiden, spiegelt die Einzigartigkeit einer jeden von ihnen den je besonderen Zustand des Organismus innerhalb des gesamten zeitlichen Spielraums seiner Individualität wider. Je bestimmter dieser temporale Zustand, d. h. je ausgeprägter die Ausdruckskraft der Bewegung ist, desto leichter wird sie von anderen, die sie beobachten, verstanden werden: Der mimische Ausdruck des Schreckens z. B. vermittelt die Erfahrung des Schreckens mit solcher Überzeugungskraft, daß kein Zweifel darüber bestehen kann, was er meint. Diese Überzeugungskraft kann nicht aus vorausgehenden Erfahrungen seitens des Beobachters mit dem Gesichtsausdruck des Schreckens erklärt werden, da aus dem Axiom der Einzigartigkeit jeder Ausdrucksbewegung folgt, daß solche vorausgehenden Erfahrungen streng genommen nicht stattgefunden haben können; Assoziationen seitens des Beobachters mit vorausgehenden Erfahrungen mit dem Gesichtsausdruck des Schreckens können somit nur nachträglich, aufgrund einer Ähnlichkeit, gemacht werden; Ähnlichkeiten wiederum können erst gesehen werden, nachdem zuvor die ähnlichen Dinge »gesehen«, d. h. in ihrer Ganzheit und Einzigartigkeit erfahren worden sind, ohne welche es folglich keine Basis für spontane Assoziationen mit vorausgehenden Erfahrungen geben kann.

Daraus ergibt sich die Annahme, daß das Element der Ausdruckskraft, d. h. der Bedeutung, in organismischen Bewegungen einen zentralen vereinheitlichenden Faktor darstellt, der die Bewegung als das Ganze, welches vom Beobachter erfahren wird, »organisiert«, und daß der Beobachter zu dieser Erfahrung dadurch befähigt wird, daß es in ihm ein zentrales vereinheitlichendes Prinzip gibt, das potentiell mit demjenigen – zu ihm »isomorphen« – korrespondiert, das die Bewegung organisiert. Diese Annahme, einer der grundlegenden Lehrsätze der Gestaltpsychologie, liegt gleichermaßen der in diesem Buch vorgestellten graphologischen Methode wie der Theorie der Ausdrucksbewegungen überhaupt zugrunde. Das Beispiel, das gewählt wurde, um sie zu illustrieren, war absichtlich ein ziemlich plattes: Der Gesichtsausdruck des Schreckens ist etwas, dessen Sinn jedermann im Alltag versteht, ohne dazu Ausdrucksbewegungen studiert haben zu müssen. Die Bedeutung einer bestimmten individuellen »Geste« in der Handschrift einer Person zu verstehen gehört zu genau der gleichen Art von Erfahrungen wie das angeführte Beispiel. Der Unterschied zwischen ihnen ist ein gradueller, kein prinzipieller: Um graphische Bewegung psychologisch einschätzen zu können, bedarf es eines höheren Grades an Sensibilität für visuelle Muster, als wir sie im Alltagsleben brauchen. Das zweite Erfordernis – die Notwendigkeit geordneten Denkens, um die gemachten Beobachtungen zu organisieren und sie mit größtmöglichem Gewinn zu verwenden – unterscheidet die Graphologie nicht von anderen wissenschaftlichen Unternehmungen.

Auch wenn die wissenschaftliche Graphologie ihre Existenz ohne Frage Klages verdankt, so ist er doch selbst einer Reihe von Vorgängern verpflichtet, die um nahezu fünfzig Jahre ins neunzehnte Jahrhundert zurückreicht. Abgesehen von vereinzelten Andeutungen wie spontanen Beschreibungen von Handschriften zur Charakterisierung einer bestimmten Persönlichkeit, die sich durch alle Jahrhunderte und Nationalliteraturen verstreut finden, entstand die Graphologie als systematische Forschungsrichtung, als Jean-Hippolyte Michon 1875 sein ›Système de Graphologie‹ veröffentlichte, das Ergebnis einer jahrzehntelangen vergleichenden Forschung, die auf Briefen, die Michon erhalten hatte, und auf seiner Bekanntschaft mit den Briefschreibern beruhte.

Was Michon – und nach ihm sein systematischer arbeitender, aber weniger talentierter Schüler Jules Crépieux-Jamin – begründeten, war die sogenannte Graphologie der Zeichen, die nach der Zeit dieser beiden Franzosen zu jener Art Graphologie degenerierte, wie sie noch heute von vielen Amateuren und Scharlatanen in diesem Bereich praktiziert wird, obwohl man auch sagen könnte, daß der typische amateurhafte Ansatz gegenwärtig eher noch eine inkonsistente Vermischung der »Graphologie der Zeichen« mit dem in diesem Kapitel beschriebenen völlig unsystematischen Zugriff auf die Handschrift geworden zu sein scheint. Für Michon repräsentieren bestimmte isolierte Haken, Schleifen, Überschneidungen usw. bestimmte Charaktereigenschaften, und der Charakter selbst galt ihm als die Summe dieser

Eigenschaften. Dank seiner bemerkenswerten persönlichen Beobachtungs- und Kombinationskraft sind Michons Entdeckungen keineswegs unterzubewerten, sein »système« aber erwies sich, nachdem es ihm einmal aus den Händen genommen war, als dermaßen inadäquat, daß es jenes allgemeine Urteil hervorrief, das die psychologische Untersuchung der Handschrift als zwangsläufig unwissenschaftlich abwertete – eine Ansicht, die sich in diesem Land im Grundsatz bis heute erhalten hat. Ihre wesentlich frühere Überwindung in Europa verdankte sich sowohl der enormen Verfeinerungs- und Systematisierungsarbeit, die die führenden Experten in diesem Feld vollbracht hatten, als auch den neuen Denkschulen, die in Europa etwa zur Zeit des Ersten Weltkriegs eine führende Rolle in der akademischen Psychologie selbst erlangten.

Von Michons Entdeckungen angeregt, fand diese Entwicklung in erster Linie in Deutschland statt, wo Wilhelm Langenbruch, Hans H. Busse, Albrecht Erlenmeyer und Wilhelm Preyer zu ihren einflußreichsten Beförderern wurden. Preyers ›Psychologie des Schreibens‹ von 1895 stellte, seinem Titel zum Trotz, noch keinen Fortschritt der psychologischen Begriffe dar, unternahm aber zum ersten Mal eine methodische Analyse der Eigenschaften und Bestandteile der graphischen Bewegung. Von da an und angeregt durch graphologische Periodika, die in Deutschland gegründet wurden, beschleunigte sich die Entwicklung. Georg Meyers ›Die wissenschaftlichen Grundlagen der Graphologie‹, wie die meisten hier genannten Werke nie ins Englische übersetzt, war die erste Annäherung an die Handschriftenanalyse durch einen professionellen Psychologen. Meyers Buch ist extrem konservativ und befaßt sich mehr damit, die theoretische Möglichkeit zu demonstrieren, eine wissenschaftliche Graphologie zu entwickeln, als daß es das wirklich täte; es überwindet die naive Spezifizität von Michons Interpretationen, ersetzt sie durch allgemeinere Begriffe, versäumt es dann aber, den Weg zu jener kritischen Eigenheit zu zeigen, die nach ihm von dem Philosophen und Psychologen Ludwig Klages erreicht wurde.

Alle heutige Graphologie mit irgendeinem Anspruch, als psychologisches Instrument zu dienen, verdankt sich Klages, der als erster eine allgemeine Theorie des Ausdrucks formuliert hat. Seine wesentlichen graphologischen Werke – ›Die Probleme der Graphologie‹, 1910, ›Handschrift und Charakter‹ (das bedeutendste), 1917, ›Ausdrucksbewegung und Gestaltungskraft‹, 1923, ›Prinzipien der Charakterkunde‹, 1928, und ›Graphologisches Lesebuch‹, 1930 – regten nicht nur viele professionelle Psychologen zur Handschriftenforschung an, sondern erwirkten auch die Hochschulwürde für die Graphologie und veranlaßten Schulen, Krankenhäuser, Beratungsbüros, Geschäftsbetriebe und Gerichte, für ihre unterschiedlichen Zwecke graphologische Unterstützung in Anspruch zu nehmen. Neben Klages wurde das meiste an herausragenderer moderner Arbeit geleistet von Robert Saudek, dessen Werke, mit Ausnahme einer Abhandlung über die amerikanische Handschrift, ins Englische übersetzt wurden; von Max Pulver – ›Symbolik der Handschrift‹, 1931, ›Trieb und Verbrechen in der Handschrift‹, 1934, beide unübersetzt –, der Begriffe analytischer Herkunft in das Feld einführte; von Minna Becker, die 1926 ein exzellentes Buch über Kinderhandschrift schrieb; von Roda Wieser, die ebenfalls über die graphischen Erzeugnisse von Kriminellen geschrieben hat; und von Johannes Walther, der sich insbesondere in der Analyse der Bindungsformen hervortat. Hierzulande haben Joseph Zubins und Thea Stein-Lewinsons Monographie, die die statistische Analyse einzelner graphischer Züge, wie sie zuvor in diesem Kapitel erwähnt wurden, entwarf, und Werner Wolffs mehr analytisch beeinflußte Arbeiten auf unterschiedliche Weise die von Klages' Schule gelieferten Vorgaben aufgenommen.

Heute noch zieht sich der Einfluß von Klages' Schule durch den gesamten Bereich graphologischer Arbeit und Forschung. Zu einem beträchtlichen Teil dürfte dies nicht nur den meisten hier genannten Arbeiten als Verdienst angerechnet werden, sondern zugleich auch deren Unzulänglichkeiten erklären. Der wachsende Einfluß, den die Gestalt-Schule in den letzten zwanzig Jahren auf die europäische Psychologie ausgeübt hat, ebnete den Weg für eine verständige Aufnahme der Graphologie auf seiten von Colleges und Universitäten, aber obwohl er dieser Schule in manchen Aspekten seines Denkens sehr nahestand, war Klages ihr in anderen doch zu fern, um seine Theorie über gewisse Grenzen hinaus zu entwickeln. Diese Grenzen, die hauptsächlich aus seiner – hoch dogmatischen – philosophischen Theorie des Bewußtseins als notwendig störendem Faktor im Zusammenspiel der Lebenskräfte im Menschen herrührten, führten zu einer Vereinfachung seines Begriffs des graphischen Rhythmus', der zu grob war, ihn die grundlegende Differenz zwischen integrierten und desintegrierten Zuständen der Persönlichkeit als in der Handschrift reflektiert verstehen zu lassen. Sein graphologisches System erwies sich in der Konsequenz als für psychodiagnostische Zwecke derart unzureichend, daß es eine Revision einiger seiner entscheidendsten – zugleich aber verzerrtesten – Begriffe durch den Verfasser erforderte. Im vorliegenden Buch ist diese Revision im Kapitel über Rhythmus und Regelmaß, Integration und Fluktuation formuliert. Zur Anwendung kommt sie sowohl im systematischen Teil, der es unternimmt, die Struktur der Bewertungsebenen neu aufzubauen, als auch in den klinischen Kapiteln, die, auch wenn sie nur vorläufige Befunde vorlegen, die Früchte langjähriger Beobachtung und Erfahrung auf diesem Gebiet sind.

Die Probleme der Persönlichkeitspsychologie und die Theorie der Ausdrucksbewegung

Die Bedeutung aller Ausdrucksbewegungen als relevanter Charakterindikatoren wurde schon zuvor in unserer Diskussion berührt. Hinsichtlich einiger seiner spezifischen Aspekte impliziert das Konzept der »Isomorphismen« oder Analogien von Systemeigenschaften die Existenz gesetzmäßiger, bedeutungsvoller und notwendiger Verbindungen zwischen der psychologischen Verfaßtheit einer Person und ihren Formen des Verhaltens; diese Verbindungen schienen den Verhaltensformen eine morphologische und ästhetische Einheit zuzuschreiben, recht ähnlich nicht nur der Formeinheit in individuellen Organismen, sondern auch denen des »Stils« in künstlerischen Schöpfungen, der Denk- und Kultur-»Muster« in sozialen und ethnologischen Entitäten und vieler anderer auf diese Bereiche bezogener »physiognomischer« Phänomene. Persönlichkeit fungiert diesem Konzept zufolge als ein konfiguratives Ganzes, das in der Dimension der Zeit ausgedehnt ist, innerhalb dessen aber die Teile in erster Linie nicht durch ihre Abfolge in der Zeit bestimmt sind (kausative Determination) und auch nicht durch irgendwelche anderen unmittelbar wechselseitigen Beziehungen zwischen zweien von ihnen; ebensowenig gibt es das kontinuierliche Wirken eines zugrundeliegenden gemeinsamen Prinzips der Systemaktivität, auf das die individuellen Verhaltenstatbestände (in ihren physiologischen wie psychologischen Aspekten) zurückgeführt werden können und, um verstanden zu werden, auch müssen. Ein Prinzip der Systemaktivität wie jenes, das den organismischen Gesamtprozeß regelt, ist nicht die Gesamtmenge mehrerer Zwei-Faktoren-Beziehungen, sondern stellt eine grundsätzlich andere logische Kategorie dar: In Zwei-Faktoren-Beziehungen und ihren Aggregaten sind die Relata, und zwar beide, unabhängig von der Dimension ihrer Verteilung; in Systemen dagegen sind die Komponenten stets das, was immer ihre Position im System sie zu sein bestimmt; ihre Verteilungsdimension wird somit selbst konstitutiv für das System. Zwei-Faktoren-Beziehungen und ihre Aggregate kommen zwar in der Tätigkeit des Organischen vor, sie betreffen jedoch nie den gesamten Organismus; vielmehr müssen sie als besondere und äußerst vereinfachte Manifestationen eines Prinzips von Systemaktivität verstanden werden, das relativ unabhängig von demjenigen ist, das den organismischen Gesamtprozeß regiert und das sich auf seine zeitliche Dimension beschränkt. Betrachtet man diesen Prozeß als ganzen und folgt man Andras Angyal (›Foundations for a Science of Personality‹), der wesentlich an der Entwicklung dieser Kategorien beteiligt war, lassen sich drei Hauptdimensionen des Funktionierens der Persönlichkeit unterscheiden.

1. Eine Fortschrittsdimension, in der Persönlichkeitsfunktionen nach dem Gesetz der Finalität, das ihrer zeitlichen Ordnung in der bewußten Verfolgung von Zielen zugrunde liegt, bestimmt sind.
2. Eine Tiefendimension, in der Persönlichkeitsfunktionen nach den unbewußten Bedürfnissen des Organismus, denen sie entsprechen, bestimmt sind.
3. Eine transversale Dimension, in der Persönlichkeitsfunktionen nach der Ordnung ihrer wechselseitigen Koordinierung bestimmt sind.

Im Bereich der Ausdrucksbewegungen wird die Fortschrittsdimension durch das Maß an Aufwands- und Richtungskonsistenz repräsentiert; die Tiefendimension durch das Maß an Impulsentbindung; die transversale Dimension durch das Maß an rhythmischer Integration. Sowohl Impulsentbindung als auch rhythmische Integration sind Funktionen, deren Operationen dazu neigen, der bewußten Kontrolle der Person zu entgleiten; Aufwands- und Richtungskonsistenz tun dies in geringerem Maße, können aber nur auf Kosten von Impulsentbindung und rhythmischer Integration bewußt manipuliert werden, eine Tatsache, die einen einfachen Nachweis solcher Manipulationen gestattet. Ausdrucksbewegungen sind, in anderen Worten, umso aussagekräftiger und tatsächlich ausdrucksvoller, je weniger sich ein Individuum ihrer Ausdrucksqualitäten bei der Ausführung bewußt ist. Vor allem aus diesem Grund ist die Handschrift ein System von Ausdrucksbewegungen von besonderem psychologischem Wert: Zwar ist der Schreiber der von ihm verwendeten Schulschrift-Muster durchaus gewahr und konzentriert sich bewußt auf den Inhalt, den er mit seinem Schreiben vermitteln will, kaum jedoch ist er der Art und Weise inne, in der er das Muster individuell verändert, und im allgemeinen überhaupt nicht, was solche Veränderungen bedeuten mögen. Wie dunkel sein Bewußtsein von »seiner« Handschrift ohnehin sein mag, es schwindet in dem Maße, wie die Inhalte seines Schreibens seine Gedanken in Anspruch nehmen und seine emotionalen Impulse hervorrufen und absorbieren.

Diese besondere Natur der Bewegungsimpulse postuliert allem Anschein nach eines der fundamentalsten Gesetze des Ausdrucks: Ihre »zwingende« Kraft hinsichtlich sowohl der Wucht als auch der Richtungskonsistenz steigt und sinkt reziprok zur introspektiven Aufmerksamkeit, die das Bewußtsein des Schreibers – das im Maß dieser Aufmerksamkeit von seinen äußeren Absichten unabsorbiert bleibt – diesen zuwendet und damit von seinen eigentlichen – spontaneitätsweckenden – Zielen ablenkt. Das ist der Grund, warum unter den verschiedenen Typen von Handschriftenproben Briefe und Manuskripte gegenüber Abschriften vorgegebener Texte und – mehr noch – gegenüber jeglichen im Bewußtsein einer darauffolgenden graphologischen Auswertung produzierten Proben für die psychologische Analyse generell vorzuziehen sind.

Hinsichtlich der in Ausdrucksbewegungen *spontan* angestrebten Ziele sollte wiederum das Ausdrucksziel, dessen der Organismus, was das Ausmaß der Bestrebung angeht, nicht gewahr ist, vom bewußten Zweck der Bewegung unterschieden werden. Bei der Handschrift ist dieser bewußte Zweck durch die Aufgabe determiniert, bestimmte Briefe, Wörter, Sätze und ganze Texte graphisch auszuführen; das Ausdrucksziel hingegen durch die innere Erfahrung des Schreibenden bei der Ausführung dieser Aufgabe. Daraus folgt, daß in Ausdrucksbewegungen im Sinne der gesamten organismischen Erfahrung offenbar Ziele der folgenden zwei allgemeinen Kategorien gleichzeitig wirksam sind: Erstens das *zweckhafte* Ziel der Bewegung, das den Verhaltensaspekt in der Fortschrittsdimension der Persönlichkeit bestimmt; zweitens das *ausdruckshafte* Ziel der Bewegung, das den Verhaltensaspekt in der Tiefendimension der Persönlichkeit bestimmt.

Zusätzlich kann durch die von der Umlenkung bewußter Aufmerksamkeit auf das Selbst bewirkte Impulshemmung eine dritte, nur potentiell wirksame, allgemeine Kategorie des Strebens erzeugt werden. In Übereinstimmung mit dem oben aufgestellten Ausdrucksgesetz scheint sie aus einem Konflikt zwischen dem zweckhaften und dem ausdruckshaften Ziel der Handlung zu resultieren und das Funktionieren der Persönlichkeit in der transversalen Dimension, der der Koordination, zu beeinflussen.

Um die Dichotomie von zweckhaften und ausdruckshaften Zielen zu illustrieren, können Alltagsbeispiele von Bewegungen von Nutzen sein, die stark von einem der beiden auf Kosten des anderen geprägt sind. Die hoch mechanisierten Bewegungen eines an einem Fließband beschäftigten Arbeiters sind durch zweckhafte Ziele in einem Ausmaß bestimmt, das ihre ausdruckshafte Zielgerichtetheit sicherlich vernachlässigbar, wenn auch keineswegs nichtexistent macht; die spontane Schreckgeste, mit der er von seinem Gesicht eine Gefahr abwehrt, die gar nicht seiner Person droht, mit der er vielmehr auf den Anblick eines Unfalls reagiert, der einem anderen, entfernter Arbeitenden zustößt, ist durch seine innere Erfahrung in einem Ausmaß bestimmt, das wiederum die zweckhafte Zielgerichtetheit der Geste zumindest vernachlässigbar macht.

Während sich in beiden Fällen in extremem Maße die Vorherrschaft einer Art von Zielgerichtetheit findet, sind die meisten alltäglichen Handlungen hinsichtlich der zweck- und ausdruckshaften Ziele, denen sie dienen, weit ausgeglichener. Dazu stimmt, daß einer der größten praktischen Vorteile, den die graphische Bewegung der psychologischen Analyse bietet, in ihrer kombinierten und ziemlich gleichen Empfänglichkeit für Ziele beider allgemeinen Kategorien besteht. Über ihre relativ enge Analogie mit der vorherrschenden Struktur der meisten Lebenssituationen hinaus scheint dies auch eine reichliche und wohlgeordnete Versorgung mit psychologischen Indikatoren zu erleichtern. Im Unterschied zu anderen Ausdrucksbewegungen bietet die Handschrift dem Beobachter eine fixierte Aufzeichnung, eine praktische und leicht verfügbare Spur solcher Bewegungen, während z. B. eine Untersuchung des Ganges, um systematisch durchgeführt werden zu können, ziemlich aufwendige Filmaufzeichnungen erforderte.

Wie objektiv ist die Graphologie?

Jede Wissenschaft, ohne Ansehen ihres jeweiligen Gegenstandes, hat sich ursprünglich auf der Grundlage einer Systematisierung alltäglichen empirischen Wissens entwickelt. Die graphologische Methode, die auf einem besonderen Gebiet die gewohnte menschliche Tätigkeit des Erkennens, Klassifizierens und Interpretierens von Verhalten betreibt, bildet von dieser Regel keine Ausnahme. Der graphologische Laie wird kaum das Gefühl haben, sich eine Blöße zu geben, wenn er eine extrem unordentliche Handschrift unordentlich nennt oder eine extrem regelmäßige ordentlich, aber er wird dazu neigen, alle weiterreichenden Feststellungen spekulativ zu nennen, und so legt er kritiklos die Grenzen seiner eigenen Sensibilität für ausdrucksmäßige Eigenschaften als Scheidelinie zwischen Objektivität und Subjektivität fest.

Nun erklärt diese Haltung zwar die Häufigkeit, mit der die Graphologie des »Subjektivismus« bezichtigt wurde, sie beantwortet aber nicht die Frage, wie »gültig« die graphologische Methode tatsächlich ist; und oft wurde der Vorwurf laut, daß die Graphologen sich der Aufgabe der Objektivierung einfach nicht in ausreichendem Maße stellen. Angesichts dieser Kritik mag es nützlich sein, auf die schon geleistete Validierungsarbeit ein- und der Frage nachzugehen, wie Versuchsanordnungen für die weitere Validierung und Gruppenuntersuchungen aufgebaut sein sollten, um aussagekräftig zu sein. Hierzulande wird von Gegnern der Methode immer wieder auf den 1919 von Clark L. Hull und Robert B. Montgomery durchgeführten Versuch verwiesen, der in einem Desaster endete (wenn nicht für die Graphologie, so doch für das, was immer in diesem Versuch auf die Probe gestellt wurde). Er war indes unwissenschaftlich gleichermaßen aus Sicht der Graphologie wie der Experimentaltheorie. Die von Hull und Montgomery getestete Methode befaßte sich mit den Auf- und Abwärtsorientierungen der Wörter, den Weiten der kleinen *m*s und *n*s und den Längen von *t*-Balken, die alle als potentiell korrespondierend mit bestimmten Charakterzügen und deren individuellen Variationen eingeschätzt wurden, das aber war noch Michons Graphologie der Zeichen, die zu dieser Zeit, achtzehn Jahre nach der Veröffentlichung von Meyers Arbeit und, je nachdem, neun bzw. zwei nach Klages' ersten Veröffentlichungen, längst überholt war. Die Versuchsanordnung bestand, objektiv nicht weniger fragwürdig, aus einer Collegeverbindung, einer engverstrickten Gemeinschaft von Studenten, zum größten Teil homogen nach Anschauungen, Herkunft und Wertvorstellungen, alle ungeübt in der Rolle, die sie in diesem Versuch zu spielen hatten und die darin bestand, gegenseitig ihre Charaktere hinsichtlich einiger jener Züge zu bewerten, von denen angenommen wurde, daß sie mit den von Hull und Montgomery ausgewählten und quantitativ gemessenen graphischen Kennzeichen (und zwar jeweils ein Zug mit einer Eigenheit der Handschrift) korrespondierten. Graphologischer- wie experimentellerseits inadäquat, konnte von dem Unternehmen nicht erwartet werden, irgend bedeutsamere Ergebnisse zu zeitigen, als die Methode es war, mit der es sich seinen Gegenständen näherte.

In Europa wurden häufiger Einzelversuche in blinder graphologischer Diagnose durchgeführt, bei denen erfahrene Anwender aus den Schulen von Klages, Pulver und Saudek getestet wurden. Die Ergebnisse entsprachen in der überwiegenden Zahl der Fälle – und vervollständigten sie in vielen – den verfügbaren sozialen und klinischen Belegen in so hohem Maße, daß die ursprüngliche Skepsis der Forscher im Hinblick zumindest auf die Validität, wenn nicht sogar die Zuverlässigkeit der Methode stark gemindert wurde; man stellte fest, daß sich bei Versuchen mit handschriftlichen Kopien standardisierter Texte, zu denen allein Alter und Geschlecht der Schreibenden angegeben wurde, auf der Basis reinen Zufalls eine unbegrenzte Anzahl möglicher Persönlichkeitsbeschreibungen ergeben konnte; und daß folglich hoch spezifische Persönlichkeitsbeschreibungen, die, gerade in ihrer Spezifizierung, mit dem sozialen und klinischen Bild übereinstimmten und zu denen verschiedene Anwender mit dem gleichen methodischen Ansatz unabhängig voneinander gelangt waren, keinen Zweifel an der Validität dieser Methode lassen konnten. Allerdings stellte man, als die Methode sich weiterentwickelte, auch die Notwendigkeit fest, einen angemessenen Grad an Zuverlässigkeit zu gewährleisten, und so kam es zu den vielen Objektivierungsexperimenten, die in Deutschland zum größten Teil von den Instituten für Industrielle Psychotechnik durchgeführt und hierzulande von Gordon W. Allport und Philip E. Vernon in ihrem Buch über Ausdrucksbewegungen dargestellt wurden. Das experimentelle Setting lieferten hier in den meisten Fällen die Arbeitsbewertungen einzelner Angestellter gemäß der Beurteilung ihrer Arbeitgeber auf der einen Seite und graphologische Bewertungen ihrer entsprechenden Eigenschaften (wie Ehrlichkeit, Zuverlässigkeit, Leistungsfähigkeit) auf der anderen. Die durch die Verwendung von Punkteskalen erreichten Korrelationen lagen alle weit oberhalb bloßen Zufalls, und zwar am auffälligsten bei denjenigen Versuchen, die graphologische Bewertungen von Robert Saudek, Richard Couvé, Gertrud von Kügelgen und besonders Kurt Seesemann einbezogen, dessen graphologische Angestelltenbewertungen eine dreiundneunzigprozentige Übereinstimmung mit den Beurteilungen der Arbeitgeber zeigten.

Erfolgreiche Objektivierungsexperimente hinsichtlich der Graphologie waren aber keineswegs auf Europa beschränkt. Erwähnt werden sollte hier Ruth L. Munroes ›Three Diagnostic Methods Applied to Sally‹ und ›A Comparison of Three Projective Methods‹ (letzteres gemeinsam mit Thea Stein-Lewinson und Trude Schmidl-Waehner), die mit sehr ermutigenden

Ergebnissen vergleichende Untersuchungen von »blinden« Persönlichkeitsbeschreibungen unternahmen, die, unabhängig voneinander, auf der Rorschach-Methode, Schmidl-Waehners Kunsttechnik und der Graphologie beruhten.

Obwohl alle diese Ergebnisse eher als erste Schritte auf dem Weg hin zu einer umfassenden Objektivierung der Methoden denn als schlüssige Beweise ihrer Zuverlässigkeit angesehen werden können, erscheinen sie doch als höchst ermutigend, wenn man die Komplexität nicht so sehr der Methode selbst als ihres Gegenstandes, der Persönlichkeit, in Betracht zieht. Das grundsätzliche Problem der Gewinnung objektiver Kriterien, anhand derer Persönlichkeitsbeschreibungen – auf der Basis der Graphologie ebenso wie jeder anderen Technik – aussagekräftig überprüft werden können, wird noch verwickelter, wenn wir die relativ einfache Situation, die die für Punkteskalen geeigneten Persönlichkeitsbewertungen auf bestimmte Züge sozialen Funktionierens hin darstellen, hinter uns lassen und auf das klinisch weit interessantere Feld graphologisch gewonnener umfassender Persönlichkeitsbeurteilungen vorrücken. Um einen korrekten Bezugsrahmen für die Objektivierung solcher Beurteilungen aufzustellen, müssen wir zuerst wissen, welche allgemeine Ordnung von Phänomenen sie beschreiben, da nur dieses Wissen uns in die Lage versetzen wird, nach der korrespondierenden Ordnung von Phänomenen in der Realität zu suchen.

Im Vorfeld der systematischen Analyse, der die Schriftprobe in den verschiedenen Bewertungsdimensionen unterzogen wird, konzentriert der Gutachter sich auf die Probe als ganze, eliminiert ihren Inhalt gänzlich aus dem Beobachtungsfeld und läßt das letztere zu einem Muster von Bewegungsspuren werden. In der passiven und doch aufmerksamen visuellen Erfahrung dieses Musters spielen die spezifischen sozialen Funktionen des Schreibens für den Beobachter keine Rolle mehr, und jegliche intellektuelle Aktivität auf seiner Seite ist noch ausgeschaltet. In dieser Phase der Untersuchung und kraft ihrer kann der Gutachter nicht nur einen Gesamteindruck der Probe gewinnen, sondern auch zulassen, daß einzelne oder wiederkehrende Eigenschaften derselben seine Aufmerksamkeit erregen; und genau dieser ganzheitliche Blickwinkel wird in der Untersuchung noch einmal am Ende eingenommen, wo er zur Wiederherstellung eines eigentlichen Gesamtbezugsrahmens dient, in den die verschiedenen Beobachtungsdaten eingefügt werden können, der ihre relative charakterologische Bedeutung – ihre »Position« im Persönlichkeitssystem – bestimmt und der im Prozeß der Konzentration auf einzelne graphische Details und Bewertungsbereiche verloren gegangen sein kann. Das hierbei angegangene Phänomen ist ersichtlicherweise nicht der eine oder andere »Zug«, sondern Persönlichkeit als eine funktionale Einheit; also kann nur die Persönlichkeit als funktionale Einheit das eigentliche objektive Kriterium sein, an dem graphologische Befunde zu messen sind. Das schließt nicht die graphologische Untersuchung der Persönlichkeit hinsichtlich spezifischer Linien des sozialen Funktionierens aus (die oben zitierten europäischen Versuche konzentrierten sich alle auf Untersuchungen dieses Typus'), wohl aber jegliches direkte und isolierte graphologische Urteil zu einzelnen »Zügen«: Urteile dieser Art müssen aus der ganzen Persönlichkeitsstruktur erschlossen und dürfen nicht auf isolierten und außerhalb ihres gegebenen Gefüges interpretierten Eigenschaften der Handschrift begründet werden.

Daraus folgt, daß Quantifizierungsverfahren in der Graphologie (und möglicherweise nicht nur dort), um ihren Kern nicht völlig zu verfehlen, eher auf der Ebene umfassender Persönlichkeitsbewertungen (oder spezifischer daraus abgeleiteter Feststellungen) als auf der irgendwelcher spezifischer interpretativer Annahmen durchgeführt werden sollten: Die letzteren stellen, in ihrer individuellen Anwendung, stets nur Versuche dar, stets implizieren sie einen bestimmten Spielraum an charakterologischer Bedeutung. Die Extrempositionen innerhalb ihres Spielraums können einander hinsichtlich der sozialen und moralischen Werte diametral entgegengesetzt sein, und die Fixierung bestimmter, durch eine Bewertungsdimension eindringlich nahegelegter Züge der Persönlichkeit wird immer dadurch erreicht, daß man nichts weniger als die gesamte Konfiguration von Indikatoren inner- und außerhalb dieser besonderen Dimension in Betracht zieht. Alle anderen Vorgehensweisen sind notwendig atomistisch und nicht objektiv, insofern sie dogmatisch dazu neigen, die Bedingungen zu diktieren, unter denen ihre Gegenstände sich wissenschaftlicher Erkenntnis erschließen sollen, anstatt sie durch die Natur der zu untersuchenden Phänomene bestimmen zu lassen. In einem funktionalen Ganzen haben die Komponenten keine Signifikanz, wenn sie aus ihrer Position innerhalb dieses Funktionssystems herausgelöst werden. Wenn man eine Melodie in eine andere Tonart transponiert, bewahrt keine einzige Note ihre Identität; die Melodie aber sehr wohl. Ebenso können für ein und dasselbe Individuum in verschiedenen Lebenssituationen und in verschiedenen Perspektiven externer Beobachtung völlig unterschiedliche Konzeptionen von »Zügen« hinsichtlich des sozialen Verhaltens zutreffen, auch wenn ihr möglicher Umfang in signifikantem Maße durch die Persönlichkeitsstruktur selbst begrenzt ist; um seine Identität zu erkennen, erfordert es das Bild der gesamten Struktur.

Das heißt, daß die Quantifizierung einzelner graphischer Züge hier und da für Verfahrenszwecke von Bedeutung sein kann, um den Untersuchenden bei der Orientierung auf sein Beobachtungsfeld zu unterstützen, daß sie aber als Grundlage für direkte psychologische Interpretation und darauf gestützte vergleichende statistische Studien völlig zufällig wäre. Das wird durch die innere Situation der grapho-analytischen Arbeit selbst bestätigt, und ein Beispiel mag das illustrieren. »Druck« in der Handschrift wird allgemein verstanden als Anzeichen für konzentrierte Arbeitsenergie und zielgerichtetes Streben, die ungefähr im selben Grad wie der Drucks vorhanden seien. Die atomistische Methode zur Überprüfung dieser Annahme würde eine Skala zur quantitativen Messung des Drucks aufstellen, sie auf Handschriftenproben anwenden, versuchsweise die Stärke des Drucks als Stärke an äußerlich verfügbarer Energie interpretieren, die Interpretation an sozialen und klinischen Belegen überprüfen und sich beträchtlichen Überraschungen aussetzen: Jenseits eines bestimmten Punkts an Intensität kehrt sich die Richtung der psychologischen Bedeutung von »Druck« nämlich um und deutet im Maße seiner weiteren Verstärkung auf das Vorliegen eher hemmender innerer als herausfordernder äußerer Hindernisse hin, die durch dieses Zurschaustellen von Kraft überwunden werden sollen. Der exakte Ort des Umkehrungspunktes auf der Intensitätsskala ist wiederum variabel und hängt von der individuellen Konfiguration ab. Komplizierter noch wird die Situation durch die Tatsache, daß der in der Stichprobe vorfindliche Druck unter Umständen in Bewegungen verschoben werden kann, die normalerweise nach motorischer Entspannung verlangen, und daß andere Eigenschaften die interpretative Basis dafür auf virtuell unendlich viele Arten modifizieren können, die sich einer geordneten Quantifizierung vollständig entziehen und, um verstanden werden zu können, auf das ihnen gemeinsam zugrundeliegende Prinzip der Systemtätigkeit zurückbezogen werden müssen. Denn wenn es auch selbstverständlich möglich ist, die grundsätzliche Bedeutung einer graphischen Eigenschaft wie etwa eines bestimmten Grads an Druck theoretisch unabhängig von Indikatoren, die sie verändern oder spezifizieren, zu beschreiben, wäre der daraus resultierende Begriff viel zu allgemein und charakterologisch umfassend, um mit irgendwelchen positiven und differenziellen, am Verhalten beobachtbaren Persönlichkeitseigenschaften zu korrespondieren, und würde sich deshalb nicht für derartige Beobachtungen einschließende Experimente zum Nachweis ihrer Validität eignen. Außer der Notwendigkeit, Versuche dieser Art nur auf der Grundlage umfassender Persönlichkeitsbilder durchzuführen, folgt daraus, daß graphologische Arbeit, um systematisch durchgeführt werden zu können, ihre Beobachtungen durch qualitative Klassifizierung ausdruckshafter Eigentümlichkeiten organisieren muß und daß weder die Übung im Sehen solcher Eigentümlichkeiten noch ein kritisches Ausbalancieren ihrer interpretativen Werte durch ein mechanisches Ausmessen einzelner quantitativer Aspekte ersetzt werden kann.

Die Objektivität jeglicher Untersuchungsmethode hängt letzten Endes von der Natur ihres Gegenstands ab. Persönlichkeit ist nicht nur keine Summe quantifizierbarer Verhaltenszüge; sie unterscheidet sich überdies von den Gegenständen der Naturwissenschaften durch ihre weit engere Verwobenheit in die eigene Existenz des Forschers, weshalb sie von ihm grundsätzlich anders erfahren wird, als er irgendwelche naturwissenschaftlichen Objekte wahrnimmt. Da unausweichlich bereits auf der Wahrnehmungsebene Werturteile in die Erkenntnis seiner Gegenstandssphäre einfließen, ist der Begriff des Gegenstands, Persönlichkeit, selbst im Verhältnis zu jeglichen in dieser Hinsicht erdachten Testmethoden weit weniger fest etabliert als der der physischen Kräfte oder chemischen Elemente im Verhältnis zu den zu ihrer Messung erdachten Testmethoden. Ein von menschlichen Wertvorstellungen – die sich von Interpretierendem zu Interpretierendem deutlich unterscheiden können – unabhängiger Begriff von Persönlichkeit existiert nicht. Viele Unterschiede zwischen Persönlichkeitsbildern, zu denen unterschiedliche Gutachter mit auf ein und denselben Fall angewandten psychologischen Methoden gelangen, sind weder einer Unangemessenheit und Ungenauigkeit der verwendeten Methoden noch Unterschieden in ihrer Anwendung geschuldet, sondern verschiedenen Wertvorstellungen, die Unterschiede im Fokus der Interpretation verursachen.

Auf der Quantifizierung einzelner graphischer Züge zu beharren beseitigte nicht diese Schwierigkeit, sondern vielmehr den jeweiligen Kontext, in dem allein diese Züge irgendeine Bedeutung hätten. Als ein aus der Sicht angeblicher wissenschaftlicher Objektivität erforderliches und auf vergleichende Studien solcher »quantifizierter« Züge abzielendes Validationsverfahren würde dies die Behauptung implizieren, daß diejenigen Phänomene, die Individualitäten konstituieren, im strengen Sinne nicht Gegenstand wissenschaftlicher Erkenntnis sein können. Das wäre eher eine unkritische Ausdehnung der metaphysischen Position des Positivismus auf Inhalte, die geeignet sind, den Schatten eines Zweifels auf diese Position zu werfen, als ein Argument, das aus Erfahrung spricht. Nicht nur die personalistischen Psychologien, sondern jede Forschungsrichtung, die sich mit den morphologischen, ästhetischen, »topographischen« und historischen Dimensionen von Realität auseinandersetzt und mit Hilfe von Begriffen vorgeht, die der Natur der in diesen Dimensionen zu beobachtenden – stets »einzigartigen« – Phänomene angemessen sind, würden dadurch für ungültig erklärt. Wenn wir zu analysieren versuchen, was in unserer direkten Erfahrung unsere Vorstellung einer uns bekannten »Persönlichkeit« ausmacht, finden wir das Prinzip, das alle darin eingehenden Elemente verbindet, in einer gewissen qualitativ einheitlichen, ganz eigenen Art, die ausschließlich dieser Person zugehört und die eher eine »Wie«- als eine »Was«-Frage beantwortet. Der Inhalt selbst, Persönlichkeit, kann dann, als psychologische und nicht als soziale Kategorie, nur auf der Grundlage dieser Qualität der »individuellen Gestik« bestimmt werden, die genau das ist, was die Analyse der Ausdrucksbewegungen sich zu untersuchen vornimmt.

Die Probleme der Validierung von Befunden, die in Form von Gesamt-Persönlichkeitsbildern oder spezifischen Schlußfolgerungen aus ihnen angeordnet sind, sind deshalb in der Graphologie dieselben wie in irgendwelchen anderen der zur Zeit so einflußreichen projektiven Techniken. Der Rorschach-Test ist, unter streng statistischem Gesichtspunkt, weder zureichend validiert worden, noch ist die statistisch orientierte Schule der Psychologie in der Lage gewesen, in diesem Bereich hinreichend objektive Gültigkeitskriterien bereitzustellen. Als wie wenig überzeugend, unter einem Blickwinkel, der mechanische Zuverlässigkeit als Kriterium zur Bewertung psychologischer Techniken herausstreicht, die Anhänger dieser Schule, die die Existenz von Beziehungen zwischen Persönlichkeit und Handschrift bestreiten, die aufgezeichneten experimentellen Erfolge mit der graphologischen Methode auch beurteilen mögen, sie haben es versäumt, diese Erfolge, die ihrer Leugnung so scharf widersprechen, zu erklären. Die häufige Behauptung, daß Erfolge dieser Art sich einem besonderen »intuitiven Talent« des Graphologen verdankten, ist nicht nur unvereinbar mit den grundlegenden Glaubenssätzen der »objektivistischen« Schule, sondern auch ein Meisterstück unkritischen Denkens. Wenn der Forscher in einem kontrollierten Versuch, in dem er Zugang zu nichts als einer Handschriftenprobe strikt unverfänglichen Inhalts hatte, in der Lage ist, erfolgreich die psychologische Verfaßtheit des Urhebers der Probe zu beschreiben, dann muß sein »Talent«, gleich wie wir es definieren, ausschließlich auf der Grundlage der Handschrift des Subjekts arbeiten; welche genauen und spezifischen Befunde er deshalb auch immer im Hinblick auf dieses Subjekt liefern kann, sie müssen in der hier beschriebenen Situation in irgendeiner Weise in der Schriftprobe und in nichts sonst enthalten gewesen sein.

Der akademische »Widerstand« gegen die Graphologie findet daher, bedenkt man die Schärfe, die er in der Vergangenheit gezeigt hat, seine Haupterklärung wahrscheinlich in weniger rationalen Motiven als den von den Gegnern der Methode ausdrücklich vorgebrachten. Nach Ansicht des Verfassers liegt eines ihrer offensichtlichsten in dem vergleichsweisen Mangel des durchschnittlichen Wissenschaftlers an spezifischer Fähigkeit, Eigenschaften von Mustern adäquat wahrzunehmen, die in all ihrer Verschiedenheit zu erkennen der durchschnittliche Kunststudent etwa keine Schwierigkeiten hat; in der Rationalisierung dieser Unfähigkeit ist der Wissenschaftler leichterdings versucht, die »Vagheit« seiner eigenen Erfahrung solcher Qualitäten dem Erfahrungsgegenstand zuzuschreiben. Ein zweites zu vermutendes Motiv aber, das hinter dem »Widerstand« gegen die Graphologie am Werk ist, und eines, das auf lange Sicht ernsthafter sein könnte, ist die in unserer Zeit weitverbreitete Neigung, psychologische Methoden in einem Ausmaß zu popularisieren und zu »simplifizieren«, das mit ihrer Natur unvereinbar ist und das kein Chemiker oder Physiker in seinem Feld tolerieren würde. Als Neigung auf seiten der Graphologen und Pseudo-Graphologen selbst hat dies zu der Unzahl unverantwortbarer Annäherungen an das Thema beigetragen, die seinem Ruf so viel Schaden zugefügt haben; die befremdliche Tatsache aber bleibt, daß der »Objektivist«, sobald er dieses Thema mit scheinbar gutem Willen untersucht, für gewöhnlich dieselbe Tendenz dadurch nährt, daß er die Graphologie seiner eigenen Art und seinem eigenen Grad an psychologischem Verständnis anzupassen versucht. Indes ist diese Haltung nicht notwendig auf die »objektivistische« Schule beschränkt. Das Verlangen nach Patentlösungen, das sich bereits in jüngeren Formen der Rorschachlehre und verwandten Lehrgebäuden bemerkbar macht, steht notwendig im Widerspruch zu dem komplizierten Denkprozeß, der in der systematischen Handschriftenanalyse erfordert ist. Gewiß, dank der leichten Beschaffbarkeit des Forschungsmaterials ist der beachtliche ökonomische Vorteil der Graphologie gegenüber den meisten gebräuchlichen psychodiagnostischen Methoden offensichtlich; während es aber im ganzen weit weniger Zeit in Anspruch nimmt, eine graphologische Analyse durchzuführen, als einen Rorschachtest, erfordert sie einen weit höheren Aufwand im Sinne wahrnehmungsmäßiger und intellektueller Konzentration. Das bringt sie in Konflikt mit einer Geisteshaltung, die im Sinne der alten Graphologie der »Zeichen« und der summativen Verfahren gegenwärtiger psychologischer Tests »Listen diagnostischer Indikatoren« wünscht, in denen jeder graphische Zug seine vorgeblich festbestimmte Bedeutung hat, in denen die Namen von Zügen einfach abgehakt werden können und intellektuelle Anstrengung soweit wie möglich vermieden wird. Wenn der Graphologe sich dieser – mit den Prinzipien seiner Methode wie auch dem Wesen der Persönlichkeit selbst unvereinbaren – Geisteshaltung hingibt, ist er verloren; er hat dem »Objektivisten« erlaubt, die Graphologie zu entstellen und in einen Popanz zu verwandeln, und er braucht sich nicht zu wundern, wenn dieser Popanz dann in Versuchen wie dem von Hull und Montgomery nur allzu leicht zu Fall gebracht werden kann.

Wie können graphologische Befunde angesichts dieser Situation schlüssig objektiviert werden? Wir haben gesehen, daß keine Validierung aussagekräftig sein kann, wenn sie nicht auf der Grundlage vollständiger Persönlichkeitsbeschreibungen oder einzelner aus solchen Beschreibungen abgeleiteter Feststellungen unternommen wurde, die Frage des »validen Kriteriums« bleibt aber noch zu beantworten. Nach Ansicht des Verfassers und gemäß seiner vorstehenden Argumentation insgesamt besteht das einzige mögliche Kriterium von unstrittiger Relevanz für die Objektivierung von Persönlichkeitsbeschreibungen darin, daß die Identität des beschriebenen Subjekts durch Personen, die es gut kennen, wiedererkannt werden kann. Die einzig solide Lösung scheinen somit angepaßte Versuche zu sein, in denen eine Gruppe von Persönlichkeitsbeschreibungen, die auf der Basis »blinder« graphologischer Analysen gewonnen wurden, der Gruppe der beschriebenen Subjekte gegenübergestellt wird und in denen die »Richter« – die aufs beste mit der Persönlichkeit eines jeden von ihnen bekannt sein müssen – die Identität des Subjekts jeder dieser Beschreibungen zu bestimmen haben. Solche angepaßten Versuche können und sollten genau kontrolliert werden. Sie können und sollten der schärfsten statistischen Analyse unterworfen werden. Ja, um auch die Frage der Zuverlässigkeit der Methode als solcher – d.h. unabhängig vom individuellen graphologisch Arbeitenden – zu beantworten, müßten solche Versuche eine größere Zahl genauestens in der graphologischen Methode unterwiesener Psychologen einbeziehen. Gegenwärtig scheint in diesem Land keine solche Gruppe zu existieren. Daß der Tag nicht fern sein mag, an dem sie nicht nur existiert, sondern ihre Fähigkeiten sich letzten Endes – in der Erziehung, in der Sozialarbeit, in der Berufsberatung und vor allem in der Psychiatrie und klinischen Psychologie – jenseits allen Zweifels bewährt haben, ist die Hoffnung und vertrauensvolle Erwartung des Verfassers.

II. Die graphologische Methode

Grundbegriffe

Der motorische Aspekt des Ganzen: Kontraktion und Entspannung

Die Schreibbewegung ist kontinuierlich nur in der Abhängigkeit jeder ihrer Bestandteile von einem übergeordneten Zweck; sowohl in der Bewegungsrichtung als auch in der Geschwindigkeit, in der sie abläuft, ist sie diskontinuierlich. Hinsichtlich der ersteren leuchtet das ein aufgrund der Notwendigkeit, die richtungsmäßig komplexen Buchstabenformen zu erzeugen; hinsichtlich letzterer aufgrund der Notwendigkeit, die Wörter voneinander zu trennen. Beide Notwendigkeiten beeinflussen die kontinuierliche Entbindung motorischer Energie nicht nur über ihre eigenen direkten Erfordernisse an Diskontinuität, sondern auch über die Unfähigkeit des Organismus, diese Erfordernisse in genau dem von ihnen implizierten Maße zu erfüllen: Die richtungsmäßige Komplexität von Buchstaben macht es nicht nur schwieriger als bei einer einfachen horizontalen Bewegung, eine übergeordnete Richtungskontinuität aufrechtzuerhalten, sondern betrifft ebenso zentrifugale wie zentripetale Bewegungsanteile, die bei der Ausführung dazu tendieren, ihre von den schulischen Ausgangsschriften beabsichtigte richtungsmäßige Komplexität noch zu übertreffen; die dynamische Komplexität der Worttrennung umfaßt nicht nur die Notwendigkeit, zu unterbrechen und neu anzufangen, sondern auch die, zu verlangsamen und wieder zu beschleunigen; im Endeffekt erhöht die richtungsmäßige Diskontinuität tendenziell die dynamische, und zwar aus genau dem gleichen Grund, nämlich der Involvierung von zentrifugalen und zentripetalen Anteilen und der Notwendigkeit, sie zu kontrollieren. Als diskontinuierliche ist die Schreibtätigkeit durch den Wechsel von Kontraktion und Entspannung der beteiligten Fingermuskeln differenziert, ein Wechsel, den die unterschiedlichen Erfordernisse von Richtung und Geschwindigkeit notwendig machen.

Die erste und allgemeinste Aufgliederung aller Bestandteile der graphischen Bewegung unterteilt sie somit in Bewegungen der Kontraktion und solche der Entspannung, und mit Ausnahme einzig der Ebene der Formqualität gibt es kein graphisches Merkmal innerhalb irgendeiner Bewertungsdimension, das nicht einer der beiden Gruppen zugeordnet werden kann. Da die Gesamtbewegungsrichtung in allen abendländischen Handschriftensystemen eine horizontale ist, kann man von dem dafür geltenden Differenzierungsprinzip erwarten, daß es in vertikaler Richtung wirkt und sich am eindeutigsten in jenen Bewegungen manifestiert, die das strukturale Skelett jeder Handschrift ausmachen, den Auf- und Abstrichen: In der normalen, nicht von emotionalen Blockaden beeinträchtigten Handschrift repräsentieren die ersteren die grundlegendsten Entspannungs-, die letzteren die Kontraktionsbewegungen. Psychologisch hängt die Betonung der Kontraktion mit einer des Ich samt ihrer möglichen Implikationen einer relativen Steigerung der willentlichen, emotionalen und begrifflichen Kontrolle zusammen; die Betonung der Entspannung mit einer des Objekts samt möglicherweise implizierten relativen Steigerungen der Spontaneität, der Impulsivität und des Phantasie-Lebens. Eine unterschiedliche Bestimmtheit von Betonungsarten, wie sie durch gesteigerte Kontraktion oder Entspannung angezeigt wird, hängt in erster Linie von der Bewertungsdimension ab, innerhalb derer man auf diese Steigerungen stößt; eine Klassifizierung dimensionaler Bewertungen nach ihrer Position entweder auf seiten der Kontraktion oder auf der der Entspannung, wie es eine Diskussion der Bewertungsdimensionen selbst nahelegt, wird später in diesem Buch folgen.

Der symbolische Aspekt des Ganzen: Die quasi-räumliche Erfahrung des Schreibfelds

Aus dem Blickwinkel der Realität betrachtet findet Handschrift auf einer zweidimensionalen Ebene statt und stößt nur in unbedeutendem Umfang in die dritte Dimension vor, und zwar so, daß dieser Vorstoß nicht wesentlich an ihrer visuellen Erscheinung teilhat. Aus dem der unmittelbaren Erfahrung sowohl des Schreibers als auch des Lesers hingegen ist die Handschrift ein räumliches Phänomen. Das ist nicht in einem irgendwie übertragenen, sondern im buchstäblichen Sinne gemeint. Das Schreibfeld wird so erfahren, als verwandele es sich in die Projektion eines Raumes auf eine zweidimensionale Fläche, ganz so wie die räumlichen Projektionen in Gemälden und Zeichnungen: Wir sprechen von einer schrägen oder senkrechten Handschrift, von fallenden Zeilen, geräumigen Schleifen, vom »Raum«, der für Randbemerkungen gelassen wird, von Auf- und Abstrichen, auch wenn diese Striche angesichts der gewöhnlichen Lage des Schreibpapiers in der Realität gar nicht auf- und abwärts, sondern vom Körper weg und zu ihm hin ausgeführt werden; schließlich neigen die Strichqualitäten selbst im besonderen dazu, eine Illusion der Tiefe zu schaffen, und der Wort»körper« als Ganzes wird erfahren als von seinem weißen »Hinter«grund unterschieden und plastisch abgesetzt: Für unsere unmittelbare Erfahrung ist die Handschrift vom Papier *abgehoben*, sie wird als im Raum stehend gesehen; sie »schafft Platz«, den, der sie umgibt, und so spiegelt sich ihre quasi-räumliche Natur in den spontanen Bezeichnungen wider, mit denen ihre Bewegungen gewöhnlich belegt werden.

Dieser Umstand bedeutet, daß in die graphische Bewegung ein Bereich innerer Erfahrung projiziert wird, innerhalb dessen der Projizierende sich in unbewußter symbolischer Analogie zu seiner Orientierung im Raum orientiert, wobei diese Orientierung umgekehrt denselben Richtungen raumanaloger Symbole folgt, wie es mehr oder weniger alles begriffliche Denken tut. Allein, wenn wir die gebräuchlichen sprachlichen Begriffe aufführen sollten, die – kraft einer unmittelbaren inneren Erfahrung, die sich in allen Individuen, die diese Ausdrücke verwenden, und ohne irgendeine bewußte figurative Absicht ihrerseits wiederholt – die Analogie vertikaler Richtungen benutzen, so würde ihre Zahl in gleich welcher Sprache endlos erscheinen, und Beispiele wie »in seiner Wertschätzung steigen« oder »niedergeschlagen sein«, »überlagern« oder »unterschwellig« mögen an diesem Punkt genügen, denn es wird jedem Leser leichter fallen, die Reihe fortzusetzen, als sie zu beenden. In symbolischem Sinne müssen wir nun, wenn wir uns die Handschrift als durch ein Koordinatensystem mit der Schreiblinie als Abszisse unterteilt vorstellen, alle unterhalb dieser Linie fallenden Bewegungen für auf solche Erfahrungen bezogen halten, wie sie im System innerer Orientierung des Schreibers der allgemeine Begriff von »unten«, alle oberhalb dieser Linie fallenden Bewegungen auf solche, wie sie der von »oben« impliziert. Die zuletzt genannte Regel bedarf allerdings der Erläuterung: Da der Großteil der zusammenhängenden horizontalen Bewegung, der seinerseits aus den kurzen Buchstaben und denjenigen Teilen der langen besteht, die der vertikalen Ausdehnung der kurzen entspricht, nicht gleichmäßig auf beide Seiten der Schreiblinie, sondern nur auf deren obere fällt, soll »oben« alle über die Oberkante dieser kurzen Formen hinausragenden Bewegungen bezeichnen. Die letzteren Formen bilden die sogenannte »Mittelzone« der Handschrift; die über oder unter ihr liegenden Bewegungen jeweils die »Ober-« bzw. »Unterzone«. In dem, soweit bekannt, ausnahmslos allen menschlichen Kulturen zugrunde liegenden symbolischen Denken verweisen die Erfahrungen, die auf den statischen Begriff »oben« oder den dynamischen »aufwärts« bezogen sind, durchweg auf diejenigen von Gott, Himmel, Tag, auf das Licht, den Geist, Schwerelosigkeit, Freiheit von physischen Bindungen, die Welt der Ideen, der Formen, der individuellen Vervollkommnung, des Bewußtseins; Erfahrungen hingegen, die auf den statischen Begriff »unten« oder den dynamischen »abwärts« bezogen sind, auf diejenigen von Tier, Erde, Dunkel, Dämonischem, Nacht, Materie, Schwere, Fleisch, von der Welt kollektiver und vegetativer Lebenskräfte, des Triebhaften, des Formlosen und der Träume; in paternalistischen Kulturen werden überdies die Vorstellungen von »Vater« und »Mann« als auf die erstere dieser Gruppen, diejenigen von »Mutter« und »Frau« als auf die zweite bezogen erfahren. Die relative Betonung einer der beiden Randzonen der Handschrift ist dementsprechend ein Beleg für die relative Betonung der entsprechenden Erfahrungssphäre in der inneren Orientierung und Haltung; wohingegen die relative Betonung der Mittelzone, da sie eine der tatsächlichen und kontinuierlichen graphischen Vorwärtsbewegung darstellt, eine relative Betonung von Aktivität an sich im Unterschied zu jedweden in erster Linie »erfahrenden« Haltungen belegt. Eine Ausarbeitung dieser Feststellungen erfordert einmal mehr sowohl hinsichtlich der möglichen Arten der Bewegungsverteilung als auch ihrer psychologischen Deutung eine Erörterung der entsprechenden Bewertungsdimensionen.

Während die vertikale Dimension der Handschrift von daher auf die Selbst-Orientierung der Person auf vorhandene Werte verweist, bezieht die horizontale Dimension sich auf ihre Realitätsorientierung, die die Wahl von Zielvorstellungen und eines auf sie gerichteten Verhaltens, kurz, den Prozeß der Externalisierung umfaßt. In den westlichen Kulturen ist das Schreiben als Gesamttätigkeit nach rechts gerichtet, und diese Modalität scheint mit der Betonung von absichtsvoller und zielgerichteter Tätigkeit, kurz, von *Zukunft* zusammenzustimmen – ein Umstand, der im Unterschied zu den orientalischen Kulturen, die richtungsmäßig davon abweichende Schreibsysteme verwenden, charakteristisch für das Abendland ist. Die Verwendung der rechten Hand vorausgesetzt – die für Linkshänder anzulegenden speziellen Kriterien werden gesondert diskutiert –, macht jede Bewegung des Arm-Hand-Systems, die in einer natürlichen und unangespannten Art und

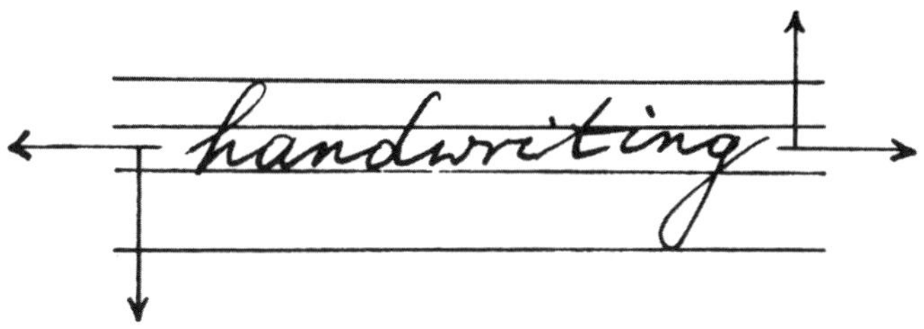

Abb. 1 Das Schreibfeld und seine Richtungen

Weise vom Körper weg schwingt, das Nachfolgen einer Rechtsausrichtung notwendig, die graphologisch mithin als die Bewegung des Kontakts und der Externalisierung an sich bestimmt wird, während die Betonung der linksgerichteten Bewegung als signifikant für Kontaktvermeidung und Konzentration, gleich welcher Art, auf das Selbst verstanden wird. Darüber hinaus wird, da das tatsächliche zeitliche Fortschreiten der Schreibtätigkeit ihrem räumlichen Voranschreiten nach rechts folgt, die rechte Seite als ein symbolisches Korrelat der Vorstellung von »Zukunft« in der inneren Erfahrung des Schreibers selbst verstanden; und Betonung der Vergangenheit, wiederum gleich welcher Art und Absicht, würde dementsprechend durch eine Betonung von im Sinne der Verteilung der Schreibbewegung linksgerichteten Anteilen angezeigt. Weitere unterscheidende Untersuchungen der Verteilung graphischer Bewegung aber, in ihrer horizontalen mehr noch als in ihrer vertikalen Dimension, setzen einmal mehr eine Erforschung der Handschrift in einer beträchtlichen Zahl spezifischerer Bereiche voraus (Abb. 1).

Der interpretative Aspekt des Ganzen: Ambivalenz und Interdependenz der Indikatoren

Im vorigen wurde bereits auf die vorläufige Natur einzelner Indikatoren innerhalb jedweder Dimension des Schreibens hingewiesen. Ihre Funktion könnte definiert werden als Setzung der Grenzen, jenseits derer ihr positiver und spezifischer Wert erwartbarer Weise nicht fällt. Ihre tatsächliche Bestimmung hängt allerdings von der gesamten Konfiguration ab. Im graphoanalytischen Verfahren wird diese Abhängigkeit in zweifacher Hinsicht entscheidend.

Da das, was eine einzelne graphische Eigenschaft, wie etwa »Enge«, an psychologischer Bedeutung vermittelt, gleichzeitig auf eine große Anzahl spezifischer Linien des Funktionierens der Persönlichkeit anwendbar ist, von denen nur wenige und sehr allgemeine als unveränderlich, alle anderen hingegen als nur potentiell gültig anzusehen sind, können positive Schlüsse auf potentielle Anwendungen nur aus einer Kombination des psychologischen Tenors von »Enge« mit anderen möglicherweise auf dieselbe Linie des Funktionierens der Persönlichkeit anzuwendenden Indikatoren gezogen werden. Indikatoren sind, kurz gesagt, *interdependent*. Sie sind *ambivalent*, insofern umgekehrt jeder von ihnen die gesamte Spannweite von extrem positiven bis zu extrem negativen Bedeutungsschattierungen möglicher moralischer, sozialer und kultureller Werte umfaßt, die irgendwelchen allgemeinen Begriffen wie »Eigensinnigkeit« oder »Anpassungsfähigkeit«, »Impulsivität« oder »Selbstkontrolle« anhängen. Das allgemeine Persönlichkeitsmerkmal eines »hohen Selbstwertgefühls« zum Beispiel wäre nach dem Prinzip der *Interdependenz* in seinen möglichen Versionen sei es einer »verspielten Eitelkeit«, sei es einer »starren Eingebildetheit« zu unterscheiden; nach dem der *Ambivalenz* hinsichtlich des Grades, in dem es entweder »leer« oder aber durch tatsächliche Persönlichkeitswerte gestützt ist. Die Festlegung der genauen Bedeutung im Sinne des Persönlichkeitswerts, wie ihn entweder einzelne oder miteinander kombinierte graphologische Indikatoren vermitteln, hängt in erster Linie vom Sinn des Schreibers für Werte, die die Handschrift selbst mit sich bringt, d. h. von ihrer *Ebene der Formqualität*, ab.

Die Schriftprobe als Ganzes

Die Ebene der Formqualität

Die ästhetische Qualität einer gegebenen Handschriftenprobe gibt den Bezugsrahmen für die eigentliche Interpretation aller Befunde in den einzelnen Dimensionen ab und ist deshalb eines der leitenden Kriterien der graphologischen Arbeit. Der Begriff hat wenig mit den kalligraphischen Vorstellungen von Schriftkunst zu tun, wie sie die Handschriftenlehrer entsprechend den national variierenden schulischen Musterschriften vertreten: Außer bei Personen mit mangelhafter Schulbildung oder mangelhafter intellektueller Entwicklung und wenig Gelegenheit zu schriftlicher Kommunikation, für die die Aneignung der Schulschrift ein lebenslanger Mittelpunkt der Aufmerksamkeit zu bleiben scheint, wird diese in ihrer exakten Form individuell spätestens mit der Pubertät aufgegeben, und das Ausmaß, der schließliche Umfang und die spezifische Richtung dieses Aufgebens laufen genau parallel zu den entsprechenden Linien der Persönlichkeitsentwicklung selbst.

Die Gründe für dieses Aufgeben, besonders für das sehr große Ausmaß, in dem es in den Handschriften führender Gestalten des neunzehnten Jahrhunderts und unserer Zeit zu beobachten ist, mag teilweise in den modernen Schulschriften selbst zu suchen sein, die im Vergleich mit denen aus der Zeit vor etwa 1830 unter ästhetischem Gesichtspunkt relativ unbefriedigend erscheinen. Das wird auch durch die im Vergleich weit größere durchschnittliche Nähe zu den Schulschriften ihrer Zeit unterstützt, die sich in den Briefen vieler herausragender Personen der Jahrhunderte vor dem genannten ungefähren Datum zeigt, eine Tatsache, die signifikant mit dem allgemeinen Niedergang des »Stils« in anderen Kulturbereichen koinzidiert. Der Unterschied in dieser Hinsicht zwischen jenen Zeiten und unserer eigenen ist ziemlich markant und zu allgemein, um Zufall zu sein; er könnte die größere Sicherheit widerspiegeln, die die stabileren Werte vergangener Zeiten dem Individuum bieten konnten, indem sie ihm eine größere persönliche Identifizierung mit der Kultur ermöglichten.

Das Kriterium der Formqualität steht mit dem Maß an genuinem geistigen Streben und Anspruch an sich selbst in Zusammenhang, das in der Persönlichkeitsentwicklung erreicht wurde; es bezeichnet den Grad an Ausgeprägtheit, in dem ein Wertesystem in das innere Leben einer Person integriert worden ist. Im Sinne graphischer Qualitäten kann sie als der relative Grad an Originalität der Form in Kombination mit dem an ästhetischem Ebenmaß definiert werden. Auch wenn ohne weiteres zuzugeben ist, daß, technisch gesprochen, Bewertungen in diesem Gebiet mit Notwendigkeit subjektiv sind, ist doch Vorsicht im Hinblick auf Schlußfolgerungen aus dieser Tatsache angesagt. Wenn die Gesetze der Ästhetik auch aufgrund der Natur der ästhetischen Situation selbst nur im Bereich persönlicher Erfahrung greifbar werden, gelten sie dennoch nicht für diesen Bereich, sondern für den der ästhetischen Objekte; sonst wäre keine Verständigung über ästhetische Erfahrungen und keine interpersonelle Übereinstimmung zwischen ihnen denkbar. Die Korrelationen unter persönlichen Entscheidungen für das ästhetisch mehr oder weniger Ebenmäßige aus einer Anzahl gegebener Objekte sind bekanntlich hoch, und dasselbe gilt, wie viele Versuche gezeigt haben, für die Urteile von Laien über die Niveaus der Formqualität in der Handschrift, sowohl untereinander verglichen als auch mit den Urteilen von Graphologen. Dies gilt natürlich hauptsächlich für die Bewertungen der gröberen Qualitätsunterschiede, und es scheint etwas mehr für Urteile über die ästhetische Integration als für solche über die Originalität zu gelten. Betrachtet man das letztere Unterkriterium, so scheint abermals viel von der Übung im Sehen und von einer Schärfung des allgemeinen Sinns für Qualitäten abzuhängen; die Funktion des kritischen Urteilsvermögens, die hier angesprochen ist, verlangt allerdings keine sehr außergewöhnlichen Fähigkeiten; im Kern ist es dasselbe, das zum Beispiel einen Beobachter befähigen würde, ohne allzu großes Zögern eine gotische Kirche von 1280 oder eine barocke von 1680 von ihren Imitationen von 1880 zu unterscheiden.

Ein verbleibender Rest an »Subjektivität« beim Bestimmen von Formniveaus könnte durch noch feinere Abstufungen bei der Aufstellung der Punkteskalen durch unterschiedliche Bewerter ausgeschlossen werden. Die Abstufungen spiegeln indes nicht die Willkür der persönlichen Wahl wider, sondern die Natur des hier erforschten Gegenstands selbst. Vor verschiedenen Wertetabellen fügt sich das Phänomen der Persönlichkeit seinerseits einer Vielfalt möglicher Bewertungen. Jenseits eines bestimmten Grenzwerts an übergreifender Konsistenz können diese Wertungen mehr oder weniger divergieren. Persönlichkeit unterscheidet sich somit von den Gegenständen der medizinischen Wissenschaft durch die Tatsache, daß jenseits dieses Grenzpunkts die Perspektive des Erkennens nicht bloß ein Mittel der Wahrnehmung objektiver Eigenschaften, sondern ein Bezugsrahmen wird, von dem losgelöst diese Eigenschaften keinerlei Bedeutung haben. Der Unterschied zwischen den Begabungen und Veranlagungen von A und B kann »objektiv« festgestellt werden; jegliche Feststellung aber, welcher der beiden der »bessere« Mann ist, wird notwendig »subjektiv« sein. Das besagt nicht, daß sie irgendwie willkürlich oder unter epistemologischem Gesichtspunkt bedeutungslos sein muß; es meint schlicht, daß die Kriterien »gut«, »besser« usw. *selbst* menschliche Werte implizieren; jede Anwendung dieser Kriterien ist deshalb »objektiv« oder »nicht-objektiv« nur im Hinblick auf ein bestimmtes Wertesystem, dessen Vorannahme der Feststellung zugrundeliegt. Nach der Erfahrung des Verfassers läßt sich die Situation leicht mit Hilfe genauer differenzierender Versuche mit verschieden abgestuften Punkteskalen zu graphischen Formniveaus, die von verschiedenen Gutachtern durchgeführt werden, demonstrieren. Wenn nach der – »blinden« – Skalierung der Handschriften der Probanden I bis X derselbe Gutachter die Gelegenheit zur persönlichen Begegnung und zum Gespräch mit ihnen selbst erhält und dann aufgefordert wird, sie auf der Grundlage dieses »direkten« Zugangs zu den jeweiligen Personen zu skalieren, wird seine Einordnung auf der Punkteskala in fast allen Fällen mit seiner vorausgehenden – graphologischen – nahezu übereinstimmen. Welche Abweichungen es dabei auch geben mag, sie werden im ganzen weit geringer sein als diejenigen zwischen seiner vorausgehenden graphologischen Einstufung der zehn Schriftproben und denjenigen derselben Proben durch andere Gutachter. Diese Konstellation weist deutlich auf die »Objektivität« des Formniveau-Kriteriums in dem einzigen Sinne hin, in dem in dieser Hinsicht der Begriff »Objektivität« überhaupt sinnvoll sein kann, nämlich insofern das gegebene Wertesystem der Gutachter als der unvermeidliche – »objektiv« nicht austauschbare – Bezugsrahmen dient. Daraus folgt, daß man von einem bewußteren und ausdrücklicheren Innesein ihrer unterschiedlichen Wertestandards auf seiten der unterschiedlich ausgebildeten Forscher – soweit es zu erreichen wäre – erwarten könnte, daß es die Felder interpretativer Nichtübereinstimmung zwischen ihnen auf einen minimalen und klinisch unbedeutenden Punkt reduziert (Abb. 2–15).

Abb. 2–15 Niveaus der Formqualität

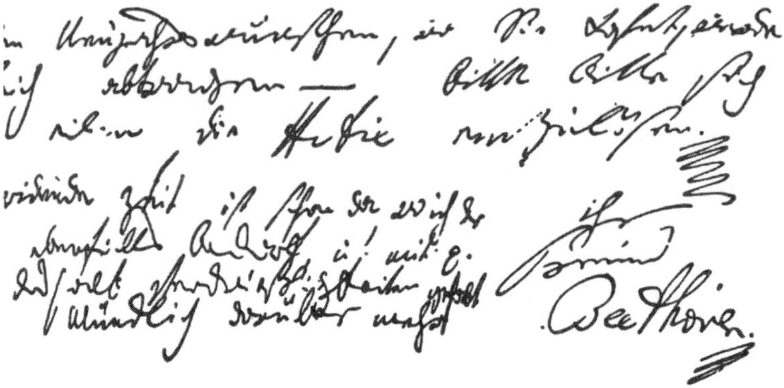

Abb. 2 (31%*) Außergewöhnliches Formniveau

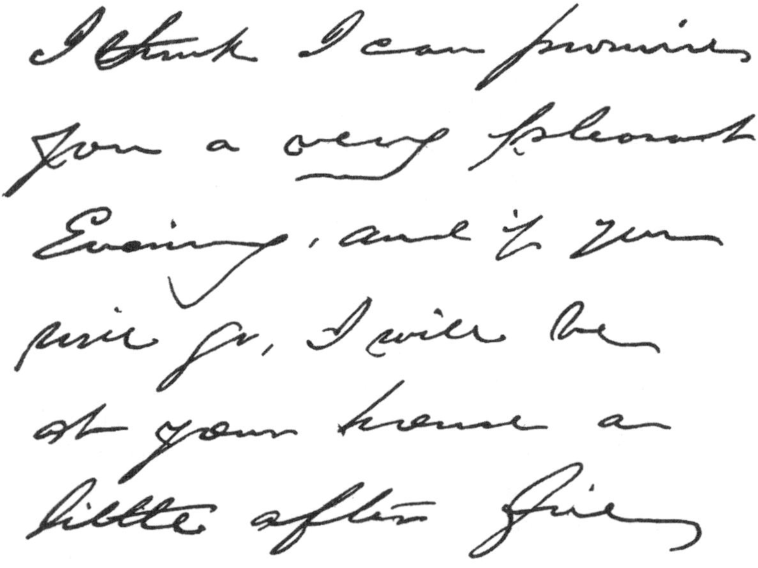

Abb. 3 (7%) Höheres Formniveau

* Die Originalproben sind um den jeweils in der Legende angegebenen Wert verkleinert.

Abb. 2–15 Niveaus der Formqualität (Forts.)

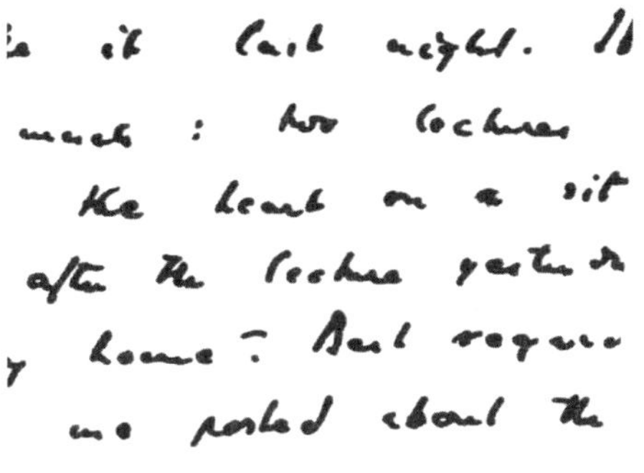

Abb. 4 (7%) Höheres Formniveau

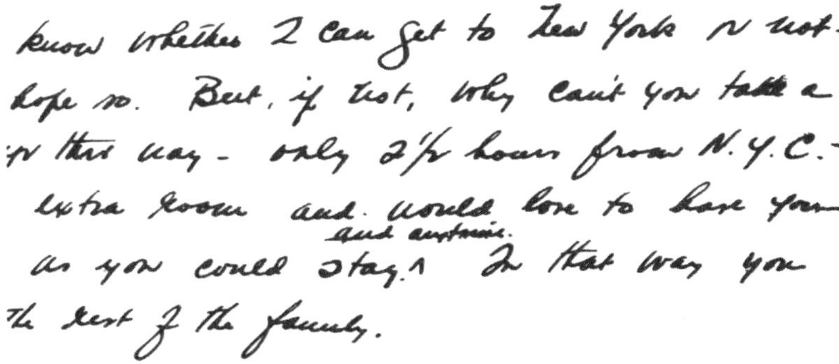

Abb. 5 (3%) Gutes Formniveau

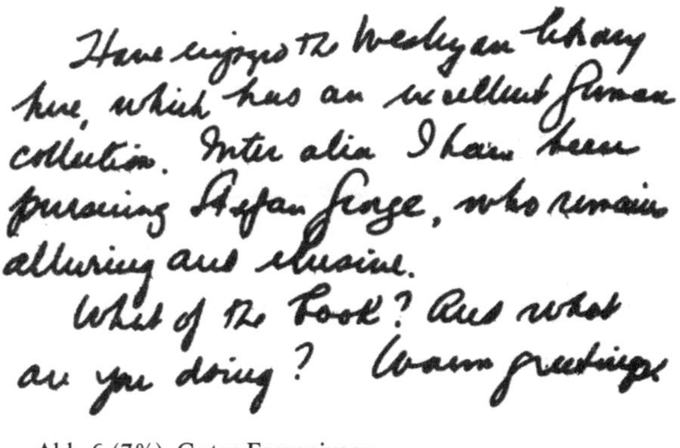

Abb. 6 (7%) Gutes Formniveau

Abb. 2–15 Niveaus der Formqualität (Forts.)

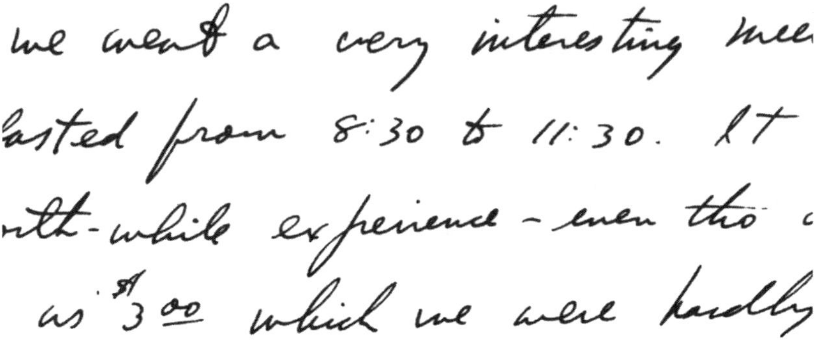

Abb. 7 (17%) Ansehnliches Formniveau

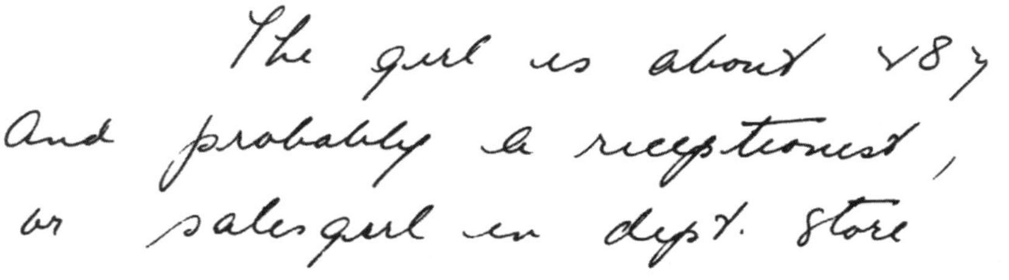

Abb. 8 (17%) Ansehnliches Formniveau

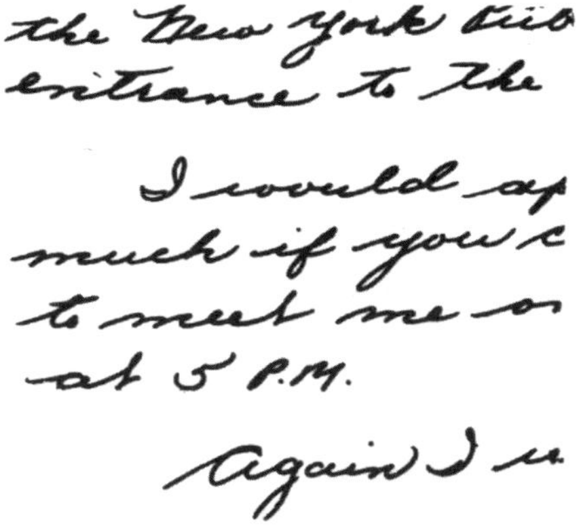

Abb. 9 (7%) Mittelmäßiges Formniveau

Abb. 2–15 Niveaus der Formqualität (Forts.)

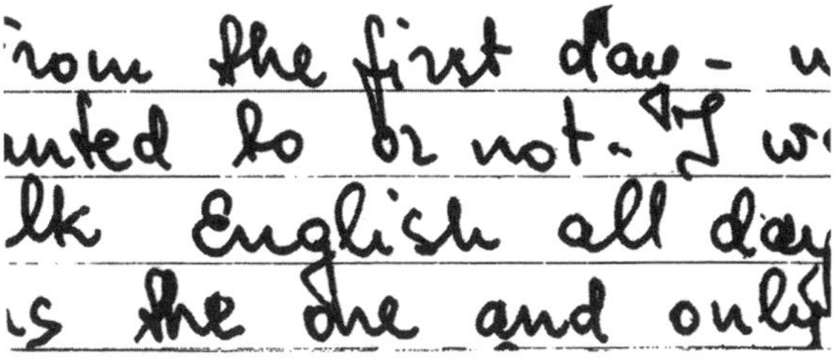

Abb. 10 (7%) Mittelmäßiges Formniveau

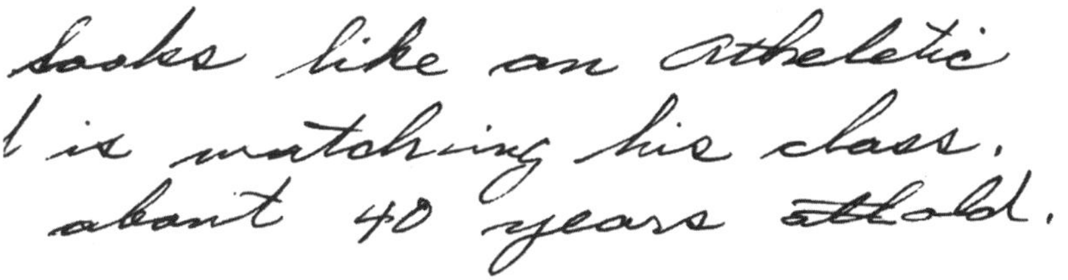

Abb. 11 (26%) Im wesentlichen niedriges Formniveau

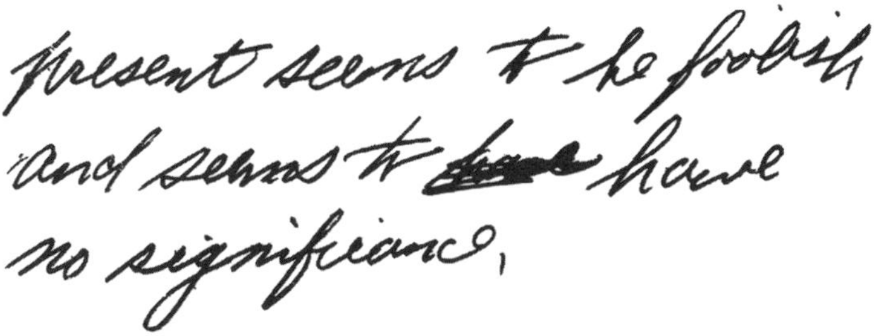

Abb. 12 (26%) Im wesentlichen niedriges Formniveau

Abb. 2–15 Niveaus der Formqualität (Forts.)

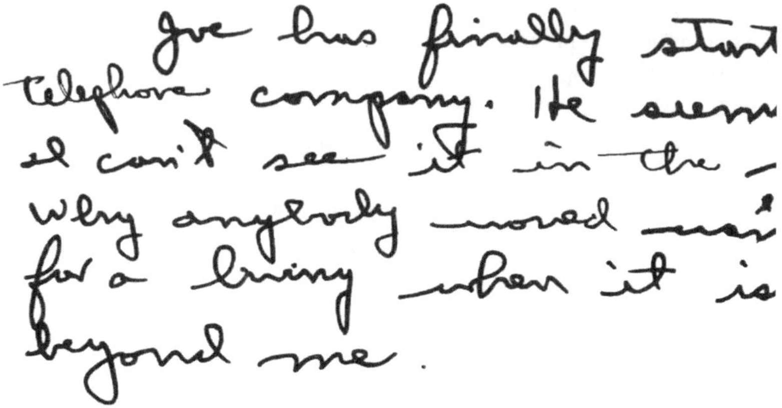

Abb. 13 (7%) Eindeutig niedriges Formniveau

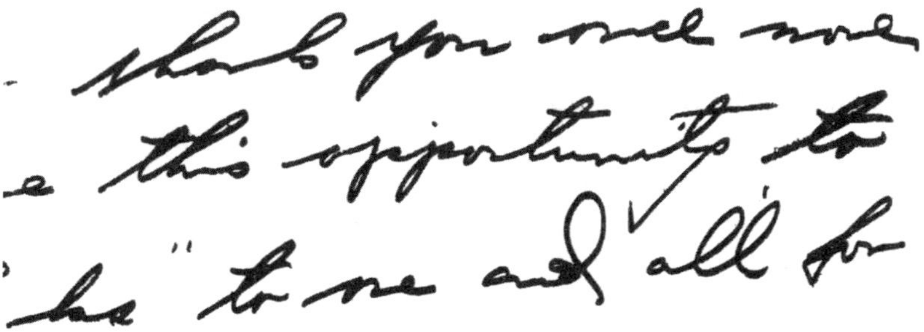

Abb. 14 (7%) Eindeutig niedriges Formniveau

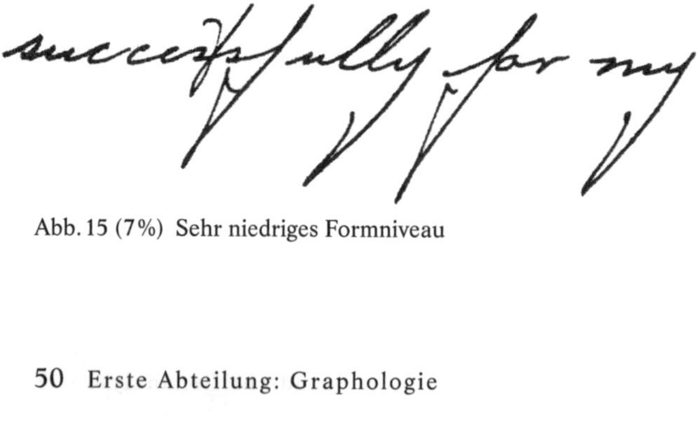

Abb. 15 (7%) Sehr niedriges Formniveau

Rhythmus und Regelmaß, Integration und Fluktuation

Wie alle Lebensprozesse folgen die wechselnden Phasen von Kontraktion und Entspannung nicht mit mechanischer Präzision aufeinander, sondern in einer komplexer geordneten Abfolge, die aus der gleichzeitigen Wirksamkeit der zwei einander entgegengesetzten Prinzipien von Wiederholung und Wechsel resultiert: Ähnliche, nicht identische Intervalle folgen aufeinander; ihre Variationen zeigen wiederum eine mehr oder weniger starke Tendenz, sich in gleichen Intervallen zu wiederholen; diese Wiederholung unterliegt einer Gegentendenz, die sie in Einheiten mehr oder weniger schwankender Länge auftreten läßt, und so weiter. Diese Eigenart der Kontraktions-Entspannungs-Zyklen verbindet sie mit allen Phänomenen, die sich in der Dimension der Zeit mittels eher einer ihnen eigenen strukturellen Ordnung als eines ihnen bloß auferlegten abstrakten und starren Prinzips der Zeiteinteilung ausprägen. Indem sie die divergierenden Prinzipien von Periodizität und Fluktuation wieder miteinander in Einklang bringt, ist diese strukturelle Ausprägung im wesentlichen identisch mit dem, was in der Musik »Rhythmus«, in Abgrenzung zu ihrer »Zeit« oder ihrem »Taktmaß«, genannt wird: Das »Taktmaß«, an sich nur ein abstraktes und statisches Prinzip, das identische Unterteilungen der zeitlichen Bahn markiert, in der ein Musikstück vorangeht, korrespondiert nichtsdestoweniger mit einem der beiden Prinzipien des Rhythmus, dem der Wiederholung; doch es ist nicht identisch mit dem Rhythmus der Musik an sich, der mit wechselnden Mitteln, wie etwa der Synkopierung, ihrem zweiten Prinzip, dem des Wechsels, folgt, um der Gleichförmigkeit als dem Element des ersten Prinzips gegenzusteuern. Indem so das Taktmaß das sich Wiederholende identischer Unterteilungen zur Variation innerhalb jedes wiederholten Zeitmaßes benutzt, ist es integriert in den und zugleich der belebende Effekt des hervorgebrachten »Rhythmus'«.

Wenn wir diesen Gedanken auf die entsprechenden Elemente der Schreibtätigkeit anwenden, begegnen wir dem starren Wiederholungsprinzip auf seiten der Kontraktions-, dem des Wechsels auf seiten der Entspannungsbewegungen. Visuell wird das schon durch die einfachste Form ihrer Abfolge schlagend nahegelegt, eine Reihe von Auf- und Abstrichen wie in kleinen *n*s und *m*s, wo die druckbetonten Abstriche die synästhetische Wirkung eines »Taktschlags« haben. Der Schreibprozeß ist um sie zentriert: Wenn wir alle Abstriche auslöschen, wird der Rest kaum mehr das Aussehen einer Hand-

Abb. 16 Beziehungen der Abstriche zur Grundstruktur

schrift aufweisen; löschen wir stattdessen alle Aufstriche, wird sich nicht nur der allgemeine »graphische« Charakter des Rests, sondern sogar seine Lesbarkeit im wesentlichen bewahrt finden (Abb. 16). Da sich die Kontraktionen so als die eigentlichen unmittelbaren Ansatzpunkte der Schreibbewegung in jedem ihrer Abschnitte erweisen, scheinen sie offenbar ein Prinzip der bewußten willentlichen Kontrolle darzustellen, von dem man sagen kann, daß es den Weg für die Schreibtätigkeit als Gesamtprozeß bahnt, und auf das sich die Entspannungsimpulse, um sich in die zusammenhängende Bewegung einzuordnen, »einzustellen« haben. Diese Konstellation zieht zwei Schlußfolgerungen nach sich. Erstens kann man annehmen, daß die Kontraktionsbewegungen die bewußt ausgeübten Funktionen der willentlichen Kontrolle, die Entspannungsbewegungen hingegen die Anpassungsfähigkeit des Lebensprozesses als ganzem hinsichtlich dieser Kontrolle zeigen; an den Entspannungsbewegungen erweist sich so die emotionale Reaktionsfähigkeit der Persönlichkeitsstruktur als durch seine unbewußten Schichten bestimmt. Je größer, zweitens, die Konstanz der der Bewegung auferlegten Kontrolle sowohl in ihren eigentlichen kontraktiven Anteilen als auch in ihren Intervallen ist, desto »regulierter« erscheint die Handschrift und als desto »kontrollierter« kann man den Schreiber erwarten; je geringer diese Konstanz und je freier fließend folglich die Handschrift ist, eine desto größere Spontaneität kann man entsprechend auf seiten des Schreibers gewärtigen.

Klages' Dichotomie von »regulierten« und »rhythmischen« Handschriften, die disharmonischen und harmonischen Persönlichkeiten entsprächen, vereinfacht diese Situation zu stark, und genau gegen diesen Bereich seines Systems fühlt sich der Verfasser genötigt, Einwände zu erheben, da die Differenz der Konzepte weder eine bloß technische noch eine terminologische, sondern eine höchst grundlegende ist. Die ganze »vitalistische« Denkschule, in Frankreich von Bergson, in Deutschland von Klages angeführt, interpretierte Bewußtsein an sich als eine störende Kraft im freien Spiel der Impulse, als eine gegen das Leben und den Lebensrhythmus selbst gerichtete Kraft. Entsprechend dieser Grundansicht verfiel Klages darauf, Ausdrucksbewegungen, die einen hohen Grad an bewußter Kontrolle aufweisen – wie z. B. »regulierte Handschriften« –, ohne Rücksicht auf die *Art* der aufgewiesenen bewußten Kontrolle als symptomatisch für mangelnde Integration anzusehen. Wie nunmehr offensichtlich, verallgemeinert Klages' Bewußtseinsbegriff Beobachtungen, die nur für den spezifischen Typ oder Fall bewußter Kontrolle, wie er gewöhnlich mit dem Ausdruck »Selbstbewußtsein« angesprochen wird, gelten; die behindernden Wirkungen, die selbstreflexive und introspektiv-beobachtende Haltungen auf emotionale und motorische Impulse ausüben, sind allgemein anerkannt und wurden hinsichtlich ihres spezifischen Einflusses auf Ausdrucksbewegungen in einem früheren Kapitel diskutiert. »Bewußtsein« aber meint über diese Umkehrung seiner normalen Richtung hinaus in erster Linie das Gewahrsein eines und die Konzentration auf ein äußeres Erkenntnisobjekt oder einen Gegenstand des Willens; bei normalen Abläufen ist es einfach ein notwendiges Attribut der Ausgerichtetheit des menschlichen Organismus auf seine Ziele, und als solches qualifiziert und bedingt es einen spontanen Affektfluß eher als ihn zu behindern. »Bewußter Kontrolle« einen desintegrierenden Effekt zuzuschreiben sollte folglich auf solche Ausdrucksbewegungen beschränkt werden, die eine Affekt-unterdrückende Entfaltung solcher Kontrolle erkennen lassen; oder die, allgemeiner gesagt, einen Konflikt anzeigen, der einem Unvermögen der emotionalen Impulse geschuldet ist, bewußten Willen in seinen gewählten Richtungen auszuhalten. In der Schreibbewegung manifestiert sich eine Situation dieser Art nicht notwendig durch »Regelmäßigkeit«, die von sich aus nur die Konsistenz zeigt, mit der bewußte willentliche Kräfte sich entfalten; vielmehr äußert sie sich durch Schwierigkeiten der Koordination – in Form entweder übermäßig unvermittelter oder übermäßig verwickelter Striche –, die aus einer mehr oder weniger ausgeprägten Unfähigkeit des Organismus herrühren, sich diesen Kräften anzupassen. Solche Schwierigkeiten bringen es mit sich, daß der Organismus sein eigenes Element des bewußten Willens eher wie einen »Fremdkörper«, der Anforderungen an ihn stellt, statt, wie normalerweise, seine Beziehung zu diesem Element als eine der Identität erfährt.

»Regelmäßige« Handschriften *können* folglich auch zufriedenstellend rhythmisiert sein, vorausgesetzt, daß die regulierenden Kräfte des Bewußtseins graphisch integriert sind – in anderen Worten, daß ihr niedriger Schwankungsgrad nicht als die künstliche und den erkennbaren Entspannungsimpulsen eher widerstreitende denn mit ihnen harmonierende Wirkung irgendeiner Art von Selbst-Zwang erscheint; stark schwankende Handschriften hingegen *können* entsprechend ziemlich unrhythmisch sein: Die typische Schriftspur des Psychopathen zum Beispiel verbindet den Mangel an rhythmischer Integration mit auffälliger Unregelmäßigkeit.

Wir können also Klages' einfache Dichotomie von Rhythmus und Regelmaß nicht akzeptieren, benötigen vielmehr zwei voneinander unabhängige Kriterien, den relativen Schwankungs- und den relativen Integrationsgrad. Unabhängig von ihrem Formniveau können alle graphischen Erzeugnisse nach diesen beiden Kriterien bestimmt werden, deren klinische Anwendung in beträchtlichem Maße dazu beiträgt, die bestehende Vielzahl an Typen sowohl normaler als auch pathologischer Persönlichkeiten zu erklären.

Klages' Zweiteilung behält aber ihren Wert, insofern sie für den graphischen Rhythmus in mindestens einer dieser beiden Dimensionen Gültigkeit besitzt, nämlich der der Schwankung. Durch Anwendung des Ambivalenzprinzips entweder auf »regelmäßige« oder »entspannte« Handschriften und in einfachen Ausdrücken zur Charakterbeschreibung formuliert, ergibt sich die folgende erste Tabelle möglicher Persönlichkeitszüge.

Tabelle I Schwankungsgrad

»regelmäßig« Vorherrschaft von Kontrolle		*»entspannt«* Vorherrschaft der Gefühle	
+	–	+	–
Selbstverleugnung	Beschränktheit	Wärme	Unausgeglichenheit
Selbstbeherrschung	Kälte	Impulsivität	Richtungsschwäche
Festigkeit	Gefühlsarmut	Lebhaftigkeit	Ziellosigkeit
Entschiedenheit	Schablonenhaftigkeit	Kreativität	Wankelmut
Beständigkeit	»Langweiligkeit«	Selbstkorrektur	Lustlosigkeit
Konzentrationsfähigkeit	Selbst-Vernachlässigung		»Willensschwäche«
»Triebhierarchie«	Selbstzwang		Ablenkbarkeit
	Fehlen von Selbstkorrektur		»Triebanarchie«

Im grapho-analytischen Verfahren hängt eine richtige Wahrnehmung rhythmischer Eigenschaften, ganz ähnlich wie die des Niveaus der Formqualität, weitgehend von der Übung im Sehen und einem guten allgemeinen Sinn für visuelle Merkmale ab. Einige grundlegende Regeln können natürlich angegeben werden. Eine Handschrift wird als umso besser integriert in einem rhythmischen Sinne bezeichnet werden, je mehr in ihr das Element des Wiederholens der Kontraktions-Entspannungs-Phasen, ohne Ansehen der Stärke der Kontraktionen, als Wirkung eines spontanen Fließens der Bewegungsimpulse erscheint und je mehr in ihr die Elemente des Schwankens, ohne Ansehen des Schwankungsumfangs, eher graduelle als plötzliche Veränderungen darstellen. Für die Bestimmung des Grads an Regelmäßigkeit ergeben sich noch einfachere Regeln aus der zu Beginn dieses Abschnitts vorgenommenen allgemeinen Analyse der Kontraktions-Entspannungs-Zyklen. Auf der Grundlage dieser Analyse kann das Kriterium der Regelmäßigkeit definiert werden als die kombinierte relative Konstanz der Abstrichlänge in der Mittelzone, der Abstände zwischen ihren Basispunkten auf der Schreiblinie, ihren Richtungen und der Stärke des bei ihrer Ausführung ausgeübten Drucks (Abb. 17–21).

Abb. 17–20 Rhythmus und Regelmaß

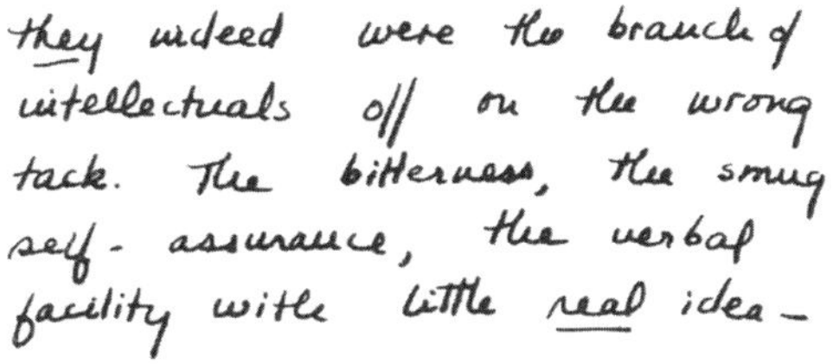

Abb. 17 (31%) Rhythmisch und regelmäßig

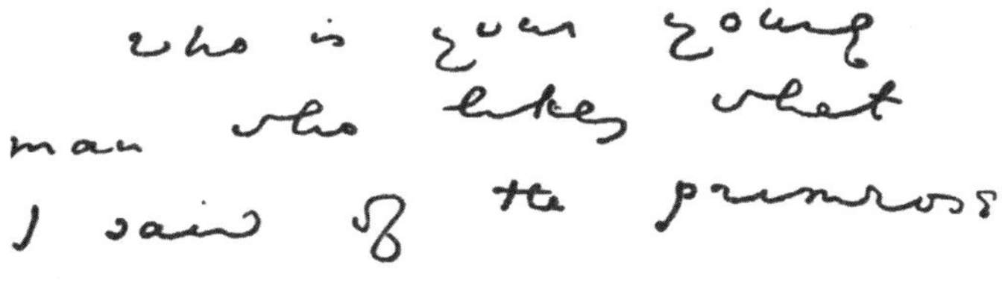

Abb. 18 (31%) Rhythmisch und unregelmäßig

Abb. 17–20 Rhythmus und Regelmaß (Forts.)

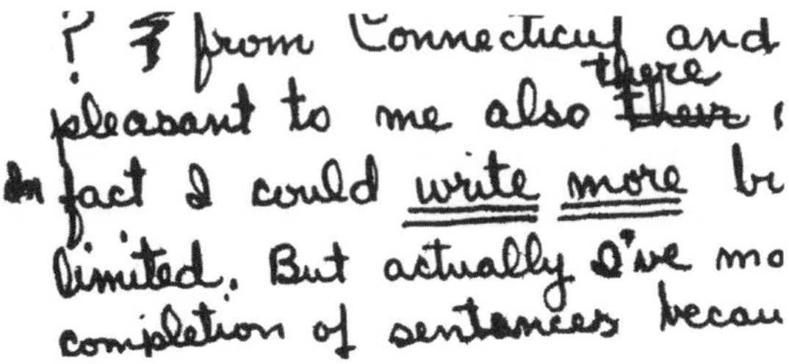

Abb. 19 (31%) Unrhythmisch und regelmäßig

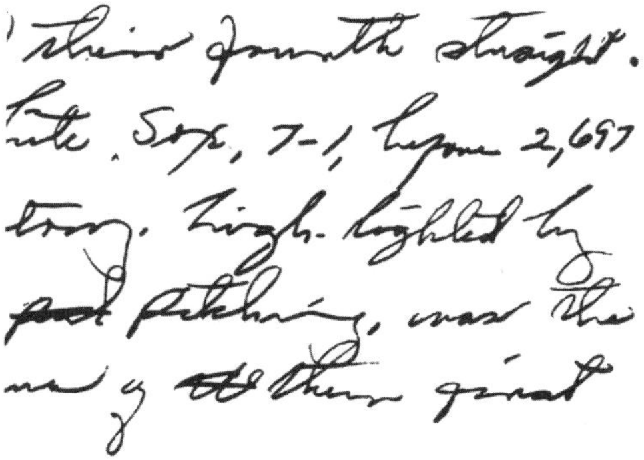

Abb. 20 (31%) Unrhythmisch und unregelmäßig

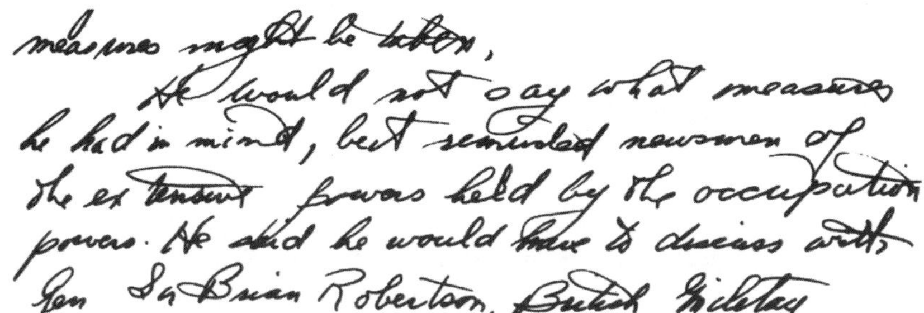

Abb. 21 (42%) Rhythmische Störungen bei einem guten Niveau der Formqualität

Die Gesamtanlage

Neben den beiden leitenden Kriterien des Formniveaus und der rhythmischen Eigenschaften der Handschrift ist für den graphologisch Arbeitenden die Gesamtanlage des Textes wesentlich als Hilfe, sich auf sein Beobachtungsfeld hin zu orientieren, und als Anstoß auf seinem Weg zu einer näheren Erforschung graphischer Details, die wiederum unabdingbar ist für die folgenden Untersuchungen einzelner Dimensionen.

Die verbreitetsten dimensionssetzenden Eigenschaften der Anlage, wie Ordentlichkeit versus Unordnung oder Eleganz versus Schmierigkeit, suggerieren ihre eigenen allgemeinen Bedeutungen und dürften somit keinerlei ausgefeilte Analyse in diesem Punkt gewährleisten. Diese Eigenschaften wie auch die psychologisch komplexeren von Gedrängtheit versus Dispersion, Betonung versus Mißachtung der Ränder usw. stellen Abkömmlinge von spezifischeren Bestandteilen der Bewegung dar, die gesondert an geeignetem Ort diskutiert werden. Gedrängte Handschrift weist auf die möglichen Bedeutungen von – positiv – einer reichen und eher intensiv reflektierenden und durcharbeitenden denn weit ausgreifenden ideomotorischen Produktivität und – negativ – einer fehlenden Artikuliertheit von Ideen hin; disperse Handschrift positiv auf gute Fähigkeiten zur begrifflichen Erfassung eines großen Gegenstandsfelds, negativ auf mangelnde Sorgfalt und, bei beginnender Schizophrenie, eine Furcht vor logischer Entgleisung, die auf eine Isolierung von Wörtern hinarbeitet.

Schwankungen zwischen beiden Typen, gewöhnlich mit einem sehr hohen Formniveau und signifikant unregelmäßigen, zugleich aber hochrhythmischen Eigenschaften, finden sich besonders häufig in den Schriftstücken von unabhängigen, unkonventionellen und in einigen Fällen außergewöhnlich kreativen, aber auch disharmonischen Persönlichkeiten (Beethoven, Balzac) wie ebenso in denen der klinisch manisch-depressiven. Allgemeine Betonung der Ränder, besonders des oberen und des linken, verweist auf einen ästhetisch artikulierten Sinn für persönliche Distanz und Unterscheidung; eine ausführlichere Diskussion der Ränder folgt weiter unten. Ein Fehlen besonders des oberen Randes und eine mangelnder Abstand zwischen den Zeilen spiegelt mangelndes Selbstvertrauen, ein ängstliches Festhalten an bereits gesicherten Positionen der Umgebung wider; mehrere Linien möglicher graphologischer Interpretation – darunter wäre die einer mehr oder weniger entwickelten »Klebrigkeit«, d. h. Aufdringlichkeit, in interpersonellen Beziehungen zu erwähnen – weichen von diesem allgemeinen Konzept ab. Die Angewohnheit, Textteile einzufügen, ähnelt, wenn sie vorherrscht und besonders, wenn sie die Ränder nicht ausspart, der häufigen Neigung gewisser Leute, im Flur oder noch an der Tür des gastgebenden Hauses eine Unterhaltung erneut aufzunehmen, die bereits beendet war; in ihren weniger harmlosen interpretativen Versionen spiegelt sie einen Vollständigkeitswahn wider, der auf Kosten einer konsistenten Zeitplanung und eines geordneten Vorgehens wirksam ist.

Während die meisten der Merkmale, die die Gesamtanlage ausmachen, ihre richtige systematische Position an spezifischen Orten innerhalb der verschiedenen Bewertungsdimensionen finden, bilden sie zugleich Gesamteigenschaften des Beobachtungs- und Arbeitsfeldes des Graphologen und verdienen als solche seine ungeteilte Aufmerksamkeit.

Die Bewertungsdimensionen

Einführende Bemerkung

Die Theorie der Ausdrucksbewegungen vertritt die Ansicht, daß Persönlichkeitsstruktur als qualitativer Begriff niemals erklären kann, was ein Individuum tut, wenn die Aufmerksamkeit nicht darauf gerichtet wird, wie es dies tut. Qualitative Verhaltensanalyse entdeckt wiederum persönliche Vorlieben für bestimmte Gesten und gestische Qualitäten und das Unterlassen oder Unterdrücken anderer. Da die Handschrift dem Individuum die gesamte Skala möglicher gestischer Betonungen und Abschwächungen bietet, kann man davon ausgehen, daß sie sein persönliches Profil ausdrucksmäßiger Artikulation mit besonderer Trennschärfe offenbart.

Die grundlegenden Eigenschaften der graphischen Bewegung selbst liefern das System, nach dem dieses Profil analysiert und entsprechend ihrer jeweiligen Ordnung mit Hilfe im folgenden beschriebenen Bewertungsdimensionen oder -gebiete klassifiziert wird. Befunde innerhalb dieser Gebiete sind nicht als »Teile« der Persönlichkeitsstruktur zu verstehen, sondern als besondere Aspekte der Persönlichkeit als ganzer, deren jeder einen spezifischen Beobachtungsstandpunkt impliziert. Dimensionale Bewertungen, wie sie im weiteren vorgelegt werden, gelten für die Grenzwerte der fraglichen graphischen Züge an beiden Polen der jeweiligen speziellen Dimension, d. h. für Prototypen; in ihrer Anwendung bei den Analysen vorliegender Schriftproben sind sie deshalb als Tendenzen zu behandeln, die sich dem Prototyp in einem Grad annähern, der abhängig ist von der Ausprägung des Zugs in der untersuchten Handschrift, seiner Schwankung und seinem möglichen Alternieren mit Tendenzen, die in eine entgegengesetzte Richtung weisen.

Die Revision des Klagesschen Begriffs vom graphischen Rhythmus, auf die im vorigen hingewiesen wurde, läuft, was die Anwendung und den Kern charakterologischer Begriffe anbetrifft, auf eine Anzahl von Abweichungen von Klages' System hinaus. Abgesehen von diesen Abweichungen, von beträchtlichen Unterschieden sowohl in der Betonung als auch in der psychologischen Begründung der meisten grundlegenden dimensionalen Interpretationen und von einer eingehenderen Erforschung des Verhältnisses zwischen der Mittel- und den Randzonen folgen die Tafeln der Bezeichnungen charakterologischer Züge, die für jede der Haupt-Bewertungsbereiche vorgelegt werden (einschließlich der schon wiedergegebenen zum Verhältnis »regelmäßig–entspannt«), im allgemeinen denjenigen, die von Klages in ›Handschrift und Charakter‹ aufgestellt wurden und die sich während Jahrzehnten graphologischer Forschung in Europa als eine solide und unverzichtbare Grundlegung erwiesen haben. Entsprechend den soeben festgestellten Unterschieden im Begriff des Rhythmus (beziehungsweise der Persönlichkeitsintegration) wurde allerdings der Umfang der aufgeführten Charaktertendenzen erweitert, um auch pathologische Trends abzudecken, wo immer ein Potential für diese als unmittelbar einbegriffen in irgendeiner der zentralen »dimensions«-setzenden Eigenschaften der graphischen Bewegung zu entdecken war.

Ausdehnung, Geschwindigkeit und Wucht

Nur für sich, unabhängig von ihrem Umfeld und den in ihnen implizierten Richtungskriterien betrachtet, können alle Bewegungen nach ihrer Ausdehnung, ihrer Geschwindigkeit und ihrer Wucht definiert werden. In einem vorausgehenden Kapitel wurde die vertikale Dimension als diejenige bestimmt, die die Orientierung der Person im Rahmen der verfügbaren Werte, die horizontale als diejenige, die ihre Orientierung in der Realität repräsentiert. In beiden Fällen wird Bewegung als gerichtete, als auf ein selbst nicht an der Bewegung beteiligtes Feld bezogen angesehen. Betrachtet man diejenigen ihrer Eigenschaften, die in einem engeren Sinne ihre Identität ausmachen, muß man die graphische Bewegung dementsprechend unter den drei oben genannten Kriterien beurteilen. Da diese keinen äußeren Bezugspunkt einschließen, kann man psychologisch von ihrer Anwendung Aufschluß über die Selbsterfahrung einer Person, *ungeachtet* ihrer Differenzierungen durch irgendeine spezifische Realitätserfahrung, und über ihre Zielsetzungen, *ungeachtet* ihrer Differenzierungen durch vorhandene Werte, erwarten. Von Größe, Schnelligkeit und Druck der Handschrift kann man folglich wichtige psychologische Anhaltspunkte im Blick auf das grundlegende organismische Potential der Person, das man gemeinhin Veranlagung nennt, erwarten.

Während die Größe der Handschrift sich offensichtlich aus der Reichweite der in der Schreibbewegung begriffenen Finger ergibt, dürfte die größere psychologische und technische Komplexität der beiden anderen Kriterien einen kurzen Kommentar rechtfertigen. Zwar ist eine genaue Messung der Schreib*geschwindigkeit* nur durch kontrollierte Versuche möglich (was Bedingungen zu schaffen bedeutete, die die Zeiteinteilung der Personen und ihr normales Maß an Aufmerksamkeit für die Aufgabe tangieren könnten), jedoch bietet der Schriftzug selbst hinreichende Anhaltspunkte für eine einigermaßen zuverlässige Einschätzung der Geschwindigkeit seiner Erzeugung. Das visuelle Kriterium ist hier der »Schwung« oder die »Schlankheit« des Strichs, und seine Gültigkeit wird durch die wohlbekannte, in der Handschriftenidentifizierung äußerst wichtige Tatsache bestätigt, daß Schriftzüge *nicht kopiert werden können*: Während jede andere Eigenschaft außer ihrer Geschwindigkeit es kann, ist die zur sorgfältigen Erfüllung dieser Aufgabe erforderliche Zeit so erheblich, ihre Ausführung so langsam, daß die sich daraus ergebende Schwerfälligkeit der Striche die gesamte Wirkung der formalen Genauigkeit der Nachahmung außer Kraft setzt. »Schwerfälligkeit« meint hier nicht notwendig Dicke. Noch meint es ein Fehlen an Glattheit der seitlichen Begrenzungen oder an konsistenter Richtung des Strichs in jedem kleinsten Abschnitt seines Verlaufs, eine Beobachtung, die das Vergrößerungsglas oder Mikroskop leicht bestätigt, die aber in den meisten Fällen und von den meisten Beobachtern auch ohne deren Hilfe gemacht werden kann.

Was das dritte der genannten Kriterien betrifft, das des Drucks – der sich graphisch durch ein Anwachsen des Tintenflusses und daraus folgender Erweiterung und Verdunkelung der Striche anzeigt –, so ergibt sich seine psychologische Repräsentativität für die Gesamtwucht der Bewegung aus einer Analyse allen an dem Vorgang beteiligten muskularen Drucks. Grundsätzlich können drei Arten von Druck unterschieden werden: der des Unterarms auf den Tisch, der der Finger auf das Schreibwerkzeug und der des Schreibwerkzeugs aufs Papier. Von ihnen hat allerdings nur der letztgenannte eine konkrete und dauerhafte Wirkung und ist zudem der einzige, der, dank seiner engen Zugehörigkeit zu den greif- und sichtbaren Ergebnissen seiner Tätigkeit, der Erfahrung der schreibenden Person selbst zugänglich ist. Die von der Schreibbewegung ausgeübte Gesamtwucht kulminiert psychologisch in dem eigentlichen graphischen Druck und wird deshalb entsprechend seiner Stärke gemessen.

Die allgemeine Bedeutung der drei genannten Dimensionen kann, wie oben herausgestellt, für jede von ihnen auf der Basis einer einfachen Feststellung ihrer möglichen gestischen Implikationen spezifiziert werden. In der symbolischen Erfahrung sind »groß« und »bedeutend« austauschbare

Abb. 22–24 Größe

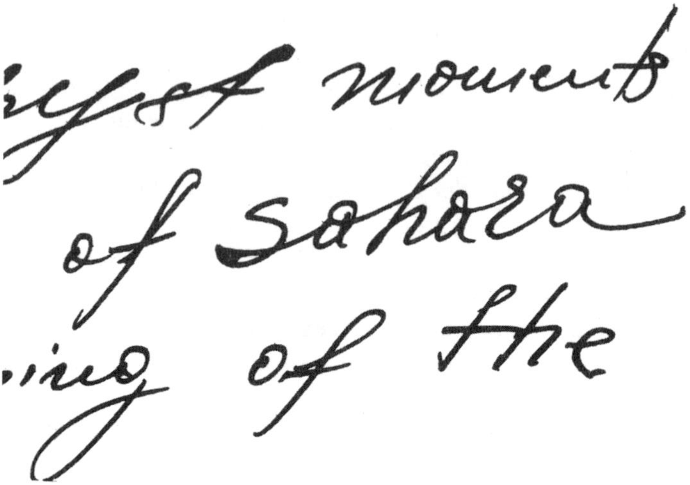

Abb. 22 (7%) Sehr groß

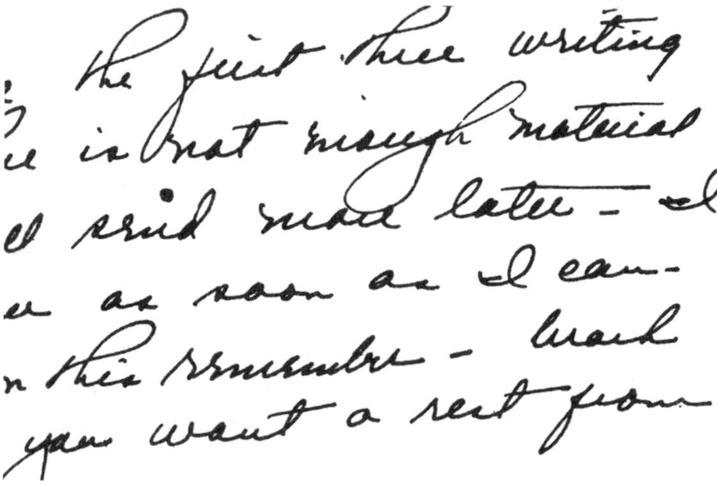

Abb. 23 (7%) Mittel

Abb. 22–24 Größe (Forts.)

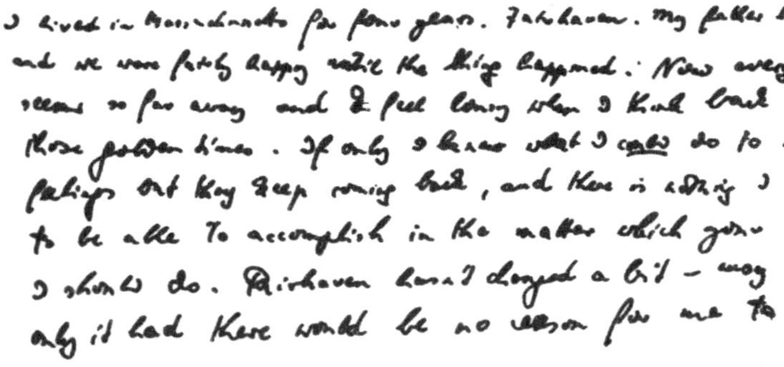

Abb. 24 (7%) Sehr klein

Begriffe, ebenso wie »klein« und »vernachlässigbar«, und Ausdrücke wie »Größe« und »Erhabenheit« in ihrem übertragenen Gebrauch, »Großmut«, eine »große Geste«, ein »engstirniger« Geist, verraten alle denselben Komplex von Assoziationen. Graphologisch wird Größe deshalb als ein Maß für das spontane Selbstwertgefühl der Person, für ihr Gefühl der eigenen Bedeutung genommen – wiederum auf dieser Ebene der Untersuchung ohne Rücksicht auf irgendwelche ergänzenden und qualifizierenden Kriterien, die uns über die besondere Persönlichkeitsfunktion, um die es zentriert ist, über die bewußte Haltung, die daraus folgt, oder über die Rechtfertigungsgrundlage in Werten oder Leistungen informieren würden; allerdings sollte man sich klar machen, daß das Niveau der Selbsterfahrung, da die Erhebung gleich welcher Position über ihre Umgebung bestimmt, wie viel von dieser von dort aus »übersehen« wird (sowohl im Sinne von, positiv und allgemein, »Überblick« als auch von, negativ und spezifisch, »Nichtbemerken«), entscheidend auch für die äußeren Erfahrungen der Person, zumindest im Hinblick auf ihre grundlegenden Ansprüche, ist: Es bestimmt, wie weit oder eng ihr Realitätsfokus bemessen ist, welche »Größe« von Objekten und Zielen, von Aufgaben und Herausforderungen sie wahrnimmt und in welchem Umfang, wenn nicht sogar mit welcher Kraft sie wahrscheinlich die Realität angeht (Abb. 22–24). Während »Größe« somit in einem statischen Sinne auf die Selbsterfahrung und die gesamten Ansprüche verweist, zeigen diese selbst sich in Tätigkeit in den Dimensionen von Druck und Geschwindigkeit.

Diskutieren wir zuerst den »Druck«. Da die notwendige dynamische Bedingung von Selbsterfahrung die eines Widerstands ist, auf den man gestoßen ist und den man überwunden hat, kann uns das gegen den Widerstand aufgewendete Ausmaß an Mühe als Maß für die Intensität dieser Erfahrung auf ihren beiden Seiten, der des »Ich« und der des »Hindernisses«, die sich so als interdependent erweisen, dienen; deshalb scheint für allgemeine empirische Zwecke die äußerlich verfügbare Menge an willentlicher Energie tatsächlich durch den absoluten Grad an vorhandenem Druck angezeigt zu werden. Theoretisch und klinisch aber wäre diese angenommenerweise notwendige Identifizierung von Ichstärke mit äußerlich verfügbarer Energie unkritisch, da die Erfahrung von Widerstand nichts über die objektive Natur des Hindernisses verrät, das ebenso die Form eines interpersonellen Hemmnisses wie einer äußeren Herausforderung haben kann. In welchem Ausmaß ein bestimmter Grad an Druck äußerlich verfügbare Energie repräsentiert und in welchem das Vorhandensein von Hemmungen oder Blockaden hängt davon ab, wie gut die verschiedenen Anzeichen von Druck rhythmisch in die Gesamtkonfiguration integriert sind, deren Aufdeckung sich somit einmal mehr als entscheidend erweist (Abb. 25–30).

Abb. 25–27 Druck

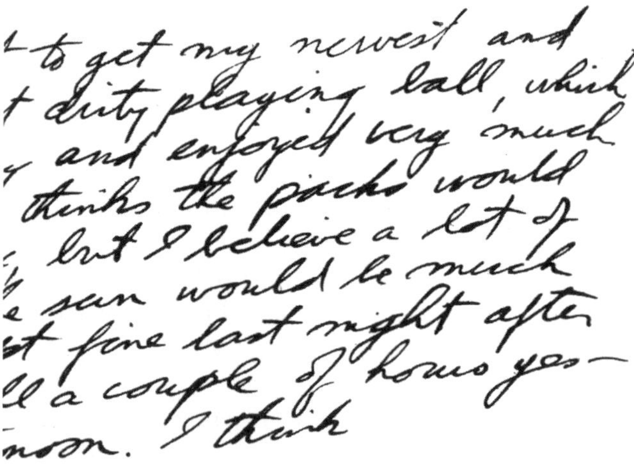
to get my newest and
dirty playing ball, which
and enjoyed very much
thinks the pitcher would
but I believe a lot of
sun would be much
fine last night after
a couple of hours yes-
noon. I think

Abb. 25 (31%) Stark

Abb. 25–27 Druck (Forts.)

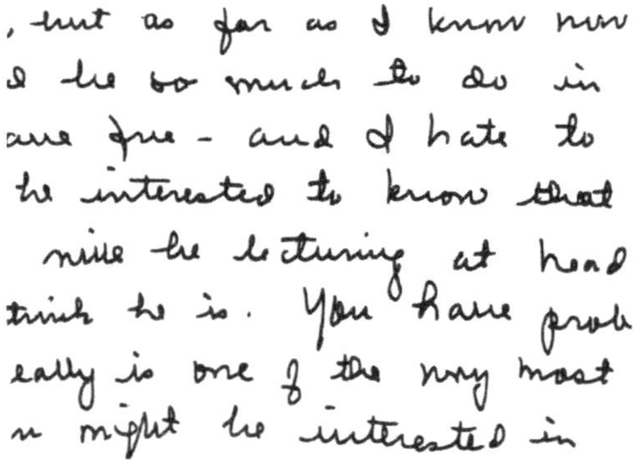

Abb. 26 (31%) Mittel

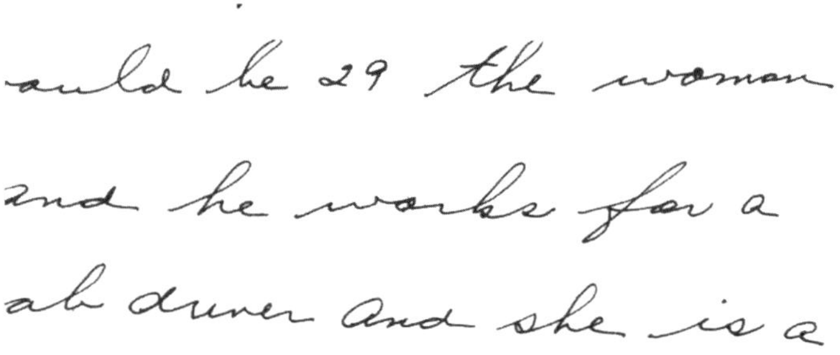

Abb. 27 (31%) Zart

Für die Interpretation der relativen Geschwindigkeit nimmt der Begründungsprozeß einen genau gegenteiligen Verlauf. Je kraftvoller unsere Bewegungen, desto größer das »zu Recht« oder »zu Unrecht« erfahrene Hindernis; je schneller unsere Bewegung, desto eindringlicher das Zielbild, das im Verhältnis zu den erfahrenen Hindernissen und an ihrer Stelle erfahren wird; und desto weniger ist das Ich in der Folge der letzteren gewahr (was ein Innesein seiner selbst einschließt), und desto mehr identifiziert es sich mit seinen Zielen und dem daraus folgenden Spontaneitätsfluß. Abermals überwiegen in der interpretativen Einschätzung der relativen Geschwindigkeit Gesichtspunkte der Gesamtkonfiguration, die sich auf den Grad konzentrieren, in dem die anderen Qualitäten des Schreibens sich unter der Beschleunigung, die gewöhnlich nach den ersten paar Zeilen einsetzt, behaup-

Abb. 28–30 Geschwindigkeit

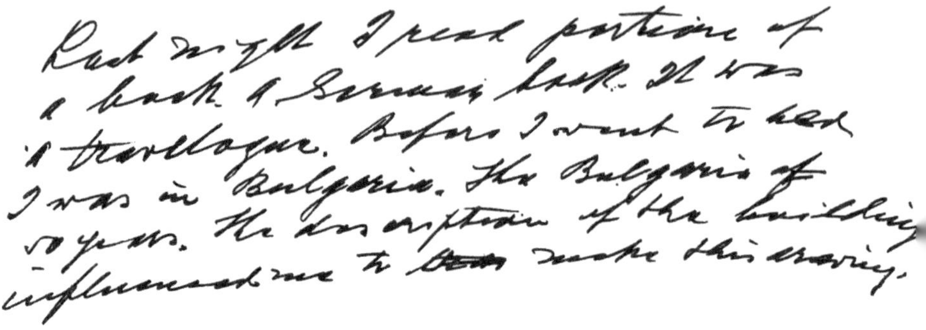

Abb. 28 (37%) Schnell

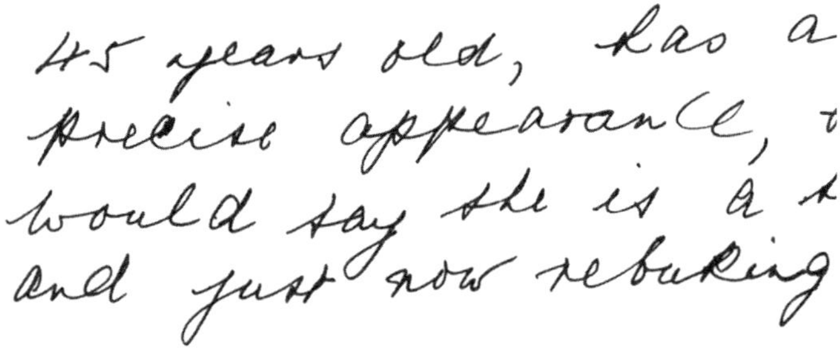

Abb. 29 (37%) Mittel

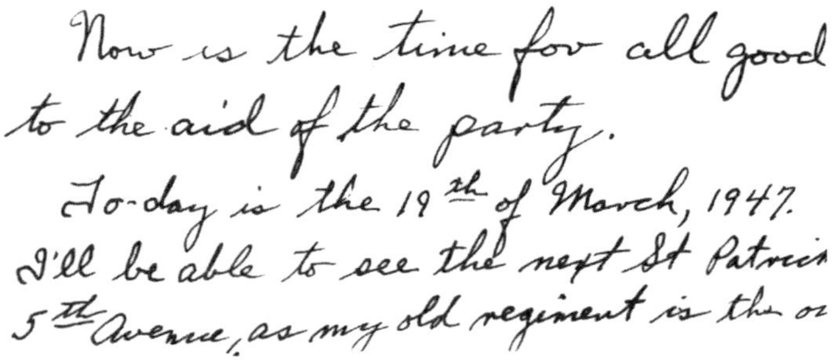

Abb. 30 (37%) Langsam

ten; wenn wir sowohl das Prinzip der Interdependenz als auch das der Ambivalenz auf die Ergebnisse unserer Analyse anwenden, kommen wir zu der Tabelle II für die – in einfache persönlichkeitsbeschreibende Terminologie gefaßt – möglichen Bedeutungen von Größe, Geschwindigkeit und Druck.

Tabelle II Ausdehnung, Geschwindigkeit und Wucht

Größe groß		klein	
+	–	+	–
Stolz	Dünkel	Mäßigung	Mangel an Selbstvertrauen
Unabhängigkeit	Arroganz	Bescheidenheit	Pedanterie
Großzügigkeit	Anmaßung	Ergebenheit	Furchtsamkeit
Ritterlichkeit	Großsprecherei	Toleranz	Minderwertigkeits-gefühle
Edelmut	(Größenwahn)	Friedfertigkeit	Kleinmut
Enthusiasmus	Exaltiertheit	Anpassungsfähigkeit	Unterwürfigkeit
Mut	Herrschsucht	Gewissenhaftigkeit	Fügsamkeit
Weitblick	Rücksichtslosigkeit	Beobachtungsgabe	(Zwanghaftigkeit)
Führungsqualität	Sorglosigkeit und Unvorsichtigkeit	Genauigkeit	(Selbstquälerei)
Planungssicherheit	Projektemacherei	Konzentrations-fähigkeit	
»Große Gedanken«	Verschwommenheit der Begriffe		
Organisationstalent und Übersichts-fähigkeit	Denken in Allgemeinplätzen		
Konstruktivität	Beobachtungsarmut		
	Ablenkbarkeit		
	Nachlässigkeit		

Geschwindigkeit schnell		langsam	
+	–	+	–
Agilität	Ruhelosigkeit	Bedächtigkeit	Untätigkeit
Lebhaftigkeit	Unbeständigkeit	Sammlung	Trägheit
Abwechslungs-bedürfnis	Unbesonnenheit	Voraussicht	Phlegma
»Temperament«	Hast	Sorgfalt	Zögerlichkeit
»Elan«	Oberflächlichkeit	Beständigkeit	Unentschlossenheit
Leidenschaftlichkeit	Wankelmut	Tatsachensinn	Faulheit
Eifer	Planlosigkeit	(Konkretes Denken)	Mangel an Temperament
Strebsamkeit	Unzuverlässigkeit		Langsames Denken und Reagieren
Zielstrebigkeit	Erregbarkeit		»Fußgänger«
Inneres Engagement für die jeweilige Aufgabe	Fahriges Denken		(Schwerfälligkeit)
Interesse und Initiative			(Konkretistisches Denken)
(Kurze Reaktionszeit)			
(Schnelles Denken)			
(Intelligenz)			
Abstraktionsfähigkeit			

Tabelle II Ausdehnung, Geschwindigkeit und Wucht (Forts.)

Druck hoch		niedrig	
+	–	+	–
Energie	Eigensinn	Anpassungsfähigkeit	Energielosigkeit
Beharrlichkeit	Sturheit	Hang zu neuen Unternehmungen	Mangel an Widerstandskraft
Entschlossenheit	Aggressivität	Sensibilität	Unentschiedenheit
Ausdauer	Aggressivität gegen sich selbst	Leichtes Abreagieren	Unbeständigkeit
Gewissenhaftigkeit	Reizbarkeit	Leichtes Sich-Einstellen	Nachgiebigkeit
Konsequenz	Unterdrückte, unkontrollierte und explosive Impulsivität	Beweglichkeit	»Willensschwäche«
Beständigkeit	(Hemmungen)		»*Passive* Indifferenz«
Selbstbeherrschung	(Blockaden)		Labilität
»*Aktive* Indifferenz«	(Paroxysmischer Charakter)		Oberflächlichkeit
Gefühlstiefe			Kraftlosigkeit der Affekte
Kontrollierte Impulsivität			Flachheit der Affekte

Der Schreibduktus, lateral und longitudinal: Schärfe und Teigigkeit, Verbundenheit und Unverbundenheit

Eine zentrale Position zwischen den im vorigen Kapitel erörterten Dimensionen und denjenigen, die Richtungsprinzipien betreffen, nehmen die Eigenschaften des Strichs ein, die nicht zu dessen grundlegender motorischer Verfaßtheit gehören und auch noch nicht in das System der quasi-räumlichen Orientierung übergreifen, das die Struktur des Schreibens als ganze beherrscht.

Außer durch die Eigenschaft des Drucks, der durch den Kontraktions-Entspannungs-Zyklus moduliert wird, ist der Strich durch einen bestimmten Grad an »absoluter«, d.h. relativ konstanter Dicke charakterisiert. Hängt die letztere auch in gewissem Umfang vom Schreibgerät ab, so bleibt die durchschnittliche Variation der verschiedenen Auswirkungen auf die Strichstärke, die die tatsächliche Verschiedenheit zumindest der gebräuchlicheren Schreibwerkzeuge bewirkt, im wesentlichen unterhalb der Stärke-Variationen, die eine zahlenmäßig entsprechende Varietät von Schreibenden unterschiedlicher charakterologischer Verfaßtheit, die denselben Stift benutzen, erreicht. Auch wenn man dies den individuellen kompensatorischen Anpassungen an den Stift zuschreiben könnte, die aus der – allen Ausdrucksbewegungen zugrundeliegenden – Tendenz der Organismen herrührt, ihre Umwelt gemäß ihren Bedürfnissen zu strukturieren, so ist doch nicht abzustreiten, daß der verbleibende Rest an technisch bedingter Variabilität hinreichend groß ist, um extreme Vorsicht in der Handhabung dieses Kriteriums angeraten sein zu lassen. Mit fortschreitender Übung des Auges allerdings wird dieser Rest durch eine Anzahl qualifizierender Beobachtungen, die es einem mehr oder weniger zu entscheiden erlauben, ob der Dicke widerstanden oder gefrönt, die Dünne geflohen oder gewahrt wird, immer schmaler werden.

Die unterschiedlichen Ausdrücke, die soeben für die möglichen Reaktionen eines Individuums auf die beiden Pole der Dimension verwendet wurden, vermitteln schon ihre psychologische Polarität, die sich der Leser ohne Schwierigkeit klar machen kann, indem er die diametral entgegengesetzten Richtungen innerer Erfahrung, die sie nahelegen, nachvollzieht. Die Sinnlichkeit des breiten, schweren Strichs, die »Fleischlosigkeit« des dünnen, scharfen sind unmittelbar ersichtlich. Wenn die Diskussion dieses Kriteriums auch aus systematischen Gründen von der des grundlegend verschiedenen des Drucks getrennt werden mußte, sind die Zusammenhänge zwischen den beiden in der jeweiligen Schriftprobe doch äußerst eng und verwickelt, aber auch erhellend. Je dicker der Strich, desto geringer ist offensichtlich die Möglichkeit für den Kontraktions-Entspannungs-Zyklus, in Form modulierter Drucksteigerung in Erscheinung zu treten; je dünner der Strich, desto größer ist entsprechend diese Möglichkeit. »Teigigkeit« – der graphologische Ausdruck für das Ergebnis dicker, schwerer Striche – erscheint somit als Resultat motorischer Energie, die in einer Art Diffusion wirksam ist, doch insofern sie eher aus einer besonderen Art, den Stift zu halten, herrührt als aus irgendeinem besonderen Grad an muskulärer Energie, kann sie nicht als Maßstab für den Grad dieser Energie genommen werden, sondern nur als eine Modalität, wie sie sich praktisch zeigt; und Schärfe erscheint somit, vice versa, als Produkt motorischer Energie, die, ohne Rücksicht auf ihre Stärke, in einer Art von Konzentration eingesetzt wird (Abb. 31–34).

Abb. 31–34 Teigigkeit und Schärfe

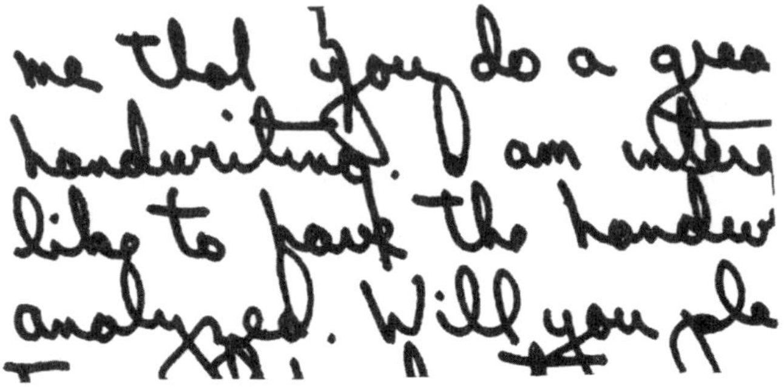

Abb. 31 Teigig

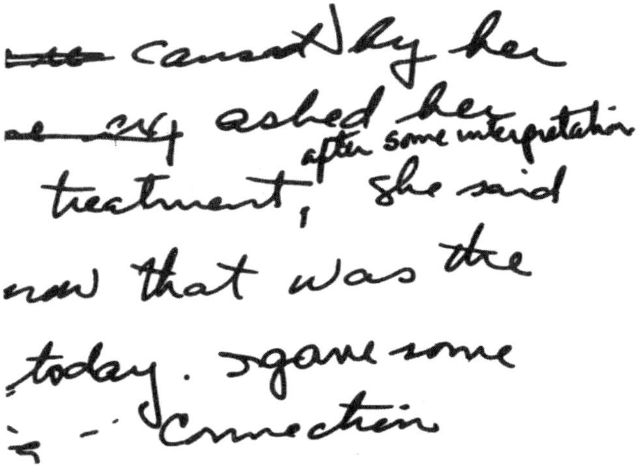

Abb. 32 Gemäßigt teigig

Diese Analyse legt die Deutung von Teigigkeit versus Schärfe in allgemeinen Termini von sinnlicher und sensorischer Dispersion oder Dezentralisierung versus Ego-linearem Zwang nahe. Der Terminus Ego-linear wurde, negativ, gewählt, weil es keine andere und hinreichend breite Kategorie gibt, die den wahren Umfang hier einschlägiger möglicher Bedeutungen vermittelt; und positiv, weil es allen auf die »Dünnheit« des Duktus zutreffenden möglichen Bedeutungsschattierungen gemeinsam ist, daß der Organis-

Abb. 31–34 Teigigkeit und Schärfe (Forts.)

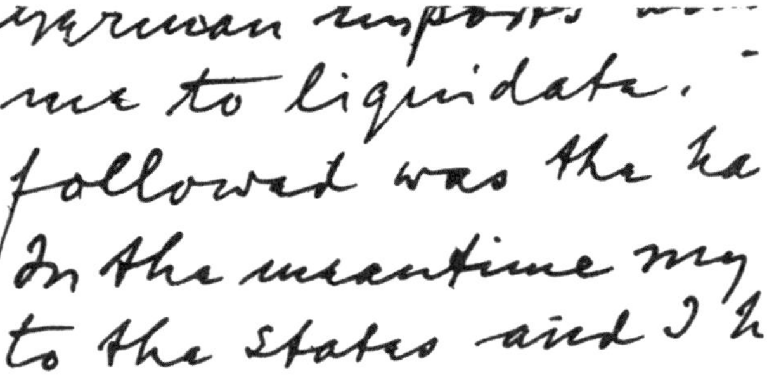

Abb. 33 Gemäßigt scharf

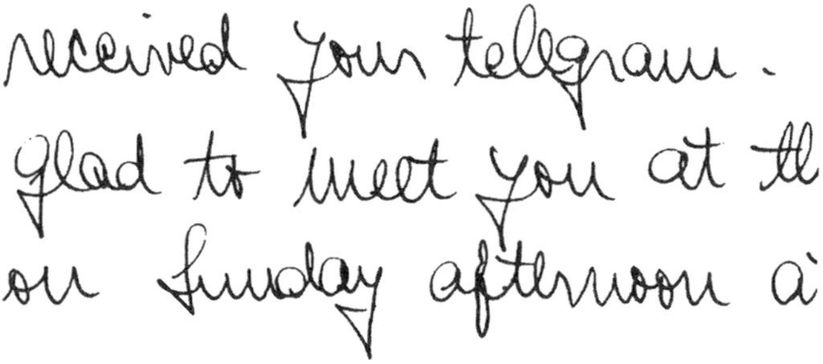

Abb. 34 Scharf

mus, dem sie zugehören, von der Selbsterfahrung in der Fortschrittsdimension beherrscht ist und, aufgrund entweder einer positiven Orientierung auf das Ziel oder eines Gefühls, »angetrieben zu werden«, oder einer negativen Bewertung der jeweiligen Umgebung oder irgendeiner Kombination dieser drei, alle »seitlichen« Stimuli mehr oder weniger als Störungen erfährt. Damit ergibt sich die folgende Tabelle möglicher Charakterzüge.

Tabelle III Dispersion des Duktus

Teigigkeit		*Schärfe*	
Sensualität Genußfähigkeit Schwelgen im Augenblick Intensität der Realitätserfahrung Akzent auf visueller und taktiler Orientierung Intensität der Metaphorik »Bildhaftes Denken«		Spiritualität (ungeachtet des Niveaus) Beherrschtheit und Zurückhaltung Askese Spekulatives Denken Intensität der Denkerfahrung	
+	–	+	–
Wärme	Unbeholfenheit	Kultiviertheit	»Blässe des Denkens«
Weltlichkeit	Grobheit	Sensibilität	Kälte
Realismus	Brutalität	Idealismus	Ressentiment
Erfahrungsreichtum	Hemmungslosigkeit	Betonung der Logik	Genußunfähigkeit
Genußfähigkeit	Mangel an Selbstdisziplin	Persönliche Artikuliertheit	Mangelnder Realismus
»Lebenslust«	Empfänglichkeit für sinnliche Ablenkung	Sparsamer Einsatz von Kraft	Erfahrungsarmut
›Hart im Nehmen‹	Offenheit für »Versuchungen«	Unerschütterlichkeit der Zielsetzungen	Niedrige Schwelle für Schocks und Narkotika
Farbensinn	»Exzessivität«	Unterscheidungsvermögen	Rigidität
Humor	Anfälligkeit gegenüber sexuellen Tagträumen	Sinn für Nuancen	Innere Distanz
»Demokratie der Bedürfnisse«	Ängstlichkeit, frei strömend	Sinn für Ironie	Anfälligkeit für Tagträume von Erfolg und sozialem Rang
	(Neigung zu narkotischer Stimulation)	»Narzißmus der kleinsten Differenzen«	Zwanghafte Ängstlichkeit
	»Anarchie der Bedürfnisse«	»Hierarchie der Bedürfnisse«	(»Realitätsverlust«)
			(Akustische Halluzinationen)
			(Verfolgungswahn)
			»Tyrannei eines Bedürfnisses«

Als eine besondere Verzweigung möglicher negativer Bedeutungen von Teigigkeit könnten Verstohlenheit und Heimlichtuerei erwähnt werden, ein »Vertuschen«, das sich visuell und psychologisch aus der verdunkelnden Wirkung von schmierigen Exzessen dieser Eigenschaft, einem Ausfüllen von Schleifen usw., ergibt. »Schlechtes Gewissen« im Sinne von Schulderfahrung, die unmittelbarer mit Angstgefühlen verbunden ist als in Fällen zwanghafter oder paranoider »Schuld«, ist bereits in einigen der Wesenszüge für Teigigkeit (speziell dem der »frei strömenden Angst«) einbegriffen, die unter dem Minuszeichen aufgelistet sind und die aus den Implikationen positiver sinnlicher Nachgiebigkeit, die diese Qualität mit sich bringt, resultieren. Nebenbei bemerkt ein weiteres Zeichen für die wesensmäßige Einheit der Persönlichkeitsstruktur an sich und in ihren motorisch-expressiven Aspekten.

Die Längen-Charakteristik des Strichs kann, über ihre besonderen richtungsmäßigen und gestischen Eigenschaften hinaus, hinsichtlich der relativen Bereitschaft des Schreibers bewertet werden, seine Wörter in einer mehr oder weniger geschlossenen Bewegung des Stifts zu produzieren oder aber in einer mehr oder weniger unzusammenhängenden Weise vorzugehen. Die hier wirksamen psychologischen Prinzipien sind, allgemein hinsichtlich der »Gestik«, die Tendenz der »Unverbundenheit«, zu isolieren, einzuschließen, zu sammeln, zu bewahren, einzuzäunen, sich abzusichern, sich anzulehnen, abzuwarten, nachzudenken, wegzuschieben, anzuhäufen, zu erhalten, zu versorgen, auszusäen und wachsen zu lassen, und die Tendenz der »Verbundenheit«, zu binden, zu vermischen, zusammenzubringen, zu ordnen, anzupacken, zu organisieren, Kompromisse zu schließen, loszureißen, mitzunehmen, durchzubrechen, vorzurücken, weiterzumachen, zu unterhalten, nie anzuhalten, anzugreifen, zu erobern, die Vergangenheit zu fliehen, anzutreiben, Dinge zu tun und laufen zu lassen. Die Beziehung von Verbundenheit und Unverbundenheit zu Lebens-Grundhaltungen und -Einstellungen ist offensichtlich und dürfte durch soziale und ethnologische Untersuchungen zur Handschrift verifizierbar sein; und nicht nur der Grad eines dieser Züge und seiner verschiedenen möglichen Schwankungen, sondern abermals auch die Gesamtheit aller anderen Indikatoren ist in unterschiedlichem Maße entscheidend für ihre spezifische psychologische Bedeutung (Abb. 35–40).

Abb. 35–40 Verbundenheitsgrad

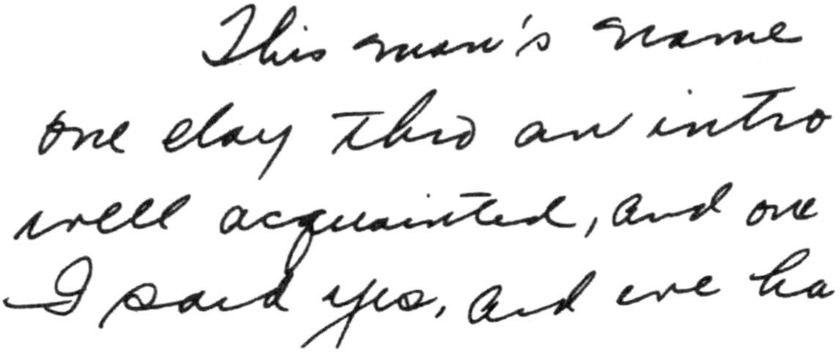

Abb. 35 (12%) Gewöhnliche Verbundenheit

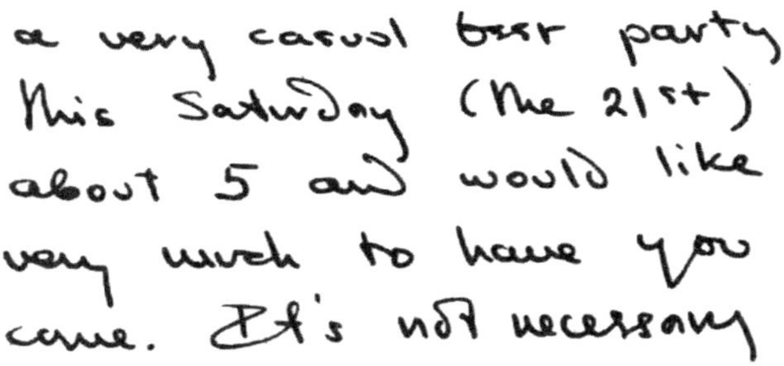

Abb. 36 (12%) Ebenmaß von Verbundenheit und Unverbundenheit

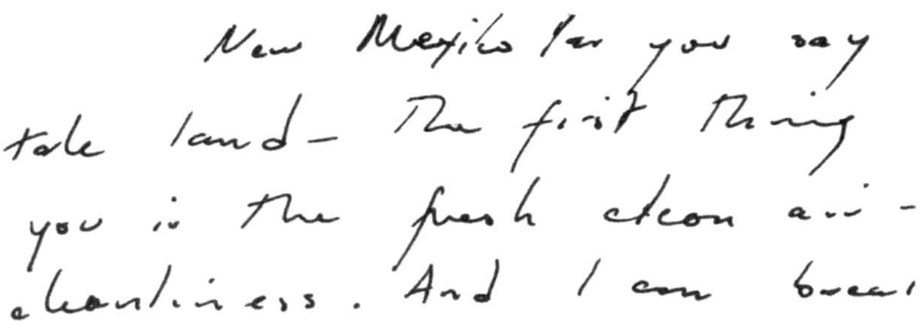

Abb. 37 (12%) Gesteigerte Unverbundenheit

Abb. 35–40 Verbundenheitsgrad (Forts.)

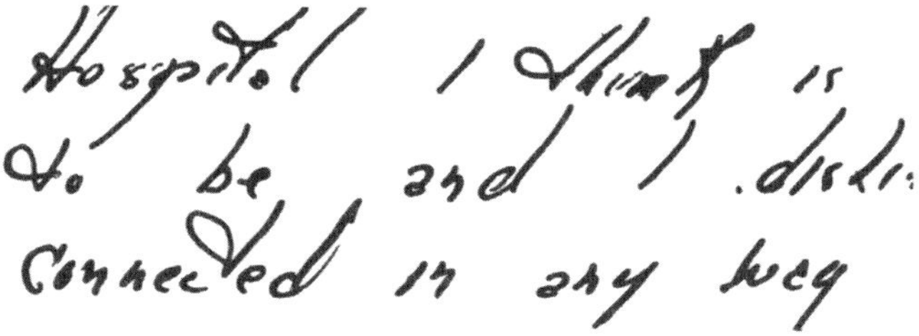

Abb. 38 (12%) Isolierung der Buchstaben

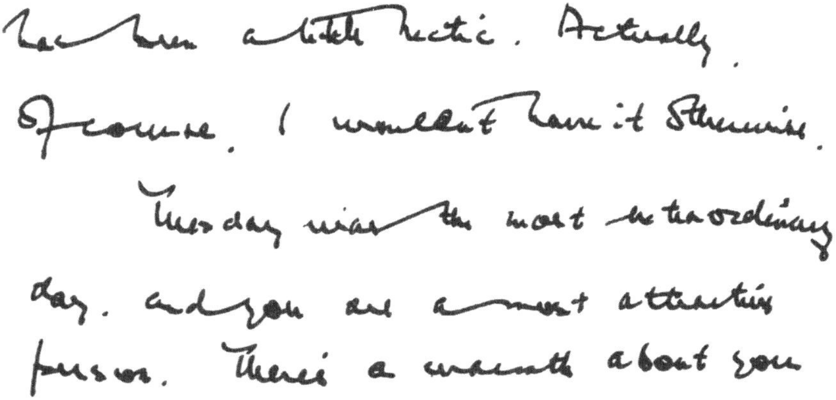

Abb. 39 (7%) Verbindende Tendenz mit Verschlingung der Wörter

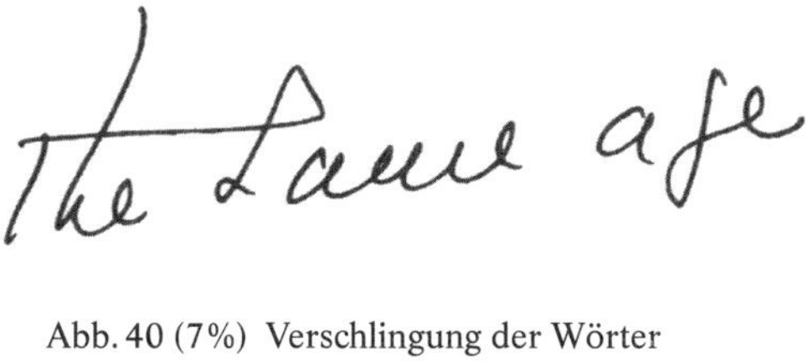

Abb. 40 (7%) Verschlingung der Wörter
bei Unverbundenheit innerhalb derselben

Die besondere Beziehung des Verbundenheitsgrades zu den *Gedächtnisfunktionen* folgt aus dem vorigen: Zwischen den Extrempositionen von Flucht vor der Vergangenheit und perseverativer Fixierung auf sie sind alle Schattierungen möglich, und sie differenzieren sich weiterhin durch die einschlägigen Kriterien, die sich innerhalb der Dimensionen der Zonenbetonung, der Gesamt-Rechts- und -Linksläufigkeit, der Völle und der Betonung oder Abschwächung der worteröffnenden Aufstriche, deren Bedeutung später auseinandergesetzt wird, ergeben. Unverbundene Handschriften (ausgenommen solche, die Druckschrift benutzen) können fragmentiert sein bis hin zu einem zerstückelten Nebeneinander der Buchstaben oder sogar noch weiter (bei manchen Typen von Hebephrenie; oft auch bei Senilität – die Neigung zur Unverbundenheit tendiert, in Übereinstimmung mit ihrer psychologischen Bedeutung, dazu, sich mit dem Alter zu steigern); sie können andererseits aber auch so vorgehen, daß die Buchstaben umgruppiert und die Schulschriftmuster als ganze in einer originellen und ästhetisch befriedigenden Weise persönlich neu angeordnet werden, die keineswegs den Eindruck der Fragmentierung, sondern dem Graphologen vielmehr den »neuer Ganzheiten« und dem Laien aufgrund der abschließenden Wirkung wiederum einen von »ganzen Wörtern« vermittelt. Gesteigerte Verbundenheit, die ganze Wörter aneinander bindet, ist negativ (und vergleichsweise selten) als Zeichen der Flüchtigkeit der Ideen zu deuten; positiv kann sie auf einen besonders ausgeprägten Kombinationssinn hinweisen und findet sich häufig in den Handschriften militärischer, politischer oder von Schach-Strategen, ebenso aber, besonders in Verbindung mit einer spezifischen wortintern auftretenden Unverbundenheit, bei schöpferischen Autoren und Künstlern eines eher spekulativen und avantgardistischen als konservativen und meditativen Typs. Es folgt eine Tabelle der möglichen Charakterzüge, die sich innerhalb der Dimension von Verbundenheit versus Unverbundenheit zeigen.

Tabelle IV Verbundenheitsgrad

verbunden		*unverbunden*	
Extensität des Denkens und Arbeitens		Intensität des Denkens und Arbeitens	
+	–	+	–
1) »Abstrakter Denker« Deduktives Denken und systematisches Arbeiten Logik, die ihren Weg durch Tatsachen erkämpft Folgerichtigkeit Stetigkeit der Arbeit Planung Vorsichtigkeit	1) Ideenarmut Denken in Begriffen ›aus zweiter Hand‹ Schlechte Beobachtungsgabe Mangel an Initiative Mangel an Kreativität Unselbständigkeit des Urteils Mangel an Originalität »Einspuriges Denken« Abneigung gegen Risiken Überanpassung Schablonenhaftigkeit	»Empiriker« Ideenreichtum Intuitives und induktives Denken Versuch, Beobachtungen logisch zu organisieren Begriffliche Konsistenz Initiative Einbildungskraft Unabhängigkeit des Urteils Geistesgegenwart Witz Erfindungsreichtum Kombinationsgabe II (bei der Beobachtung) Gutes Gedächtnis unter Betonung der Bewahrung von Eindrücken Sammelleidenschaft Wunsch nach kontrollierten Veränderungen Umsicht	»Sprunghaftigkeit« und Perseveration im Denken (»spastisches« Denken) Mangelnde Selbstkritik Mangel an Logik Mangel an Abstraktionsfähigkeit Denken in »Eindrücken« Mangel an Vorbedacht Häufiger Wechsel der Vorsätze Mangelnde Anpassungsfähigkeit Knauserigkeit Furchtsamkeit (»Konkretistisches« Denken)
2) Sinn für Berechnung und für Strategie Kombinationsgabe I (beim Planen) Aggressivität I Wunsch nach abenteuerlichen Veränderungen Kühnheit	2) Flüchtiges und oberflächliches Denken Spekulation Nachlässigkeit Ruhelosigkeit Aggressivität II Fehlende Muße Verschwendung Denken in Worten Kurzes Gedächtnis Blindheit für Beobachtungen Taktlosigkeit Sorglosigkeit Rücksichtslosigkeit		

Die vertikale Dimension: Die drei Zonen

In einem vorausgehenden Kapitel wurde die Ausdehnung der Handschrift in die zur Fortbewegungsrichtung als ganzer senkrechte Dimension als abhängig von der Orientierung der Person im Bereich vorhandener Werte definiert. Die betreffenden möglichen Betonungen oder Abschwächungen entweder der oberen oder der unteren Zone wurden als auf die entsprechenden allgemeinen Sphären innerer Erfahrung bezogen interpretiert, und der Grad an vertikaler Entwicklung der Mittelzone wurde als Darstellung des Betonungsgrades von Aktivität an sich, im Unterschied zu irgendwelchen in erster Linie »erfahrungsorientierten« Haltungen, definiert.

Die dabei sich zeigende Situation verweist auf zwei verschiedene Verhältnisse, deren eines der Proportion zwischen den Randzonen, das andere der zwischen diesen beiden und der Mittelzone angehört.

Erörtern wir zuerst das letztere. Wenn mein Stift sich nach rechts bewegt, erfahre ich Richtungsimpulse, die unter die beiden allgemeinen Kategorien horizontalen Voranschreitens und vertikaler Organisation eingeordnet werden können. Ersteres wird durch das Bild eines Ziels geleitet, auf das hin meine Aktivität als ganze sich innerhalb ihres äußeren Beziehungsgefüges bewegt; die zweite durch die Notwendigkeit, diese Aktivität so auszuführen, daß sie einem realen oder imaginierten Leser das vermittelt, was ich sie vermitteln lassen will. Das heißt, daß in der Aktivität zusätzlich zum äußeren Ziel ein inneres am Werk ist, mit dem ich mich identifiziere und das hinsichtlich der Richtung je nach dem Grad der Identifizierung dazu neigt, den Forderungen des äußeren entgegenzuwirken. Auf der bewußten Seite des Vorgangs besteht dieses Ziel einfach in den Formen der zu erzeugenden Buchstaben; um sie herzustellen, muß ich aber meine gesamte Haltung umwerfen, von der, da horizontal orientiert, zu erwarten ist, daß sie negativ auf die Störung durch den Versuch reagiert, vertikale Ablenkung auf ein Minimum zu reduzieren. Je steifer meine Haltung ist, desto stärker dieser Versuch; je elastischer und harmonischer folglich mein gesamter Gefühlshaushalt, desto ebenmäßiger in seinen vertikal-horizontalen Proportionen das Produkt. Daraus ergeben sich bereits zwei Schlußfolgerungen, um aber zu der ersten zu gelangen, müssen wir noch genauer auf den hier verwendeten Begriff des »äußeren Ziels« eingehen. Offensichtlich ist dieses Ziel – da spezifische Richtungsaspekte nicht zu der hier erörterten Bewegungsdimension gehören – kein besonderes im Sinne eines konkreten Bildes, das einer emotional positiven inneren Erfahrung entspricht, sondern eher das allgemeine vom »Voran-«, »Durch-« oder »Zuendekommen«; kurz gesagt konzentriert der Schreibende sich auf die Zukunft *an sich*. Dies mag vorübergehend sein und daran liegen, daß er wenig Zeit hat, in Eile ist usw., wenn aber zugleich die Schreibgeschwindigkeit keine signifikante Steigerung erfährt, folgt daraus offenbar eher allgemein, daß die Person sich in ihrer augenblicklichen Lage unbehaglich fühlt und ihren Belastungen zu entkommen sucht, eine Schlußfolgerung, die wiederum mit dem Begriff der Steifheit zusammenstimmt, der oben für hilfreich befunden wurde, das Phänomen vertikaler Abschwächungen bei den spezifisch sie verursachenden motorischen Reaktionen zu erklären. Unsere erste Schlußfolgerung ist also, daß ein größeres Ebenmaß der Verteilung von Bewegungsanteilen auf die beiden Dimensionen, kurz eine vertikal bedeutsame Entwicklung der Mittelzone, eine positive innere Fokussierung des Schreibenden, mit allen Implikationen von Selbstzufriedenheit und Intensität der inneren Erfahrung, auf die von ihm betriebenen Aktivitäten als solche anzeigen würde, im Unterschied zum inneren Fokus eher auf die allgemeine Richtung möglicher Ziele – d. h. die Zukunft –, wie sie sich in einer vertikalen Verminderung der Mittelzone zeigt. Unsere zweite Schlußfolgerung ist, daß ein Verlust der inneren Ausgeglichenheit, die für eine positive Erfahrung des »gegenwärtigen Augenblicks« erfordert ist – ein Verlust, bei dem »Steifheit« nur ein Aspekt ist –, umgekehrt in Form eben dieser Abschwächung aufscheinen würde.

Hier erhebt sich aber die Frage, in Verhältnis zu welchem Faktor man diese Verminderung bewerten soll. Damit man nicht einfach in die Größendimension eintritt, die nur möglicherweise – im Falle kleiner Handschriften – Bedeutungsschattierungen einschließt, welche die »Verminderung der Mittelzone« betreffen, ist offensichtlich ein Einschätzungsstandard für den relativen Grad dieser Verminderung vonnöten. Zwei mögliche Maßstäbe bieten sich an. Einer wäre die horizontale Ausdehnung der Entspannungsbewegungen bei den kurzen Buchstabenformen, in anderen Worten der Abstand zwischen Abstrichen in der Mittelzone. Dieser Maßstab führt eher in die später zu behandelnde Dimension der Rechts-Links-Ausdehnung als in die hier verhandelte: Gerade der Begriff der »Mittelzone« setzt die Existenz verfügbarer Vergleichsmomente in der Vertikalen voraus. Somit erweisen sich die Randzonen, die obere und die untere, als der einzig vernünftige Maßstab; bevor wir ihn anwenden, muß man sich allerdings ein mögliches Hindernis klar machen. Erstreckt sich der Prozeß der vertikalen Reduktion nicht auch auf die langen Buchstabenformen selbst? Unsere Antwort ist, daß er es bei spezifischen Gelegenheiten tut, die horizontale Vergleichspunkte als einzig verfügbare übriglassen und deshalb eher in das oben erwähnte Beobachtungsfeld – die Beurteilung der relativen Weite – gehören als in die hier diskutierte Bewertung. Für unseren gegenwärtigen Zweck ist der einzig wichtige Tatbestand der, daß in einer großen Anzahl von Handschriften mit einer Verengung der Mittelzonen die oberen und unteren Weiten nicht nur nicht ebenso vermindert sind, sondern sogar eine besondere quantitative Betonung aufweisen (Abb. 41–43).

Abb. 41–46 Vertikale Dimension

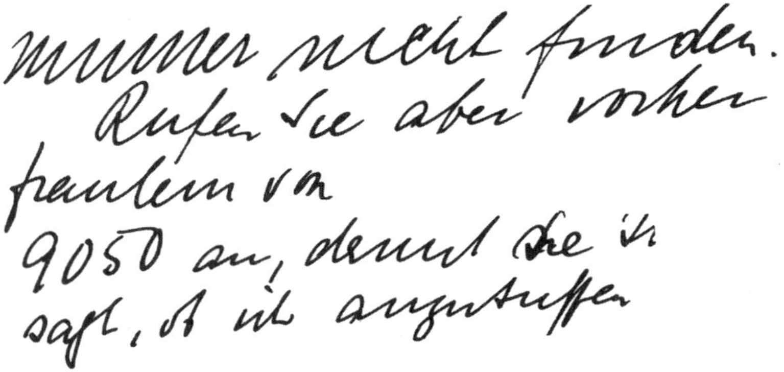

Abb. 41 (10%) Übermäßig ausgedehnte Mittelzone

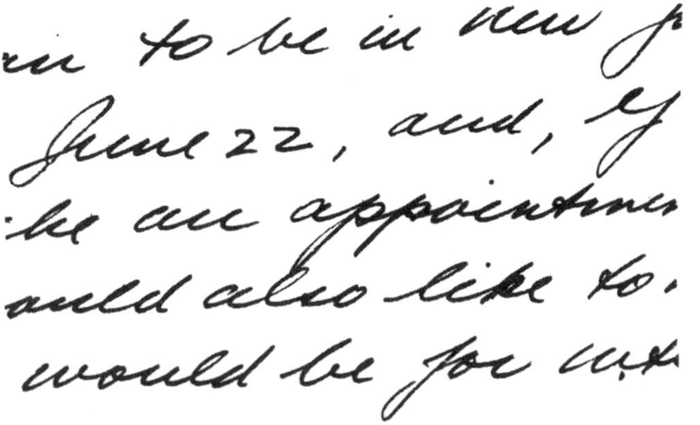

Abb. 42 (10%) Normale Mittelzone

Abb. 41–46 Vertikale Dimension (Forts.)

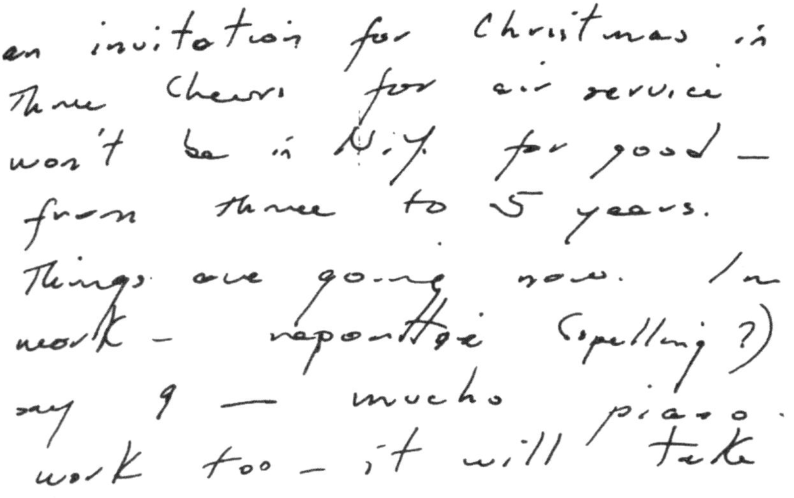

Abb. 43 (7%) Verengte Mittelzone

Um diese Beobachtung zu verstehen, müssen wir uns daran erinnern, daß einzig in der Mittelzone die horizontale Bewegung zusammenhängend ist. Folglich würden Störungen des horizontalen Drangs in erster Linie diese Zone betreffen und nur möglicherweise und indirekt die Randlängen. Deren Funktion in der ästhetischen und motorischen Ausprägung der gesamten Schreibstruktur ist eine des seitlichen Ausbalancierens der rechtsgerichteten Bewegung, etwa so wie die Armbewegung bei einem Seiltänzer, der seine Tätigkeit mittels eines Stocks ausbalanciert. Diese Analogie ist einmal mehr nicht als übertragene zu verstehen, sondern als das Auftreten eines Gestalt-Prinzips, das sich in zwei eher materiell als strukturell verschiedenen Arten von Situationen manifestiert. Je dünner das Seil, desto mehr müssen im gesamten Seiltanzvorgang diese Balancebewegungen betont werden und desto mehr kommt jener notwendig eher durch spontane Anpassungen des Organismus an seine Situation als durch einen Reflexionsprozeß seitens des Seiltänzers zustande. Je dünner, entsprechend, die Mittelzone in der Handschrift ist, desto ausgeprägter wird das Bedürfnis des Schreibers nach Randbetonung sein, es sei denn, andere Quellen von Sicherheit, die hier nicht zur Diskussion stehen, helfen ihm heraus. Psychologisch kann man von der Orientierung des Schreibers hinsichtlich verfügbarer Werte – dargestellt, wie im vorigen gezeigt, durch die vertikale Dimension – sagen, daß sie einer Ausgleichsfunktion dient, die zur Orientierung der Person in der Realität notwendig ist, eine Beobachtung, die jede Analyse von Handlungen und Haltungen bestätigen wird. Wo die Mittelzone betont und die relative Ausdehnung der Randausläufer somit begrenzt ist, reicht die innere Ausgeglichenheit des Schreibers aus, ihm ein begrenztes Gewahrsein der ihn leitenden Werte zu erlauben; wohingegen diese Aufmerksamkeit bei einem Verlust dieser Ausgeglichenheit wächst und ein Anwachsen auch der psychologischen (sowie entsprechend der graphischen) Entfernung von »sich selbst« als einer »realen« (»horizontal vorrückenden«) Person, die diese Werte erfährt, einschließt; wenn deren Distanz wächst, funktionieren sie zunehmend weniger als positive und Ich-immanente Motivationskräfte und zunehmend mehr als äußerlich fixierte »Autoritäten«, die sich ihrer inneren Erfahrung aufdrängen. Ihre psychologische Bedeutung ist also zumindest in der Tendenz desintegrativ und paßt wiederum mit den Implikationen von Anspannung und Streß zusammen, wie sie bereits in der Analyse der eigentlichen vertikalen Verengung gezeigt wurden. Graphisch kann man von ihren Vertretern, den Randzonen, sagen, daß sie die Mittelzone, den Vertreter des Ich, »einklemmen«; psychologisch ergibt sich, in Übereinstimmung mit dieser Analyse, das folgende Gesamtbild.

Tabelle V Vertikale Dimension I: Mittel- versus Randzonen

breite Mittelzone gemäßigte »Über-Ich«-Entwicklung		*niedrige Mittelzone* hohe »Über-Ich«-Entwicklung	
+	–	+	–
Innere Ausgeglichenheit	Antriebsmangel	Antrieb	Ruhelosigkeit
»Harmonie«	Mangelnder Anspruch an sich selbst	Ausgeprägte Werte	Reizbarkeit
Muße	Mangel an Selbstkritik	Idealismus	Anspannung
Selbstzufriedenheit	Mangel an ausgeprägten Werten	Bescheidenheit gegenüber den eigenen Idealen	Ängstlichkeit
Emotionale Stärke		Gewissenhaftigkeit	Starrheit
Nachdenklichkeit		Ansprüche an sich selbst	Neid
Aufmerksamkeit		Selbstkritik	Schuldgefühle
Beobachtung		Ambitionen	Groll
Ordentlichkeit		Weitsicht	Feindseligkeit
Festigkeit		Abstraktionskraft	Negativismus
Sinn für Form und Schönheit			Überkritische Haltungen
Sanftheit in sozialen Beziehungen			Aggressivität
Anpassungsfähigkeit			Selbstbestrafung
Elastizität			Armut an positiven Emotionen
Diplomatie			Beschränktheit
			(Hysterie)
			(Zwanghaftigkeit)
			Ärmlichkeit der inneren Ressourcen

überdehnte Mittelzone niedrige »Über-Ich«-Entwicklung	
+	–
»Kraftvolle Persönlichkeit«	Moralische Egozentrik
Realismus	Zynismus
Willensstärke	Neigung zur Herrschsucht
Organisationsfähigkeit	Kurzsichtigkeit
Führungsqualitäten	Unfähigkeit zum Lustaufschub
Reichtum der inneren Ressourcen	(Psychopathie)

Der Terminus »Über-Ich«, so wie er in dieser Tabelle verwendet wird, scheint durchaus vorausgehenden Feststellungen hinsichtlich der spezifischen Bedeutung des symbolischen Werts der beiden Randzonen für die innere Erfahrung der schreibenden Person zu widersprechen und mag so verstanden werden, als bedeute er eine Einschränkung des Terminus auf die psychologische Deutung einzig der oberen Zone. Nahegelegt würde das durch eine naive Anwendung psychoanalytischer Begriffe auf die Handschrift, und hier und da könnte – und hat um den Preis der Entstellung bereits – daraus in der Amateurgraphologie eine Mißdeutung der oberen und der unteren Zone als Repräsentanten jeweils des »Über-Ich« und des »Es«, beziehungsweise zumindest von »bewußt« und »unterbewußt«, entstehen. Um Mißverständnisse dieser Art aufzuklären, müssen wir uns stets das Folgende vergegenwärtigen.

Persönlichkeitsfunktionen können das funktionale Gesamtsystem des Organismus in mehr oder weniger großem Ausmaß einbeziehen, beziehen die Gesamtpersönlichkeit in ihrer Tiefendimension jedoch immer ein, wobei alle »Schichten« der Struktur, jede auf ihre Weise, an der Funktion teilhaben. Dies verbietet es, statisch definierte Ausschnitte aus einem Produkt dieses Funktionierens, wie etwa einer Handschriftenspur, einer einzelnen Schicht zuzuweisen, und verlangt vielmehr, den Anteil der »Schichten« von ihren dynamischen Eigenschaften her zu bestimmen.

Da die dynamischen Eigenschaften, ungeachtet der auf sie zutreffenden »veranlagungsmäßigen« Kriterien, richtungsmäßigen unterworfen sind, hängt die graphologische Plazierung der oben genannten psychoanalytischen Begriffe zugleich von der Richtung der Bewegung und von der statischen Richtung ab, in der die Bewegungsanteile aus der Perspektive eines Mittelpunkts verortet sind, der das Ich nicht als »Teil« des Persönlichkeitssystems, sondern als organisierendes Prinzip der Handlung repräsentiert. Eine Beurteilung der »Zonen« schließt nur das letztere ein, und das zudem nur in einem Aspekt, dem vertikalen. In diesem ist die Handschrift durch die Erfahrung der Person von den symbolischen Werten der »Zonen« bestimmt; und eine solche Erfahrung schließt dann wiederum ebenso bewußte wie unbewußte Schichten ein. Wenn man das Objekt der Erfahrung von der Erfahrung als psychologischem Prozeß unterschiede, bezögen sich die »Zonen« eher auf die Objekte in ihren richtungsmäßigen Beziehungen auf das erfahrende und dabei fortwährend in der Zeit voranschreitende Ich, als »väterliche« und »mütterliche« Stabilisatoren seines Weges, als auf die Prozesse selbst; sie zeigten die Orientierung der Person als Vektoren an, die sie mit dem verbinden, was sie symbolisch als »Himmel« und was sie als »Erde« erfährt; und sie zeigten die Verteilung dieser Vektoren in ihrer Projektion auf die »Leinwand« der inneren Erfahrung, indem sie die Projektion dieser Verteilung auf das Schreibfeld vorführten (Abb. 44–46).

Abb. 41–46 Vertikale Dimension (Forts.)

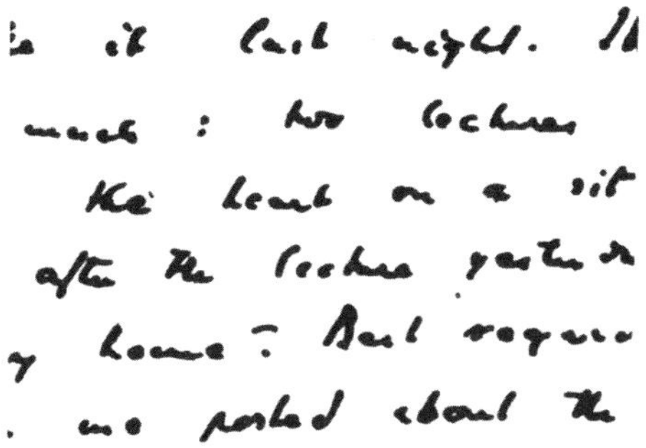

Abb. 44 (7%) Die obere Zone übersteigt die untere

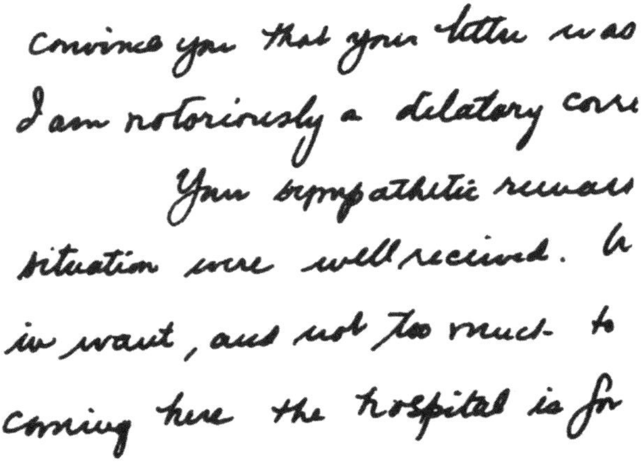

Abb. 45 (7%) Obere und untere Zone gleichmäßig

Abb. 41–46 Vertikale Dimension (Forts.)

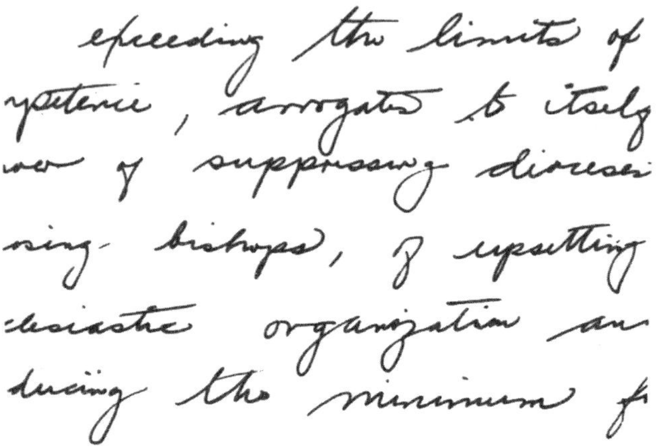

Abb. 46 (31%) Untere Zone übertrifft die obere

Das bedeutet, daß eine graphologische »Übersetzung« der genannten Begriffe der Psychoanalyse zurückgestellt werden muß, bis weitere Dimensionen untersucht worden sind, daß aber die möglichen Indikatoren innerhalb der Dimension vertikal beidrändiger Verteilung jetzt aufgelistet werden können ohne die Gefahr, Begrifflichkeiten einzubeziehen, die außerhalb ihres eigentlichen Bedeutungsumfangs liegen.

Tabelle VI Vertikale Dimension II: Ober- versus Unterzone

Oberzone größer als Unterzone »Platonischer« Charakter		*Oberzone kleiner als Unterzone* »Chthonischer« Charakter	
+	–	+	–
Intellektuelle und imaginative *Motilität*	Überspanntheit	Weltliche Einstellung	Unbeweglichkeit
Geistige Veranlagung	Oberflächlichkeit (in sozialen und Wert-Beziehungen)	Wärme	Pedanterie
Idealismus	»Wurzellosigkeit«	Realismus	Schwerfälligkeit
Enthusiasmus	Mangelnde Objektivität	Praktische und technische Neigungen	»Dumpfheit«
Bewußte Betonung von Freiheit, Selbstbestimmung und Unabhängigkeit	Unbeständigkeit	Stärke der Einbildungskraft	»Materialismus«
(In der Kunst:) Expressionismus	Launenhaftigkeit	Sorgfalt	»Sinnlichkeit«
Großzügigkeit	Vergeßlichkeit	Hochhalten der Gedächtnisfunktionen	Unersättlichkeit
Ehrgeiz	Ausweichendes Verhalten	Bewußte Betonung von Notwendigkeit, Verantwortung, Verpflichtung	Habsucht
	Leichtsinn	(In der Kunst:) Impressionismus	
		Selbstvertrauen	
Formbestimmtheit		Sachbestimmtheit	

Die horizontale Dimension

Allgemeine dynamische Aspekte: Weite, Schräglage, Gesamt-Rechts- und Linksläufigkeit

Wenn wir nun in die vielseitigste aller Dimensionen der Schreibbewegung eintreten, innerhalb derer diese Bewegung als Gesamtprozeß statthat und die nach der vorausgehenden Definition das Orientierungssystem einer Person in ihren Realitätsbezügen repräsentiert, finden wir eine erste Gruppe von Unterkriterien, die sich aus der übergeordneten Natur dieser Bewegung ergeben.

Das erste ist die horizontale Ausdehnung an sich, die in ihrer Beziehung zur vertikalen nur gemäß dem Abstand zwischen den Abstrichen in der Mittelzone proportional zu ihrer Länge bemessen werden kann. Das zweite ist die relative Schräglage der Buchstaben, ihre Richtung im Sinne der Winkel, die sie mit der Grund- oder Schreiblinie bilden. Das dritte ist die horizontale Verteilung aller entweder nach rechts oder nach links gerichteten Anteile der Bewegung, die nach ihrer Gesamtmenge und im Verhältnis zu einem Koordinatensystem mit der Schreiblinie als Abszisse und einer dazu senkrechten Linie als Ordinate betrachtet werden (Abb. 47–62).

Abb. 47–50 Weite

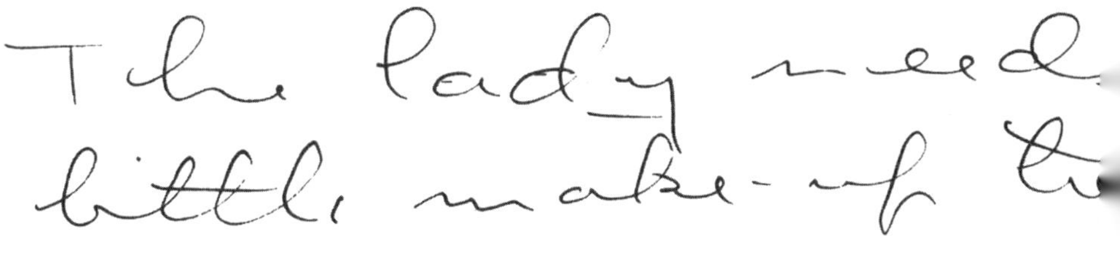

Abb. 47 (30%) Weit

Abb. 47–50 Weite (Forts.)

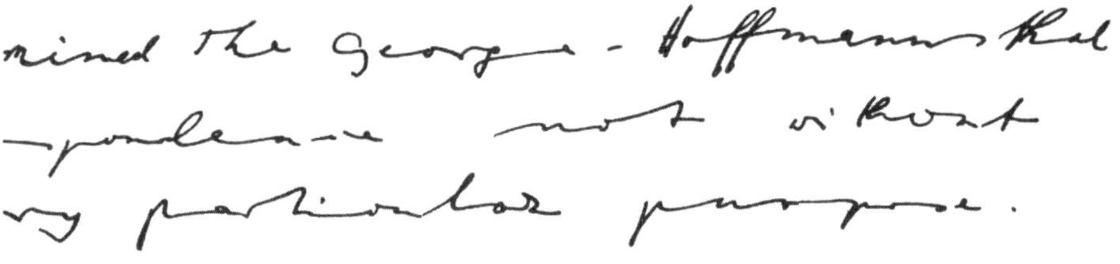

Abb. 48 (30%) Künstliche Weite

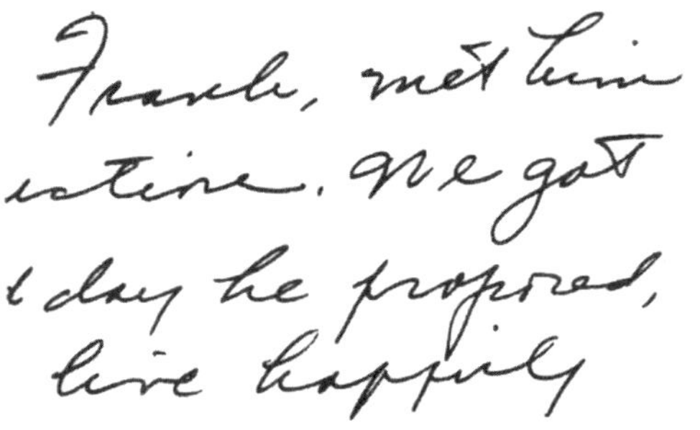

Abb. 49 (18%) Mittel

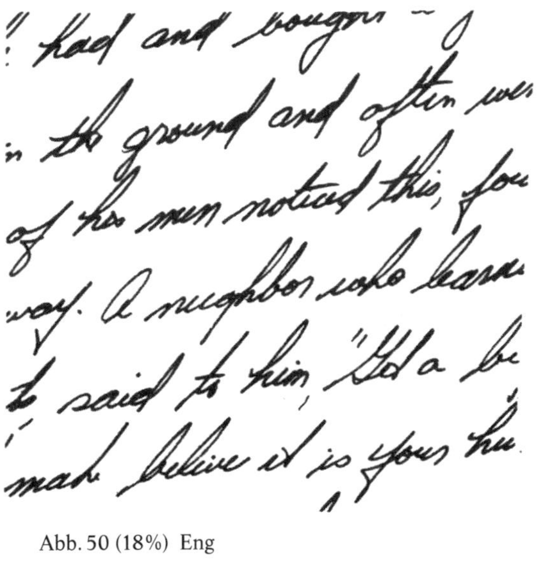

Abb. 50 (18%) Eng

Abb. 51–58 Schräglage

Abb. 51 (7%) Deutliche Linksneigung

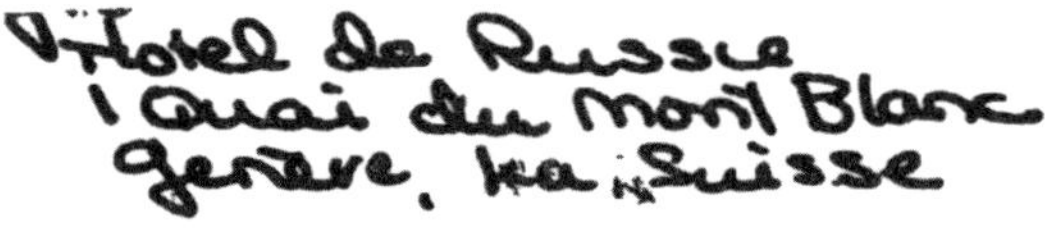

Abb. 52 (7%) Mäßige Linksneigung

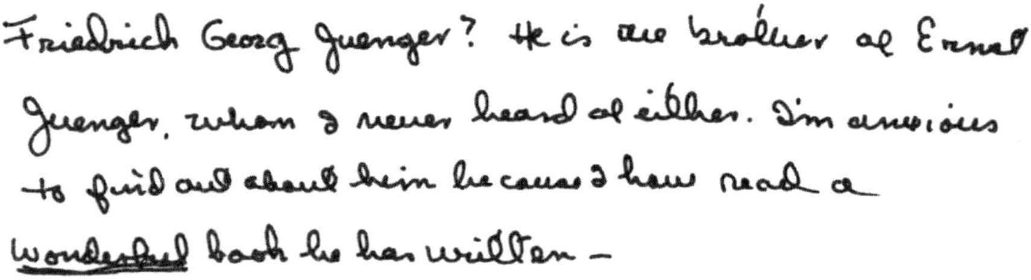

Abb. 53 (7%) Senkrecht mit leichter Linksneigung

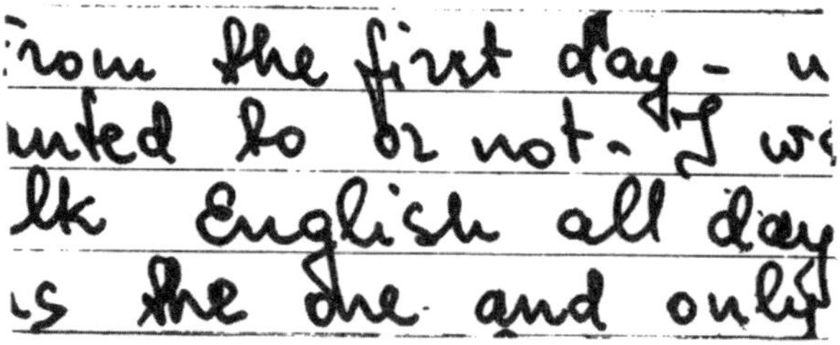

Abb. 54 (7%) Senkrecht

Abb. 51–58 Schräglage (Forts.)

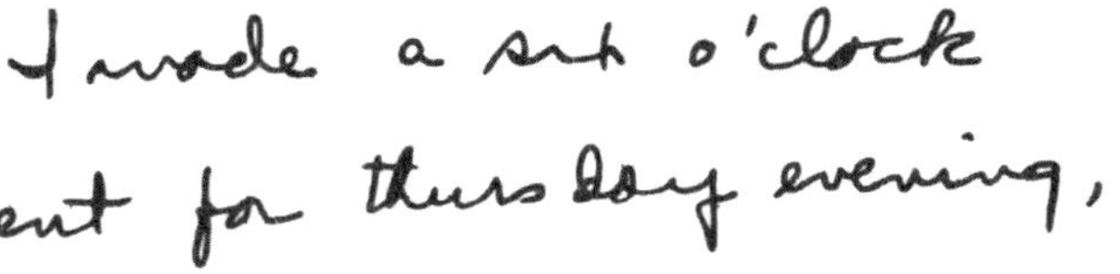

Abb. 55 (7%) Senkrecht mit leichter Rechtsneigung

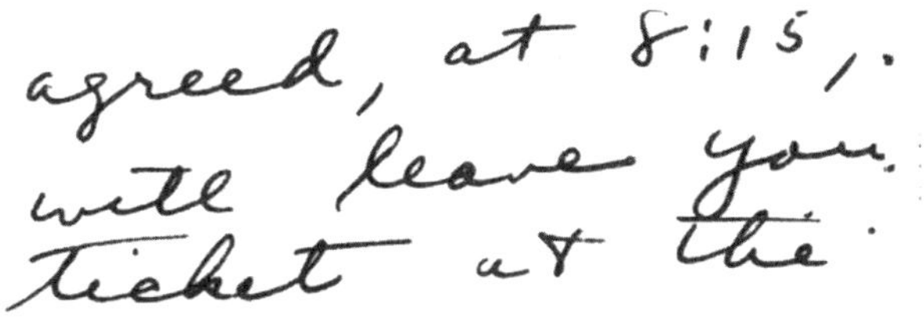

Abb. 56 (7%) Gemäßigte Rechtsneigung

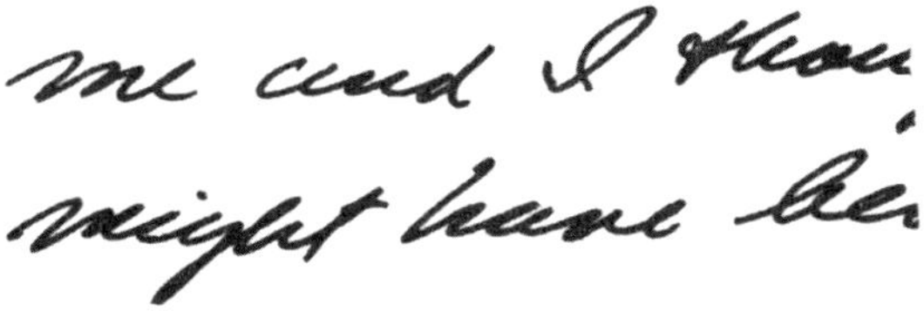

Abb. 57 (7%) Ausgeprägte Rechtsneigung

Abb. 58 (7%) Extreme Rechtsneigung

Abb. 59–62 Rechts-, Linksläufigkeit

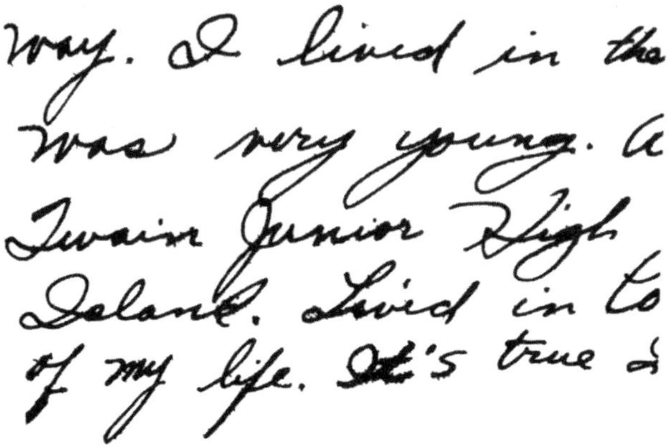

Abb. 59 (31%) Gesteigerte Gesamtlinksläufigkeit

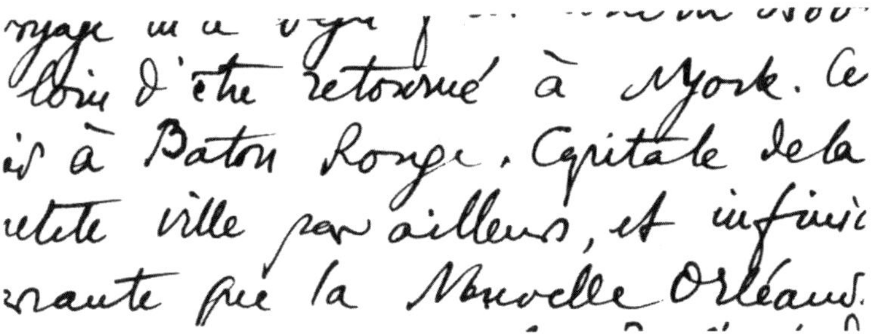

Abb. 60 (7%) Gleichmäßige Links- und Rechtsläufigkeit

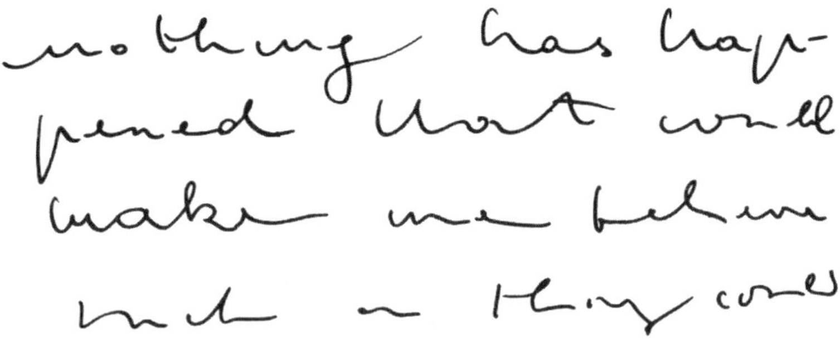

Abb. 61 (31%) Gesteigerte Gesamt-Rechtsläufigkeit

Abb. 59–62 Rechts-, Linksläufigkeit (Forts.)

Abb. 62 (7%) Gesteigerte Gesamtlinksläufigkeit im Vornamen der Unterschrift eines Patienten mit Schuld- und Frustrationsgefühlen, allgemein verschlossenem Charakter und zwanghaften Zügen

Aus der Analyse der in diesen Unter-Dimensionen enthaltenen möglichen gestischen Bewegungsqualitäten erhalten wir die folgenden Definitionen.

Der Grad der *Weite* repräsentiert den Grad der Impulsexternalisierung an sich; genauer, seine Beziehung zum persönlichen *Sinn für Sparsamkeit* ist allein schon offensichtlich, wenn man an seine direkte Auswirkung auf die Menge des Papierverbrauchs denkt.

Der *Neigungs*grad stellt den Grad dar, in dem das Ich sich seinen Absichten (Zielen, Partnern, Gegenständen – gleich, ob realen oder imaginierten) entgegen (beziehungsweise von ihnen weg) »neigt«, mit anderen Worten, den Grad an Selbst-Identifizierung mit diesen Vorstellungen und also den an *Kommunikativität.*

Der Grad an Gesamt-Rechtsläufigkeit repräsentiert den Grad, in dem die Impulsexternalisierung an sich und die Kommunikativität *in ihren jeweiligen Graden* vonstatten gehen können, ohne Gegen-Impulse gegen das Selbst hervorzurufen.

Um letzteres sinnvoll beurteilen zu können müssen wir uns vor Augen halten, daß unser Schreibsystem seinerseits rechtsgerichtet ist. Das erfordert einen Bezugsrahmen, der eine grundlegend größere Toleranz gegenüber rechts- als gegenüber linksgerichteten Bewegungen impliziert.

Aufgrund dessen kann die folgende Tabelle möglicher Charakterzüge, wie die dynamischen Eigenschaften des Schreibens sie in der horizontalen Dimension anzeigen, gezeichnet werden.

Tabelle VII Horizontale Dimension I: Allgemeine dynamische Eigenschaften

Weite			
weit		eng	
+	–	+	–
Spontaneität	Mangelnde Selbstkontrolle	Beherrschtheit	Übervorsichtigkeit
Impulsivität	Unbesonnenheit	Selbstkontrolle	Gehemmtheit
Schwung	Sorglosigkeit	Zurückhaltung	Mißtrauen
Elan	Nachlässigkeit	Mäßigung	Argwohn
Eifer	Ungeduld	Innere Konsistenz	Ängstlichkeit
Mut	Unfähigkeit zum Aufschub	Vorsichtigkeit	»Verlegenheit«
Kühnheit	Mangelnde Sorgfalt	Besonnenheit	Berechnung
Strebsamkeit	Haltungen des »Aufs-Ganze-Gehens«	Feingefühl	Manipulation von Haltungen
Zielgerichtetheit	»Mit dem Kopf durch die Wand«	Zufriedenheit	Selbstbegrenzung
Soziales Denken	Ausweichendes Verhalten	Sinn für Sparsamkeit	Verborgener Ehrgeiz
Geselligkeit	Unvorsichtigkeit		Negativismus
Beweglichkeit im Ausdruck	Waghalsigkeit		Eifersucht
Aktiver Ehrgeiz	Rücksichtslosigkeit		Bosheit
Offenheit	Konventionalität		Gerissenheit
Frische	Herdentrieb		Falschheit
Freigebigkeit	Mangelnde Sparsamkeit		Unfreigebigkeit
	Taktlosigkeit		Habgier
	»Unverfrorenheit«		

Tabelle VII Horizontale Dimension I: Allgemeine dynamische Eigenschaften (Forts.)

Buchstabenrichtung

Rechtsneigung		Steilheit	
+	–	+	–
Vorwalten sozialer Gefühle	Mangel an Kontrolle und Beherrschung	Vorwalten des Intellekts (ungeachtet der Kapazitäten)	Mangelndes Einfühlungsvermögen
Liebesfähigkeit	Maßlosigkeit	Kontrolle und Beherrschtheit	Kälte
Leidenschaftlichkeit	Fehlen des rechten Maßes	Umsicht	»Emotionslosigkeit«
Hingabe	Mangelnde Disziplin	Unerschütterlichkeit	Unbarmherzigkeit
Selbstaufopferung	Leichtfertigkeit	Gefaßtheit	Mangel an äußerem Interesse
Anpassungsfähigkeit	Fehlende Muße	Weitblick	Gleichgültigkeit
Geschicklichkeit	Unduldsamkeit	»Persönliche Distanz«	Selbstbeschränkung
Soziale Ungezwungenheit	Hast	Innere Konsistenz	Ichbezogenheit
»Etwas um seiner selbst willen tun«	Rastlosigkeit	Zufriedenheit	Starrheit
Verbale Artikuliertheit	Ablenkbarkeit	Sinn für Unabhängigkeit	Unzugänglichkeit
Mitteilsamkeit	Über-Angepaßtheit	Stolz	Verschlossenheit
Optimismus	Übermäßige Empfänglichkeit für äußere Einflüsterungen	Unbeirrbarkeit	Pessimismus
Geselligkeit	Mangelnde innere Konsistenz	»Seine Worte abwägen«	
Wißbegierde	Reizbarkeit	Skepsis	
	Aggressivität		
	Langatmigkeit		
	»Phrasendrescherei«		
	Über-Optimismus		

Linksneigung			
+	–		
Selbstüberwindung	Befangenheit	Manipulation von Haltungen	Ichbezogenheit
Selbstverleugnung	Selbstzwang	Anmaßung	Furcht, sich eine Blöße zu geben
Introspektion	Gezwungenheit	Eigendünkel	(Blockaden)
Illusionslosigkeit	Gestelztheit	Arroganz	Unnahbarkeit
	Affektiertheit	Gefühlsarmut	Zynismus
	Gekünsteltheit		

Tabelle VII Horizontale Dimension I: Allgemeine dynamische Eigenschaften (Forts.)

Gesamte relative Rechts- und Linksläufigkeit

Vorwiegende Gesamtrechtsläufigkeit »Extrovertiertheit« im eigentlichen Sinn		Vorwiegende Gesamtlinksläufigkeit »Introvertiertheit« im eigentlichen Sinn	
+	–	+	–
Anpassungsfähigkeit	Abhängigkeit	Selbstverantwortung	Selbstzentriertheit
Unternehmungsgeist	Schwäche	Unabhängigkeit	Selbstsucht
Geschicklichkeit	»Leicht zu beeinflussen«	Entschiedenheit	Überempfindlichkeit
Einfühlungsvermögen	Suggestibilität	Loyalität mit sich selbst	Affektstau
Hilfsbereitschaft	Vergeßlichkeit	Sinn für Selbsterhaltung	Groll
Selbstlosigkeit	Fehlende Nachdenklichkeit	Reflexivität	Unbarmherzigkeit
Altruismus	Mangelndes Haushalten mit den Kräften	Besinnlichkeit	Eifersucht
Güte	Unruhe der Impulse	Nachdenklichkeit	Neid
»Menschenfreundlichkeit«	Launenhaftigkeit	Betonung von Gedächtnisfunktionen	Sentimentalität
Wunsch zu geben	Voreiligkeit im Urteil	Selbst-Sammlung	Aneignungstrieb
	Blindheit für Gefahren	Schwärmerische Neigungen	Wunsch zu nehmen (Narzißmus)
	Verschwendung	Fähigkeit, sich etwas zueigen zu machen	
	»Sich dünne machen«		

»Manipulation von Haltungen«, wie unter dem Minus-Zeichen für enge Handschrift aufgelistet, kann bis dahin gehen, zugunsten einer bestimmten gewählten »Haltung« die Grundeigenschaft der Impulsexternalisierung selbst vorzutäuschen. In diesem Fall hätte die Manipulation in dem Maße Bewegungsanteile zur Folge, in dem ihre Ausführung ein Gewahrsein des Voranschreitens nach rechts einschließt. Das heißt, daß die Buchstaben selbst relativ unberührt blieben, während ihre Verbindungen verlängert würden. In der Literatur und graphologischen Praxis wird dieses Zeichen *künstliche Weite* genannt und als eines der deutlichsten Anzeichen für einen berechnenden Typus von Geselligkeit gedeutet.

Da die Prinzipien, die die Weite, Schräglage und Gesamt-Rechts- und Linksläufigkeit der Handschrift beherrschen, dieselben sind, die das Feld der Wechselwirkung zwischen dem menschlichen Organismus und seiner Umwelt allgemein bestimmen, dürfte es lohnen, ihre Beziehung zu gewissen Grundbegriffen der heutigen ganzheitlichen Psychologie zu bestimmen. Abermals unter Bezug auf Andras Angyals ›Foundations for a Science of Personality‹ erkennen wir dessen »Trend zur Autonomie« in dem kombinierten graphischen Trend zur *Weite* auf der einen und zu gesteigerter Gesamt*linksläufigkeit* auf der anderen Seite wieder. Da »Weite« und »Linksläufigkeit« in entgegengesetzter Richtung arbeiten, dürfte das eine ausführlichere Erläuterung erfordern. Die Neigung, die heteronome Gewalt der Umgebung so vollständig wie möglich zu meistern, verlangt offensichtlich nach einer Ausdehnung nach rechts – d. h. Weite – in der graphischen Bewegung, Rechtsausdehnung allein aber wäre ohne das Vorhandensein von Bewegungen, die die Stellung der Person als eine der Unabhängigkeit, der »Autonomie« gegenüber dem »Feld« positiv begründeten und sicherten, bloße Selbstpreisgabe; und entsprechend wird man heteronome Kräfte umso mehr als das Leben der Person tatsächlich beherrschend finden, je mehr ihre Handschrift in der Bewegung zu einer Kombination von Enge und gesteigerter Gesamtrechtsläufigkeit neigt. Betrachtet man schließlich die Rolle der Buchstabenrichtung, so bezieht sich die Rechtsneigung als Indikator für das persönliche Bedürfnis nach *Kommunikation* deutlich auf alle diejenigen menschlichen Tendenzen, die zu Erfahrungen im allgemeinen Bereich von emotionaler Teilnahme, von Integration in Gruppen, von geistiger Kommunion *neigen,* d. h. in Angyals Terminologie auf den *Trend zur Homonomie,* dessen Verminderung folglich graphisch durch eine entsprechende Verminderung in der Rechtsläufigkeit der Buchstabenrichtung repräsentiert wird. Von der letzten Regel ausgenommen sind nur Persönlichkeitssysteme, die sich durch eine in hohem Maße statische Wertehierarchie auszeichnen, in denen der Trend zur Homonomie selbst fast völlig verinnerlicht ist und graphisch auf eine besondere Intensivierung der *Formqualität* hinarbeitet.

Während die drei allgemeinen dynamischen Eigenschaften der horizontalen Dimension scharf unterschiedene Aspekte des Ausdrucksvermögens repräsentieren, sind ihre Beziehungen untereinander hinsichtlich der physischen Verteilungsmöglichkeiten der graphischen Bewegung umso indikativer für ihre gemeinsame Abhängigkeit von der Persönlichkeitsorganisation; zumindest wenn wir unseren Blick auf eine Einschätzung der Bewegungen in der Mittelzone beschränken, kann festgestellt werden, daß die positionellen Werte zweier beliebiger Bewegungen notwendig den der dritten bestimmen. Das kann man eindeutig demonstrieren durch einen Versuch mit absichtlichen Veränderungen seiner Handschrift in zwei beliebigen dieser

Aspekte; eine Kombination von Rechtsneigung über einen bestimmten Grad hinaus mit Enge über einen bestimmten Grad hinaus mündet zum Beispiel unausweichlich in eine gesteigerte Gesamtlinksläufigkeit der Schriftspur. Wenn wir andererseits so weit ins Extrem gehen, die Linksbewegung gänzlich auszulassen, wird die Forderung nach zwei positionellen Werten, die den dritten bestimmen, auf eine Forderung nach einem einzigen reduziert: Ohne Rücksicht auf die Schriftweite ist solch eine Auslassung nicht möglich, ohne eine beliebige Original-Buchstabenrichtung in eine Links-Schräglage zu verwandeln. Diese Gesamtsituation steht nur im Einklang mit einer phänomenologischen Analyse der Beziehungen zwischen den korrespondierenden Aspekten der Persönlichkeitsorganisation selbst: So ist zum Beispiel das Zusammentreffen eines starken Trends zur Homonomie mit stark hemmenden Einschränkungen in der Externalisierung grundlegender organismischer Impulse ohne eine gleichzeitige empathische Introvertiertheit des Charakters weder je zu finden noch vorstellbar; eine totale Beschränktheit des inneren Lebens der Person ist weder je zu finden noch vorstellbar ohne eine entsprechende Beschränkung – mit allen ihren Implikationen von Gefühlskälte und hochmütiger Ichbezogenheit – ihres Trends zur Homonomie usw. Zwar ist klar, daß Randbewegungen alle Konfigurationen dynamischer Aspekte der Mittelzone verändern können, ebenso klar ist aber, daß derartige Veränderungen weder die Schriftweite vergrößern noch einer mehr als kompensatorischen Funktion in einem der beiden anderen Bereiche dienen können; mehr noch, in mindestens einem von ihnen, dem der Buchstabenrichtung, wird solch eine Kompensation notwendig in rhythmische Inkonsistenzen münden, die ihnen entsprechende der Persönlichkeitsstruktur selbst widerspiegeln.

Die somit sichtbare Situation ist in mehrerlei Hinsicht informativ. Als erstes eignet sie sich dazu, drei grundlegende Lehrsätze des ganzheitlichen Begriffs von Persönlichkeitsdynamik lebendig zu demonstrieren, die Unmöglichkeit, Beziehungen zwischen verschiedenen Manifestationen der Psyche in Begriffen einer Maschinentheorie oder einer kausalen Genetik zu interpretieren, die Vormacht eines vereinheitlichenden Prinzips der Systemaktivität, von dem alle einzelnen Manifestationen der Psyche ausgehen, und die Korrelation zwischen den »geordneten Verhältnissen«, die den Operationen der Psyche so zur Verfügung gestellt werden, und der Verteilungsordnung der Phänomene in der Welt. Jenseits dieser mehr allgemeinen Implikationen aber ist die Interdependenz der drei genannten Aspekte von besonderer Bedeutung im Hinblick auf die verwickelten und mitnichten notwendig antagonistischen Beziehungen, die sie – Beziehungen, die bedeutsam insbesondere für ein Verständnis der menschlichen Kreativität sind – zwischen der Stärke und inneren Organisation des Trends zur Autonomie auf der einen und der Stärke und spezifischen Richtung des Trends zur Homonomie auf der anderen Seite enthüllt. Da der erstgenannte Trend in der psychologischen Literatur bisher zu eng definiert worden sein dürfte, wohingegen der letztere insgesamt zu wenig und mit bei weitem zu ausschließlicher Aufmerksamkeit auf die Beziehungen der Persönlichkeit zu ihrer konkreten und unmittelbaren sozialen Umwelt behandelt wurde, bedeutet das, was im Schreibfeld zu entdecken ist, einen direkten Anstoß zur weiteren Erkundung in der nämlichen Richtung.

Statische Aspekte I: das Wort

Wenn wir die Prinzipien der quasi-räumlichen symbolischen Erfahrung auf das Erfahrungsmaterial in seinen gegebenen übergeordneten Einheiten, den einzelnen Wörtern, anwenden, treffen wir auf die Dimension, die die Selbsterfahrung der Person in ihrer Hinwendung zur Umwelt repräsentiert. Aus unserer vorausgehenden Analyse der rechtsläufigen Bewegung an sich folgt, wenn man deren Ergebnisse auf den Wortkörper anwendet, daß das Wort die Spur einer kontaktierenden Bewegung darstellt, aus der wir am Anfang des Worts die symbolische Plazierung des Ich, an seinem Ende die des kontaktierten Gegenstands ableiten können; die Wortanfänge bezögen sich somit auf das sich selbst erfahrende Ich, die Enden auf die Art und Weise, wie im Leben Kontakte hergestellt oder vermieden werden. Da die Betonung der Erfahrung von Zwischenräumen zwischen Wörtern, die mit Minuskeln oder Kleinbuchstaben, besonders wenn es kurze Formen sind, beginnen, relativ unterschwellig ist, muß der Schwerpunkt auf Zwischenräume vor Majuskeln oder Großbuchstaben gelegt werden. Das bedeutet Aufmerksamkeit sowohl auf derartige Wortanfänge selbst als auch auf solche Wortendungen, die unmittelbar vor eine derartige Unterbrechung fallen, da die innere Vorbereitung der Person auf die vergleichsweise »schwerere« anstehende Aufgabe, die die Großbuchstaben darstellen, schon ihr Abschließen des vorausgehenden Worts in Form einer größeren Finalität ihrer inneren Haltung akzentuieren; auch jenseits dieser speziellen Bedingung haben Endungen allerdings allgemein einen relativ größeren indikativen Wert als Wortanfänge in Minuskeln.

Die Konsequenzen, die sich aus dieser Situation für eine detaillierte Anwendung aller Kriterien der verschiedenen Dimensionen auf die links- oder rechtsläufige Phaseologie des Wortes ergeben, sind ebenso fruchtbar wie unausschöpfbar. Weder an dieser Stelle, wo wir eine Reihe von beteiligten Kriterien noch gar nicht diskutiert haben, noch überhaupt im begrenzten Rahmen dieses Buchs kann man eine halbwegs vollständige Beschreibung aller hier möglichen Kombinationen versuchen. Ein besonderer Aspekt dieser Abschnittsbildung scheint jedoch wichtig genug, um erwähnt zu werden: Da der Schreiber aufgrund der durch die Wortzwischenräume erzwungenen Begrenzungen des Worts seiner Tätigkeit als solcher sowohl an den Wortanfängen als auch an den Endungen stärker inne ist, ist die Analyse des Wortinneren von besonderer Bedeutung für die Erforschung von Impulsen, die dazu neigen, seinem Bewußtsein zu entgleiten (Abb. 63–64). Weiterhin drängt sich an diesem Punkt eine Gesamt-Analyse zumindest der Wortanfänge in Majuskeln auf, und zwar sowohl aufgrund ihrer besonderen Bedeutung für die klinische Arbeit, als auch im Blick auf die besonders unterschiedene graphische Physiognomie, die Wortanfängen in Majuskeln aus der Tatsache zukommt, daß allein ihr Aufbau die vertikale Dimension, die Dimension der verfügbaren Werte, einbezieht und so ihre Bedeutung als Repräsentation des Ich in dessen Beziehungen zu sich selbst unterstreicht.

Abb. 63–64 Wortinneres

Abb. 63 (7%) Impulse trotzigen Sich-Einschließens
bei einem beginnenden Schizophrenen

Abb. 64 (7%) Scharfer Wechsel von Impulsivität und Beschränkung
bei einem hysterischen Patienten

Eine Tabelle zur Bewertung der Ich-Betonung mit ihren möglichen positiven und negativen Implikationen findet sich am Ende dieses Kapitels. Es versteht sich, daß diese Auflistung darauf beschränkt werden mußte, in welchem Maße Großbuchstaben insgesamt von quantitativer Betonung betroffen sind, ebenso aber, daß andere und spezifischere, indes nicht weniger bedeutsame Aspekte der Majuskel-Ausprägung nach einer Analyse verlangen. Ganz zu schweigen von gewissen besonderen Formqualitäten, die bei diesem Thema dazukommen, bestimmen die Bewegungsimpulse, die der richtungsmäßigen Ausprägung von Großbuchstaben sowohl in der vertikalen als auch der horizontalen Dimension zugrundeliegen, ihre psychologische Bedeutung weitgehend mit. Wenn der Leser mit den Prinzipien der Analyse von Ausdrucksbewegungen schon etwas vertrauter ist, wird ihm deren Anwendung auf spezifische Majuskel-Formen vor dem Hintergrund ihrer übergeordneten interpretativen Position im System keine großen Schwierigkeiten bereiten. Als leitende empirische Instanz wäre hier die Tatsache zu erwähnen, daß Großbuchstaben von übermäßiger Höhe in Kombination mit übermäßiger Enge allgemein in den Handschriften ehrgeiziger Studenten und junger Wissenschaftler zu finden sind, die hohe geistige Ansprüche in Verbindung mit einem überempfindlichen Ich hegen und die sozial eher ängstlich und emotional mehr oder weniger gehemmt sind (Abb. 65–67).

Abb. 65–67 Verschiedene Arten von Ich-Betonung

Abb. 65 (7%).

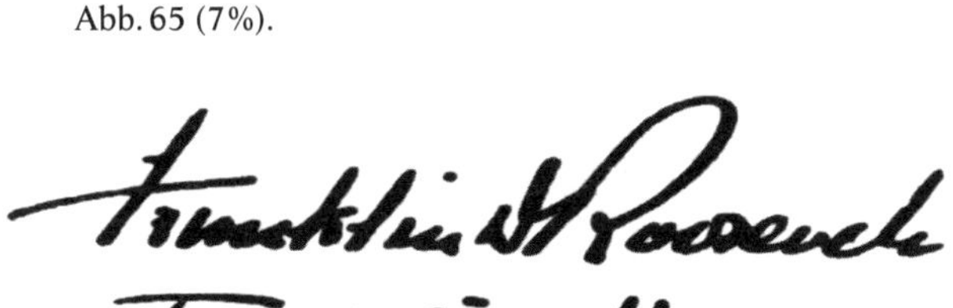

Abb. 66 (7%).

Abb. 65–67 Verschiedene Arten von Ich-Betonung (Forts.)

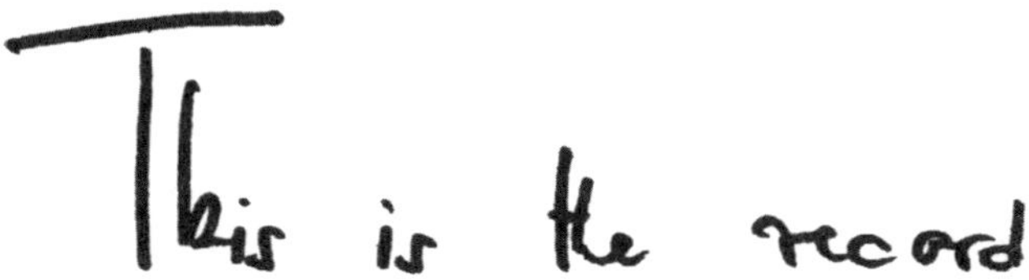

Abb. 67 (7%).

Eine weitere Beobachtung, die in dieser Beziehung von Interesse sein dürfte, ist die manchmal zu bemerkende Neigung, Wortanfänge in Minuskeln in einem solchen Maße zu vergrößern, daß sie sich den Proportionen von Großbuchstaben annähern oder sie sogar erreichen. Ohne besondere Anstrengung auf seiten des Interpreten enthüllt diese Eigenheit von sich aus, daß sie sich auf Impulse der Selbstbehauptung bezieht, die sich vorzugsweise in Situationen äußern, die gar nicht nach ihnen verlangen.

Tabelle VIII Horizontale Dimension II: Statische Aspekte

Hervorhebung von Großbuchstaben Ich-Betonung	
Würde	Eitelkeit
Identifizierung mit höheren Werten	Selbstüberschätzung
Geistiges Innesein seiner selbst	Anmaßung
Wunsch nach Größe	Prahlerei
Sinn für Unterscheidungen	Arroganz
Ehrgefühl	Eigendünkel
Führungsqualität	»Überlegenheits-Komplexe«
Stolz	»Größenwahn«

Spezifische dynamische Aspekte: die Bindungsformen

Im Unterschied zu den Schriftschnitten gedruckter Buchstaben werden die Buchstabenformen der schulischen Schriftmuster so gestaltet, daß sie sich gut für den Vorgang des Verbindens zu einer zusammenhängenden linksrechtsläufigen Bewegung eignen; die Gestalt der verbindenden Teile selbst aber ist, in der Art, in der die Ausgangsschriften sie vorschreiben, durch keinerlei der Bewegung immanente strenge Notwendigkeit determiniert. Da die Aufgabe, Buchstaben miteinander zu verbinden, mit im wesentlichen gleicher mechanischer Geschicklichkeit auf mannigfach verschiedene Weisen erfüllt werden kann, lädt sie, mehr als irgendein anderes Element der Handschrift, dazu ein, die »typische Geste« zum Vorschein zu bringen. Angesichts der Natur der Buchstabenformen kann ein präzises Kriterium, wo der Buchstabe endet und wo die »Bindungsform« – hier und da in der Literatur auch »Verbindungstypus« genannt – anfängt, nicht gegeben werden, das aber scheint auch nicht notwendig: Die Individualität der Bewegung ist in all ihren Teil-Elementen, den Buchstaben ebenso wie den Bindungsformen, die gleiche; die letzteren zeigen allerdings die Person nicht nur in jenen Phasen der Impulsexternalisierung, die wegen des notwendigen »Anknüpfens« und »Voranschreitens« seine typische Geste und somit, in einer hoch kristallisierten Fassung, seine Individualität selbst hervorbringen, vielmehr eignen sich diese Bindungsformen selbst klarer als die eigentlichen Formen der geschriebenen Buchstaben für die qualitative Analyse und Klassifikation.

Die typische Geste selbst ist mehr oder weniger von den relativ neutralen Bindungsformen der Schulschriften entfernt, eine Tatsache, die, wenn ausreichende »Hintergrund«-Daten gegeben sind, als Kriterium zur Einschätzung des Grades dienen kann, in dem die Persönlichkeitsentwicklung von solchen kulturellen Haltungen, wie sie in dem von der Erziehung des Schreibers geförderten »Stil« enthalten waren, weggeführt haben. Abgesehen von Handschriften, die mehr oder weniger an dieser graphischen und psychologischen Neutralität der Schule kleben, können die Schriftproben nach dem mehr oder weniger deutlichen Vorwalten einer der folgenden vier Hauptbindungsformen in ihnen gruppiert werden (Abb. 68): der *Girlande*, der *Arkade*, dem *Winkel* und dem *Faden*.

Abb. 68–86 Bindungsformen

Winkel

Girlande

Arkade

Faden

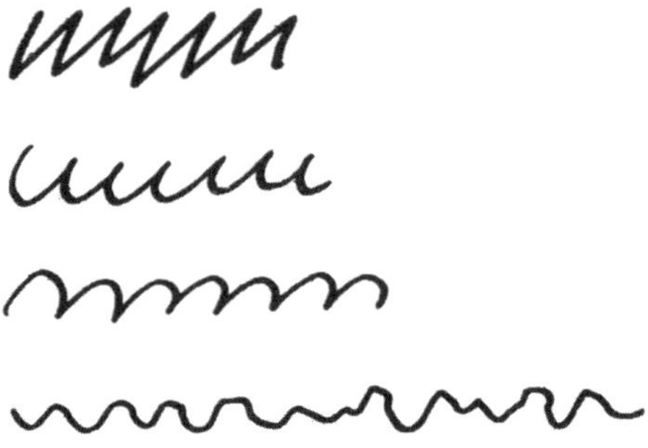

Abb. 68 Prototypen

Um zu einem Verständnis ihrer Bedeutung zu gelangen, scheint eine erste und einfachere Unterscheidung notwendig: Jede Handschrift ist mehr oder weniger winkelig, mehr oder weniger bogig. Die symbolischen Implikationen von »Winkeligkeit« und »Bogigkeit« sind vom Gesichtspunkt der direkten Erfahrung her relativ gut bekannt, ebenso die Konsistenz dieser Bedeutungen ungeachtet des Elements, in dem sie zum Ausdruck kommen: Wolfgang Köhlers Experiment mit »Maluma« und »Takete« wird vielen in Erinnerung sein. Diese Eigenschaften hier auseinanderzusetzen kann deshalb auf ein notwendiges Minimum beschränkt werden.

Von den beiden Eigenschaften Winkeligkeit und Gebogenheit kann man sagen, daß sie als unausweichliches Attribut auf die Gesamtheit unserer Realitätserfahrung verweisen. Die komplexeren Phänomene verbinden beide in verschiedenen Formen und Verhältnissen; je »elementarer« aber die Phänomene, desto deutlicher sind sie in der einen oder der anderen Richtung artikuliert: Es ist unmöglich, z. B. Winkeligkeit mit Wolken oder Gebogenheit mit Gewitter zu assoziieren. In den Polaritäten Leben – Leblosigkeit, Tier – Pflanze, männlich – weiblich liegen »Leben«, »Tier«, »Weiblichkeit« unausweichlich mehr auf der Seite der Kurve und nicht weniger unausweichlich »Leblosigkeit«, »Pflanzlichkeit«, »Männlichkeit« mehr auf der des Winkels. Die beiden Qualitäten sind also psychologische Realitäten ersten Grades, deren phänomenologisches Wesen wir bei der Einschätzung von Bewegungen nur auf die spezifische Ausprägung, hinsichtlich ihrer Polarität, einer bestimmten Bewegung beziehen müssen, um einige der grundlegendsten Eigenschaften der spezifischen inneren Erfahrung zu verstehen, die die je besondere Bewegung vermittelt: Die gerade Linie, die notwendig Winkel erfordert, um Richtungswechsel möglich zu machen, liegt unausweichlich auf der Seite von Festigkeit, Bestimmtheit, Härte, Entschlossenheit, Kampf; die gebogene, die den Richtungswechsel selbst besorgt, auf der von Nachgiebigkeit, Spannkraft, Gewandtheit, Ausgeglichenheit, Sanftheit; die gerade Linie auf der Seite des Stoßens, Angreifens, Abzielens, Treffens; die gebogene auf der des Übereinkommens, Verbindens, Verschlingens, Umschließens. Was die eigentlichen psychologischen Hintergründe betrifft, hat Klages Entscheidendes zur Klärung der Situation beigetragen: »Es fällt nämlich die Bewegung offenbar umso geradliniger aus, je mehr der Antrieb ausschließlich vom Bilde des Zieles bestimmt wird, umso winkliger, je mehr in derselben Weise die *Wendung* geschieht auf das neue Ziel; dagegen umso bogiger, je mehr er nicht so sehr dem Bilde des Ziels als dem Bedürfnis nach Knüpfung und Vereinigung folgt.« (›Handschrift und Charakter‹, S. 83) Daraus folgt, daß bestimmte Haltungen, bestimmte Formen des Wünschens, Verlangens, Gebens, Nehmens, Tuns durch die Bindungsformen vermittelt werden, ebenso aber, daß das relative Fehlen bestimmter Haltungen durch die mehr oder weniger vollständige Abwesenheit distinkter und ausgeprägter Bindungsformen und im Maße dieser Abwesenheit widergespiegelt werden. Die letztgenannte Beobachtung ist grundlegend für das Verständnis einer der genannten Hauptformen, der Fadenbindung; was die anderen betrifft, wird klar, daß unserer Diskussion zweier von ihnen, der Girlande und der Arkade, deren jede eine spezifische Kombination von Winkeligkeit und Gebogenheit darstellt, die des weit elementareren *Winkels* vorausgehen muß.

Auf der Grundlage dessen, was im vorigen bereits darüber gesagt wurde, könnte Winkelhaftigkeit so interpretiert werden, daß sie *notwendig* eine kompromißlose Annäherung seitens des Schreibers an seine Umwelt mit sich bringt. Offensichtlich aber kann der Indikator schon in dieser seiner scheinbar grundlegenden Bedeutung durch das Prinzip der Interdependenz eingeschränkt werden, das hier in Form anderer Indikatoren wirksam ist, wie sie in erster Linie durch zwei der drei allgemeinen dynamischen Aspekte der horizontalen Dimension, nämlich Enge oder vorwiegende Gesamtlinksläufigkeit oder irgendeine Kombination von ihnen, geliefert werden; »mangelnde Kompromißbereitschaft« kann durch Vorsicht, Diplomatie, Selbsterhaltung in solch einem Maße verändert werden, daß sie deren Verhaltensbild verschleiern, auch wenn die erwähnten realen Charakterzüge, sobald wir einen distanzierteren Blick auf den Lebensweg wählen und uns auf die tatsächlichen Leistungen der Person konzentrieren, diese »mangelnde Bereitschaft« eher auszuprägen als zu verringern scheinen. Da indes »mangelnde Kompromißbereitschaft« und »Diplomatie« ein logischer Widerspruch bleiben, müssen wir nach einer weiter angelegten und grundsätzlicheren Kategorie Ausschau halten, die »Winkeligkeit« abdeckt; wir finden sie in einer Verwirklichung des Typs innerer Erfahrung, der dieser Form der Bewegung zugrundeliegt. Mangelnde Kompromißbereitschaft – im Sinne ausschließlich von inneren Erfahrungen, die die Form dieser mangelnden Bereitschaft haben – bedeutet nicht länger notwendig kompromißloses Verhalten, sondern eine primäre Orientierung auf *Gewalt* hin, d. h. das plötzliche An-den-Tag-Legen von Energie zur Lösung von Konflikten. Das bedeutet wiederum, daß die Ich-Realität-Beziehung selbst in der primären Form eines Konflikts erfahren wird, der nur »Auf-« und »Abstriche«, kurz, »entweder-oder«-Entscheidungen im Sinne einer unentrinnbaren inneren Alternative, der sich der Schreiber gegenübersieht, erlaubt: Er verfolgt seinen Lebensweg, nicht notwendig kompromißlos – seine Kompromisse allerdings, wenn ansonsten auch angebracht, scheinen eher die Form von Geduld, selbstbeschränkender Mäßigung, einem Auf-seine-Stunde-Warten usw. zu haben als die einer Nachgiebigkeit in seinen letzten Zielen –, er verfolgt den Weg aber in jedem Fall als eine sukzessive Ausführung von *Entscheidungen* gleich welcher Art und welchen Inhalts, von denen jede durch die Erfahrung einer Konfliktsituation erforderlich gemacht wurde und jede den Anstoß erzeugt, den er braucht, um auf die nächste zuzutreiben.

Diese generative Fähigkeit der typischen winkelhaften Schreibbewegung wird durch eine Einschätzung des hier beteiligten Handlungstyps auch auf seiner physiologischen Seite bestätigt. Außer für derart überkontrollierte winkelhafte Schriftzüge, daß ihre Ausführung in besonderer Langsamkeit erfolgt – in welchem Falle das kombinierte Auftreten von Langsamkeit und Winkelhaftigkeit sowohl hinsichtlich der Motive als auch aus Sicht der visuellen Erfahrung besonders vorsätzlich und gekünstelt erscheint –, ist es nicht möglich, gerade und zugleich scharf terminierte Fingerbewegungen auszuführen, ohne daß ein Gegenimpuls auftritt. Wie alle körperlichen Bewegungen dieser Art unterliegen sie unwillentlichen muskulären Rückstoßprozessen, d. h. propriozeptiven Reflexen, die aus kompensatorischen Innervationen des »passiven« Muskels herrühren und seine vorausgehende intrazentrale Blockade ausgleichen (Sherringtons »sekundäres Induktions«-Phänomen), ein Effekt, der umso stärker ist, je schneller die Bewegung abgelaufen ist. Die Notwendigkeit, diesen Rückstoß zu kontrollieren, ist grundlegend für jede koordinierte willentliche Bewegung, die Art und Weise aber, wie diese Kontrolle ausgeübt wird, ist charakterologisch aufschlußreich. Die je besondere Haltung des Urhebers der schnellen winkelhaften Spur zur Kontrollaufgabe kann als eine Neigung bestimmt werden, den Reflex zu meistern, indem man ihn ohne irgendeinen Versuch zur Unterdrückung in seiner vollen natürlichen Kraft und auch annähernd in seiner jeweiligen Richtung benutzt. Die psychologischen Implikationen dieses Verhaltens sind mannigfaltig. Ein Aspekt des Komplexes, auf den wir hier gestoßen sind, ist, daß die motorische Energie, die er an den Tag legt, sich direkt aus der Kraft der Impulsivität speist, daß der letzteren zu gehorchen und sie zu kontrollieren in seiner Erfahrung eins sind und daß zwischen inneren Bedürfnissen und äußerer »Rolle« ein Antagonismus oder sogar eine Trennung nicht erlaubt ist; eine Konstellation, die umgekehrt bedeutet, daß er – negativ – seiner Position im sozialen Umfeld kaum inne ist und daß er – positiv – stark dazu neigt, so vollständig wie möglich in seinen Handlungen und Interessen aufzugehen, also dazu, »eine Sache um ihrer selbst willen zu tun«. Auf der anderen Seite liegt, da sich aus unserer Analyse seiner Art, den propriozeptiven Reflex zu bewältigen, ergibt, daß in ihm Erfahrungen der vollsten Impulsentbindung und der vollsten willentlichen Konzentration in kürzest denkbaren Intervallen aufeinander folgen müssen, ein besonderer Hang zu extremen und schnellen Wechseln der Einstellung nahe, eine Folgerung, die wiederum eine Anfälligkeit seinerseits – negativ – für innere Konflikte oder – positiv – für die betonte »Selbststeuerung«, wie sie der Dynamik schöpferischen Denkens eigen ist, impliziert.

Eine weitere Schlußfolgerung, die diese innere Situation des Winkel-Schreibers fordert, ist dessen grundlegender *Moralismus*, nicht im Sinne irgendeiner notwendigen Entfaltung, Art oder Qualität seiner Moralität – die natürlich (je nach Formniveau und Kriterien aus anderen Dimensionen) die ganze Spannbreite von sehr hoch bis sehr niedrig einnehmen kann –, sondern in dem Sinne, daß seine inneren Erfahrungen gemäß einem imperativen Bedürfnis artikuliert werden, *ja* oder *nein* zu sagen. Kurz gesagt ist der Winkel-Schreiber, selbst in seinen gewöhnlichsten alltäglichen Verrichtungen, was, wie bereits bekannt, auf die Mittelzone der Handschrift verweist, unablässig gezwungen, sich, abermals ohne Rücksicht auf Art und

Qualität, an Werten zu orientieren: Die Beziehung von »Auf«- und »Ab«-strichen in der Mittelzone zu den Randzonen der vertikalen Dimension ist gleichfalls ziemlich zwingend und zeigt den hier diskutierten Komplex nur in einem weiteren seiner mannigfaltigen Aspekte. Nun gilt es, das hieraus resultierende psychologische Gesamtbild der graphischen Winkelhaftigkeit in seinen Umrissen zu entwickeln, um zu einer Tabelle möglicher Charakterzüge zu gelangen, die am Schluß dieses Unterkapitels dafür aufgestellt wird.

Angesichts der Strenge ihrer Impulskoordination – die in keiner Weise notwendig zu einer Uneffektivität der letzteren führt – ist die nächste Verwandte des Winkels unter den anderen Hauptbindungsformen offenbar die Arkade; ihre Unterschiede sind indes mindestens ebenso groß wie die Ähnlichkeiten. Im Winkel ist der Kontraktions-Entspannungs-Zyklus so durch die Erfahrung der Person von dessen Polen akzentuiert, daß kein Raum für Übergänge zwischen den beiden mehr bleibt. Das nimmt den Entspannungsbewegungen die Qualität des »Fließens«, die notwendig ist für ihre voll bewußte Ausprägung als Entspannungserfahrungen; in der Folge, und in Übereinstimmung mit allen anderen von dieser Form nahegelegten Aspekten der Charakterstruktur, nimmt man vom Winkel-Schreiber an, daß er derartige innere Ansprüche auf bewußte Entspannungserfahrungen, auf die er als menschliches Wesen notwendigerweise stößt, verdrängt. Wenn wir nun die Arkade genau im Aspekt ihres gestischen Profils analysieren, der mit dem soeben diskutierten Aspekt der Winkelhaftigkeit vergleichbar ist, dann finden wir eine völlig andere Struktur. In der Arkade wird die Kontraktion ausgeprägt aufgebaut und kurz entspannt, aufgrund der Erfahrung eines *überwundenen* Hindernisses, einer *gesicherten* Position, die ihr gestisches Profil nahelegt, erweist sich die Entspannung aber als ein Abfließen verbrauchter Energie, das dem Schreiber einen Moment Pause gestattet: Anders als die »Entspannung« im Winkel, wo jede Linie als gerader Strich dazu neigt, über sein Ziel hinauszuschießen, es sei denn, das Erreichen dieses Punkts mündet darein, sofort einen neuen Stoß in entgegengesetzter Richtung aufzunehmen, ist Entspannung in der Arkade, ungeachtet ihrer Kürze und gewiß in geringerem Maße als in der kontraktiven Phase der Arkadenbewegung, immer noch *bewußt artikuliert.*

Die für den Winkel resp. die Arkade festgestellten motorischen Erfahrungen der Schwierigkeit anzuhalten resp. des leichten Pausierens sind für jeden, der selbst mit den beiden Formen experimentieren möchte, leicht nachzuvollziehen. Die Arkade bezieht sich gemäß diesen und anderen Indikatoren auf eine Erfahrung des Einhaltens, nachdem ein Punkt des Widerstands überwunden wurde, *nicht* indem er beseitigt, sondern indem er umstellt, überwältigt, überredet, vereinnahmt, verteidigt, gepflegt wurde; was die Facetten des »Aneignens«, »Verteidigens« und der »Pflege« betrifft, so ist ihre gestische Ähnlichkeit mit einer Hand, die sich zugreifend, aber auch schützend oder zärtlich ausstreckt, offensichtlich. Die Arkade ist recht ersichtlich eine Geste des Abschließens, das Reich wird abgesteckt, seine Grenzen dürfen von was oder wem jenseits ihrer auch immer nicht überschritten werden oder werden sogar aktiv ausgeweitet. Der Winkel-Schreiber hat, und wenn auch nur um den Preis unausgesetzter Aktivität ohne Ruhe und Frieden, immer noch Verkehr mit seiner Umwelt: Auch wenn er Ich und Umwelt als notwendig konflikthafte Gegensätze erfährt, so ist er dabei doch mit der Umwelt noch in einem Punkt vereint, denn beide haben an der »Uneinigkeit« teil, die für ihn die einzig »reale« Erfahrung ist; für den Arkaden-Schreiber ist die Umwelt nur insoweit »real«, d. h. sie zählt, als er Macht über sie hat, und er selbst ist nur insoweit »real«, als er Frieden haben, d. h. seine Spannung entlasten kann, was er wiederum erst erreichen kann, nachdem er sich etwas von der Umwelt in eine seiner deutlich ausgeprägten Kontraktionsbewegungen einverleibt hat.

Die Arkade ist also eine Geste sowohl des Herrschens als auch des Ausgrenzens, und das bestimmt auch den Umfang ihrer um diese Basis zentrierten möglichen positiven Bedeutungen. Einige ihrer Implikationen dürften nicht sofort offensichtlich sein; eine davon ist das bestimmte Gefühl einer inneren Leere oder eines Vakuums und des Bedürfnisses, diesem Vakuum durch die konkav umschreibende Bewegung des Halbkreises zu entrinnen, die sie trägt und die in der für sie wesentlichen Gestaltqualität des Bogens [*arch*], aus der auch ihr Name [*arcade*] herrührt, selbst zur Geltung kommt. Die bestimmende Ausdrucksqualität der Wölbung besteht, »*trotz*« der Leere, die sie überbrückt, wenn wir sie in unserer inneren Erfahrung klären, in der Aufrechterhaltung einer bestimmten und stabilen Form oder Regel, d. h., in Begriffen der symbolischen Bedeutung gesagt, der Realität selbst. Das gibt ihr einen demonstrativen Charakter: Die Wölbung »repräsentiert«, und von daher wird auch ihre große Rolle in der Architektur des Römischen Reichs, des zeitlosen Modells des imperialistischen Staates, verständlich. Die Arkade kommt deshalb häufig sowohl in den Handschriften von Mitgliedern herrschender sozialer Gruppen vor, die einer durch ihre Herkunft und ihren Status aufgenötigten Verpflichtung zur Repräsentativität ihrer Haltung unterliegen, als auch in denen von schizoiden und schizophrenen Individuen, die sich selbst abkapseln und sich in ihrer Abschottung der Aufrechterhaltung eines Realitätsgefühls als erstrangigem Lebensproblem gegenübersehen.

Um alle diese auf sie bezogenen Bedeutungsschattierungen in einer Kategorie zu umfassen, können wir die Arkade als die spezifischste Geste der Artikulation des Ich definieren. Im Interesse der Klarheit muß die Differenz zwischen ihr und den im vorigen erwähnten Ich-Indikatoren hervorgehoben werden. Regelmaß und Druck zeigen eine Betonung von willentlicher Kontrolle im Gesamtfunktionieren der Persönlichkeit an. Schärfe deutet auf eine Triebhierarchie hin, die eine verstärkte Erfahrung des Ich von seinen Wechselwirkungen mit dem Selbst und der Umwelt, nicht notwendig aber eine von der *Distanz* zu beiden einschließt. Steilheit ist eine Geste der Enthaltung gegenüber emotionalen Verstrickungen mit der Umwelt. Eine niedrige Mittelzone zeigt die Ich-Funktionen akzentuiert durch das Bedürfnis, unbehaglicher innerer Anspannung zu entkommen; eine breite hingegen zeigt die Ichfunktionen im Zustand der Entspannung und der Harmonie mit dem Selbst und seinen Ressourcen. Gesamtlinksläufigkeit betont die Person in ihren Beziehungen zur Vergangenheit, ihre inneren Erfahrungen, ihre materiellen und triebhaften Ressourcen, d.h. eher das Selbst als das Ich. Eine Betonung der Majuskeln weist sowohl auf eine Vergrößerung des Ich-*Bildes* als auch auf eine Verstärkung seiner motivierenden Kraft hin. Die Arkade schließlich ist ein Indikator für das Ich, das mit emphatischer Steigerung der *Distanz*-Erfahrung seine kritischste und am entschiedensten selbst-konstitutive Funktion ausübt: als ein *Schirm* zwischen Selbst und Umwelt.

Mit einer Analyse der *Girlande* kehrt sich dieses Bild völlig um. Wo die Arkade abschließt, öffnet die Girlande; wo die Arkade herrscht, unterwirft sich die Girlande; wo die Arkade aneignet und absichert, gibt die Girlande her und legt bloß, gibt sich selbst der Umwelt preis und zieht diese eher herein, als daß sie sich ihr aufzwänge. Dies wird durch einige weitere ihrer folgenden Aspekte bestärkt, die allesamt in derselben psychologischen Substanz ihrer ausdrucksmäßigen Gesamtqualität konvergieren. In der Arkade liegt die Ruheposition im untersten Punkt, folgt unmittelbar auf die Kontraktion, nach dem »Umgehen eines Hindernisses«; in der Girlande »hängt sie« nach einer langgezogenen Entspannungsbewegung und vor einer hier äußerst kurzen neuen Abwärts-Kontraktion »in der Luft«. Die Implikation von

Vertrauen in der Wahl des Ruhepunkts kann einem nicht entgehen. Der Girlanden-Schreiber ist *in* der Welt zuhause; das »Heim« des Arkaden-Schreibers ist ein Schutzraum *vor* ihr. Für den Arkaden-Schreiber ist das Ich grundsätzlich realer als die Umwelt; für den Girlanden-Schreiber die Umwelt grundsätzlich realer als das Ich. Für den Arkaden-Schreiber hängt die Realität der Umwelt, die sich seine Geste einverleibt, selbst von der Einverleibung, d. h. vom Ich ab; für den Girlanden-Schreiber ist das Ich nur insoweit real, als es das Einfließen von Realität in seinem – für ihn – äußersten Sinne, d. h. als eines der Umwelt, erfährt. Dies bedeutet wiederum, daß die innere Orientierung des Girlanden-Schreibers eher von emotionalen als von Ich-Funktionen beherrscht wird, und das erklärt das weit häufigere, auch durch einen Aspekt seines Formcharakters nahegelegte, Vorkommen der Girlande in den Handschriften von Frauen als denen von Männern. Ihre Beziehung zu Affektpsychosen ist aus dieser Prämisse ebenfalls offensichtlich. An möglichen negativen Implikationen wären die verschiedenen Schattierungen von *Parasitentum* zu erwähnen, die sich aus noch anderen Aspekten ihres Formcharakters, der nehmenden Hand und des »Aussaugens«, ergeben.

Wo eine Ausprägung des Charakters sei es nie zustandegekommen, sei es desintegrativen Prozessen gewichen ist, wird sein kristallisierter Ausdruck, die »typische Geste« der Person, verschwommen: Der *Faden* ist eine Äußerung entweder mehr oder weniger abgenutzter ursprünglicher Haltungen oder, etwa bei manchen Geisteskrankheiten, ebenso aber, in Form einer fadenbildenden »Tendenz«, bei nervöser, mehr oder weniger chronischer Erschöpfung, eines grundlegenden inneren Zustands von Unbestimmtheit, über den die Person im Laufe ihrer triebhaften, emotionalen und moralischen Reifung niemals hinausgekommen ist und der entsprechend eine Gesamtambivalenz des Persönlichkeitswerts mit sich bringt, wie er charakteristisch für die innere und äußere Verfassung nicht nur der pathoformen Problemkinder der Gesellschaft, sondern auch ihrer wirklichen und möglichen Genies ist: Im letzten Fall erscheint der Faden nicht als das Produkt einer Abnutzung der anderen, sogenannten archaischen Bindungsformen, sondern als ein kapriziöses, mehr oder weniger regelloses Wechseln zwischen ihnen. Dementsprechend ist es für eine zutreffende Bewertung der Fadenbindung als Indikator entscheidend, ob diese graphische Manipulation als ein schöpferisches Chaos erscheint, das wechselnde archaische Bindungsformen hervorbringt, deren jede in ausgeprägter und ursprünglicher Art und Weise die fortwährende Abfolge divergierender oder antagonistischer psychomotorischer Kräfte nahelegt, von denen jede stark genug ist, die vorübergehende Identifizierung der Person mit ihnen zum Zeitpunkt ihres Entstehens zu bestärken – in welchem Fall man von »primärem Faden« spricht –, oder ob das Bild das einer Zerrissenheit ist, eines »Fädelns« im buchstäblicheren Sinne einer Weigerung, sich durch irgendeine ausgeprägte Form »festzulegen« – eine Verweigerung, die im Wesentlichen *nur* dem rechtsläufigen Impuls und somit dem Weg des geringsten Widerstands folgt; Kombinationen der beiden Typen sind selbstverständlich ebenso möglich wie Kombinationen der beiden hier genannten Typen innerer Verfaßtheit. Im zweiten Fall, dem des »sekundären Fadens«, ist das unausweichliche Ergebnis einer derartigen Abnutzung jeglicher Form stets eine Verminderung der Mittelzone, die, abhängig von der Stärke der Kräfte des Über-Ich, absolut oder relativ sein kann, d. h. auch die Randzonen betreffen kann oder nicht. Auf jeden Fall wiegt unsere vorausgehende Diskussion der vertikalen Dimension schwer für ein Verständnis der Fadenbindung als eines Typs graphischer Manipulation, von dem man, in einem seiner Aspekte, sagen kann, daß er eine Orientierung im Bereich verfügbarer Werte zu vermeiden sucht. Dieses Vermeiden kann entweder – da, wo die Rand-Anteile ebenfalls vermindert sind – die gesamten Ansichten der Person über ihr Selbst und über die Umwelt betreffen, oder aber dort, wo die Rand-Anteile, die nicht-absorbierte innere Ansprüche repräsentieren, überentwickelt sind und wo nur in der Mittelzone die vertikale Bewegung minimiert bleibt, auf die alltäglichen Handlungen und die hinsichtlich ihrer eingenommen spontanen Haltungen, die durch die fortlaufende Rechtsausdehnung der Mittelzone repräsentiert werden, begrenzt sein; im letzteren Fall liegt eine Spezifizierung der durch eine niedrige Mittelzone vermittelten Anzeichen für Anspannung im Sinne einer Zuordnung derartiger Anspannung zu funktionell nervösen Störungen nahe.

Allgemeiner gesagt wird der sekundäre Faden-Schreiber nicht von einer Identifizierung mit seinen Handlungen als solchen im Sinne einer bedeutungsvollen Erfahrung ihrer Phasen beherrscht und auch nicht von einem Bedürfnis nach Selbstorganisation, Selbsterfüllung und persönlicher und sozialer Artikuliertheit, *während* er in der Dimension der Zeit auf seine Zielbilder zuschreitet, sondern offensichtlich von der Erfahrung, irgendwie und egal wie in dieser Dimension vorwärtskommen und in diesem Prozeß ohne Rücksichten und um welchen Preis auch immer sein Ich bewahren zu müssen. Das bedeutet, daß seine leitende Motivation der auf Kosten aller anderen wirksame Trieb zur Selbsterhaltung ist: Der sekundäre Faden ist graphisch eine zentripetale Bewegung, die dazu tendiert, die Kurzformen auf ihre geringst mögliche vertikale Ausdehnung zu reduzieren, d. h. auf einen bloßen Punkt oder Tupfer als Repräsentanten des Ich, das unablässig nach rechts flieht und auf seinem Weg jegliche Verpflichtungen vermeidet.

Das bedeutet, daß mit Verpflichtungen wegen des Fehlens sowohl emotionaler als auch psychomotorischer Substanz nicht umgegangen werden kann, eine Konstellation, die besonders dann, wenn die Mittelzone im Verhältnis zu den Randzonen stark verkleinert ist, im Rorschach-Psychogramm das Bild einer Koarktation beschwört. Eine weitere und spezifischere Facette des psychologischen Bilds des Fadens aber, die sowohl zum primären als auch zum sekundären zu rechnen ist, besteht in der leichten Verfügbarkeit aller Arten von »Einstellungen« für die Person, ein Zug, der insbesondere auf die grundlegendste innere Bedingtheit schöpferischer Begabung, besonders der musikalischen, zu verweisen scheint. Beim primären Faden, bei dem das Primat der »Selbsterhaltung« geradezu eine Indifferenz gegenüber sozialen Normen der Moralität mit sich bringt, kann diese Ambivalenz, diese innere Unentschiedenheit des Kindes und das emotionale Nieganz-Reifen von großer und genuiner elementarer Kraft und zugleich mit dem höchsten Formniveau sowie einem außergewöhnlich hohen Grad an rhythmischer Integration verbunden sein, kombiniert natürlich mit extremer Unregelmäßigkeit, wie in den Handschriften von Beethoven und Napoleon; beim sekundären Faden, bei dem dieselbe Eigenheit nur andeutungsweise, auf flüchtige, oberflächliche und mehr oder weniger unoriginelle oder sogar mechanische Art und Weise wirksam ist, drängen sich Winkel, Arkaden und Girlanden als bloße Implikationen pathologischen Lügens und einer hysterischen Mimikry von Gefühlen auf. Das erstere kann im wesentlichen immer angenommen werden; die letztere spezieller dort, wo Randüberdehnungen, statt in einer Art »Zusammenpressen« auf die Mittelzone zu drücken, eher dazu tendieren, zentrifugale Bewegungsimpulse, in plötzlichem Wechsel mit zentripetalen Tendenzen der Fadenbindung selbst, zu absorbieren. Dieses Absorbieren kann die Form aufgeblähter und in anderer Weise disproportional erweiterter Auswüchse besonders der Oberzone haben (die Unterzone ist in den Handschriften von Hysterikern gewöhnlich »verkrüppelt«, kann aber gleichermaßen signifikant abrupte Schwankungen aufweisen); ob in solchen Fällen nur eine sanfte Tendenz zu hysterischer »Übertreibung« oder aber ernsthaftere Schlußfolgerungen naheliegen, hängt einmal mehr sowohl von qualitativen Attributen des Zeichens selbst wie vom Gesamtbild ab.

Eine spezielle Version der Fadenbindung ist der Doppelbogen, der einige wesentliche Elemente der allgemeinen Ausdrucksqualität des Fadens mit der größeren Verträglichkeit mit vertikalen Bewegungsimpulsen wie ebenso mit einer höheren positiven Formkonsistenz verbindet. In der Systematik der Bindungsformen ist er als graphisch wie psychologisch offensichtlich direktester Gegenpol zum Winkel von Bedeutung; praktisch kommt er kaum vor. Wie er interpretiert wird, kann von seiner Polarität zum Winkel bestimmt sein: Im Sinne der obigen Feststellung ist er die »gewundene Linie« an sich, die gestische Kristallisation eines Charakters, der, obwohl es ihm an Identifizierung mit sich selbst mangelt und er tatsächlich Verpflichtungen aus dem Weg geht, dennoch ein Bedürfnis hat, sich gängigen Werten »anzunähern«, auch wenn er im Augenblick der Annäherung dann Verbindlichkeiten, die die Werte aufzuerlegen neigen, vermeidet. Während er sich so verhält, »als ob« er eine moralische und emotionale Entität und subjektiv in dieser Haltung ziemlich aufrichtig sei, ist es in seinem Fall nicht sein Selbstverständnis, sondern der mögliche Bedeutungsumfang von »Aufrichtigkeit« selbst, den es in Zweifel zu ziehen gilt: Der Doppelbogen-Schreiber ist »ausgeglichen« um den Preis eines ständigen äußeren Ausgleichens, einer tief verwurzelten Diplomatie ohne höchstes Ziel oder Zweck, d. h. einem totalen Kompromiß zwischen seiner inneren Erfahrung einer- und seinem äußeren Verhalten andererseits, das positiv einen besonderen Grad an sozialer Anpassungsfähigkeit, negativ aber das efeuartige »Ranken« des sozialen Parasiten bedeutet (Abb. 69).

Abb. 68–86 Bindungsformen (Forts.)

Doppelbogen

Deckstriche

gestützte Formen

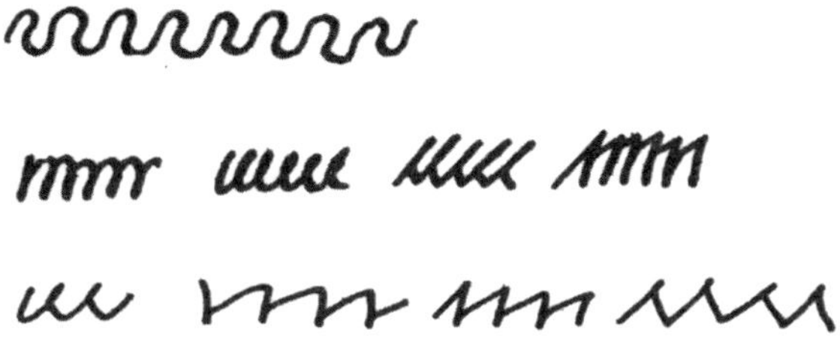

Abb. 69 Einige typische Modifikationen

Zum Schluß sollte ein spezifisches mögliches Attribut aller Bindungsformen kurz erörtert werden: der Deckstrich, entweder in der Form, daß Aufstriche bis zu einem bestimmten Punkt ihrer Bewegung dem Weg der vorausgehenden Abstriche, oder, abhängig von der Natur der spezifischen Bindungsform, daß umgekehrt die letzteren dem der vorausgehenden Aufstriche folgen; im Falle des Winkel-Schreibens ist klar, daß diese Bewegung nur um den Preis des hochgradig berechneten und erzwungenen Auftretens eines »dritten Winkels« innerhalb der Mittelzone in ihrem vertikalen Aspekt möglich ist. Das Zeichen verbindet die wesentlichen Eigenschaften von Enge, d. h. Behinderung der Impulsexternalisierung, mit der spezifischeren Gestik des »Versteckens«, »Verdeckens«, der »Hände unter dem Tisch«, d. h. der *Heimlichtuerei*; weitere spezifische Hinweise auf den letztgenannten Charakterzug aus anderen Anteilen der Handschrift werden im folgenden Abschnitt aufgegriffen. Während das volle Gewicht der Interpretation dieser Bewegung – einer der Überkontrolle und eines unumschränkten Sicherheitsbedürfnisses – als einer Bewegung tatsächlicher *Verlogenheit* das Vorhandensein anderer Zeichen voraussetzt, die auf eine Unaufrichtigkeit der Motivationen seitens des Schreibers hindeuten, und während sie auf eine weiterreichende wechselseitige Bedeckung der beiden Striche beschränkt ist, vermindert sich die Schwere des Zeichens als ein Indikator für Heimlichtuerei dort in Richtung auf einen bloßen »Opportunismus«, wo das Ausmaß der Bedeckung sich auf einen begrenzteren Abschnitt im Verlauf des ersten Strichs beschränkt. Diese Modifikation der Bewegung macht eine stärkere Ausprägung einer der graphischen Folgen des Deckstrichs überhaupt notwendig, wie sie für den Fall der winkeligen Handschrift bereits festgestellt wurde: einen Richtungswechsel des zweiten Strichs an dem Punkt, an dem die Bahn des ersten verlassen wird. In der graphologischen Nomenklatur bezeichnet man diese Bewegungsmodifikation wegen ihres Äußeren als »gestützte Form« und versteht sie als eine Näherung an die »Abnutzung« des sekundären Fadens. Sowohl ihre Verminderung in der tatsächlichen Strich-Deckung als auch ihre betonte Richtungsinkonsistenz legen die genannte spezifische Modifikation ihrer psychologischen Bedeutung nahe (Abb. 70–86).

Abb. 68–86 Bindungsformen (Forts.)

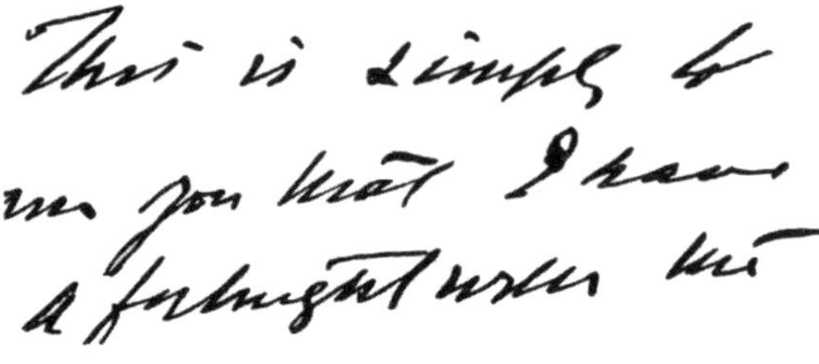

Abb. 70 (26%) Winkel

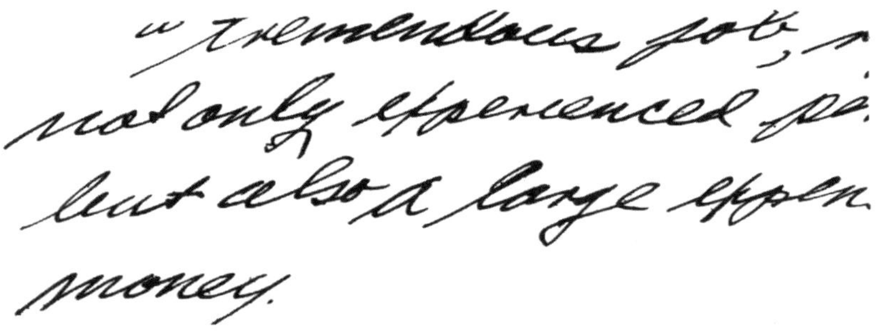

Abb. 71 (26%) Winkel

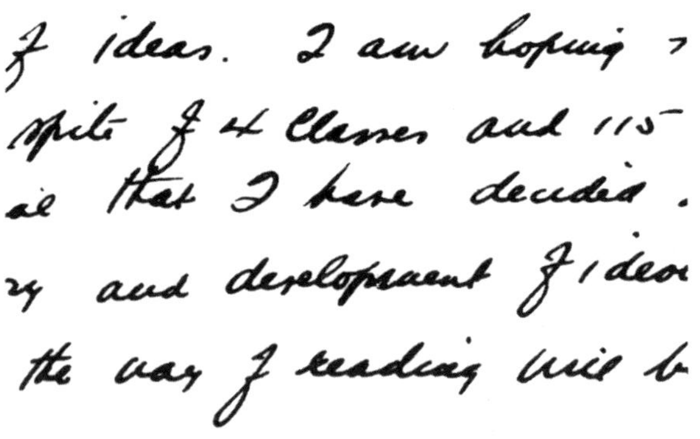

Abb. 72 (7%) Girlanden

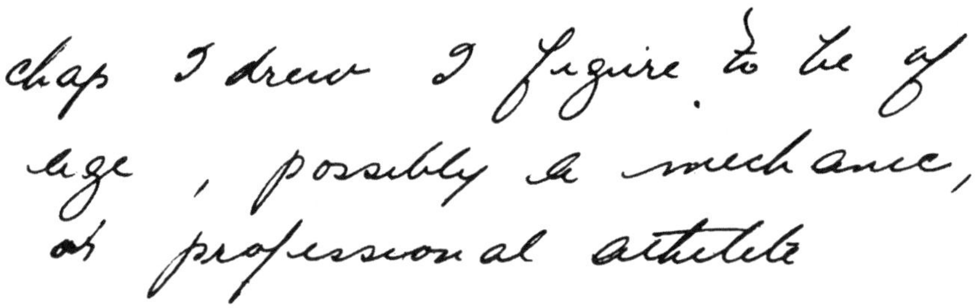

Abb. 73 (7%) Girlanden

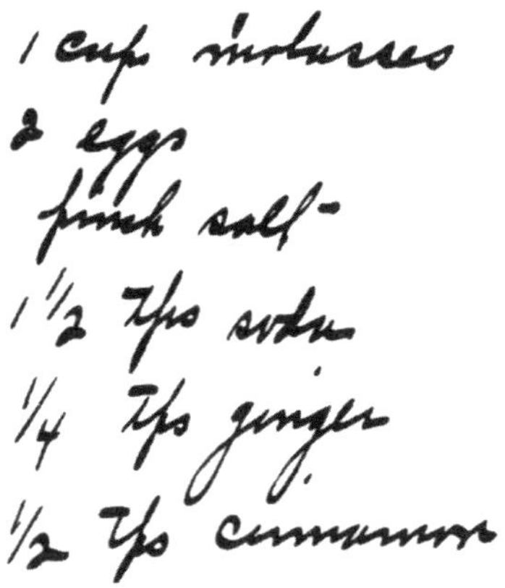

Abb. 74 (7%) Arkaden

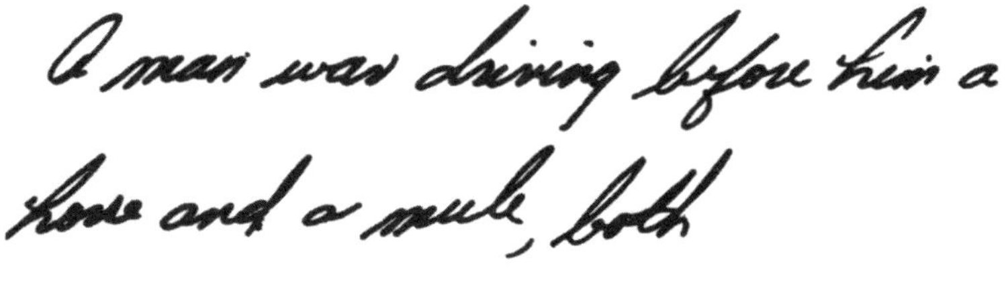

Abb. 75 (7%) Arkaden

Abb. 68–86 Bindungsformen (Forts.)

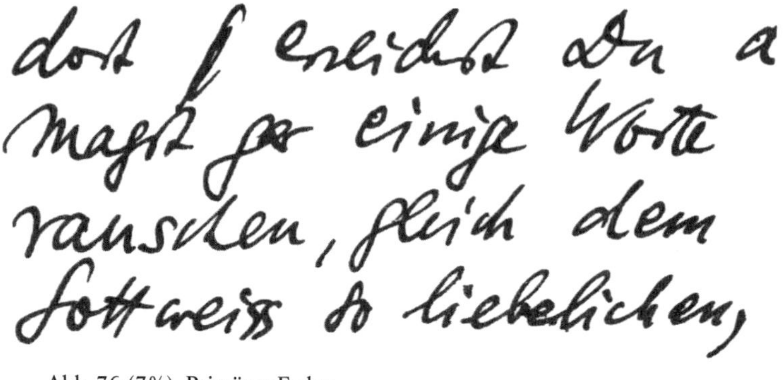

Abb. 76 (7%) Primärer Faden

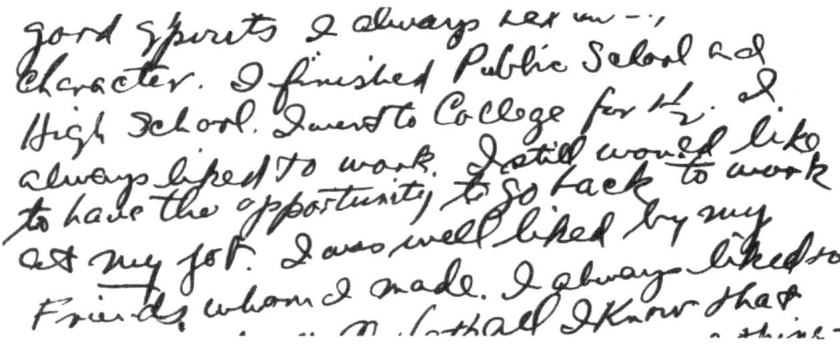

Abb. 77 (45%) Primärer Faden

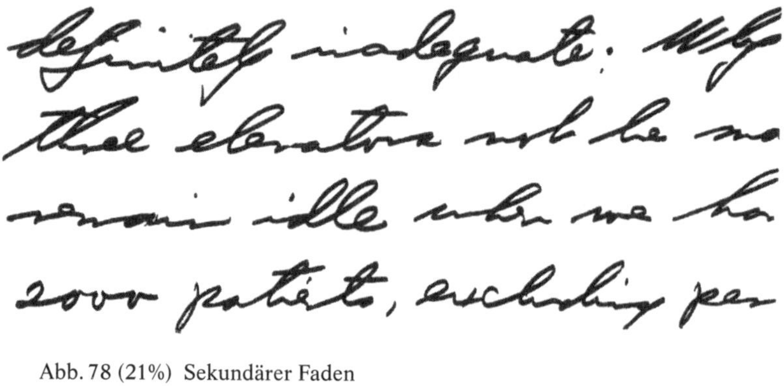

Abb. 78 (21%) Sekundärer Faden

Abb. 68–86 Bindungsformen (Forts.)

Abb. 79 (7%) Anderer Typ von sekundärem Faden

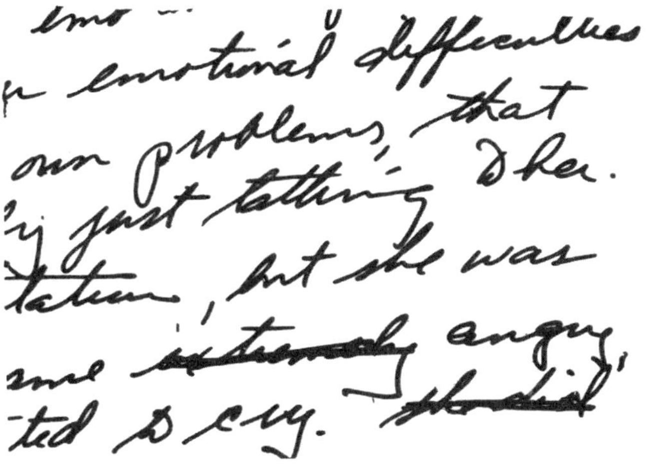

Abb. 80 (7%) Anderer Typ von sekundärem Faden

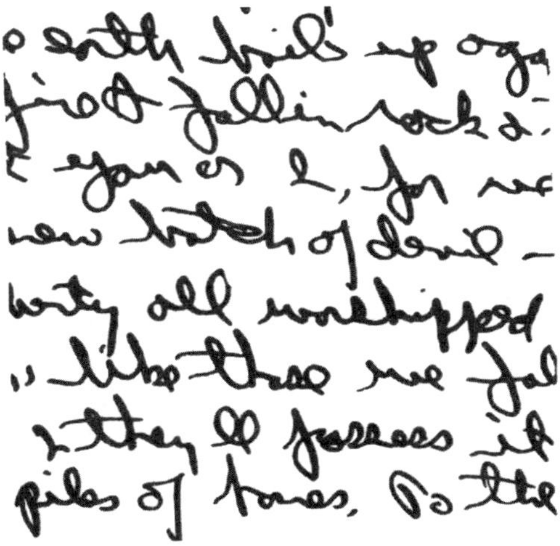

Abb. 81 (7%) Anderer Typ von sekundärem Faden

Abb. 68–86 Bindungsformen (Forts.)

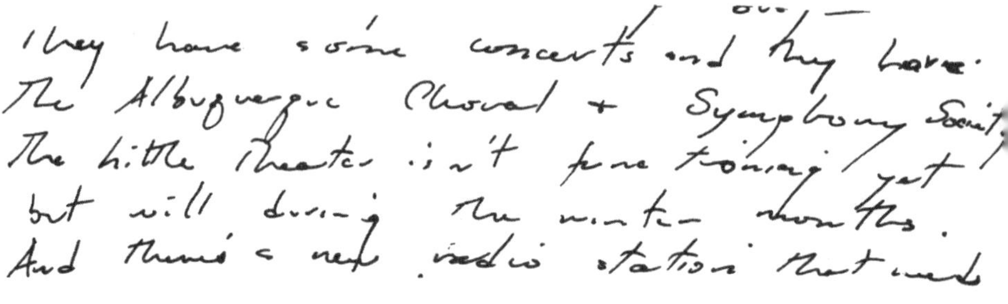

Abb. 82 (26%) Anderer Typ von sekundärem Faden

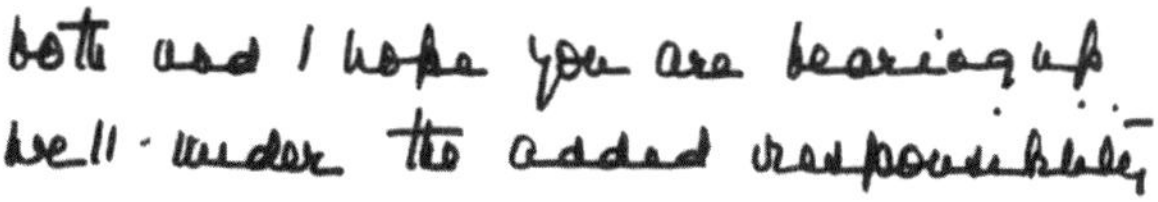

Abb. 83 (12%) Deckstriche

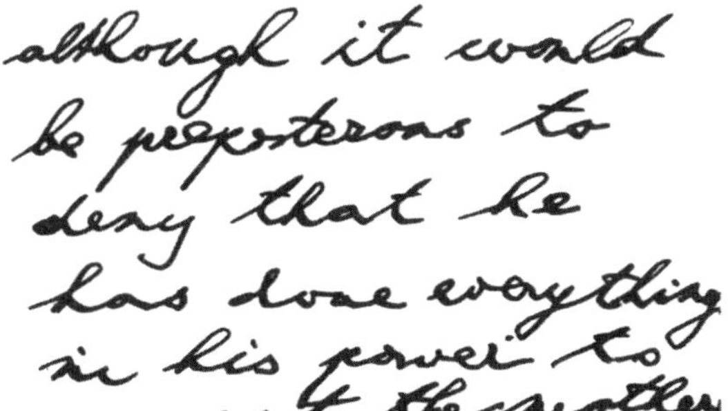

Abb. 84 (16%) Gestützte Formen

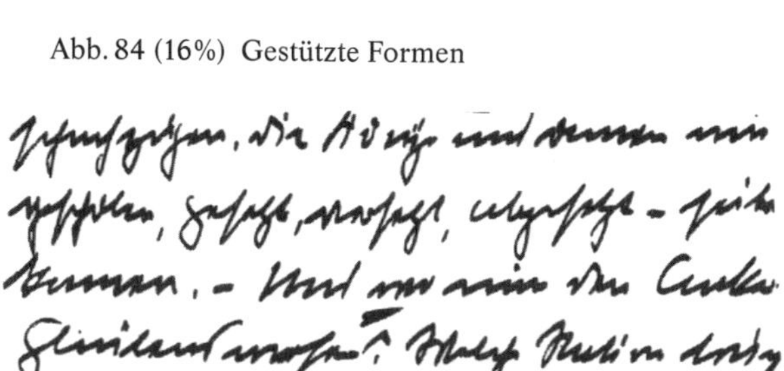

Abb. 85 (26%) Winkel mit arkadischer Tendenz
in der Schrift eines ambulanten Schizophrenen

Abb. 68–86 Bindungsformen (Forts.)

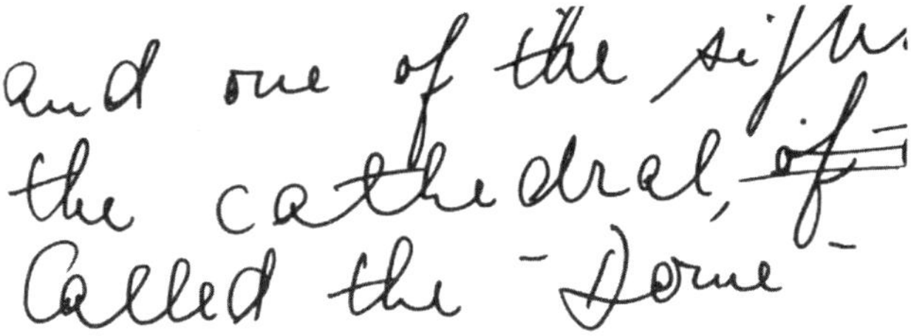

Abb. 86 (37%) Hängende Girlanden eines Patienten mit Depressionen

Tabelle IX Horizontale Dimension III: Spezifische dynamische Eigenschaften

Bindungsformen			
Winkel Orientierung auf das Zielbild		*Arkade* Orientierung auf das Ich	
+	–	+	–
Entschlossenheit	Steifheit	Selbstbeschränkung	Unaufrichtigkeit
Beständigkeit	Starrsinn	Zurückhaltung	Verlogenheit
Widerstandskraft	»Verstocktheit«	Unterscheidungsvermögen	Gekünsteltheit
Energie	Kälte	Sinn für Distanz	Affektiertheit
Festigkeit	Sturheit	Form- und Stilgefühl	Anmaßung
Planvolles Denken	Intransigenz	Sinn für Tradition	Ichbezogenheit
Richtung	Indifferenz	Sinn für stabile Werte	»Leere«
Entschiedenheit	Rachsucht	Beständigkeit der Einstellungen	Mißtrauen
Standhaftigkeit	Unbarmherzigkeit	Skeptizismus	Argwohn
Unempfindlichkeit	Negativität	Vorsichtigkeit	Manieriertheit
»Kompromißlosigkeit«	Unversöhnlichkeit	»Noblesse oblige«	»Unzugänglichkeit«
Aufrichtigkeit	Unfähigkeit, sich anzupassen		(Machtgier)
Verbindlichkeit	Widerspruchsgeist		(Realitätsverlust)
Verantwortungsgefühl	Streitsucht		
»Kritischer Geist«	»Disharmonie«		
Selbstkritik	Unausgeglichenheit		
Pflichtbewußtsein	Aggressivität		
Moralität	Aggressivität gegen sich selbst		
Ethisches Problembewußtsein	Reizbarkeit		
Männlichkeit (bei Männern)	Erregbarkeit		
Kreatives Denken	(Wutanfälle)		
	Maskulinität (bei Frauen)		
	Unklarheit im Denken		

Tabelle IX Horizontale Dimension III: Spezifische dynamische Eigenschaften (Forts.)

Girlande Orientierung auf die Umwelt	
+	–
Zuversicht	Unentschiedenheit
Güte	Abhängigkeit
Aufrichtigkeit	»Leicht zu beeinflussen«
Offenheit	Ablenkbarkeit vom eigenen Weg
Toleranz	Vertrauensseligkeit
Elastizität	Fehlen gefestigter Einstellungen
Versöhnlichkeit	Wankelmut
Anpassungsfähigkeit	Unbeständigkeit
Milde	»Willensschwäche«
Wärme	Mangel an Disziplin
(Natürlichkeit)	Schlampigkeit
Einfühlungsvermögen	Emotionalität
Leichtigkeit sozialer Kontakte	Stimmungsumschwünge
Bereitschaft, andere anzuerkennen	Feminität (bei Männern)
Hilfsbereitschaft	
Wunsch zu geben	
Hingabe	
Weiblichkeit (bei Frauen)	

Faden Orientierung auf Selbsterhaltung	
Musikalische Begabung	Dekadenz der Werte
primärer Faden +	–
Unmittelbarkeit und Intensität innerer Erfahrung	Mangelnder Sinn für soziale Verpflichtungen
Originalität	Gewissenlosigkeit
Offenheit für neue Situationen	Rücksichtslosigkeit
Kreativität	Immoralität
Spontanes »Verstehen« von anderen und komplexen kulturellen und historischen Situationen	»Dämonisches«
Prophetische Voraussicht	Destruktivität
Genie	»Böser Genius«
Reichtum an inneren Ressourcen	
sekundärer Faden +	–
Vielseitigkeit	Uneindeutigkeit
Schaffenskraft	Unaufrichtigkeit
Geschicklichkeit	»Charaktermangel«
Elastizität	Groll
Intuition	Neid
Anpassungsfähigkeit	Feminität (bei Männern)
Vielzahl an »Begabungen«	»Verschlagenheit«
Schauspielerisches Talent	Falschheit
Politisches Bewußtsein	Mimikry
Diplomatie	Affektmanipulation
»Überlebens«-fähigkeit	Pathologische Empfänglichkeit für »Suggestionen«
	»Mediale Veranlag
	Hysterie
	Armut der inneren Ressourcen

Das Richtungsverhalten der Zeile neigt bei jeglichem Schwanken zu einer größeren Amplitude der sichtbaren Schwankungsergebnisse als dies bei anderen graphischen Qualitäten der Fall ist. Das deutet auf eine besondere Nähe zu den vom Schreiber momentan erfahrenen emotionalen Verfassungen hin. Eine genauere Betrachtung der den Wechseln der Zeilenrichtung zugrundeliegenden motorischen Vorgänge stützt diesen Eindruck. Die Zeile »fällt« immer dann, wenn der Arm der Person aufgrund eines Abnehmens der Muskelausdehnung bei Entspannungsbewegungen allmählich zum Körper zurücksinkt. Wenn die Schreibtätigkeit einmal ein paar Seiten gefüllt hat, ist ein geringer Grad an Abnahme einfach die gewöhnliche Folge normaler Muskelermüdung. Übermäßig früh abnehmende Ausgedehntheit der Muskeln kann einem von vornherein gegebenen physischen Ermüdungszustand akuterer Natur geschuldet sein, und letzteres wird man auch anzunehmen haben, sofern nicht Indikatoren aus anderen Dimensionen in Richtung eher chronischer Bedingungen weisen. Ein eher chronischer Zustand wird andererseits immer dann gegeben scheinen und sein psychologisches Korrelat, Mutlosigkeit oder Depression, naheliegen, wenn spezifische Indikatoren aus anderen Dimensionen, wie flache und anergische, »durchhängende« Girlanden, dazu tendieren, dies auf eine Art zu bestätigen, die das akute graphische Aufscheinen von Depression mit dem graphischen Ausdruck einer im Charakter des Schreibers vorherrschenden Emotionalität verbindet. Die entsprechenden Indikationen für ein Gefühl von Optimismus, Eifer, »Erhebung« drängen sich für steigende Zeilen auf, und zwar sowohl wegen ihrer gestischen Implikationen hinsichtlich der symbolischen quasi-räumlichen Erfahrung als auch, soweit die direktere Wirksamkeit des begleitenden muskulären Vorgangs betroffen ist, hinsichtlich der zum Zustandekommen dieser Qualität notwendigen Steigerung der motorischen Ausgedehntheit der Entspannungsbewegung. Die durchgehend horizontale Zeile ist dementsprechend das Ergebnis von Haltungen, die in keiner signifikanten Weise durch den Schlenkereffekt unkontrollierter Emotionen beeinflußt werden.

Daß die abfallende Zeile psychologisch besonders eng auf ein gesamtes Überwiegen der Kontraktion, die steigende Zeile auf eines der Entspannung bezogen ist, liegt deshalb nahe, weil ihr gemeinsames Auftreten mit weiteren Zeichen in Handschriftenproben das bestätigt. Dies ist ein wichtiges Diffenzierungskriterium für das Erkennen »echten« Fallens oder Steigens im Unterschied zu Fällen, wo die Zeilen diese Eigenschaften vortäuschen und ihr »Steigen« oder »Fallen« tatsächlich einer Schräglage des Schreibpapiers geschuldet ist.

Ein mehr oder weniger ausgeprägter Wechsel steigender und fallender Zeilen weist entsprechend auf extreme Gefühlsschwankung hin, und andere Konstellationen der Ich-Affekt-Beziehung zeigen sich in einer Ausdrucksanalyse der verschiedenen auftretenden graphischen Konstellationen. Wenn auch, wie in allen Bewertungsdimensionen, nicht auf alle durch wahrnehmbare Schwankungen der Zeilenrichtung bedingten Eigenheiten ausführlich eingegangen werden kann, sind doch fünf Haupttypen von größerer Komplexität zu unterscheiden.

Die zittrige Zeile ist als eine Manipulation zu verstehen, die nicht so sehr irgendeinem Affektausbruch gehorcht, als vielmehr Gefühle unter Kontrolle zu halten sucht. Von daher ist auch ihre Beziehung zu diplomatischem Talent verständlich, die bereits die alte Graphologie der Zeichen behauptete und die auch aufgrund ihrer Ausdrucksbeziehung zu – und ihrem häufigen tatsächlichen gemeinsamen Auftreten mit – der Bindungsform des Fadens und wiederum besonders deren Unterart des Doppelbogens naheliegt.

Die eingefallene Zeile folgt einem ursprünglichen Impuls des »theoretischen« Pessimismus, der im Verlauf der Handlung dem Entstehen stärker selbstvertrauender und zunehmend hoffnungsvoller Regungen weicht. Es wurde festgestellt, daß sie in den Manuskripten von Philosophen des Pessimismus vorherrscht, deren Leben produktiv, sozial erfolgreich und lang war.

Zeilen mit Aufwärts-Konvexität demonstrieren Impulse eines vergleichsweisen Über-Optimismus, die sich in der Handlung bald erschöpfen und dem Entstehen solcher der Resignation, Depression und möglicherweise Verzweiflung weichen.

Die Dachziegel-Anordnung in Aufwärts-Fassung ist die Spur einer Funktionsweise, die beständig versucht, optimistische Impulse unter Kontrolle zu halten.

Die Dachziegel-Anordnung in Abwärts-Fassung ist die Spur eines Eingriffs, der beständig pessimistische Impulse zu kontrollieren sucht.

Dachziegel-Anordnungen scheinen überdies eine spezifische und empirisch häufig bestätigte Beziehung zum Verantwortungsgefühl der Person zu haben, nicht so sehr hinsichtlich seiner Stärke als vielmehr einer spezifischen Struktur. Die Ausdrucksqualität eines Wieder-auf-den-Boden-zurückkommen-Müssens in der Aufwärts-Fassung begreift Bedeutungsschattierungen ein, auf die in unserer vorausgehenden Erörterung der vertikalen Dimension hingewiesen wurde. Die Interpretation neigte hier dazu, das persönliche Verantwortungsgefühl dem »Material« zuzuerkennen, d. h. der Realität von Objekten und Trieben, sozialen und familiären Bindungen usw., verbunden mit einer Flucht vor der Verpflichtung, sich selbst angesichts geistiger Werte Rechenschaft abzulegen. Umgekehrt würde die Ausdrucksqualität eines Zurückkehren-Müssens zu einer höheren Position die Verantwortlichkeit gegenüber über-personalen Standards in Verbindung mit einer Scheu vor der Verantwortlichkeit gegenüber den »gegebenen«, d. h. objektiven, sozialen und triebhaften Anforderungen betonen.

Was die affekt-anzeigenden Facetten der Ausdruckskraft all dieser verschiedenen Anordnungen im einzelnen betrifft, so würde ihre weitere Differenzierung hinsichtlich noch komplexerer Richtungsqualitäten der Zeile der Tendenz der obigen Diskussion folgen (Abb. 87–92).

Abb. 87–92 Zeilenrichtung

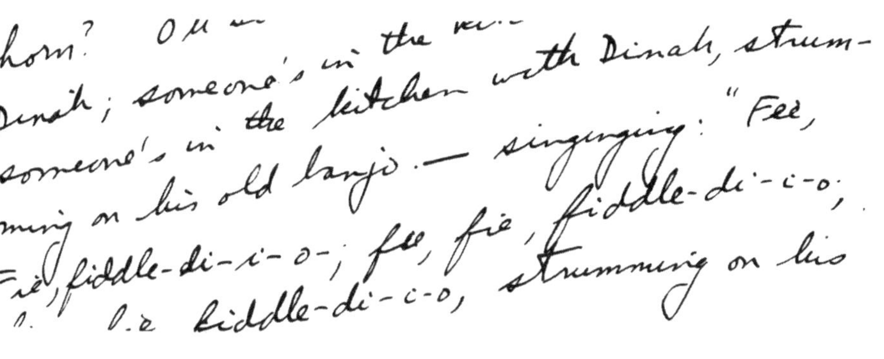

Abb. 87 (30%) Begeisterung

Abb. 87–92 Zeilenrichtung (Forts.)

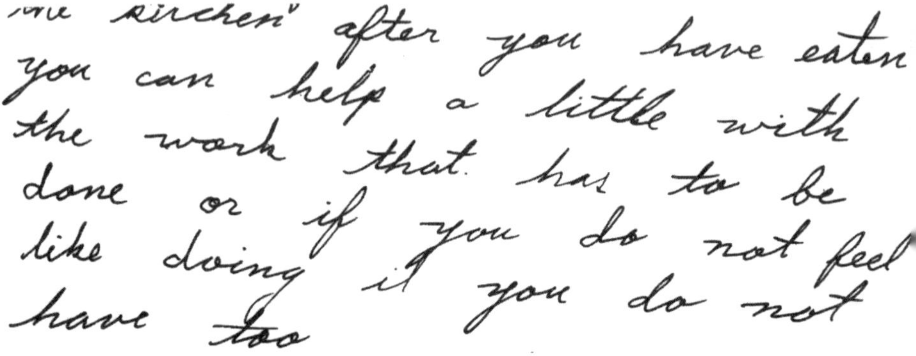

"me kitchen" after you have eaten
you can help a little with
the work that has to be
done or if you do not feel
like doing it you do not
have ~~too~~

Abb. 88 (26%) Niedergeschlagenheit

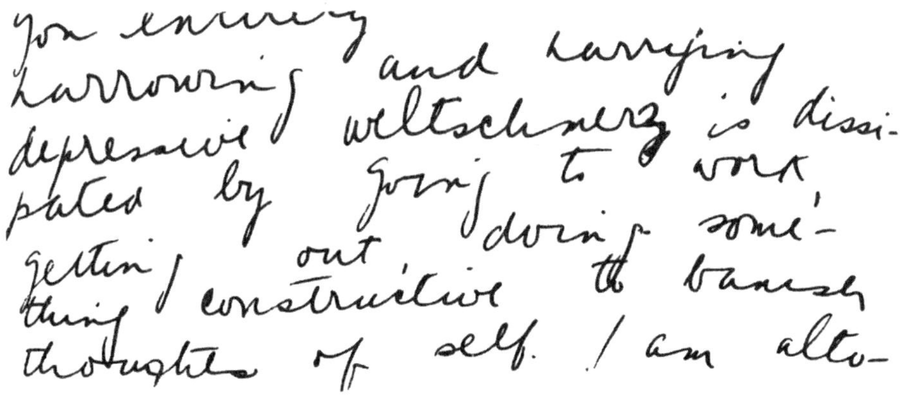

you enemy
harrowing and harrying
depressive weltschmerz is dissi-
pated by going to work,
getting out doing some-
thing constructive to banish
thoughts of self. I am alto-

Abb. 89 (16%) Entmutigung – nach vorausgehendem Über-Optimismus

Abb. 87–92 Zeilenrichtung (Forts.)

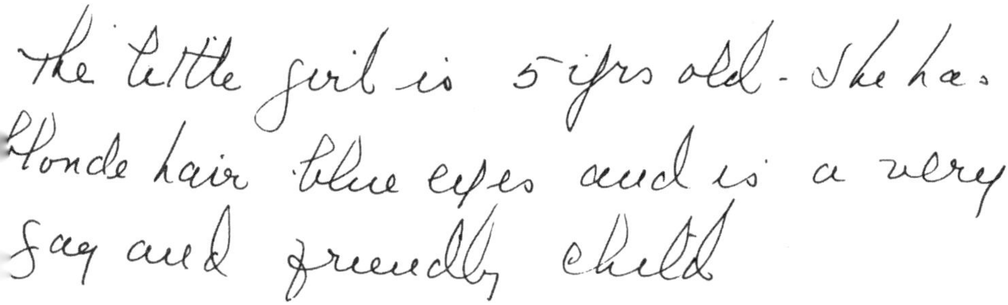

Abb. 90 (39%) Skepsis und wachsendes Selbstvertrauen

(Abb. 91–92 Dachziegel-Anordnungen)

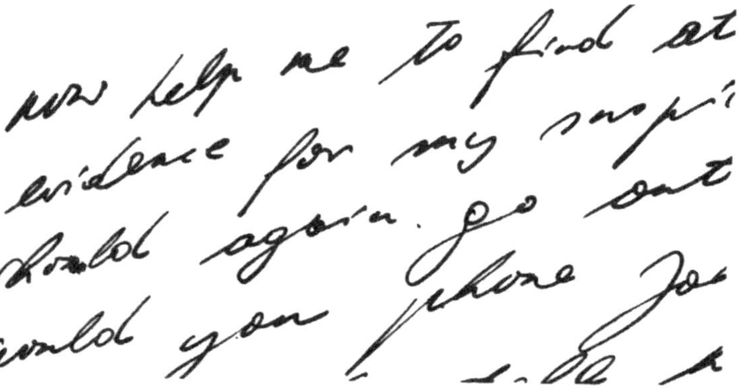

Abb. 91 (7%) Aufwärts-Fassung (mit steigenden Zeilen): realistische Kontrollen beim Versuch, Begeisterungsgefühle zu zügeln

Abb. 92 (26%) Abwärts-Fassung (mit fallender Zeile): eine affirmative Lebensphilosophie im Kampf mit Depressionen (Handschrift eines Patienten mit beginnender multipler Sklerose)

Die Dimension der Einbeziehung des Hintergrunds

Völle und Magerkeit

In einem früheren Kapitel wurde die quasi-räumliche Erfahrung der Person von ihrer Schrift in Beziehung zum Schreibfeld oder Hintergrund hervorgehoben. In Erfahrungsprozessen ist »Hintergrund« der undifferenzierte und ununterschiedene und doch gerade wegen dieser Eigenschaften unentbehrliche Gegenpol zur Artikuliertheit des Erfahrungsgegenstandes. In direkter symbolischer Erfahrung ist »Hintergrund« das »neutrale Chaos« des Toten und Ungeborenen, des bereits Aufgelösten und doch Nichtmaterialisierten, d. h. negativ formuliert des Nicht-Realen. In positiver Formulierung ist das Nicht-Reale das möglich Reale, d. h. das *Imaginäre.*

Zugänge zum »Hintergrund« sind bereits früher in diesem Buch vorgestellt worden. Bei der Diskussion der psychologischen Bedeutungen von »Teigigkeit« wurde die zu diesem Anzeichen gehörende Streuung organismischer Energie als ein Zustand dezentrierter sensorischer und sinnlicher Bereitschaft zu Umwelt-Kontakten bestimmt, die sich dem Lebensverlauf »seitlich« bieten. Auch wenn als eine ihrer Facetten die »Intensität der Einbildung« galt, wurde diese Eigenart an sich definitionsmäßig auf seiten des »Realismus« situiert, und die soeben erwähnte Modalität steht psychologisch in keinerlei Widerspruch dazu, da Imaginations- und Realitätsfunktionen einander ergänzen: Je lebhafter und intensiver das Sensorium, je weniger ausgeprägt der strukturelle Aspekt der Realitätsbilder, desto »voller«, d. h. intensiver, aber auch desto weniger selektiver Unterscheidung unterworfen ist auch die Realitätserfahrung. Wie paßt nun diese Realitätsbetonung, auf die die »Teigigkeit« als *ein* Mittel der Einbeziehung des Hintergrunds hinweist, zusammen mit der allgemeinen Bedeutung dieser Tendenz als ein Indikator nicht der *Intensität* von Bildern, sondern der Imagination an sich, d. h. eher der ideomotorischen als der sensorischen Betonung von Persönlichkeitsfunktionen, die sich ins *Nicht-Reale* erstrecken?

Der Widerspruch ist eher ein scheinbarer als ein tatsächlicher. Der Grad, in dem »Hintergrund« als solcher erfahren wird, hängt von der Ausprägung des gestalthaften Vordergrunds ab; der Grad, in dem die Unbestimmtheit des leeren Raums beim Schreiben als »polar« zu der schreibenden Person, d. h. als nicht-real erfahren wird, hinge somit von der graphischen Beziehung zwischen dem Strich und seiner Umgrenzung durch leeren Raum,

d. h. von dem Grad ab, in dem diese Beziehung selbst »polarisiert« ist. In der Streuung des Duktus oder in der Teigigkeit wird alles versucht, diese Polarität zu reduzieren, das Gebieterische der Umgrenzungen zu vermindern, sich selbst in den »Hintergrund« zu verstreuen. Das bedeutet, daß der letztere als für solch einen »seitlichen« Übergang geeignet, d. h. eher als reale Umwelt denn als Repräsentant irgendeines Nichtrealitäts-Prinzips wahrgenommen wird. In der »Teigigkeit« wird also der Kontrast zwischen Gestalt und Hintergrund nur hinsichtlich der Unterschiedenheit der Gestalt an sich reduziert und das nur um den Preis einer Verbesserung ihres Kontakts mit dem verbleibenden Hintergrund hinsichtlich ihrer Hell-Dunkel-Beziehung, die der »Chiaroscuro«-Effekt dieser Qualität hervorbringt. Das verweist auf eine innere Situation des Schreibers, in der die Funktionen der Einbildung und der Realitätserfahrung, beide mit sinnlicher und sensorischer Reizung gesättigt, dazu neigen, deckungsgleich zu werden: Daher die »realistischen Bilder«, aber auch der »bildhafte Ansatz« des äußerlich und triebseitig Über-Engagierten. Die Tendenzen zur »Einbeziehung des Hintergrunds« hier und in dem, was in diesem Unterkapitel aufgegriffen wird, stellen in keiner Weise einander ausschließende und nicht einmal gegensätzliche Prinzipien der Systemtätigkeit dar, sondern beziehen sich einfach auf verschiedene Funktionen der Persönlichkeit; beide können in der jeweiligen Person kombiniert sein, keine von ihnen aber impliziert die An- oder die Abwesenheit der anderen.

Von der Einbildungskraft als solcher aber, mit ihren als psychomotorischen Aktionen nur durch zeitliche Abfolge ausgeprägten Ideationsprozessen, ist dann in jedem Fall zu erwarten, daß sie sich nicht in irgendwelchen Eigenschaften des Schreibduktus, sondern nur in einem *linearen* Typ von Einbeziehung des Hintergrunds zeigt, was eine akzentuierte, »polarisierte« Erfahrung der Dichotomie zwischen dem Realen und dem Nicht-Realen voraussetzt und das »Undefinierte« eher vermittels wohlgerundeter Kurven verschlingt als in seitlicher Streuung des Schreibduktus in es einzudringen. Die Betonung dieser Dichotomie ist für eine wahre Einbildungskraft ebenso wesentlich wie die daraus resultierende graphische Eigenart, die genuine »Völle«, selbst es für ihre graphologische Repräsentation ist. Dies ist, in einem seiner Aspekte, der Grund, warum die Handschriften zumindest des paranoiden Typus' – Katatonie, die verschiedenen Formen von Erfahrung ebenso wie von Ausdruckskraft folgt – von schizophrenen Patienten niemals genuin »voll« sind, trotz ihres betonten »Phantasie-Lebens«, das im wesentlichen eher das Überwiegen von Nicht-Realität in ihrer inneren Erfahrungsordnung darstellt als, wie in wahrer Einbildungskraft, die bewußte Umwandlung von Nicht-Realität in Realitätsbilder, die mehr oder weniger »realistischen« Linien der Begriffsbildung folgen und letzten Endes realistischen Zielsetzungen dienen; was genuine, was künstliche Völle darstellt, wird im folgenden gezeigt. Der Reichtum inneren Lebens, der als eines ihrer notwendigen Attribute zu unserer Vorstellung von einer Vollblut-Persönlichkeit gehört, drückt sich unausweichlich in der graphischen Qualität der *Völle* aus.

Um nun zwischen der echten und der künstlichen Fassung dieser Eigenschaft zu unterscheiden, ist die Beobachtung wesentlich, daß der Eindruck von Völle als einer der wesentlichen Eigentümlichkeiten der Schreibstruktur davon abhängt, daß sie in erster Linie in der *Mittelzone* vorhanden ist, was einmal mehr den Ergebnissen unserer vorausgehenden Analyse der psychologischen Funktionen dieser Zone in der Diskussion der vertikalen Dimension entspricht, daß sie »Leben« an sich darstellt; »künstliche Völle« hingegen neigt dazu, die Randformen entweder »aufzublähen« oder linear anzureichern (oftmals ohne irgendwo und -wie einen Eindruck tatsächlicher Völle zu erzeugen), während die Mittelzone und daher die gesamte Struktur »mager« erscheint; je entwickelter und differenzierter aufgrund einer »genuinen Völle« das Geistes- und Triebleben der Person ist, desto voller werden natürlich auch die Formen der Randzonen sein (Abb. 93).

Abb. 93–97 Einbeziehung des Hintergrunds

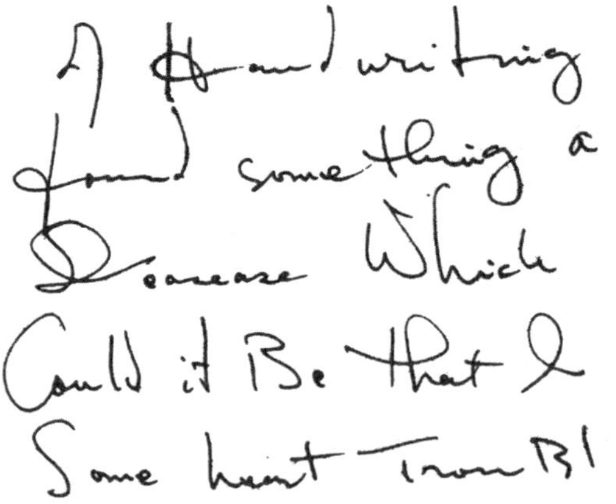

Abb. 93 (35%) Künstliche Völle

Was künstliche Völle anbelangt, drängt sich aus dieser Analyse ihre Beziehung zu bestimmten Anzeichen von Hysterie auf, die in der Diskussion des Fadens erwähnt wurden; ihre Beziehung zur Schizophrenie, die in ihren spezifischeren graphischen Eigenschaften ganz anders gekennzeichnet ist, wird später behandelt. Eine weitergehende Erörterung von »künstlicher Völle« würde bereits die »Bereicherung«, das Thema des nächsten Unterkapitels, einschließen. Die Tabelle für Völle und Magerkeit, wie sie hier vorgelegt wird, kann ohne gesonderte Diskussion von »Magerkeit« erstellt werden, da deren allgemeine psychologische Bedeutungen bereits aus dem Vorigen offensichtlich werden. Erwähnt werden sollte an diesem Punkt die in »Völle« ebenso einbegriffene potentielle »negative« Tendenz hin zu einer Überdehnung von Begriffen und daher zu einer Trübung der Denkprozesse.

Tabelle X Amplitude

Völle		*Magerkeit*	
+	–	+	–
Einbildungskraft	Mangel an Klarheit im Denken	Schärfe des Intellekts (als relative Fähigkeit)	Mangel an Einbildungskraft
Reichtum des inneren Lebens	Mangelnde Kritik und Selbst-Kritik	Relative Strenge des theoretischen Denkens	Dürftigkeit der inneren Bilder
Fülle der emotionalen Ressourcen	Schwelgen in Tagträumen	Kritikfähigkeit	Trockenheit
Gutes Gedächtnis	»Phantasterei«	Scharfsinn	Asketismus
		Klarheit der Begriffe	Philistertum
		Intellektuelle Nüchternheit	Denken in Klischees
			»Langweiligkeit«
			Stereotypie
			Armut der inneren Ressourcen
			Schwäche des Gedächtnisses

Bereicherung und Vereinfachung;
Verschnörkelung und Vernachlässigung

Die Neigungen, die Schulschriften entweder um nicht darin vorgesehene Bewegungsanteile zu bereichern oder aber sie in Richtung auf ihre wesentliche Struktur zu vereinfachen, rühren aus Motivationen her, die von denen, die Völle und Magerkeit zugrundeliegen, völlig verschieden sind; bisher schon erwähnt wurde die »Anreicherung« als ein erfolgloser Versuch, eine »Magerkeit« wettzumachen, die aus einem für das Ich nicht erträglichen Mangel an inneren Ressourcen herrührt, und der Hang beider Kriterien – eine Handschrift kann äußerst vereinfacht und doch äußerst voll oder ebenso äußerst elaboriert und doch äußerst mager sein –, von Studierenden der Methode verwechselt zu werden, legt die Diskussion von Bereicherung und Vereinfachung trotz ihrer nur indirekten Beziehung zu den Funktionen der Einbeziehung des Hintergrunds an diesem Punkt nahe.

Bereicherung wird definiert als ein Anfüllen der graphischen Form, die nicht mit den wesentlichen strukturellen Buchstabeneigenschaften gemäß den Schulschriftmustern in Konflikt steht; Vereinfachung definiert sich als eine an den schulischen Buchstabenmustern vorgenommene Reduzierung der graphischen Form, allerdings nicht auf die wesentlichen Formeigenschaften, die dieser Vorgang eher deutlicher auszuprägen neigt. Das bedeutet, daß Anreicherungen und Reduzierungen, die die Lesbarkeit von Buchstaben in beiderlei Richtungen beeinflussen (Verschnörkelung und Vernachlässigung), auch wenn sie mit den hier erörterten Eigenheiten verwandt sind, doch außerhalb ihres Rahmens im strengen Sinne liegen: Wenn sie auch Extreme der Tendenzen zu Bereicherung und Vereinfachung darstellen, beinhalten Verschnörkelung und Vernachlässigung doch Impulse, die jenen genaugenommen fremd sind.

Die Situation vereinfachend könnte man sagen, daß der Drang zur Bereicherung auf einen höher entwickelten »Form«-Sinn verweist, der zur Vereinfachung auf einen höher entwickelten Sinn für das »Wesentliche«. Diese Sicht scheint indes noch nicht hinreichend klar zu sein; sie steht in Konflikt mit der Einsicht, daß Form und Wesen komplementäre Attribute sind und daß die spezifische Bestimmung der erwähnten Persönlichkeitstrends vom individuellen Niveau der Formqualität, d.h. von einem dritten Kriterium außerhalb der Polarität von Bereicherung und Vereinfachung abhängig ist. Was den letzteren Einwand betrifft, scheint es kaum notwendig festzuhalten, daß das kulturelle und geistige Niveau, auf dem eine gewisse »Betonung« arbeitet, in ihr natürlich nicht als eine bloße Haltung impliziert ist; ebenso wenig berührt dies das Gegebensein der Haltung als solche. Hinsichtlich des interpretativen Problems, das sich durch die Komplementarität von »Form« und »Wesen« stellt, können wir Beobachtungen von Tendenzen, die eng mit den hier diskutierten verwandt sind, mit einem Blick auf die Geschichte der Kunst anstellen. Sie zeigt uns Perioden, die Nachdruck auf »Stilisierung«, auf »die große Linie« legen, im Wechsel mit anderen, die eine mehr oder weniger barocke, mehr oder weniger naturalistische Vielfalt von Formentwicklungen betonen. Die letztere ahmt die Tendenz des *Lebens* selbst nach, »Raum zu füllen«, indem es seine Gestalten in nicht-endenden Variationen erzeugt, die erstere diejenige des *Denkens*, trennende Distanzen zu schaffen, indem es die Gestalt auf den symbolischen Kern zurückführt. Unerachtet spezifischer sozialer, religiöser und kultureller Anreize, die in dieser Periodizität wirksam (ja dieser ihrerseits unterworfen) waren, erlauben uns ihre große Konsistenz und die Überlegung, daß jedwede in ihr wirksamen Einflüsse durch das Medium der inneren Erfahrung des Künstlers wirksam geworden sein müssen, die allgemeinen Trends von Denken und Kultur, die historisch mit den beobachteten Phänomenen in der Kunstentwicklung zusammenhängen, als Richtschnüre für ein Verstehen individueller Haltungen, die den Richtungen dieser Trends folgen, zu verwenden. Wenn wir somit die weitest möglichen Kategorien herausarbeiten, die Bereicherung und Vereinfachung als Ausdruckstendenzen in der Handschrift abdecken, können wir zu dem Schluß kommen, daß sie sich auf ein intrapersonales Übergewicht grundlegender kultureller Bedürfnisse beziehen: Bereicherung auf ein imitatives oder kreatives oder beide; Vereinfachung auf ein intellektuelles oder geistiges oder beide. Dieses Übergewicht ist nun, soweit es im als Referenz gewählten Gebiet der Kunst selbst liegt, als eines in der inneren Identifizierung der Person und *nicht* in der Stärke der zur Verfügung stehenden Kräfte sei es der Kreativität, sei es des Denkens zu verstehen: Eine bereicherte Bewegung kann ausdruckskräftiger oder auch intelligenter sein als eine vereinfachte; eine vereinfachte kann mehr Schönheit besitzen oder mustergültiger sein als eine bereicherte. Während in unserem gegenwärtigen Stand der Zivilisation die intellektuelle Entwicklung einer Person in der Tat gewöhnlich mit dem Grad koinzidiert, in dem sich in ihrer Handschrift ein Zug zur Vereinfachung materialisiert, zeigt sich Intelligenz an sich durch keinen der beiden Trends, sondern im Fall der »Bereicherung« durch die relative Leichtigkeit, mit der sich zusätzliche Bewegungsanteile innerhalb eines Buchstaben zur Übergangsbewegung, die den nächsten erzeugt, eignen; im Fall der »Vereinfachung« durch die relative Unterschiedenheit, mit der die wesentliche Form bewahrt und zum Ausdruck gebracht wird. Es ist klar, daß Überlegungen dieser Art bereits in den weiteren Bereich des Niveaus der Formqualität eintreten, zugleich aber, daß in Kombination mit dem letzteren Kriterium und mit dem der Schreibgeschwindigkeit zum Beispiel der Grad der Vereinfachung in der Tat wichtige Schlußfolgerungen im Hinblick auf die Intelligenz der Person selbst erlaubt.

Die Tabelle der Persönlichkeitszüge, wie sie für die beiden Typen der Ausdrucksqualität erstellt wird, ergibt sich wie immer aus einer Auswertung der Ordnung von innerer Erfahrung und äußerem Verhalten, mit der die entsprechenden Haltungen bestimmt werden können. Wie bereits angedeutet, sind die weiterreichenden Tendenzen hin zu Verschnörkelung und Vernachlässigung getrennt aufgeführt; offensichtlich sind die zusätzlichen Implikationen der Eitelkeit, aber möglicherweise auch des Bluffens, der Anmaßung und der Vorspiegelungen für die erstere und diejenigen der Schlampigkeit, aber möglicherweise auch des Bedürfnisses »zu vertuschen«, d.h. der Verschleierung, für die letztere, besonders wenn sie mit einer Fadenbildung kombiniert ist. Aus eher systematischen denn praktischen Gründen soll eine Ausnahme von den hier der »Verschnörkelung« zugewiesenen graphologischen Kriterien ausdrücklich festgehalten werden. In Dokumenten aus vergangenen Jahrhunderten, in denen Verschnörkelung ein integraler Ausdruck eines noch ungebrochenen kollektiven Stilgefühls in lebendigen Traditionen der Schreibkunst ist, hat das Dekorative vergrößerter und reich verzierter Majuskeln, versteht sich, wenig mit der pompösen Aufmachung und der Effekthascherei zu tun, die graphische Verschnörkelung heutzutage zu charakterisieren scheinen. Die Wahrscheinlichkeit, in heutigen Handschriften Gebilde von ähnlicher Verwickeltheit, aber auch von ähnlicher ästhetischer Qualität und innerer Konsistenz der Strichführung anzutreffen, wie wir sie in handgeschriebenen Dokumenten aus Jahrhunderten vor dem neunzehnten finden, ist praktisch gleich Null (Abb. 94–97).

Abb. 93–97 Einbeziehung des Hintergrunds (Forts.)

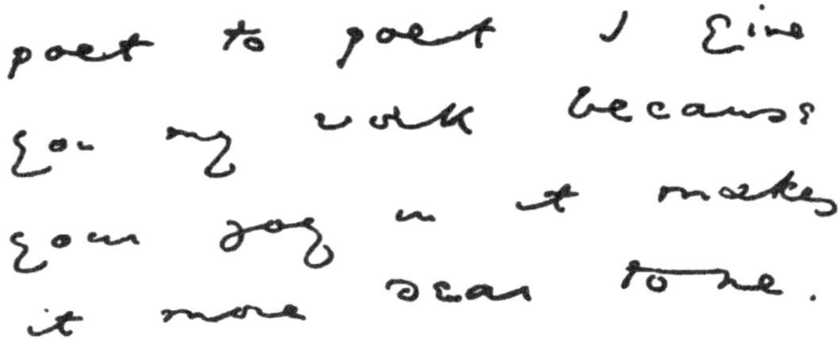

Abb. 94 (26%) Voll und vereinfacht

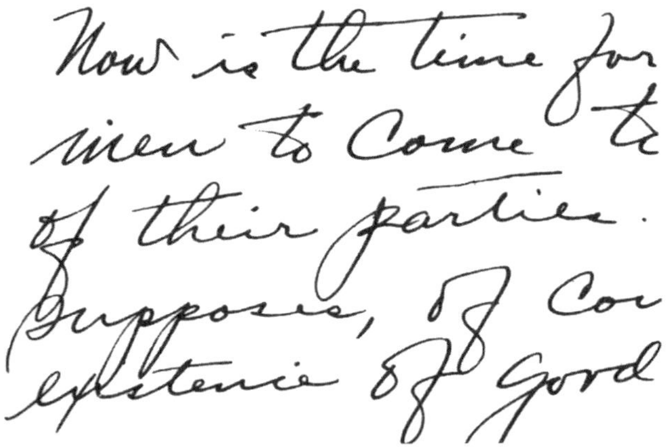

Abb. 95 (26%) Voll und ausgearbeitet

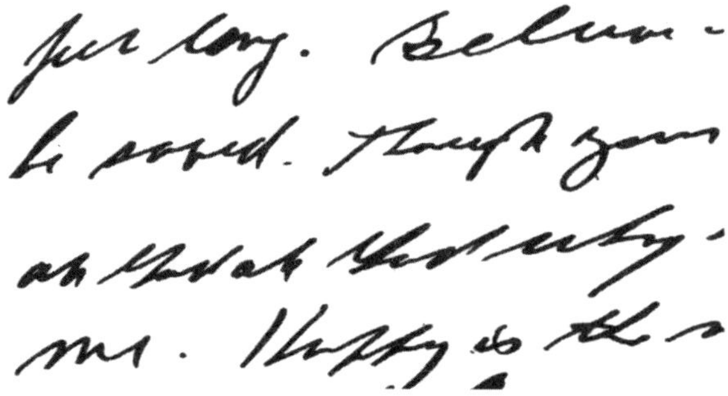

Abb. 96 (7%) Mager und vereinfacht

Abb. 93–97 Einbeziehung des Hintergrunds (Forts.)

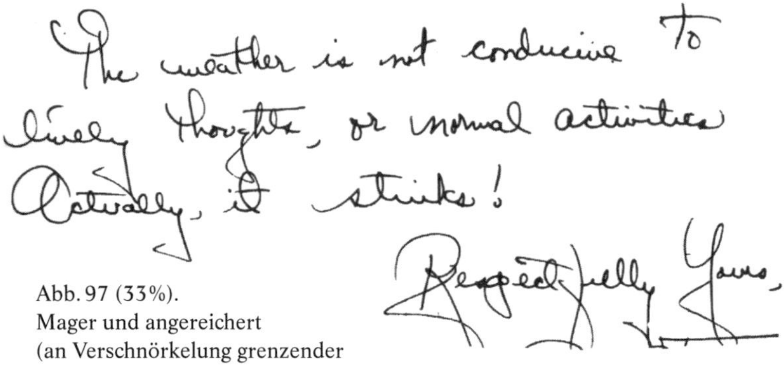

Abb. 97 (33%).
Mager und angereichert
(an Verschnörkelung grenzender
Grad an Bereicherung)

Tabelle XI Anreicherungsgrad

Bereicherung		*Vereinfachung*	
+	–	+	–
Gestaltungstrieb, ›Bautrieb‹, Organisations-, Entwicklungstrieb	Mangel an Einfachheit	Einfachheit	Mangel an sozialer Form
Sinn für Repräsentation	Überbetonung von Förmlichkeit	Zielbewußtheit	Mangel an Kultur im täglichen Lebe
Sinn für soziale Formen	Feierlichkeit	Ordnungssinn	Utilitarismus
Sinn für Arrangements	Pedanterie	Objektivität	»Der Zweck heiligt die Mittel«
Lebenskünstlertum	»Haarspalterei«	Erfassen des Wesentlichen	Schroffheit in persö lichen Beziehunge
Drang zur Schaffung einer »persönlichen Atmosphäre«	Umständlichkeit	Urteilssicherheit	Taktlosigkeit
Fähigkeit zur Aussöhnung und Schlichtung	Langatmigkeit	Geschmack	Mangelnder Sinn für Tradition
Sinn für Traditionen	Mangel an Objektivität		
	Mangel an Geschmack		
	Verschrobenheit		

Verschnörkelung		*Vernachlässigung*	
(1) Eitelkeit	(2) Betrügerei	(1) Schlampigkeit	(2) Uneindeutigkeit
Wichtigtuerei	Bluffen	Ungenauigkeit	Unaufrichtigkeit
Eingebildetheit	Anmaßung	Unordentlichkeit	»Verschlagenhei
Prahlerei	Vorspiegelung falscher Tatsachen	Unpünktlichkeit	Verlogenheit
Originalitätssucht		Flatterhaftigkeit	
Gefallsucht		Unzuverlässigkeit	

Abstände und Ränder

Ein vorausgegangenes Kapitel hatte bei der Diskussion der Gesamtanlage den Fokus auf die weiteren Aspekte der Schriftprobe gesetzt, dies aber nicht hinsichtlich Zeichen und Hintergrund systematisiert, deren Beziehung zueinander offenbar in die Art und Weise verwickelt ist, in der der Text auf dem Papier dicht oder verstreut ist, sich bis zu dessen Kanten hin ausbreitet oder aber innerhalb von Rändern hält. Die allgemeinen graphischen Folgen von *Unterschiedenheit* für eine verstreute und von *Gedrängtheit* für eine dichte Handschrift legen schon in sich selbst bestimmte psychologische Typen nahe, die in unserer vorausgegangenen Diskussion kurz festgehalten wurden. Obwohl es das Bedürfnis nach Artikuliertheit beim Kommunizieren ist, das den Erzeuger von verstreuten Schriftspuren sowie akzentuierten Rändern leitet, folgt offensichtlich die letztgenannte Qualität – die Betonung der Ränder – nicht notwendig aus diesem Bedürfnis; um solch eine Betonung, wo immer sie auftritt, zu erklären, bedarf es der zusätzlichen Annahme eines Gefühls für ästhetische Effektivität – das umgekehrt ein höheres Innesein von Werten, von persönlichen »Unterscheidungen« bedeutet. Des weiteren offensichtlich ist die besonders enge Beziehung von Gedrängtheit und Dispersion, je nachdem, zu den Funktionen des Sparens und Verausgabens, d. h. zum persönlichen Sinn für Ökonomie. Betrachtet man die Wortabstände, erscheinen die Impulse, die deren verschiedene mögliche Weiten zustandebringen, im wesentlichen identisch mit denjenigen, die den Weitegrad innerhalb des Worts regulieren; die besondere symbolische Rolle, die in unserer Erfahrungsordnung das »Wort« als kleinstmögliche Kommunikationseinheit spielt, d. h. als ein Kriterium der Verbalisierung an sich, legt eine Tätigkeit desselben Prinzips auf einem anderen funktionalen Niveau, nämlich dem der Artikulation von Denken und Kommunikation, nahe; das macht auch verständlich, warum Abstände zwischen Wörtern Proportionen aufweisen können, die sich von denen der inneren horizontalen Ausdehnung des Worts selbst recht deutlich unterscheiden.

Abstände zwischen den Zeilen sind, im Hinblick auf gesamt-»räumliche« Bewertungen und auf Unterbrechungen des Schreibflusses, die durch die Notwendigkeit verursacht werden, den Stift auf die linke Seite zurückzuversetzen, in besonderem Maße der persönlichen Zeitökonomie unterworfen: Da die betontere »Unterbrechungs«-Erfahrung hier einen kurzen Moment bewußter Reorientierung mit sich bringt, der es dem Schreiber erlaubt, sich die Zeit zu nehmen oder auch nicht, die neue Zeile in einem gewissen Abstand zur vorausgehenden zu beginnen, wird dieser Abstand umso geringer sein, je weniger Zeit der Schreibende hat oder zu haben glaubt, umso größer, je mehr davon er zur Verfügung hat. Beide Bedingungen können, versteht sich, im spezifischen Fall aus dem Eifer des Augenblicks, aus Optimismus, Leidenschaft, Gefangensein durch das Thema, über das geschrieben wird, (bzw. auch deren Abwesenheit) erklärbar sein, und diese Interpretationen drängen sich in denjenigen Fällen auf, wo hohe Geschwindigkeit bei engen Zeilenzwischenräumen – bzw. niedrige bei weiten – dazu neigen, sie zu unterstützen; in den sich ergebenden Ausdrucksqualitäten ist die physiognomische Einheit zwischen im Zeilenabstand gedrängten und allgemein »lebendigen« und die zwischen im Abstand gestreuten und allgemein »lustlosen« Handschriften (die schlaffen Girlanden des Depressiven) deutlich zu unterscheiden. Je mehr indes diese deutlich bestätigenden Merkmale fehlen, desto eher können die Zeilenabstände als Indikatoren für die Gesamt-Zeitökonomie, die der Schreiber aufweist, angesehen werden. In der symbolischen Erfahrung ist der Schreibraum, als ein Handlungsfeld, das es mit der Gesamtbewegung bei der Erzeugung eines Textes zu durchqueren gilt, ein Äquivalent von Zeit; daher liegt eine allgemeine Indikation für das Bedürfnis, Zeit zu »sparen« oder aber zu »verausgaben«, umso näher, je mehr sich im Überblick über das Feld und im Gewahrsein seiner Gesamtausdehnung eine Weite des Zeilenabstands offenbart, die, im obigen Sinne, der Geschwindigkeit der Schreibbewegung nicht proportional ist. Der schnelle Schreiber, der der Gesamtdimensionen des Feldes gewahr bleibt und sich Zeit nimmt, seine neue Zeile in einem relativ beträchtlichen Abstand zur vorigen zu beginnen, zeigt so einen allgemeineren Habitus, Zeit mit Muße zu verausgaben. Der langsame Schreiber, der sich entscheidet, seine neue Zeile in einem geringeren Abstand zur vorigen anzufangen als sein langsames Bewegungstempo (das in sich selbst eher eine gemächliche Abwärtsbewegung nahelegt) zu erfordern scheint, wird *allgemein* wahrscheinlich seiner Zeit einen hohen Wert beimessen; und entsprechende Schlußfolgerungen können aus wechselnden Abständen zwischen den Zeilen, je nach dem Maß ihrer Augenfälligkeit, auf eine inkonsistente und ungeordnete Zeiteinteilung mit abwechselnd Mangel und Verschwendung gezogen werden.

Den Mangel an verbaler und begrifflicher Artikuliertheit, den die »Gedrängtheit« allgemein verrät, wird man natürlich dort betont finden, wo Zeilen sich ineinander verwickeln, eine Eigenart, die gewöhnlich aus einem hohen psychomotorischen Druck resultiert und einem so vollständigen Gefangensein in den momentanen Gedanken oder der momentanen Kommunikation, daß der Überblick über deren eigene Gesamt-Spur verloren geht, so daß verbale und begriffliche Widersprüche in besonders hohem Maße möglich werden. Die Deutung der alten Graphologen von weit auseinanderstehenden Zeilen als eines Zeichens für das Bedürfnis, Größe zu verehren oder sich Autoritäten zu unterwerfen, soll hier erwähnt werden; auch wenn sie vielleicht zu speziell ist, um diese graphische Tendenz abzudecken, ist diese Deutung als eine Möglichkeit einbegriffen in der Kombination des Ordnungs- und Unterscheidungssinns, den die Geräumigkeit allgemein vermittelt, auf der einen und der spezifischen Selbstbeherrschung auf der anderen Seite, welche notwendig ist, um, im Sinne der symbolischen Erfahrung, betonte Abstände zu »wahren« und ihnen die eigenen Bewegungen »unterzuordnen«; die am Gegenpol dieser Dimension in der übermäßigen Gedrängtheit der Zeilen ebenso wie in der Nachlässigkeit beim Einhalten von Rändern liegende Implikation einer ängstlichen Aufdringlichkeit wurde bereits früher in diesem Buch erwähnt. Das Fehlen des oberen Rands hat klar eine plumpe, »aufdringliche«, entstellende Wirkung auf die gesamte Erscheinung eines Textes, wohingegen seine Überbetonung, besonders in einem Brief, sofort den Eindruck einer unterwürfigen Übertreibung von Ehrerbietigkeit erweckt. Was den Rest der Ränder angeht, spielt der untere graphisch eine vergleichsweise geringe Rolle. Sein Fehlen ist allgemein einem Gefangensein durch den Schreibvorgang geschuldet, das die Person des Herannahens des Seitenendes nicht gewahr werden läßt; seine Einhaltung hängt, im Maß seines Umfangs, von dem oben bestimmten Kriterium eines ästhetischen Unterscheidungssinns ab, der allgemein zur Randbetonung gehört. Dieses Kriterium gilt, vorausgesetzt, daß das Ganze des Textes einen gleichmäßig weiten Abstand aufweist, der einen Effekt ästhetischer Einheit zuläßt, auch für rechte und linke Ränder, nicht aber für ihre folgenden Variationen.

Der linke Rand kann, wenn das Schreiben nach unten fortschreitet, eine graduelle Verbreiterung oder Verengung aufweisen; in manchen Fällen ist diese Veränderung so konsistent, daß die sich ergebende linke Kante des Textes in einer schrägen und doch auffallend geraden Richtung verläuft. Unter dem Gesichtspunkt des Papierverbrauchs sind die »ökonomischen« Implikationen dieser Tendenzen wiederum ziemlich klar, ihre Ausdrucksqualitäten hingegen sind so ausgeprägt, daß das Sparen und Verausgaben von Papier, Raum, Geld, Zeit nur als die spezifischeren Facetten von charakterlichen Trends erscheint, die mehr als den persönlichen Sinn für Ökonomie in nur der materiellen Bedeutung des Ausdrucks umfassen; zumindest begriffe »Ökonomie« hier notwendig ähnliche Bedeutungsschattierungen ein wie die, die wir im Fall der relativ gesteigerten Gesamt-Rechts- und Linksläufigkeit unter den allgemeinen dynamischen Eigenschaften der horizontalen Dimension gefunden haben. Auf das Anwachsen und Schrumpfen von linken Rändern können zwei Analyseprinzipien angewandt werden, und wie stets in der Erforschung von Ausdrucksbewegungen konvergieren die sich ergebenden Deutungen in identischen charakterologischen Begriffen. Die Person, die ihren linken Rand breiter werden läßt, erscheint auf der einen Seite so sehr nach innen, auf das Thema oder den Partner ihrer Kommunikation hin, gekehrt, so sehr in ihrem Tun befangen, daß sie die Notwendigkeit, auf die linke Seite zurückzuwechseln, als eine zunehmend unwillkommene Störung erfährt. Umgekehrt scheint die Person, die ihren linken Rand schrumpfen läßt, im fortgeschrittenen Stadium der Externalisierung, die von der rechten Kante ihres Textes repräsentiert wird – und umso weiter sie in diesem Prozeß als ganzem vorankommt oder, in anderen Worten, umso weiter sie sich öffnen muß –, die Gelegenheit willkommen zu heißen, in die Sicherheit des Selbst zurückzukehren. Die richtungsmäßige Identität des Selbst mit der linken Seite erinnern wir allgemein aus der Analyse der links-rechtsläufigen Phaseologie des Wortes. Von der Person, die ihren linken Rand breiter werden läßt, kann man auf der anderen Seite aber auch sagen, daß sie ein »Verlangen nach Raum« von seiten des Selbst erfährt, das im selben Maß zunimmt wie sein bewußtes Gefangensein vom Ziel, eine Beobachtung, die wiederum mit der allgemein affekterzeugenden Natur aller kognitiven und willentlichen Prozesse zusammenstimmt, in denen der Bewußtseinsfokus *im Außen* liegt; von dieser Tendenz kann man somit natürlich auch sagen, daß sie durch Kommunikationsprozesse und deren allgemeine ökonomische Folgen an »Verausgabung« angeregte persönliche »Ausdehnungen« mit sich bringt, wir verstehen nun aber auch besser, warum diese Eingenart so häufig in den Handschriften schöpferischer Künstler, Schriftsteller und Denker vorkommt. Entsprechend scheint die Person, die ihren linken Rand schrumpfen läßt, einen kontraktiven Impuls von seiten ihres Selbst zu erfahren, das sich einer umfassenden Identifizierung ihrer selbst mit dem Zielbild widersetzt; es muß also eine Geste des Beruhigens und Beschwichtigens des Selbsts ausgeführt, es muß am Anfang jeder neuen Zeile ein »Preis« bezahlt werden, bevor die Externalisierung wieder in Gang gebracht werden kann; der »ökonomische« Aspekt dieser Geste ist natürlich, ähnlich wie auch bei gesteigerter Gesamt-Linksläufigkeit, einer des »Die Dinge beiseite Schaffens«, d. h. einer erlösenden Aufhäufung von Reichtümern, und wenn sich dieser Trend auch zu einer Emphase für Geld ausprägen kann, so kann er doch, ähnlich wie in der gesteigerten Gesamt-Linksläufigkeit, auch anderen Impulsen gehorchen. Eine Untersuchung der Schwankungen der linken Ränder zeigt schließlich, zusammen mit darauf bezogenen Untersuchungen der horizontalen Ausdehnung des Wortes, die Art und den Grad, in denen die grundlegenden Trends der gesamten intrapersonalen Ökonomie durch die Funktionen der Kontrolle wie auch durch Gegenimpulse, die eine eigene allgemeine Ordnung aufweisen, beeinflußt werden und häufig spezifische Schlußfolgerungen hinsichtlich des tatsächlichen sozialen Verhaltens der Person zulassen werden.

Rechte Ränder schließlich liegen, jenseits ihrer eher selteneren Bedingtheit durch bewußte Aufmerksamkeit auf ästhetische Wirkungen, nicht im natürlichen Schreibverlauf, der allgemein schneller, impulsiver und raumgreifender zu werden neigt, je weiter der Lauf nach rechts vorrückt. Vom Auftreten häufiger, aber quantitativ inkonsistenter rechter Randabstände kann man deshalb zumindest sagen, daß es ein Maß an Vorsicht repräsentiert, das sich weniger aus objektiven äußeren Notwendigkeiten denn aus persönlicher Kontaktscheu rechtfertigt. Je mehr neurotische Tendenzen dieser Art es im Schreiber gibt, desto mehr Raum wird auf der rechten Seite gelassen; überdies können zwanghafte Charakterzüge spezifischer entweder durch eine zusätzliche Verengung des letzten Worts oder seiner Endung vorgeführt werden oder, wie man es manchmal sieht, durch einen horizontalen Strich, der von der Endung ausgeht und bis an die rechte Kante des Papiers heranreicht. Man kann in solchen Gesten des »Vermeidens« oder des »Berührens der Wand« eine »magische« Beschwörung von Bedrohungen durchaus als offensichtlich bezeichnen; natürlich muß man das Wirken von Impulsen dieser Ordnung als unbewußte Motivationen in den manipulierteren ästhetisierten Versionen des rechten Randes auch in jenen Fällen bedenken, wo unterstützende Symptome aus anderen Dimensionen vorliegen (Abb. 98–102).

Abb. 98–99 Abstände

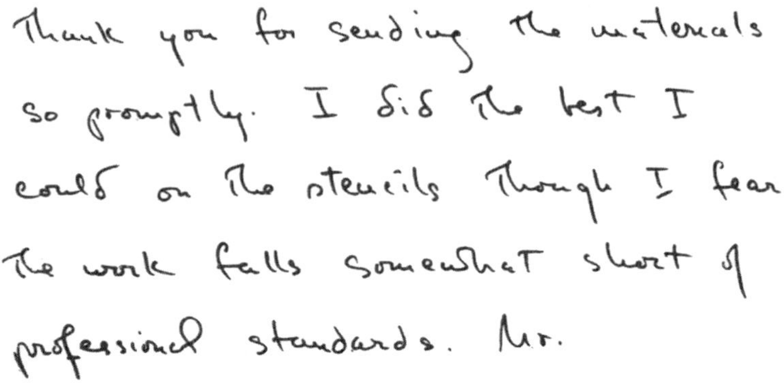

Abb. 98 (20%) Streuung

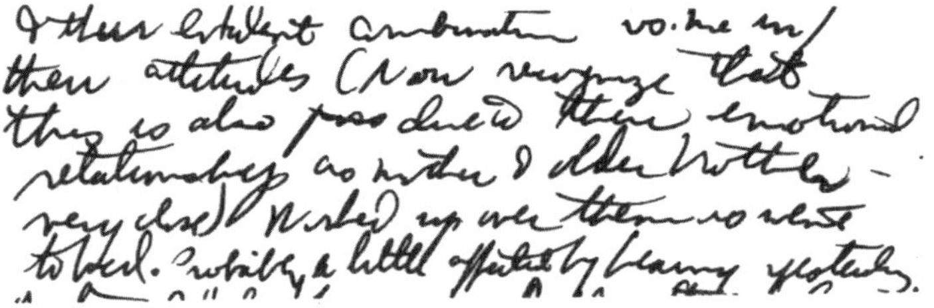

Abb. 99 (20%) Gedrängtheit

Abb. 100–102 Ränder

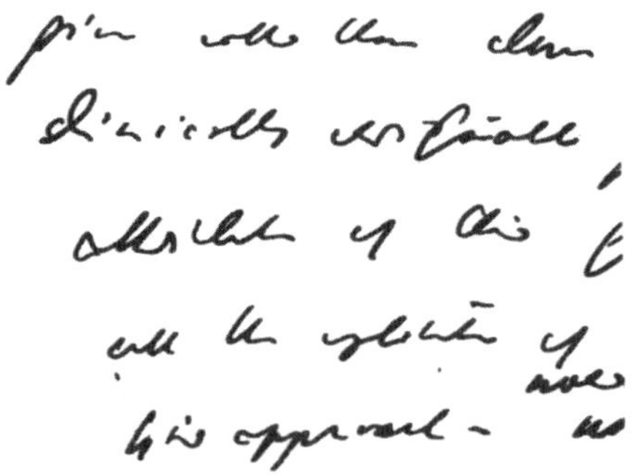

Abb. 100 (7%) Breiter und zunehmender linker Rand

Abb. 100–102 Ränder (Forts.)

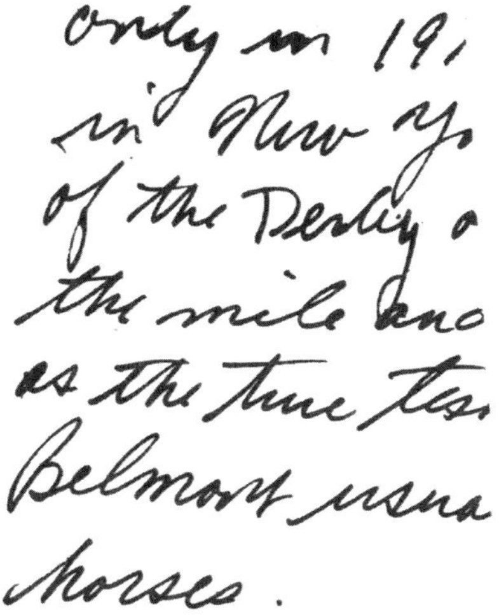

Abb. 101 (7 %) Schmaler und schrumpfender linker Rand

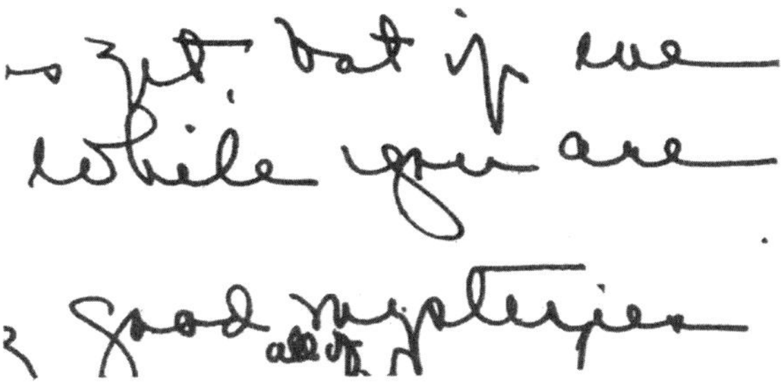

Abb. 102 (7 %) Rechter Rand, der »an die Wand stößt«

Allgemeine Eigenschaften der Kurve

Von der Physiognomie der graphischen Bewegung wurde im vorigen gesagt, sie finde ihre ausdruckskräftigste Kristallisierung in den persönlichen Bindungsformen, deren möglicher Spielraum in der Diskussion ihrer Prototypen umrissen wurde. Wenn weniger klare qualitative Nuancen auch dazu neigen, der Systematisierung zu entgehen, spielen sie doch eine wichtige Rolle für die Wahrnehmung des Analytikers. Der Duktus zum Beispiel wird nicht einfach von einer Schärfe-Teigigkeit-Dichotomie beherrscht, sondern, abgesehen von gröberen Kennzeichen wie Zittern, durch viele subtilere Eigenschaften wie »Erschauern«, »Glasigkeit« usw., die uns noch weiter unten in dieser Untersuchung beschäftigen werden. Desgleichen kann eine Handschrift über ein »Winkelig«-Sein hinaus spezifische Eigenschaften von »Stacheligkeit« oder »Dornigkeit« aufweisen, die natürlich eine besonders militante Empfindlichkeit des Ich des Schreibers nahelegen, und ähnliche Beispiele könnten für »Kurvigkeit« genannt werden und für viele andere graphische Eigenschaften, die eine praktisch endlose Unterteilung an Schattierungen gestatten.

Motorisch ebenso wie symbolisch hängen die allgemeinen Kurveneigenschaften gleichermaßen von allen drei Dimensionen ab und sollen deshalb für unseren gegenwärtigen Kontext separat behandelt werden. Trotz der enormen Skala ihrer möglichen Ausführungen und ihrer unklaren Verteilung in der Schreibspur können mindestens zwei Haupttypen unterschieden werden; um ein klareres Bild von ihnen zu erlauben, ist es ratsam, uns auf Bewegungen zu konzentrieren, die es ihnen in extenso aufzutreten gestatten: die langen Formen. Wir können dann beobachten, daß viele Handschriften eine mehr oder weniger betonte Abweichung von der geraden Linie aufweisen, die die Richtung der Buchstaben mit sich bringt, d. h. jenseits der Bewegungen, die durch die Notwendigkeit bedingt sind, sei es der Buchstabenform immanente Kurven zu erzeugen, sei es diese zu verbinden. Bewegungen dieser Art werden deshalb hier nicht in Betracht gezogen. Als je weniger winklig und je weniger schnell eine Handschrift sich erweist, desto weniger neigt sie zu einem exakt geraden Verlauf ihrer Auf- und Abstriche, die in der Folge eine verallgemeinerte Konvexität sei es zur rechten, sei es zur linken Seite aufweisen können, und meistens oder sogar normalerweise ist die Wahl der Seite dieser Konvexität für die Auf- und die Abstriche unterschiedlich. Die gestischen Eigenschaften beider Typen sind besonders ausgeprägt und deshalb leicht zu bestimmen. Im Aufstrich ist es das Auftreten der Rechts-*Konkavität*, die sofort den Begriff des Überschwangs, der »Begierde«, einer emotional und instinktuell wohlgestützten Bewegung des Erwerbens oder des Engagements in der Umwelt aufdrängt; es wirkt wie eine durch die Luft geschwungene Angelschnur. Rechts-Konvexität im Aufstrich legt einen Gegenimpuls des Zurückscheuens vor der Umwelt nahe, der mitten im Verfolg des Handlungsimpulses entsteht, durch den man sich der Umwelt nähert; seine Deutung als Indikator von traumatisch bedingten Frustrationsgefühlen und Mangel an Vertrauen wird von daher verständlich. In den Abstrichen finden sich die Verhältnisse umgekehrt: Die rechts-konkave Bewegung ist hier klar eine Geste des Rückzugs von der Umwelt, die rechtskonvexe mit gleicher Klarheit eine des persönlichen Herausragens in seiner Umgebung.

Die Dichotomie wird klinisch besonders wichtig im Hinblick auf den im Verhältnis zu Kontraktionsbewegungen niedrigeren Grad an Bewußtheit in Entspannungsbewegungen, d. h. dessen in Aufstrichen niedrigeren Grad als in Abstrichen. Da die hier untersuchten Bewegungseigenschaften in erster Linie der Vertikalen folgen und da sie dazu neigen, den Hintergrund einzubeziehen, könnte ihre Analyse, wie bereits angedeutet, auch aus anderen Beobachtungskriterien entstehen als denen, die zu ihrem horizontalen Aspekt gehören, und in Anbetracht der Einheit der Ausdrucksgesetze, die wir nun so oft schon bestätigt gefunden haben, ist noch zu erwarten, daß sie auf Begriffe hinausläuft, die psychologisch mit den hier entwickelten konvergieren; für die begrenzten Zwecke dieses Buchs aber wird die vorausgehende Erörterung der allgemeinen Kurveneigenschaften höchstwahrscheinlich genügen (Abb. 103–104).

Die Unterschrift, besondere Zeichen und Vermischtes

Wenn das System der Dimensionsbewertung auch das notwendige Skelett darstellt, ohne das eine Handschriftenanalyse Gefahr liefe, in Einzelteile zu zerfallen, liegen doch viele bedeutsame Beobachtungen außerhalb dieses Systems. Die ausdrucksmäßige Bedeutung der Unterschrift zum Beispiel, die sich von ihrer Funktion als einer sozialen Repräsentation des Ich her aufdrängt, kann als Ganze nicht mittels der Dimensionsanalyse, sondern nur über besagte Funktion bestimmt werden. Eine Ausnahme davon liefert das Kriterium der Größe. Während dessen allgemeine psychologische Implikationen für die Unterschrift genauso gelten wie für den Rest der Schrift, ist es klar, daß eine Anwendung des Größenkriteriums auf die Unterschrift von außergewöhnlicher Relevanz im Blick auf deren besondere bewußte Rolle ist (Abb. 105). Mithin läßt sie tendenziell besser als der Text das wahre Selbstwertgefühl der Person erkennen, und Unterschiede zwischen dem

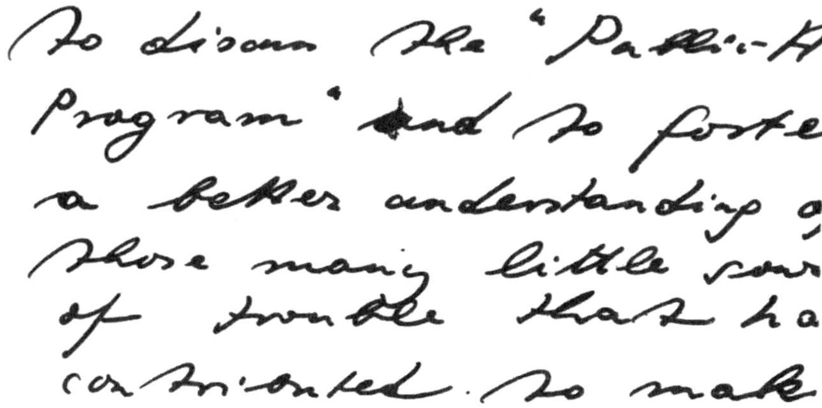
to discuss the "Patri-A Program" and to foste a better understanding o those many little sour of trouble that ha confronted. to mak

Abb. 103 (31%) Rechts-Konkavität der Aufstriche, Rechts-Konvexität der Abstriche

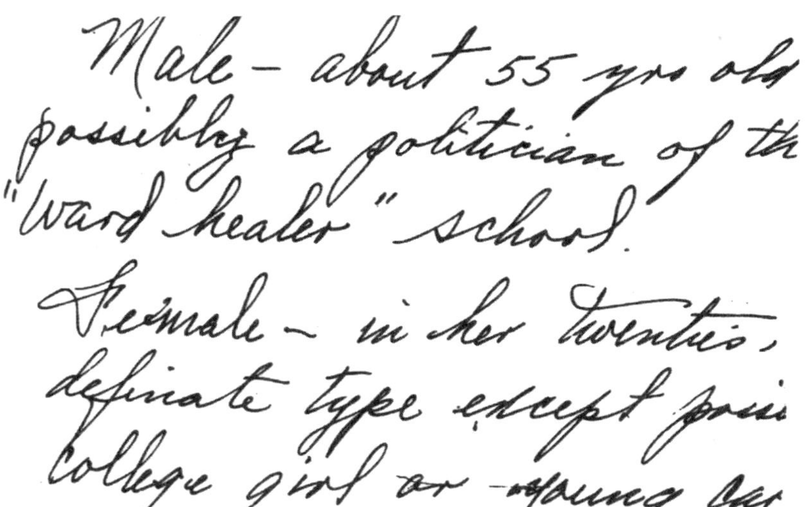
Male – about 55 yrs old possibly a politician of th "ward healer" school.
Female – in her twenties, definate type except possi college girl or young war

Abb. 104 (31%) Rechts-Konvexität der Aufstriche, Rechts-Konkavität der Abstriche

Ausmaß des letzteren und dem des allgemein im alltäglichen Verhalten an den Tag gelegten Selbstwertgefühls spiegeln sich in Größenunterschieden zwischen Unterschrift und Text wider (Abb. 106, 107). Ähnlich können Größenunterschiede zwischen Geburts- und Familiennamen sehr aufschlußreich im Hinblick auf die vorherrschende Selbst-Identifizierung der Person mit sowohl ihrer privaten als auch ihrer öffentlichen Rolle sein, und sie tendieren demgemäß in den Unterschriften von Frauen, die sich unzureichend mit ihrer Ehe abgefunden haben, beträchtlich zum Nachteil der neuen Familiennamen.

Abb. 105 (7%) Unterschrift I. Unterschrift Hitlers. Man beachte die affektgeladene Beziehung zur eigenen öffentlichen Rolle im hohen Druck auf dem Familiennamen und die Vorwegnahme von Verhängnis in dessen Stürzen.

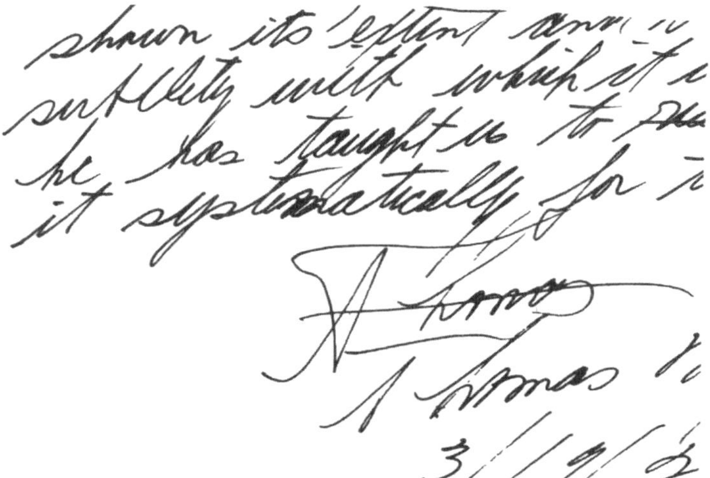

Abb. 106 (26%) Unterschrift II. Durchbrechen von Bedürfnissen nach Selbst-Überhöhung in der vergrößerten Unterschrift eines reizbaren und arg frustrierten Mannes. Das Durchstreichen des ersten Versuchs war dem Vergessen eines der *m*-Striche geschuldet. Man beachte das gebändigte Ausmaß der zweiten.

Abb. 107 (7%) Unterschrift III. Mißverhältnis zwischen der Majuskel des Familiennamens und dem Rest der Unterschrift bei einer Person mit Unterlegenheitsgefühlen und Verzagtheit, die in ihre öffentliche Lebensrolle »flieht«.

Ein Zeichen von demonstrativem Selbstwertgefühl ist natürlich die Angewohnheit, die Unterschrift zu unterstreichen (»Paraphe«); ihre spezifischere psychologische Auswertung wird sowohl von der quantitativen Betonung, die auf ihre Ausführung gesetzt wird, als auch von ästhetischen Kriterien, die den Grad an Originalität oder Trivialität dieser Bewegung bestimmen, abhängen. Dasselbe trifft auf jegliche auffälligen symbolischen Formeigenschaften und -anteile der Unterschrift zu, unter denen lediglich die eröffnenden Majuskeln an dieser Stelle erwähnt werden sollen, da ihre Bedeutung als Symbolisierung des Ich-Bildes notwendig durch die besonders ich-repräsentative Rolle der Unterschrift hervorgehoben wird. Über die offensichtlichen quantitativen Kriterien hinaus, die diese Hervorhebung beherrschen, eigenen sich die eröffenenden Majuskeln der Unterschrift für qualitative Repräsentationen persönlicher Rollen, die in speziellen Fällen tatsächlich als »stilisierte« Symbole, manchmal von verblüffender Klarheit, der Person in ihrem bevorzugten Typ von Aktivität erscheinen, besonders wenn diese Aktivität selbst, wie zum Beispiel beim Beruf des Tänzers, von einer Art ist, die sie auf natürliche Weise auf die Schreibtätigkeit in ihrer Eigenschaft als einer rhythmisch gegliederten Bewegungsart bezieht (Abb. 108).

Abb. 108 (7%) Unterschrift IV. Selbst-Symbolisierung einer stilisierten Tanzpose im ersten Buchstaben des Vornamens in der Unterschrift eines Berufstänzers.

Über die Unterschrift hinaus dürften gewisse Elemente der Links-rechts-Phaseologie eine eingehendere Diskussion verdienen. Betonung oder Vernachlässigung von eröffnenden Aufstrichen, d. h. von Aufstrichen vor den ersten Abstrichen des ersten Buchstaben, den Anfängen somit der Gesamtbewegung des Worts, kann man die größte Bedeutung für das beimessen, was in der inneren Erfahrungsordnung der Person links vom ersten Buchstaben liegt, d. h. dem Selbst als der Gesamtsumme der persönlichen Vergangenheit. Die hier geltenden Ausdrucksgesetze beziehen sich auf diejenigen, die die Erweiterung oder Verschmälerung des linken Textrands beherrschen, sind aber nicht mit ihnen identisch, da kein eigentliches Element der Linksbewegung in die Verlängerung des Anfangs-Abstrichs einbegriffen ist und dieser folglich auf der Grundlage der symbolischen Bedeutung des ersten Abstrichs als einem mehr oder weniger ausgeprägten Repräsentanten des Ich-Bilds zu bewerten ist. Verlängerte Anfangs-Aufstriche zeigen somit an, daß die Person, bevor sie zur Tat schreitet, einen gewissen Rand an aufgestautem inneren Widerstand zu überwinden hat, der ihre Aktivitäten als Erfahrungen eher von persönlichen Mühen als von Zweckdienlichkeit akzentuiert, wohingegen ein inneres Gefangensein vom angestrebten Ziel entsprechend dazu tendierte, dem Anfangs-Aufstrich die Betonung, bis hin zu seiner totalen Auslassung, zu entziehen. Dieses Impliziertsein von Fixierung auf die persönliche Vergangenheit im verlängerten Anfangs-Aufstrich kann positiv durch eine rechts-konkave Bewegung hervorgehoben sein, die entsprechend unserer Analyse der allgemeinen Kurveneigenschaften ein in der emotionalen Wirkung vergangener Leistung begründetes Gefühl des Vertrauens in die eigenen Handlungen zum Ausdruck bringt, negativ durch eine links-konkave Bewegung, die spezifischerer Weise wegen der besonderen Beziehung des Anfangs-Aufstrichs zur persönlichen Vergangenheit die allgemeine »traumatische« Indikativität dieser zuvor herausgestellten Eigenschaft unterstriche. Unerachtet dieser spezifischeren Unterschiede ist zu erwarten, daß die Person, die sich selbst von vergangener Erfahrung und allgemein von ihren Erinnerungen leiten läßt, den Anfangs-Aufstrich betont, wohingegen man dessen Fehlen für das Anzeichen einer freieren, unvoreingenommeneren Haltung gegenüber der Zukunft und den anstehenden Aufgaben ansehen kann (Abb. 109).

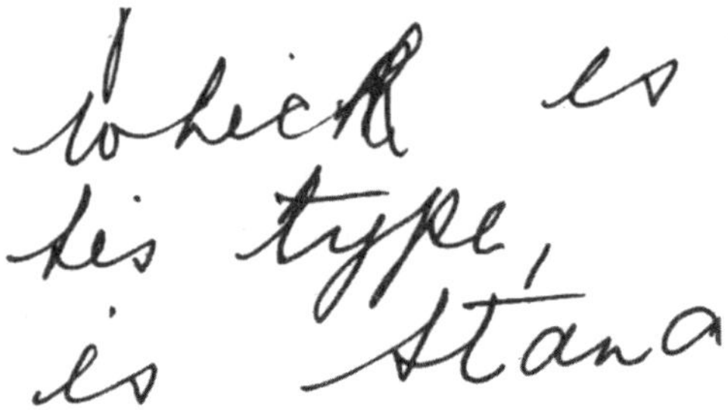

Abb. 109 (7%) Verlängerter Anfangs-Aufstrich mit linker Konkavität

Erwähnung sollte hier auch der »dunkle Fleck« am Beginn des Anfangs-Aufstrichs finden, den die alten französischen Graphologen für einen »dunklen Punkt« in der Vergangenheit der Person genommen haben, eine Deutung von hoher Plausibilität hinsichtlich sowohl der intensiven und unmittelbaren Bedeutungsvermittlung in der Ausdrucksqualität des Zeichens als auch der reichlichen empirischen Bestätigung, die sie, wie viele von Michons ursprünglichen Annahmen, in etlichen Jahrzehnten graphologischer Praxis erfahren hat. Anfangs-Aufstriche mit geradem und punktiertem Verlauf lassen schließlich eine grundlegende Haltung von Aggressivität erkennen, eine Bereitschaft, anzugreifen oder zu kritisieren, die eher auf das Erscheinen ihrer Objekte wartet, als daß sie deren Gegebensein benötigte, um geweckt zu werden. Ihr gemeinsames Vorkommen mit aggressiven, rechts aus den Wortendungen herausragenden »Federzügen« in den Handschriften von bestimmten paranoiden Untertypen und von Personen, die sich fortwährend in Rechtshändel verstricken, ist auf dieser Grundlage zu verstehen (Abb. 110).

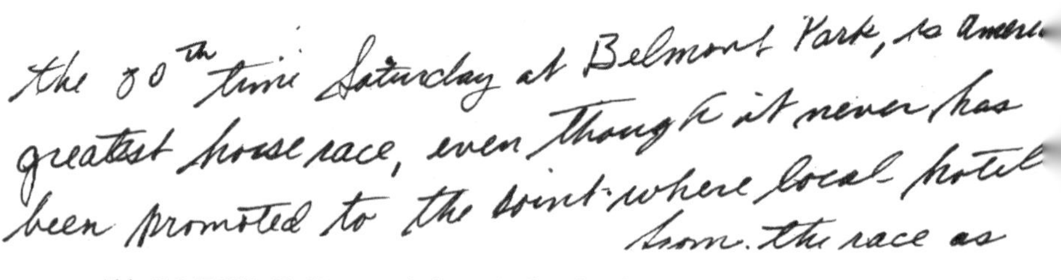

Abb. 110 (36%) Verlängerte Anfangs-Aufstriche, die die »dunkler Fleck«-Formation mit einem Wechsel zwischen Rechts-Konkavität und aggressiver Geradheit kombinieren

Abb. 111 (7%) Wutausbrüche

Abb. 112 (7%) *t*-Striche: Gesten vorgestellten Selbstschutzes in der Schrift eines überheblichen Individuums

Was nun die kontaktrepräsentierende Wort*endung* betrifft, so kann sie mehr als irgendeine andere Komponente der Handschrift als ein Schlüssel zur Einschätzung der »Manieren« der Person im buchstäblichen Sinne des Worts genommen werden, d. h. der Manier ihrer sozialen und zwischenmenschlichen Annäherung, die, wie die Endungen selbst, schroff oder vermittelnd, vorsichtig oder vertrauensvoll, distanziert oder aufdringlich, verschlossen oder offen sein können, je nachdem welches aus der zuvor entwikkelten Vielzahl von Kriterien auf diesen speziellen Abschnitt des Worts Anwendung findet. Die kritischen, aggressiven Implikationen des spitzen Federzugs wurden soeben erwähnt; wenn diese Bewegung eher einem Aufwärts- als einem Abwärts-Verlauf folgt, wenn sie größer, schneller ist und höheren Druck verrät als das Wort selbst, aus dem sie herausragt, dann ist eher ein Wutausbruch denn kontrollierte Aggression zu erwarten (Abb. 111).

Federstriche nach rechts können auch in Form verlängerter *t*-Balken und anderer Bewegungen des Überstreichens vorkommen, wären hier aber in Anbetracht ihrer Plazierung in der Oberzone einem Typus von Aggressivität zuzuordnen, der eine theoretische und dialektische Angriffsart hervorkehrt. Allgemein gesagt sind die *t*-Balken, ebenso wie graphisch weniger gerechtfertigte und deshalb besonders signifikante Überstriche, Medien graphischer Ausdruckskraft, die eine Vielzahl ausgeprägter Gesten zulassen, von denen nur der »Kraft-Strich«, der »Ehrgeiz-Strich«, der »Schutz-Strich« und der »Sinn für Humor-Strich« (der ein zuvor ausgelassenes oberes Zeichen vermittels einer Linksbewegung, die aus einem nachfolgenden Teil des Worts herauswächst, sowie einer anschließenden Rechtswendung der Schreibspur anheftet) erwähnt werden sollen, die allesamt natürlich wiederum in einer unendlichen Anzahl von individuellen Untertypen existieren, zu deren korrekter Interpretation ein scharfsinniges spontanes Verständnis visueller Qualitäten erforderlich ist (Abb. 112). Ähnlich sollten auch *i*-Punkte nicht aus unserer Diskussion ausgeschlossen werden. Ihre Plazierung nahe am oberen Teil des Buchstaben läßt einen Grad an Sorgsamkeit und Ordentlichkeit erkennen, der ihren Träger wahrscheinlich zu einem minutiösen Beobachter von Details macht; die psychologischen Implikationen des in einiger Entfernung vom Buchstaben plazierten *i*-Punkts erfordern eine Abwägung der verschiedenen hier eingehenden dimensionalen Kriterien. Wenn das Zeichen »nach vorn flieht«, besteht die einzig mögliche Interpretation seines Abstands vom oberen Ende des Buchstabens, insofern dieser Abstand sich dem Rechts-Impuls der Bewegung verdankt, darin, daß die Person von ihren Zielbildern in einem Grad erfüllt ist, der seine spontanen Externalisierungsprozesse fördert und sich selbst in einer Art und Weise zeigt, die auf entsprechende Indikatoren innerhalb der Dimensionen von Weite und Schräglage verweist. Wenn die Handschrift andererseits ein Vorrücken der *i*-Punkte nach rechts zusammen mit geringer allgemeiner Geschwindigkeit und Neigung zeigt, kann der Abstand des Punkts vom Buchstaben nur einer in der vertikalen Dimension sein, und da die obige Erklärung nicht dafür gälte, wäre die Interpretation mit Sicherheit das Gegenteil der für den nahen Punkt gegebenen, was meint, daß man den Schreiber als einen dürftigen und ungenauen Beobachter anzusehen hätte. Der rückwärts fliehende *i*-Punkt schließlich schlösse eine Bewegung momentanen Rückzugs auf das Selbst ein, die, da sie im Englischen aus Gründen der linguistischen Struktur kaum am Ende des Worts auftreten kann, auf Impulse eines allgemeinen Rückzugs verwiese, die über Implikationen bloßer sozialer Vorsicht und Reserviertheit, in denen sich sein Bedeutungsumfang ansonsten wohl erschöpfen dürfte, hinausginge; entsprechend kann auch sein Auftreten in den Handschriften pathologischer Lügner, aber auch in sich zurückgezogener Schizophrener ohne offene Hervorhebung des erwähnten Zugs verstanden werden. Die Umwandlung von *i*-Punkten in Kreisbewegungen schließlich ist, wie alle graphischen Bewegungen des »Rollens«, aber in ausgeprägterer Weise als bei den meisten von ihnen, eine Geste des Sich-Einschließens und der Zirkularität der Impulse, die sich in ihren eigenen »Kreisen« ohne Durchlaß nach außen umherbewegen; sie ist deshalb eine der spezifischsten Gesten des Narzißmus, und wir erwarten und finden sie in der Tat in den Handschriften von Schizophrenen, speziell der hebephrenen Unterart. Nur erwähnt werden soll an dieser Stelle die verwandte Rolle, die dieses Zeichen in den zum Bender-Gestalt-Test gehörenden Interpretationen spielt.

Noch immer bietet sich für unsere Diskussion anscheinend eine nahezu unerschöpfliche Zahl von »besonderen« Zeichen an, von denen im begrenzten Rahmen dieses Buches nur relativ wenige aufgegriffen werden können. Viele von ihnen sind Zeichen, die ursprünglich Michon bestimmt und gedeutet hat, dessen vorliegende Interpretationen manchmal als zu eng und zu spezifisch befunden wurden, die aber insgesamt, dank ihrer klaren Ausdruckskraft und relativen graphischen Unabhängigkeit von dimensionalen Kriterien die holistischen Revisionen seines Systems überlebt haben. Die meisten von ihnen werden aufgrund der allgemeinen Prinzipien des Ausdrucks, mit denen der Leser inzwischen vertraut ist und die in der graphologischen Praxis mal mehr motorische, mal mehr symbolische Kriterien berühren, bereits für selbsterklärend befunden werden. Von den wenigen Dutzend empirisch wie systematisch bestätigter originaler »Zeichen« Michons und den mehreren Hunderten seiner Gefolgsleute soll nur die folgende Handvoll vorgestellt werden: 1) Schleifen: Das Auftreten erweiterter »Taschen« in der Unterzone kann auf Geld-Betonung, aber auch auf alle anderen Betonungen von Macht, die ihre ausdrucksmäßige Repräsentation in diesem Symbol finden mag, verweisen (Abb. 113). Da die Schleife durch eine Bewegung des Durchkreuzens eines vorausgehenden Abstrichs vervollkommnet wird, verweist die Tendenz, den Kreuzungspunkt in Abwärtsrichtung von der Mittelzone wegzuschieben, auf einen Impuls, das Bedürfnis nach und die Ausübung von Macht zu verbergen: Man findet sie deshalb bei Personen mit dominierendem Charakter, die eher die Form der häuslichen Tyrannei anstreben als sich ins hellere Licht sozialer Beziehungen zu begeben (Abb. 114). Schwierigkeiten, die Kreuzungspunkte zu vervollkommnen, beziehen sich entsprechend auf spezifische hemmende Schwierigkeiten in intimeren Lebenssituationen. Die Bewegung, eine gewisse Weg-

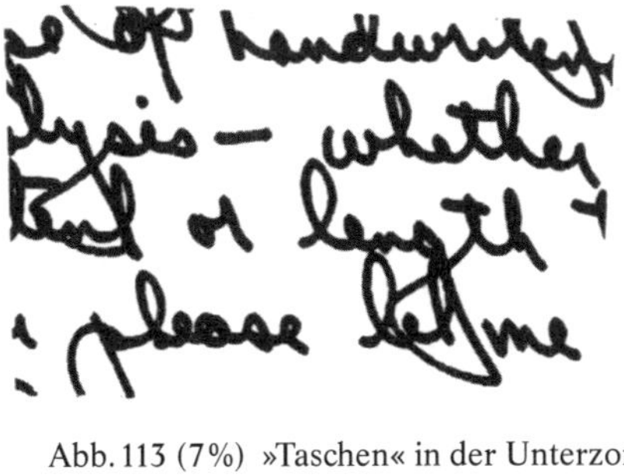

Abb. 113 (7%) »Taschen« in der Unterzone

Abb. 114 (7%) Kombination von »hartnäckiger« Dreiecksbildung, Druckverlagerung und Abwärtsverlagerung des Kreuzungspunkts im *y* eines Hysterischen, der seine Familie mit beständigem Kritisieren und Ansprüchestellen quält

Abb. 115 (7%) »Lyrisches« *g*

Abb. 116 (7%) »Lyrisches« *d*

strecke parallel zum vorausgehenden Abstrich zu gehen, und zwar links von ihm, vor der Überschneidung, ist eine Geste listiger Vorbereitung auf eine unerwartete Handlung. Die Beziehung der Unterzone zum symbolischen Bereich des »Mütterlichen« wurde im vorigen schon herausgestellt, und es ist klar, daß die kombinierte Betonung der Unterzone und der Linksläufigkeit mit der von dieser implizierten Neigung zum Selbst als der angesammelten persönlichen Vergangenheit diese Beziehung akzentuieren wird. Entsprechend ist eine breite, offene, links-schwingende untere Schleife eine Geste der lyrischen Introspektion, die die wahren Wurzeln des Lebens erfassen will, und sie wurde oft in den Handschriften kraftvoller und scharfsinniger Dichter gefunden; zu erwähnen wäre auch die entsprechende kontemplative Geste einer weiten und offenen Linkskurve des kleinen *d* (»lyrisches *d*«) in der Oberzone (Abb. 115, 116). 2) Wachsende obere Formen wurden als verläßlicher Ausdruck von Ehrgeiz befunden. 3) »Zerbrechen« besonders der langen Formen weist konstant auf mehr oder weniger weitreichende traumatische Unterbrechungen im emotionalen Leben des Schreibers hin; ein besonders emphatischer Ausdruck von Empfindlichkeit ist das Seitwärts-Biegen oder Aufspalten kleiner oberster Anteile der langen Formen. 4) Das Auftreten von Aggressivität gegen sich selbst kann aus Gründen, die keiner weiteren Ausarbeitung bedürfen, in der Form von scharfen Federstrichen nach links insbesondere in der Unterzone erwartet werden; in der Oberzone neigt es eher dazu, eine persönliche Betonung der ausgeprägteren Funktionen der Selbstkritik anzuzeigen; ihr Auftreten in der Mittelzone schließlich ist von schwerwiegendster Bedeutung: Die Links-Bewegung, die das Wort, ausgehend von seiner Endung, ausstreicht, ist eines der charakteristischsten bisher bestimmten Zeichen für suizidale Tendenzen. 5) Eine eher passive Bekundung der Vorwegnahme von Verhängnis sind Wortendungen, die unter die Schreiblinie abfallen; sowohl dieses Zeichen als auch das zuvor genannte treten schon in den Bereich klinischer Manifestationen ein, die später aufgegriffen werden (Abb. 117).

Abb. 117 (7%) »Aggressivität gegen sich selbst« (siehe untere Randbewegungen), »Empfindlichkeit« (siehe erstes *f*) und ihre Konsistenz mit dem allgemeinen Formcharakter der Schriftprobe

Im Hinblick auf die rechtsseitigen Wortendungen können nur zwei Varianten aus deren Vielzahl herausgegriffen werden: Die Tendenz, diese Bewegung abwärts, in Richtung auf oder unter die Schreiblinie zu verschieben, ist bei Personen zu finden, die ihren persönlichen Kontakten vermittels psychologischer Spekulation nachgehen, d. h. über »Einschätzungen« der Motivationen ihrer Partner; die gegenteilige Tendenz rührt entsprechend von einem mehr theoretisch akzentuierten *Sendungs*-Bewußtsein her – sie »stellt sich« Argumenten im hellen Tageslicht bewußten ideationalen Verkehrs mit der Umwelt und schließt eine Anerkennung der persönlichen und geistigen Integrität des Partners ebenso ein wie die Wahrung der eigenen; die letztere ist zudem natürlich letztlich in der zuerst genannten (abwärts verschobenen) Variante der Bewegung, deren enge Beziehung zur *Fadenbindung* uns nicht entgehen kann, aufgegeben (Abb. 118). Eine graphisch verwandte Bewegung der Schlauheit ist fernerhin, von dem Gefühl diktiert, daß man als »Kleiner« bessere Chancen zu erfolgreichem Kontakt mit der Umwelt habe denn als »Großer«, die progressive Größenabnahme von Wörtern zu ihrer Endung hin, so als ob es darum ginge, irgendwo »durchzuschlüpfen«; die entgegengesetzte Tendenz (eine Größensteigerung des Worts in seiner Links-rechts-Phaseologie) in den Handschriften der Starrköpfe im allgemeinen und der Paranoiden im besonderen zu finden, wird uns nicht verwundern.

Abb. 118 (7%) Ein Versuch, den Partner durch Identifizierung mit seinen Motiven zu »übertölpeln«

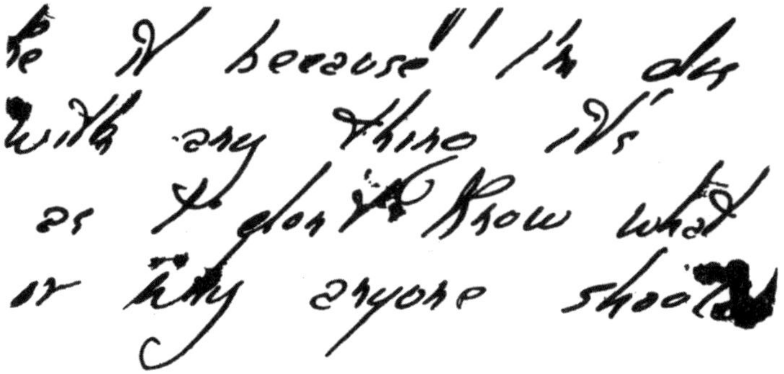

Abb. 119 (7%) Tendenz zu »geschlossenen« oberen und offenen unteren Buchstabenenden in der Handschrift eines pathologischen Lügners. Man beachte die Beziehung dieses Kennzeichens zu den arkadischen Formen der Schreibspur und zum Auftreten zentripetalen Rollens.

In einem Sinne besteht natürlich eine jede Handschrift aus »besonderen Zeichen«, d.h. aus individuellen Ausprägungen von Gesten, von denen keine je deckungsgleich mit irgendeiner Standardform ist oder einem graphischen Prototyp, dem sie sich mehr oder weniger annähert, aus dem sie sich mehr oder weniger ableitet, von woher entsprechende interpretative Modifikationen auf psychologischer Seite erforderlich werden; in Fällen, in denen kein bekannter »Prototyp« nahe genug zu liegen scheint, beanspruchen solche Ausprägungen evidenter Weise, den grundlegenden motorischen und symbolischen Prinzipien, die alle Ausdrucksbewegungen beherrschen, zu unterliegen. Eine Gruppe von »besonderen Zeichen« soll aber wegen ihrer beträchtlichen praktischen Bedeutung noch vorgestellt werden. Es existiert eine, wegen ihrer klaren Ausdruckskraft und relativen Unabhängigkeit von anderen Kriterien – die ihre empirisch bewiesene Gültigkeit verstehbar macht –, bestimmte Zahl spezifischer Gesten der *Unehrlichkeit*. Gemäß unserer allgemeinen Zweiteilung in vorwiegend kurvige und vorwiegend winklige Handschriften können wir erwarten, in kurvigen Handschriften von Unehrlichen die Bewegung des »Rollens«, in winkligen die des »Hakens« vorherrschend zu finden. Beide sind aus ihrer direkten visuellen Übertragung von Verbergen und Heimlichtuerei zu verstehen, was im ersten Fall als der lügenhafte Aspekt narzißtischer Introvertiertheit erscheint, im zweiten, besonders wenn er mit Bewegungen kontrollierter Aggression, wie kurzen und scharfen »Dolchen«, kombiniert ist, als die halb-bewußte

Betrügerei eines verhärteten, kalt planenden, extrem selbstzwanghaften Negativismus, der bereit ist, seine Antagonisten in Kabale und Intrigen zu verstricken; beide Arten von Gesten sind von desto größerer Signifikanz, je mehr sie in Linksbewegungen gefunden werden, besonders wenn diese eher Vergrößerungen und graphisch ungerechtfertigte Zusätze sind als Teile der schulischen Schriftmuster. Ein weiteres allgemeines Merkmal von realem oder potentiellem Mangel an Ehrlichkeit ist die an Roll- oder Hakenbewegungen sich annähernde Tendenz, die oberen Enden der Buchstaben zu schließen, auch wenn sie nach der Schulschrift offen sein sollten, und es ist doppelt signifikant, wenn man dieselben Buchstaben am Boden offen vorfindet, d. h. wenn ihre normale Struktur sich in einer Weise umkehrt, die den Ausdruck sowohl des Sich-vor-dem-»Tageslicht«-Verbergens als auch entsprechender vorgeschobener Steigerungen in der Selbstvertrautheit mit sich bringt (Abb. 119). Pathologischere Formen des Lügens schließlich neigen auch dazu, ihre bereits geschriebenen Wörter und Buchstaben entweder durch Aneinanderknüpfungen ursprünglich unverbundener Teile oder durch nachträgliche Verbesserung der ästhetischen Qualität anderer Teile zu »flicken«; hier ist die Bedeutung einer hysterischen Manipulation der normalerweise spontanen emotionalen Basis von Verhaltensformen umso ostentativer, je weniger ein Fall von Ausbesserung dem ausschließlichen Zweck gehorcht, einen Schreibfehler zu korrigieren oder die Lesbarkeit zu verbessern. Da das Ausbessern im ersten Sinne – das des Aneinanderknüpfens ursprünglich unverbundener Teile – auch häufig in den Handschriften von Stotterern vorkommt, wo das Element des graphischen Nichtzusammenhängens, im Unterschied zu seinen Bedeutungen sonst, spezifisch auf ihr mündliches Verhalten bezogen scheint, erhebt sich eine Reihe von Fragen im Hinblick auf jene Arten psychologischer Traumata, die jugendliche Sprachfehler bedingen können; zumindest in dem einen Fall eines stotternden Kindes, der dem Verfasser zur Kenntnis gekommen ist, ergab es sich, daß sowohl das Stottern als auch das »Ausbessern« (wie ebenso das Lügen) verschwand und sich ein zunehmend korrektes Schreiben einstellte, nachdem ein Schuldkomplex, der frühere Fälle von Lügen gegenüber den Eltern betraf und derer das Kind überführt worden war, in der Behandlung aufgelöst wurde (Abb. 120–121).

Abb. 120–121 Ausbesserungen

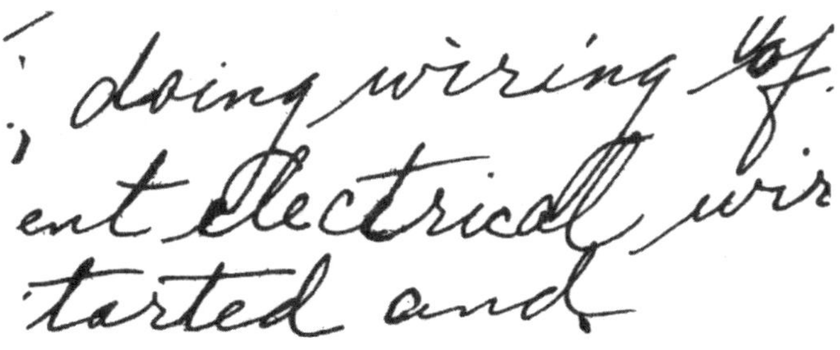

Abb. 120 (7%) Graphische Motorik-Hemmungen
bei einem Patienten mit Sprachschwierigkeiten

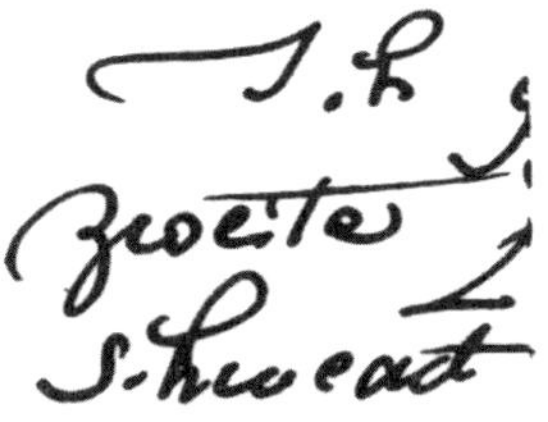

Abb. 121 (7%) »Verschönerung« der oberen Teile der *h*s
in den Zeilen eines Schreibers mit einer eingefleischten idealistischen *Pose*

Am Ende unserer Diskussion der Bewertungsdimensionen und damit verbundener spezifischer Untersuchungsfelder kann nunmehr ein erschöpfenderes Bild der graphischen Darstellung bestimmter leitender analytischer Begriffe gezeichnet werden. Wenn wir auch an der Ansicht festhalten, daß kein Abschnitt der Spur von Ausdrucksbewegungen jemals ohne Anteil aller anderen repräsentativ für irgendeine spezifische Schicht der Persönlichkeitsstruktur ist, ist dennoch in der dynamischen und symbolischen Verfassung des Kontraktions-Entspannungs-Zyklus' eine Dominanz verschiedener der diversen Schichten über spezifische Abschnitte des Zyklus impliziert, eine Tatsache, die es in begrenztem Umfang erlaubt, einzelnen Bewegungsanteilen, und zwar in erster Linie hinsichtlich der ihnen zugrundeliegenden *richtungsmäßigen* Impulse, eine Repräsentationsfunktion für bestimmte Schichten beizumessen. Dabei müssen mehrere Prinzipien kombiniert werden: Erstens schrumpft oder wächst, wie man herausfand, die Höhe der Mittelzone relativ zu den Randzonen in dem Maße, in dem der

Druck des Über-Ich wächst oder sich vermindert; zweitens fand man heraus, daß im System der inneren Orientierung der Person im Rahmen der verfügbaren Werte die Oberzone nicht Bewußtsein an sich, die Unterzone nicht Unbewußtes an sich ausdrückt; vielmehr wird der symbolische Ort der beiden in der inneren Erfahrungsordnung der Person durch die je entsprechende »Zone« repräsentiert. Diese beiden Positionen sind durchaus miteinander vereinbar, insofern nämlich der Begriff des Über-Ich einfach bedeutet, daß es unerfüllte innere Ansprüche welcher Herkunft auch immer gibt und daß die Intensität ihres bewußt erfahrenen Einflusses auf das Ich und der unbewußt erfahrenen Ansprüche verdrängter libidinöser Triebe die beiden einander korrelierenden Nebenaspekte dessen sind, was im Bereich der direkten Erfahrung der Person die Intensität der Angstgefühle ist. Drittens entdeckte man im Hinblick auf eine Verminderung bewußter Artikulation von Impulsen welcher Herkunft und Richtung auch immer, daß die Entspannungsbewegungen und das Innere der Wörter dem Untersuchenden eine bessere Chance geben, den Schreiber ohne Überwachung durch seine Ich-Kontrolle zu beobachten, als dies bei Kontraktionsbewegungen und bei den Wortanfängen und -endungen der Fall ist. Wenn man, viertens, schließlich die Ergebnisse unserer Analyse der dynamischen Aspekte sowohl der horizontalen als auch der vertikalen Zone kombiniert, kann man von graphischen Repräsentationen von Impulsen, die aus den organsimischen Bedürfnissen der Person erstehen und zur Artikulation und Externalisierung neigen, sagen, daß sie einer allgemeinen Richtung von unten links nach oben rechts folgen; graphische Repräsentationen von Verdrängungsimpulsen folgen umgekehrt einer von rechts oben nach links unten, wobei spezifische Bewegungsanteile innerhalb der Zonen plaziert werden und die Phaseologie der Wörter ihren spezifischen Charakter aus dem Maß an bewußter Artikulation und dem der Nähe der ausgedrückten Impulse entweder zum Selbst oder zur Umwelt gewinnt (Abb. 122–125).

Abb. 122–125 Verschiedene »spezielle Zeichen«

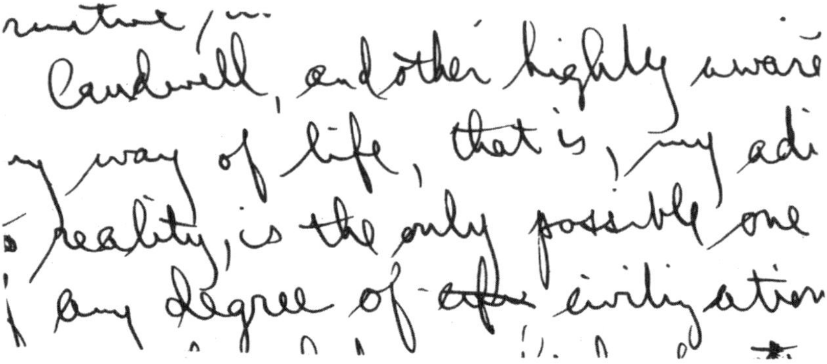

Abb. 122 (26%) Streitsucht in der Handschrift

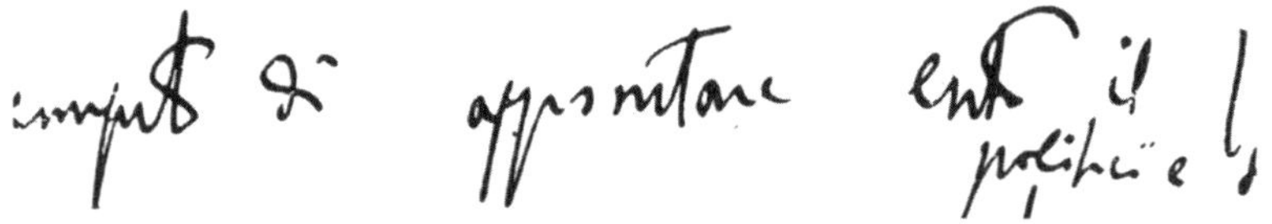

Abb. 123 (26%) »Kraft-Streiche« in der Handschrift Mussolinis

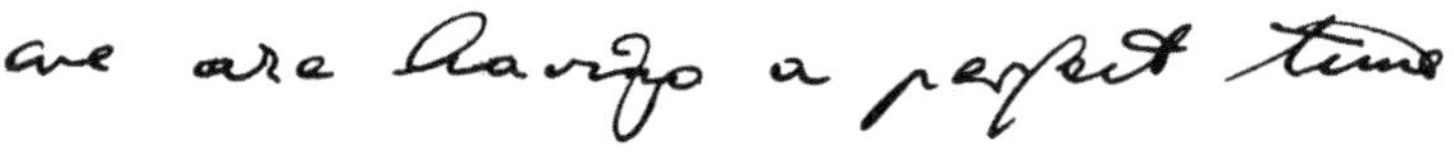

Abb. 124 (26%) »Sinn für Humor«-Streiche

Abb. 125 (7%) »Abschotten« und »Durchschlüpfen« in berührenden Bewegungen

Wie aus dieser Analyse ersichtlich, ist eine graphologische »Übersetzung« des »Über-Ich«- (beziehungsweise des »Es«-) Begriffs zumindest nicht sinnvollerweise möglich ohne ihre dynamische Geltung auf Zustände einer relativen Desintegration der Persönlichkeitsstruktur zu beschränken, in denen dem Ich als dem organisierenden Prinzip verdrängende Gegen-Ansprüche auf zwischenmenschliche Dominanz entgegenstehen, die aus der Peripherie der inneren Erfahrung herrühren. Über solche Zustände hinaus kann ihre Anwendung noch zur Einschätzung einiger *statischer* Aspekte der Persönlichkeitsorganisation dienen – und in diesem Sinne wurde sie in unserer Gesamtanalyse eines der Verhältnisse zwischen den Schreibzonen in der vertikalen Dimension der Handschrift verwendet –, sie kann aber nicht als hinreichend dafür angesehen werden, normale Persönlichkeits*dynamiken* zu erklären, die es vielmehr erfordern, die qualitative Struktur des Ich (bzw., graphisch gesehen, von Bewegungsimpulsen, die in und aus der Mittelzone erwachsen) zum primären Gegenstand des Interesses zu machen.

Die interpretative Synopse

Alter, Geschlecht, Schreibhand und kultureller Hintergrund

Wenn die besonderen Bedingungen, denen Kinderhandschriften unterliegen, hier auch nicht im einzelnen erörtert werden können, soll doch ein allgemeiner und für jede graphologische Arbeit in diesem speziellen Bereich grundlegender Hinweis hinsichtlich der fundamentalsten Unterschiede zwischen der inneren Situation des schreibenden Kindes und der des schreibenden Erwachsenen gegeben werden. Da die Beherrschung des Schreibsystems beim Kind noch weniger automatisiert ist als beim Erwachsenen, läßt es sich nicht mit solcher Leichtigkeit wie bei diesem für zweckgerichtete Bewegungsziele »nutzen«: Das Schreibsystem wird folglich, solange Schreiben noch eine Aufgabe ist, selbst Teil des zweckgerichteten Ziels sein. Auch wenn das nichts an der Empfänglichkeit der Bewegung für Impulse, die dem Bewußtsein entgehen, ändert, so verschiebt es doch beim Schreiber den Spielraum des inneren Fokus' auf das *ausdrucksmäßige* Ziel seiner Bewegung und somit die Art, in der dem Bewußtsein entgehende Impulse sich manifestieren können. Das wird am klarsten in den Dimensionen sichtbar, die veranlagungsmäßige Eigenschaften repräsentieren. Schreiben als Aufgabe konfrontiert das Kind mit der Erfahrung eines Hindernisses, das tendenziell seine Schreibgeschwindigkeit vermindert und den Schreibdruck erhöht; der Umfang des Fokus' auf die Realität aber, der im Kriterium der Ausgedehntheit der Bewegung impliziert ist und der durch die Größe der Schreibspur repräsentiert wird, vermindert sich zugleich mit dieser Steigerung an »absoluter« Nähe des Hindernisses nicht, sondern findet sich im Gegenteil tendenziell vergrößert, wofür der Grund darin besteht, daß in der inneren Erfahrungsordnung des Kindes Schreiben nicht nur als eine relative Schwierigkeit von entsprechend beträchtlicher Bedeutung als Hindernis, sondern als ein sogar noch wichtigeres, d. h. »fernes« Ziel figuriert, eine notwendige Einsicht, will man der Tatsache Rechnung tragen, daß sich in den Kinderhandschriften gegenüber denen des durchschnittlichen Erwachsenen eine auffällig höhere Größe noch für Jahre durchhält, nachdem ihre Zugehörigkeit zu den relativen Schwierigkeiten der motorischen Koordination nicht länger gerechtfertigt ist.

Altern verrät sich allgemein durch eine erneute Steigerung in den meisten der kontraktiven Eigenschaften, von denen die Tendenz zu größerer Unverbundenheit im vorigen bereits erwähnt wurde und von denen diejenige zu einer Steigerung der Schärfe sich aus der vorausgehenden Analyse der lateralen Eigenschaften des Duktus ergibt; über die letzteren hinaus ist eine Tendenz zur Magerkeit das signifikanteste unter den allgemeineren Symptomen des Alterns, und möglicherweise kommen, unabhängig von der übergeordneten Dichotomie von Teigigkeit und Schärfe, mehr oder weniger deutliche Eigenheiten des Schreibduktus wie etwa Zittrigkeit hinzu.

Schlußfolgerungen im Hinblick auf die relative Männlichkeit und Weiblichkeit der ausdruckshaften Züge können auf der Grundlage ihrer allgemeinen psychologischen Bedeutung aus den Ergebnissen unserer dimensionalen Analysen leicht gezogen werden und sollten von der Gesamt-Einsicht in die allgemein maskuline Tendenz zu größerer Kontraktivität und der allgemein femininen zu größerer Akzentuierung der Entspannungsimpulse geleitet sein.

Sowohl das kalendarische Alter als auch das biologische Geschlecht können selbstverständlich entscheidend sein für die Entwicklung eines eigentlichen Bezugsrahmens für die abschließende psychologische Bewertung graphischer Züge, die sich auf solche Eigenschaften wie »Unreife« oder »Altern«, »Männlichkeit« oder »Weiblichkeit« beziehen, für die verschiedene spezifische Daten der obigen Ordnung völlig verschiedene interpretative Prämissen vorgeben. Alter und Geschlecht des Schreibenden sind deshalb die einzigen allgemein für unverzichtbar gehaltenen Daten in jedweder Handschriftenanalyse einschließlich »blinder« graphologischer Diagnosen.

Die psychologische Beziehung zwischen Einstellungen, wie sie ganzen Gruppen eigen sind, und zwar auch dort, wo sie sich mit Unterschieden der kulturellen Muster verbinden, und den vielfältigen nationalen Schulschriftmustern wurde im vorigen bereits erwähnt, und die Tendenz zu einem individuellen relativen Aufgeben der Schulschriften wurde erörtert; es empfiehlt sich daher ein gewisses vernünftiges Maß an Vertrautheit mit den Gesamt-Stilen der hauptsächlichen Schulschriften zumindest der westlichen Welt, um bei der Bewertung der erziehungsmäßigen Hintergründe und des jeweiligen Hintersichlassens derselben über angemessene Bezugspunkte zu verfügen. Die stärkere Winkelhaftigkeit der deutschen, die stärkere Kurvigkeit der westeuropäischen und amerikanischen Schul-Ausgangsschriften, das Vorwiegen der Girlande gegenüber allen anderen Bindungsformen in der amerikanischen Handschrift – diese und andere »kollektive« Eigenschaften der nationalen und übernationalen Schriftmuster sollte der Studierende der Graphologie nicht nur kennen, sondern auch in ihren psychologischen Verbindungen mit kulturellen Trends verstehen. Für die Erweiterung seines graphologischen Wissens und die Vertiefung seines psychologischen Verständnisses sowohl der Persönlichkeitsentwicklung als auch überindividueller Entitäten ist dies wichtiger als für das grapho-analytische Verfahren an sich. Das ursprüngliche nationale Schulschriftmuster zu kennen, seinen sozialen Hintergrund und den spezifischen Typ wie ebenso das Gesamtniveau der Erziehung, wird stets wünschenswert sein, kann aber nicht als absolut unverzichtbare Voraussetzung angesehen werden. Alle drei Gruppen von Kriterien sind nur insoweit signifikant, als die mit ihnen implizierten »Hintergründe« in der persönlichen Entwicklung auch wirksam geworden sind; sind sie es, so haben sie indes nur Anteil am gesamten Funktionssystem der Persönlichkeit und sind deshalb selbst, mit diesem System, den motorischen und symbolischen Prinzipien unterworfen, die die Ausdrucksbewegungen regieren.

Ein paar Anmerkungen zu den Handschriften von Linkshändern sollen hier angefügt werden. Die konstitutionellen und charakterologischen Bedingungen der Schreibhandwahl wurden bisher nicht hinreichend geklärt, um die Erörterung über eine eher technische Erwägung hinaus ausdehnen zu können. Einen Schlüssel zur Situation der linkshändigen Schreiber gibt uns die Tatsache, daß sich die Identifizierung der Rechtsrichtung als die der Externalisierung an sich für eine linkshändige und mit der linken Hand schreibende Person als grundsätzliche nicht halten läßt: Da linkshändige Bewegungen, die in einer natürlichen und ungezwungenen Art vom Körper wegschwingen, bei ihr mit Notwendigkeit einer Linksbewegung folgen werden, finden die psychologischen Kriterien für die dynamischen Eigenschaften der graphischen Bewegung in ihrer horizontalen Dimension auf sie zunächst keine Anwendung. Zwar sind Deutungsfehler aus dieser Quelle immer auch möglich, qualifizierende Unterscheidungen, die in den Schreibspuren selbst auftreten, dürften ihren Rahmen jedoch beträchtlich einschränken: Ohne hier die Eigenschaft der künstlichen Weite zu berücksichtigen, die einen besonders betonten Grad an Inkonsistenz zwischen der Rechtsausdehnung der Buchstaben und den Buchstabenverbindungen darstellt, kann festgestellt werden, daß jede wahrhaft weite Handschrift eine Tendenz zur Verbreiterung, jede wahrhaft enge eine zur Verschmälerung ihrer Buchstabenformen *im Verhältnis zu deren Verbindungen* zeigt, wenn auch in geringerem Ausmaß als in dem erwähnten speziellen Kennzeichen impliziert. Diese letztere Tendenz fehlt nun in den ansonsten »engen« Handschriften linkshändiger Individuen, die ihre Impulse in ungehinderter Weise externalisieren, und somit bietet sich eine vernünftige Basis für Differenzierungen an; dennoch dürfte die Information über die Schreibhand des Probanden als drittes »notwendiges Datum«, zusätzlich zu Alter und Geschlecht, auch wenn sie für den geübten Beobachter nicht völlig unverzichtbar ist und heute auch von Graphologen nicht allgemein verlangt wird, zukünftig als Standardanforderung in der graphologischen Praxis zu bewerten sein.

Was den Gebrauch der *rechten* Hand bei ursprünglich Linkshändigen angeht, ist das Problem, das sich neben den möglichen Implikationen einer mangelnden Gewandtheit der Bewegungen stellt, das des Vorhandenseins eines inneren Konflikts aufgrund einer der inneren Struktur der motorisch-koordinativen Orientierung des Schreibers widersprechenden äußeren Anpassung. Empirisch kann dieser Widerspruch als nur ein Aspekt eines umfassenderen Anpassungskonflikts bezeichnet werden; und ob es für ihn nun grundlegend in einem verursachenden Sinne ist oder nicht, seine graphische Repräsentation tritt allemal in den Bereich dessen ein, was immer in Ausdrucksbewegungen das Vorhandensein eines interdependenten Komplexes von Anpassungsschwierigkeiten auf der einen und inneren Konflikten auf der anderen Seite bedeutet. Beim linkshändigen Kind, das gezwungen wird oder sich selbst zwingt, einen Rechtshänder zu mimen, ist allerdings wahrscheinlich eine konflikt-verursachende Rolle eben dieser Situation in all jenen Fällen gegeben, in denen die graphischen Manifestationen des Konflikts sich direkt auf die motorisch-koordinative Störung beziehen; in Situationen dieser Art, die sich durch eine besondere Schärfe des Konflikts auszeichnen, ist daher oft das Symptom eines sporadischen *Spiegel-Schreibens* – der Rechts-Links-Verdrehungen von Buchstabenformen – zu beobachten. Da es zugleich als narzißtisches Symptom interpretiert wird und als solches von einiger Auffälligkeit in den Handschriften bestimmter Untertypen der hebephrenen Spielart ist, dürfte sich die Beziehung zwischen Linkshändigkeit und Narzißmus für eine eingehendere allgemeine Erforschung anbieten, und zwar durchaus über die ihrer graphischen Aspekte hinaus. Eine Fähigkeit des Linkshänders, mit der linken Hand eine komplette *Spur* linkswärtigen Spiegel-Schreibens zu erzeugen, ist höchstwahrscheinlich anormal, zumindest bei Erwachsenen, das Problem aber bleibt, was diese Anormalität objektiv bedeutet; ihre Beziehung – wie allgemein auch die bestimmter wohlintegrierter und kontinuierlich kreativer erwachsener Formen von »infantilem« Narzißmus – zu den selteneren Fällen des *Genies* tritt, außer bei weniger prominenten und doch charakterologisch ähnlichen Gelegenheiten, in der von Leonardo da Vinci überlieferten Beherrschung dieses Kunststücks in Erscheinung. Nähere Untersuchungen der Wege, auf denen um die Schreibhand bei Kindern kreisende Konflikte sich in ihren Schreibgewohnheiten widerspiegeln, betonen tendenziell die allgemeine symbolische Bedeutung der beiden horizontalen Richtungen, wie sie an einer früheren Stelle in diesem Buch herausgestellt wurden, in zuweilen drastischer Weise. So wurde in einem Fall, der dem Verfasser zur Kenntnis kam, ein normales Mädchen von elf Jahren, das nie, weder beim Schreiben noch bei anderen Aktivitäten, als Linkshänderin aufgefallen war, dabei beobachtet, daß sie beim Schreiben eines »Briefs« an ihre Mutter, die kurz zuvor gestorben war, die linke Hand benutzte. In der Folge wies sie unter näherer Beobachtung keinerlei Zeichen eines links-rechtshändigen Konflikts auf; und doch hatte sie, als sie sich an die Vergangenheit richtete, höchst spontan und naiv ihre linke Hand als das geeignetere Kommunikationsmittel für diesen Zweck erfahren.

Die Verwendung von »Druck-« statt Schreibschrift schließlich macht den grapho-analytischen Zugriff zwar schwieriger, aber nicht gänzlich unmöglich: Gewöhnlich finden hinreichende individuelle Charakteristika, derer die Person nicht gewahr ist, ihren Weg in diese Manipulation, die nichtsdestoweniger für die ad hoc-Erzeugung graphologischer Schriftproben nicht zugelassen werden sollte. Die Vorliebe dafür ist an sich psychologisch erhellend, insofern sie nämlich eine innere Erfahrungsordnung anzeigt, nach der Klarheit in der Kommunikation nur in dem Maße möglich erscheint, in dem das Selbst des Schreibenden hinter einer Fassade unverbindlicher »Korrektheit« verborgen ist.

Die Einstufung von Indikatoren auf der Kontraktions-Entspannungs-Skala und gemäß ihrer Zugänglichkeit für bewußte Veränderung

Im einleitenden Teil dieses Buchs wurden die drei Hauptdimensionen des Funktionierens der Persönlichkeit in Beziehung gesetzt zu den Kriterien der Konsistenz von Aufwand und Richtung (der relativen graphischen Regelmäßigkeit) für die Fortschrittsdimension, zum Grad an Impulsentbindung für die Tiefendimension und zu dem an rhythmischer Integration für die transversale oder koordinative Dimension. Da ein Konflikt zwischen der Orientierung der Person in der erstgenannten Dimension und ihren organismischen

Bedürfnissen, wie sie die zweite konstituieren, die Reibungslosigkeit der Koordination, wie sie in der letzteren auftritt, beeinträchtigt, können die betreffenden Grade an rhythmischer Integration und Desintegration als Repräsentanten der geistigen Gesundheit der Person an sich angesehen werden.

Allerdings haben wir gesehen, daß das verfügbare *direkte* Kriterium für den Grad an rhythmischer Integration nicht leicht zu bestimmen ist. Wenn dies auch in den klarer umrissenen Fällen, die aufgrund ihrer besonders ausgeglichenen oder besonders unausgeglichenen Arten der Verteilung der Bewegungsanteile völlig auf die eine oder die andere Seite dieser dimensionalen Polarität fallen, von geringer Bedeutung ist, mag die Übung des Auges, besonders bei Anfängern, nicht ausreichend sein, um die diagnostisch äußerst wichtigen Zustände sowohl von inadäquater und doch in ihrer Inadäquatheit nicht allzu offensichtlichen *statischen* Integration als auch von Desintegrationsprozessen in ihrer Eröffnungsphase zuverlässig einzuschätzen. Die Orientierung des Untersuchenden angesichts der Vielzahl an im graphologischen Prozeß gewonnenen Daten bedarf deshalb der Unterstützung durch die folgende Überlegung.

Da alle wohlintegrierten Zustände der Persönlichkeit graphologisch als solche einer annähernden Konsistenz des Ausdrucksprofils über die verschiedenen Schichten der Struktur hinweg bestimmt werden können, würden sich die unterschwelligeren unter den desintegrativen Bedingungen, auch wenn sie dazu neigen, sich einem unmittelbarerem Zugriff zu entziehen, doch über eine unbewußte Verteilung von Gewichtungen entweder auf der Kontraktion oder auf der Entspannung innerhalb derjenigen Beurteilungsbereiche abheben, die das Auftreten von Impulsen zulassen, die der bewußten Kontrolle des Schreibers in seiner Selbstwahrnehmung wie seinen willentlichen Prozessen entgehen. Wir könnten somit in klinischen Fällen eine einseitige Anhäufung von hochkontraktiven Eigenschaften in der ersten Gruppe, von »entspannten« in der zweiten oder umgekehrt finden. Um uns nun ein umfassendes Bild des Systems graphischer Eigenschaften unter dem Gesichtspunkt ihrer relativen Nähe oder Ferne zur bewußten Kontrolle zu ermöglichen, müßten wir sie als erstes gemäß den Kriterien von Kontraktion und Entspannung selbst klären; als zweites hätten wir die relative Zugänglichkeit jeder dieser Eigenschaften für absichtsvolle Versuche des Schreibers zu untersuchen, sie während seines Schreibakts zu verändern.

Überzeugende experimentelle Arbeit wurde in diesem Bereich von Klages in seinen Seminaren zur Ausdrucksforschung durchgeführt. Die Tabelle der Zugänglichkeit von Eigenschaften für bewußte Modifikation und die ihr vorangestellte, die jene nach ihrer generellen Position entweder auf seiten der Kontraktion oder auf seiten der Entspannung einordnet, basiert wesentlich auf seiner experimentellen Arbeit; aus der ersteren wurden in Anbetracht der festgestellten begrifflichen Differenzen nur einige Einträge für rhythmische Eigenschaften von unzureichend geklärter Definition weggelassen; hinsichtlich der psychologischen Notwendigkeiten, die diese Tabellen widerspiegeln, werden sie auf der Grundlage der vorausgehenden Diskussion leicht zu verstehen sein.

Tabelle XII Allgemeine Klassifizierung von graphischen Eigenschaften

I Motorische Tendenzen

Kontraktion	Entspannung
Regelmäßigkeit	Schwankung
Kleinheit	Größe
Langsamkeit	Schnelligkeit
Druck	Mangelnder Druck
Schärfe	Teigigkeit
Unverbundenheit	Verbundenheit
Nichtbetonung der Mittelzone	Betonung der Mittelzone
Unterzone größer als Oberzone	Oberzone größer als Unterzone
Gedrungenheit	Weite
Senkrechte Haltung	Rechtsneigung
Linksneigung	Gesteigerte Gesamtrechtsläufigkeit
Gesteigerte Gesamtlinksläufigkeit	Girlande
Winkel	Doppelbogen
Arkade	Ansteigende Schreiblinie
Abfallende Schreiblinie	Völle
Magerkeit	Anreicherung
Vereinfachung	Gedrängtheit
Betonung der Abstände	Verbreiterung des linken Rands
Verengung des linken Rands	Rechtskonkavität des Aufstrichs
Rechtskonvexität des Aufstrichs	Rechtskonvexität des Abstrichs
Rechtskonkavität des Abstrichs	

II Zugänglichkeit für intentionale Veränderungen (nach abnehmender Zugänglichkeit für Veränderungen)

Leicht durchzuführen

- Kleinheit, Langsamkeit, Druck
- Größe, Schnelligkeit, Mangel an Druck
- Senkrechtheit
- Regelmäßigkeit
- Teigigkeit
- Unterzone größer als Oberzone
- Schmalheit
- Unverbundenheit
- Rechtsneigung
- Schärfe
- Weite
- Nichtbetonung der Mittelzone
- Verbundenheit
- Winkel
- Oberzone größer als Unterzone
- Arkade
- Girlande
- Faden
- Betonung der Mittelzone
- Unregelmäßigkeit

Schwer durchzuführen

Bestimmen, Eliminieren, Kombinieren: Schritte zum Abschluß der Analyse

Der Student der Handschriftenanalyse verfügt nun über eine beachtliche Menge an Kriterien zur Gewinnung, Einschätzung, Aufbereitung und Bewertung seiner Daten. Über den Punkt hinaus, den wir in unserer Diskussion erreicht haben, aber ist er, wie in jeder anderen Methode der Persönlichkeitsuntersuchung auch, notwendigerweise mit seinen Begabungen zur Kombination und Interpretation allein gelassen. Vergegenwärtigen wir uns seine Situation, so erkennen wir eine Anzahl von Hauptschwierigkeiten, die sich in den folgenden häufigsten Einwänden gegen die Graphologie vergegenwärtigen lassen, in denen Laien und Studenten ihre Zweifel in Worte fassen: 1. »Ich kann schreiben wie ich will«; 2. »Meine Handschrift hat sich so sehr verändert«; 3. »Sie ist in ständigem Fluß«; 4. »Bei der Anwendung des Dimensions-Systems gelangte ich zu untereinander höchst widersprüchlichen Befunden«. In Hinblick auf den ersten dieser Einwände gibt es keinen Grund, nicht zuzugestehen, daß man in der Tat frei ist, so zu schreiben, wie man will; was zählt, ist, daß man nicht frei ist zu wollen, außer das, was man tut; selbst den somit übrigbleibenden begrenzten Spielraum individuell »möglicher« Handschriften – der nicht in einer einzigen seiner inneren Positionen mit einer einzigen inneren Position des Spielraums »möglicher« Handschriften irgendeiner anderen Person koinzidiert – kann der Schreiber nur durch eine bewußte Fokussierung auf seine »Freiheit der Wahl« sichtbar machen; üblicherweise ist seine »Positions«-Wahl sogar innerhalb dieses Spielraums durch spontane Präferenzen bestimmt, derer er definitiv nicht inne ist, auch wenn sie selbst sich ändern mögen. Ad 2 spiegelt sich in diesem Fall, wie in allen anderen »Veränderungen« der Handschrift, nichts wider als eine mehr oder weniger oberflächliche, mehr oder weniger tiefreichende Veränderung der Persönlichkeitsstruktur selbst; entsprechende Schlußfolgerungen bezüglich Stimmungsänderungen usw. liegen ad 3, das Phänomen des fortwährend fließenden Wandels, nahe; letzteres betrifft natürlich nicht oder zumindest kaum jene Eigenschaften der Handschrift, die der Aufmerksamkeit des Laien tendenziell entgehen, während sie die allerwichtigsten für den Graphologen sind. Insoweit Persönlichkeit eine in der Dimension der Zeit ausgedehnte funktionale Einheit ist, gelten ganzheitliche Prinzipien für ihre prozessualen Aspekte ebenso wie für ihre statischen. Das will heißen, daß keine Phase des Lebenslaufs sich je wiederholt und daß, was die Schreibbewegung angeht, kein Schriftzug oder ein Teil von ihm je öfter als einmal in exakt der gleichen Weise erzeugt wird. Ad 4 können »einander widersprechende« Züge innerhalb eines graphologisch gewonnenen Persönlichkeitsbilds einer mißverstandenen, d. h. zu engen Anwendung dimensionaler Kriterien geschuldet sein; in anderen Fällen sind sie widersprüchliche Tendenzen innerhalb des Persönlichkeitssystems selbst; treffen beide Möglichkeiten zugleich zu, werden die Befunde des Graphologen natürlich tendenziell eher unvereinbar erscheinen als Licht auf die immanente Selbstwidersprüchlichkeit des Charakters zu werfen.

Um den Zugang für den Studierenden zu erleichtern, empfiehlt sich das folgende allgemeine Vorgehen: Er oder sie sollte zuerst bestimmen, was in einer Handschrift graphisch am unzweifelhaftesten und entsprechend psychologisch am »allgemeingültigsten« erscheint. Auf der Grundlage dieser ersten Phase der Bündelung von Aufzeichnungen wird sich eine Anzahl von potentiell aus der einen oder anderen von ihnen sich ergebenden spezifischen Annahmen bereits von selbst ausschließen; im Licht der somit neugewonnenen und schon engeren Hypothese werden spezifischere Beobachtungen, die der Student sich notieren sollte, sobald er sie macht, mehr Bedeutung erlangen; indem er sie gegeneinander und gegen seine Einschätzung des Formniveaus, der rhythmischen Qualitäten und der Gesamtanlage der Schriftprobe abwägt, kann er einen nächsten Schritt machen, der ihn, unter beständiger Anleitung durch die Prinzipien der Ambivalenz und der Interdependenz, in die zweite Phase, die der Eliminierung von durch diese spezifischeren Charakteristika nahegelegten möglichen Zügen eintreten läßt, und er kann nun alle seine vorläufigen Befunde dieser beiden ersten Phasen zu einer versuchsweisen Einschätzung der Persönlichkeitsstruktur als Ganzer zusammensetzen, die ihm als Bezugsrahmen für alle weiteren und differenzierenderen Stadien der Untersuchung dient. Er wird diese weiteren Stadien bereits viel leichter zu durchlaufen finden, um sich aber vor vorschnellen Urteilen, Halo-Effekten usw. zu bewahren, sollte er für sie im wesentlichen dieselbe allgemeine Stufenordnung wie zuvor aufrechterhalten, d. h. eine Wiederholung von Zyklen von bestimmenden, eliminierenden und kombinierenden Wahrnehmungs- und Reflexionsprozessen.

Ein Arbeitsblatt, wie es von manchen für diesen Zweck empfohlen wird, würde ihn in einer Hinsicht von zentraler Bedeutung übermäßig einschränken: Die Art, in der ein Wahrnehmungsfeld sich selbst organisiert, die Ordnung der Wendepunkte, in der dessen »Einheit« und dessen »Vielfalt« im

Fokus des Untersuchenden den Ausschlag geben und mehr und mehr spezifische Bedeutung gewinnen, variiert von Beobachter zu Beobachter, und diese Variabilität existiert ziemlich unabhängig von der Konsistenz zwischen den abgerundeten Begriffen am Ende der Untersuchung – den abgeschlossenen Produkten nämlich einer von verschiedenen Anwendern durchgeführten graphologischen Analyse; weder kollidieren individuelle Unterschiede in der Annäherung an die Schriftprobe mit dieser Konsistenz, noch wird sie je um den Preis erreicht, diese notwendige Variabilität des Prozesses zu opfern. Bis zu einem gewissen Grad gilt das natürlich auch für den gerade empfohlenen allgemeinen Zugang. Der ist dazu gedacht, die ersten praktischen Kontakte des Studierenden mit Handschriftenproben zu erleichtern, sobald er aber in seiner Untersuchung spontaner wird und das »allgemeine« Verfahren eher als Behinderung denn als Hilfe zu erfahren beginnt, sollte er sich darüber hinwegsetzen und ganz seinem eigenen Weg folgen; denn je mehr Leichtigkeit er in seiner graphologischen Ausbildung entwickelt, umso mehr wird er in der Lage sein, die Komplexitäten, mit denen er umgeht, »auf Anhieb«, d. h. in einer eher synoptischen als syllogistischen Art und Weise, wahrzunehmen und zu verstehen – auch wenn er, sobald er seine Befunde in Worte faßt, wieder auf den diskursiven Zugang, den die Aufgabe, seine Gegenstände zu »beschreiben«, erfordert, wird zurückgreifen müssen. Vor dem neuen Hintergrund seiner eigenen »synoptischen« Erfahrungen wird die konkrete und lebendige Präzision, die graphologische Erforschungen der Persönlichkeit haben können (und die seine eigene bald erreichen mag), ihn dann auch nicht mehr erstaunen, da er schon aufgehört haben wird, in seinen Analysen bloß Namen von Schriftzügen aufzulisten. Er wird Persönlichkeit als die funktionale Einheit verstanden haben, die sie ist und die keine untereinander unvereinbaren und zufällig angesammelten Eigenschaften kennt, sondern nur spezifische und definierte erlaubt, die durch das Systemprinzip bestimmt werden. Das heißt, daß die Erkenntnis des Systemprinzips selbst in derjenigen irgendeines Zweigs der Konfiguration einbegriffen ist. Je mehr von der letzteren durch entweder direkte oder »ergänzende« Wahrnehmung sichtbar wird, desto begrenzter wird, aus dem Blickwinkel des Beobachters, der Spielraum möglicher Eigenschaften jener Teile des Systems, die noch außerhalb der Reichweite seiner unmittelbaren Wahrnehmung liegen. Graphologische Analyse könnte in diesem Sinne definiert werden als eine Reihe mehrerer aufeinanderfolgender abschließender Ergebnisse, deren jedes den Hintergrund für das folgende setzt und die alle zusammen hin zu einer größeren und immer größeren Spezifizität der charakterologischen Wahrnehmungsgegenstände streben (Abb. 126).

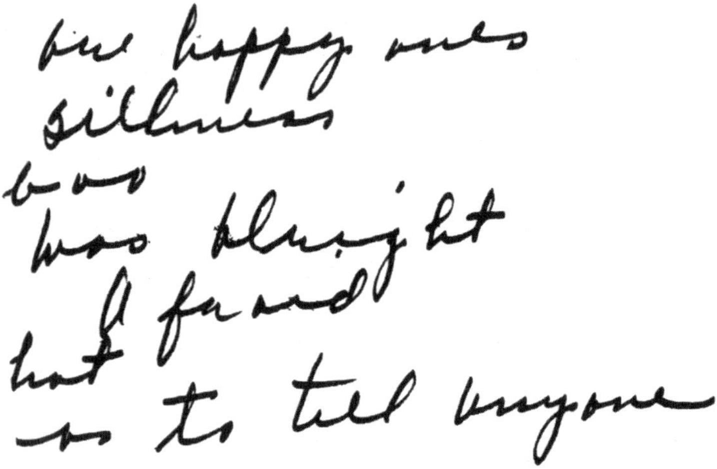

Abb. 126 (7%) In der ›graphologischen Analyse auf den ersten Blick‹ wurde der Schreiber als ein passiver Homosexueller diagnostiziert, dessen Persönlichkeitsorganisation sich in seinem Bedürfnis nach lokomotorischer Aktivität konzentrierte. Nach dem Gutachten des klinischen Diagnostikers ist er ein passiver Homosexueller, der eine Laufbahn als Turnlehrer eingeschlagen hat. Man beachte die niedrige Mittelzone, die schwankenden Oberlängen, die Enge der runden Formen, die Druckverschiebungen und das Zusammentreffen von Steifheit und Impulsivität, Hemmung und Aggression in seiner Schrift.

Zwölf Zeilen von Joan

Eine Demonstration der graphologischen Methode

Leidlich auf seine erste direkte Erfahrung in angewandter Graphologie vorbereitet, ist der Leser nun eingeladen, den Verfasser bei seiner Analyse der Handschrift einer dreißigjährigen rechtshändigen Frau – Joan – zu begleiten (Abb. 127).

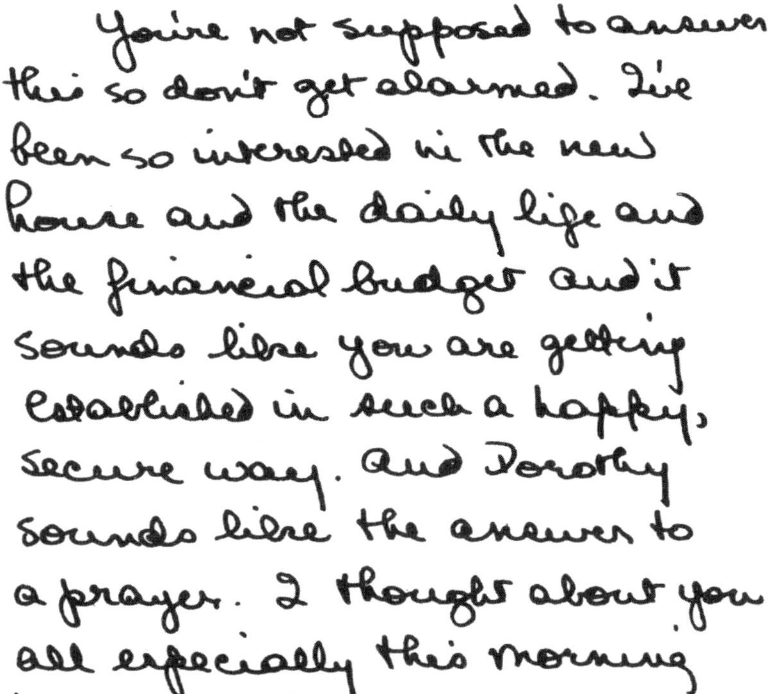
You're not supposed to answer
this so don't get alarmed. I've
been so interested in the new
house and the daily life and
the financial budget and it
sounds like you are getting
established in such a happy,
secure way. And Dorothy
sounds like the answer to
a prayer. I thought about you
all especially this morning
because I had such a nice

Abb. 127 (7%) »Zwölf Zeilen von Joan«

Bei unserem ersten Blick auf die Probe gewinnen wir den Eindruck eines ordentlichen, gleichmäßigen, spontan wohlorganisierten und ohne Anstrengung in sich konsistenten Schriftbildes – dessen herausragende qualitative

Kennzeichen seine Völle und Rundheit und die Wärme seines duktischen Tons zu sein scheinen. Die unzweifelhafte Herrschaft von »Fraulichkeit« in diesem Subjekt bezeugt sich uns also beim ersten Anblick seiner Handschrift, und diese Eigenschaften werden durch ein paar andere ergänzt, die ebenso konstitutiv für unsere erste Wahrnehmung des Ganzen scheinen: Die Gesamtanlage zeigt einen beeindruckenden Grad an guter Raumaufteilung, ist charakterisiert zugleich durch ein Ebenmaß der Formqualität und durch Muße; die Buchstabenrichtung ist durchgehend aufrecht, mit einer leichten Neigung nach links, die einen Typ von Persönlichkeitsorganisation andeutet, der auf Selbstvertrauen, Selbstkontrolle und einen gewissen Grad an Selbstverleugnung hin ausgeprägt ist. Das Subjekt ist offensichtlich nicht von Stimulation und Kommunikation aus der Umwelt abhängig, und seine vorübergehenden Impulse dürften kaum je mit ihm durchgehen. Weiterhin sind wir nicht erstaunt, daß die ästhetische Gesamterscheinung eines Schriftbildes mit solchen Eigenschaften uns unbezweifelbar befriedigend vorkommt: Die »Harmonie« dieser Schreibspur ist keine übergestülpte Glattheit oder windige Eleganz der Oberfläche, sondern das Ergebnis eines natürlichen Ebenmaßes in den kleineren wie größeren Proportionen: Sie scheint den Buchstabenformen eher zu schmeicheln und sie zu kultivieren als sie zu vernachlässigen, und doch verliert sie sich nie in überflüssigen oder zufälligen Details oder in einander widersprechenden Anteilen der Gesamtbewegung des Schreibens. Die Konsequenz scheint für unsere Augen eine umso authentischere Originalität zu sein, als sie von lauten Äußerungen der Unkonventionalität und jeglicher Bizzarerie absieht und ihr doch fast immer eine unaufdringliche Einzigartigkeit der Formprägung gelingt. Das bedeutet nun nicht nur, daß wir es mit einem exzellenten Formniveau zu tun haben, das eine überlegene Intelligenz und einen hohen Grad an persönlicher Kultur widerspiegelt, sondern daß die Handschrift alles in allem und trotz der »unkommunikativen« Buchstabenrichtung die Mitte zwischen Entspannung und Regelmaß hält; und eine kurze Überprüfung bestätigt diesen Schluß ohne weiteres. Bei der Würdigung des einschlägigen quantitativen Aspekts der Mittelzone finden wir ein fortwährendes greifbares Fließen in Weite, Länge und spezifischer Strichrichtung und ein unmerklicheres im Druck. Wenn wir dazu an die bereits festgestellten Anzeichen der »Fraulichkeit« denken, die intensive Fähigkeit zur Zuneigung, die die zuerst erwähnten Charakteristika der Schreibspur zeigen, kann das Subjekt als eine impulsive und freimütige und zugleich schöpferische Person bezeichnet werden – ungeachtet des Selbstvertrauens und der Verhaltenskontrolle, die die leicht linksgeneigte Senkrechte der Buchstaben vermittelt: Angesichts der Konzentration von Indikatoren für Gesundheit, innere Integration, Einklang zwischen Gefühl und Intellekt, die wir bereits gefunden haben, treffen die möglichen Interpretationen von linksläufiger Senkrechte, die mehr in Richtung von berechnender Kälte, Hochmut, Unaufrichtigkeit usw. liegen, ganz offensichtlich nicht zu.

An diesem Punkt aber finden wir uns bereits inmitten eingehenderer dimensionaler Beurteilungen; und um sicher mit ihnen weiterzukommen, steht eine allgemeinere Erwägung der rhythmischen Eigenschaften der Schreibspur an. Mit Ausnahme des – unzweideutig »regelmäßigen« – Aspekts der Buchstabenrichtung, wie wir ihn vorgefunden haben, haben wir es mit einer halb-entspannten, halb-regelmäßigen Handschrift zu tun, wir wissen aber bis jetzt nicht, wie wohl-rhythmisiert sie in einem positiven Sinne ist, d. h. wie gut die Persönlichkeitsformation von allen Schichten ihres psycho-biologischen Funktionierens unterstützt wird. Unsere ersten Eindrücke sind irgendwie widersprüchlich in dieser Frage. Das Vortreffliche der Formintegration, das wir wahrgenommen haben, beantwortet sie nicht abschließend, da es ein primär ästhetisches Kriterium betrifft. Die Richtungsimpulse und die Art und Weise der Druckverteilung des Schreibens variieren, ebenso viele der Randlängen und viele der kurzen Formen in der Mittelzone. Zugleich finden wir ein Anschwellen des Drucks besonders in gerundeten Strichen und in geraden von kurzer linearer Ausdehnung, und beide Tendenzen verraten eine kontraktive Qualität in Funktionsschichten, die, wie wir wissen, recht weit von den »bewußten«, d. h. von denjenigen Erfahrungsschichten des Subjekts entfernt sind, in denen Ich-Ideale und Identifizierungen mit einer gewählten Lebensrolle ausgeprägt werden.

Nach wie vor sieht es so aus, als führten diese Variationen nie zu »Kollisionen«; und der Grund dafür ist nicht nur, daß die kombinierenden Bewegungen, die die »Verhandlungen« zwischen ihnen führen, mit intelligenter Grazie *geformt* sind und daß es ihrer frei fließenden Rundheit in besonders hohem Grad gelingt, den Hintergrund einzubeziehen, sondern daß der Strich selbst sich ihren Konflikten anzupassen scheint: hoch teigig – und somit auf einer noch tieferen Funktionsschicht »kompensierend« für die festgestellten kontraktiven Eigenschaften –, hat seine Teigigkeit doch nie etwas »formlos« sinnlich Ausschweifendes, sondern ist durchweg moduliert, durchweg »plastisch« – sie verwebt auch die heftigsten Druckimpulse noch in ein einfallsreich belebtes Geflecht aus dunkleren und helleren Schattierungen, die auf verzweigte, fast verspielte Weise mit den hintergrundswirksamen formalen Qualitäten dieser Handschrift zu interagieren scheinen. Und wenn somit auch unsere eröffnenden Eindrücke, die im Hinblick auf ihr Maß an rhythmischer Integration eine hohe Bewertung der Schriftprobe favorisierten, durch eine differenziertere Beurteilung bestätigt werden, erlaubt die Art und Weise, in der diese Integration *graphisch* zustande kommt, bereits *charakterologisch* eine spezifischere Schlußfolgerung: Um als ein wohl-abgestimmtes Wesen tätig zu sein, um seine inneren Konflikte in Quellen der Stärke zu verwandeln, muß das Subjekt sich auf eine fortwährende Aktivierung seiner imaginativen Potentiale einlassen; und von diesen Potentialen kann man nun gemäß des vorgefundenen Grundtyps ästhetischer Eigenschaften annehmen, daß sie in Richtung eher einer visuellen als einer auditiven Erfahrung, eher einer visuellen als einer auditiven Kreativität gehen: Teigigkeit in einem solchen Ausmaß und zugleich von einem solchen Grad an Modulation, zudem kombiniert mit solcher Artikuliertheit und Kompaktheit der Form, ist ein fast ausschließliches Schriftmerkmal von Malern, Zeichnern, Bühnenbildnern und Bildhauern.

Die feineren dimensionalen Beobachtungen, die nun folgen, scheinen diese Befunde in einer Vielzahl verschiedener Blickwinkel zu erhärten. Die quantitative Ausdehnung der Bewegungen ist wohlabgemessen; sie verwickelt sich nie ins »lähmende«, über-gewissenhafte Detail, bietet solide und dauerhafte Unterstützung für die Architektur des Ganzen, und wenn sie auch dem Formpotential jedes Buchstabens vollen Respekt zollt, ist die Art, in der sie dies tut, doch durch eine sorgfältige und liebevolle Art gekennzeichnet, die dem Intimen und dem Idyllischen zugetan ist und die wir vor allem in denjenigen Buchstaben – wie *a*s und *o*s – finden, deren Aufbau schon zu solchen Bewegungen einer zarten Liebkosung einlädt. Die Geschwindigkeit ist gut, ohne übereilt zu sein, der Druckzyklus stark auch in diesem Medium einer »modulierten« Teigigkeit: Das Subjekt hat offensichtlich reichlich Lebenskraft. Es treten keine größeren Druckverschiebungen auf, die Zielgerichtetheit der eingesetzten Energie hält durch die ganze Schriftprobe an, die Betonung des Drucks in Rundungsbewegungen aber, die zugleich eine »rollende« Tendenz aufweist, wird uns später noch beschäftigen. Wie steht es mit dem Verbundenheitsgrad? Die Handschrift ist fast gänzlich frei von Unterbrechungen des Duktus, ein bemerkenswertes Kunststück in Anbetracht der deutlichen Ausprägung jeder Buchstabenform und der relativen Kürze ihrer Verbindungen miteinander und ein Zeichen, daß das Subjekt in der Lage ist, seinen Genuß und seine Kultivierung der Gegenwart mit einer beständigen Planhaftigkeit und Absichts-Konsistenz beim Voranschreiten auf zukünftige Ziele zu verbinden.

Wenn diese Schlußfolgerung auch durch die kraftvolle – und doch nie unverhältnismäßige – vertikale Ausdehnung der Mittelzone der Schreibspur, in ihrem Gesamtverhältnis zu den Randbewegungen, verstärkt wird, zeigen die einzelnen Erweiterungen innerhalb der Mittelzone eine hinreichend große Variabilität, um auf merkliche Abweichungen im Selbstvertrauen des Subjekts hinzudeuten, ein Befund, den die entsprechenden Variationen der langförmigen Anfangsbuchstaben ebenso wie die Majuskel-Bewegungen zu bestätigen neigen. Das Verhältnis zwischen den Randzonen selbst zeigt ein grundsätzliches Überwiegen der oberen, und die vorherrschende Betonung einiger der oberen Randbewegungen – Bewegungen einer introspektiven Suche wie in den Endabschnitten der meisten kleinen *d*s, Bewegungen einer lebhaften Selbstreflexion wie im *h* von *house* und »Schutz«-Bewegungen wie in den kleinen *t*s und ihren Balken – erscheint in Anbetracht all der bereits gefundenen Anzeichen für eine aktive, schöpferische Spiritualität als eine sehr bestimmte Manifestation von Idealismus. Der »suchende« Trend hingegen ist stark auch in den vielen gerade abwärts weisenden vertikalen Bewegungen der Unterzone, die sich, druckbetont, wie sie sind, für eine Interpretation in verschiedenen Schichten von psychologischer Bedeutung anbieten. Das Subjekt verabscheut wahrscheinlich das Oberflächliche, Leichte, konventionell Angenehme, die Patentlösungen, und schätzt wahrscheinlich das Tiefgründige, ist voller Hingabe an jede Sache oder Aufgabe, die immer seine Arbeit und persönlichen Unternehmungen beseelen mag, und ist loyal und verläßlich in seinen persönlichen Beziehungen; zugleich aber läßt es sich wahrscheinlich auch auf manche Selbstunterdrückung und manche Beschneidung und Disziplinierung von Bedürfnissen ein – ein Zug, auf den, wie wir uns erinnern, bereits die leichte Linksläufigkeit der Buchstabenrichtung hindeutete. Um seine natürlichen Proportionen nicht außer Acht zu lassen, müssen wir den letzteren Befund vor seinem gegebenen charakterologischen Hintergrund betrachten. Bei einer Person von solchem Elan, solcher emotionalen Intensität und solch anspruchsvoller Einbildungskraft ist eine gewisse »Selbstunterdrückung«, speziell dann, wenn sie keine derhythmisierenden Gegenimpulse seitens der Entspannungsbewegungen aufrührt – welche Gegenimpulse hier völlig fehlen –, eine offensichtliche

Notwendigkeit der zwischenmenschlichen psychischen Ökonomie, innerhalb von deren Ordnung solch eine hierarchische Kontrolle dann eher eine integrierende als eine störende oder schwächende Rolle spielt.

Sorgsamkeit, Rücksichtnahme, eine Tendenz zur Kontemplation und eine Haltung der »prüfenden«, »auswählenden« Zurückhaltung in sozialen und interpersonalen Verpflichtungen zeigen sich in mannigfachen Zeichen, denen wir in der horizontalen Dimension begegnen. Die Handschrift ist nicht nur aufrecht (mit einer leichten linksgeneigten Schräge), sondern die gesamte Linksläufigkeit ist deutlich gesteigert, und die Endbewegungen der Wörter sind, auch wenn sie sich nie in Gesten der Heimlichtuerei oder Geheimnistuerei verwickeln, durch eine Prägnanz charakterisiert, die oft auf eine entschiedene »Kürze« hinausläuft und die an vielen Stellen mit Bewegungen eines halb zögernden, halb zärtlichen »Suchens« abwechselt (siehe das abschließende Schwingen im verschiedentlich auftauchenden *you*). Wie steht es mit der Weite der Schreibspur? Wir schneiden damit einen der interessantesten Aspekte dieser Schriftprobe an: Wir finden hier die Ordnung der Betonungen von horizontaler Ausdehnung, derer wir uns aus der Diskussion der »künstlichen Weite« erinnern, auf den Kopf gestellt, nämlich eher die Buchstaben als ihre Verbindungen erweitert. Die Antipathie des Subjekts gegen eine künstliche, mechanische, seelenlose Geselligkeit, die wir bereits aus mehreren anderen unserer Befunde erschließen konnten, drückt sich damit sehr direkt aus, und wir sehen uns zugleich – da das hier diskutierte Zeichen eine sehr unmittelbare und sehr positive Wirkung auf die hochgradige Hintergrundsbeziehung bei dieser Probe hat – auch einer neuen Facette des vollen, »geräumigen«, imaginativen Reichtums des inneren Lebens des Subjekts gegenüber. Mehr noch, wir beginnen zu verstehen, *warum* diese Person in ihren äußeren Beziehungen notwendigerweise sehr wählerisch ist, denn diese würden sie nur zu wahrscheinlich in Bedrängnis bringen, wenn keine Schutzmechanismen dagegen vorhanden wären.

Die Zeilenrichtungen sind ziemlich gerade. In ihrer relativen Geradheit begegnen wir dennoch einer ersten Phase leichter Abwärtsgerichtetheit, auf die eine leichte Aufwärtsbewegung und eine anschließende Tendenz, die Zeile auf diesem Niveau zu halten, folgen. Wir können daraus schließen, daß das Subjekt sich seinen Gegenständen mit etwas Furchtsamkeit und sogar Pessimismus nähert, während der Handlung aber doch warm wird und dann einem zunehmend stabilen emotionalen Kurs folgt. Die Bindungsform – sehr deutlich die Girlande – wird uns nicht erstaunen angesichts der vielen anderen Hinweise auf eine umfängliche Fraulichkeit; bedenkt man gerade hier die glatte und harmonische Verteilung der Bewegungsanteile, der wir uns bereits bei der Einschätzung der rhythmischen Eigenschaften der Handschrift gegenübersahen, die breite Mittelzone, die durch die Weite eher der Buchstaben als der Verbindungen angezeigte eher »persönliche« als »soziale« Art der Impulsexternalisierung, die verallgemeinerte Rundheit und schließlich, aber nicht zuletzt, die eigentümlich oszillierende Wärme, mit der der Strich durchweg gesättigt scheint, so kann kein Zweifel bleiben, daß das Subjekt in jenen ausgewählten Beziehungen, die es zu seinem inneren Lebensbereich zuläßt, eine außerordentliche Fähigkeit zu aufrichtiger Freundschaft wie ebenso zu vertrauensvoller und zärtlicher Liebe besitzt.

Hinsichtlich der allgemeinen Kurveneigenschaften kann die leichte Rechtskonkavität des Abstrichs, die wir in den Langformen antreffen, nur als ein Zeichen für Empfindlichkeit gegenüber emotionaler Verletzung interpretiert werden, ein Schluß, der mit dem Rest des Bildes übereinstimmt; weiterreichende Schlüsse im Blick auf ein mögliches positives Trauma mit störenden Wirkungen können nicht gezogen werden, da Anzeichen in den Bereichen Rhythmisierung, Randausdehnung und Weite, die dies stützten, völlig fehlen. In der Polarität von Vereinfachung und Bereicherung hält das Schreiben eine mittlere Position, die keine Chance verpaßt, sei es eine wesentliche Struktur hervorzuheben, sei es Gesten von besonderer emotionaler Anziehungskraft auszuarbeiten. Weder Verschnörkelung noch Vernachlässigung sind irgendwo anzutreffen. Angesichts des hohen Grades an Hintergrundbeziehung gewinnen die Unterschiedenheit und die Ordnung des Ganzen – das weder »gedrängt« noch »verstreut« ist – eine besonders positive Bedeutung, da der Wert von Artikuliertheit natürlich mit dem Reichtum an innerer Erfahrung, der – wie in diesem Fall – in sie eingeht, steigt, während in so vielen anderen Fällen, wie wir wissen, die von der »Hintergrundsbeziehung« repräsentierten psychologischen Faktoren eher dazu neigen, einen verdunkelnden Einfluß auf die Denkprozesse und die verbale Darstellung der Person auszuüben.

Wenn dieses Schriftmerkmal auch gute ökonomische Eigenschaften bedeutet und die Knappheit der Buchstabenverbindungen, die relative Kürze der Wortendungen und die gesteigerte Gesamt-Linksläufigkeit diesen Befund ebenso unterstützen, fokussiert der persönliche Sinn für Ökonomie sich wahrscheinlich eher auf das Sparen an sich als auf das »Zeit Sparen«, eine Folgerung, die in der Faszination impliziert ist, die einzelne Buchstabenformen für das Subjekt zu enthalten scheinen: Sein emotionales und willentliches Engagement in die jeweilige Aufgabe, Erfahrung, Situation nehmen seine Aufmerksamkeit so intensiv gefangen und »reißen es mit«, daß es sich wahrscheinlich oft »selbst vergißt«, d. h. »die Zeit vergißt« – und die verminderte Dispersion der Zeilenabstände in der Schriftprobe, derer wir uns im Gegenteil als eines Indikators für die Neigung zur *Zeitersparnis* erinnern, findet ihre Erklärung somit wahrscheinlich auf der Grundlage eines kompensatorischen Versuchs von seiner Seite, diese Schwäche aufzufangen. Die Gestaltung der Ränder schließlich – und speziell die des linken – folgt der hier so dominanten allgemeinen Neigung zu einer ästhetisch betonten Demonstration von persönlicher Kultur und Unterschiedenheit. Die leichten »Wellungen« des linken Randes erinnern wir als Spuren eines Wechselns zwischen »verausgabenden« und »einsparenden« Impulsen. Der rechte Rand zeigt zumindest eine Tendenz zu einer ästhetisierten Konsistenz der Gestaltung. Dies als Zeichen eines Zwangs zu interpretieren – was ansonsten angezeigt gewesen sein mag – liefe hier fehl, und zwar nicht nur aus dem oben genannten Grund, sondern auch wegen des interessanten Tatbestands, daß, folgt man der Herstellung der Rand-Ausrichtung in der zweiten Zeile der Probe, das einzige Wort, das aus dem Text heraus und in den Randbereich eintritt, gerade das impulsive, persönlich bindende, ziemlich ungehemmte *you* am Ende der zehnten Zeile ist.

Unser Persönlichkeitsbild ist jetzt fast vollständig, allerdings scheinen ein paar jener Kennzeichen der Handschrift, die in unserer Interpretation offenbar den höchsten Grad an Einzigartigkeit erreichen, noch nicht völlig abgedeckt zu sein. Das Zusammentreffen von hohem Druck mit einer leicht rollenden Tendenz, das wir uns für eine eingehendere Diskussion aufgespart haben, können wir nun gesichert aufgreifen. Untersucht man diese Bewegung, die wir speziell in *a*s und *d*s antreffen, genauer, müssen wir uns folgendes klarmachen: Die Heimlichtuerei, die »verschleiernde« Qualität der »Roll«-Geste verlangt offensichtlich deren zentripetale, also Einwärts-Richtung; das »Rollen« erfolgt hier aber in entgegengesetzter Richtung, von einem inneren Punkt nach außen. In diesem »inneren Punkt« scheint die Bewegung zudem auch vom Gesichtspunkt des Drucks aus verankert: Der Stift scheint, statt die Zweidimensionalität des Schreibpapiers – d. h. der Realitätsoberfläche – »anzuerkennen«, sich vielmehr über sie hinwegzusetzen und versucht, in den »Grund« einzudringen; die Bewegung »schlägt Wurzeln«, bevor sie in Aktion tritt, und diese Aktion wird dann eine der Externalisierung, des zirkularen Um-einen-Kern-herum-Wachsens wie bei den »Jahresringen«, die man bei Baumstrünken betrachten kann. Vor dem Hintergrund der Persönlichkeit in ihren bereits formulierten Umrissen betrachtet, qualifiziert der symbolische Charakter dieser Geste, als ganzer und in allen ihren signifikanten Phasen, sie als ein hervorragend ausgeprägtes Kennzeichen der spezifischen und exklusiven Form von Kreativität des Subjekts – welche, statt die Natur »nachzuahmen«, wohl eher den Weg der Natur selbst weitergeht. Kein Zweifel kann nun bleiben, nachdem so viele Anzeichen dafür einander unterstützten, daß das Subjekt ein Künstler ist oder sein sollte.

Erinnern wir uns hier unserer früheren Feststellung bezüglich seines Bedürfnisses nach fortdauernder Aktivierung seiner schöpferischen Fähigkeiten, um seine inneren Konflikte in Quellen von Stärke verwandeln zu können, und erinnern wir uns weiterhin der engen Beziehung zwischen der gerade erörterten auswärts»rollenden« Geste und dem einwärtigen »narzißtischen« Rollen, das wir in den Schriftbildern vieler Formen von mentaler Unausgeglichenheit finden, so werden wir nicht nur die verwickelten und wohlbekannten Beziehungen zwischen »schöpferischen« und »gestörten« Persönlichkeitsbildern verstehen, sondern nun auch, müheloser und im Konkreten, die besondere innere Situation unseres Subjekts: Um sein Leben zu leben und es so gradlinig und wohlgeordnet, wie es dies gewohnt ist, zu erhalten, muß es »kreïeren« – wenn es das aber tut, scheinen die ihm zur Verfügung stehenden, seinem eigentlichen Kreationsprozeß sowohl inneren als auch äußeren Ressourcen in der Tat wesentlich. Mit all seiner Einbildungskraft ist sein Stand in der Realität stabil genug, wie seine Ökonomie, sein praktischer Sinn und seine Geschicklichkeit uns mitteilen – alles Züge, die wir leicht aus der Vortrefflichkeit der räumlichen Anlage dieser Zeilen, aus der ausdrücklichen, »piktographischen« Physiognomie der Buchstabenformen, aus der Leichtigkeit bei ihrer Verbindung und aus der durchgehend »plastischen« Modulation des Drucks ableiten können. Auch sind diese Eigenschaften noch nicht einmal die charakteristischsten, die seine Lebensführung und seine soziale Erscheinung auszeichnen. Die vielen geringfügigen Wellungen der Zeile, die linksseitigen Verstärkungen innerhalb der Oberzone, die winzigen aber kontrastreichen »Haken« (siehe die unteren Enden der kleinen *y*s und *g*s) und andere »Kürzen« in diesem ansonsten sanft und gemächlich gewellten Bewegungsmuster sowie der Selbstspott einer Wortgeste, wie wir sie in den nonchalant gehandhabten Mißgeschicken des *established* finden: Alle diese Indikatoren weisen klar auf einen Sinn für Humor hin, der ursprünglich und kraftvoll genug ist, nicht nur seinen Umgang mit sozialen Beziehungen zu erleichtern, sondern aller Wahrscheinlichkeit nach auch die schöpferische Tätigkeit seiner Phantasie zu bereichern und anzuregen.

Daß die »Konflikte«, die unsere Diskussion berührte, die innere Integration dieser Persönlichkeit unberührt gelassen haben, haben wir zu Anfang gesehen und durch eine große Zahl von Zeichen, die wir im Laufe der Analyse genauer betrachtet haben, bestärkt gefunden. Eine spezifischere Bestimmung der Natur dieser Schwierigkeiten dürfte jedoch nicht nutzlos sein. Das Zusammentreffen eines emphatisch *girlandischen* Bewegungstyps mit einer Vorliebe seitens der Impulse der Rechtsausgedehntheit eher für Buchstabenformen als für Buchstabenverbindungen kann uns hier als der beste und direkteste Anhaltspunkt dienen. Der erstere bezeichnet, wie wir wissen, das Bedürfnis des Subjekts nach emotionalen Bindungen mit der Umwelt, die letztere das Bedürfnis, sein inneres Leben auf Kosten dieser Bindungen – vor denen seine Erfahrungen und kreativen Bilder »geschützt« werden müssen und fortwährend werden – zu kultivieren. Das nie ganz zu sättigende Bedürfnis, beiden divergierenden Tendenzen zugleich vollends gerecht zu werden, wird sich wahrscheinlich in leichten periodischen Depressionen äußern, die graphisch unmittelbar durch die schwerere Druckverteilung in den unteren (abwärts laufenden) Randbewegungen und die gelegentlich zu verzeichnende Tendenz zu flachen Girlanden nahegelegt werden. Diese Interpretation wird überdies durch viele der im vorigen betrachteten Wortabschluß-Bewegungen unterstützt, die auf eine Kontaktscheu hinweisen. Ein umfassender Blick auf das Charakterbild, wie unsere Analyse es ergibt, scheint das ebenfalls zu erhärten. Mehr als das, es scheint Schwierigkeiten dieser Art fast zu einer selbstverständlichen Notwendigkeit für sein Leben wie auch, mehr oder weniger, für das jeder wahrhaft schöpferischen Persönlichkeit zu machen – die unvermeidliche und doch in sich selbst in keiner Weise beunruhigende Bedingung für eine wirksame Tätigkeit aller ihrer anderen Qualitäten und Stärken.

Ein Problem bei der Personalentscheidung

Bei der *N*-Gesellschaft, einer Firma, die Import, Groß- und Einzelhandel von Kinderspielzeug betreibt, ist eine Stelle frei. Sie braucht gegenwärtig einen Chefeinkäufer. Die verlangten Qualifikationen betreffen nicht nur den Ausbildungshintergrund und die Arbeitserfahrung der Bewerber, sondern auch Charakter und Persönlichkeit. Die Firma wünscht sich für die Position ihres Chefeinkäufers einen Mann, der ehrlich, intelligent, verläßlich und energisch ist, persönliche Wärme ausstrahlt und sozial ein sicheres und ungezwungenes Auftreten aufweist, Sinn für Humor, eine gesunde Unterscheidungsfähigkeit für Qualitäten, Verständnis für die Denkweise von Eltern und einen guten intuitiven Sinn für die kindliche Psyche besitzt. Wir werden gebeten, die Gesellschaft bei der Auswahl des richtigen Mannes gemäß diesen Kriterien und auf der Grundlage von Handschriftenproben der vier Männer, die die Firma unter den Kandidaten bereits als die vergleichsweise aussichtsreichsten herausgesucht hat, zu unterstützen. Alle vier sind Rechtshänder und zwischen siebenundzwanzig und einundvierzig Jahren alt.

Wie gehen wir es an? Da wir uns erinnern, daß spezifische Persönlichkeitszüge graphologisch nur diagnostiziert werden können, indem man sie aus Gesamt-Persönlichkeitsbildern ableitet, die auf der Grundlage der Handschrift gewonnen worden sind, vermeiden wir den Fehler, unsere Handhabung der Aufgabe so zu organisieren, daß wir uns jeden Charakterzug separat vornehmen und die vier Handschriften unter dem Gesichtspunkt betrachten, ob und gegebenenfalls in welchem Ausmaß dieser Zug darin indiziert ist. Statt dessen richten wir unsere Arbeit so ein, daß wir jede Schriftprobe gesondert aufnehmen, um so ein vollständiges und eindeutiges Bild jeder der vier Personen sich ergeben zu lassen. Das braucht nicht notwendig zu heißen, wie in klinischen oder anderen Zweigen graphologischer Arbeit, daß wir bei der Entwicklung dieser Persönlichkeitsbilder ins feinste Detail zu gehen haben, vielmehr müssen wir sie bis zu einem Punkt vorantreiben, wo ihre »Konturen« bestimmt genug geworden sind, um uns mit hinreichend begründeter Sicherheit Feststellungen über spezifische »Züge« zu ermöglichen. Die Proben I und III (Abb. 128 und 130) sind Ausschnitte aus persönlichen Briefen der Schreiber; II und IV (Abb. 129 und 131) sind ad hoc-Abschriften von Zeitungstexten, die im vollen Bewußtsein der Schreiber von der grapho-analytischen Bestimmung ihrer Tätigkeit entstanden.

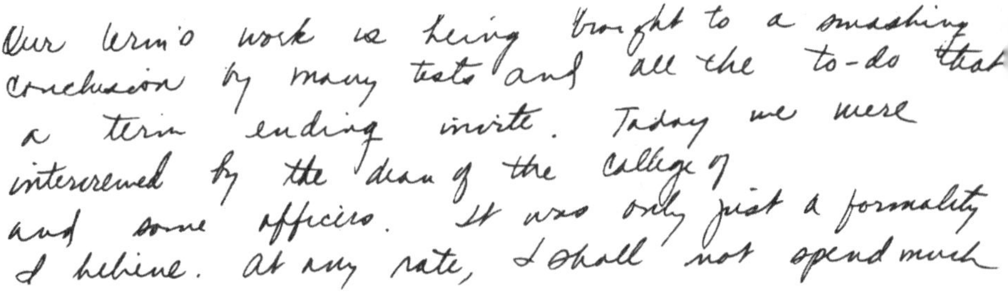

Our term's work is being brought to a smashing conclusion by many tests and all the to-do that a term ending invite. Today we were interviewed by the dean of the college and some officers. It was only just a formality I believe. At any rate, I shall not spend much

Abb. 128 (39%) Probe I, männlich, 27 Jahre, Rechtshänder

Probe I verbindet ein gutes Niveau der Formqualität mit einer gewissen rhythmischen Störung. Die Handschrift ist in erster Linie entspannt, weist eine Bewegungsfreiheit auf, die ein lebhaftes *Bedürfnis* nach Integration, eine biologische »Probe« darauf, wie wir sagen könnten, impliziert, aber die Störung ist dennoch substanziell genug, derart unbewältigte innere Auseinandersetzungen zu verursachen, wie wir sie in den fast spastischen Bildungen der Wörter *brought* und *conclusion*, im Fehlen einer homogenen Richtungsorganisation wie im *only just* und an anderen Stellen finden. Wenn die Geschwindigkeit auch schnell ist – obwohl wahrscheinlich nicht sehr konsistent – und die allgemeine Größe wohlproportioniert, ist der Druck doch zugleich zerbrechlich und widerspenstig; an bestimmten Stellen, wie den *g*-Schleifen in *smashing* und *ending*, ist die Druckverschiebung mit einer Beinahe-Ataxie (und mit einer verfehlten Rückkehr zur Grundlinie) in einer Gesamtbewegung verknüpft, die eher kontraindikativ bezüglich der vollen emotionalen Gesundheit des Schreibers ist, was wiederum andere graphische Trends tendenziell erhärten. So entdecken wir in fast allen Proportionen nicht nur einen besonders hohen Grad an, sondern auch eine störende Unvermitteltheit von Fluktuationen. Das gilt gleichermaßen für die Randlängen, für das Verhältnis der Ober- zur Unterzone, für die Ausdehnung der Mittelzone, für die Weite – und das relative Ausmaß, in dem entweder Buchstabenformen oder -verbindungen weit sind –, für die Buchstabenrichtungen, die Bindungsformen – einige Fadenbildungen sind offensichtlich –, für die Plazierung der *i*-Punkte und für die Wortzwischenräume. Zusätzliche Anzeichen für einen inneren Konflikt, der stark genug ist, um konsistente Zielbildungen und wohlorganisierte äußere Bestrebungen zu stören, sind das »dissonante« Verdoppeln des *b* in *brought* und die zunehmende Enge und Linksläufigkeit besonders der Unterlängen, sobald Wörter sich ihrem »Kontakt«-Punkt nähern (siehe z. B. *formality* und, von besonderer Bedeutung in einer ansonsten »verbundenen« Schriftspur, den hochrhythmischen Bruch innerhalb des *brought*, eines Wortes insgesamt voll von beunruhigender graphischer Physiognomie: zusätzlich zu dem gerade erwähnten Kennzeichen und zu der doppelten Bildung des *b* ist die ziellos nachhängende Schlußbewegung des kleinen *g* charakteristisch für eine innere Unsicherheit des Schreibers, was den allgemeinen Eindruck einer empfindlich schwankenden fortgesetzten *Suche* nach konsistenter Richtung zu bestätigen scheint, den diese Zeilen nahelegen und der durch das depressive abschließende Herabhängen der Zeilen, sobald sie sich der rechten Papierkante nähern oder sie erreichen, bekräftigt wird). Das Formniveau, mit Betonung der emotionalen Empfänglichkeit und der Bereitschaft zu integraler persönlicher und geistiger Erfahrung, die die Ausprägung speziell der sehr kurzen Wörter nahelegt, bleibt dennoch äußerst vielversprechend, das »Versprechen« aber scheint in einer weniger »praktischen« Richtung zu liegen als der, die die offene Stelle zu bieten hat.

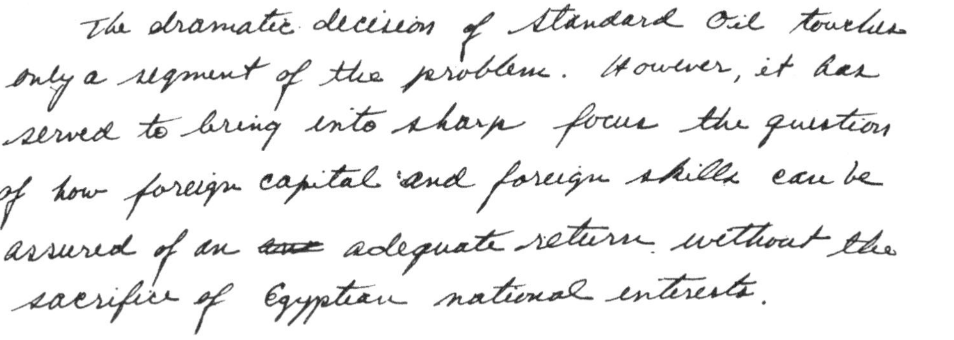

Abb. 129 (32%) Probe II, männlich, 32 Jahre, Rechtshänder

Probe II ist von gutem Formniveau und vor allem regelmäßig. Ihr warmer, wohlgerundeter und wohlmodulierter Duktus scheint unmittelbar zugunsten des Schreibers zu sprechen, und es gibt trotz des Festhaltens an den Bindungsformen der Schulschrift, d. h. trotz einer gewissen Betonung des »Lebens nach Regeln« auf seiten der Gesten sozialer Anpassung des Schreibers eine Konsistenz und sogar relative Unabhängigkeit des Formcharakters. Eine etwas selbstzwanghafte Überbetonung äußerer Anpassung, auf eines »Standhaft-Bleibens«, liegt auch aufgrund der Geradheit des Duktus sowie der Tatsache nahe, daß das Regulationssystem nicht mühelos durch die Entspannungsbewegungen absorbiert wird, die langsam, zögernd und oft unentschieden sind und einen ganz leichten zittrigen Anflug zeigen (siehe den eröffnenden Aufstrich des *the* in der zweiten Zeile, den Aufstrich vor dem *r* in *assured*, das *b* in *bring* und vieles andere); offensichtlich, das können wir an diesem Punkt bereits schließen, findet es der Schreiber schwierig, sich zu entspannen. Der »mögliche« Hinweis auf Angst, den man so erhält, wird durch die Richtungsbrüche verstärkt, die mit unterschiedlicher Schärfe innerhalb identischer Buchstabenformen auftreten, sobald sie in die Unterzone eintreten (siehe z. B. sowohl das erste als auch das letzte *of* der Probe), und auch durch die plötzlichen Wechsel in der Ausdehnung der Mittelzone, die auf ein ziemlich exzessives Auf und Ab im des Grades innerer Sicherheit beim Schreiber hinweisen. Der Druckanstieg in den Schlußbewegungen der Wörter ist an vielen Punkten ebenso exzessiv und zusammen mit den an die Endungen von *touches, capital, skills* und *the* in der fünften Zeile angehängten Linkshaken ein recht bestimmtes Anzeichen für Probleme im zwischenmenschlichen Kontakt, für die eine gehemmte Impulsexternalisierung – die Weitenabnahme, sobald die Wörter sich ihrem Ende nähern, ist sehr konsistent – die Basis bildet und die auf seiten des Subjekts zu Erfahrungen von größerer Unsicherheit führen dürfte als seine selbstdisziplinierte Haltung wahrscheinlich vermittelt.

Links-winklige Gesten, die ein beachtliches Maß an Gewissenhaftigkeit und an selbstkritischer Betonung von Kontrolle bedeuten, ergänzen diese Befunde. Wir treffen sie genau an den Ausgangspunkten einer Anzahl von Wörtern (*served, sharp, return, national*), während in anderen worteröffnenden Aufstrichen diese Bewegung durch das Auftreten einer »traumatischen« Verlängerung derselben »abgekürzt« ist. Übereinstimmend mit der Tendenz zu einer interzonalen Inkonsistenz der Randbewegungen zeigen die allgemeinen Kurveneigenschaften bei den Langformen eine Linkskonkavität der Auf- und eine Linkskonvexität der Abstriche.

Wenn eine Anzahl von Kennzeichen somit auch Angst belegen, macht die Tatsache, daß das Regulationssystem, wenn auch in einem rhythmischen Sinne nicht allzu erfolgreich, härtnäckig über diese Zeilen hinweg aufrechterhalten wird, es wahrscheinlich, daß die Fähigkeit des Subjekts, seine Positionen angesichts widriger Umstände inner- wie außerhalb zu wahren, ungeschmälert ist und daß die einzige negative Wirkung, die diese Schwierigkeiten auf seine Lebensführung und seine berufliche Leistung haben dürften, vermutlich die Form einer gewissen Zögerlichkeit und gelegentlichen Langsamkeit annehmen. Ansonsten ist es genau der Bereich seiner intellektuellen Ansprüche sowie derjenigen seiner inneren Bedürfnisse, die in den Funktionen des Sich-selbst-Rechenschaft-Ablegens und des moralischen Verantwortungsgefühls – graphisch die Oberzone – gipfeln, der nicht nur eine beachtliche Formqualität, sondern auch ein substantielles Maß an genuinem, wenn auch etwas gedämpftem, geistigen Elan zeigt: Die Schnelligkeit, Leichtigkeit und Schlankheit seiner Striche ist hier in ihrem Element, und das Bemühen um ausgeprägte Begriffe, das wir daraus ableiten können, sollte seine emotionalen Ausflüchte wohl in befriedigendem Maße kompensieren. Charakteristischerweise zeigen, während die Wörter, die mit Mittelzonenbewegungen enden, eine gesteigerte Aufrechthaltung der Buchstaben aufweisen, die oberen Randbewegungen, die die Wortendungen konstituieren, eine Steigerung der Rechts*neigung* – ein verläßliches Zeichen für die Tatsache, daß der Schreiber, wenn auch allgemein übervorsichtig in seiner persönlichen Annäherung an die soziale Umwelt, ein großes Maß an genuiner Empathie, an Ernsthaftigkeit in ausgewählten zwischenmenschlichen Beziehungen hegt; und dieses sein Bedürfnis, zu kommunizieren und an gemeinsamen Erfahrungen und Ideen teilzuhaben, steht in gutem Einklang mit der Wärme seines Duktus und mit der Suche nach Harmonie, die, ungeachtet all ihrer Unzulänglichkeiten unter dem Gesichtspunkt rhythmischer Integration, die Formausprägung seiner Zeilen charakterisiert.

Angesichts dieser Eigenschaften wie auch der »selbstbewahrenden« Zähigkeit des graphischen Regelmaßes, das er an den Tag legt, schiene er in die engere Wahl für eine große Zahl von Aufgaben im Leben zu kommen, die einen Bedarf an überlegener Intelligenz und an einem betonten Verantwortungsgefühl wie dem seinen mit sich bringen. Wägen wir alle Beobachtungen ab, die wir umrissen haben, und lassen sie zusammenfließen, dann sehen wir ihn als einen ausgezeichneten und loyalen Charakter, eine Person von überragender Abstraktionsfähigkeit und ausgewogenem Urteil, deren relativer Mangel an emotionaler »Festigkeit« angesichts ihrer moralischen Integrität und intellektuellen Effektivität klein beigegeben hat – und einen fleißigen und verläßlichen, wo nicht gar sehr schnellen Arbeiter. Auch sind, da die Basis seiner Persönlichkeit ohne Brüche ist, die Chancen für eine graduelle Lösung seiner Schwierigkeiten und für eine Verminderung der Ängstlichkeit gut, und sein allgemeiner Qualitätssinn, der sich in verschiedenen der zuletzt erwähnten Beobachtungen andeutet, würde, an sich, für die zur

Disposition stehende Position wahrscheinlich ebenso adäquat sein. Und dennoch, da aus unserer Analyse kein Anzeichen für irgendein spezifisches Interesse oder Talent, das in der Richtung der in Frage stehenden Tätigkeit wirksam wäre, abgeleitet zu werden vermag, kann von ihm – ungeachtet all seines Pflichtgefühls – nicht viel tatsächlicher Antrieb und tatsächliche Begeisterung im Dienst irgendeiner Aufgabe – wie etwa unseres »Jobs« –, der nicht positiv seine intellektuellen Interessen und sein Bedürfnis nach Erfahrungen geistiger Kommunikation anspricht, erwartet werden. Mehr noch, mit seiner Neigung zu Regulierung und Verknüpfung ist er klar der *deduktive* Denkertyp, und es wird ihm wahrscheinlich ein wenig an realistischer Intuition mangeln – an jenem Antrieb zu Aggression und zu praktischer Initiative, der die Umwelt eher formt als ihr widersteht und die unverzichtbar scheint für jedwede Position im Geschäftsleben, die eine mögliche Notwendigkeit zu schnellen, beherzten und häufig »unorthodoxen« Entscheidungen mit sich bringt.

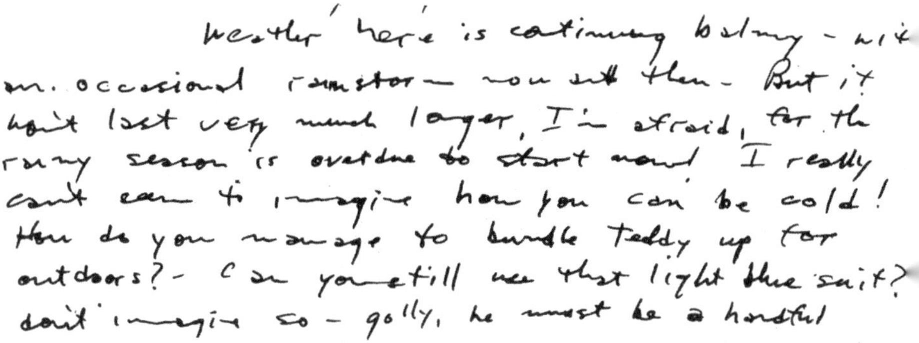

Abb. 130 (21%) Probe III, männlich, 29 Jahre, Rechtshänder

Wenden wir uns nun Probe III zu, so beeindruckt uns auf Anhieb die besondere Originalität ihrer Formausprägung. Zusammen mit der Schnelligkeit und Leichtigkeit der Bewegungen und dem hohen Grad an Vereinfachung deutet sie auf eine brilliante Intelligenz und einen verläßlichen Sinn für logisches und qualitatives Unterscheiden hin; die Fähigkeit des Schreibers, Wesentliches wahrzunehmen, zeigt sich auf einen Blick. Da die Schreibspur stetig ist, ohne reguliert zu sein, kann man eine natürliche Konsistenz von Gefühl, Absicht und Richtung annehmen: Die Handschrift ist merklich rhythmisch in dem doppelten Sinne von entspannt und wohlintegriert, denn auf welche Schwankungen wir auch immer stoßen – und wir stoßen auf sie in ziemlich vielen Dimensionen –, sie folgen eher einem Gesetz des Übergangs als einem der schroffen Disparität. Das gilt auch für den Verbundenheitsgrad, für die Ausdehnung der Mittelzone, den Weiten- und den Neigungsgrad und eine Reihe anderer feiner Proportionen. Was die veranlagungsmäßigen Eigenschaften des Schreibers betrifft, vermittelt das Zusammentreffen von hoher Geschwindigkeit, ziemlich hohem Druck und Kleinheit den allgemeinen – und insoweit tentativen – Begriff eines bescheidenen und zugleich realistischen, aber doch lebhaften Individuums, das beharrlich in seinen Unternehmungen und kraftvoll in seinen Gefühlen und Willensakten ist.

Wie steht es mit dem Druck? Wegen der Eigenheiten seiner Bindungsform, die an diesem Punkt der Untersuchung etwas »gegen« ihn zu wiegen scheinen – ein klar umrissener Faden –, kann der vorliegende Zyklus besser aus der Verteilung von dunkleren und helleren Schatten-Kontrasten über die ganze Probe abgelesen werden als durch eine Analyse des Bewegungsskeletts. Diese Verteilung folgt nun, ohne je mechanisch wiederholend zu sein, einer ihr eigenen, in einem ästhetischen Sinne höchst anregenden Ordnung; der Druck vibriert, kraft seiner dynamischen Eigenschaften und ohne im mindesten zittrig zu sein, wie eine Geigensaite, und das vermag er, weil das Medium, in dem er erscheint, ein Duktus von besonderer »seitlicher« Beherrschung ist. An diesem Punkt erinnern wir uns der der Fadenbindung eigenen Implikationen an musikalischem Talent und der Beziehung zwischen auditiver Orientierung im allgemeinen und Schärfe. Der Schluß zumindest auf feinsinnige musikalische Interessen drängt sich somit auf, und die damit verbundene Vorstellung von einem allgemein *künstlerischen* Persönlichkeitstyp wird durch die vorherrschende Unverbundenheit unterstützt, die beim Reorganisieren – nie Fragmentieren – der Schreibstruktur mit dem Oszillieren des Drucks darin konvergiert, daß sie auf eine Person von Einfühlsamkeit und Intuition und ebenso von beachtlicher, wenn auch – bedenkt man die Absenz von Teigigkeit – gebändigter und doch durchdringender persönlicher Wärme hindeutet. Die Buchstaben weisen sowohl eine ruhige Bestimmtheit als auch eine »verhaltene Einbildungskraft« auf, die wahrscheinlich im persönlichen Kontakt mit dem Schreiber ebenso erfrischend ist wie in der Spur seines Schreibens.

Was kann nun über seine »Fadenbildung« an sich gesagt werden? Daß unsere Interpretation unter dem Gesichtspunkt des allgemeinen Persönlichkeitswerts eher der »Plus-« als der »Minus«-Linie folgen wird, ist bereits in unserer hohen Einschätzung des Formniveaus und in den vielen spezifischen Beobachtungen, die ihr folgten, impliziert. Dennoch drängt sich, um herauszufinden, welche Feststellungen über spezifische Züge aus dieser Grundlage abgeleitet werden können, eine nähere Untersuchung des vorliegenden Fadentyps auf. Dies kann nun aber im zu bewertenden Fall nicht geschehen, ohne einigen anderen Eigenschaften der Handschrift Rechnung zu tragen, mit denen der Faden in ständiger Wechselwirkung zu stehen scheint. Wo immer wir fädelnde Bewegungen finden, die klar in der Vermeidung der Vertikalen motiviert sind, ist der Verbundenheitsgrad hoch; wo immer wir hingegen vertikale und deutliche Formausprägungen in der Mittelzone finden, ist die Handschrift in einem zuweilen ziemlich radikalen Ausmaß unverbunden. Die übliche Differenzierung von »Fäden« in »primäre« und »sekundäre« Varianten hilft da wenig, oder vielmehr »hilft« sie uns nur in negativem Sinne, insofern sie uns auf seiten beider Varianten die Namen bestimmter Züge aus der Interpretation auszuschließen nötigt. Zweifelsohne rührt viel von dem Eindruck einer »hervorragenden Formausprägung« aus dem besonders *rhythmischen* Oszillieren des Drucks her; denn obgleich dieses Oszillieren in sich selbst nicht an den Prozessen der Zeilenbildung teilhat, unterstützt es die letzteren, indem es eine »dreidimensionale« Projektion schafft, eine Projektion von Tiefe, die eine direkte Repräsentation von und Indikation für »Tiefe« im psychologischen Sinne – d.h. von emotionaler Profundität – darstellt und die für den eigenartig »plastischen« Charakter der Schrift verantwortlich ist. Dennoch gehört im Sinne der Standardkriterien für den »primären Faden« – und das sind Kriterien für die Zeilenbildung – die Schrift zumindest nicht unzweideutig in diese Kategorie – Beziehungen zu ihr weisen allerdings solche Formen wie das *that* in der siebenten Zeile auf – und auch nicht in die des sekundären Fadens, da es in ihr keinen Opportunismus, keine oberflächliche »Glätte«, kein totales Verlangen nach Selbstbewahrung gibt. Die Striche trotzen der Zweidimensionalität des Papiers, sie scheinen in es hineingehauen zu sein, sie verweigern sich der schalen Maxime der Anpassung um jeden Preis: Die »Fadenbildung« dieser eilig-schnellen Handschrift ist klar eine Bewegung der Ungeduld, und wo immer sie zu einem vorübergehenden Ende kommt, kommt die Verbundenheit es auch.

Das bedeutet, daß der Schreiber es *sowohl* versteht, dort voranzukommen, wo seine innere Situation nicht mit den »Anpassungs«-Forderungen der äußeren in Konflikt steht, *als auch* nachzudenken, abzuschätzen, zu bewerten und zu genießen, wo immer er eine Chance dazu bekommt. Ungeachtet des allgemeinen Vorherrschens von »Entspannung« kann kein Zweifel an seiner Selbstdisziplin bei der Lebens- und Arbeits-Organisation bestehen. Die spärliche und zweckbewußte Ökonomie der Schriftspur, die natürlicherweise »zentripetale« Betonung der Bewegungsimpulse, die Kleinheit, der gute und gleichmäßige Druck, das harmonische Verhältnis zwischen den drei Zonen – in denjenigen Wörtern, in denen der Impuls zur Fadenbildung vermindert ist – und die Bewegung der Voraussicht, des Eine-Urteilsdistanz-Gewinnens, in der Abtrennung und Absetzung der meisten langförmigen Initialen vom Rest ihrer Wörter – all diese Eigenheiten zusammen zeigen ohne Zweifel an, daß wir es mit einer Person zu tun haben, die es versteht, ihre Impulsivität und Sensibilität und die mannigfaltigen Schwingungen ihres Gefühlslebens frei und spontan entworfenen Zielen unterzuordnen – ein Schluß, der auch durch die Unterschiedenheit der Striche und durch die Anlage des Textes auf dem Papier (trotz eingeschränkter Lesbarkeit), durch den Eindruck von Luftigkeit und Dispersion (trotz tatsächlich ziemlich kleiner Abstände zwischen den Zeilen) und durch die konsistente Gestaltung des linken Randes nahegelegt wird. Die Bescheidenheit; die wir dem Schreiber schon früher zugeschrieben haben, kann jetzt ebenfalls spezifiziert werden. Bedenken wir die soeben gemachten Beobachtungen ebenso wie die vorfindliche Kombination von Kleinheit und Vereinfachung, können wir annehmen, daß sich Haltungen und Verhalten des Schreibers durch Einfachheit, Natürlichkeit und Gelassenheit auszeichnen.

Seine besondere *psychologische* Neigung und Verständigkeit geht aus mehreren der bereits herausgestellten Trends hervor. In einer Kombination solcher Eigenschaften wie Intelligenz, Sensibilität, Qualitätsempfinden, Realismus, »gebändigter, aber durchdringender persönlicher Wärme«, Intuitivität, Vorwärtszukommen-Wissen ist sie klar impliziert, und die Betonung der Fadenbildungstendenz in Wortendungen, die gestisch ein *Suchen* vermittelt, bestätigt sie in noch spezifischerer Weise.

Die vielen subtilen Anzeichen eines ausgezeichneten Sinns für Humor, die die Handschrift bietet – eine Eigenschaft, die sehr lebhaft durch solche spielerischen und doch einfachen Bewegungen wie das *y* von *very* (in der dritten Zeile), das *g* von *light* (siebte Zeile), praktisch alle *f*s und *a*s und verschiedene der *o*s zum Ausdruck kommt –, könnten abschließend zu dem Charakterbild hinzugefügt werden. Allgemeiner gesagt bedeutet das Fehlen von Regelmäßigkeit, durchgehaltener Verbundenheit und einer »bestimmten« Bindungsform auch, daß der Schreiber einen freien, von Einbildungskraft geprägten und ziemlich spontanen Zugang zu seinen eigenen psychischen Ressourcen, d.h. genetisch gesprochen zu seiner Kindheit, nicht verloren hat – eine Tatsache, die, neben anderen Dingen, ihn auch zu einem warmherzigen Freund und mühelos »verständnisvollen« Beobachter von Kindern machen dürfte.

Probe III führt nun fraglos das Rennen an; weit davon entfernt aber, aus dieser Einsicht in uns eine Befangenheit gegenüber der letzten, noch nicht untersuchten Probe sich entwickeln zu lassen, versuchen wir, unsere Beobachtungen und Schlüsse für eine Weile zu vergessen, und machen zu diesem Zweck vielleicht sogar einen Spaziergang, bevor wir zu unserer Aufgabe zurückkehren und uns unvoreingenommen auf Probe IV konzentrieren.

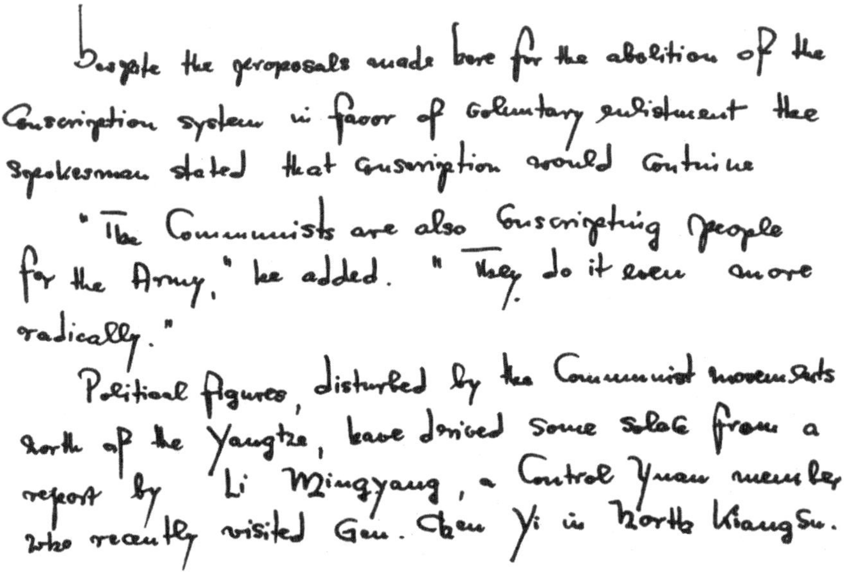

Abb. 131 (25%) Probe IV, männlich, 41 Jahre, Rechtshänder

Unsere ersten Eindrücke scheinen widersprüchlich: Das Formniveau ist fraglos sehr gut, doch erscheint es eher als das Ergebnis sorgfältiger Ausarbeitung denn von Spontaneität – es gibt wenig Fließen, wenig Kinästhesie, die Handschrift ist in einem außergewöhnlichen Grad reguliert, und dieses

Regelmaß ist es, das für die ästhetische Wirkung des Ganzen verantwortlich zu sein scheint: Man könnte sich nicht vorstellen, daß diese Zeilen fließender und schwankender werden, ohne in diesem Vorgang ihre leicht anspruchsvolle Verfeinerung der Formqualität zu opfern. Auch wenn das heißt, daß die »Kostbarkeit« der Probe in gewissem Sinne ein Artefakt, daß sie der Effekt einer kontinuierlichen Manipulation ist, meint »artifiziell« hier nicht, daß der Schreiber der Welt eine »falsche Fassade« präsentiert oder daß er Anspruch auf Rollen und Eigenschaften erhebt, die nicht seiner wahren Natur entsprechen: Dafür ist die Manipulation viel zu konsistent und viel zu erfolgreich, zu wohlintegriert in einem ästhetischen Sinne und auch, relativ gesprochen, zu schnell. Was »artifiziell« in diesem Fall meint, ist, daß in der eigenen inneren Erfahrungsordnung des Schreibers ein ästhetisierender Zugang zum Leben den Vorzug gegenüber allen anderen erhält und daß alles der Forderung nach »Ausgeglichenheit«, »Selbstharmonisierung«, Sich-im-Frieden-mit-sich-selbst-Fühlen, das in diesem Zugang einbegriffen ist, untergeordnet wird; und, insoweit uns eine Schriftprobe von solch extremer Entspannungs-Minderung überhaupt von »rhythmischen Qualitäten« zu sprechen erlaubt, kann kein Zweifel bestehen, daß die Psyche des Schreibers diesem Prioritätsanspruch von seiten eines »ästhetisierenden« Selbstbeschränkungs-Systems mit Gehorsam begegnen wird: Durch diese zehn Zeilen hindurch gibt es keinen plötzlichen Wechsel und keine formale Unvereinbarkeit, die den Erfolg dieses Anspruchs stören würden.

Während wir somit in Probe I einer entlasteten Handschrift mit zerstörter rhythmischer Integration gegenüberstehen, in Nr. II einer regulierten ebenfalls mit zerstörter Integration und in Nr. III einer wohlintegrierten entspannten, kann man Probe IV eine wohlintegrierte regulierte nennen; und zieht man diese seine harmonische Qualität in Betracht, schließt sie sich zweifellos Probe III darin an, eher als I oder II in die engere Wahl für die Ansprüche dieses speziellen Jobs zu kommen. Viele spezifischere Züge sprechen ebenfalls zugunsten des Schreibers. Gesamtmaß und Konsistenz des graphischen Drucks sind ziemlich gut, und welche Druckverschiebungen auch immer wir finden, sie wiegen gering verglichen mit diesen Qualitäten der Gesamtansicht und -verteilung. Das deutet auf eine beachtliche – und beachtlich beständige – Arbeitsenergie hin, und die Tatsache, daß der Schreiber zudem – wie wir aus den beinahe allzu hohen langen Formen überall da, wo sie Wortinitialen bilden, lernen – eine ehrgeizige Person ist, macht es ebenfalls wahrscheinlich, daß er in seinen beruflichen Bestrebungen wirksam motiviert sein wird. Die Kleinheit und Genauigkeit der Schrift sprechen in mindestens einem ihrer Aspekte, die diesen Fall betreffen, für die Vorsichtigkeit und Gewissenhaftigkeit des Schreibers, und zusammen mit der Kombination von guter Form mit einem ziemlich hohen Grad an Völle und Unverbundenheit und mit beachtlicher Originalität in den spezifischen Varianten der Buchstabenqualität scheinen sie nahezulegen, daß der Schreiber nicht nur von überlegener Intelligenz ist, sondern daß sein persönlicher Intelligenz*typus* einen bemerkenswerten Grad an Einbildungskraft und an Unabhängigkeit in seinen Urteilen einschließt.

Dennoch behalten jene im vorigen »Kostbarkeit« und »Ästhetizismus« genannten Eigenschaften ihre beunruhigende Wirkung, soweit es die Eignung des Schreibers für eine mehr geschäftsmäßige Tätigkeit betrifft; und diese Wirkung wird auch nicht geschmälert durch dimensionsspezifische Beobachtungen wie die Enge der Probe, ihre Senkrechtheit und ihre gesteigerte Gesamtlinksläufigkeit, die graphisch nicht nur aus der Vereinigung der beiden letztgenannten Eigenschaften innerhalb der horizontalen Dimension der Schrift herrührt, sondern auch eine fast exzessive Betonung in den Ich-repräsentativen Wortinitialen zeigt. Besonders ausgeprägt ist das in den *f*s des Textes mit ihrer Plazierung einer exzessiv linksgerichteten und, mehr noch, klar abschottenden Bewegungsart in der Oberzone – ein Zeichen dafür, daß der Schreiber es liebt, mit seinen eigenen Ideen in Ruhe gelassen zu werden, und zögert, sich denen anderer zu öffnen; in Verbindung mit der Betonung der persönlichen Vergangenheit in dieser und in den verwandten linksläufigen Bewegungen, wie sie in den Initialen von *conscription, more* (fünfte Zeile), *radically, political, north, report* und in fast allen mit einem *s* beginnenden Wörtern zu beobachten ist, legt diese Charaktereigenschaft auch tendenziell einen lyrischen Typus von Nachdenklichkeit nahe. Seine *Selbstzwanghaftigkeit* ist sicherlich, wie wir gesehen haben, »erfolgreich« – dieser Erfolg aber ist nur auf der Basis einer primären Introvertiertheit seines Charakters, einer tief verwurzelten Introspektivität möglich, die nicht nur verlangt, daß er seine triebhaften Sehnsüchte in großem Umfang verdrängt (die linksläufige Betonung der Unterlängen seiner *y*s, das Zentripetale aller Buchstabengruppen, mit denen obere Randbewegungen verbunden sind, und die – ein substantielles Maß an Angst anzeigende – Tatsache, daß in den meisten Abwärtsbewegungen, die in der Oberzone beginnen, der Druck nicht im Laufe der Bewegungen entsteht, sondern sie tendenziell an ihren oberen Startpunkten *behindert,* sind in dieser Hinsicht charakteristisch), sondern ihn auch mehr an seinen eigenen Gedanken und emotionalen Reaktionen und Vorgängen als an der äußeren Realität interessiert erscheinen läßt. Dies wird auch durch andere Kennzeichen der Handschrift unterstützt. Zusätzlich zu den Eigenheiten seiner Langform-Initialen sind die meisten der die Wörter *beendenden* Bewegungen entweder linksläufig oder abgebrochen oder haben, allemal wenn sie nach rechts ausgedehnt sind, eine übervorsichtige, mißtrauische Kürze und Zerbrechlichkeit, die auf eine übertriebene Zurückhaltung in seinen persönlichen Kontakten wie auch noch einmal auf Angstgefühle hindeuten.

Somit sehen wir ihn als einen Mann von Geist, dessen Begabungen, die analytische und künstlerische Qualitäten vereinen, in Richtung auf verbale Artikulation zu weisen scheinen, d. h. von literarischen und möglicherweise bestimmten wissenschaftlichen Bestrebungen, oder auf eine Kombination verschiedener intellektueller Interessen dieses Typus'; aber wir können ihn nicht als einen in erster Linie »praktischen« Menschen ansehen. Bei all der Artikuliertheit und sogar Einbildungskraft seiner Zeilen bringt uns der Versuch, in ihnen die Natürlichkeit und realistische Einfachheit und den »offenen« Zugang zu Dingen und Leuten aufzuspüren, die die in Frage stehende Position von ihrem Inhaber zwingend erfordern dürfte, in Verlegenheit – und wir können deshalb jetzt entscheiden und die Gesellschaft entsprechend informieren, daß der Job des Chefeinkäufers an den Urheber der Probe III gehen sollte. Nach bestem Ermessen und ohne die Spur eines Zweifels in unseren Überlegungen, soweit es die komparative psychologische Position jeder der vier Schriftproben betrifft, ist der Schreiber von Nr. III nicht nur das kleinste »Risiko« für die Firma, sondern auch ein sehr guter »Tip«.

Graphologische und psychiatrische Persönlichkeitsbegriffe

Der fundamentale Unterschied zwischen den Objekten der medizinischen Wissenschaft und den Gegenständen von klinischer und Persönlichkeitspsychologie aufgrund ihrer verschiedenen primären Beziehungen zum Untersuchenden wurde bereits in einem früheren Kapitel herausgestellt. Im Unterschied zu der Distanz und Entfernung, die die »Fremdheit« der Erkenntnisobjekte des Mediziners mit sich bringt, wurde dabei die »Nähe« des Objekts in der Persönlichkeitspsychologie als eine, die *notwendig* den eigenen Existenzbereich des Untersuchenden einbezieht, nur hinsichtlich der Unmöglichkeit gezeigt, sich für sein Objekt eines anderen Bezugsrahmens der Erkenntnis zu bedienen als dessen, den die Bewertungen menschlichen Verhaltens, die sein eigenes Leben als Mensch und in menschlicher Gesellschaft bedingt, mit sich bringen. Diese »Nähe« kann sich indes noch auf andere Weise manifestieren. Eine ihrer verwirrendsten Wirkungen auf den Verstand des Psychologen scheint aus der Tatsache herzurühren, daß die Funktionen der Wahrnehmung, der symbolischen Erfahrung und des Denkens, die sich unter den wichtigsten finden, die seinen Gegenstand – die Persönlichkeit – *konstituieren*, zugleich diejenigen sind, die er selbst ausübt, wenn er sie untersucht; das Verhalten des Forschers und sein Objekt gehören so derselben allgemeinen Ordnung von Tätigkeiten an. Doch statt die Schranken dieser gemeinsamen Ordnung als notwendig, wie sie sind, zu akzeptieren, ist eine Tendenz zur Einnahme einer Haltung, »als ob« man sie durchbrechen und in eine Sphäre erkennenden Verhaltens vordringen könnte, die von den dem Gegenstand eigenen allgemeinen Handlungsprinzipien unabhängig wäre und es somit erlauben würde, ein eigentlicheres »Subjekt« zu sein, unter Psychologen und Psychiatern so weitverbreitet wie verständlich. Wo die psychologischen Korrelationen der psychologischen Prozesse und die somatischen der Persönlichkeitsstrukturen zur Untersuchung anstehen, mag solch eine Haltung theoretischer »Souveränität« völlig gerechtfertigt sein; angesichts der Funktionen von Wahrnehmung, symbolischer Erfahrung und Denken selbst in ihren potentiellen Eigenschaften als Erkenntnis-*Objekte* aber ist solch eine Haltung mit einiger Offensichtlichkeit sinnlos, wenn nicht gar irreführend.

Eine der häufigsten geringeren Konsequenzen dieser »mangelnden Anpassung an die Situation« sind Vorbehalte gegen symbolische Interpretationen, die auf seiten des Kritikers aus einer logischen Verwechslung von »Objekt«- und »Subjekt«-Funktionen herrühren (»Subjekt« meint hier in seiner ursprünglichen Bedeutung den denkend Agierenden im Gegensatz zu seinem Objekt). So kommt es vor, daß der Begriff von »Triebkräften« abgelehnt wird nicht mit der legitimen Begründung, daß ihm ein Atomismus zugrundeliegt (wenn diese Kräfte etwa, statt als auf einer Schicht ungenügender Artikulation vorzufindende organismische Bedürfnisse, als »unabhängige Kräfte« in buchstäblichem Sinne angesehen werden), sondern »weil es nichts Unbewußtes gibt, das nicht bewußt gemacht werden kann«, oder »weil es ein mystischer Begriff ist« – was bedeutet, daß der Kritiker sich unbehaglich fühlt angesichts einer allgemeinen Ordnung von Partialobjekten auf seiten seines Gegenstands, deren Gegebensein in ihm selbst anzuerkennen seine Einheit als ein bewußtes Wesen, wie es eher vom Standpunkt einer rationalistischen Philosophie als dem wissenschaftlicher Erfahrung begriffen wird, in Frage stellte. Im Bereich der Analyse von Ausdrucksbewegungen kann ein verwandter Reaktionstypus auftreten, zum Beispiel wenn die symbolischen Bedeutungen der Handschrifts-»Zonen« vorgestellt werden. So könnten Begriffe, die sich deren Polarität zueigen machen, »naiv«, »unkritisch« oder abermals »mystisch« genannt werden, was meint, daß die menschliche Natur aufgeklärt, kritisch und rationalistisch zu sein hätte und der Forscher dafür verantwortlich wäre, wenn sie diesen Erwartungen nicht gerecht wird.

Wenn wir uns den ernsthafteren Konsequenzen dessen zuwenden, was diese »Nähe zum Objekt« und die natürliche Abneigung des Beobachters, sich in sie zu fügen, mit sich bringt, so finden wir mehr als reichlich Grund, den Fokus auf die Natur der Standardbegriffe psychiatrischer Nosologie zu legen. Wie in ihrem tatsächlichen Gebrauch zu diagnostischen Zwecken und ihrem entsprechenden theoretischen Anwendungsbereich impliziert, erleben die *praktischen* Definitionen psychiatrischer Nosologie, die historisch gesehen verhaltensbeschreibender, symptom-klassifizierender Herkunft sind, gegenwärtig Veränderungen, die ihre logische Konsistenz zu gefährden drohen. Um nur von den zwei Hauptgruppen psychogener Psychosen zu sprechen, den affektiven und den schizophrenen, so hat deren durchschnittliches Verteilungsverhältnis untereinander, gemessen an den Zahlen der institutionell diagnostizierten Fälle, während der letzten Jahrzehnete Veränderungen durchgemacht, die, da es sonst keine adäquate Begründung dafür gibt, ihre Erklärung wahrscheinlich in einer eher verschwiegenen denn ausdrücklichen Veränderung von Begriffsdefinitionen finden. So sind in den psychiatrischen Krankenhäusern die manisch-depressiven Psychosen und, in etwas geringerem Ausmaß, die Hysterien vergleichsweise rar geworden, während die Anwendung des Begriffs der Schizophrenien expandiert zu sein scheint. Die Situation ist charakterisiert einerseits durch den Einfluß spekulativer Tendenzen, die mit einer begrenzten Anzahl von Standards an »dynamischen« Konzepten psychoanalytischer Herkunft arbeiten und die dazu neigen, den individuellen Fall interpretativ so lange zu modellieren, bis er sich ihnen fügt, andererseits durch eine entsprechende Nichtbetonung der Aufmerksamkeit für individuelle Verhaltensformen. Diese Nichtbetonung bringt eine Veränderung weniger in den Formulierungen diagnostischer Kriterien als vielmehr in der Art und Weise, sie in der Praxis anzuwenden, mit sich: So können »Inadäquatheit«, »Flachheit des Affekts«, »Begrenztheit des Urteils« usw. von einem Diagnostiker zum nächsten höchst verschiedene tatsächliche Bedingungen meinen. Diese Situation läuft auf eine unvermeidbare Schwierigkeit für den klinischen Psychologen hinaus, von dem man erwartet, daß er klinische Befunde »objektiv« verifiziert; ausgebildet, das Feld seines Denkens in konstanten versus variablen Faktoren zu organisieren, wird er die klinische Reichweite seiner Techniken erforschen, indem er sie an verschiedenen, vom Psychiater gelieferten diagnostischen Gruppen ausprobiert, und die letzteren selbstverständlich als »invariabel« annehmen; wenn sie es sind, umso besser für ihn; wenn nicht, wird seine eigene Objektivität im Endergebnis fraglich.

Im Interesse einer zweckmäßigen Klarheit, wie sie letzten Endes auch für erfolgreiche Eingriffe in diesem Bereich erforderlich ist, wären dann für Psychiater wie Psychologen keine anderen Lösungen möglich als die Rückkehr zur ursprünglichen Basis psychiatrischer Nosologie, dem Studium der individuellen Verhaltensformen oder, in ausdrucksanalytischen Termini, des individuellen gestischen Profils. Auf dem Kraepelinschen Stand der Psychiatrie war das Beobachtungsfeld als ganzes noch zu neu, um mehr als eine vergleichsweise rohe Klassifizierung von klinischen Verhaltenstypen zu gestatten, wobei die Kriterien dafür zudem immer noch eher in sozialen Normen als in morphologischen Eigenschaften artikuliert waren. Inzwischen scheinen die zur Terminologie erstarrten Ergebnisse der früheren Unternehmungen psychiatrischer Klassifizierung den Weg zu einer streng individualisierenden Neuorganisation des psychodiagnostischen Felds auf irgendeine Weise zu blockieren.

Das Dilemma des Forschungspsychologen gegenüber der diagnostischen Autorität wurde bereits festgestellt. Der Psychiater selbst findet sich, gleich wie durchdringend er der individuellen Komplexität von Geisteserkrankungen oder vielmehr von gestörten Persönlichkeitssystemen tatsächlich gewahr sein mag, immer noch in der Rolle eines Diagnostikers, die theoretisch nach den Prinzipien diagnostischer Begrifflichkeiten der somatischen Medizin verstanden wird, was eine »entweder-oder«-Situation mit sich bringt, in der er zwischen »Etiketten« zu entscheiden hat; wenn er sie als solche fallenläßt, bleibt die Frage, wodurch sie ersetzt werden sollen, mangels eines allgemein anerkannten Bezugsrahmens im wesentlichen unbeantwortet; wenn er in »gemischten« oder Grenzfällen die von den »Etiketten« vorgegebenen Alternativen akzeptiert oder sie anders durch zu sehr verallgemeinerte und vereinfachte »dynamische« Begriffe ersetzt, wird er bei der Erkenntnis seines Objekts – der Individualität des Patienten in ihrem strengen Sinne – notwendig in größerem oder geringerem Maße fehlgehen. Immer noch scheinen die nosologischen Begriffe einfach kraft ihres Existierens ihren Anschein von Autorität und entsprechend ihren tatsächlichen Einfluß zu wahren. Zweifellos ist diese Autorität auch hinreichend gut begründet, um es empfehlenswert zu machen, sie als Ausgangsbasis für jedwede Unternehmung zur Gruppierung und letzten Endes, in welch ferner Zukunft auch immer, Neugruppierung der existierenden Vielfalt individueller klinischer Fälle zu akzeptieren. Jenseits solch einstweiliger Akzeptanz aber ist es klar, daß der Fokus des Forschers auf Individualität im strengen Sinne, d. h. auf dem gestischen Profil des individuellen Patienten liegen muß.

Die gerade vorgenommene Identifizierung von »Individualität« mit »gestischem Profil« wird zweifellos auf Widerspruch stoßen. Man mag sogar geneigt sein, den persönlichen Ausdrucksformen eine begrenzte »indikative« Bedeutung beizumessen, ihre *Kongruenz* aber mit der Erkrankung – d. h. mit der gestörten inneren Erfahrungsordnung des Patienten – wird man nicht akzeptierbar finden. Da dies sogar wahrscheinlich so ist, mag es nützlich sein, das Begriffsinstrumentarium der nosologischen Psychiatrie selbst zu untersuchen, d. h. sich auf die logische Natur nosologischer Definitionen zu konzentrieren. Die Natur seines begrifflichen Instrumentariums neigt gewöhnlich dazu, dem Innesein der Person, die es nutzt, zu entgehen. In Situationen, in denen das Erkenntnisobjekt »entfernt« ist, wie in der Medizin, macht die zufriedenstellende Effektivität des Begriffsinstrumentariums jedwedes besondere Innesein seiner Natur überflüssig; in solchen, in denen das Erkenntnisobjekt so »nah« ist wie in der Psychiatrie, scheint solch ein Innesein ziemlich unentbehrlich zu werden.

Untersuchen wir somit zum Beispiel die Definitionen für solch einen prominenten diagnostischen Begriff wie »Schizophrenie«, so finden wir, daß man, welch spezielle in der Literatur vorfindliche Definition davon man sich auch immer vornimmt, unabänderlich solchen – scheinbar unvermeidlichen – Termini wie »unzugänglich«, »gespalten«, »abgekapselt«, »seicht«, »flach«, »zurückgezogen« usw. begegnet. Der klinische Gebrauch dieser Termini hat sich so eingeschliffen, d. h. ist so »konkret« geworden, daß man kaum noch der Tatsache gewahr ist, daß dieser Gebrauch – ohne eine einzige Ausnahme in der oben vorgelegten Reihe – ein rein übertragener ist und daß die Termini selbst – denen man unterstellt, einen unabhängigen, »objektiven« Bezugsrahmen für qualitative symptomatische Beobachtungen zur Verfügung zu stellen – *sich vollständig auf eine analogisch gebrauchte qualitative Metaphorik verlassen.*

Welche genetischen Erklärungen somit psychiatrischen Diagnose-Begriffen auch immer hypothetisch beigemessen werden mögen, diese Begriffe selbst sind, deutlich anders als die Krankheitsbegriffe in der somatischen Medizin, streng phänomenal; und gerade die Tatsache, daß dieses unvermeidliche Wesen der psychiatrischen Krankheitsbegriffe lange übersehen worden ist, ist für den spekulativen Charakter, den die Psychiatrie bis in unsere Tage bewahrt hat, verantwortlich. Angesichts eines Gegenstands, der allein seiner Natur nach die Erforschung von »Teilprozessen« verbietet, denen man unterstellt, für die klinischen Phänomene verantwortlich zu sein, entschied man sich, diese Teilprozesse spekulativ zu postulieren. Die Konsequenz war eine Verwechslung von phänomenalen Daten mit genetischen Theorien und ein Verfehlen des einzigen Weges, der ein größeres Verständnis anormaler Syndrome versprach: einer näheren und immer näheren Beobachtung und Beschreibung des Phänomenalen – der Individualität des Patienten in seiner irreduziblen Einzigartigkeit. Es ist klar, daß – zusammen mit dem oben gekennzeichneten epistemologischen Irrtum – das Rohe und Vage der phänomenalen Kategorien, die die frühe psychiatrische Symptomatologie entwickelt hatte, diesen Weg notwendig blockierte; und diese Tatsache mag durch eine einfache Untersuchung der logischen Verfassung des angesprochenen berühmten diagnostischen Terminus' illustriert werden. Selbstverständlich sind die Gefühle des Schizophrenen, insoweit sie artikuliert werden, nicht so »seicht« wie es eine Wasserfläche sein kann, sondern ihre Artikulationsform vermittelt das Bild von Seichtheit; selbstverständlich »zieht sich« der Schizophrene nicht »zurück« wie eine Armee, sondern sein Verhalten scheint die »gestischen« Implikationen eines Zurückziehens zu haben; und so weiter. Da nach den Gesetzen der Logik die Definitionen für einen untergeordneten Begriff diejenigen des übergeordneten spezifizieren müssen, aber nicht über sie hinausgehen dürfen, folgt daraus, daß Definitionen von Persönlichkeitsstörungen bezüglich gestischer Qualitäten – entweder statischen wie im Falle der »Seichtheit« oder dynamischen wie im Falle des »Rückzugs« – nicht nur die allgemeine Ordnung von übergeordneten (nosologischen) Begriffen in der Psychiatrie nicht verletzen, sondern von ihnen zum Zweck einer Unter-Spezifizierung, wie er durch das Bedürfnis, die Individualität des Patienten im strengen Sinne so scharf wie möglich zu erkennen, gesetzt ist, *direkt gefordert* sind.

Psychopathologische Haupttypen und ihr graphischer Ausdruck

Affektive Störungen

Bedenkt man die Analyse der rhythmischen Eigenschaften der Handschrift, kann man von Gemütsstörungen erwarten, sich primär auf Entspannungsbewegungen auszuwirken und dadurch entweder ein beachtliches Anwachsen des Gesamt-Schwankungsgrads mit sich zu bringen – was in der Folge dieser Tendenz auch die qualitative Konsistenz der Kontraktionsbewegungen einbezöge – oder aber ihre Auswirkungen auf jene mehr oder weniger komplexen gestischen Merkmale der Schreibspur zu zeitigen, die sich, wie die Girlande, dank ihrer besonderen psychologischen Artikulation »auf der Entspannungs-Seite« befinden. Die letztgenannte Konsequenz, die für Zustände der Depression gilt, wurde bereits anläßlich der Diskussion der Bindungsformen erwähnt und bei der der Richtungsqualitäten der Zeile ausgeführt; die erstgenannte gelte scheinbar für Zustände, in denen Impulse emotionaler Ausdehnung, die nicht primär durch situative Erfahrungen bedingt sind, sondern »ihrem eigenen Gesetz« folgen, kraftvoll genug sind, um umfassende Veränderungen der quantitativen und richtungsmäßigen Konsistenz der gesamten graphischen Organisation zu verursachen.

Da bei der *Manie* die Störungen der äußeren und der Selbst-Anpassung nicht wie bei der Schizophrenie dem Aufwallen von Impulsen geschuldet sind, die in sich desintegrativ gegenüber dem Systemtätigkeitsprinzip der Person sind, sondern extremen zeitlichen Abweichungen in den Arbeitsweisen dieses Prinzips selbst, ist das graphische Bild der Manie primär nicht eines vom Konflikt zwischen Kontraktions- und Entspannungsimpulsen, sondern von der Inkonsistenz in Gesamt-Dimensionen wie auch Gesamt-Richtungen der Schreibspur. Daher wird man das Maß an rhythmischer Integration als solches nicht nur nicht beeinträchtigt, sondern in Übereinstimmung mit den klinischen Verhaltensweisen des Manischen sogar besonders erhöht finden; doch ist der spezifische Typus seines graphischen Rhythmus' aufgrund seines enormen Schwankungsgrads derart, daß die resultierende Gesamtverteilung der Spur übermäßig unbeständig erscheinen wird, auch wenn sie auf ihre eigene »dynamische« Weise so ästhetisch befriedigend sein mag wie ein Kunstwerk, das eher auf Kontraste denn auf Harmonien setzt.

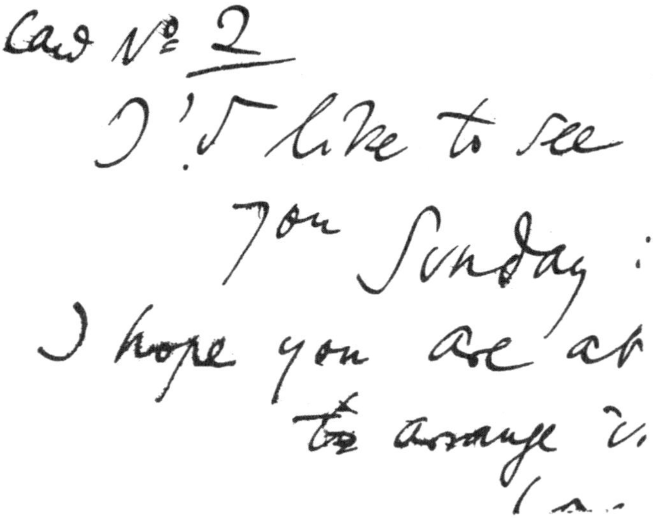

Abb. 132 (7%) Zyklothyme Persönlichkeit ohne Psychose

Bei manisch-depressiven Persönlichkeiten von bemerkenswerter Kreativität, die nicht klinisch krank sind, findet sich diese Schrifteigenschaft gewöhnlich in Verbindung mit einem hohen Formniveau, einem hohen Grad an Völle und Kurvigkeit der Schrift, klar abgegrenzten Einzelformen und, außer in ihren depressiven Phasen, mit einer beachtlichen Größe der Schrift sowie allgemein einer emphatischen Steigerung bei den meisten der Eigenschaften, die in unserer zuletzt vorgelegten Merkmal-Tabelle, aufgelistet nach den involvierten motorischen Tendenzen, auf der Entspannungs-Seite eingeordnet sind (Abb. 132). Die klinisch Manischen aber zeigen tendenziell dieselben Grundzüge in Verbindung mit spezifisch pathognomischen Anzeichen. Je mehr der psychomotorische Druck ansteigt, desto mehr wird die Handschrift dazu neigen, »nach rechts zu fliehen«, mit daraus folgender Steigerung in der dextrogyren Tendenz der drei allgemeinen dynamischen Eigenschaften der horizontalen Dimension, mit einer – trotz ihrer zuweilen extremen Völle und sporadischen ästhetischen Ausprägung – flüchtigen Behandlung einzelner Formen, mit einer Tendenz der Zeilen anzusteigen und mit anderen Anzeichen eines Maßes an »Absorption durch den Augenblick«, das es dem Schreiber nicht erlaubt, sich irgendwie noch auf die statische Organisation der Schreibspur zu konzentrieren, so daß Wörter »einander jagen« und Zeilen sich verheddern. Kurz gesagt, außer beim Anwachsen solcher Kennzeichen von Räumlichkeit, wie sie, gleich der Verbreiterung des linken Randes, aus der begeisterten Betonung der rechtsläufigen Impulse selbst resultieren, tendiert der graphische Ausdruck manischer Psychosen dazu, einen ungewöhnlich hohen, häufig enorm verschleiernden Grad an Einbeziehung des Hintergrunds aufzuweisen. Nur auf dem Höhepunkt der Psychose wird die Ausgedehntheit der Bewegungen so groß werden, daß die »Eroberung des Hintergrunds« eher markiert als ausgeführt wird, d.h. daß die »Luftigkeit« der Schriftspur sich abermals gesteigert findet, mit korrespondierenden euphorischen Steigerungen in der Größe der Handschrift – so daß ein paar Wörter mitunter eine ganze Seite ausfüllen (Abb. 133).

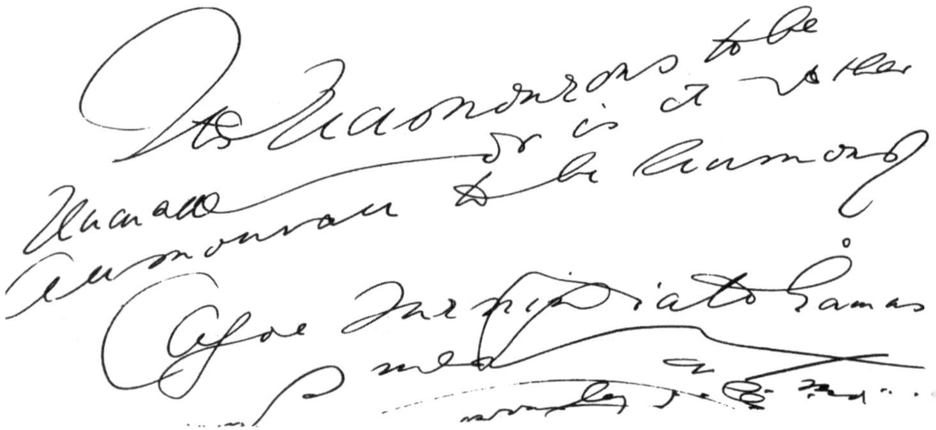

Abb. 133 (45%) Manische Psychose; euphorischer Höhepunkt

Während die eher gleichbleibenden Zustände der *Hypomanie* alle diese Kennzeichen in verminderten Graden zeigen können, ist das Bild bei Schriftproben, die in hypomanischen Phasen vor dem Aufwallen euphorischer Unruhe und in der Erfahrung ihres unwiderstehbaren Drucks entstanden sind, manchmal ein ganz anderes. Der Laie, aber auch der Graphologe, mag geneigt sein, die Probe ziemlich ordentlich zu finden, was durchaus den Tatsachen entspricht, nur daß seine Aufmerksamkeit durch die beeinträchtigte Fähigkeit, die Zeilenrichtungen unter Kontrolle zu halten, und durch ein Mißverhältnis zwischen der verminderten Gesamthöhe der Schriftspur und ihrer exzessiven Weite, zusätzlich zu durchgängigem Wechsel im Ausmaß der letzteren, gefesselt wird. Das vergebliche Bemühen des Patienten, seinen Impulsen zu widerstehen, das darin offenbar wird, kann sich aber auch in einer gesteigerten Schärfe des Schreibduktus und einer in diesem Medium auftretenden Betonung des Druck-Zyklus', kurz: in *Regulations*versuchen manifestieren, und doch können hier keinerlei ausgefallene Kurven vorhanden sein: Der beim Beobachter heraufbeschworene Eindruck ist eher analog zu jenem, den man von einem Mann auf dem Rücken eines Pferdes gewinnen kann, der sieht, daß sein Tier wild wird und sich in Vorwegnahme eines verrückten Aufbäumens ungewisser Richtung und Folge fest an seinen Sattel klammert, den Kopf einzieht und, zusammen mit den Zügeln, jeden Muskel seines Körpers anspannt (Abb. 134, 135).

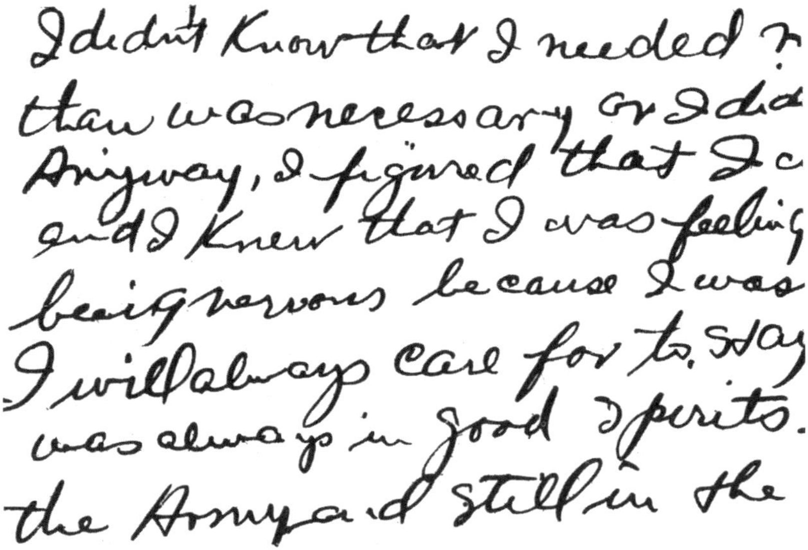

Abb. 134 (12%) Hypomanie, gleichbleibend

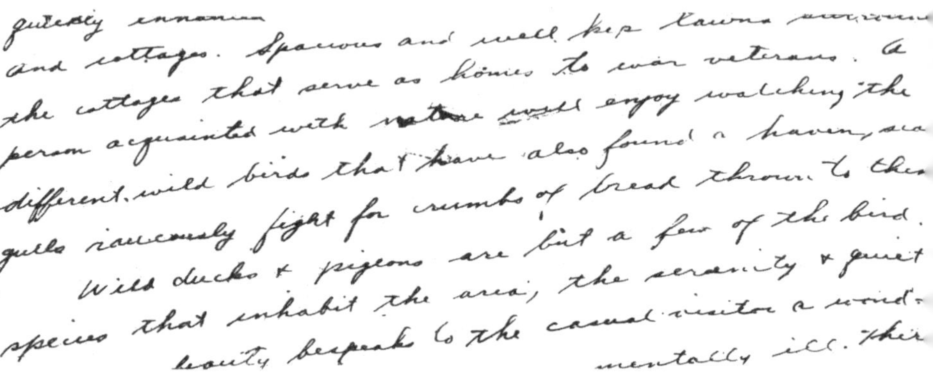

Abb. 135 (38%) Hypomanie, vorpsychotische Form

In Fällen des letzteren Typus' und bei *reinen zyklischen Depressionen*, die durch moralistische, selbst-mißbilligende Härte gekennzeichnet sind, können wir einen hohen Grad an Winkelhaftigkeit erwarten, der manchmal als die primäre Determinante der spezifischen individuellen Bindungsform erscheint, auch wenn selbst in diesen Fällen zumindest eine Girlanden-*Tendenz* zu verzeichnen sein wird. Die besondere Affinität zwischen der Girlande und den affektiven Psychosen drängt sich allgemein aufgrund beider psychologischer Bedingheiten auf; die flachgedrückte, »hängende« Girlande wurde bereits als ein Anzeichen von Depression erwähnt, gleichfalls die bei Depressiven »fallende« Tendenz der Zeilen und die Tendenz ihrer Abstände zur Geräumigkeit. Das Bild der Handschriften der Depressiven ist von »Abwärts«-Tendenzen beherrscht, und es hängt von der Natur der Depression selbst ab, welche Anteile der Schriftspur primär von ihnen affiziert erscheinen werden; bei reinen zyklischen Depressionen ohne ein primäres situationales Moment wird die Tendenz der Buchstaben, unter die Schreiblinie zu fallen, wie im Fall der erwähnten Variante der Girlande, eine verallgemeinerte, d. h. relativ unabhängig von der rechts-linksläufigen Phaseologie des Worts sein, wohingegen *Involutions-* und *reaktive Depressionen* häufig durch einen verzweifelten Versuch des Schreibers gekennzeichnet sind, einer »fallenden« Tendenz der Wortendungen zu widerstehen. Eine Schrumpfung der Majuskel-Anfänge von Wörtern wird, entsprechend ihrer generellen interpretativen Positionen, umso hervorgehobener sein, je reiner affektiv der jeweilige Zustand gerade ist (Abb. 136, 137).

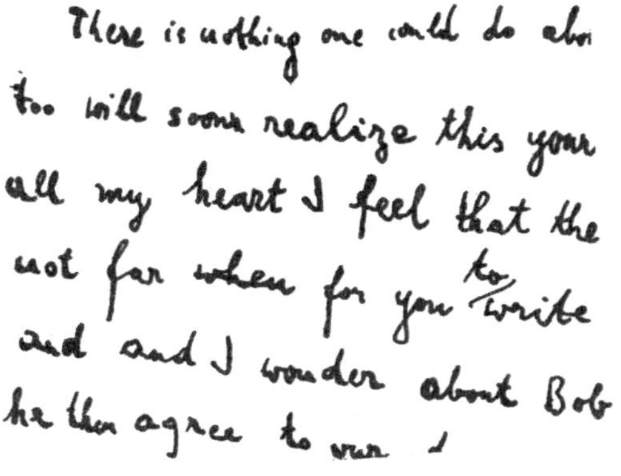

There is nothing one could do abo
too will soon realize this your
all my heart I feel that the
not far when for you to write
and and I wonder about Bob
he then agree to

Abb. 136a (38%) Manisch-depressive Psychose, depressiver Typ

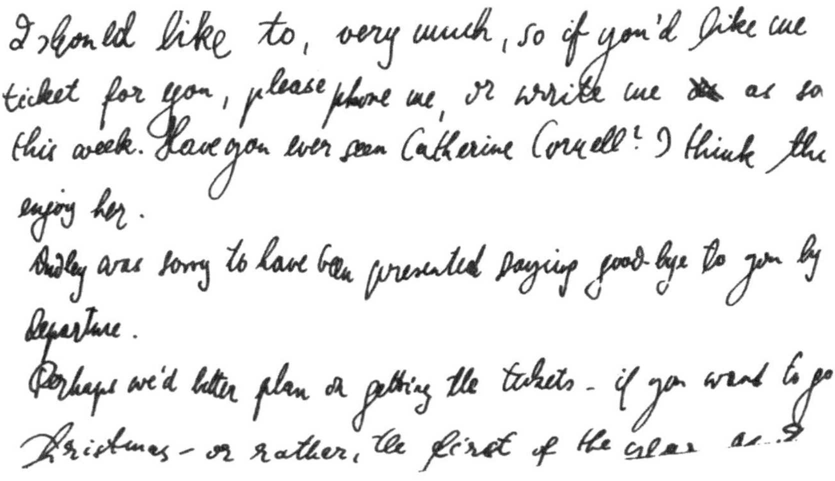

I should like to, very much, so if you'd like me
ticket for you, please phone me, or write me as so
this week. Have you ever seen Catherine Cornell? I think the
enjoy her.
Dudley was sorry to have been prevented saying good-bye to you by
departure.
Perhaps we'd better plan on getting the tickets - if you want to go
Christmas - or rather, the first of the

Abb. 136b Deprimierter Zustand desselben Patienten bei beginnender Remission

Everything
humming along
quite smoothly
Cordially

Abb. 137 (38%) Hypomanie bei einem Patienten, der sich von einer depressiven Psychose erholt

Sehr allgemein bei Depressionen ist ein beachtliches Anwachsen der Langsamkeit, die immer betonter in jenen Phasen der Bewegung wird, die durch Hinderniserfahrungen beherrscht sind, d.h. bei Kontraktionen: Ohne Rücksicht auf den absoluten Grad des Drucks, der hoch sein mag oder nicht, weisen Druckimpulse in der Schreibspur tendenziell das Phänomen des »Nachschleppens« auf, d.h. einer inneren Inkonsistenz von Richtung und Weite des Strichs und von Dunkelheit in jenen Bewegungsanteilen, in denen ein Anschwellen des Drucks vorherrscht.

Die *Involutionsmelancholie* zeigt die spezifisch depressiven Zeichen tendenziell in weit geringerer Konsistenz und Verallgemeinerung, aber unter weit größerer Betonung ihres Ausdruckscharakters an spezifischen Punkten der Schreibspur und neigt dazu, sie mit Merkmalen zu kombinieren, die repräsentativ für physiologische Unausgeglichenheit und Triebkonflikte sind, wie auch mit Zeichen von Derhythmisierung, die sich manchmal einem paroxysmischen, manchmal einem schizophrenen graphischen Syndrom annähern. So ist eine markierte Inkonsistenz im Teigigkeitsgrad, ein Hin und Her zwischen verschmierten Übertreibungen dieser Eigenschaft und extremer Schärfe, bedingt durch plötzlich aufwallende Impulse ich-linearen Zwangs, zusätzlich zu mehr oder weniger fortgeschrittenen Druckverschiebungen in Bewegungen, die normalerweise Entspannung verlangen, und mit verkrüppelten kurzen Formen, möglicherweise im Wechsel mit übertriebenen, sehr charakteristisch für den genannten Zustand und sollte seine differentielle Diagnose ziemlich leicht machen; Zeichen eines eher paranoiden Charakters können zu seinem graphischen Syndrom hinzukommen, ebenso wie zu seinem klinischen. Zusätzlich zu einem mehr oder weniger markanten Auftreten der eigentlichen depressiven Zeichen und (je nach Genese des Zustands) anderer pathologischer Züge, findet sich die *agitierte Depression* durch große Inkonsistenzen bei Zeilen- und Buchstabenrichtungen gekennzeichnet, während Gesamt-Weite und -Schrägheit des Schriftbildes übermäßig hoch sein können (Abb. 138–140).

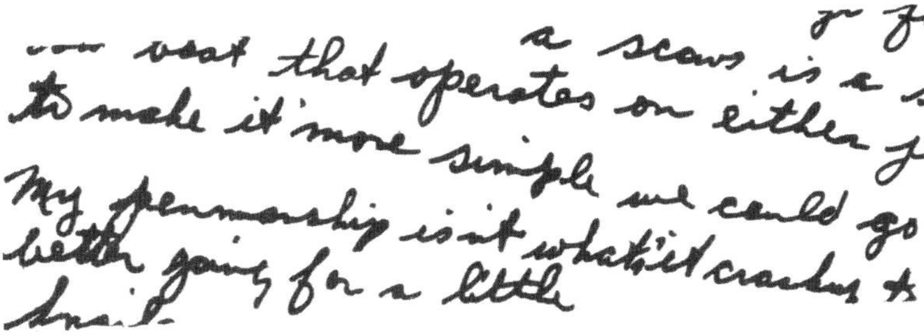

Abb. 138 (26%) Involutionsmelancholie

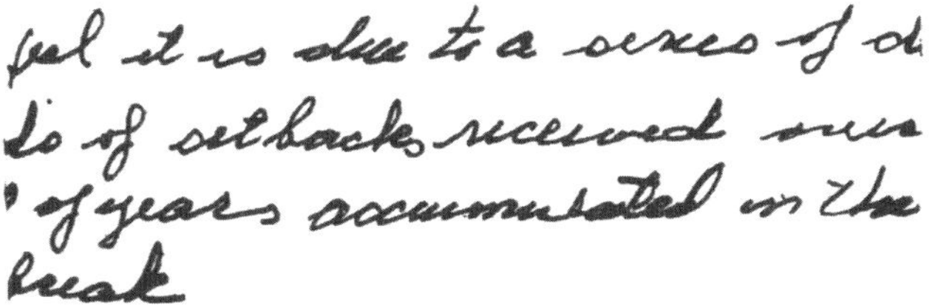

Abb. 139 (26%) Schwere reaktive Depression mit schizoiden Persönlichkeitszügen

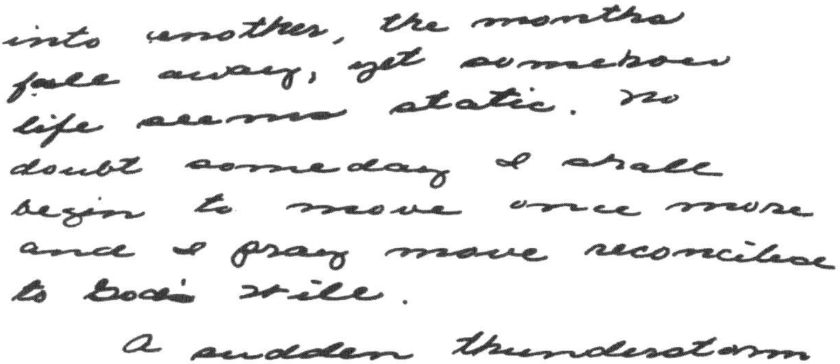

Abb. 140 (26%) Leichte reaktive Depression

Bei *reaktiven Depressionen* findet sich, wie mehr oder weniger bei allen Neurosen, die Weite der Schrift übermäßig vermindert, praktisch alle kontraktiven Eigenschaften haben Vorrang, und während die Höhe der Mittelzone vom klinischen Involviertsein hysterischer Züge abhängen wird, wird die Betonung der vertikalen Randimpulse markiert sein und doch, in gewisser Hinsicht durch spezifische Unterbrechungen der Randformen gekennzeichnet, mit »verkrüppelnden« Gegenimpulsen in Konflikt geraten, die sich an den äußersten oberen und unteren Punkten ihrer Ausdehnungen manifestieren. Involutionale, agitierte und reaktive Depressionen können schließlich sämtlich mehr oder weniger durch zersprungene oder »aneinandergestoßene« Formen, Inkonsistenzen in der richtungsmäßigen Physiognomie von Zeilen, Anzeichen von Selbst-Aggression sowie – was auch für die zyklischen Depressionen gilt – dadurch gekennzeichnet sein, daß auffällig viele jener allgemeinen Kurveneigenschaften vorhanden sind, die der Analyse zufolge, die wir im vorigen von ihnen unternommen haben, mehr oder weniger auf alle Formen psychogener Pathologie, ausgenommen manische Zustände und expansive Phasen von Katatonie, zutreffen (Abb. 141–144).

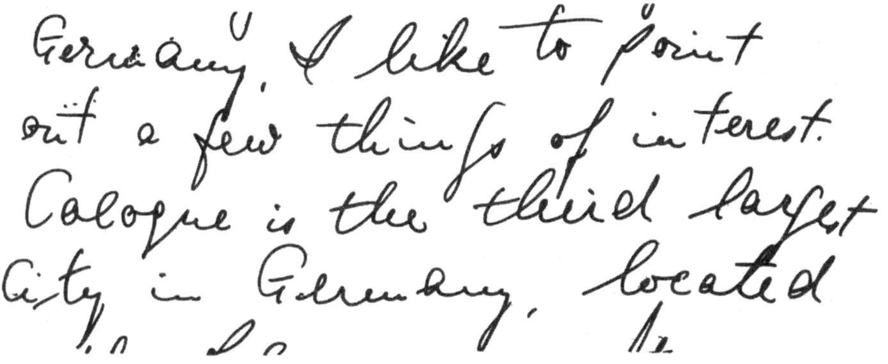

Abb. 141 (38%) Hypomanischer Patient mit schubweisen Depressionen

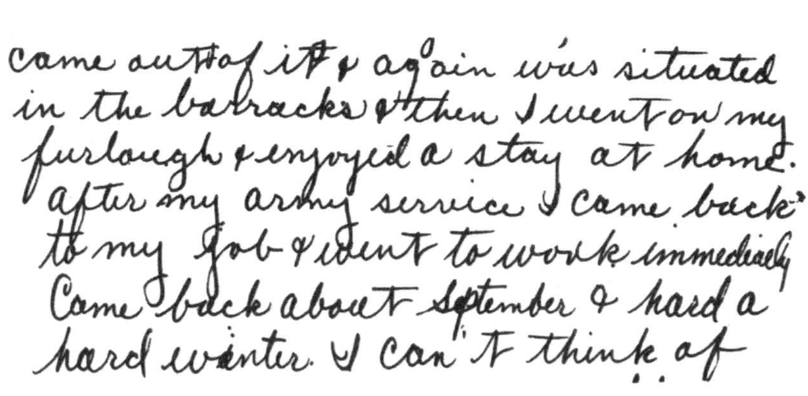

Abb. 142 (38%) Deprimierter Schizophrener

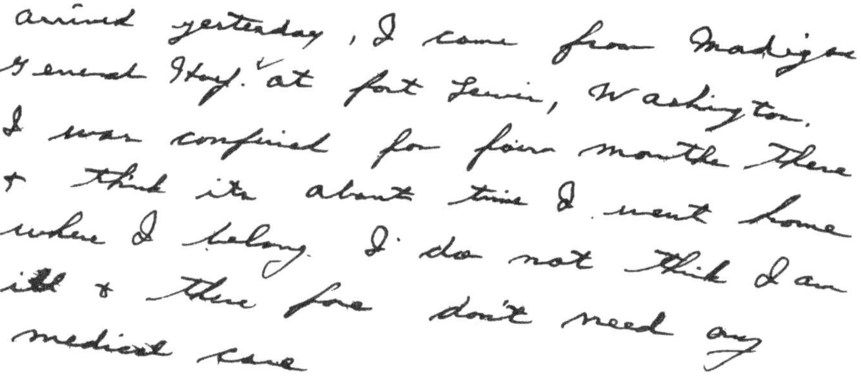
arrived yesterday, I came from Madigan
General Hosp. at Fort Lewis, Washington.
I was confined for four months there
& think its about time I went home
where I belong. I do not think I am
ill & therefore don't need any
medical care

Abb. 143 (43%) Deprimierter Schizophrener

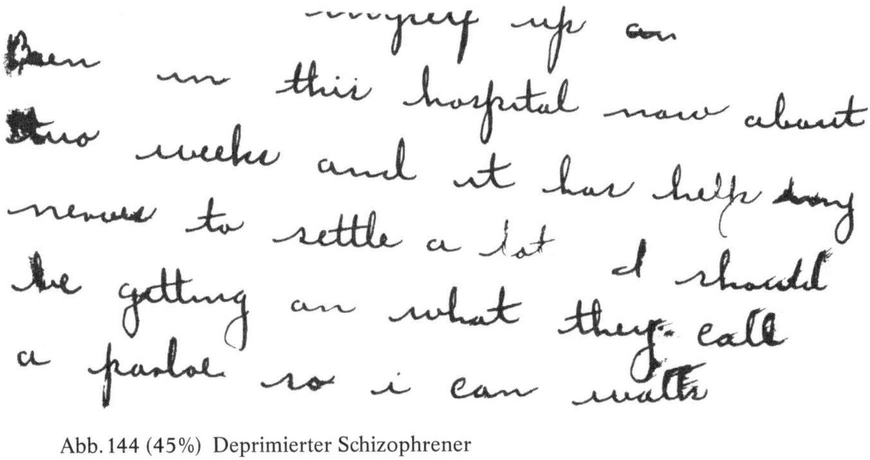
up on
Been in this hospital now about
two weeks and it has help my
nerves to settle a lot I should
be getting on what they call
a parole so i can walk

Abb. 144 (45%) Deprimierter Schizophrener

Schizophrene Störungen

Desintegration des graphischen Rhythmus' kann als das graphologische Kriterium für das Ausmaß an Persönlichkeits-Desintegration definiert werden. Als spezifischere Formen rhythmischer Desintegration treten unangemessen plötzliche oder verwickelte Bewegungsanteile, einander widerstreitende Eigenschaften des Kontraktions-Entspannungs-Zyklus' und eine daraus resultierende scharf dissonante Gesamtverteilung der Bewegungsanteile innerhalb der meisten Abschnitte der Schreibspur auf. Allgemeiner, mit Blick auf die zugrundeliegende unterschiedliche Erfahrungsstruktur von Schizothymen und Zyklothymen, gesagt, sind die Neigung des letzteren zu Kurven und Rundungen und die des ersteren zu Verwinkelung und zersplitternden Bewegungen in den Begriffen der Verhaltensphysiognomie enthalten, die für ihre soziale und klinische Dichotomie gilt, und deshalb sowie angesichts unserer vorausgehenden Erörterungen bedürfen sie an diesem Punkt wohl keiner weiteren Ausführung. Ästhetisch kann der dissonante Charakter schizoider Handschriften nicht als bloßer Zustand von Disharmonie oder Selbstwidersprüchlichkeit der Gesamtqualitäten definiert werden – wie es beim graphischen Ausdruck der Manisch-Depressiven der Fall ist –, sondern eher als einer der *Disparität,* d. h. des Fehlens jeglichen Prinzips, einschließlich »Kontrast« und »Widerspruch«, das die Ausdrucksimpulse des Schreibers zu übergeordneten Ganzheiten zusammenschließen würde, aus welchen die spezifische Funktion eines jeden ihrer Teile sich bestimmte. Während sich die kontraktiven und spezifischer zentripetalen Bewegungen hinsichtlich motorischer Impulse aufs höchste gesteigert finden, erscheint die Schreibspur deshalb, aufgrund der Tendenz eines jeden ihrer Abschnitte, ohne Rücksicht auf den Rest eigenen qualitativen Gesetzen zu folgen und dabei die gesamte Struktur der Schrift zu sprengen, ästhetisch eher »zentrifugal« (Abb. 145, 146).

Abb. 145–146 Schizophrene Selbstblockade in der Handschrift

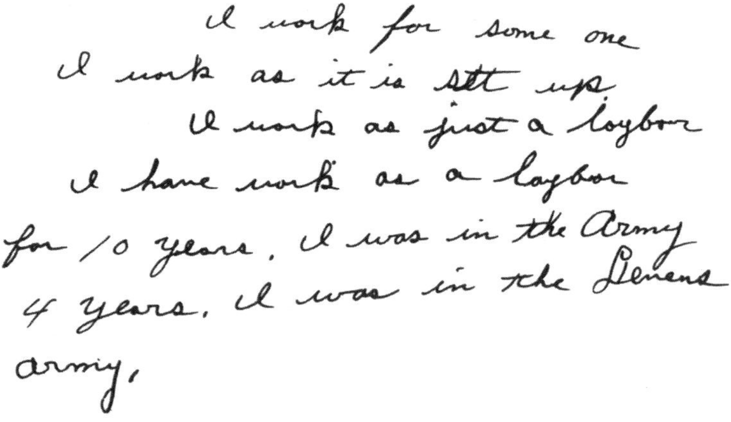

Abb. 145 (46%) Katatonischer Typ

Abb. 146 (33%) Hebephrenie mit paranoiden Zügen

In der Handschrift *schizoider Persönlichkeiten,* die nicht an einer Psychose leiden, ist diese Tendenz nicht durch irgendwelche Paroxysmen, sondern durch eine leere, kalte und ermüdende Steifheit im Duktus gekennzeichnet, die dimensional definiert werden kann als genuine Magerkeit, gewöhnlich gepaart mit Schärfe, beträchtlichen Steigerungen der Gesamtlinksläufigkeit, wobei häufig Fälle von abschließenden oder »rollenden« Verstärkungen der linksseitigen Bewegungsanteile auftreten, mit Enge insbesondere der Buchstaben, Druck-Inkonsistenzen und mehr oder weniger subtilen Einbußen an ästhetischen Proportionen, wozu auch eine Tendenz des Drucks kommen kann, verschoben zu werden, und eine des Kontraktions-Entspannungs-Zyklus' selbst, seinen artikulierten Charakter zu verlieren, während in anderen Fällen eine besonders »künstliche«, d. h. sich selbst aufgezwungene Regelmäßigkeit zu beobachten ist. Zu erinnern ist hier an die speziellen Neigungen der Schizoiden zur Bindungsform der *Arkade*; je nach Beteiligung eher paroxysmischer oder eher paranoider Tendenzen wird entweder die Fadenbildung oder die Winkelhaftigkeit an zweiter Stelle stehen, das spezifisch schizoide Element im Bereich der Bindungsformen bleibt aber die Arkade. Von Bedeutung für die Unterscheidung ist der spezische Ort ihrer Betonung: Die »schließende Arkade« am Wortende ist eine eindeutige Geste der Kontaktvermeidung (auch mit Implikationen von Heimlichtuerei und möglicherweise Lügenhaftigkeit); die eröffnende Arkade ist eine Geste introvertierter Selbstbeschränkung, der man ausdrücklich nachgibt; Arkaden im Wortinneren schließlich verraten in dem Grad, in welchem man die oben definierten duktischen Eigenschaften als Gesten eher eines ermüdenden und unsicheren »Abschirmens« denn eines »Handanlegens« artikuliert findet, das Ausmaß, in welchem Realitätserfahrung selbst das zentrale persönliche Problem geworden ist (Abb. 147–149).

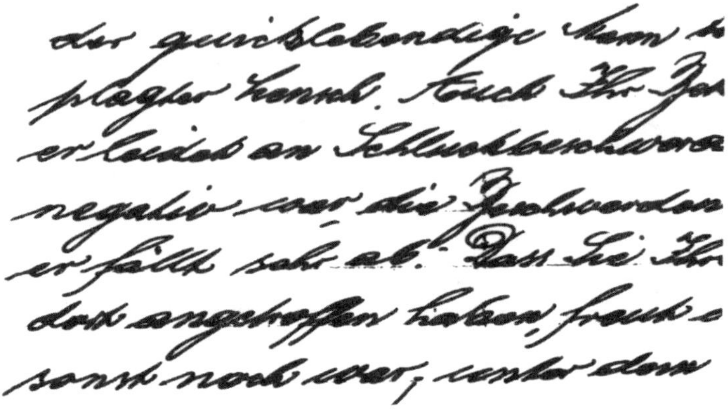

Abb. 147 (12%)

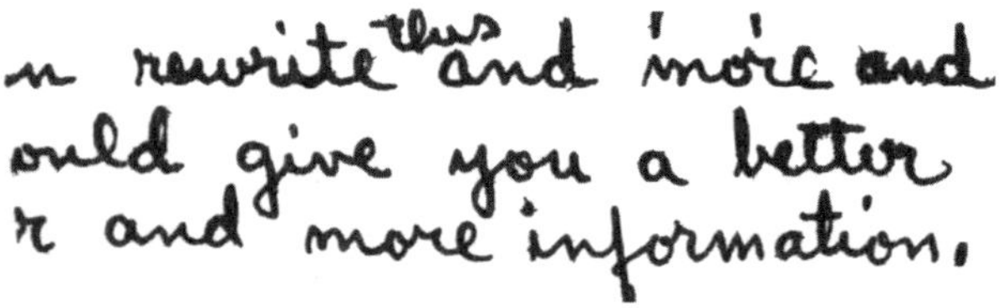

Abb. 148 (12%)

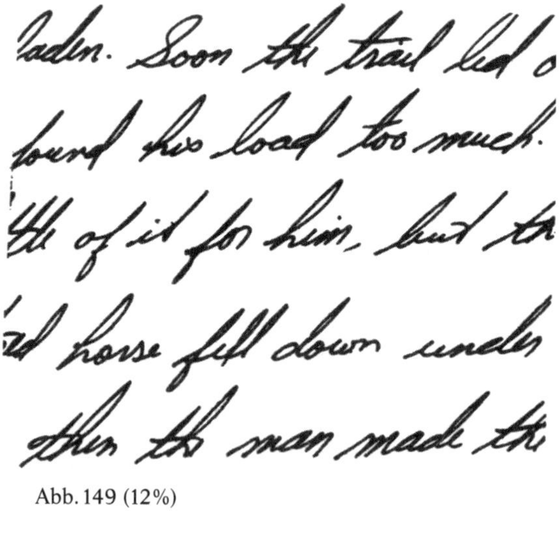

Abb. 149 (12%)

Auf dieser Grundlage kann eine weitere Differenzierung der Gruppe der Schizophrenien vorgenommen werden. Die graphischen Erzeugnisse des *einfachen Typus'* zeigen eine betonte Steifheit im Duktus, beträchtliche Enge, extreme Magerkeit, Verschiebung der unteren Ausläufer nach links, Fehlen wohlgerundeter Kurven und Vernachlässigung runder Formen überhaupt, während Winkelhaftigkeit aufgrund des Fehlens richtungsmäßig polarisierender Zielbilder visuell nicht von Bedeutung sein dürfte: Die Handschrift ist »schlaff« in einem motorischen Sinne und zugleich möglicherweise von extremer Genauigkeit im formalen Sinne der Ausführung von Formen der schulischen Schriftmuster; was Grade und Arten der Bereicherung anbelangt, kann die betreffende Ausarbeitung mit einer markanten Verminderung der wesentlichen Struktur kombiniert sein, so daß in den – recht seltenen – Fällen, in denen einfache Schizophrene dazu tendieren, ihre Schrift zu vereinfachen, eher Vernachlässigung als wahre Vereinfachung zu beobachten sein wird. Die Tendenz zu winkeligen Verkomplizierungen der linksläufigen Anteile ist besonders hoch; obere Formen zeigen eine Neigung zur Höhenminderung, können aber in Fällen, wo sekundäre paranoide Tendenzen klar ausgeprägt sind, plötzlich gegen Ende der Wörter wieder wachsen; untere Ausläufer zeigen eine Neigung, nicht wieder zur Oberfläche zurückzukehren, sondern sich in manchmal übermäßigem Abstand von der Schreibbasis und mittels »Knotenbildungen« an den Randpunkten ihrer Ausdehnung zu verankern (Abb. 150–152).

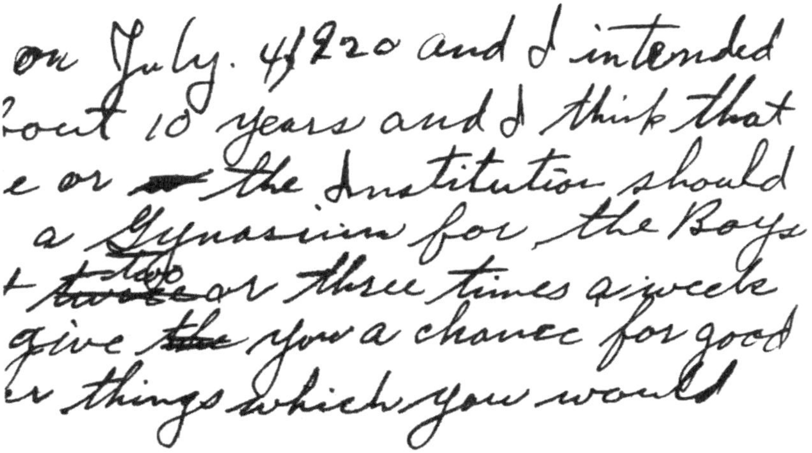

Abb. 150 (14%) Einfacher Schizophrener

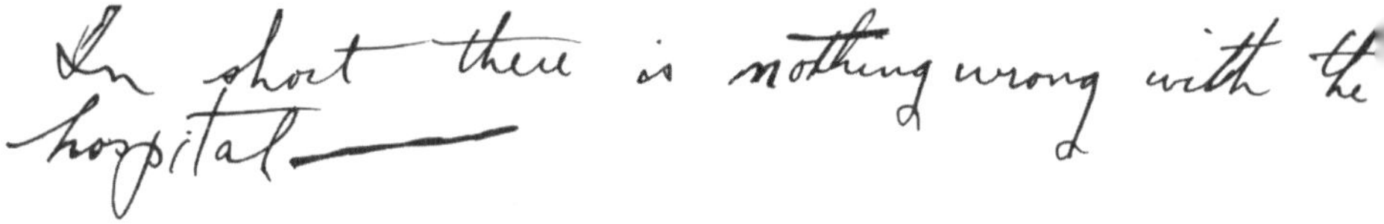

Abb. 151 (30%) Einfacher Schizophrener

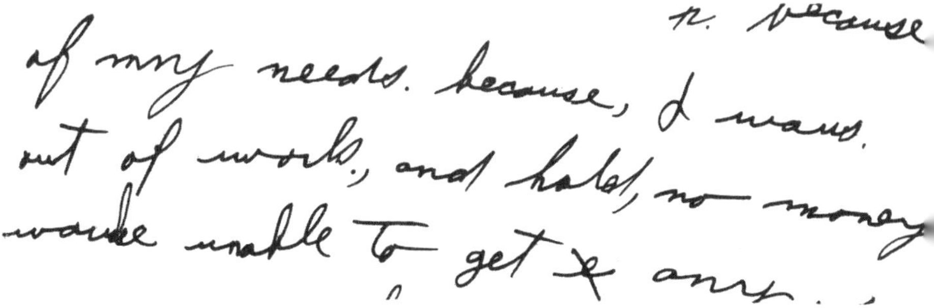

Abb. 152 (34%) Einfacher Schizophrener

Entsprechend ihrem klinischen Bild zeigen die Handschriften *Hebephrener* die desintegrative Wucht der Erkrankung in ihrer vollen Höhe und in besonderer Klarheit, und im wesentlichen unverfälscht durch Persönlichkeitstrends, die trotz ihrer klinischen Affinität zur Dementia praecox primär nicht in deren Termini definiert werden können. So trifft man in allen Dimensionen auf einen hohen Grad an Inkonsistenz, die ästhetisch auf die visuellen Qualitäten des »Zerrissenen« und »Bizarren« hinausläuft, Kontraktion findet statt, wo normalerweise Entspannung verlangt wäre, während umgekehrt normalerweise nach Entspannung verlangende Bewegungen abgebrochen und in unkontrollierte Verzerrungen überführt werden, die die ursprünglich kontraktive Absicht vereiteln. Fragmentierung ist verbreitet, Buchstabenrichtungen sind völlig ungebärdig, linksläufige Verstärkungen und Gesamtlinksläufigkeit überstark, Manierismen aller Arten treten zutage, Verschnörkelung und Vereinfachung, Druck und Druckmangel können mit äußerster Willkür abwechseln, alle Proportionen sind verzerrt, und doch trifft man sporadisch auf eine mechanische Regelmäßigkeit von besonders repetitiver, d. h. »toter« Präzision – deren Erzeugnisse in der Schreibspur »umherzutreiben« scheinen wie Fremdkörper in einer Flüssigkeit. Im Unterschied zu einfachen Schizophrenen bevorzugt die graphische Spur der Hebephrenen des weiteren übertriebene Kurven für die kontraktiven

Phasen der Randbewegungen, während die Entspannungsphasen häufig winkeliges »Zersplittern« aufweisen; linksläufige Verwicklungen sind weniger durch Winkelhaftigkeit als vielmehr durch narzißtische Impulse gekennzeichnet, die zu rollenden Bewegungen und geheimen kleinen Einschlüssen tendieren, die ihren Stempel auch in Form der schon erwähnten Verwandlung von *i*-Punkten in Schleifen hinterlassen können. Die charakteristische Eigenschaft der »Haarigkeit«, der Eindruck einer Vielzahl kleiner Dorne oder Borsten, der für das graphische Bild der Hebephrenie so spezifisch ist, ist im Fall dieses Syndroms nicht die Wirkung irgendwelcher Eigenheiten des Duktus selbst, sondern der zuvor erwähnten sehr kleinen Verwicklungen in der Zeilenbildung der Schreibspur, die in der Handschrift des typischen Hebephrenen so winzig wie unzählbar sind (Abb. 153–156).

Abb. 153–156 Hebephrene

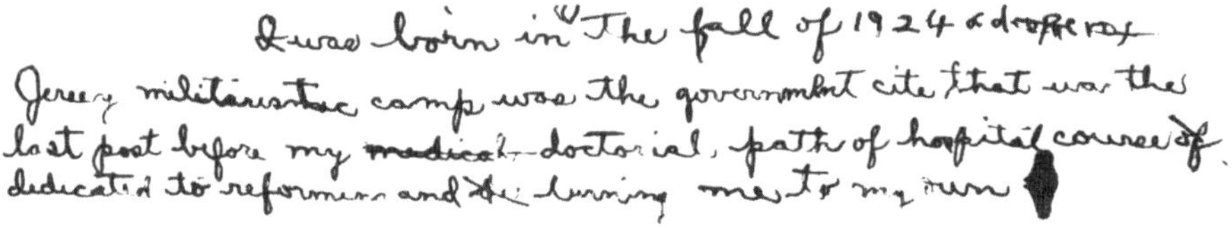

Abb. 153 (38%)

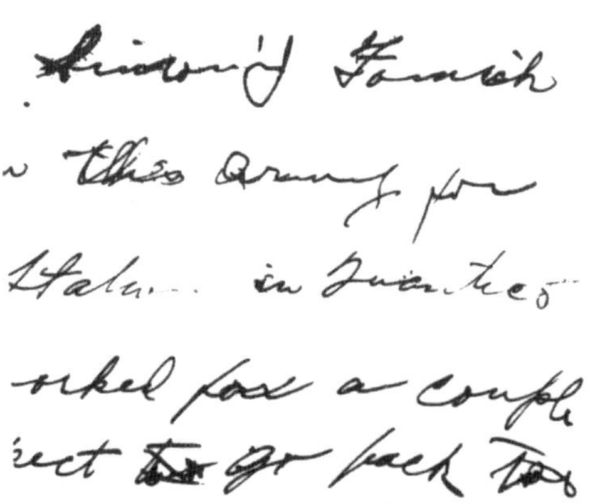

Abb. 154 (34%)

Abb. 153–156 Hebephrene (Forts.)

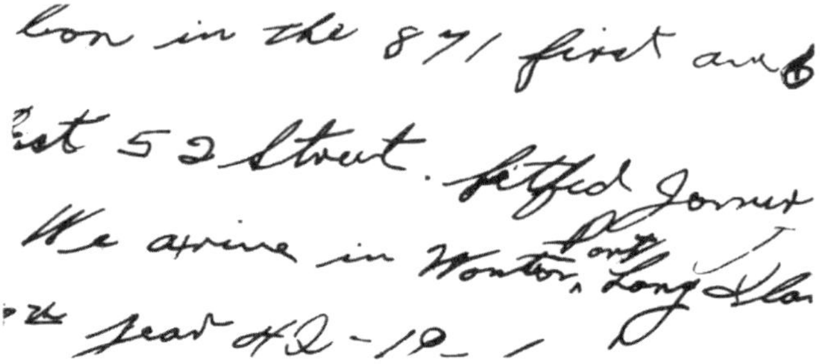

Abb. 155 (31%)

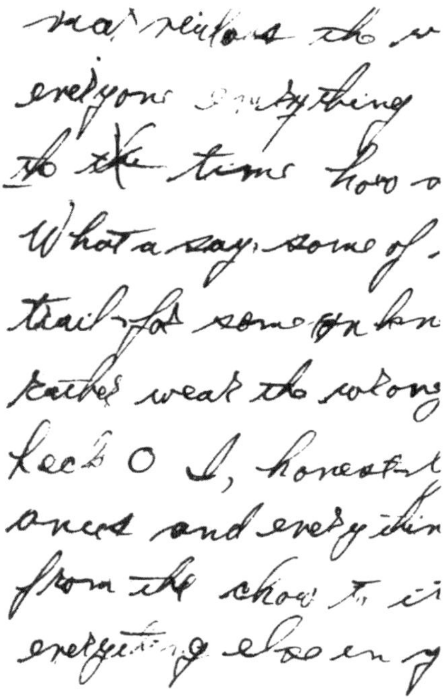

Abb. 156 (31%)

Bei *paranoider Schizophrenie* scheint die Tendenz zur Fragmentierung, sofern sie auftritt – was sie in der Regel nicht tut –, mehr als eine bloß sekundäre Konsequenz der wohlausgebildeten *Rand*-Artikulation der Schreibspur und daraus folgender Vernachlässigung sogar der horizontalen Verbindung der Buchstaben zu sein: Die Handschrift des Paranoiden scheint, entsprechend seiner betonten Orientierung im Bereich verfügbarer Werte, kontinuierlich in der Vertikalen zu wachsen – oder aber gegen eine dahingehende Tendenz anzukämpfen. Während diese Tendenz sich auf Kosten der Höhe der Mittelzone einfach aufgrund der quantitativen Proportionsveränderungen, die sie mit sich bringt, manifestieren kann, sind quantitative Anzeichen eines »Schrumpfens« des vertikalen Zentrums zumindest in reinen Fällen nicht von Bedeutung. Auf der anderen Seite findet sich Enge – wiederum insbesondere der Buchstabenformen – in koarktierten Zuständen allgemein gesteigert, über-ideationale Bedingungen aber zeigen in der Regel eine so verallgemeinerte Ausgedehntheit, daß sie zuweilen die Bewertungen auf den ersten Blick erheblich fehllaufen lassen. Die differentielle Diagnose ist, wenn systematisch unternommen, dennoch ziemlich leicht, da der Schreibduktus stets äußerst steif ist; zusätzlich sind Schärfe, künstliche Völle und, wie bei allen autistischen Zuständen, Steigerungen der Gesamtlinksläufigkeit vorherrschend, und die hier zutreffenden allgemeinen Kurveneigenschaften zeigen eine Betontheit, die kein anderes Syndrom erreicht. Je mehr man die Handschrift am Rand angereichert findet und je mehr die Kurvigkeit der normalerweise geraden Teilstücke der langen Formen die Erscheinung der gesamten Schreibspur in einer Art allgemeiner Konkavität nach oben links akzentuiert – bei reinen Fällen sieht es aus, als ob ein Wind von hinter der Schriftspur bliese, die »Segel« der oberen Ränder aufblähte und die ganze Struktur antriebe –, desto mehr weist das auf wahnhafte Aktivitäten und auf eine Rezeptivität für akustische Halluzinationen hin; das Ausmaß an wahnhafter *Organisation* aber hängt gänzlich von der Stärke der in der Bewegung nach rechts wirkenden verbindenden Tendenzen ab. Charakteristisch für den allgemeinen Trend zur ideativen Systematisierung, den man ebenso bei nicht-schizophrenen paranoiden Zuständen und Charakterstrukturen findet, ist somit eine bloße Betonung der Randbewegung an sich zusammen mit einem hohen Verbundenheitsgrad; dies von jener Art Einbeziehung der Randbereiche zu unterscheiden, die charakteristisch für hysterische Handschriften ist, ist gewöhnlich nicht besonders schwierig, da die Ausbreitung im Randbereich bei psychotischen wie auch nicht-psychotischen Paranoiden dazu neigt, fast ausschließlich in der Vertikalen wirksam zu werden; dazu kommt, daß in dem Ausmaß, in dem die paranoiden Elemente vorherrschend sind, die Fadenbildung in der Schreibspur fehlen wird. Andererseits ist gemäß der Gesamtverfassung des Paranoiden die Winkelhaftigkeit tendenziell ziemlich ausgeprägt, auch wenn man ihre Herrschaft, abermals gemäß seines inneren Zustands, durch »biegende« Tendenzen, die sich in dem oben festgestellten Kennzeichen einer verallgemeinerten Kurvigkeit auf seiten normalerweise gerader Teilstücke der langen Formen manifestieren, in Frage gestellt findet (Abb. 157–165). In Verbindung mit diesen Eigenschaften sollte der messerscharfe Duktus der meisten paranoiden Schizophrenen ihre graphologische Diagnose vergleichsweise leicht machen.

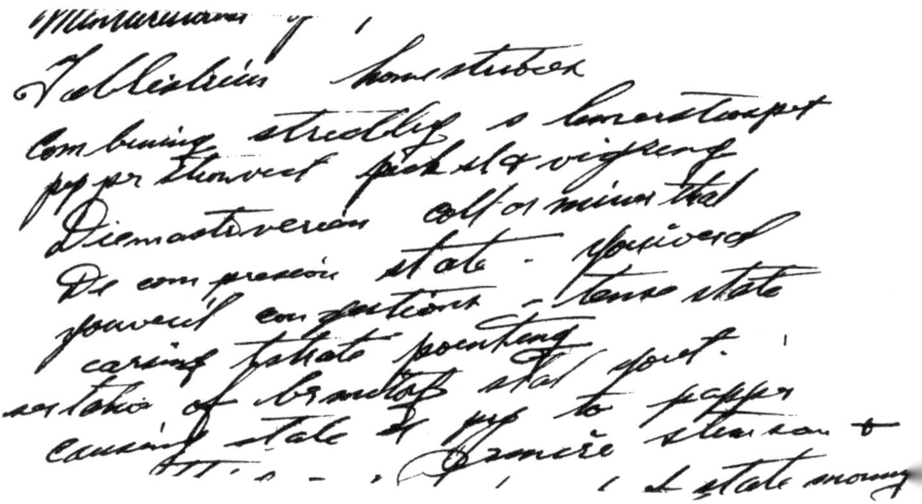

Abb. 157 (30%) Paranoide Schizophrenie

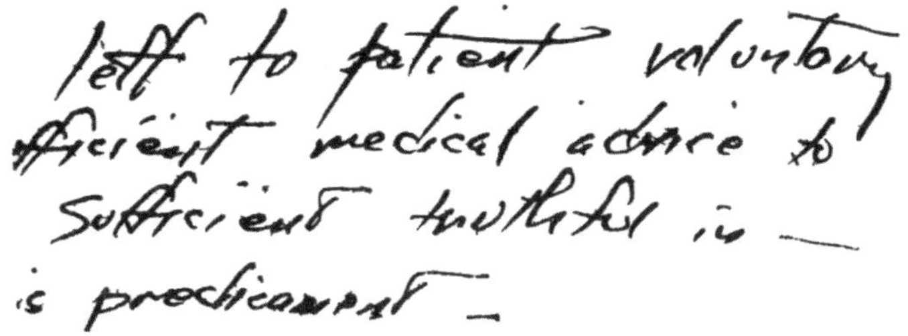

Abb. 158 (7%) Paranoide Schizophrenie

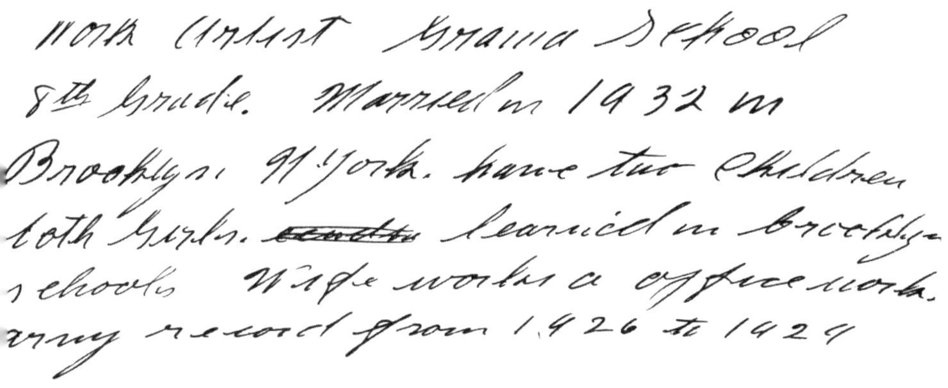

Abb. 159 (34%) Paranoide Schizophrenie

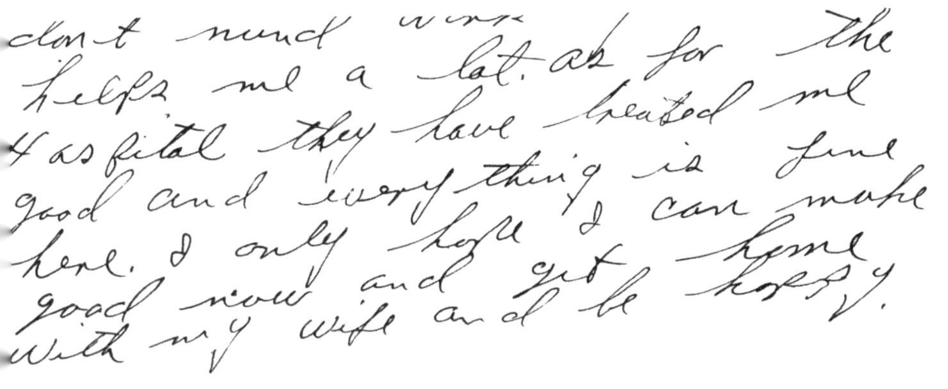

Abb. 160 (34%) Paranoider Schizophrener mit Zügen von Manie

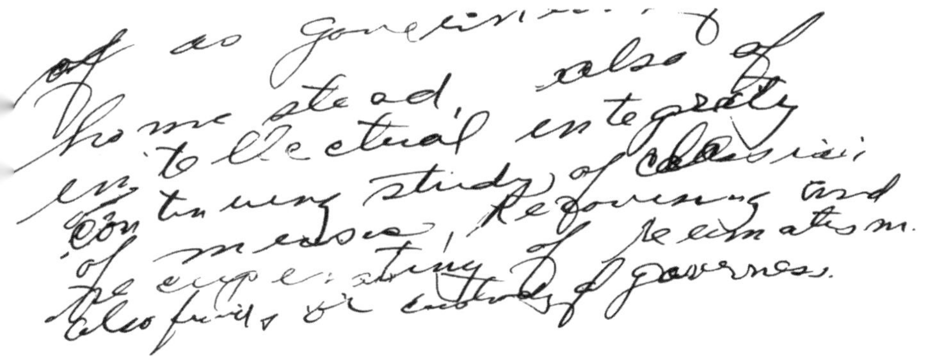

Abb. 161 (35%) Paranoider Schizophrener mit Zügen von Manie

Abb. 162–163 Paranoide Schizophrenie

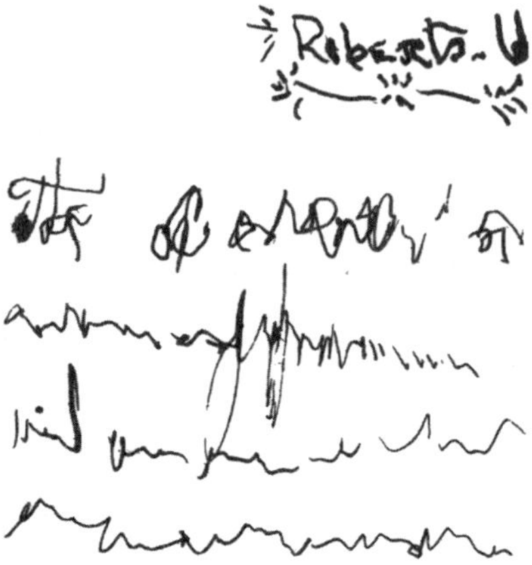

Abb. 162 (30%) Wahnvorstellungen einer »Gedankenkontrolle per Radio« bei einem paranoiden Patienten

Abb. 163 (30%) Größenwahn

Während der Paranoide, gemäß seiner akustischen Präokkupationen, seiner verallgemeinerten Spekulativität und seiner Betonung ideomotorischer Prozesse, primär an der *Zeit*erfahrung orientiert ist, ist das, was im vorigen als ich-linearer Zwang definiert wurde, beim *Katatonischen* vermindert, und entsprechend wird sein Schreibduktus, wenn auch außergewöhnlich hart, zumindest in denjenigen Phasen seines Zustands, die sich auf Er-

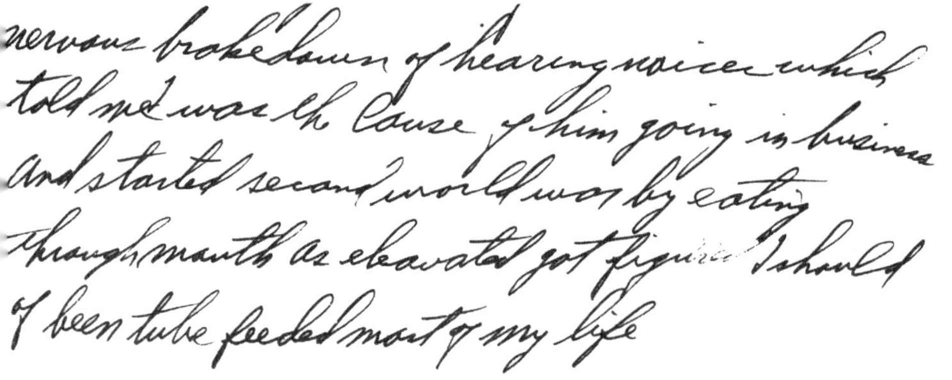

nervous brakedown of hearing voices which told me I was the cause of him going in business and started second world war by eating through mouth as elevated got figure I should of been tube feeded most of my life

Abb. 164 (34%) Paranoide Schizophrenie mit deutlicher Systematisierung

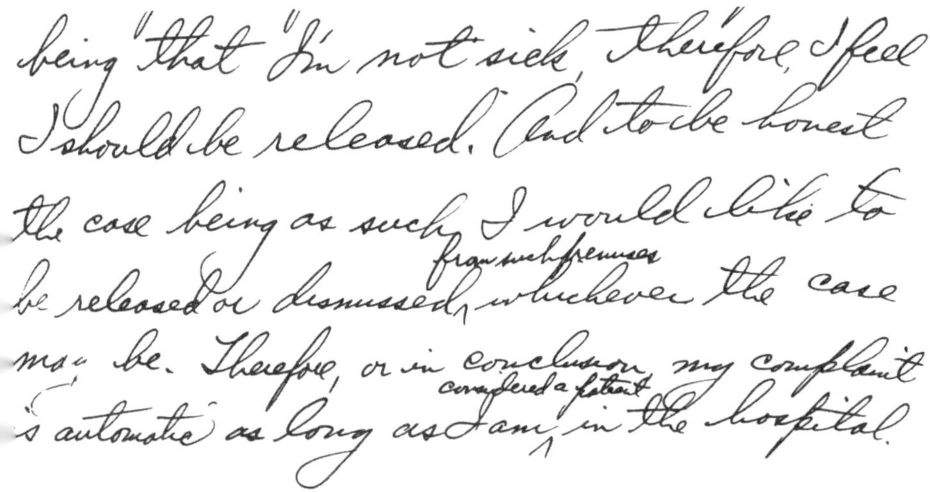

being "that" I'm not sick, therefore, I feel I should be released. And to be honest the case being as such I would like to be released or dismissed, from such premises whichever the case may be. Therefore, or in conclusion, my complaint is automatic as long as I am considered a patient in the hospital.

Abb. 165 (34%) Paranoide Schizophrenie mit deutlicher Systematisierung

regungen und Affektsteigerungen hinbewegen, weniger Schärfe zeigen als der des Paranoiden. Paroxysmische, zykloide und extratensive Elemente stellen sich graphisch so differenziert dar wie klinisch, der graphische Niederschlag wird beherrscht vom Alternieren zwischen gesamtzentripetalen und gesamtzentrifugalen Tendenzen, und entsprechend ist das Schreibfeld umstrukturiert. Entsprechend, spezifischer noch, den typischen ideomotorischen Impulsen des Katatonikers, die in Richtung kosmischer und religiöser Identifizierungen gehen – welche an sich eine wechselnd übersensible und überdynamische Betonung seiner räumlichen Erfahrungen mit sich bringen –, sind das zeitliche Voranschreiten und sein graphischer Ausdruck, die horizontale Ausdehnung, relativ, d. h. im Verhältnis zur gesamten Struktur und ungeachtet ihres jeweiligen absoluten Ausmaßes, unterbetont. Da die Schrift als ganze »geschrumpft« oder »erweitert« erscheint, stellen die Dimensionen der Größe und der Einbeziehung des Hintergrunds die Haupt-Pfade für die Selbstartikulation des Katatonischen in der Handschrift dar.

Deshalb kann, wenn in der katatonischen Schreibspur auch einige der allgemeinen schizophrenen Kennzeichen und speziell die erwähnte autistische Verstärkung der linksläufigen Bewegungsimpulse gegeben sein mögen, das für sie charakteristische klinisch differentielle Element nicht adäquat in deren Termini bestimmt werden. Katatonische Handschriften unterscheiden sich vom Rest der Gruppe durch ihre weit größere genuine Völle und Kurvigkeit, durch hohen Druck, extreme Langsamkeit und daraus resultierende extreme Nichtschlankheit des Strichs und der Formen selbst, die trotz ihrer Betonung der runden Bewegungen selten dazu neigen, eine Art von Zartheit der Gestalt zu zeigen. Zerspringen, »Rammen« und Flicken herrschen in besonderem Maße vor, ebenso eine paroxysmische Druckverschiebung in Entspannungsbewegungen besonders an den Wortenden. Der Rundungsimpuls neigt zu Einschließungsgesten, die bezeichnenderweise ganze Wörter in ihrer Bewegung umfassen, eine Tendenz, die umgekehrt eher eine »abgestufte« Schwankung der Langformen-Richtungen besonders in der Oberzone denn plötzliche Inkonsistenzen, wie bei den Hebephrenen, aufweist. Die enorme Starrheit der Bewegungen bewirkt den sogenannten langwelligen Tremor, der leicht vom zittrigen Effekt sowohl intrakranieller als auch alkoholischer Zustände wie auch von dem schwerer psychoneurotischer Angstzustände zu unterscheiden ist. Sowohl die Höhe der Mittelzone als auch die Gesamtgröße der Schrift zeigen plötzliche Wechsel, die manchmal innerhalb des Worts auftreten, in anderen Fällen wieder der Wortreihe sich anschließen. Hinsichtlich umfassender Eigenschaften kann man die besondere Struktur der Spur so bestimmen, daß sie zu einer Gestalt-Hintergrund-Beziehung von »pulsierender« Konzentrizität neigt: In Phasen nahe dem Stupor werden dicht kontraktierte, rund-»gepanzerte« kleine Wörter zuweilen in beträchtlichem Abstand voneinander plaziert, irgendwo an einem willkürlichen Ort, oft in der unteren Hälfte des ansonsten leeren Papiers, dessen Leere die verzweifelte Isolation, in der sie sich verstecken, betont; in den expansiven Phasen sind umgekehrt exzessive Größe und ein in hohem Grade einbezogener Hintergrund vorherrschend, ebenso wie aggressive und auch selbst-aggressive Tendenzen, charakterisiert durch Gesten der Wut wie scharfe horizontale Striche, die trotz ihrer Position – in der normalen graphischen Periodizität – auf seiten der »Entspannung« gewöhnlich plötzliche Druckanschwellungen aufweisen (Abb. 166–174).

Abb. 166–168 Katatonische Schizophrene

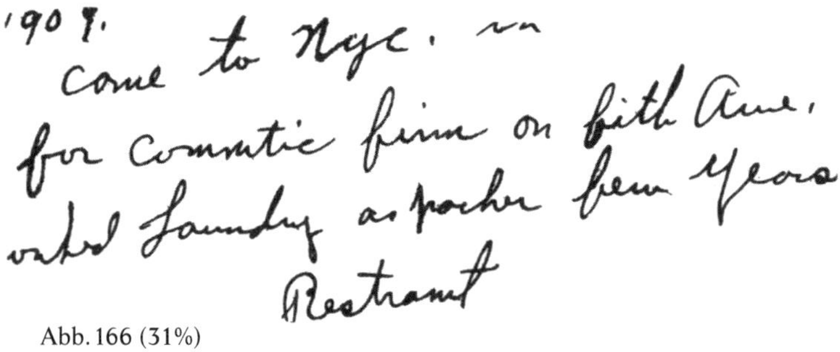

Abb. 166 (31%)

Abb. 167 (7%)

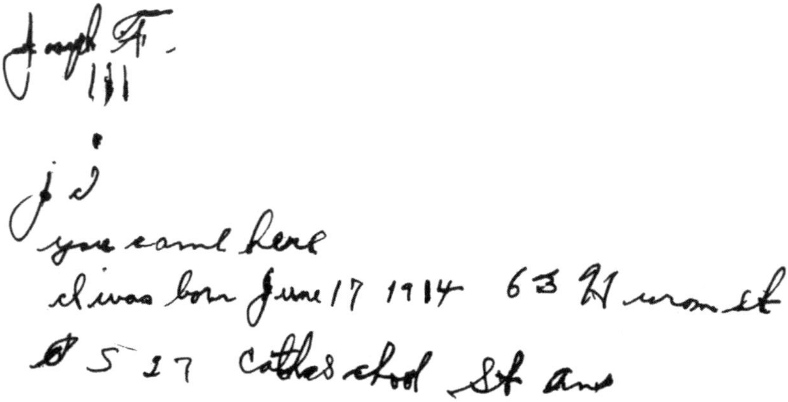

Abb. 168 (31%)

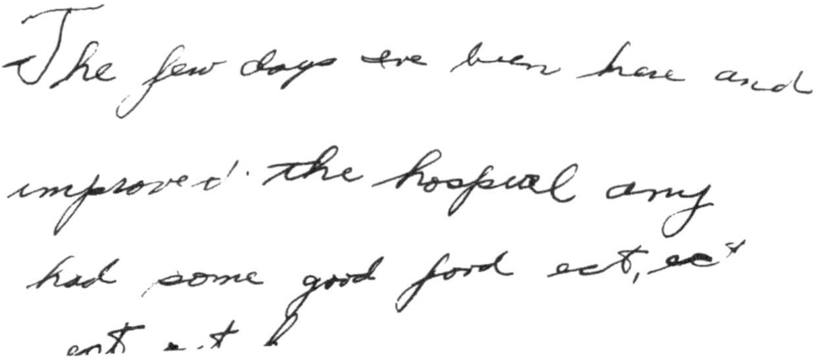

Abb. 169 (45%) Katatonische Schizophrenie

Sowohl paranoide als auch katatonische Schriftproben, besonders die ersteren, sind im übrigen durch das häufige Phänomen des »Mauerns« gekennzeichnet, d. h. ein Ansteigen der Wortgröße in ihrer links-rechtsläufigen Phaseologie mit vertikaler quantitativer Betonung der Endungen und begleitet von zunehmender Enge; abgesehen von letzterer Qualifikation sind wir ihr bereits früher, in der Diskussion der Wortendungen, als ein allgemeines Kennzeichen für »Starrsinnigkeit« begegnet. Schließlich neigen alle Schizophrenen mehr oder weniger zu spezifischen Brechungen der langen Formen an dem Punkt, an dem die Schreibbasis gekreuzt wird, was auf Unstimmigkeiten der Buchstabenrichtungen zwischen der Unterzone auf der einen und Mittel- und Oberzone auf der anderen Seite hinausläuft. Während diese Unstimmigkeit für die Gruppe als Ganzes tendenziell die Form *linksläufig gerichteter* Verschiebungen der unteren Ausläufer annimmt, scheint deren *senkrechte* Verschiebung im Verhältnis zum Neigungswinkel in den oberen Abschnitten der Schreibspur bei katatonischen Schriftproben, wo sie in ausgeprägter Übereinstimmung mit den für ihre Bewegungen typischen Gesamteigenschaften von »Konzentrizität« und lastender »Schwere« steht, etwas häufiger zu sein. Ein besonders prognostischer Wert dieses letzteren Zugs, des »langwelligen Tremors« des Katatonischen und der oben erwähnten Neigung des Paranoiden zu langen Formen, die den Eindruck eines »von oben links wehenden Windes« erweckt, aber auch vieler anderer der genannten Eigenschaften, leitet sich von ihrem frühen Auftreten in präpsychotischen Stadien des schizophrenen Prozesses her, in denen ansonsten die klinische Diagnose noch durch Ungewißheiten behindert sein mag. Man braucht jedoch nicht extra darauf hinzuweisen, daß unter-

Abb. 170–171 Katatonische Schizophrene

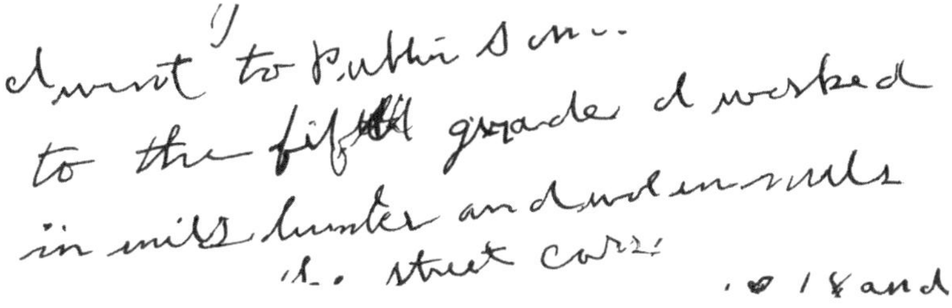
I went to Public Sc... to the fifth grade I worked in mills lumber and ... street cars ... 18 and

Abb. 170 (48%)

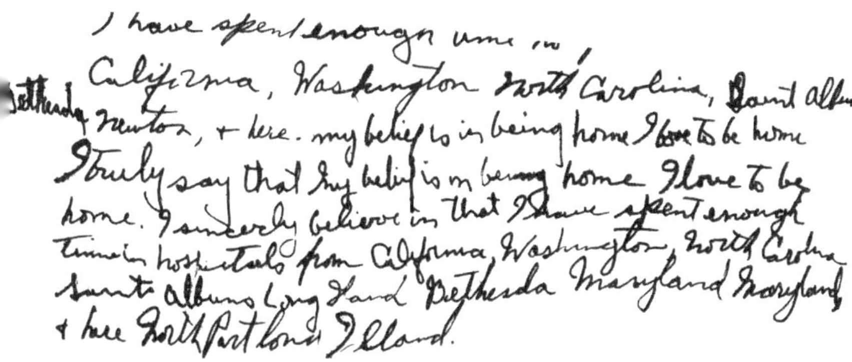
I have spent enough time in California, Washington North Carolina, Saint Albans Bethesda Newton, + here. my belief is in being home I love to be home I truly say that my belief is in being home I love to be home. I sincerely believe in that I have spent enough time in hospitals from California, Washington, North Carolina Saint Albans Long Island Bethesda Maryland Maryland + here North Port Long Island.

Abb. 171 (41%)

Abb. 172–173 Schrift eines katatonischen Schizophrenen

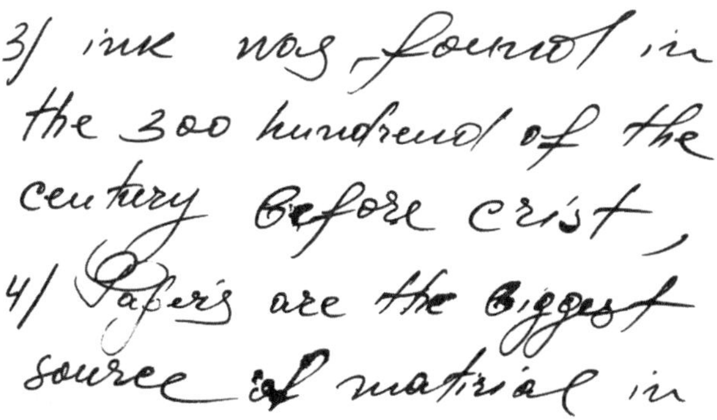
3/ ink was found in the 300 hundred of the century Before crist, 4/ Papers are the biggest source of matrial in

Abb. 172 (58%) Expansive Phase

Abb. 172–173 Schrift eines katatonischen Schizophrenen (Forts.)

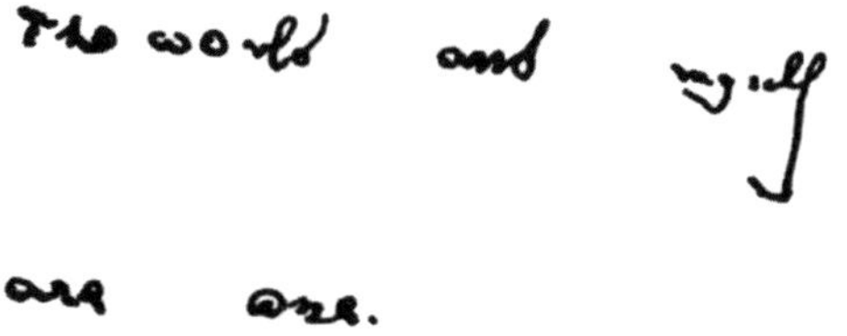

Abb. 173 (17%) Kontraktive Phase

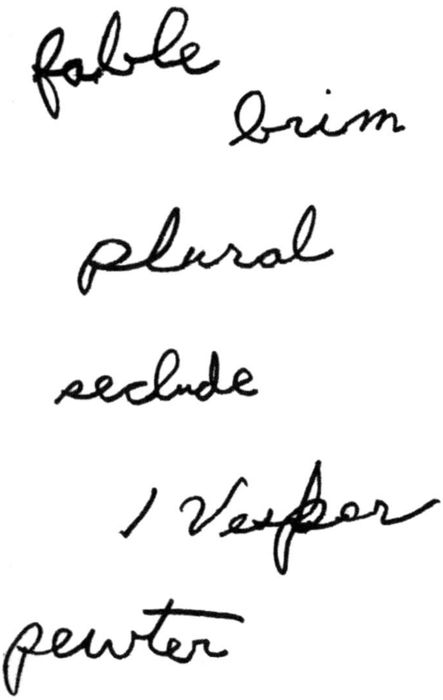

Abb. 174 (7%) Katatonischer Zustand nahe dem Stupor

stützende Kennzeichen, von denen eine beträchtliche Anzahl genannt worden ist, doch stets deutlich dokumentiert werden sollten, auch wenn ihre visuelle Ausprägung noch nicht so weit fortgeschritten ist, daß bereits differenzierte Schlüsse gezogen werden können (Abb. 175–177).

Abb. 175–177 Schizophrenie, vermischte Syndrome

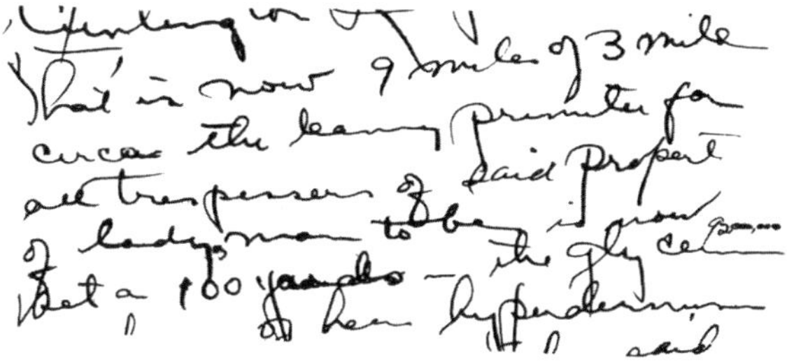

Abb. 175 (62%) Primär hebephren

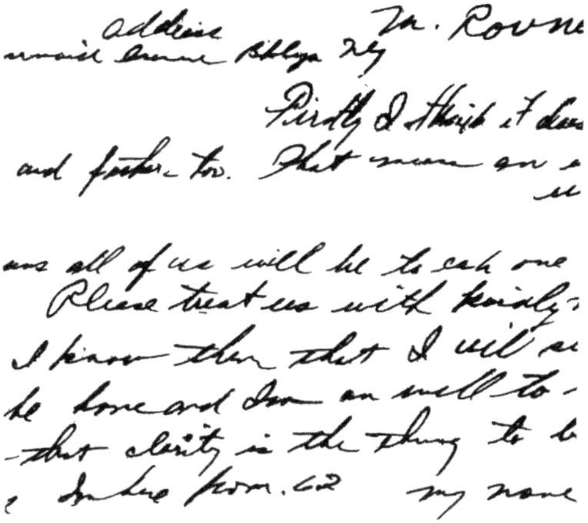

Abb. 176 (44%) Primär paranoid

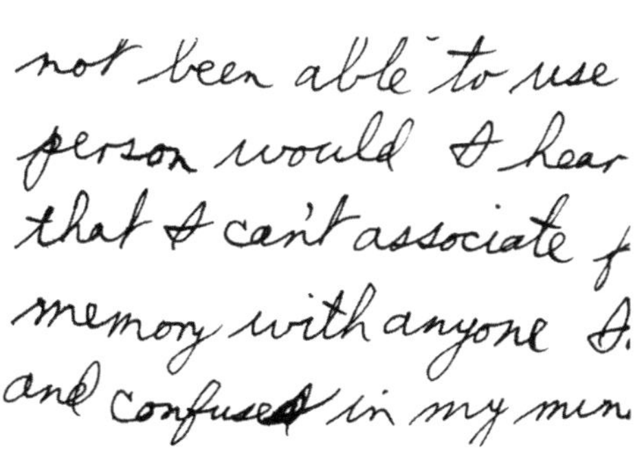

Abb. 177 (44%) Primär katatonisch

Die Skala des möglichen graphischen Ausdrucks für Angst und für Reaktionsmuster darauf, die die Integrität des Ich in allgemeinerer sozialer Hinsicht nicht gefährden, ist so weit wie der implizierte Spielraum gestörter Persönlichkeitsstrukturen selbst. Man findet in den Schreibspuren gewöhnlich Züge graphischer Syndrome sowohl schizoider als auch affektiver Provenienz vor, ohne daß diese allerdings in irgend entscheidender Weise markiert wären. Hinsichtlich der rhythmischen Qualitäten reicht die Skala von einem noch näher zu bestimmenden extrem niedrigen Schwankungsgrad bis zu einer Kombination aus Unregelmäßigkeit und Arhythmie; im letzteren Fall, der einen eher offenen Zustand von Ruhelosigkeit zeigt, ist das Bild nicht so sehr eines von Desintegration eines ursprünglich gegebenen Systems zeitlicher Artikulation als vielmehr das eines fortgesetzten Scheiterns, ein solches zu erreichen. In den offenkundigen Fällen von Beschränkung kann andererseits das fast gänzliche Fehlen von Schwankungen nicht im Sinne eines hohen Grades an normaler »Regelmäßigkeit« bestimmt werden, da es tendenziell eine eigentümliche relative Schwäche des Druckzyklus aufweist. Diese ist in den allgemeinen Eigenschaften visueller Muster zwar leicht zu erkennen, aber nur schwer zu definieren; versucht man eine Bestimmung, so könnte man sagen, daß der rhythmische Gesamtaspekt hochbeschränkter neurotischer Proben die dynamischen Kontraktions-*Folgen* widerspiegelt, ohne ihre üblichen veranlagungsmäßigen *Ursachen* zu zeigen: Die Schreibspur ist in ein monotones Muster gezwungen, ohne daß die Kraft, die diesen Zwang antreibt, selbst in ihre ausdrucksmäßige Topographie eintritt.

Als Folge davon wird die neurotische Schrift von ihrem Bild her das Vorhandensein »äußerer« Kräfte suggerieren, die für ihre Beschränkung verantwortlich sind, da sie die Schreibstruktur zusammenpressen. Hinsichtlich des quasi-räumlichen Aspekts der Handschrift kann das in diesem Phänomen wirksame ausdrucksmäßige Prinzip sowohl der vertikalen als auch der horizontalen Richtung (oder auch jedweder Kombination beider) folgen; beiden Varianten sind wir bereits zuvor, in unserer Analyse des »Schrumpfens« der Mittelzone und daraus folgender Enge, begegnet, in welchen beiden Eigenschaften wir *Angst* impliziert fanden. Da Beschränkung in ihrem eigentlichen Sinne psychologisch eine Behinderung der Impulsexternalisierung und graphisch eine relative Weitenminderung voraussetzt, werden

Handschriften mit niedriger Schwankung, die sich nicht aus entsprechenden Druckzyklen erklären, somit unter die zweite dieser Kategorien fallen, d. h. so erscheinen, »als ob« die äußerlich zusammenpressende Kraft in der Horizontalen arbeitet; entsprechend werden Neurosen, die ein starkes und einigermaßen klar definiertes situativ-traumatisches Element aufweisen, in erster Linie ein horizontales Zusammenpressen zeigen, wohingegen Neurosen, die stark durch Elemente akzentuiert sind, die offensichtlich als solche eines inneren Konflikts erfahren werden, entsprechend unserer früheren Analyse der zonalen Repräsentation von »Über-Ich«-Hypertrophie in erster Linie ein relatives Zusammenpressen der Mittelzone aufweisen werden (Abb. 178–179).

Abb. 178–179 Die zwei Prototypen psychoneurotischen Zusammenpressens in der Handschrift

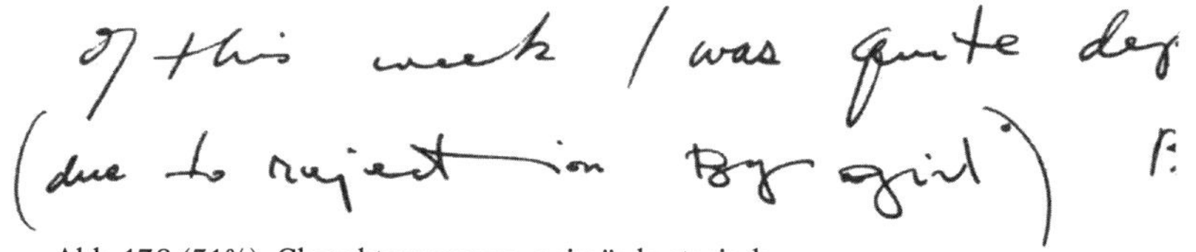

Abb. 178 (31%) Charakterneurose, primär hysterisch mit Abflachung aus der Mittelzone heraus

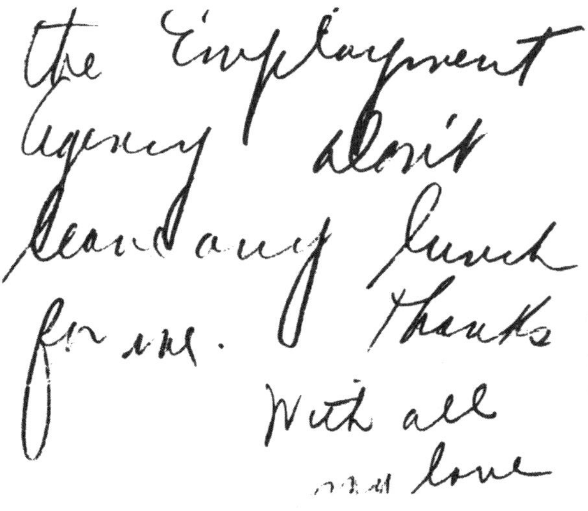

Abb. 179 (7%)
Akuter Angstzustand mit starkem situativen Element, in graphischer Hinsicht »schrumpfende« Ausdehnung nach rechts

Da die Bedingungen in der Wirklichkeit selten einem der beiden Prinzipien unter Ausschluß des anderen folgen, sind die obigen Definitionen in erster Linie als erleichternde Anleitungen zur Orientierung und Einschätzung zu verstehen. Unterspezifikationen klinischer Typen müssen notwendig eine große Anzahl differenzierter Kriterien einbeziehen, von denen viele in diesen Diskussionen bereits früher berührt worden sind.

Entsprechend der obigen Unterscheidung von zwei Typen »neurotischer« Verengung sind *Hysterische* zu erkennen an der Verminderung ihrer Mittelzone, einem ausgeprägten Hang zur Fadenbildung, Druckverschiebungen in Entspannungsbewegungen, besonders an den Wortenden, sporadischen Fällen von »stockendem« Druck, Neigung zu künstlicher Weite, künstlicher Völle, aufgeblasenen und übertriebenen Randzonen, Variationen zwischen demonstrativen Vereinfachungen und demonstrativen Bereicherungen und häufig an einer Betonung der zuvor erwähnten Tendenz, Wortendungen abwärtszuschieben, welche in diesem Fall zusätzlich durch einen »schaufelnden«, girlandenartigen Schlußstrich, der aus dieser letzteren Bewegung hinaus verlängert wird, eine perimetrische Umgrenzung nach rechts für die Gesamthöhe der Mittel- und Oberzone setzt und in ihrem oberen Abschnitt zur linken Seite hin zurückschwingt, eine Geste, die zugleich die allgemeine Bedeutung nach unten geschobener Wortendungen (Suche nach Kontakt mit den unbewußten Motivationen von Anderen), linksläufiger Endungen (Kontaktvermeidung) und des linkskonkaven Aufstrichs (Traumatisierung) umfaßt, deren gestisches Profil in dieser Bewegung gleichfalls gegeben ist (Abb. 180–184).

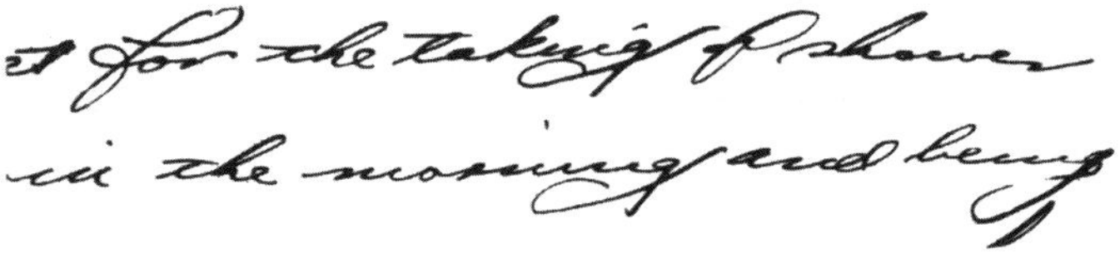

Abb. 180 (33%) Hysterische »Verschönerung«

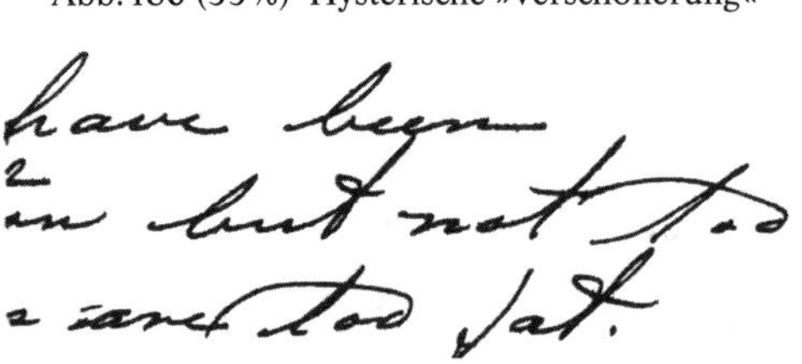

Abb. 181 (30%) Übermäßiges Ausdehnen und Aufblähen der Randzonen

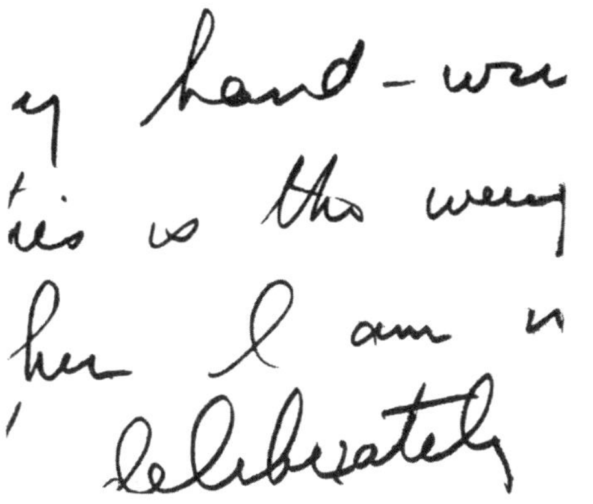

Abb. 182 (30%) Übermäßiges Ausdehnen und Aufblähen der Randzonen

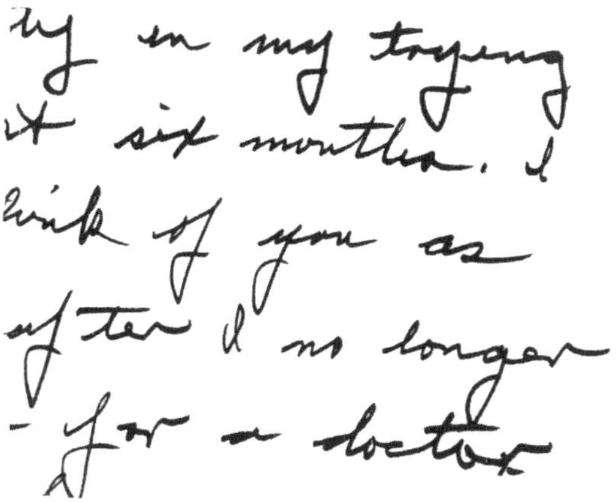

Abb. 183 (30%) Übermäßiges Ausdehnen und Aufblähen der Randzonen

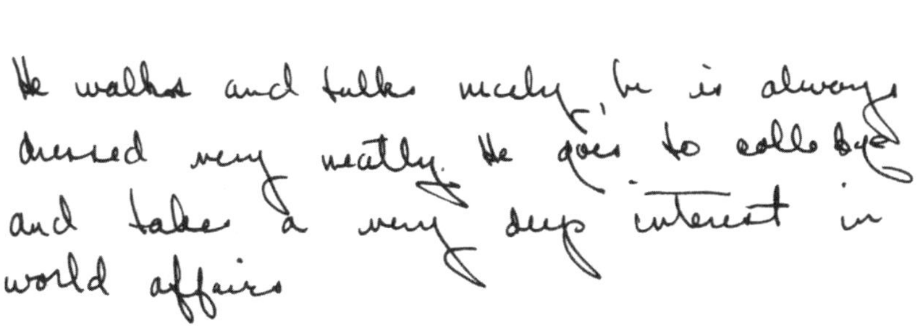

Abb. 184 (35%) Hysterische Affektverschiebung

Des weiteren kann es bei der Hysterie den zuvor schon diskutierten »verschönernden« Ausbesserungstyp geben, und der Schreibduktus kann einen besonderen, gelegentlich verschmierten Anflug von »Düsterkeit« haben, der umso mehr zutage tritt, je mehr eigentliche Konversionsmechanismen klinisch vorherrschen. Wie alle Paroxysmischen, aber weniger als Epileptiker, können die Hysterischen des weiteren plötzliche Variationen sowohl im Druck als auch in der Teigigkeit zeigen; die Schriftspur hysterischer Persönlichkeiten ohne klinische Konversionssymptome ist andererseits für gewöhnlich charakteristisch scharf. Auf höheren Niveaus von Intelligenz und kulturellem Anspruch kann schließlich ein beträchtliches Sortiment an »koketten« und »eleganten« Bewegungen halb-willkürlicher Unterbrechungen der Schreibspur auftreten, die auf der abschließenden Wirkung zu beruhen scheinen und den linearen Rhythmus des Schreibens mehr betonen als stören (Abb. 185–191).

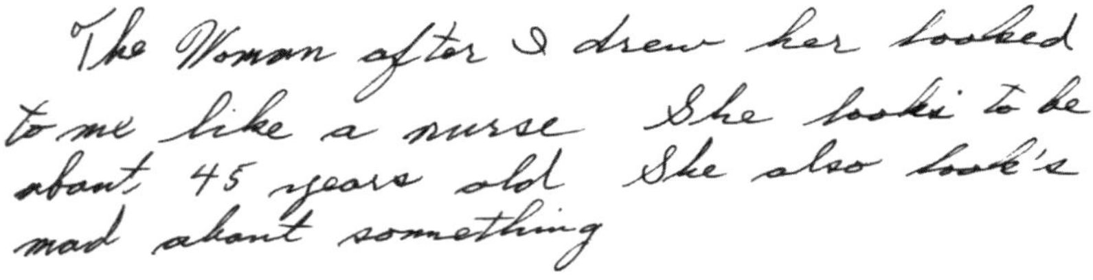

Abb. 185 (47%) Konversionshysterischer

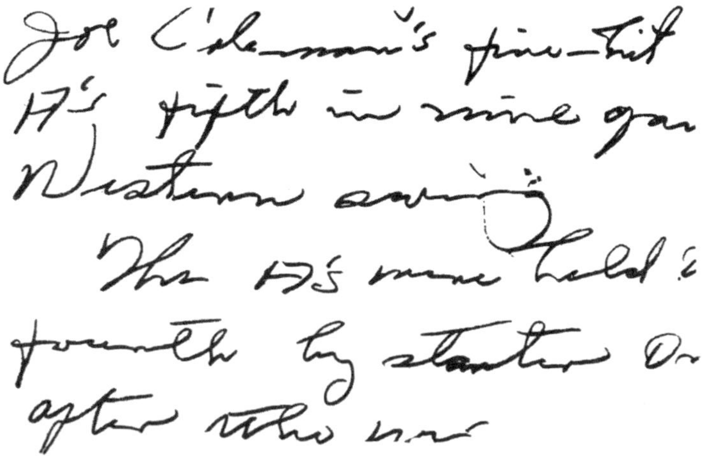

Abb. 186 (12%) Konversionshysterischer

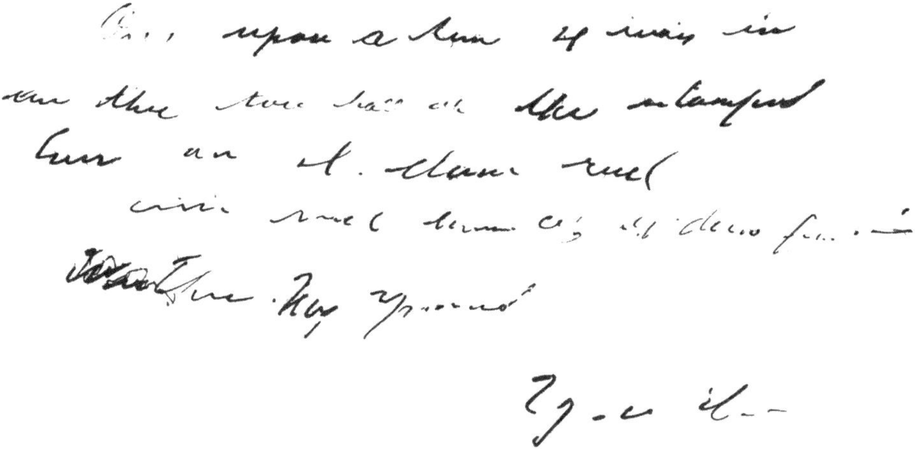

Abb. 187 (42%) Hysterischer Dämmerzustand

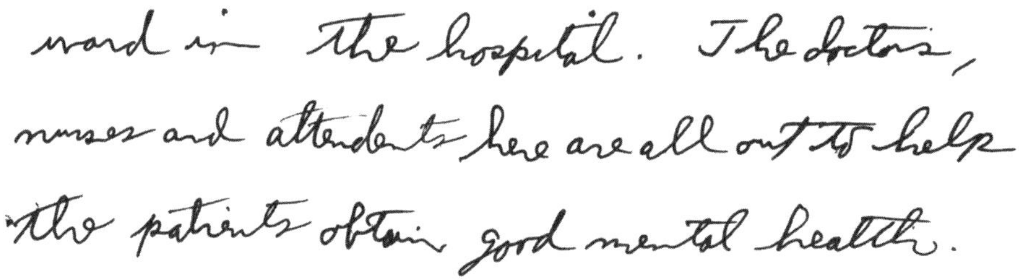

Abb. 188 (38%) Konversionshysterischer mit pseudo-schizophrenem Verhalten

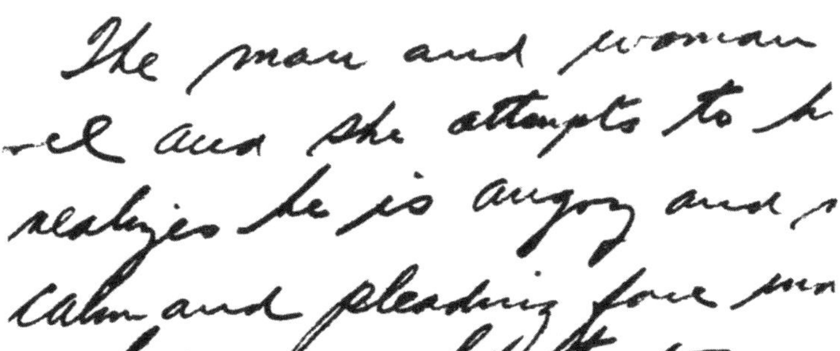

Abb. 189 (7%) Angsthysterie mit Depressionen

Abb. 190–191 Hysterische Mimkry

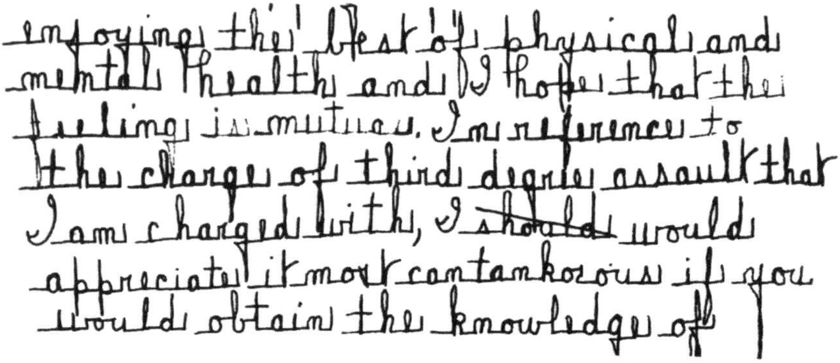

Abb. 190 (31%) Pseudo-katatonischer Starre-Zustand eines Hysterischen zur Zeit eines Anfalls dritten Grades

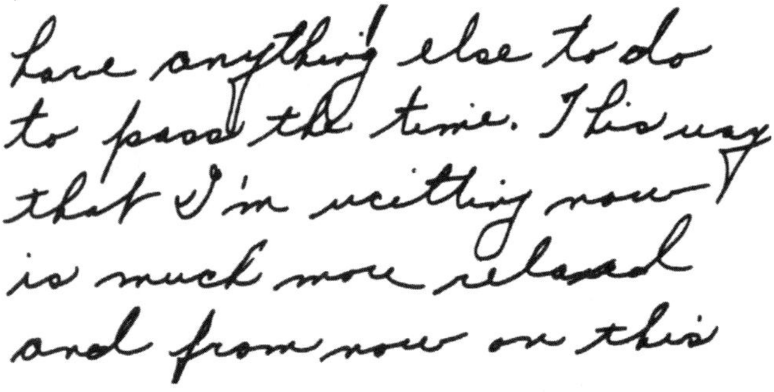

Abb. 191 (26%) Sein normaler Schreibstil

Während vertikale Verengung, die auf Kosten der Mittelzone wirksam ist, somit als die entscheidende graphische Tendenz des Hysterischen bestimmt werden kann, zeigen *reine Angstzustände* eine hervorstechende Tendenz zu horizontalem Schrumpfen. In Unterscheidung zu entsprechenden Zügen der Schrift furchtsamer und beschränkter Persönlichkeiten ohne klinisch manifeste neurotische Symptome ist graphische Enge in dieser Gruppe durch eine äußerst unbeständige und linear derhythmisierte Variante charakterisiert, in der auch für »künstliche Weite« charakteristische Bewegungen in die Bildung einzelner Buchstaben eingehen können, während in anderen Abschnitten der Schreibspur Abstriche als an vorangehende, die entweder zu denselben oder sogar zu anderen Buchstaben gehören mögen,

»angeklebt« erscheinen können. Eine große Veränderlichkeit der Gesamtbuchstabenrichtung, Steifheit des Schreibduktus, Langsamkeit, extreme Druckentfaltung – manchmal auch Ausgedehntheit – in den Randzonenausläufern besonders der Unterzone (möglicherweise das spezifischste graphische Merkmal dieser Kategorie), unbeständige Zeilenrichtung, allgemeines Vorherrschen kontraktiver Eigenschaften, gelegentlich sogar Teigigkeitsexzesse und eine Betonung der Bewegung in den Randzonen, womit, anders als für die hysterische Handschrift dargelegt, nicht notwendig ein Schrumpfen der Mittelzone der Schrift einhergeht, sind Charakteristika für Zustände in dieser Gruppe, die oft auch durch eine extreme Steifheit und Schwere des Schreibduktus gekennzeichnet sind (Abb. 192–197).

Abb. 192–197 Angstzustände

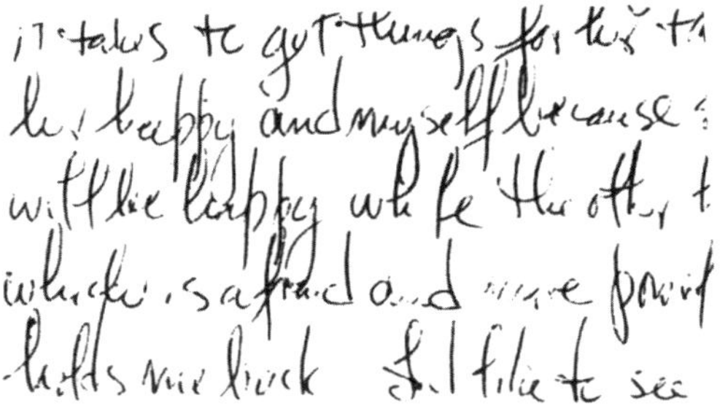

Abb. 192 (31%) Chronische Angst mit Depression und zwanghaften Charakterzügen

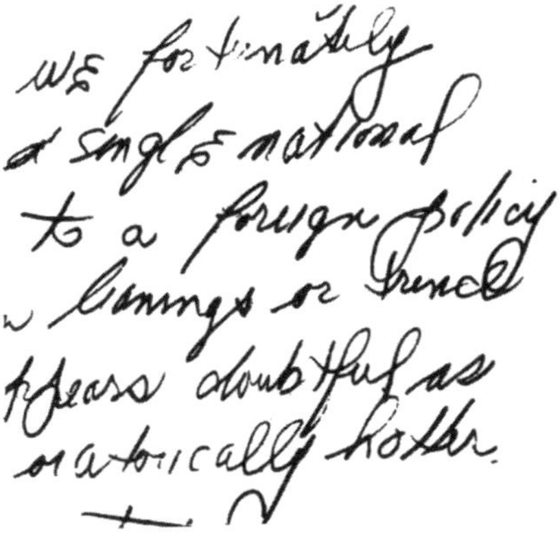

Abb. 193 (31%) Chronische Angst bei einem schizoiden Individuum

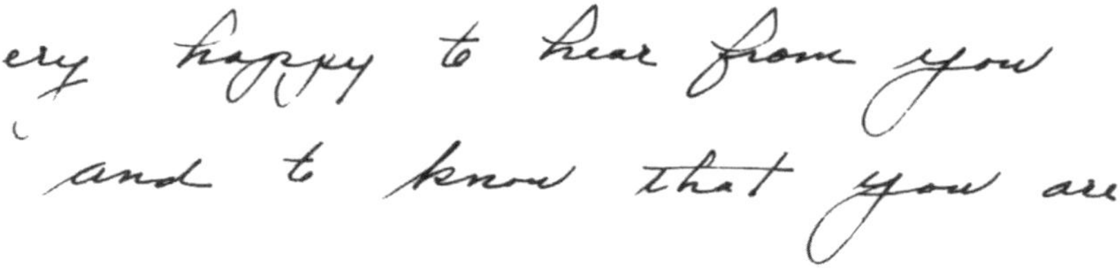

Abb. 194 (31%) Akute Angst bei einem Zwangsneurotiker

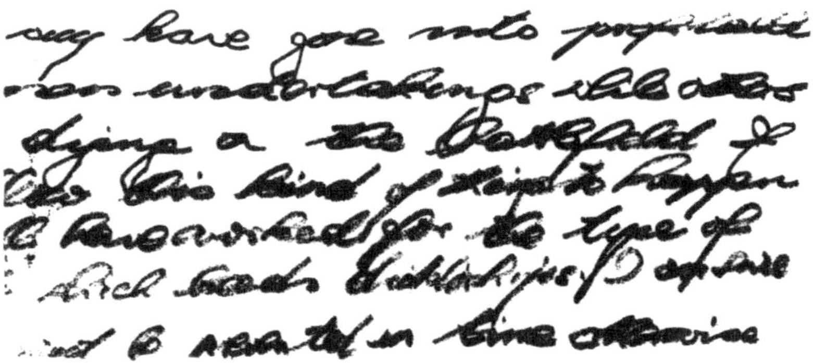

Abb. 195 (31%) Akute Angst, posttraumatisch, mit einiger Depression

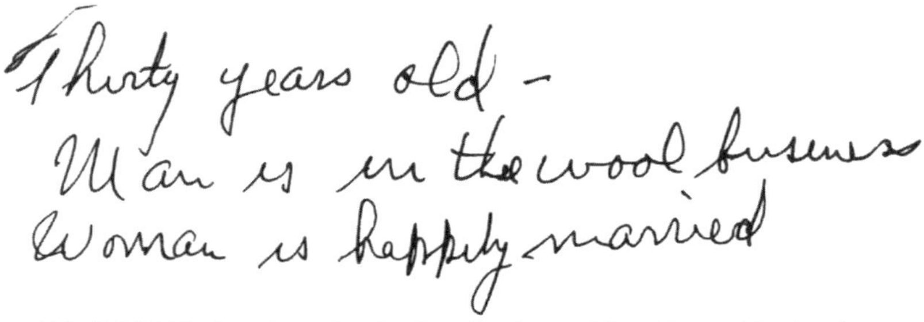

Abb. 196 (31%) Angsthysterie mit schwachen kompulsiven Zügen. Man beachte Langsamkeit, minimales Zittern, Verschönerung (*the*), Druckverschiebungen, Inkonsistenzen in der Weite, der Buchstabenrichtung und der Ausdehnung der Unterlängen sowie ein Kontrollverlust im obersten Abschnitt des *T* von *Thirty*.

Unter den graphischen Symptomen der *Psychastenischen* wurde oben bereits das häufige phobische Widerstreben in ihren Zeilen, auf den rechten Papierrand zuzugehen, und die damit zusammenhängende Angewohnheit, den sich ergebenden Rand mit einem geraden horizontalen Strich durchzustreichen, erwähnt. Ähnliche Phobien bezüglich der Rechtsausdehnung

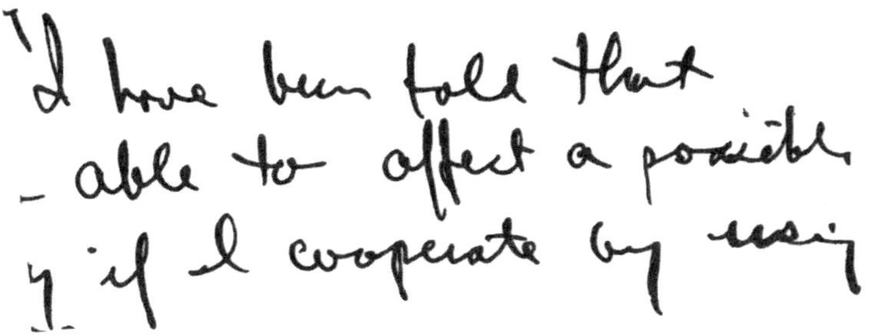

Abb. 197 (16%) Angstzustand mit Phasen von Petit Mal bei einem hoch instabilen Individuum. Man beachte den in den Randzonen-Bewegungen im Vergleich mit der Mittelzone höheren Druck, das Vorkommen von »Stockungen« und »Staccati«, Teigigkeit, Fadenbildung im Wortinneren, allgemeine Derhythmisierung und das Auftreten von »Niederdrückungen« in druckbetonten Unterlängen der letzten Zeile

sind auch bei den *Zwangsneurosen* verbreitet, und alle finden ihr verbindendes Gemeinsames in einer extremen Enge der Schriftspur, zusätzlich zu einem Ansteigen des Nachdrucks, der in die worteröffnenden Aufstriche gelegt wird, einer Betonung pathognomischer Zeichen innerhalb des Bewertungsfeldes der allgemeinen Kurveneigenschaften und eines Typs von Rand-Betonung, der nicht dazu neigt, auf Kosten der Mittelzone zu arbeiten, in der eine ängstliche, manchmal sogar deutlicher als bei Personen von niedrigem Bildungsgrad ausgeprägte Achtsamkeit auf die Schulschriftmuster häufiger vorkommt als tatsächliche Fadenbildung. Völlige Beschränkung des am Anfang dieses Unterkapitels definierten Typus' ist in dieser Gruppe häufig, d. h. die Wirkung einer durch Druckzyklen nicht adäquat erklärten »regelmäßigen« Monotonie wird vorherrschen. Angesichts des charakterologischen Kontinuums zwischen dem Zwanghaften und dem Paranoiden wird man die Ähnlichkeiten zwischen ihren Arten relativer Rand-Betonung und beider Neigungen zu scharfem Schreibduktus sowie verwandten Manifestationen ich-linearer Gezwungenheit nicht überraschend finden; differenzielle Kriterien liefern die umfassendere Kontraktivität (auch bezüglich ihrer Größe) der zwanghaften Schrift, ihre bereits erwähnte weit größere Monotonie, die größere Steifheit auf seiten des paranoiden Duktus, des letzteren allgemein höhere Druckbetonung und das Fehlen sowohl des paranoiden vertikalen »Wachstums«-Effekts als auch der im vorigen bestimmten spezifischen Besonderheiten der paranoiden Schreibspur im Bereich der allgemeinen Kurveneigenschaften in der zwanghaften Handschrift sowie eine beträchtliche Anzahl kleinerer Unterschiede. Die »Verdichtung«, die die zwanghaften Schriftproben zeigen, scheint schließlich gleichfalls dazu zu tendieren, die relativen Abstände zwischen oberen und unteren Schleifen und anderen geschlossenen Formen innerhalb der kleineren Einheiten der Schreibspur auf ein Minimum zu reduzieren, was auf einen Effekt verallgemeinerter »Dichte« hinausläuft, der sogar ohne ein ausdrückliches Vorhandensein der zuvor erwähnten Kennzeichen schwerlich der Aufmerksamkeit des Beobachters entgehen wird (Abb. 198–202).

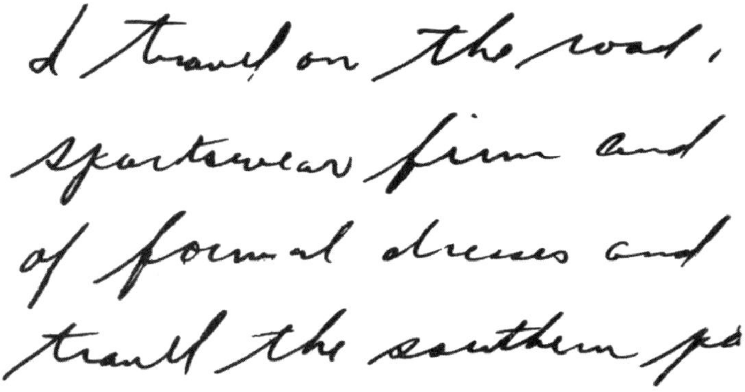

Abb. 198 (7%) Zwangsneurose, obsessiver Typ

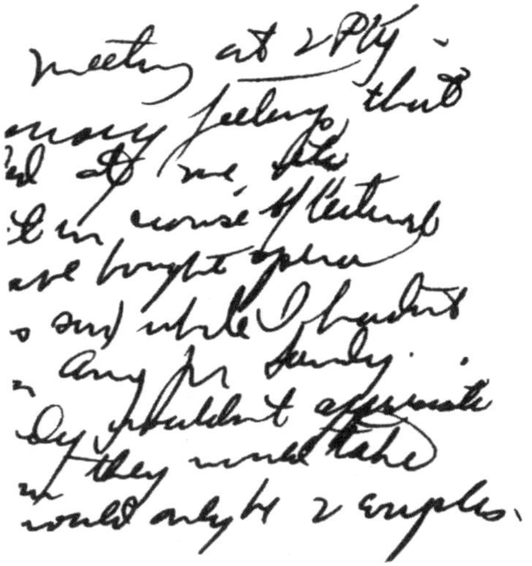

Abb. 199 (7%) Zwangsneurose, obsessiver Typ

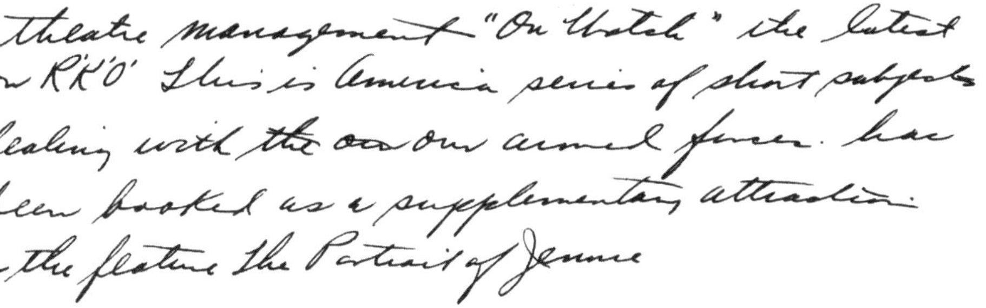

Abb. 200 (34%) Zwangsneurose, obsessiver Typ

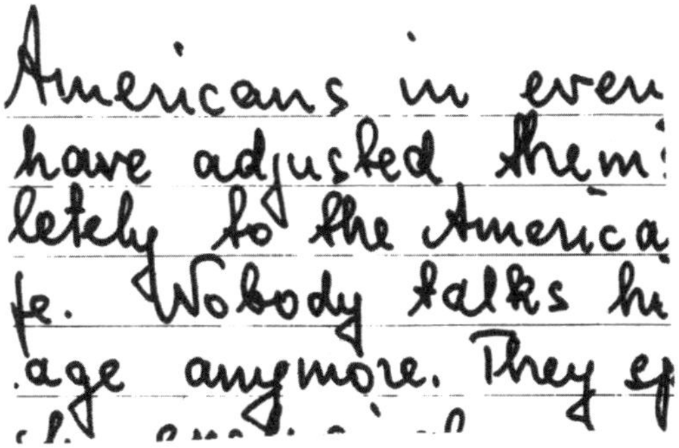

Abb. 201 (16%) Zwangsneurose mit frei strömender Angst

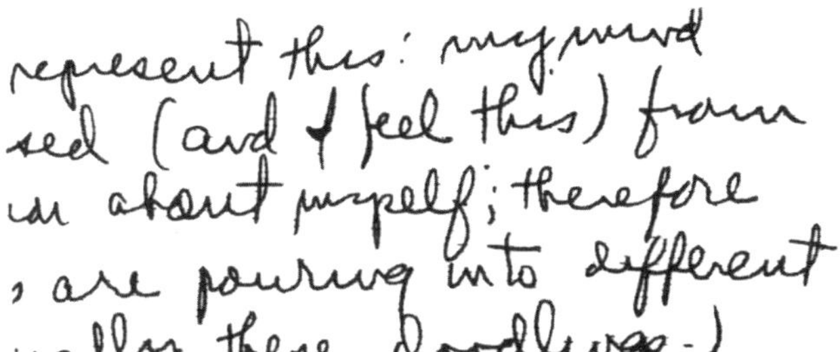

Abb. 202 (16%) Zwangsneurose mit chronischer Depression

Die Handschrift des *Kompulsiven* kann dieses letztere Charakteristikum ebenfalls zeigen, wird sich aber von den spezifischer obsessionellen Typen durch das weniger einseitige Auftreten horizontaler Verdichtung und das ausgeprägtere einer allgemeinen Kontraktion, die zur Betonung zentripetaler Impulse neigt, unterscheiden. Somit neigt die Größe der Handschrift sogar dazu, kleiner zu sein als in der obsessionellen Gruppe, während sich sowohl Schrumpfung der Mittelzone als auch Enge betont finden. Im ganzen ist die obsessionelle Handschrift des weiteren tendenziell winkelhafter, die kompulsive runder, und wie die erstere mit paranoiden Typen, so mag die kompulsive Handschrift mit katatonischen Mustern verwandt erscheinen, von welchen sie allerdings durch das Fehlen der spezifischen schizoiden und desintegrativen Tendenzen in ihr und der im vorigen bestimmten »Konzentrizität« der typischen katatonischen Schrift unterschieden werden kann. Die Druckverteilung schließlich neigt entsprechend der engeren Beziehung des Kompulsiven zu den paroxysmischen Typen, den psychomotorischen Epilepsien usw., dazu, in ihren Handschriften weit widerspenstiger zu sein als es in denen der Obsessiven der Fall ist. Kompulsive Zweifler ebenso wie verwandte »ambivertierte« Charaktertypen in der Allgemeinheit neigen dazu, in ihrer Behandlung der Randzonen-Ausläufer große Inkonsistenzen zu zeigen, ein Zug, der die für ihre Wertmaßstäbe charakteristischen Ungewißheiten und Ambivalenzen widerspiegelt (Abb. 203–205).

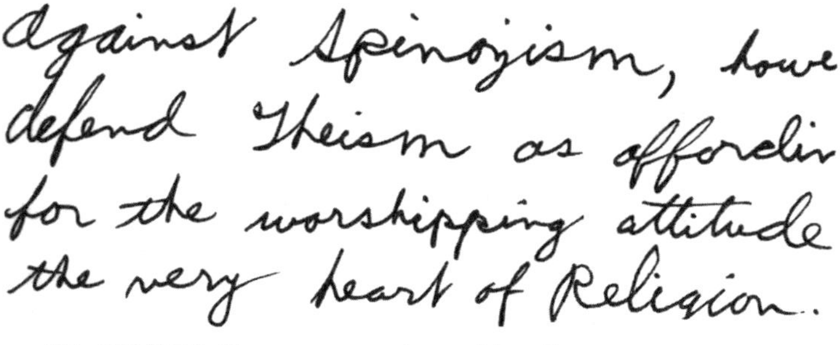

Abb. 203 (12%) Zwangsneurose, kompulsiver Typ

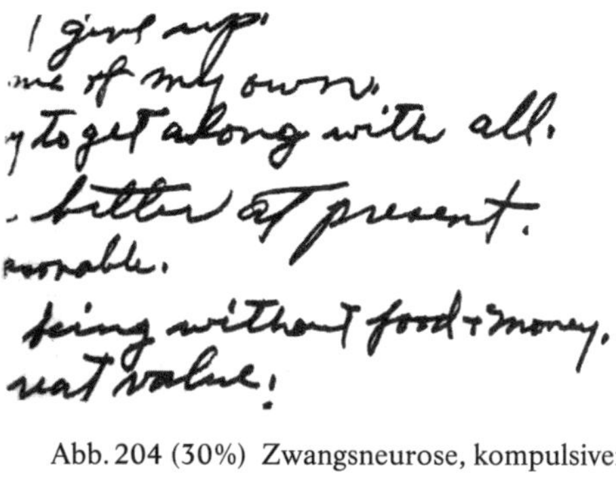

Abb. 204 (30%) Zwangsneurose, kompulsiver Typ

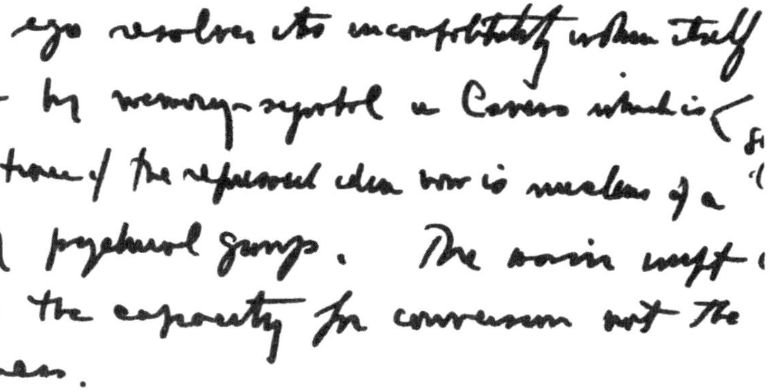

Abb. 205 (12%) Zwangsneurose, kompulsiver Typ

Sowohl *Angstzustände* als auch *reaktive Depressionen* (die allgemeine graphische Physiognomie der letzteren wurde im Kontext der affektiven Störungen berührt) können mehr oder weniger winzige Tremores aufweisen und werden in nahezu allen Fällen eine zittrige Tendenz in Form eines leicht »schauernden« Schreibduktus zeigen, die visuell dem allgemeinen Teigigkeitseffekt verwandt ist, von dessen eigentlicherer Bedeutung, einer aktiven sinnlichen Nachgiebigkeit in der Strichverteilung, sie jedoch mit einiger Erfahrung ohne allzu große Schwierigkeiten für den Untersuchenden wird unterschieden werden können. Neurastenien wie auch Angstzustände mit substantiellerer hysteroider Färbung andererseits werden generell eine spezifische Zerbrechlichkeit ihres Duktus aufweisen, die als ein höchst aufschlußreiches Kennzeichen ihrer exzessiven Sensibilität erscheint (Abb. 206–208).

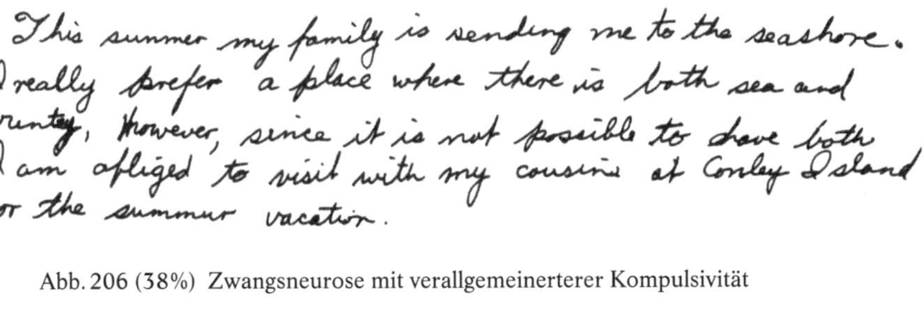

Abb. 206 (38%) Zwangsneurose mit verallgemeinerterer Kompulsivität

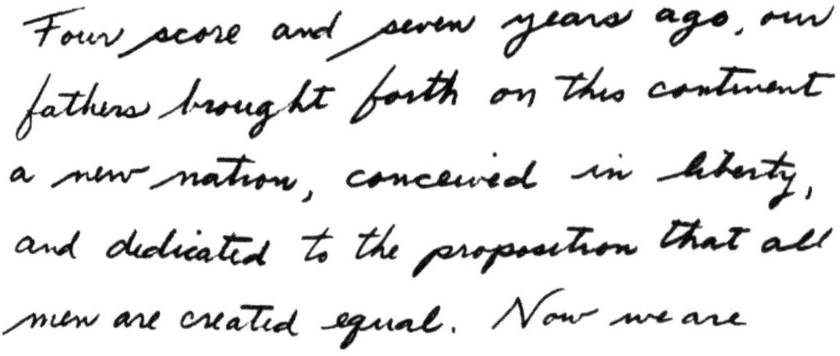

Abb. 207 (43%) Zwangsneurose mit verallgemeinerterer Kompulsivität

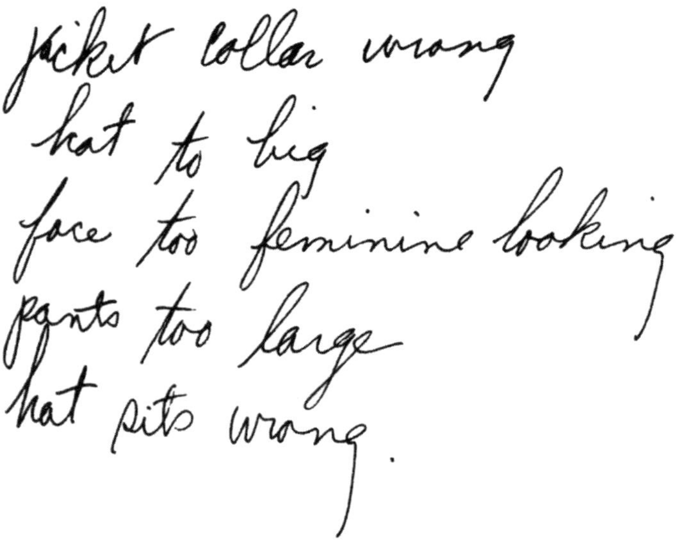

Abb. 208 (7%) Neurastenische Frau mit Zügen von Somnambulsimus

Die *ruhelosen* und *agitierten* Zuständen gemeinsame Tendenz zu einer Kombination von einer rhythmisch desintegrativen Verteilung der Bewegungsanteile mit einem hohen Grad an Unregelmäßigkeit im eigentlicheren Sinne, d. h. von völliger rhythmischer Schwankung, wurde bereits zuvor festgestellt, und das kombinierte Kriterium, das diese Tendenz erfordert, gilt außerhalb des neurotischen Bereichs ebenso wie innerhalb seiner Grenzen für obsessionelle Patienten mit einem starken Element von Launenhaftigkeit und Emotionalität, für Hysterische und Kompulsive mit substantielleren zykloiden Trends, für agitierte Ängste und reaktive Depressionen sowie im besonderen für *Herzneurosen,* bei denen die oben definierte Gesamteigenschaft aus dem gleichzeitigen und einander widersprechenden Wirksamsein einer horizontal verdichtenden und erfolglos »regulierenden« Tendenz auf der einen Seite und ausgeprägten Impulsen eines »Fliehens nach rechts« auf der anderen herzurühren scheint (Abb. 209).

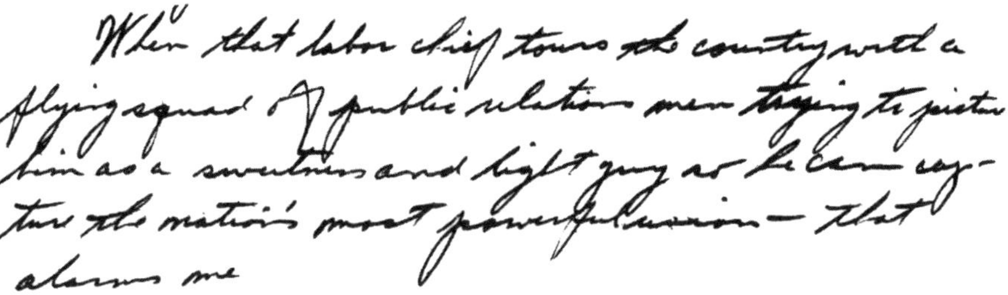

Abb. 209 (38%) Vermischung von Hysterie und obsessiver Neurose mit ausgeprägter ideomotorischer Unruhe

Intrakranielle Störungen

In der psychiatrischen Literatur sind die Handschriften der Hirnorganischen häufig gestreift worden. Insofern die reflektierten Bedingungen, anders als die der psychogenen Störungen, nicht in Termini fest etablierter charakterologischer Prinzipien gefaßt werden können, scheinen sie sich strenggenommen nicht für ein System der Ausdrucksanalyse, das durch Kriterien insgesamt integrativer oder desintegrativer Tendenzen der Persönlichkeitsstruktur geleitet wird, zu eignen. Da jedoch die zwischen organischen und psychogenen Störungen gemachten Unterscheidungen mehr auf den Unterschieden unserer eigenen kognitiven Zugänge zu beiden beruhen als auf einem schlüssigen Beweis für das Fehlen korrelierender spezifischer organischer Prozesse in den psychogen genannten Störungen, scheint sich keine prinzipielle Unterscheidung zwischen den beiden Klassen gestörter Persönlichkeitssysteme nahezulegen, und es ist zwischen ihnen keine scharfe Abgrenzung durch derart »zentrale« Positionen, wie sie zum Beispiel bei konvulsiven Zuständen vorliegen, angezeigt. Diese Situation ist streng parallel zu dem entsprechenden Spielraum an Mustern in der Handschriftentypologie, die ziemlich sanfte Übergänge zwischen »echten«, zu paroxysmischen Trends in der Persönlichkeitsstruktur gehörenden Epilepsien und auf Hirnläsionen zurückzuführenden konvulsiven Störungen vermerkt.

Jenseits der letzteren Gruppe jedoch ist die bei Hirnkrankheiten weit *direktere* Auswirkung von Störungen der Wahrnehmungs- und motorischen Koordination auf die koordinativen Funktionen des Schreibens, da die daraus resultierenden Eigenschaften weitaus gröber sind, klar von denen irgendwelcher »psychogener« Störungen zu unterscheiden. Die Schwierigkeiten des »organischen« Patienten, die Aufgabe des Schreibens zu meistern, sind nicht »gestisch repräsentativ« für seine allgemeinen Schwierigkeiten, sondern mit ihnen identisch. Während zwischen diesen Behinderungen und charakterologischen Prinzipien keine direkten Verbindungen bestehen und während die Schreibschwierigkeiten des »Organischen« somit eher von größerem neurologischem denn von psychologischem Interesse zu sein scheinen, fallen sie kraft der funktionalen Einheit des Organismus, d. h. aufgrund der Notwendigkeit für den Patienten, sich ihnen anzupassen, und der Tatsache, daß er zu diesem Zweck ausschließlich über in seiner Charakterstruktur begeschlossene Anpassungsmechanismen verfügt, in den psychologischen Bereich. Somit können Gesamt-Persönlichkeitsbilder auch aus den Handschriften von hirnorganisch kranken Patienten gewonnen werden, vorausgesetzt, daß die Erkrankung nicht so weit fortgeschritten ist, daß sie eine Selbst-Artikulation nahezu unmöglich macht, und entsprechend blieben die Prinzipien, die derartige Bewertungen leiten, was den charakterologischen Aspekt betrifft, die gleichen wie für die Handschrift im allgemeinen. Im Hinblick auf die verbreitetsten Typen hirnorganischer graphischer Symptome selbst können die folgenden Anleitungen gegeben werden (Abb. 210–216).

Abb. 210–211 Psychogener und organischer Tremor

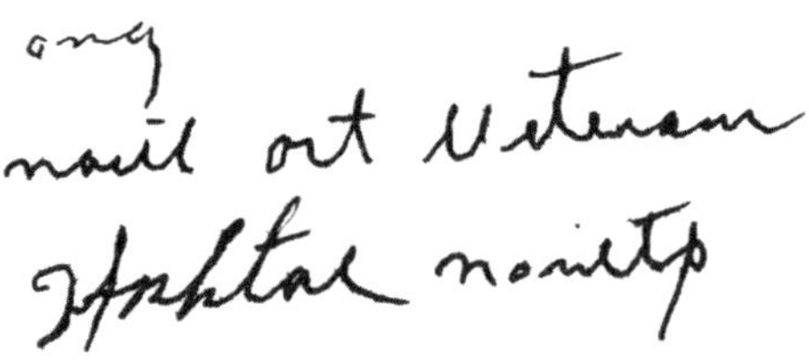

Abb. 210 (30%) »Langwelliger« Tremor eines Katatonischen

Abb. 211 (30%) Zittriger Druck in den Unterlängen; Angstzustand

Abb. 212–216 Verschiedene hirnorganische Muster I

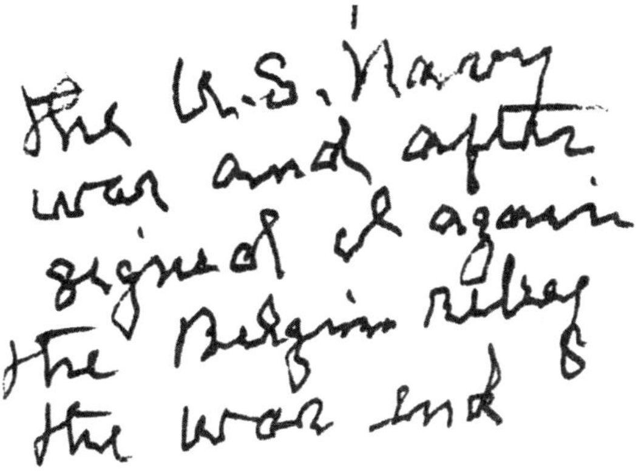

Abb. 212 (12%) Fortgeschrittene Zerebralsklerose

Abb. 213 (12%) Hirntumor im rechten parietalen Bereich, präoperativ

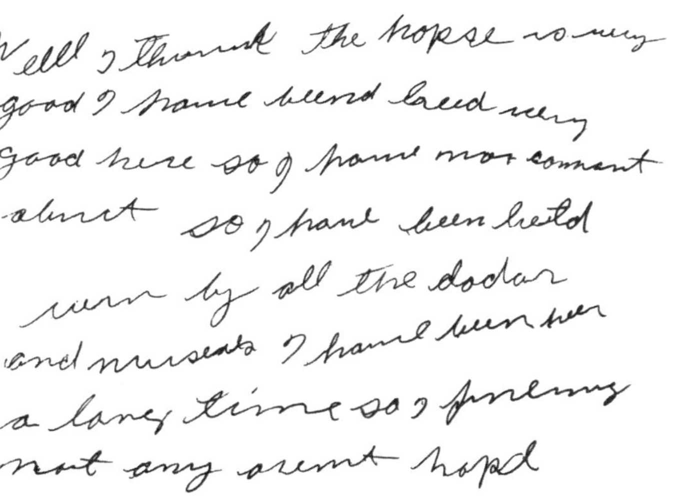

Abb. 214 (52%) Hirntumor im rechten parietalen Bereich, postoperativ

Abb. 212–216 Verschiedene hirnorganische Muster I (Forts.)

Abb. 215–216 Organisches Zickzack, Ataxie und Schwierigkeit bei der Größenkontrolle

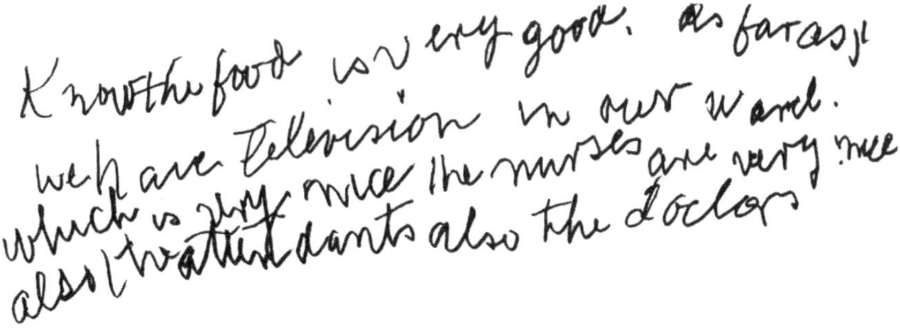

Abb. 215 (34%) Zerebrale rechtsseitige Thrombose

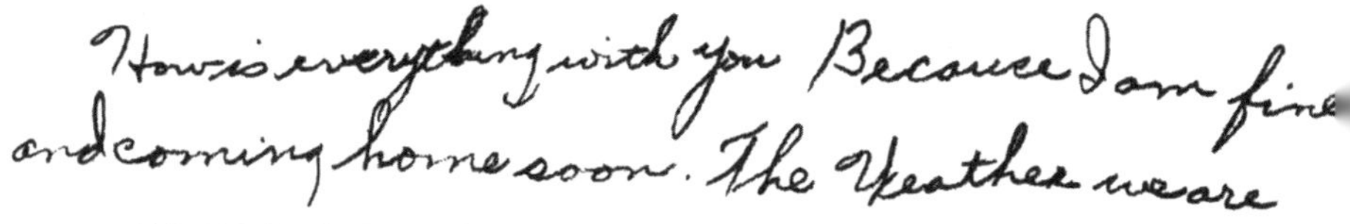

Abb. 216 (17%) Tumor, linker parietaler Bereich

Zerebralsklerose und einfache senile Demenzen sind durch einen zuweilen extrem groben und doch »regelmäßigen« Tremor charakterisiert, der oft einem besonders konsistenten Muster folgt; gröbere Koordinationsschwierigkeiten sind selten, sporadische Fälle graphischer Ataxie können vorhanden sein oder auch nicht.

Sowohl *zerebrale Thrombosen* als auch *Tumore* weisen tendenziell ein weit gröberes »Schauern« des Schreibduktus auf als das, welches sich unter angstdominierten psychogenen Bedingungen findet. Löschungen sind besonders bei Tumor-Fällen häufig, und wenn der Zustand fortschreitet, werden Schwierigkeiten bei der Größenkontrolle tendenziell vorherrschend und sind dank des Fehlens bestätigender affektiver Akzentsetzungen in anderen Dimensionen, d. h. eines einenden Formprinzips, leicht von katatonischer »Schrumpfung« und »Ausweitung« zu unterscheiden. Ataxie sticht ins Auge und findet sich hier und da auch in Verbindung mit Strichverdoppelungen und ausgeprägten Störungen in der räumlichen Orientierung; in Fällen, wo dies zu einem ängstlichen Am-Papier-Kleben führt, kann daraus ein charakteristisches Zickzack der Schreiblinie folgen.

Aphasien tendieren über die meisten der Haupt-Koordinationsschwierigkeiten hinaus zu besonders abrupten Wechseln der Buchstabenrichtungen und gelegentlich des Drucks. Ataxie ist besonders ausgeprägt, Perseveration in graphischen Bewegungen häufig. Grobe Unterbrechungen der Gesamtspur der Schrift können vorkommen.

Paretiker scheinen neben Koordinationsschwierigkeiten gewöhnlicheren Typs eine besondere Neigung zur Verwickelung von Strichen und ganzen Zeilen zu haben. Tremores weisen eine besondere Unregelmäßigkeit auf, Löschungen sind häufig. Im Unterschied zu den Schreibspuren von Patienten mit Tumoren ist die Schrift tendenziell schnell und flüchtig.

Fokale Epilepsie kann auch durch gröbere koordinative Schwierigkeiten gekennzeichnet sein. Ihr hervorstechendster Zug aber besteht, in Übereinstimmung mit dem aller konvulsiven und mehr oder weniger aller »paroxysmisch« akzentuierten Störungen, in der Tendenz zu abrupten Wechseln besonders des Drucks, der keine konsistenten Steigerungen, sondern plötzliche Ausbrüche innerhalb des Strichs aufweist und ebenso plötzlich wieder absinkt. Mildere Bewegungs-perseverierende Tendenzen kommen vor.

Charakteristisch für alle Zustände, die durch eine Steigerung des zerebralen Drucks gekennzeichnet sind, ist darüber hinaus eine extreme Langsamkeit und ein daraus folgender Mangel an graphischer »Schlankheit«, selbst wenn andere Symptome nicht oder noch nicht sichtbar sind.

Diffuse *nutritionale* Störungen des Kortex mit oder ohne konvulsive Korollare schließlich können mildere Grade an »Schauern«, unterschwelligere Störungen des Druckzyklus und gelegentlich Ataxien zustandebringen.

Während alle Dysfunktionszustände des Gehirns dazu neigen, vergleichsweise grobe Koordinationsschwierigkeiten zu zeigen, wären spezifischere Muster-Typen für oben nicht genannte klinische Bedingungen noch zu bestimmen (Abb. 217–219).

Abb. 217–218 Verschiedene hirnorganische Muster II

Abb. 217 (38%) Parese bei einem 52 Jahre alten Mann

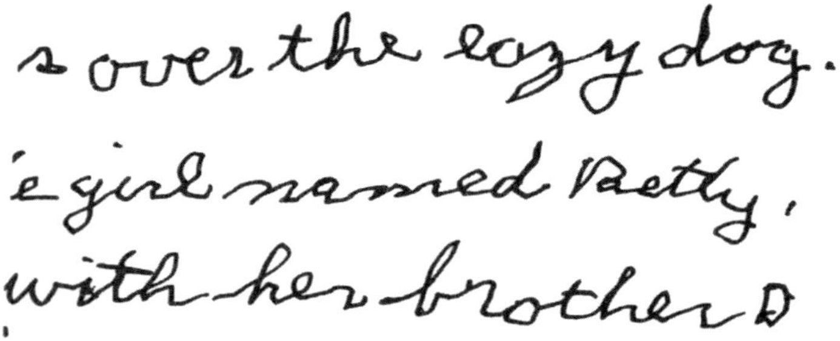

Abb. 218 (17%) Schwachsinnige Frau mit diffuser kortikaler Atropie

Abb. 219 Verschiedene hirnorganische Muster III

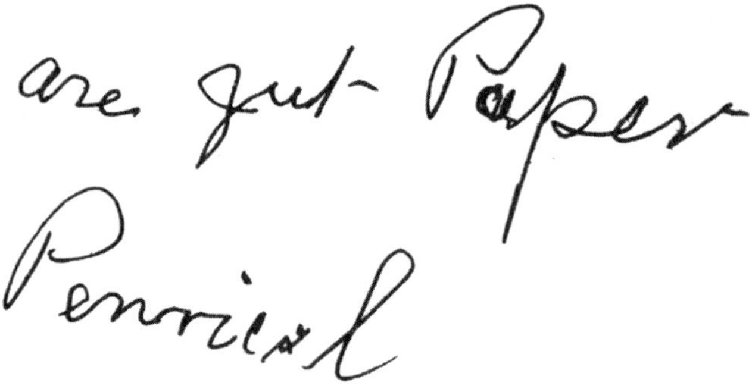

Abb. 219 (17%) Milde motorische Aphasie

Da die zahlreichen unterschiedlichen möglichen Kriterien für die psychologische Klassifikation von Persönlichkeitstypen und Persönlichkeitsstörungen einander überlappen, tendieren Gruppenbegriffe innerhalb einer Typologie dazu, Grenzlinien zwischen den Gruppenbegriffen anderer Typologien zu durchkreuzen. So zeigen im Bereich der Schizophrenien die Katatonischen in manchem spezifischen Aspekt eine enge Beziehung zu den nichtschizoiden paroxysmischen Gruppen, den Epileptischen und den Hysterischen. Diese Situation wird durch die Beziehung zwischen den Schriftmustern der genannten Gruppen in denjenigen Feldern graphischen Ausdrucks, die einschlägig für das Aufstauen, die Verdrängung und den Ausbruch von Affekten sind, widergespiegelt. Die Neigung der Katatonischen, hohen graphischen Druck an den Tag zu legen, wurde bereits zuvor erwähnt, gleichfalls die widerspenstigen, abrupten und hinsichtlich der normalen Kontraktions-Entspannungs-Zyklen »verschobenen« Druckverteilungen, die die Handschriften von hysterischen und konvulsiven Individuen charakterisieren. Bei wahrer *Epilepsie* und besonders bei Fällen von *Grand Mal* steigert sich diese Tendenz oft zu einem »Staccato« beim Einsatz von Druck, das typisch für ihren extremen Mangel an Übergangs-Schwellungen und für zuweilen die gänzliche Umkehrung der Entspannungs- und Kontraktionsbewegungen im Hinblick auf ihre Empfänglichkeit für die Manifestation von Druck ist; in den Handschriften der Epileptiker können diffusere Merkmale von Abruptheit auch in anderen Feldern graphologischer Prüfung auftreten, wie den Längs-Eigenschaften des Strichs, die willkürlich, vom einen Abschnitt des Textes zum nächsten, zwischen hoher Verbundenheit und hoher Unverbundenheit varieren können, aber die lateralen Duktus-Eigenschaften scheinen sich spezifischer für dieses Staccato-Phänomen zu eignen: Ganze Zeilen von höchster Schärfe können sich mit anderen von äußerst trüber Qualität abwechseln. Eine charakteristische dämmerungshafte »Düsterkeit« oder »Glasigkeit« des Strichs, wie sie in leichteren Graden bereits die Schrift von Konversionshysterischen kennzeichnet, scheint typisch für die Handschriften von sowohl Grand Mal- als auch Petit Mal-Patienten; zusätzlich trifft man in häufigen Fällen der ersten Gruppe auf übermäßige Rechtsgeneigtheit und auffällige Tendenzen ganzer Wörter, unter die Schreiblinie zu fallen, sowie in beiden Gruppen auf eine signifikante, rechts-konkave Verlängerung des worteröffnenden Aufstrichs, die sich auf die eigenartige emotionale Vertrautheit des epileptoiden Charakters mit sich selbst bezieht. Die »Derhythmisierungen« des Schizophrenen und die »Arhythmie« des Epileptikers, wie sie sich aus der Spezifikation graphischer Kennzeichen für beide Gruppen ergeben, folgen den unterschiedlichen dynamischen Desintegrationsprinzipien der begriffsvereinheitlichenden Denkfunktionen für erstere und einer primären Störung in der Affektkanalisierung für letztere Gruppe, wobei die Katatonischen vermutungsweise nur eine der möglichen kombinierten und vermittelnden Positionen darstellen (Abb. 220–227).

Abb. 220–221 Idiopathische Epilepsie I. Zwei Fälle von Petit Mal

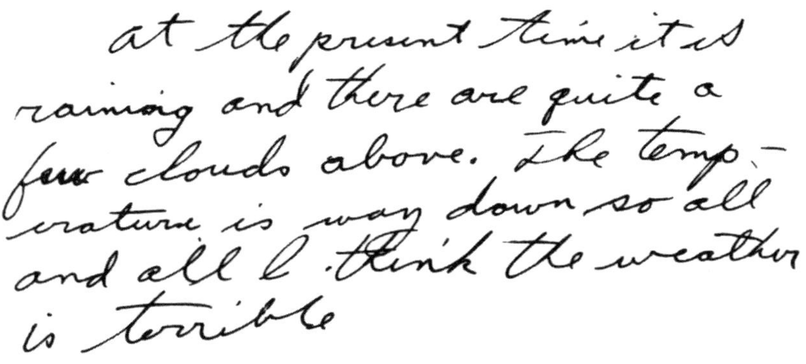

Abb. 220 (17%).

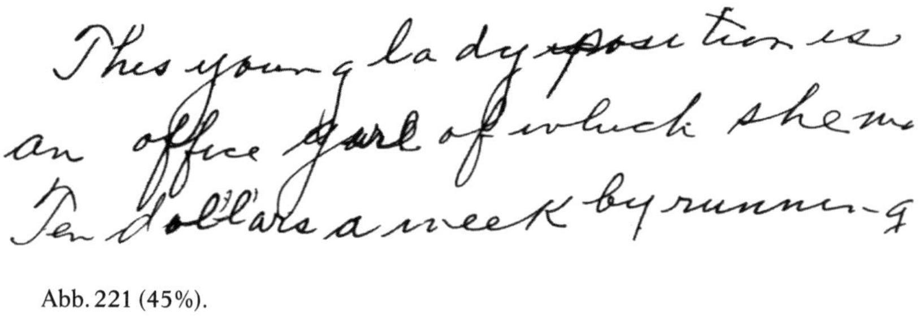

Abb. 221 (45%).

Abb. 222–223 Idiopathische Epilepsie II. »Glasigkeit« des Schreibduktus. Patienten mit Grand Mal-Anfällen

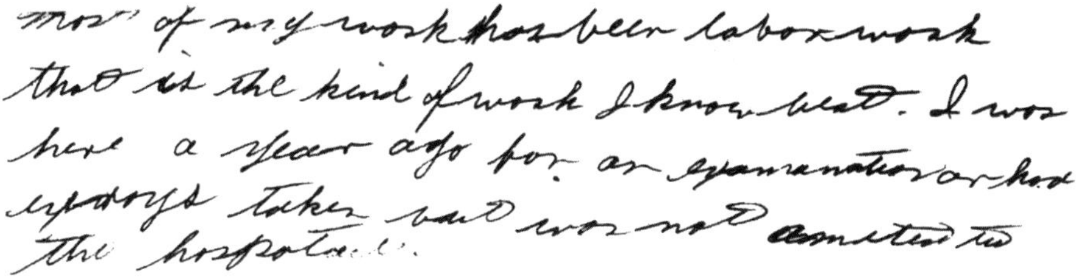

Abb. 222 (42%)

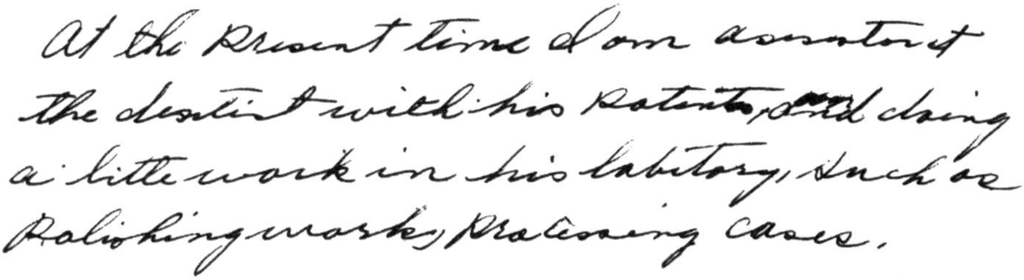

Abb. 223 (42%)

Abb. 224–227 Idiopathische Epilepsie III. »Fallen« und »Staccato«. Patienten mit Grand Mal-Anfällen

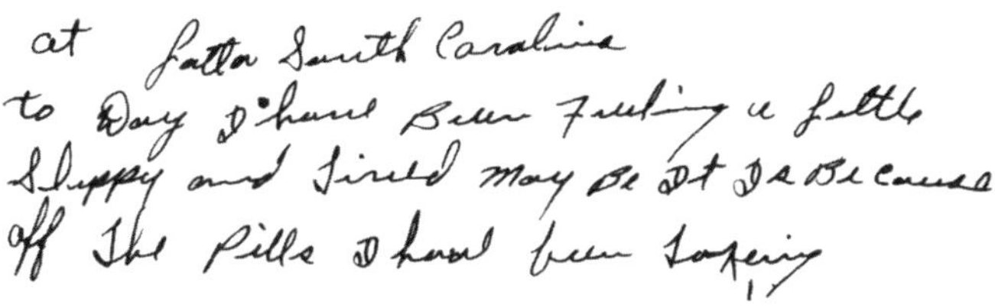

Abb. 224 (56%)

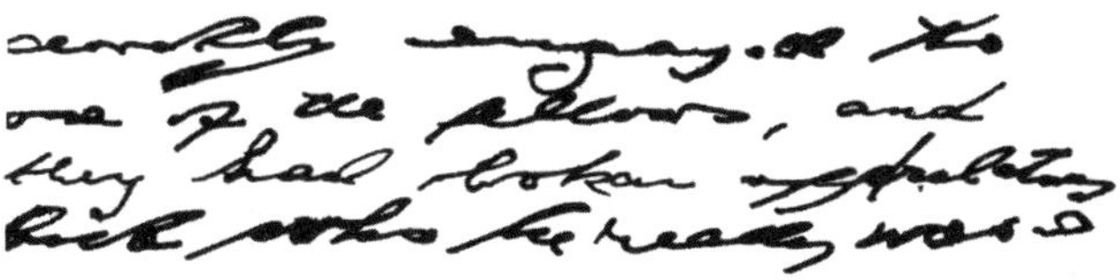

Abb. 225 (26%)

Abb. 224–227 Idiopathische Epilepsie III. (Forts.)

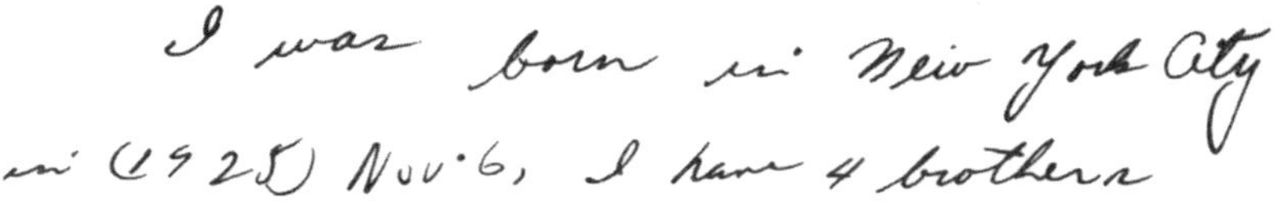

Abb. 226 (45%).

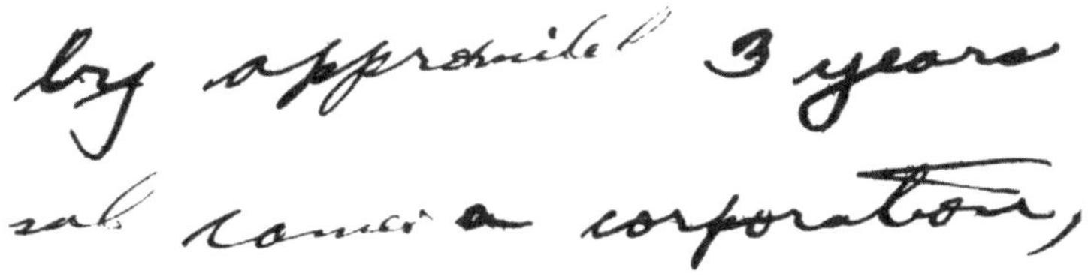

Abb. 227 (7%).

Eine Vielzahl von Kombinationen zwischen den graphischen Kennzeichen eigentlicher paroxysmischer Affektstörungen und den verschiedenen »schlagenden« Merkmalen von unkontrollierter Aggression und Selbstaggression, von hysteroider »Verschönerung« und Ausbesserung, von Schwankungen aufgrund von Stimmungsstörungen und von Affekthemmungen und -verdrängungen (die sich außer in dem, was sich spezifisch durch ihre Verteilungsweisen vermittelt, in einem übermäßig hohen Grad des Drucks an sich anzeigen) trifft man in den vielen Fällen emotionaler Labilität an, die als *»psychomotorische« Äquivalente* epileptoider Zustände verstanden werden können (Abb. 228). Außer für einen geringeren Grad an Desintegration und

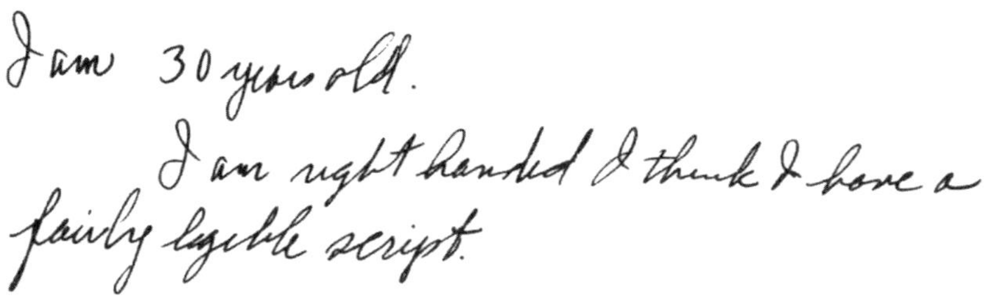

Abb. 228 (45%) Enurese in der Handschrift. Man beachte die Langsamkeit, die diffusen Verluste an Richtungskontrolle und motorischer Koordination besonders in Randzonen-Bewegungen, mildes Druck-»Staccato« und spezifische Schwierigkeiten mit wortinternen Aufstrichen

eine geringere Betonung der linksläufigen Bewegungsanteile findet man ebenso häufig, daß sie einige graphische Züge von Dementia praecox mit den dämmerungsartigen dukturalen Merkmalen der Paroxysmischen kombinieren. Insgesamt kann man sagen, daß die lateralen und longitudinalen dukturalen Eigenschaften der Schreibspur, die sich ziemlich beharrlich und im wesentlichen ohne Rücksicht auf das spezifische Schreibwerkzeug manifestieren, ein Feld für zukünftige Forschung darstellen, das so vielversprechend scheint wie es noch jungfräulich ist. In dieser Beziehung sollten wir die vielen erfolgreichen gewagten Unternehmungen erwähnen, die Graphologen dank dieser dukturalen Qualitäten und vieler verwandter Aspekte der Handschrift schon früh in das Feld somatischer Krankheiten unternehmen konnten. An sich scheint die Ausweitung der Ausdrucksanalyse auf die ganze Struktur organismischen Funktionierens insoweit prinzipiell gerechtfertigt, als die charakterologischen und biologischen Aspekte dieser Struktur interdependent zu sein scheinen. Das Kraftvolle oder Zerbrechliche der Handschrift spiegelt das Kraftvolle oder Zerbrechliche der Gesundheit des Schreibers an sich wider. Die Tendenz von *Drüsen-Störungen* zu spezifischen Störungen in den Bereichen von Druckverschiebung und dukturaler Streuung wurde bereits erwähnt: *Hypothyreoide Zustände* zum Beispiel zeigen sich regelmäßig mittels sehr deutlicher und gelegentlich klecksender Druck-»Knoten«, die scharf abgegrenzt sind und in denen die Spur für einen Augenblick steckenzubleiben scheint. Graphisch unbegründete Punkte zwischen Wörtern spiegeln ein gesteigertes physiologisches Bedürfnis des Schreibers nach häufigen Ruhemomenten wider. Durch partielle Punktierung des Strichverlaufs gekennzeichnete spezifische Zerbrechlichkeiten und unvollständige Ataxien wurden als indikativ für *Herzkrankheiten* in gelegentlich sehr frühen und klinisch noch gänzlich unentdeckten Stadien befunden, und in Ungarn unternommene systematische Versuche, die Handschrift bei der Erforschung von *Krebs* zu nutzen, haben anregende vorläufige Ergebnisse gezeitigt (Abb. 229–234).

Abb. 229–231 Somatische Erkrankungen in der Handschrift

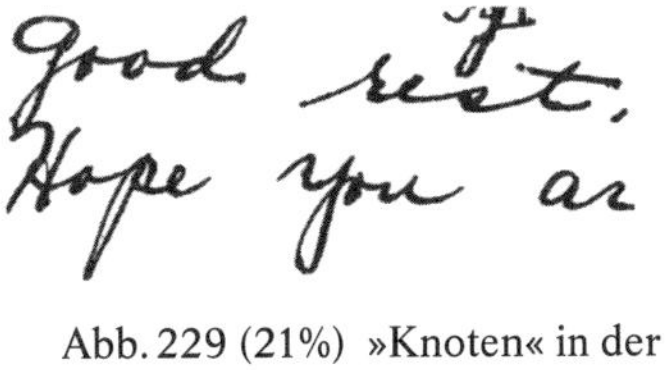

Abb. 229 (21%) »Knoten« in der Schrift eines hyperthyreoiden Patienten

Abb. 229–231 Somatische Erkrankungen in der Handschrift (Forts.)

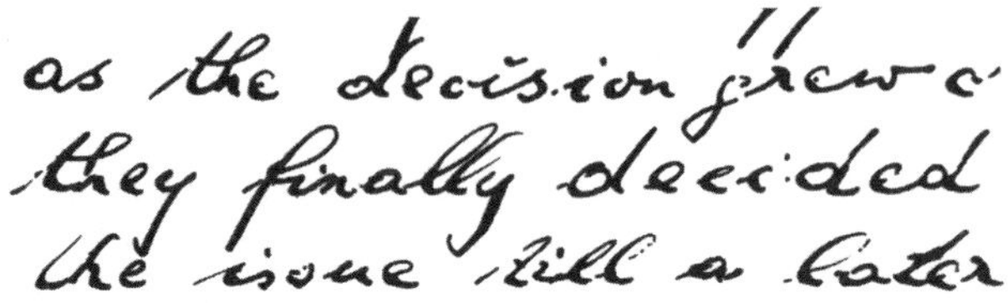

Abb. 230 (30%) »Punktung« bei einem Fall von Herzkrankheit

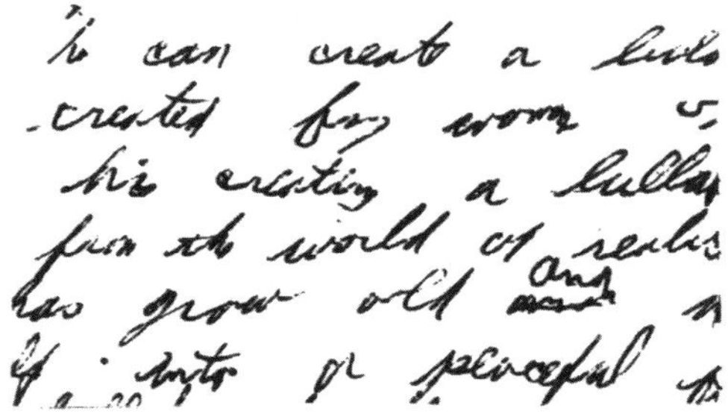

Abb. 231 (7%) Multiple Pathologie des kardio-vaskulären und endokrinen Systems

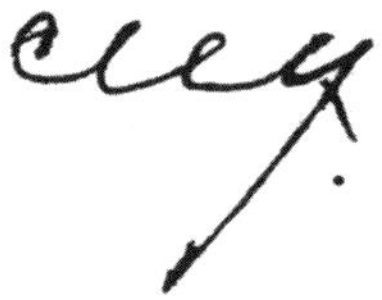

Abb. 232 (7%) »Gezahnter« alkoholischer Tremor

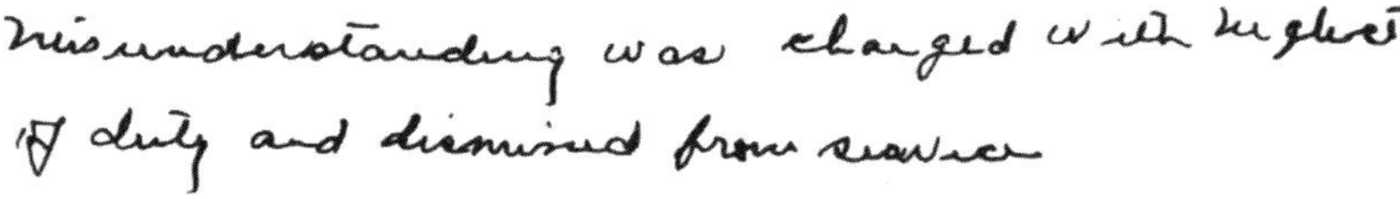

Abb. 233 (45%) Chronischer Alkoholismus, einfach

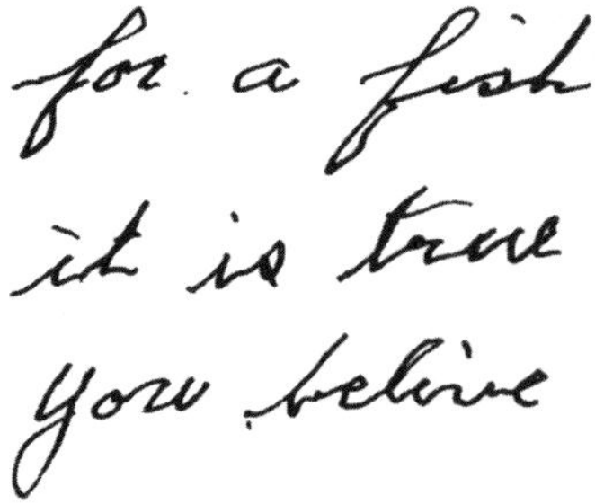

Abb. 234 (30%) Chronischer Alkoholismus mit diffuser kortikaler Atrophie bei einem instabilen Individuum

Zustände von Alkoholismus manifestieren sich tendenziell durch Kombinationen eines »*gezahnten*« Typs von Zittrigkeit mit einer Verschmiertheit des Duktus, deren Gesamtwirkung gewöhnlich leicht zu erkennen und deutlich vom dukturalen Ausdruck anderer Störungen zu unterscheiden ist, ausgenommen natürlich, diese sind bei der betreffenden Person ebenfalls vorhanden, in welchem Fall, wie in allen derartigen, eine Verschmelzung pathognomer Eigenschaften erfolgen wird. Untersuchungen der graphischen Artikulation anderer Suchttypen laufen noch. Hinsichtlich der gestischen Physiognomie des *Psychopathischen* wurde oben bereits sein Hang zu einer Kombination aus Unregelmäßigkeit und niedriger rhythmischer Integration festgestellt; wichtig zur Differenzierung ist hier der gewöhnlich hohe Grad an graphischen Anzeichen für Impulsivität, die Überdehnung der Mittelzone, die relative Untergewichtung der Randzonen-Betonung besonders in der Oberzone – die untere kann horizontal aufgeblähte Schleifen aufweisen – und, höchst entscheidend, das niedrige Niveau der Formqualität. Der potentielle Spielraum der Persönlichkeitsklassifikation entsprechend den Kriterien der sozialen Rolle reicht natürlich weit über die Grenzen dieser Studie hinaus, die in diesem Bereich lediglich beabsichtigte, die für eine derartige Klassifizierung erforderlichen charakterologischen Schlüssel bereitzustellen (Abb. 235–236).

Abb. 235–236 Psychopathische Persönlichkeiten

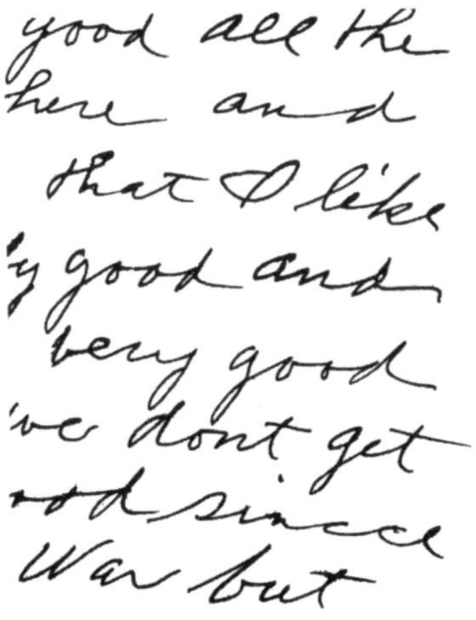

Abb. 235 (44%) Chronische Instabilität mit Zügen von Depression

Abb. 235–236 Psychopathische Persönlichkeiten (Forts.)

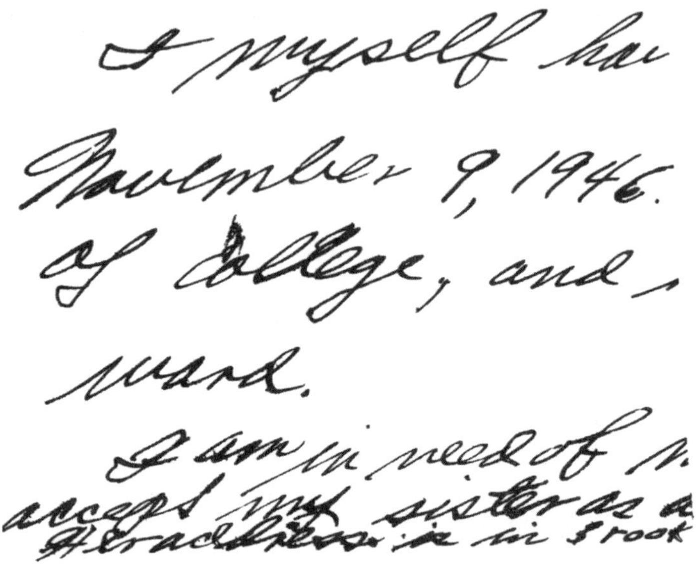

Abb. 236 (7%) Psychopath mit paranoiden Charakterzügen

Handschriften von *Schwachsinnigen*, die manchmal eine oberflächliche Ähnlichkeit mit hirnorganischen Schreibspuren zeigen mögen, können von den letzteren leicht dadurch unterschieden werden, daß ein trotz ihrer verallgemeinerten Plumpheit immer noch wirksames vereinheitlichendes Formprinzip sowie Überbleibsel früherer höherer Niveaus der Formqualität vorliegen, die in den »organischen« Mustern immer noch erkennbar sein können. Umfassende Kriterien für die Einschätzung des Intelligenzniveaus wurden zuvor in den Erörterungen dieses Buchs der Niveaus der Formqualität, der Schreibgeschwindigkeit und der Vereinfachung bzw. Ausschmückung vorgelegt. Die tatsächliche Bewertung intellektueller Kapazität und wirklicher intellektueller Fähigkeit im individuellen Fall wird von einer Einschätzung struktureller Differenzen zwischen Intelligenztypen, die eng mit charakterologischen verwandt sind, sowie auch von Gesamtdifferenzen des intellektuellen Horizonts geleitet werden müssen.

Das Vorliegen spezifischer *sexueller* Abweichungen im Funktionieren der Persönlichkeit kann oft aus besonderen Kombinationen von Indikatoren abgeleitet werden, niemals aus einem einzelnen. So kann Homosexualität, die psychologisch eine beträchtliche und stark divergierende Variationsbreite möglicher Linien der Selbstartikulation darstellt, nicht einmal aus der Massierung von Einstellungsmerkmalen, die eher dem je anderen biologischen Geschlecht eignen, geschlossen werden, vielmehr bedarf es dazu zusätzlicher graphischer Anzeichen spezifischer Schwierigkeiten in der äußeren und der Selbstanpassung. Die häufige Kombination einer »Hinaufkletterns« der Langformen-Richtungen in der Oberzone und innerhalb einzelner Wörter mit ausgeprägten Variationen in den Gesamt-Randausdehnungen dieser oberen Ausläufer und mit einer protzerischern Gesamttendenz zur Rechtsneigung in den Handschriften von Personen mit starken *exhibitionistischen* Impulsen soll hier dennoch erwähnt werden, da, was sie gestisch an »Selbstentblößung« vermittelt, besonders manifest zu sein scheint (Abb. 237).

Abb. 237 (40%) Exhibitionismus in der Handschrift

Anpassungsschwierigkeiten im Kindheits- und Jugendalter eröffnen ein besonders fruchtbares Feld für graphologische Untersuchungen. Viele spezifische Störungen der frühen Pubertät mit möglichen ernsten Konsequenzen in späteren Stadien der individuellen Entwicklung können graphologisch eine beträchtliche Zeit, bevor sie manifest werden und mehr oder weniger eingefleischt sein mögen, entdeckt werden. Jähe Steigerungen von Probe zu Probe an Enge und Gesamtlinksläufigkeit, Gedrängtheit, Inkonsistenzen dukturaler Eigenschaften und beim Zutagetreten und der Verteilung von Druck, spezifischere »symbolische« Manifestationen adoleszenter Starrheit, wie »störrische« Dreiecksbildungen unterer Schleifen, »eigensinnige« abwärtsgerichtete *t*-Balken, um in den Termini der manchmal zu spezifischen Definitionen der älteren Graphologie der Zeichen zu sprechen, und viele andere graphische Anzeichen ungesunder Entwicklungstendenzen, die Anstrengungen zu einer frühen Korrektur rechtfertigen, bevor eine »Versteinerung« eintritt, erlauben subtile und doch möglicherweise entscheidende Verfahrensänderungen seitens des Erziehers.

Da die klinische Graphologie erst in den Anfängen steht, drängt sich dem

Forscher die Notwendigkeit eines kontinuierlichen Gewahrseins der vielen Gefahren links und rechts seines Weges mit besonderem Nachdruck auf. Angesichts der Vielzahl einander »überlappender« Begriffe in der Psychopathologie und der weiteren Komplizierung dieser Vielzahl durch diskrepante Kriterien des psychologischen Fokus' seitens der verschiedenen heute existierenden Denkschulen sollte die Tatsache, daß die charakterologischen und ausdrucksanalytischen Prinzipien, die in diesem Buch vorgestellt werden, zu *prototypischen* Positionen gehören, zwischen denen die Realität klinischer Fälle sich in alle Richtungen ausfächert, von Psychologen, die sich in der graphologischen Methode ausbilden, stets in Erinnerung gehalten werden. Die offensichtliche Abhängigkeit ihrer Arbeit von genügend graphischem Material im individuellen Fall, um erfolgreich zu sein, braucht nicht betont zu werden. Daß es häufig ratsam ist, aktuelle und frühere Schriftproben desselben Patienten zu vergleichen und Anschluß-Studien vorzunehmen, legt sich sowohl unter dem Gesichtspunkt des Lernens als auch unter dem des höheren klinischen Leistungsniveaus bei der graphologischen Bewertung von Persönlichkeitsveränderungen nahe. Schließlich sollten keine graphologischen Einschätzungen im psychodiagnostischen Bereich in dem Fehler der frühen Nosologen und ihrer heutigen Schüler verharren, »das Dach vor dem Haus zu bauen«, d. h. in Termini von »Etiketten« zu denken, auch wenn diese ihrerseits hochdifferenziert sind, und Geisteserkrankungen im individuellen Fall zu »diagnostizieren«, bevor eine gesamte und streng individualisierende charakterologische Grundlage für solch eine Diagnose graphologisch entwickelt worden ist. Umfassende Analysen der Persönlichkeiten seiner Patienten sollte der klinische Graphologe deshalb als die einzig mögliche solide Grundlage für seine diagnostische Arbeit und als seine verbindlichste Verpflichtung gegenüber der zukünftigen Entwicklung seiner Methode betrachten.

Einige abnorme Schriftproben und ihre Analysen

Schriftbilder der eher prototypischen psychiatrischen Syndrome bereiten dem Studenten der Graphologie gewöhnlich weit weniger Schwierigkeiten als Handschriften von Geisteskranken – Fälle mitunter, die vergleichsweise leicht, zugleich aber in hohem Maße therapieresistent sind –, deren Persönlichkeiten und klinische Zustände sich für verschiedenartige Interpretationen eignen und deren Diagnosen deshalb, wenn sie von vielen Diagnostikern gesehen und in vielen Fallbesprechungen behandelt worden sind, eine Tendenz zeigen, entweder über die Jahre zu variieren oder fortgesetzt als »Problemfälle« angesehen zu werden oder beides. Die Bewertungsschwierigkeiten, die das klinische Bild bereitet, spiegeln sich somit schlicht in denen, die das graphische bereitet, wider.

Die folgenden zehn Analysen von Schriftproben, mit denen die klinische Anwendung der graphologischen Methode illustrieren werden soll, wurden deshalb mit besonderer Rücksicht darauf ausgewählt, wie repräsentativ die meisten von ihnen für eben diese Art von Situation sind. Alle zehn Studien wurden einzig aus der Handschriftenprobe entwickelt, mit dem Geschlecht des Schreibers, seinem Alter und seiner Schreibhand als einzigen dem Graphologen zusätzlich zur Verfügung gestellten Daten; und alle zehn haben gemeinsam, daß sie darauf verzichten, nosologische Terminologie als notwendig adäquates Begriffssystem zur Kategorisierung der gegebenen Fälle abnormer Persönlichkeitsstrukturen, Zustände und Tendenzen zu verwenden.

Alle zehn wurden durch psychiatrische Eindrücke und Fallstudien bestätigt, und man traute ihnen zu, Licht auf eine Anzahl klinisch noch unerhellter Punkte zu werfen.

Probe I (Männlich, 28 Jahre, Rechtshänder)

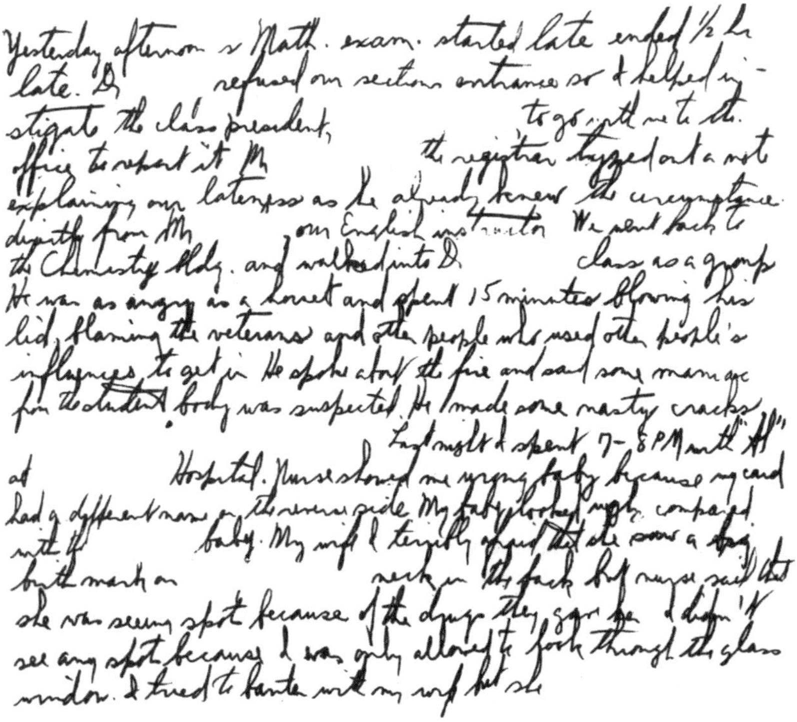
Yesterday afternoon [illegible] Math. exam. started late ended ½ hr late. Dr refused our section entrance so I helped instigate the class president, to go with me to the office to report it. Mr the registrar typed out a note explaining our lateness as he already knew the circumstance directly from Mr our English instructor. We went back to the Chemistry Bldg. and walked into Dr class as a group. He was as angry as a hornet and spent 15 minutes blowing his lid, blaming the veterans and other people who used other people's influences to get in. He spoke about the fire and said some [illegible] for the student body was suspected. He made some nasty cracks. Last night I spent 7–8 PM with at Hospital. Nurse showed me wrong baby because my card had a different name on the reverse side. My baby looked ugly compared with the baby. My wife I terribly afraid that she saw a big birth mark on neck in the back but nurse said that she was seeing spots because of the drugs they gave her. I didn't see any spots because I was only allowed to look through the glass window. I tried to banter with my wife but she

Abb. 238 (45%) Fall I (Namen getilgt)

Die Handschrift weist Zeichen eines schweren emotionalen Traumas bei einem hoch feindseligen und mißtrauischen und doch zugleich freundlichen und wohlerzogenen und sogar leicht effeminierten Subjekt von hoher bis überlegener Intelligenz auf, das sich in krankhafter Weise seiner selbst bewußt ist und sich selbst beobachtet. Seiner eigenen Identität und Lebensrolle zutiefst ungewiß, war der Schreiber unfähig, irgendein festgefügtes Wertesystem, an dem er sich orientieren könnte, zu akzeptieren, wiewohl ein recht hoher persönlicher Ehrgeiz wie auch ein vages und allgemeines Flair für »aristokratische« Haltungen zu verzeichnen ist; die letztgenannten Tendenzen indes werden seine Frustrationserfahrungen eher vertiefen als verändern. Der Mangel an Richtung in seiner Ausbildung von und seinem Sich-Annähern an seine Lebensziele durchdringt alle Persönlichkeitsschichten und -funktionslinien; was immer er anpackt, seine Aufmerksamkeit kreist eher um die eigene emotionale Erfahrung davon als um den Gegenstand selbst. Die Konsequenzen sind eine Unterdrückung seiner Spontaneität, die seine Energie größtenteils absorbiert und wenig für äußeres Streben und emotionales Engagement übrig läßt; ein Zustand von ruhelosem Unbehagen, das ihn in beschleunigte ideationale und verbale Aktivität treibt; eine hypochondrische Depressivität, die das Negative in allen Erfahrungen betont und zur Übernahme von »Märtyrer«-Rollen neigt; eine exzessive persönliche Empfindlichkeit und Reizbarkeit – er ist stets bereit, sich von jemandem oder etwas beleidigt zu fühlen, und der grundlegende Tenor seiner Haltung scheint stets zu implizieren, daß die Welt ihm etwas schuldet und schuldig bleibt; schließlich eine Übergenauigkeit, die eher ästhetisch als moralisch orientiert ist: Er ist selbstkritisch und sogar selbstquälerisch nicht kraft irgendwelcher besonderen ethischen Ansprüche oder Standards, sondern aufgrund einer zwanghaften Insistenz auf Exaktheit und einem Verlangen nach Perfektion, denen er in seiner unmittelbaren Erfahrung eher als nötigendes fremdes Ich begegnet denn als spontanes und positives Bedürfnis. Er mag es nicht, Verpflichtungen zu übernehmen, ist in einmal akzeptierten jedoch sehr gewissenhaft. Das ansonsten zwanghafte Schriftbild ist nicht frei von hysterischen Elementen: Er besitzt eine ausgeprägte Fähigkeit, seine eigenen Affekte – sofern er sie nicht unterdrückt – zu manipulieren, und es dürfte eine Tendenz zu Kopfschmerzen und verwandten Somatisierungslinien geben. Gegenwärtig ist er ausgeprägt deprimiert und erfährt eine allgemeine Verlangsamung seiner psychomotorischen Funktionen, die in scharfem Kontrast zu seiner Ruhelosigkeit steht und die über seine gewohnheitsmäßige Zögerlichkeit und Unentschiedenheit hinausgeht; suizidale Ideen dürften von Zeit zu Zeit ihre Rolle spielen, zumindest in seiner gegenwärtigen Entwicklungsphase brauchen sie aber nicht zu ernst genommen zu werden. Sein mißtrauisches Wesen nimmt auf der anderen Seite oft exzessive Formen an und kann sporadisch seine Interpretation der Realität stören, auch wenn er nicht als tatsächlich und positiv psychotisch eingeschätzt werden kann.

Probe II (Männlich, 26 Jahre, Rechtshänder)

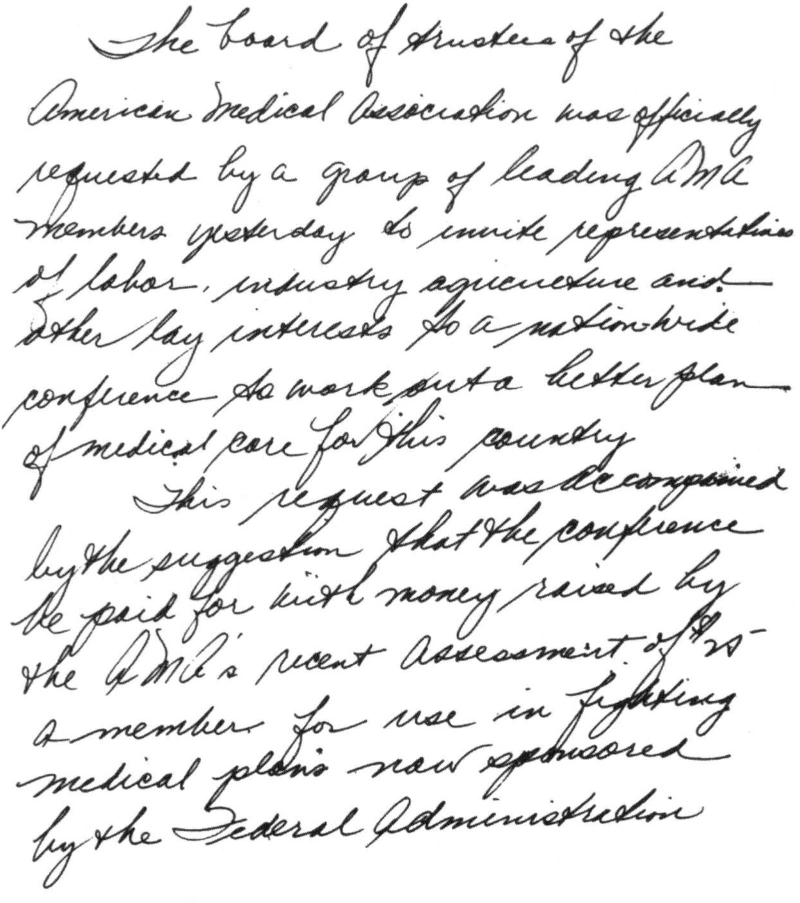

Abb. 239 (45%) Fall II

Der Schreiber ist ein ehrgeiziges, argumentatives, sehr »empfindliches«, tief feindseliges und fortwährend höchst angespanntes, leicht reizbares Individuum mit zwanghafter Furcht und ausgeprägten Kontaktschwierigkeiten, das beständig in Verteidigungshaltung ist, unfähig, sich spontan auf seine Umwelt zu beziehen, Grübeleien und Spekulationen mit einer eindeutig paranoiden über-ideationalen Tönung hingegeben, und von einer manchmal beträchtlichen Flüchtigkeit ist. Die Flüchtigkeit hat einen deutlich paroxysmischen Charakter, da die leichteste Irritation genügt, einen milden »Dämmer«-Zustand hervorzurufen, in welchem der Patient bis zu einem gewissen Grad dazu neigt, die Orientierung besonders hinsichtlich der zeitlichen Ordnung von Ereignissen und spezifischen Erinnerungsmaterialien zu verlieren. Sein logischer und ideationaler Starrsinn – wenn er sich in »normaleren Zuständen« befindet – kontrastiert deutlich mit seiner grundsätzlichen Unsicherheit, seiner emotionalen Abhängigkeit von der Umwelt und seiner unproduktiven Selbstzentriertheit, die zwischen Selbstmitleid und Selbstverdrängung changiert und auf durch häufige Selbstbezüge charakterisierte Weise seine Interpretation der Realität und seine Urteilsfunktion im ganzen verdreht. Seine ideationale und verhaltensmäßige Überaktivität ist ziemlich hypomanisch und erscheint in einem ihrer Aspekte als eine fortgesetzte Fluchtbewegung vor sich selbst, die durch die ambivalent halb-verdrängende Erfahrung homosexueller Antriebe, die um sein Sich-Identifizieren mit einer passiven, femininen Rolle zentriert sind, bedingt ist. Unmittelbar erfahrene Furcht, die hierher rührt, ist wahrscheinlich von kurzer Dauer aber panikartiger Intensität, besonders insofern der oben benannte, von ihr aktivierte paroxysmische Trend einen tief verunsichernden Effekt auf den Patienten hat. Sexuelle Präokkupationen, die sowohl sadistische als auch masochistische Wünsche umfassen, besonders aber die letzteren, überwiegen überall in seinem Spielraum bewußter Impulserfahrung; seine heterosexuellen Wünsche dürften sich in erster Linie auf maskuline Frauen richten, ihnen aber nur sporadisch »mütterliche« Rollen zuweisen; seine Tagträume indes sind insgesamt mehr mit Themen von Erfolg und sozialem Rang als mit Sexuellem präokkupiert; er unterdrückt diese ganze Sphäre in sehr hohem Ausmaß und seine tatsächlichen Bestrebungen dürften durch eine rigide und insistente, aber nicht sehr erfolgreiche Suche nach Ordnung, Reinlichkeit und Gerechtigkeit geprägt sein und durch ein steifes Kleben an vorgefaßten – und sehr schlecht erfaßten – »Prinzipien«.

Mit all seinen intellektuellen Kapazitäten und Neigungen ist er zutiefst der Erfahrungen geistiger Integration beraubt, hat keinen Sinn für Humor und ist, trotz eines Hangs zu psychologischer, motivationaler Spekulation, ein armseliger Beobachter der anderen. Da seine »Prinzipien« (einschließlich derer von richtig und falsch, von Gerechtigkeit usw.) in Haß und Selbstverteidigung und ohne Ansehen der Tatsachen erdacht sind, sind sie nicht nur steril, sondern bringen ihn wahrscheinlich in unzählige Konfliktsituationen, in denen er es liebt, die Rolle eines verfolgten Märtyrers anzunehmen;

allerdings sind ersthafter aufreibende Erfahrungen häufig und haben angesichts seiner geringen Toleranz gegenüber Schocks irgendwelcher Art deutlich aufregende Wirkung auf ihn. Trotz der stark paranoiden Tendenz aber ist sein Denken nicht positiv dissoziativ oder wahnhaft, und oberflächlich gesehen ist er in Kontakt mit der Realität. Ein psychotherapeutischer Eingriff in seinen Zustand dürfte nur erfolgreich sein, wenn das Umfeld entsprechend der Notwendigkeit strukturiert ist, den Patienten vor potentiellen Anreizen zur Panik zu schützen. Eine Position für ihn, die Anforderungen an verantwortliche Entscheidungen und Urteile umfaßt, sollte deshalb vermieden werden; doch sollte seine berufliche Rolle zugleich seine Intelligenz, sein beträchtliches Bedürfnis nach intellektueller Stimulation und seine fraglose Kapazität – sofern er sich in einem entspannten Zustand befindet – für systematisches Vorgehen entlang von anderen vordefinierten und -determinierten Linen berücksichtigen.

Probe III (Weiblich, 27 Jahre, Rechtshänderin)

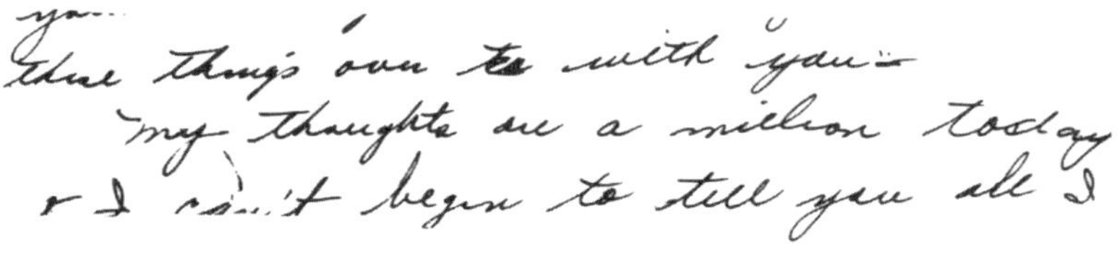

Abb. 240 (45%) Fall III

Zwischen Gefühlen der Unsicherheit und der Euphorie hin-und-her-wechselnd, fehlt es der Schreiberin an einer stabilen Richtung nicht nur in ihren momentanen emotionalen Erfahrungen, sondern auch ihren Motivationen und Werten und ebenso an Vorstellungen von ihrer Lebensrolle; sie war nicht nur erfolglos in der konsistenten Zielbildung, sondern blieb auch in vielen früheren Versuchen, sie einzulösen, unterlegen. Eine relativ bessere Konstanz gibt es in ihren Denkprozessen, die Impulse von Flüchtigkeit zeigen, aber auch eine Tendenz, sie unter Kontrolle zu halten. Sie neigt zu beunruhigenden und anfallsweisen Depressionen und braucht fast ständig Rückversicherungen, was dazu tendiert, sich proportional zu ihrer Ruhelosigkeit zu steigern.

Ihr Denken ist dennoch ausgesprochen oberflächlich und überassoziativ. Ihre Einschätzungen der eigenen Stärke zeigen die typische Fehlerhaftigkeit einer zykloiden affektiven Störung: Von niedriger grundsätzlicher Lebenskraft, überschätzt sie in ständigem Wechsel ihre Kräfte, gibt dann nach dem geringsten Rückschlag auf und versinkt schließlich entweder in Depression oder stürzt sich in eine neue Unternehmung, in deren Anfangsphase bereits sich ein neues Fehlurteil über ihre Energien – wie gleichfalls ihre Situation in der Umwelt – entwickelt. Wenn ihre emotionale und triebmäßige Unreife auch nicht durch substantielle Erfahrungen in der intellektuellen Sphäre kompensiert wird – sie weist eine klare, normale intellektuelle Kapazität mit einigermaßen unentfalteten überlegenen Potentialen auf –, sind eine gewisse Noblesse und ein Idealismus mit sehnsüchtiger, adoleszentenhafter Tagträumerei über erotische Partnerschaften und Streben nach »höheren« Lebensformen unverkennbar.

Trotz der Auffassungsgabe ihres Denkens, das tendenziell als ein Stabilisator gegenüber ihrem über-ideationalen Trend wirkt, findet sie es oft unmöglich, ihre Gedanken zu koordinieren und organisieren. Auf der anderen

Seite sind die gewaltsamen Stimmungsumschwünge, denen sie unterliegt und über die sie nicht nur keine Kontrollgewalt hat, sondern die in ihr ein deutliches Gefühl der Kraftlosigkeit hinterlassen, was ihr äußeres Verhalten betrifft, relativ versteckt, und sie dürfte im ganzen nicht allzu manifest überaktiv erscheinen, ausgenommen im engeren persönlichen Kontakt und unter Langzeitbeobachtung. Ihre »Besorgnis« und ihre äußeren Kontrollen – die sehr anpassungsfähig gegenüber den »Erwartungen« sind, die sie von seiten anderer verspürt – verraten das Vorliegen eines hysterischen Elements in diesem im Grundsatz manisch-depressiven Charakter. Sie ist überempfindlich und in ihren depressiven Intervallen krankhaft ihrer selbst bewußt, ohne zu wahrhafter Einsicht fähig zu sein. Zudem ist sie in den depressiven Phasen hypochondrisch, empfänglich für alle Arten katastrophischer Vorahnungen und in hohem Maße beeinflußbar. Die letztgenannte Tendenz, zusammen mit ihrer Großzügigkeit und dem allgemeinen Mangel an Vorsicht, immer wenn sie sich in irgendeiner aktuellen Unternehmung engagiert, dürfte für sie die klare Gefahr mit sich bringen, leicht ausgebeutet zu werden – ihre Sorgen und Desillusionierungen mit all der vorübergehenden Intensität werden fast immer zu spät kommen.

Ihr augenblicklicher Zustand kann als milde manisch-depressive Psychose definiert werden, aber die vorhandenen Überreste an Kontrolle sind in einem klinischen Sinne recht substantiell. In einem sozialen Sinne bedarf sie offenkundig einer schützenden, stabilen und verständnisvollen Umgebung, die zugleich sowohl übermäßige Stimulation als auch Monotonie vermeiden sollte. Im Maße der an ihr festgestellten intellektuellen Kapazität sind die effektiven Fähigkeiten der Patientin nicht beeinträchtigt, und was ihre beruflichen Eignungen betrifft, dürfte sie eine ziemlich zufriedenstellende Grundschullehrerin abgeben, was begrenzte Verantwortlichkeiten mit sich bringt und eher didaktischen als praktischen Zugang verlangt.

Probe IV (Männlich, 22 Jahre, Rechtshänder)

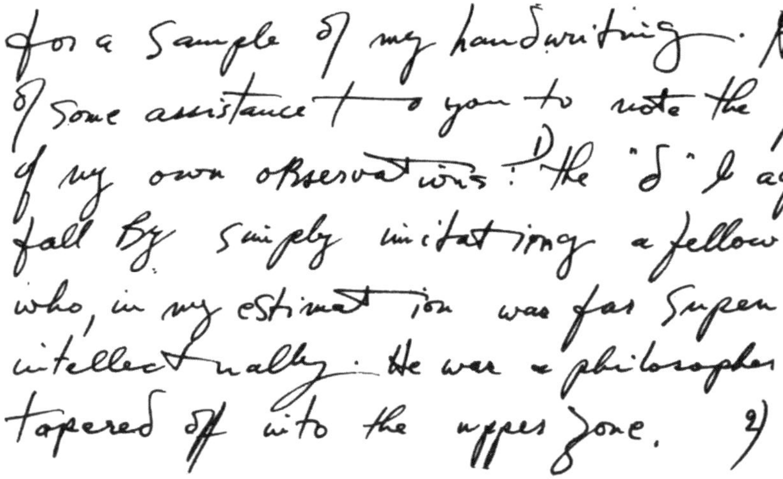

Abb. 241 (31%) Fall IV

Der Patient ist ein unspontanes, befangenes und besonnenes, zugleich aber ruheloses und ideational aufgewühltes Individuum, das stark zu Grübeleien, Tagträumen und theoretischen Spekulationen neigt. Er haßt sich selbst dafür, ein introvertierter Denker zu sein, will immerfort externalisieren und beobachtet genau, wie die Umgebung auf ihn reagiert; von ihnen hängt er für seine Selbsteinschätzungen ab, und er hat kein eigenes stabiles Wertegefüge. Seine Bestrebungen haben deshalb etwas vom Exhibitionismus eines Schauspielers, und er versucht sie weiterhin in Gang zu halten; verhaltensmäßig sind sie sowohl durch seine Hemmungen als auch durch seinen – weitgehend authentischen – Hang zu Posen der Bescheidenheit und Willfährigkeit und zu noblen und distinguierten Haltungen abgedämpft; die letzteren indes werden wahrscheinlich in irgendwelchen tatsächlich bedrohlichen Situationen kaum längere Zeit anhalten.

Wie bereits angedeutet gibt es keine feste Richtung hinter seiner Besonnenheit, und er wird wahrscheinlich mit ziemlichem Aufwand lügen, um das zu vertuschen. Er leidet an Gefühlen der Bedeutungslosigkeit, Schuld, Desintegration und Diskontinuität und braucht eine beträchtliche Menge an hartnäckigen kleinen Zwangsgewohnheiten, um sie zu bannen. Fortgesetzter Selbstbeobachtung unterworfen, ist er entsetzlichen Unsicherheiten ausgesetzt, an denen er fortwährend andere teilhaben zu lassen sucht, und er ist an der äußeren Realität nur in dem Maße interessiert, wie er in der Lage ist, seine äußeren Beobachtungen auf die entscheidende Beobachtung seiner eigenen Konflikte zu beziehen. Eine Tendenz zu haarspalterischen Spitzfindigkeiten ist zu bemerken. Trotz sehr oberflächlicher Streuung seiner intellektuellen Interessen auf viele Gebiete gibt es ein paar reale Themen in seinem Denken und ziemlich viel Perseveration oder zumindest Repetitivität darin, sie mit sich selbst oder mit anderen durchzuargumentieren. Vorstellungen über Themen außerhalb seiner persönlichen Sphäre sind vage, aber nichtsdestoweniger gewöhnlich auf der rechten Spur – die zu verfolgen er versäumt. Seine Spekulationen sind intuitiv und haben wenig endgültige Konsequenzen in seinem Leben. Seine geistigen Ansprüche haben die Tendenz, andere wie auch sich selbst zu bluffen, und das wird durch die Tatsache erleichtert, daß er, obwohl unfähig zur Systematik, nichtsdestoweniger ein guter Logiker ist. Er ist von hoher bis überlegener, klinisch nicht beeinträchtigter Intelligenz, eine Tatsache, die ihm zu einer manchmal beachtlichen Effizienz bei seinen Lügen verhilft.

Mit seiner Unsicherheit hinsichtlich seiner Ziele und seinen fortgesetzten Präokkupationen weist seine Lebensphilosophie in die entgegengesetzte Richtung. Er hat ein starkes Verlangen, etwas, was immer es auch sei, um seiner selbst willen zu tun, und macht alle möglichen weitreichenden Pläne. Sind diese einmal gemacht, geben sie ihm ein solches Gefühl von Sicherheit und sogar Begeisterung, daß er unverzüglich das Leben leicht zu nehmen beginnt und ihre Ausführung hintanstellt, bis sie überholt sind, woraufhin ein neues Projekt entwickelt werden wird. In anderen Fällen werden Befürchtungen über die äußere Sicherheit, über zwischenmenschliche Beziehungen usw. sich mit der Realisierung seiner Pläne reiben. Der hinderlichste Faktor aber scheint sein übermäßiges Selbstmitleid zu sein. Zusammen mit seiner Zwanghaftigkeit und der Empfindlichkeit seines Ich dürfte es zu einer besonders muffigen, pseudo-würdevollen Künstlichkeit seines Verhaltens und zu damit verwandten Affekt-Maskierungen seinerseits führen, die indes alle nur flüchtig oder gar episodisch sind; er »spielt« mit Haltungen, da er seine Rolle in der Welt nicht kennt.

Er dürfte eine sehr inkonsistente Ökonomie haben, ist abwechselnd gierig und verschwenderisch. Im Grunde ein Egoist mit auf sich selbst zentrierten und quasi-masturbatorischen Praktiken in jedem Lebensbereich, widmet er sich dennoch wahrhaft den hochgesteckten, wenn auch vagen Ich-

Idealen, die er gerade gebildet hat, und glaubt insgeheim, daß er eine Mission in der Welt hat, auch wenn er deren Grund nicht kennt, und eine Verpflichtung, das Martyrium, das sie wahrscheinlich bedeutet, auf sich zu nehmen. Das Element von Masochismus in dieser Haltung dürfte ein Korrelat in seinen Erfahrungen von Triebimpulsen finden – die wahrscheinlich bisexuell sind. Ein unaufgelöster Ödipuskonklikt ist offensichtlich, aber in den aktuellen Präokkupationen seines Bewußtseins dürfte der Vater eher im Hintergrund stehen, und Ambivalenzgefühle dürften um die Figur der Mutter zentriert sein. Er haßt sich selbst für seine Abhängigkeit von ihr, und doch ist diese Abhängigkeit stark genug, sich selbst in seinem Haß geltend zu machen, der mit Gefühlen nicht nur von Selbstmitleid, sondern ebenso von Machtlosigkeit gefärbt ist.

Diese Erfahrung der Machtlosigkeit ist mit einer Anzahl von somatischen Fixierungen und Präokkupationen verbunden, die trotz der vorherrschend hysterischen Struktur des Charakters den Rahmen simpler Konversionsprozesse oder Hypochondrien übersteigt. Graphische Spuren einer frühen Herzneurose sind in der Schriftprobe gegeben.

Probe V (Weiblich, 34 Jahre, Rechtshänderin)

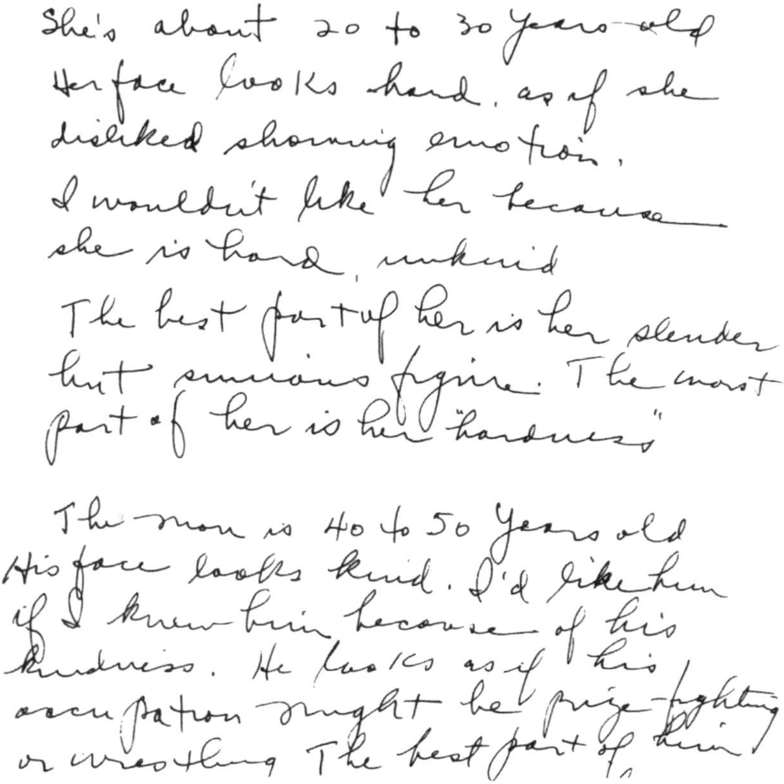
She's about 20 to 30 years old
Her face looks hard, as if she
disliked showing emotion.
I wouldn't like her because
she is hard, unkind
The best part of her is her slender
but sinuous figure. The worst
part of her is her "hardness"

The man is 40 to 50 years old
His face looks kind. I'd like him
if I knew him because of his
kindness. He looks as if his
occupation might be prize-fighting
or wrestling The best part of him

Abb. 242 (45%) Fall V

Die Schreiberin wird von kurzzeitigen emotionalen Impulsen beherrscht, die nicht nur fortgesetzt schwanken, sondern einander in großem Ausmaß widersprechen und oft gegenseitig paralysieren. Sie versucht ziemlich verzweifelt, eine konsistente Haltung zu wahren, ordentlich, beständig, konventionell und auf lässige und freundliche Weise zurückhaltend zu sein, erfährt aber extreme Empfindungen des Unbehagen, wenn sie versucht, diese Kontrolle über sich zu verstärken. Auf diese Empfindungen reagiert sie mit überstürzten Impulsen des Aus-sich-Herausgehens und der Großzügigkeit, mit Impulsen, Abenteuer, Bindungen, Aktivität zu suchen, denen indes ihre phobische Scheu angesichts realer Lebenssituationen entgegenwirkt, in denen sie fast unausweichlich einen Punkt erreicht, an dem sie tatsächlich nicht mehr weiß, was sie will. Denn die Elemente von Kontrolle in der Struktur ihrer Persönlichkeit rühren nicht aus Erfahrung und behutsamer Überlegung, sondern aus vagen Gefühlen von Schuld, Minderwertigkeit und Unsicherheit, die sie mittels zwanghafter Angewohnheiten bekämpft. Oft auch gibt es vergebliche Versuche ihrerseits, gegen diese Gefühle zu rebellieren, gegen ihre eigenen sozialen und kulturellen Maßstäbe, gegen ihre Befangenheit, gegen alles, was das Umfeld, aus dem sie kommt, repräsentiert, und die Werte, die in dessen Struktur eingelassen sind; eine Feindseligkeit gegenüber ihrer Mutter – die in Anbetracht dieser Konstellation einen entmutigenden Faktor in der Entwicklung ihrer Weiblichkeit darstellen dürfte – ist besonders wahrscheinlich.

Wenn sie sich also auch mit einer weiblichen Existenz identifiziert, bleibt ihre tatsächliche Haltung, wann immer sie ihren Emotionen freien Lauf läßt, in einer männlichen Weise aggressiv und aggressiv gegen sich selbst, auch wenn diese Aggressivität abermals weitgehend theoretisch und ohne effektive Konsequenzen bleibt, was die Veränderung ihrer Lebensweise angeht. Ihre Tagträume konzentrieren sich wahrscheinlich auf sie selbst als Objekt begehrter männlicher Aggression, während eigene Aggressivität, nicht als tatsächliche Haltung, sondern als bewußt eingenommene Rolle, weit verdrängter erscheint. Trotz ihrer zwanghaften Tendenzen, ihrer starken Bedürfnisse nach Selbsterhaltung, ihrer allgemeinen Kontaktscheu und ihrer Neigungen zum zeitweiligen Ablassen von Spannung durch Spekulieren und Theoretisieren über ihre jeweiligen Situationen, gibt es nach Perioden der Depression emotionale Zustände, in denen sie über-mißtrauisch gegenüber jedweder Art äußerer Stimulierung wird, denen sie dann leicht verfällt, um schließlich, fast ohne zu wissen wie, in Situationen hineinzugleiten, mit denen umzugehen sie unfähig ist. Ziemlich intelligent, sobald sie in einer strukturierten Situation ist, die ein gesetztes Ziel, eine vordefinierte Aufgabe, irgendetwas, was sie leitet, einschließt, ist sie von armseligster Urteilsfähigkeit, wann immer es an ihre eigenen Lebensprobleme und Unternehmungen und Entscheidungen geht, die ihre Existenz als Ganzes betreffen. Ihre Pläne können ziemlich geordnet sein, werden sich angesichts ihrer Instabilität aber meistens als unrealistisch erweisen, da sie sie nicht ausführen wird und sich dessen letzten Endes schon in dem Moment, wo sie sie aufstellt, bewußt ist. Ihre Beobachtungsgabe ist besonders dürftig. Ihr Denken hängt Illusionen nach, ist flüchtig und in deutlich spekulativer Weise oberflächlich, obwohl es über ein recht gutes *logisches* Vermögen verfügt; es ist durch noble und generöse Impulse motiviert, die sich zuweilen mit kleinlichen Ansichten über ihre Sicherheit abwechseln.

Das emotionale Patt, das die beiden Anwärter auf die Führerschaft in ihrer Persönlichkeit zustandegebracht haben, zwanghafte Kontrolle einer- und emotionale Überschwänglichkeit mit manischer Färbung andererseits, mündet oft in Episoden eines emotionalen Paroxysmus, die höchstwahrscheinlich die Form agitierter Depressionen annehmen dürften, die sich hier und da zu Wutanfällen aufsteigern, während sie zu anderen Zeiten wahrscheinlich ihre Umwelt mit extremer Launenhaftigkeit tyrannisiert, obwohl sie es selbst dann nicht wirklich böse meint und sogar in Momenten größter Anspannung und Qual subjektiv dazu neigen wird, ein Höchstmaß an Identifizierung mit sich selbst einzuhalten.

Wenn ihr verbales Denken auch ein dünnes Mäntelchen logischer Konsistenz wahrt, sind ihre tatsächlichen Motivationen und Wertungen, dank konstanter Störungen von seiten ihrer verdrängten Aggressivität, von einer Minute zur nächsten so widersprüchlich, daß Beziehungen zu schizophrenem Denken offenbar sind. Während Episoden emotionalen Paroxysmus' sie mißtrauisch, überempfindlich hinsichtlich ihrer sozialen Rolle und allgemein in Ideationen einer deutlich paranoiden Färbung verstrickt zeigen, ist sie insgesamt zu unbeständig, um sich mit irgendeinem Grad von Stetigkeit an Linien ideationaler Systematisierung zu halten; extreme Emotionalität und frustrierte extravertierte Bedürfnisse herrschen vor, und diese Kombination würde insofern einen Zug zur Manie in Wechselwirkung mit einem schizophrenen nahelegen. Bis jetzt haben diese Trends wohl noch nicht zu irgendeinem klinischen Zustand oder einer Beeinträchtigung geführt: Zur Zeit des Schreibens war die Patientin akut launisch, und ihre Denkprozesse waren durcheinander und ganz leicht dissoziiert, aber sie war nicht manifest psychotisch. Eine Prognose in ihrem Fall muß von dem Ausmaß abhängen, in dem ihr eine Umwelt-Sicherheit geboten und sie in dieser vor der Fehlbeurteilung ihrer Ressourcen beim Eingehen neuer Unternehmungen und Verpflichtungen bewahrt werden kann. Dies gilt nicht nur für ihre emotionale Verfaßtheit: Trotz sporadischer Erfahrungen scheinbar überschüssiger Energie dürfte ihre physische Gesundheit vergleichsweise zerbrechlich sein.

Probe VI (Männlich, 40 Jahre, Rechtshänder)

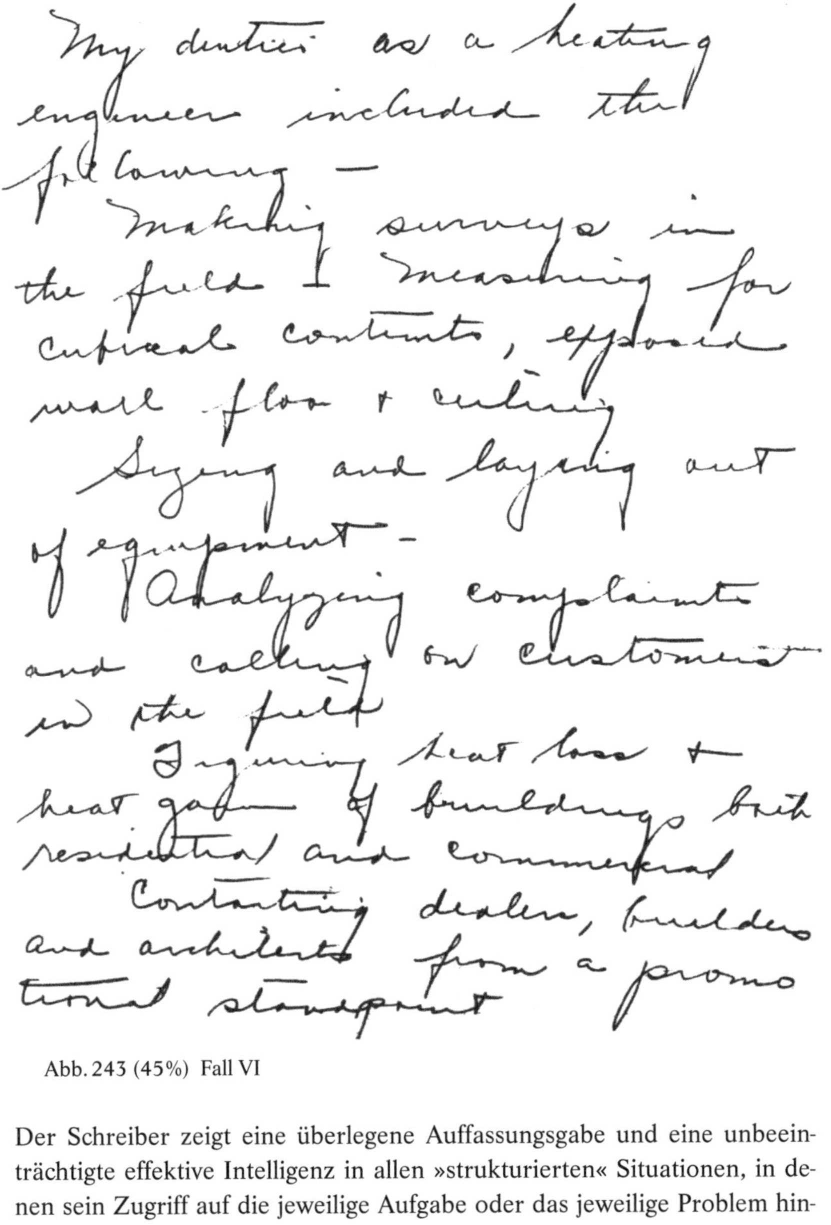
My duties as a heating engineer included the following –
Making surveys in the field & measuring for cubical contents, exposed wall floor + ceiling
Sizing and laying out of equipment –
Analyzing complaints and calling on customers in the field
Figuring heat loss + heat gain of buildings both residential and commercial
Contacting dealers, builders and architects from a promotional standpoint

Abb. 243 (45%) Fall VI

Der Schreiber zeigt eine überlegene Auffassungsgabe und eine unbeeinträchtigte effektive Intelligenz in allen »strukturierten« Situationen, in denen sein Zugriff auf die jeweilige Aufgabe oder das jeweilige Problem hinsichtlich seiner Gesamtrichtung geregelt ist. Ist das nicht der Fall, muß er sich vielmehr in Situationen, die seine gesamte Existenz herausfordern, auf sein Urteil verlassen, so wird er nicht in der Lage sein, sich in irgendeinem seiner urwüchsigen Stärke angemessenen Maß auf seine Kapazitäten zu verlassen, sondern in einer über-emotionalen Weise reagieren oder, in Verteidigung gegen das Anfluten seines Affekts, in einer rigiden und eingeschränkten und oft perseverativen Art und Weise agieren, ohne aber in der Situation eine Veränderung in Betracht ziehen zu können. Entsprechend ist er ein dürftiger Beobachter, und trotz seiner ausgeprägten ideomotorischen Ruhelosigkeit mangelt es seiner Einbildungskraft an Vitalität, Klarheit und Richtung.

Über-abhängig von der sozialen Umwelt und ängstlich ihre Antworten auf seine Aktionen und Haltungen beobachtend, sind seine Stimmungsumschwünge, wenn auch manchmal überschwenglich, im ganzen doch eher reaktiv als autonom. Die Depressionen sind kurz aber scharf und von Erfahrungen totaler Desillusionierung begleitet, und genau in diesen Momenten verspürt er am schmerzlichsten seinen Mangel an einer gültigen und überzeugenden Identifizierung mit irgendeiner Lebensrolle oder einem Ziel. Um seiner frustrierten Existenz etwas Bedeutung zu verleihen, wird er dann zu Selbst-Rechtfertigungen und sich selbst historisierenden Interpretationen seiner vergangenen Erfahrungen und Motivationen neigen und sich bemühen, auf sich selbst eher mit den Augen eines Fallgeschichtlers, der seine Biographie schreibt, als von irgendeinem Blickpunkt aus zu schauen, der seine eigenen Gefühle reflektierte. Eine weitere Reaktion, der er gegenüber seinen depressiven Erfahrungen oft den Vorzug gibt, ist eine halsstarrige und sehr aggressive Identifizierung mit bestimmten theoretischen Positionen, in deren Verteidigung er sehr blind sein kann. Er hat einen ausgezeichneten Sinn für Logik und einen guten für Mathematik, aber eine vergleichsweise dürftige Realitätsprüfung, so daß seine manchmal sehr spekulativen Deduktionen oft auf falschen Prämissen beruhen, unter denen mißtrauische Projektionen aller Arten bösartiger Motive in andere gemeinhin eine substantielle, zuweilen sogar dominante Rolle spielen.

Sein überlegtes Einnehmen einer geselligen Haltung – er ist eine sehr höfliche Person –, seine emotionale Über-Empfänglichkeit und seine extreme Empfindsamkeit – die eher persönliche Empfindlichkeit denn emotionale Empathie und Kultiviertheit ist – haben wenig mit echtem Engagement und Externalisierungen positiver Affekte zu tun. Er ist eine übelnehmerische, egoistische, rachsüchtige, mißtrauische, oft grausame und äußerst gerissene Person, die ihre aggressiven Überlegungen und höhnischen Negativismen versteckt und ihre Attacken auf die Umwelt sorgsam hinter einer Fassade vager und unverbindlicher Freundlichkeit vorbereitet. Er liebt es, aus manchmal ziemlich kleinen und trivialen Gelegenheiten, andere zu strafen oder auszunutzen, seinen Vorteil zu ziehen, und eine seiner kraftvollsten und nachhaltigsten Motivationslinien ist ihrer Natur nach deutlich parasitär; er ist der typische Haustyrann. Kombiniert damit finden wir exhibitionistische und theatralische Bedürfnisse, die allerdings durch intellektuelle Kontrolle verdeckt sind und sich sozial selten allzu unverblümt manifestieren werden; es versteht sich von selbst, daß bei diesem ganzen Persönlichkeits-Hintergrund der Schreiber ebenso sensibel für Schmeichelei ist wie für Kritik, und er wird nicht leicht eine Gelegenheit, sich »zur Schau zu stellen«, vorübergehen lassen. Wenn er nicht unter Streß steht, werden sich freundlichere und sogar großzügige Impulse manifestieren, und der Schreiber wird dann als eine recht sanfte und gutmütige Person erscheinen, Eigenschaften, die aufs engste seinem Ich-Ideal entsprechen.

Wenn er auch heterosexuell in einem ziemlich beträchtlichen Ausmaß engagiert sein mag und recht starke bewußte Bedürfnisse nach einem ordentlichen Familienleben aufweist, hat seine Homosexualität, deren Verdrängung nie sehr erfolgreich gewesen und die mit sadistischen Wünschen eingefärbt ist, ihn nachhaltig beunruhigt. Während seine Homosexualität somit stärker mit seiner Aggressivität verknüpft scheint, sind seine heterosexuellen Beziehungen durch eine passive und abhängige, kaum opferbereite Art von Sanftheit gekennzeichnet, deren vorherrschendes Element seine Selbstliebe ist und unmissverständlich eine nicht aufgegebene Mutter-Fixierung seinerseits betrifft.

Auswege aus diesem Konflikt zeigen sich in erster Linie in Richtung auf Alkoholsucht, möglicherweise auch andere narkotische Abhängigkeiten an. Die Beziehung des Patienten zum Alkohol ist sehr deutlich durch Zeichen eines übermäßigen Nachgebens auf der einen und einer niedrigen narkotische Schwelle auf der anderen Seite gekennzeichnet.

Kurz gesagt kann er als eine paranoide Persönlichkeit bestimmt werden, die an Alkoholabhängigkeit leidet und Potentiale für einen psychotischen Bruch zeigt, zur Zeit der Niederschrift aber nicht offen psychotisch ist.

Probe VII (Männlich, 31 Jahre, Rechtshänder)

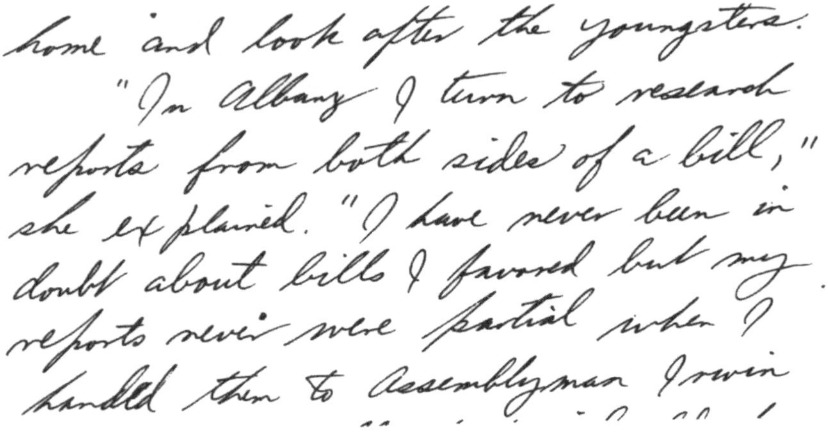

Abb. 244 (38%) Fall VII

Der Schreiber ist von überlegenster Intelligenz, neigt stark zu logischem Vorgehen und besteht auf seinen eigenen unabhängigen Ideen und unkonventionellen Bewertungen, die eine ganze Menge an dogmatischer Zähigkeit mit einem beträchtlichen Maß an emotionaler Opposition und Aggressivität kombinieren. Vieles des letzteren tritt in »theoretischen« Situationen zutage, während der Schreiber in gewöhnlichen zwischenmenschlichen Situationen eher soziale Gewandtheit und eine gefällige, wenn auch etwas zu effeminierte Sanftheit der Haltung zeigen wird – die man als eine Reaktion der Furcht vor seiner eigenen Aggressivität wie auch des Verlangens nach der Zuneigung anderer verstehen kann. Er ist übermäßig empfindsam und dürfte in angespannten Situationen ein Maß an Empfindlichkeit und Verärgerung zeigen, das wahrscheinlich alles andere als »zart« ist; Aggression in einer Situation dieser Art ist wahrscheinlich nicht auf theoretisierende Haltungen beschränkt, sondern könnte ihren Ausfluß in Form sporadischer Zornausbrüche und Wutanfälle finden. Er ist sehr mißtrauisch und fortwährend geneigt, »Intrigen« irgendwelcher Art von Seiten ihm sehr nahestehender – seltener hingegen ihm fremder – Personen zu entdecken. Er ist abhängig von anderen, und insbesondere von weiblichen Partnern, in allen Situationen, die irgendwelche verantwortlichen Entscheidungen, Anforderungen an sein Urteil und an seine Fähigkeit, einen geraden und beständigen Kurs zu halten, mit sich bringen; er zeigt sich rebellisch gegen solch eine Autorität, solch ein selbst auferlegtes System äußerer Abhängigkeiten, wann immer seine Situation in der Umwelt dazu tendiert, stabiler, leichter und einträglicher zu werden.

Ein ständiger Konflikt scheint zwischen seinen eher noblen und großmütigen, »aristokratischen« Werten und Ansprüchen, die zumindest ein substantielles Bedürfnis seinerseits nach innerer Freiheit enthüllen, und den kleinlichen Befürchtungen und mißtrauischen Besorgnissen zu bestehen, in denen er sich von Zeit zu Zeit wohl festfährt. Somatische Affektverschiebungen liegen nicht außerhalb seiner Reichweite, führen aber wahrscheinlich eher zu diffusen Störungen des organischen Systems als zu klar umrissenen hysterischen Konversionen; er ist im ganzen eher zwanghaft als paroxysmisch, seine ideational akzentuierte Introvertiertheit, seine Anfälligkeit für spekulative Phantasien usw. werden jedoch durch ein genuines Bedürfnis nach einem verbalisierenden und intellektualisierenden Typus von Geselligkeit ausgeglichen, den er in der Erwartung – derer er nicht inne ist – eines Anerkennungs- und Zuneigungsgewinns betreibt. Psychotische Tendenzen sind nicht zu erkennen. Der Schreiber ist der typische Dauer-Neurotiker: Während seinen kreativen Kapazitäten kaum je zu wachsen und die Freiheit des Handelns zu gewinnen erlaubt ist, werden auch seine selbstdestruktiven Trends, weil er zu stark von »kleinen« Präokkupationen (oder der Flucht vor ihnen) gefangengenommen ist, keine Impulse von dauerhafter Konsequenz oder einschneidender Kraft generieren.

Etwas kompensatorische Absorption der störenden Affekte bietet seine Zwanghaftigkeit, die eher zu »magischen« Angewohnheiten als zu der verallgemeinerten Überordentlichkeit des gewöhnlichen Zwangscharakters neigt. Mit dem letzteren hat er sogar ziemlich wenig gemeinsam: Eine ausgeprägte Unfähigkeit, »plangemäß zu leben« ist recht offensichtlich; auf der anderen Seite aber verfügt er über recht viel »theoretische« Gewissenhaftigkeit und Pflichtgefühl, und zum gegenwärtigen Zeitpunkt quält er sich sehr, weil er es nicht schafft, seinen Ich-Idealen entsprechend zu leben.

Probe VIII (Männlich, 25 Jahre, Rechtshänder)

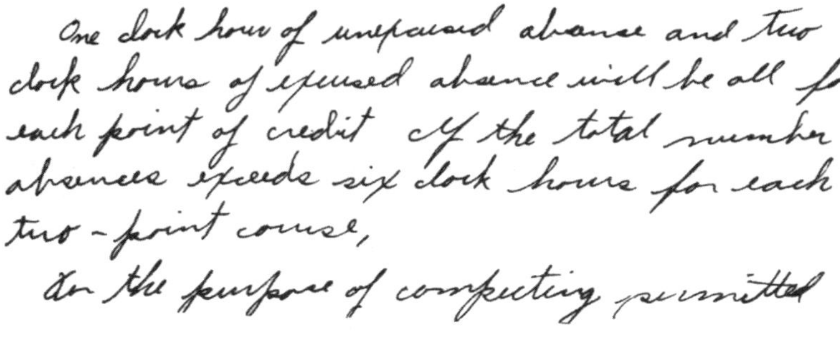

Abb. 245 (45%) Fall VIII

Der Konflikt des Patienten ist um Schulderfahrungen zentriert, vor denen er sich in fortwährender ruheloser Flucht befindet. Dieses Fliehen dürfte sich in starkem Maße in der Art und Weise seines verbalen Verhaltens verraten, das wahrscheinlich schnelle Themenwechsel mit einem Widerstand dagegen, ein Thema anders als in oberflächlichster Weise anzugehen, und einer Urteilshaltung, die genau auf seinen flüchtigsten Emotionen gründet, kombiniert. Der Patient fühlt sich minderwertig und neigt dazu, seine sozialen Kontakte zur Beschwichtigung dieses Gefühls zu nutzen; er tut dies mittels einer sich selbst gegenüber demonstrativen Halsstarrigkeit, die tatsächlich als eine Politik der Wahrung seiner Position angesichts einer Welt gemeint ist, die er vage verdächtigt, gegen ihn zu arbeiten.

Er unterliegt plötzlichen emotionalen Blockaden, die mit Angst eingefärbt sind und oft von Ausbrüchen negativer Affekte gefolgt werden. Dieses Sich-Ausdrücken seiner Persönlichkeit, das er nur in Aktion erfährt, dauert nie lange an und hält angesichts realer Hindernisse, die sich nicht mit Mitteln der Überredung überwinden lassen, nicht stand; doch sein Nachgeben vor solchen Hindernissen wird immer einen Unterton von gekränktem Protest haben. Er neigt dazu, mehr Selbstvertrauen an den Tag zu legen, zugleich aber auch weniger Ehrgeiz, als er tatsächlich besitzt. In seinem Triebleben verdrängt er passive homosexuelle Bedürfnisse und erfährt offenkundige exhibitionistische; heterosexuell ist er schnell erregt, kann aber in Beziehungen nicht beständig sein und nährt eine »funktionale«, mit Zynismus getränkte Anschauung vom Liebesleben; fast alle Erfahrungen in diesem Bereich dürften übereilt und unbefriedigend sein. Seine Übereiltheit bringt ihn oft in Situationen, die ihn ängstigen und anekeln, und er wird dann den Konsequenzen seiner Unternehmungen fast in letzter Minute zu entgehen suchen, um bald in eine neue zu schliddern. Diese Abruptheit in den Verhaltensmustern seines Lebenslaufs verursacht Erfahrungen von Diskontinuität, die er wahrscheinlich mit einer Anzahl kleiner Zwangsrituale abzuwehren sucht. Wahrscheinlich zieht er sich zeitweilig Kopfschmerzen zu. Der Patient ist von klarer normaler Auffassungsgabe, und seine effektive Intelligenz ist nicht beeinträchtigt.

Probe IX (Männlich, 26 Jahre, Rechtshänder)

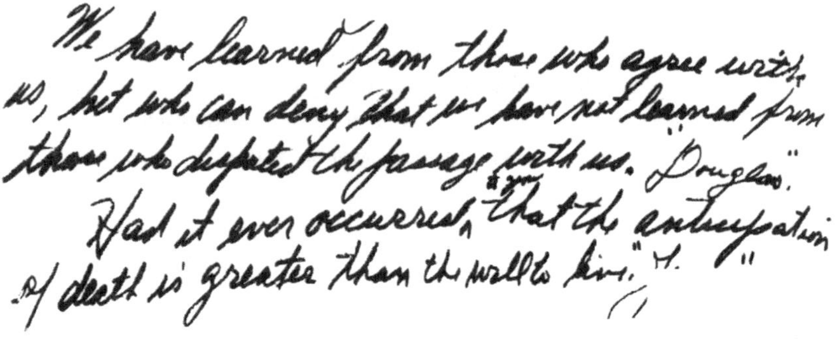

Abb. 246 (45%) Fall IX

Die Handschrift enthüllt eine krankhafte Depression mit schwerwiegenden Ängsten bei einem verschlossenen Individuum von übermäßiger Empfindsamkeit, schwer geschädigtem Selbstwertgefühl, sehr hohen geistigen Ansprüchen und einer grundsätzlichen Haltung paranoiden Protestes gegen die Schäbigkeit der Welt, das seiner eigenen Existenz eine tief geheime, von der gewöhnlichen Masse unerkannte Bedeutung als einsamer, desillusionierter Denker beimißt und einen tragischen Stolz auf sein »Schicksal« verspürt, während es zugleich tief an dem fast unerträglichen Gefühl von Schwermut leidet.

Unter ihrem Einfluß gibt die Kontinuität seiner inneren Erfahrung nach, und dieser desintegrative Prozeß ist weiter fortgeschritten als die immer noch aufrechterhaltene oberflächliche Kohärenz seines Denkens verrät; grob dissoziative Ideationen sind noch verdeckt, es gibt aber bereits eine zweifache Art und Weise, seine Selbstidentität zu erfahren. Wenn die zwei »Egos« auch noch durch einen kontinuierlichen »Mono-Dialog«, in dem sie »es ausdiskutieren«, aneinander gebunden sind, zeitigt das Argument auf beiden Seiten nichts Neues mehr, die Positionen sind festgelegt und verlieren, während sie immer unbeweglicher werden, ihre Unabhängigkeit und verwandeln sich in ziemlich konkrete und in sich geschlossene Ich-Bilder, mit denen er sich abwechselnd identifiziert, obwohl er immer noch genügend Kontakt zur Realität und dementsprechend Überblick über sich selbst in seiner sozialen Rolle bewahrt, um sich düster dieser Dualität inne zu sein.

Kurz gesagt, leidet er an einer echten und fast »klassischen« schizophrenen Psychose, die differenziell nicht nur durch paranoide Ideationen, sondern mehr und mehr auch durch verallgemeinerte Starrheit mit paralysierenden Furchtsamkeiten gekennzeichnet ist, und die sich einem Punkt nähert, an dem somatische Manifestationen katatonischer Versteifung unter die möglichen Symptome fallen, mit denen man rechnen muß. Eine lange Liste – die dokumentiert sein mag oder nicht – vorausgehender obsessiver wie auch kompulsiver Manifestationen ist wahrscheinlich, und in seiner Kindheit müssen ödipale Konstellationen vorgeherrscht haben. Messianische Formen der Identifizierung mit sich selbst sind bereits deutlich ausgeprägt und dürften, unterstützt durch enorme Affekt-Ausbrüche, hier und dort die dünne Wand rigider Verhaltenskontrolle, die er noch aufrechterhält, durchbrechen. Eine Hospitalisierung scheint geboten, und die Heilungschancen sind dürftig.

Probe X (Männlich, 24 Jahre, Rechtshänder)

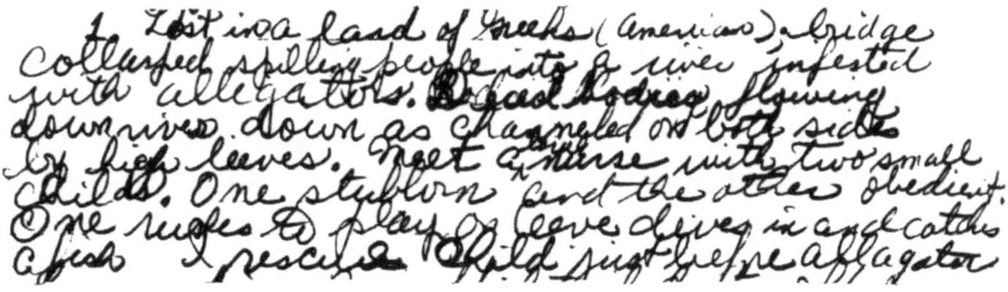

Abb. 247 (50%) Fall X

Der Schreiber kombiniert überlegene, wo nicht hoch überlegene Möglichkeiten einer kreativen Intelligenz mit einem Mangel an intellektueller Disziplin, was genau den fürchterlichen emotionalen Aufruhr widerspiegelt, der in ihm steckt und der konstant in Form inkonsistenter und einander widersprechender Impulse, welche die Kristallisation irgendeines bestimmten Kurses oder einer stabilen Richtung verhindern, ins Bewußtsein »überläuft«. In seinen Reifungsprozessen deutlich verspätet, unrealistisch in seinen Annäherungen an die Umwelt und fortwährend durch sich selbst präokkupiert, wird seine allgemeine Unreife nichtsdestoweniger durch geistige und moralische Ansprüche ausgeglichen, die ein beträchtliches scharfsinniges Innsein von Werten, sehr viel spontanen Idealismus und genügend reale oder potentielle Originalität von Ideen mit sich bringen, die in all dem Chaos einen soliden Kern an Persönlichkeitsbildung konstituieren, mit der es durchaus möglich sein sollte, therapeutisch zu arbeiten.

Gegenwärtig dürfte er ablenkbar, unordentlich, vergeßlich und extrem schwerfällig in seiner Arbeit sein, wenn nicht gar unlogisch in seinem Denken, dessen Motivationen, weit mehr als die formalen Elemente, durch das konstante Aufwallen kraftvoller archaischer Bilder »zerrissen« erscheinen. Er ist ein typischer Träumer, lyrischer und spekulativer Nachdenklichkeit ergeben, übermäßig narzißtisch, wenn auch kein Egoist, dabei voll natürlicher Güte, und tendiert abwechselnd dazu, sich mit »noblen« maskulinen und mit »idyllischen« mütterlichen Rollen zu identifizieren: Letztere Polarität im wesentlichen konstituiert seine innere Alternative und in der Konsequenz seinen allgemeinen Zustand von Unentschiedenheit, der wahrscheinlich als solcher niemals überwunden wird, den er aber in der Lage sein dürfte, in

Einsätze und Anreize kreativer Aktivität zu überführen, vorausgesetzt, seine Erziehung und seine Interessen an der äußeren Realität können ausreichend stimuliert werden, ihn am Leben zu erhalten.

Gefahrenpunkte für zukünftige größere Reifung sind die stürmische Intensität seiner unkanalisierten triebhaften Bedürfnisse, die den ganzen Spielraum vom rohesten Narzißmus über offene Homosexualität - mit einigen Spuren von Sadismus - bis hin zu sporadischem Auftreten heterosexueller Wünsche abdeckt; der damit zusammenhängende Einfluß von Angst; die extreme Launischkeit; und schließlich ein Unterton von Traumatisierung und Ressentiment (wenn er sich beleidigt fühlt, kann er ziemlich zänkisch und streitlustig sein), der eher dazu tendiert, hypochondrische Selbstbeobachtung und »mißtrauische« Projektionen zu hegen als die spontane »lyrische« Introspektion, zu der er fähig ist. Da er seine eigenen inneren Bedürfnisse als eine fortwährende Bedrohung wie auch fortwährende Verlockung erfährt, baucht er, um sich mit ausreichender Stärke zu versorgen, diesen Kräften entgegenzutreten, dringend Bestätigungen seines Ich durch die Umwelt in Form sozialer Erfolge. Die gesamte Konstellation, in Verbindung mit seiner ausgeprägten Depression und mit einer Tendenz zum Hervorbrechen aggressiver Emotionen in Gestalt von Wutausbrüchen oder Rasereien, läßt einen psychotischen Bruch möglich erscheinen, der in erster Linie durch Wechsel zwischen depressiver Starrheit und hypomanischer Expansion mit »kosmischen« Projektionen charakterisiert sein dürfte, d. h. die psychotische Entwicklung innerhalb dieses Spielraums würde wahrscheinlich einen mittleren Verlauf zwischen katatonisch und manisch-depressiv mit, wenn überhaupt, nur sekundärer paranoider Färbung nehmen. Die hervorragenden grundlegenden Persönlichkeitsfaktoren, die dazu dienen könnten, dies abzuwehren, wurden zu Anfang herausgestellt. Seine gegenwärtige akute Depression dürfte durch einige Agitiertheit gekennzeichnet sein. Eine der größten Schwierigkeiten für die Therapie dürfte sein, ihn mehr Verständnis seiner selbst gewinnen zu lassen, ohne seine Selbstbeobachtung zu fördern. Gelegenheiten für reife Verbindungen, für inspirierende Erfahrungen mit Literatur und Kunst und für integrative rhythmische Aktivitäten sollten geschaffen werden.

Zusammenfassung

Graphologie wurde definiert als die psychologische Analyse der Handschrift zum Zwecke der Erforschung und Beschreibung der Persönlichkeit. Drei derzeitige Ansätze – ein impressionistischer, ein atomistischer und ein systematischer – wurden unterschieden, die Entwicklung des dritten wurde dargestellt, dazu seine klinischen Anwendungen erörtert und die Geschichte der Handschriftenanalyse im Umriß nachgezeichnet. Das Konzept der Ausdrucksbewegungen als psychologischer Indikatoren wurde auf die Notwendigkeit zurückgeführt, Persönlichkeit als eine funktionale Einheit respektive ein System zu sehen, in welchem ein einendes qualitatives Prinzip den gesamten Spielraum organismischer Aktivität regiert. Unterschieden wurden drei Dimensionen des Funktionierens der Persönlichkeit, die Kriterien der Handschriftenanalyse wurden gemäß ihrer Rolle als Repräsentanten dieser drei Aspekte gruppiert. Dies führte zu einer Differenzierung der in der Handschrift wirksamen Gesamtmotivation nach zweckgerichteten und ausdrucksmäßigen Zielen und zu der Annahme, daß Ablenkungen des inneren Fokus' auf das Selbst einen dritten und lediglich potentiell wirksamen motivierenden Faktor darstellen.

Fragen der Methodologie und der Objektivierung wurden diskutiert, Einwänden gegen die Methode wurde entgegengetreten, graphologische Befunde auf der Grundlage von Bewertungen der gesamten Persönlichkeitskonfiguration statt von Quantifizierungen einzelner graphischer Züge zu validieren, wurde als notwendig herausgestellt, und für diesen Zweck geeignete Versuche wurden eingefordert.

Eine Definition der Grundbegriffe schloß sich an. Handschrift wurde in ihrem motorischen Gesamtaspekt bestimmt als von Zyklen muskulärer Kontraktion und Entspannung beherrscht; in ihrem symbolischen Gesamtaspekt als beherrscht von der spontanen Umwandlung des Schreibfeldes in einen quasi-räumlichen Bereich in der inneren Erfahrungsordnung des Schreibers und des Lesers; in ihrem interpretativen Gesamtaspekt als von den Prinzipien der Ambivalenz und der Interdependenz beherrscht, deren ersteres eine Beurteilung des Formniveaus impliziert, das zweite eine synoptische Beurteilung mannigfaltiger unterschiedlicher Kriterien, die zu identischen Funktionsfeldern gehören.

Die Diskussion der eigentlichen graphologischen Methode wurde auf die drei umfassenden Beurteilungen des Formniveaus, der rhythmischen Eigenschaften und der Gesamtanlage gegründet. Erstere wurde definiert als die Kombination der Grade an ästhetischem Ebenmaß und an Originalität der Form. Die zweite wurde gewonnen aus einer psychologischen Analyse des graphischen Kontraktions-Entspannungs-Zyklus' als einer spezifischen Erscheinung der Selbstartikulation von Systemen, wie sie in der Zeitdimension durch das gleichzeitige Wirksamsein der beiden Prinzipien Wiederholung und Wechsel bestimmt ist. Die Notwendigkeit einer im Verlauf des graphologischen Zugriffs frühzeitigen Konzentration auf die Gesamtanlage wurde aufgrund praktischer Erwägungen des Procederes vertreten.

Handschrift wurde sodann entsprechend den Haupteigenschaften der graphischen Bewegung selbst betrachtet und das System der dimensionalen Bewertungsbegriffe hergeleitet, welche im Ausdrucksprofil des Schreibers spezifische Aspekte hinsichtlich gestischer Qualitäten erfassen. Ausdehnung, Geschwindigkeit und Wucht wurden als Repräsentanten des Gesamtspielraums des Schreibers für seine Selbsterfahrung und seine Ansprüche, d. h. für seine veranlagungsmäßigen Eigenschaften, bestimmt und die interpretative Basis für jeden von ihnen entwickelt. Zwischen dem Platz, den sie im System der Dimensionen innehaben, und jenem, den die durch richtungsmäßige Kriterien beherrschten Dimensionen einnehmen, begegneten wir den lateralen und longitudinalen Qualitäten des Schreibduktus, und nachdem für sie eine Interpretationsbasis aufgestellt war, folgte eine für die vertikale Ausdehnung der Handschrift, welche als repräsentativ für die Orientierung des Schreibers im Bereich verfügbarer Werte definiert wurde. Die horizontale Dimension der Schreibbewegung wurde dann gemäß den statischen, nach rechts vorrückenden Aspekten des Wortkörpers sowie den allgemeinen dynamischen Kriterien der relativen Weite, der relativen Neigung und der gesamten relativen Rechts- und Linksläufigkeit bewertet und als die Dimension der Impuls-Externalisierung und des Verkehrs mit der Umwelt definiert. Als spezifisch dynamisches Kriterium und besonderes Kristallisationsgebiet der »typischen Geste« des Schreibers wurden die Bindungsformen klassifiziert und nach ihren Prototypen interpretiert; Betrachtungen des weiteren statischen Aspekts des Schreibens, wie ihn die Richtungseigenschaften der Zeile darstellen, beschlossen die Diskussion der horizontalen Dimension. Jenseits des Spielraums veranlagungsmäßiger, duktischer und richtungsmäßiger Aspekte der Handschrift wurde in den Blick genommen, auf welche Weise und in welchem Ausmaß der Hintergrund sich einbezogen findet. Eine Analyse der allgemeinen Kurveneigenschaften folgte auf die Erörterung der letztgenannten Dimension, die ihrerseits gemäß den drei Kriterien der graphischen Amplitude, der Ausschmückung und der gesamten räumlichen Dispersion differenziert wurde. Schließlich wurden noch die Unterschrift in ihrer besonderen Position als sozialer Repräsentant der Person, jene besonderen »Zeichen« der älteren Graphologenschule, deren allgemeine Interpretationen die ganzheitlichen Revisionen ihres Systems überlebt haben, sowie etliche weitere der graphologischen Forschung zugehörige Themen aufgegriffen.

Als unabdingbar für die Interpretationsarbeit wurde die Kenntnis von Alter und Geschlecht des Schreibers, als wünschenswert die seines kulturellen Hintergrunds bestimmt; eine Erwägung der möglichen besonderen Umstände der Situation des Graphologen angesichts seines Untersuchungsobjektes schloß sich an, und schließlich wurde festgestellt, daß Informatonen über die Links- oder Rechtshändigkeit des Schreibers als ratsam anzusehen sind. Um die Interpretationsarbeit zu erleichtern und um insbesondere bei der Entdeckung früher Stadien einer Diskrepanz zwischen den Modi der äußeren und der Selbstanpassung des Schreiber behilflich zu sein, wurden graphische Qualitäten dann gemäß ihrer psychologischen Artikulation entweder auf seiten der Kontraktion oder auf seiten der Entspannung sowie ihrer Zugänglichkeit für bewußte Modifikation in Gruppen eingeteilt. Die erwartbaren Hauptschwierigkeiten des Graphologie-Studenten wurden erwogen und eine Art Verfahrensordnung für sein erstes Herangehen an Handschriftenproben formuliert. Praktische Demonstrationen der Methode in ihren allgemeinen Anwendungen folgten dieser Präsentation des graphologischen Systems selbst.

Vor einer Untersuchung der klinischen Anwendungen der Methode wurden die ausdrucksanalytischen Persönlichkeits-Begriffe mit denjenigen der psychiatrischen Nosologie und des heutigen Denkens in Beziehung gesetzt; auf der Grundlage einer Untersuchung der logischen Beschaffenheit eines bekannten psychodiagnostischen Begriffs befanden wir die Analyse des spezifischen gestischen Profils des geisteskranken Patienten als Repräsentation seiner Individualität im strengen Sinne, so wie sie von der klinischen Graphologie vorgeschlagen wird, als unmittelbar durch die gegenwärtige Situation der Diagnosetätigkeit in der Psychiatrie selbst nahegelegt. Charakterisiert wurden dann die verschiedenen musterhaften Prinzipien des graphischen Ausdrucks, wie sie den vorhandenen Standard-Gruppen der Klassifizierung geistig Kranker entsprechen, und für jedes von ihnen wurden Anleitungen zur Unterspezifikation klinischer Fälle entwickelt. Abgesehen von der spezifischen Affinität depressiver Zustände zu einer Verstärkung des Abwärts-Impulses, akzentuiert durch ein unterstützendes Zunehmen des Drucks und eine Verminderung der Geschwindigkeit, wurden die affektiven Psychosen als in erster Linie durch ein extremes Ausmaß der rhythmischen Fluktuation insgesamt und eine Betonung des rechtsläufigen Impulses der Schrift charakterisiert befunden, in zweiter Linie durch mögliche Versuche der Person, diesen Tendenzen zu widerstehen. Bei den schizophrenen Psychosen wurden in erster Linie Tendenzen zur rhythmischen Desintegration, welche die Vereinheitlichung der Bewegungsspur zunichte machen, in zweiter Linie spezifische Verstärkungen des linksläufigen Impulses als vorherrschend festgestellt. Die Psychoneurosen erwiesen sich in ihrem graphischen Ausdruck von Impulsen der Kompression dominiert, die entweder in der gesamt-vertikalen oder der gesamt-horizontalen Dimension oder kombiniert in beiden wirksam sind. Intrakranielle Störungen fanden sich durch gröbere Mängel in der Wahrnehmungs- und motorischen Koordination gekennzeichnet. Paroxysmische Persönlichkeitstendenzen wurden im Zusammenhang mit spezifischen Störungen im Bereich der duktischen Qualitäten sowie der Druckzyklen des Schreibens gesehen.

Abschließend wurde eine Reihe vermischter klinischer, charakterologischer und verfahrentechnischer Fragen, die zur Arbeit des Graphologen gehören, aufgegriffen und die praktische Anwendung der Methode auf Aufgaben bei der Diagnose von Geisteskrankheiten gezeigt.

Literaturverzeichnis

Gordon W. Allport und Philip E. Vernon, Studies in Expressive Movement. New York 1933

Andras Angyal, Foundations for a Science of Personality. New York 1941

Rudolf Arnheim, Experimentell-psychologische Untersuchungen zum Ausdrucksproblem. In: Psychologische Forschung. Zeitschrift für Psychologie und ihre Grenzwissenschaften (Berlin), XI/1–2 (1928), S. 1–132

Minna Becker, Graphologie der Kinderschrift. Heidelberg 1926

Hans Biäsch, Graphologische Bemerkungen über die Bindungsform. Die Winkelschrift. In: Psychologische Rundschau. Schweizerische Monatsschrift für das Gesamtgebiet der modernen Psychologie (Basel), I (1929/30), S. 230–234

Alfred L. Binet, Les révélations de l'écriture d'après un contrôle scientifique. Paris 1906

Eugen Bleuler, Lehrbuch der Psychiatrie. Berlin 1930. Amerikanische Ausgabe: Textbook of Psychiatry. New York 1936

Otto Bobertag, Ist die Graphologie zuverlässig? Eine Untersuchung über den Wert der Handschriftendeutung auf experimentell-statistischer Grundlage. Heidelberg 1929

Arnold Breitkopf, Großbewegungen und Kleinbewegungen. Ein Beitrag zu einer vergleichenden Ausdruckslehre. In: Zeitschrift für angewandte Psychologie und Charakterkunde (Leipzig), LVII (1939), S. 1–92

Jules Crépieux-Jamin, L'Âge et le sexe dans l'écriture. Paris 1924

Jules Crépieux-Jamin, Les Bases fondamentales de la graphologie et de l'expertise en écritures. Paris 1921. Deutsche Ausgabe: Die Grundlagen der Graphologie und der Schriftexpertise. Heidelberg 1927

Jules Crépieux-Jamin, L'Écriture et le caractère. Paris 1888. Deutsche Ausgabe: Handschrift und Charakter. Leipzig 1901

Jules Crépieux-Jamin, Les Éléments de l'écriture des canailles. Paris 1923

Albrecht Erlenmeyer, Die Schrift. Grundzüge ihrer Physiologie und Pathologie. Stuttgart 1879

Oskar Fischer, Experimente mit Raphael Schermann. Ein Beitrag zu den Problemen der Graphologie, Telepathie und des Hellsehens. Berlin/Wien 1924

Clark L. Hull und Robert B. Montgomery, Experimental Investigation of Certain Alleged Relations between Character and Handwriting. In: Psychological Review (Washington), XXVI (1919), S. 63–74

Hans Jacoby, Handschrift und Sexualität. Berlin/Köln 1932

Ludwig Klages, Ausdrucksbewegung und Gestaltungskraft. Grundlegung der Wissenschaft vom Ausdruck. Leipzig 1923 (vgl. Klages, Sämtliche Werke, Band 6. Bonn 1964)

Ludwig Klages, Einführung in die Psychologie der Handschrift. Stuttgart/ Heilbronn 1924 (vgl. Klages, Sämtliche Werke, Band 7. Bonn 1968)

Ludwig Klages (Hg.), Graphologisches Lesebuch. Hundert Gutachten aus der Praxis. Unter Mitwirkung von Fachgenossen. Leipzig 1930 (vgl. [Teilabdruck] Klages, Sämliche Werke, Band 8. Bonn 1971)

Ludwig Klages, Grundlegung der Wissenschaft vom Ausdruck. Ausdrucksbewegung und Gestaltungskraft. Leipzig 1936 (vgl. Klages, Sämtliche Werke, Band 6. Bonn 1964)

Ludwig Klages, Handschrift und Charakter. Gemeinverständlicher Abriß der graphologischen Technik. Leipzig 1936 (vgl. Klages, Sämtliche Werke, Band 7. Bonn 1968)

Ludwig Klages, Prinzipien der Charakterologie. Leipzig 1910 (vgl. Klages, Sämtliche Werke, Band 4. Bonn 1976)

Ludwig Klages, Die Probleme der Graphologie. Entwurf einer Psychodiagnostik. Leipzig 1910 (vgl. Klages, Sämtliche Werke, Band 7. Bonn 1968)

Kurt Koffka, Experimental-Untersuchungen zur Lehre vom Rhythmus. In: Zeitschrift für Psychologie (Leipzig), LII (1909), S. 1–109

Kurt Koffka, Zur Analyse der Vorstellungen und ihrer Gesetze. Leipzig 1912

Wolfgang Köhler, Gestalt Psychology. An Introduction to New Concepts in Modern Psychology. New York 1947

Emil Kraepelin, Psychologische Arbeiten. Leipzig 1896

Wilhelm Langenbruch, Praktische Menschenkenntnis auf Grund der Handschrift. Eine leicht faßliche Anleitung, die Menschen aus ihrer Handschrift zu erkennen. Zugleich ein Autographen-Album bedeutender und interessanter Persönlichkeiten. Berlin 1929

Georg Meyer, Die wissenschaftlichen Grundlagen der Graphologie. Jena 1940

Jean-Hippolyte Michon, Système de graphologie. L'Art de connaître les hommes d'après leur écriture. Paris 1875. Deutsche Ausgabe: System der Graphologie. München/Basel 1966

Ruth L. Munroe, Three Diagnostic Methods Applied to Sally. In: Journal of Abnormal and Social Psychology (Washington), XV/2 (April 1945), S. 215–228

Ruth L. Munroe, Thea Stein-Lewinson und Trude Schmidl-Waehner, A Comparison of Three Projective Methods. In: Character and Personality. An International Quarterly of Psychodiagnostics and Allied Studies (London), XIII/1 (September 1944), S. 1–21

Wilhelm Preyer, Zur Psychologie des Schreibens. Mit besonderer Rücksicht auf individuelle Verschiedenheiten der Handschriften. Leipzig 1919

Max Pulver, Symbolik der Handschrift. Zürich 1931

Max Pulver, Trieb und Verbrechen in der Handschrift. Ausdrucksbilder asozialer Persönlichkeiten. Zürich/Leipzig 1934

Klara Román-Goldzieher, Untersuchungen über die Schrift der Stotterer, Stammler und Polterer. In: Zeitschrift für Kinderforschung (Berlin), XXXV (1929), S. 116–139

Robert Saudek, Experiments with Handwriting. London 1928. Deutsche Ausgabe: Experimentelle Graphologie. Berlin 1929

Robert Saudek, The Methods of Graphology. In: British Journal of Psychology (London), VII (1927), S. 221–259

Robert Saudek, The Psychology of Handwriting. London 1925. Deutsche Ausgabe: Wissenschaftliche Graphologie. München 1926

Robert Saudek, Writing Movements as Indicators of the Writer's Social Behavior. In: Journal for Social Psychology (Princetown), II (1931), S. 337–373

Robert Saudek, Zur Psychologie der amerikanischen Handschrift. In: Zeitschrift für Menschenkunde (Wien/Stuttgart), VI/5 (Januar 1931), S. 361–396

Die Schrift. Fachblatt für wissenschaftliche Graphologie, gerichtliche Schriftuntersuchung, Schriftkunst und Schreibunterricht, Schriftgeschichte und Autographenkunde. I–V, Leipzig 1935–39

Kurt Seesemann, Bewährungskontrolle graphologischer Gutachten. In: Industrielle Psychotechnik: der Mensch, Eignung, Leistung, Charakter, Verhalten (Berlin), VI (1929), S. 104–108

Thea Stein-Lewinson, Dynamic Disturbances in the Handwriting of Psychotics. In: American Journal of Psychiatry. Official Journal of the American Psychiatric Association (Washington), XCVII (Juli 1940), S. 102–135

Herbert Theiss, Zur experimentellen Graphologie. In: Zeitschrift für Menschenkunde (Wien/Stuttgart), V (1929), S. 237–245

Käthe Tittel, Untersuchungen über Schreibgeschwindigkeit. In: Neue psychologische Studien (München), XI/1 (1934), S. 1–54

Marcel de Trey, Der Wille in der Handschrift. Bern 1946

Etel Vértesi, Handschrift und Eigenart der Krebsgefährdeten. Ein Beitrag zur Dispositionsforschung. Budapest 1938

Lutz Wagner, Der Unterschied männlichen und weiblichen Selbstgefühls in der Handschrift. In: Zeitschrift für Menschenkunde (Wien/Stuttgart), X/2 (1934), S. 129–143

Johannes Walther, Die psychologische und charakterologische Bedeutung der handschriftlichen Bindungsarten. In: Neue psychologische Studien (München), XI/3 (1938), S. 63–158

Rudolf Werner, Über den Anteil des Bewußtseins an den Schreibvorgängen. In: Neue psychologische Studien (München), XI/2 (1937), S. 1–72

Max Wertheimer, Über Gestalttheorie. In: Symposion. Philosophische Zeitschrift für Forschung und Aussprache (Berlin), I (1925), S. 39–60

Roda Wieser, Der Rhythmus in der Verbrecherhandschrift. Systematisch dargestellt an 694 Schriften Krimineller und 200 Schriften Nichtkrimineller. Leipzig 1938

Werner Wolff, Diagrams of the Unconscious. New York 1948

Werner Wolff, The Expression of Personality. Experimental Depth Psychology. New York/London 1943

Joseph Zubin und Thea Stein-Lewinson, Handwriting Analysis. A Series of Scales for Evaluating the Dynamic Aspects of Handwriting. New York 1942

Erstveröffentlicht als: Handwriting Analysis As a Psychodiagnostic Tool. A Study in General and Clinical Graphology, New York (Grune & Stratton) 1950 (mit einem Vorwort von Bela Mittelmann). Mehrfach unverändert nachgedruckt (zuletzt 1968).

Anhang zur ersten Abteilung

Lebenserwartung in der Handschrift (1951)

Aus dem Englischen von Paul Fiebig

Handschriftenanalyse erkundet die menschliche Persönlichkeit und bedient sich dabei als Medium einer leicht zugänglichen Spur menschlichen Verhaltens. Ein erstes Stadium in der Geschichte der Graphologie, das bis heute in der Amateurpraxis überlebt hat, war gekennzeichnet von: einer mechanischen Zerlegung der Spur; einer Definition prototypischer formaler Charakteristika sodann – der bestimmten Art und Weise etwa, wie ein Buchstabe geformt ist – als Ausfluß vorgeblich eindeutiger und spezifischer Charaktereigenschaften; sowie, im Rückschlußverfahren, der Beschreibung von deren Trägern.

Als die Psychologen sich in die Angelegenheit zu mischen begannen, hatte das eine gänzliche Neuorientierung zur Folge, die Aufmerksamkeit verlagerte sich aufs sorgsame und eingehende Untersuchen der Schreibbewegung selber.

Dieser Ansatz erlaubte eine weitreichende Systematisierung und zog Nutzen aus genügend präzisen wie flexiblen Vorstellungen. Diese hatten sich nicht einzig aus dem Studium der Handschrift herausgebildet, vielmehr aus Forschungen im Bereich der Ausdrucksbewegungen insgesamt, welch letztere im Mittelpunkt des Interesses der deutschen und schweizerischen Psychologie während der vergangenen zwanzig Jahre standen. Indem sie aber die umfassende Ausdrucksfähigkeit menschlichen Verhaltens zu ihrem neuen begrifflichen und experimentellen Bezugsrahmen erklärte, kam diese zweite, wissenschaftliche Phase in der Geschichte der Handschriftenanalyse bald nicht mehr darum herum, ihr Verständnis nicht nur ihres Gegenstandes, sondern überhaupt ihres *Persönlichkeits*bildes zu erweitern.

In Korrespondenz mit vergleichbaren Entwicklungen auf dem Gebiet der Differentialpsychologie überhaupt wollten die Ausdrucksbewegungen ihre Matrix nicht länger als psychische Manifestationen im Bewußtseinsbereich der schreibenden Person, stattdessen als Ergebnisse von Impulsen verstanden wissen, wie sie aus der – so hieß es jetzt häufig – Tiefe der Persönlichkeit aufsteigen. Ihre gezielte Artikulation erhalten solche Impulse zwar vom Bewußtsein der schreibenden Person, ihre Ausdehnung aber, ihren Druck und ihre immanente Geschwindigkeit, ihren Rhythmus und ihre formalen Qualitäten – in Abhängigkeit davon, in welchem Umfang sie nicht länger mit dem Ziel der Bewegung zusammenzubringen sind – von zunehmend weniger artikulierten, mehr und mehr »organismischen« Schichten der Psyche, als der Hierarchie, von der die Dimension der Tiefe begrifflich sich herleiten läßt. Folgt man ihr in die Tiefe hinab, kann man das für sie Charakteristische benennen als ein Abnehmen der Differenzierung und Zunehmen der Befähigung, die Struktur insgesamt zu nähren und zu tragen. Die Ausdrucksbewegungen werden, im Prinzip, von daher zu Indikatoren nicht nur der artikulierten Bestrebungen und Reaktionen eines Subjektes, sondern letzten Endes auch seiner Vitalität und seiner organischen Kraft insgesamt. Wirklich auffällig – manchmal geradezu demonstrativ – wird dieser Aspekt der Ausdrucksfähigkeit in der Handschrift freilich nur in Extremfällen wie den von Todkranken und von Individuen, die überströmen vor in unangefochtener organischer »Gesundheit« tief verwurzelter Vitalität.

Entsprechend dem Einfluß, den spezifische organische Leiden, wie etwa die Herzerkrankung, auf die kleinsten Phasen der motorischen Aktivität und auf die ausgedehnten Phasen der Selbsterfahrungsprozesse ausüben, können derartige Enthüllungen der Handschrift, in diagnostischer Hinsicht, weiter qualifiziert werden, und das nun ist verantwortlich für das bei wiederholter Gelegenheit bemerkbare Einschwenken der Graphoanalyse in die Umlaufbahn der somatischen Medizin. Im weitgespannten Zwischenbereich zwischen den Extremen der beiden vollkommenen organischen Gesundheitszustände jedoch sind die der Langlebigkeit zugehörigen Eigenschaften der graphischen Spur schwer auszumachen. Dazu noch muß von den Grenzen dieses Bereichs gesagt werden, daß sie ihrer genauen Fixierung auf der einzigen Grundlage objektiver, zuverlässig von allen anderen unterscheidbarer Daten widerstehen; wie überall im Bereich nicht nur der Handschriftenanalyse, sondern sämtlicher Medien der Persönlichkeitsinspektion, deren sich die Psychologie bedient, scheint hier ebensoviel von der Schulung des Inspektors und seiner besonderen Sensibilität für die Ausdruckseigenschaften der Bewegung abzuhängen wie von diesen Eigenschaften selber.

Nun scheint diese Situation einer systematischen Klärung unseres Gegenstandes auf der Grundlage objektiver Daten weniger im Wege zu stehen denn sie nahezulegen sowohl als zu erlauben. Freilich muß man Vorsicht walten lassen, muß im Sinn behalten, daß auch hier wieder, wie anderswo beim Studium der Ausdrucksbewegungen, die Rückschlüsse, die aus einigen der im Umgang mit Handschriftenproben herausgebildeten Vorstellungen gezogen werden, das oben erwähnte subjektive Wahrnehmungsvermögen erfordern dürften. Von zweierlei können wir ausgehen bei unserer Unternehmung: davon, daß im Hinblick auf Langlebigkeit einer jeden Bewertungsdimension der Handschrift theoretische Bedeutung zukommt; und, daß die zu beobachtenden empirischen Zeichen abnehmender organischer Gesundheit und Kraft reichlich unsystematisch sind.

Indem wir mit letzteren beginnen und ein jedes der Zeichen in den zugehörigen theoretischen Bezugsrahmen einbinden, sehen wir eine zunehmend dichte Gruppe von ihnen in den Strichqualitäten konzentriert, von denen bekannt ist, daß sie repräsentativ sind für die subjektiven Manifestationen physischen Wohlbefindens in all seinen möglichen Facetten und Graden, und die sich dem Untersuchenden in einer schier endlosen Vielfalt unterschiedlicher Schattierungen darbieten. Ordnen lassen sie sich mit Hilfe multipler Kriterien. Die für unseren Zusammenhang relevanteste Qualität, und das ist eindeutig der im Strich sich zeigende Grad an *Elastizität*, trifft sich naheliegenderweise von den Extrempositionen dieser Dimension her mit den Extremen sowohl körperlicher als vom Temperament bestimmter Elastizität, das heißt, biologischer Reichtum an Ressourcen führt graphisch immer auch zu einer hohen kinästhetischen Qualität der Spur; und hier bereits erweist sich die Verfügbarkeit mehrerer Schriftproben – einer pro Woche über einen Zeitraum von einigen Monaten – als höchst wünschenswert, um dann nicht bloß die Richtung bestimmen zu können, in die das infragekommende Merkmal sich verändert hat während dieses Zeitraums, sondern auch das Tempo der Veränderung, für welche Herangehensweise natürlich konsistente Bewertungskriterien die Voraussetzung sind; ist diese erfüllt, können Steigerungen im Gefälle des Merkmals beobachtet werden parallel zu eng damit korrespondierenden Beschleunigungen in der Zu- oder Abnahme anderer relevanter Schreibeigenheiten.

Die *Versteifung* des Strichs am anderen Ende der Elastizitätsdimension fällt besonders ins Auge bei Personen, die schnellen Alterungsprozessen unterworfen sind; abhängig von spezifischeren Konfigurationen oder Dysfunktionen, die sie begleiten können, ist eine Zunahme an Starrheit im Duktus zu beobachten, wie sie mit Zittern, Zickzacks, partiellen Ataxien, Strich-Entgleisungen einhergeht, unterscheidbar von ihren Pendants in der Handschrift von Personen mit intrakraniellen Störungen im Aufrechterhalten der Gesamtorganisation und in Anzeichen von Kontrollanstrengungen auf der Alterungsseite sowie in einem sich Einmischen in die Bewegungen, einem

Produzieren von Kurven und Schleifen bildenden Formen, die sich womöglich ausnehmen, als würden sie solcherart Strichbildungen abrupt »zusammenpressen« und »in sie hineinstoßen«.

Eine Unterscheidung sowohl der zuletzt genannten Symptome als auch des Typus der mit Alterungsprozessen verbundenen Strichversteifung von den oberflächlich ähnlichen Erscheinungsbildern katatonischen Schreibens ist leicht, insofern bei ersteren alle rhythmischen Eigenschaften des normalen Schriftbildes eine Tendenz zu Aufrechterhaltung und Selbstbehauptung zeigen gegenüber noch den winzigsten Unausgeglichenheiten der motorischen Koordination, während die Katatonie, zumindest in ihren »Spannungs«-Phasen, diesen nachzugeben, ja sie sogar zu »erschaffen« scheint; ähnliches kann man beobachten bezüglich der bestehenden Unterschiede in den Bildern des Zitterns, die in katatonischer Handschrift »langwellige«, gekurvte Formen aufweisen, in der Handschrift von Individuen mit organischen Ausfällen eine »Widerstand leistende« Eckigkeit.

Über diese generellen Eigenschaften des Duktus hinaus sei noch die Tendenz zu Formen von Ataxie erwähnt, wie sie sich in der Schrift von Patienten mit Herz- oder Koronarerkrankungen durch unbeabsichtigtes »Punktieren« der Striche zeigen. Dieses ›Unnachbarschaftliche‹ im Strich taucht nicht nur oft in Anfangsstadien des Syndroms auf, sondern kann sich im weiteren Verlauf bemerkbar machen in zunehmend häufiger Neigung der Bewegung, »zur Ruhe zu kommen«, das heißt, zusätzliche Pünktchen zwischen die einzelnen Wörter zu streuen, als bestünde Bedarf nach einer Art von Pseudo-Schlußpunkten.

Der graphische Rhythmus selber, der die zeitlich gedehnte Selbstorganisation der Bewegungsimpulse darstellt, hat sein Zentrum in der Verteilung des Drucks; für beides, für den qualitativen Grad des Drucks und für seine sukzessive Differenzierung in Zyklen von Anspannung und Entspannung, können biologische Optima erkannt werden. In mathematischer Hinsicht sind sie bis jetzt undefiniert; in phänomenaler sind ein optimales Verhältnis zwischen der Ausdehnung und dem Druck des Strichs sowie alle größeren Abweichungen vom optimalen Verhältnis leicht wahrnehmbar, Diskrepanzen in der Bewertung der Handschrift auf diesem Gebiet, wenn unterschiedlich geschulte Richter am Werke sind, tendieren gegen Null.

Für den zuletzt genannten Aspekt des Drucks, die optimale *Verteilung* einer gegebenen Druckmenge, lassen sich die Kriterien unmittelbar aus den Bedürfnissen der Skelett-Struktur des Schreibens ableiten, die aus Auf- und

Abstrichen innerhalb der Mittelzone besteht und Anspannung für letztere, Entspannung für erstere erfordert; Verlagerungen von Anspannungen in Bewegungen, die normalerweise nach Entspannung verlangen, sind die empirisch zuverlässigsten Anzeichen korrespondierender Verlagerungen affektiver Signale und gehören zum Hauptbestand graphologischen Erkennens in den Untersuchungen der graphischen Ausdrucksfähigkeit anormaler Persönlichkeitszustände, für die eine solche Verlagerung charakteristisch ist. In dem Maße aber, in dem diese repräsentativ werden für das artikulierte Persönlichkeitsbild, wird die Verteilungsstörung im Druckzyklus einer neuen Rhythmisierung unterzogen: im typischen Hysteriker tendieren die Zyklen schlicht zur Umkehrung.

Der Patient mit organischen Leiden und üblicherweise bereits in deren Anfangsstadien bietet ein davon sehr verschiedenes graphisches Bild: bei ihm sind die Druckstörungen charakterisiert erstens durch die bei weitem größere Subtilität der Druck*verlagerung*; die Änderung geht ihrer Tendenz nach innerhalb des *normal* anspannenden Strichs vor sich, sie rennt nicht gegen dessen Gesamtfunktion an, sondern gegen seine inneren »ökonomischen« Erfordernisse; zweitens durch die Plötzlichkeit, mit welcher der Druck auftaucht und wieder verschwindet; und drittens durch die Tendenz sämtlicher Druckstörungen, die untere Schreibzone zu affizieren, jene Bewegungen also, die sich unterhalb der Schreibbasis vollziehen, entschieden mehr jedenfalls als die der oberen und der Mittelzone, welch beide in vielen typischen Fällen organischer Erkrankung, bei der die psychische Gesundheit der Person nicht in Mitleidenschaft gezogen ist, gänzlich unbeeinträchtigt zu bleiben vermögen.

In der vorerwähnten Sektion der Schreibstruktur, der unteren Zone, tendieren die Druckstörungen der Personen mit organischen Ausfällen zu einer Wechselwirkung mit Phänomenen, die damit in Zusammenhang stehen, wie die Schreibspur sich ausdehnt und formal organisiert. Ehe wir uns jedoch deren Erörterung zuwenden, ist eine Klärung der Verwandtschaften zwischen Duktus- und Druckstörungen angezeigt. Beide weisen eine häufige Affinität zueinander in ihrem individuellen Strichgebaren auf, mit ihrer beider Interaktionen vermögen sie gar den Eindruck gegenseitiger Bedingtheit zu erwecken. Dementsprechend scheinen abrupte Drucknöte Strichversteifungen sowohl vorauszusetzen als zu erhöhen. Bestimmte Zuckungen scheinen sich unmittelbar von einer Inkongruenz zwischen der die Richtung koordinierenden Bewegung und dem der Integration sich widersetzenden

Druck herzuschreiben. Andere von einem Mangel an Druck als einer notwendigen verbindenden Kraft, die meisten typischen Interaktionsformen aber können sich Strichen verdanken, die zugleich steif und unsicher erscheinen aufgrund ihrer Druckinsuffizienz im Verhältnis zu ihrer Ausdehnung, sowie solchen, denen der Druck zu viel abverlangt, deren Steifheit aus mehr Kraft herrührt als ihre Ausdehnung zu absorbieren vermag.

In letzterem Falle können seitliche Krümmungen der Strichrichtung, ein wie dem Haarwuchs abgeschautes aus dem Strich Hinausverteilen oder -verwirren und ähnliche Phänomene beobachtet werden; ein, im Gegenzug, differenziertes Schließen von solchen Symptomen her auf somatische Erkrankungen scheint umsomehr angezeigt, je mehr sie, wie erwähnt, eine Tendenz an den Tag legen, sich in der unterzonalen Bewegung zusammenzudrängen und sich mit anderen in dieser Gegend zu beobachtenden Symptomen zusammenzuschließen.

»Verkrüppelte« Unterlängen, Bewegungsausdehnungen abwärts, die kürzer ausfallen als entweder die Schriftproportionen in ihren drei Zonen insgesamt oder der Bewegungsdruck selber sie zu verlangen scheinen, sind nur einige der vielen in der unteren Zone zu beobachtenden Symptome versagender organischer Kraft und Integralität. Ein theoretisches Verständnis dieser Zeichenkonzentration in der unteren Schreibzone würde eine weitläufigere Besprechung der Verteilungsgesetze der Schreibbewegung verlangen, als es in den Grenzen dieses Artikels möglich ist. Die Bemerkung mag genügen, daß alle bislang erfolgten systematischen Ausformulierungen der graphologischen Theorie darin übereinzustimmen scheinen, daß eine besonders enge Beziehung herrscht zwischen der unteren Schreibzone und der spontanen Erfahrung der Person im Hinblick auf den Gesamtbereich der organismischen Vektoren. Von dieser Voraussetzung her wird es evident, daß die erfahrungsgestützte Dichotomie, wie sie in der Handschrift von der »Zeile« respektive der Schreibbasis repräsentiert wird, im Falle somatischer Erkrankungen sich auch in jenem Aspekt der Spur hervortun sollte, der die Näherungsweise des Subjekts an die Aufgabe zu erkennen gibt, *sein Erfahrungs-Gleichgewicht zu finden* zwischen artikulierten finalistischen Vektoren und kausativ determinierten organismischen Vektoren, die das »Selbst« repräsentieren. Der ganze vertikale Aspekt der Schreibstruktur enthüllt diese Seite des Persönlichkeitsprozesses: je erfolgreicher sich das Subjekt, im Hinblick auf eine jede gegebene Erfahrungseinheit, genannter Aufgabe widmet, desto konsistenter wird, tendenziell, auch die

Richtung der Striche in ihrer vertikalen Reise durch die drei Zonen. In den meisten Fällen organischer Defizienz selbst milderen Grades fehlt diese Konsistenz, die Stelle, an der der Bruch sich ereignet, liegt ihrer Tendenz nach auffälligerweise justament in der Schreibbasis, und jenen Abstrichen, die – wie es beim *f* der Fall ist – alle drei Zonen durchqueren, wohnt die Tendenz inne, beim Eintritt in die untere Zone mehr oder weniger scharf nach links abzubiegen; die Bewegung wird eckig an diesem entscheidenden Punkt, »flieht« nach unten links und läßt, in zahlreichen Fällen, ein anfängliches Anschwellen des Drucks bemerkbar werden, das gegen den Zielpunkt hin zunimmt und dort seinerseits scharf abbiegt und sich mit dem Bruch in der Bewegungsrichtung vereinigt, um ihr eine in gestischer Hinsicht unmißverständliche Qualität des »Tretens« zu verleihen oder »sich Stemmens« wie gegen eine unsichtbare Kraft, die aus dieser unteren linksseitigen Ecke »zieht«.

Zusätzlich zur bereits gegebenen Bestimmung der vektorialen Implikationen der unteren Zone selber würde eine umfangreichere theoretische Klärung eines derartigen Symptoms eine Darlegung des gesamten *horizontalen* Aspekts der Handschrift voraussetzen. Während eine solche hier nicht zu leisten ist, kann zusammenfassend gesagt werden, daß unter den statischen Feldrichtungen, welche die Spur bestimmen, die untere linke als der Ort aller inneren Vektoren zu verstehen ist, die im Gegensatz stehen zur erfahrungsmäßigen Differenzierung und gezielten Organisation der Energien, das heißt, potentiell, zum »Lebendigen« selbst. Gleichzeitig jedoch sind diese nämlichen Vektoren, potentiell wiederum, zu verstehen als die eigentlichen Quellen der Vitalität in jenen Fällen, in denen sie integriert erscheinen in die wohlrhythmisierten Bewegungsimpulse, die in und aus der Mittelzone aufsteigen, und in dem Maße, wie sie gemeistert werden.

Wo dieser Sektor des Feldes abgeschnitten ist, fehlt es dem Persönlichkeitssystem an Kraft und Richtung; wo ihn die Bewegung hinunter und nach links »übermannt«, »gewinnt« oder durchzieht und damit ungehindert der rhythmischen Organisation des Ganzen überläßt, deutet das auf ein optimal ausgerichtetes biologisches System des Subjekts; wo diese vektoriale Kraft schließlich, wie im oben beschriebenen Fall, zu einer Unterbrechung des Schreibrhythmus' und zu graphischen »Antworten« auf ihn führt und dabei die angesprochene widerständige Form annimmt, kann auf das Vorhandensein objektiver Gefährdungen des biologischen Gleichgewichts geschlossen werden.

Derartige Zustände hinterlassen ihre Spuren auch in häufig zu beobachtenden abrupten Veränderungen in der vertikalen Ausdehnung der *mittleren* Zone, in der, in graphischer Hinsicht, alle vektoriale Erfahrung ›zuhause‹ ist, und der Unterschied zu den oberflächlich ähnlichen Spuren, wie sie von bloßen Stadien großer psychischer Anspannung herrühren, ist ziemlich gut feststellbar, insofern letztere Stadien im Zuendegehen der Wörter und in den unmittelbar auf die großen Anfangsbuchstaben folgenden kleinen Buchstaben die deutliche Tendenz zu besagter Größenreduktion in der Mittelzone an den Tag legen, wohingegen bei organismischer Morbidität die Veränderung entschieden dahin tendiert, die Mittelzonensektoren der Großbuchstaben (und anderer langer Formen zu Anfang einer Wortbewegung) selber zu affizieren und zusätzlich, wie aus vielen Beispielen ersichtlich, das Wortinnere. Plötzliche Rundum-»Verzwergungen« und -»Verkrüppelungen« kleiner Kurvenformen, wie *o* und *a*, gehen vielfach gern damit einher.

Von den vielen verbleibenden empirischen Beobachtungen, die gleichfalls mit dieser Tendenz zusammenhängen, sei nur noch die gelegentlich vorgefundene Neigung des Altersschwachen erwähnt, im Übergang von Buchstabe zu Buchstabe die Schreibzeile selber zu markieren, welches Markieren aber nur, wenn es äußerst kurz und sichtlich ungewollt ist, in diesen Kontext gehört.

Ein ganzes Ensemble weiterer Hinweise auf Morbidität, das freilich entschieden zu umfangreich und zu komplex ist, um in diesem Überblick dargestellt zu werden, scheint etlichen spezifischen Veränderungen in der Zeilenrichtung ablesbar zu sein. Die ganze Fluktuationsskala in der Zeilenrichtung ist bekannt als unversiegbarer Indikatorenquell von größter Relevanz, im Hinblick etwa auf Ermüdungstendenzen; um hier zu richtigen Beurteilungen zu kommen, sind über einen Zeitraum von mehreren Monaten unternommene Nachfolgestudien möglicherweise dringlicher geboten noch als auf irgendeinem der anderen Gebiete organischen Symptomatischseins.

Beobachtungen aus jüngerer Zeit lassen, was die Analyse der Krümmungsrichtung in der oberen und der mittleren Zone der Handschrift insgesamt angeht, eine bedeutsame Dichotomie von gleichfalls unmittelbarer Relevanz für unser Thema erkennen: zwischen »hinauf-« und »hinunterreichenden« Krümmungsbewegungen, in denen, abgesehen von den hier außer Betracht bleibenden kleinen Formen in der Mittelzone, eine Schrift sich ergehen kann; unabhängig von der horizontalen Richtung einer bestimmten rechts- oder linkswärtigen Krümmungsbewegung sind alle »hinaufreichenden« Bewegungen größerer Ausdehnung als ein sich dem sicheren Griff der vorübergehend in den Bereich ihrer Ausdrucksfähigkeit geratenden (inneren wie äußeren) Erfahrungsgegenstände Entziehen zu verstehen, während in allen »hinunterreichenden« Krümmungen entsprechender Zonenplazierung und Ausdehnung eine in der Motorik zum Ausdruck kommende devitalisierte und unspontane, tastende Unsicherheit zu sehen ist. Der sogenannte »traumatische« Aufstrich zu Wortbeginn, der beträchtliche Ausdehnung mit Konkavität Richtung links oben verbindet, erscheint als lediglich eine charakteristisch plazierte Manifestation dieser Tendenz.

Die Untersuchung, wieweit die Beziehungen zwischen diesem Aspekt der graphischen Bewegung und den Aussichten auf Langlebigkeit reichen, hat eben erst begonnen; das gleiche, so weit es um ein systematischeres Erforschen geht, betrifft ohne Zweifel und unglücklicherweise unseren Gegenstand insgesamt. Beides jedoch, die theoretische Klärung des graphologischen Systems in all seinen Dimensionen und die Versammlung der für unser Problem relevanten empirischen Beobachtungen, von welchen im vorausgehenden nur die herausforderndsten geboten wurden, ist weit genug fortgeschritten, um eine systematischer betriebene Erforschung zu verdienen und zu ermutigen.

Eine solche Erforschung, sollte sie unternommen werden, hätte sich nach Meinung des Verfassers auf diejenigen Daten zu konzentrieren, die für die Analysedimensionen hier von höchster Relevanz wären, nämlich auf den Duktus, den Druck, die Organisation der unteren Zone, die Zeilenrichtungen, die Stärke der Mittelzone und ihre vielfältig möglichen Fluktuationen sowie die genannte Polarität der Krümmungseigenschaften. Manifestationen jenseits dieser Bereiche müßten zusätzlich erkundet werden. Benötigt würden dafür weitgestreute Materialien zum Zwecke von Langzeitstudien, genügend umfangreiche und einheitlich getestete Mengen an Schriftproben und an damit zusammenhängenden biographischen Daten. Insofern schließlich die Quantifizierung *relevanter* graphischer Wesenszüge, die stets ausgesprochen komplex und nicht weniger ausgesprochen abhängig untereinander sind, in der Theorie ihre Begrenzung an der eigenen Beschaffenheit erfährt (und demnach einen ihr günstigen phänomenologischen ›Aussichtspunkt‹ erfordert), und gleichzeitig verfahrenstechnische und ökonomische Überlegungen ihrer Quantifikation in praktischer Hinsicht im Wege stehen, erfordert die Aufgabe, die graphologische Arbeit in diesem wie in jedem sonstigen Bereich als gültig zu erweisen, ihre Anhebung auf ein anderes, zugleich praxistauglicheres Niveau.

Während es graphischen Eigenschaften nicht gegeben sein mag, quantifizierbar zu sein unterm Anspruch irgendwelcher sagenhaft angemessener Resultate, kann die graphologische Arbeit selber, mit Blick auf ihre grundlegenden Errungenschaften, sehr wohl quantifiziert sowohl als auch statistisch bewertet werden; Verläßlichkeitsstudien zu diesem Zweck dürften vermutlich ohne größere Schwierigkeiten zu organisieren sein. Forschungsprojekte zu den Beziehungen zwischen Lebenserwartung und Handschrift hätten sich, im Interesse ihrer Schlüssigkeit, derartiger Studien zuerst und zuletzt zu bedienen. Ohne ungebührlich in Optimismus zu verfallen, können, was deren Resultate anbelangt, größere Fortschritte vorhergesagt werden: zwischen den Bewertungen ein- und ausgangs erwartet ihre Forscher ein ansehnliches Aufgebot jungfräulicher Territorien.

Erstveröffentlicht in: Journal of Insurance and Medicine (Louisville/Kentucky) II/6, 1951, S. 30–34 (mit umfangreich einführender ›Editorial Note‹, in welcher der Abdruck des Artikels als »nach wie vor gewagte Unternehmung« und Ulrich Sonnemann zuletzt als, wörtlich, *one of the outstanding graphologists in this country* bezeichnet wurde; auf die angefügten sechs Handschriftenproben konnte hier, im Anschluß an Sonnemanns Graphologie-Buch, verzichtet werden).
Originaltitel: Life Expectancy in Handwriting.

Graphologische Bewertung und Vorhersage der Eignung und des Erfolgs als Führungskraft (1961)

Aus dem Englischen von Paul Fiebig

Zusammenfassung

Dieser Bericht macht mit den wichtigsten Ergebnissen einer experimentellen Untersuchung bekannt, bei der es zu klären galt, wie sicher die Handschriftenanalyse zu bewerten und vorherzusagen in der Lage ist, ob jemand sich zur Führungskraft eignet und ob er als solche erfolgreich sein wird. Annähernd vierzig Mitarbeiter im Management eines großen Industrieunternehmens – die genaue Anzahl jeweils hing von der zu prüfenden Disposition ab – wurden von zwei, drei leitenden Angestellten unabhängig voneinander bewertet nach *Idea Ability* (wie einer Ideen entwickeln kann), *Executive Caliber* (wie er sich zum Vorgesetzten eignet, nach seiner Führungsqualität also), *Expression* (wie es um sein Ausdrucks-, sein Mitteilungsvermögen bestellt ist), *Achievement Factor* (wie er bei der Sache zu bleiben vermag: mit Entschlußkraft, Ausdauer, Hartnäckigkeit) und *Overall Value* (Gesamtwert, zusammenfassende Beurteilung). Die gleichen Versuchspersonen wurden, im Hinblick auf die gleichen Dispositionen, zweimal vom Hauptautor dieses Berichtes[1] auf der Grundlage jeweils zweier verschiedener Handschriftenproben bewertet, die im Durchschnitt fünfzehn Jahre auseinander lagen: die eine war zum Zeitpunkt der Anstellung zu Papier gebracht worden, die andere datierte aus jüngster Zeit. Dem Graphologen wurde lediglich noch mitgeteilt, wie alt die Versuchsperson zum Zeitpunkt der jeweiligen Handschriftenprobe war, ob sie Links- oder Rechtshänder und welchen Geschlechts sie ist.

Die beiden vom Graphologen unabhängig voneinander vorgenommenen Bewertungen erwiesen sich als in hohem Maße zuverlässig. Sie stimmten im wesentlichen mit den Bewertungen durch die leitenden Angestellten des Unternehmens überein. Ähnliches gilt für die Vorhersagen: von den zweiundzwanzig Versuchspersonen, die der Graphologe, rücksichtlich ihres Er-

1 Ulrich Sonnemann verfaßte den Bericht in Zusammenarbeit mit John P. Kernan und Harold E. Brewer, deren speziellere Anteile hier unberücksichtigt bleiben konnten.

folgspotentials als Führungskräfte, als zum Zeitpunkt ihrer Anstellung *überlegen* oder *höchst überlegen* einstufte, hatte lediglich eine zum Zeitpunkt der Untersuchung eine höhere Position im Management nicht erreicht.

Insofern die Untersuchung vor dem Hintergrund einer weit verbreiteten, tief verwurzelten amerikanischen Skepsis gegenüber der Graphologie stattfand, sollte nicht unerwähnt bleiben, daß die Graphologie in der *deutschen* Industrie eine umfangreich angewandte und weithin akzeptierte psychologische Technik darstellt. In unterschiedlichem Umfang wird sie auch in anderen europäischen Ländern eingesetzt. An den europäischen Universitäten steht sie im Fachbereich Psychologie seit Jahrzehnten auf dem Lehrplan.[2]

Einleitung

Roger Bellows reiht, in der Ausgabe 1961 seiner hierzulande wohlbekannten und weitverbreiteten Abhandlung über ›Personal-Psychologie‹[3], die Graphologie in die Rubrik »Techniken von zweifelhaftem Nutzen« ein. In seiner kurzen Darstellung der graphologischen Beurteilungstechnik bezieht er sich auf eine wenigstens zwanzig, wo nicht vierzig Jahre zurückliegende Forschungstätigkeit auf dem Gebiete der Graphologie in den Vereinigten Staaten. Zusammenfassend stellt er fest: »Wägt man Für und Wider gegeneinander ab, kommt man um den Schluß nicht herum, im graphologischen Ansatz könnte – vorausgesetzt, seine Möglichkeiten werden weiterentwickelt – eine gewisse Zweckdienlichkeit stecken. Noch aber sind nicht genügend Beweise dafür ans Licht gekommen, die seine Berücksichtigung rechtfertigen würden.«

Es gehört zu den Absichten dieses Berichtes, mit der Veröffentlichung *jüngster* Untersuchungsergebnisse einige der angemahnten Beweise vorzulegen; nicht zuletzt aber will demonstriert werden, daß es ratsam ist, auf solcherart Vorentscheidungen zu verzichten, eine bestimmte Technik sei untauglich, solange nicht ›genügend Beweise‹ auf dem Tisch sind.

2 Inzwischen hat sich die Situation insbesondere in Deutschland den nicht besser gewordenen amerikanischen Verhältnissen angenähert, vgl. die im Internet unter www.graphologie.de versammelten Presseberichte der letzten Jahre.

3 Roger Bellows, Psychology of Personnel in Business and Industry, Englewood Cliffs/New Jersey 1961

In der westdeutschen Industrie ist die Graphologie heute ein hochgeachtetes und weitverbreitetes Bewertungsinstrument bei der Personalauswahl. Die Stellenanzeigen in der Wochenendausgabe der ›Frankfurter Allgemeinen Zeitung‹ (einer der größten Tageszeitungen Deutschlands) sind denen in der ›Financial Section‹ der ›Sunday New York Times‹ vergleichbar. Bis zu fünfzig Prozent und mehr der Großanzeigen in ersterem Blatt fordern zusammen mit den Bewerbungsunterlagen eine Handschriftenprobe an. In der Ausgabe vom 2. September 1961 zum Beispiel waren es 68 der 123 großen Stellenanzeigen (also fünfundfünfzig Prozent), die von den Bewerbern Handschriftenproben verlangten.

Bedauerlicherweise hält man in den Vereinigten Staaten nicht viel von der Graphologie und nützt sie entsprechend wenig als Auswahlinstrument. Viele Personen – von Psychologen ganz zu schweigen – glauben nach wie vor, die Graphologie gehöre, was den wissenschaftlichen Anspruch betrifft, den sie erheben darf, in eine Kategorie mit Handliniendeuten, Phrenologie, Astrologie und Kaffeesatzlesen.

Es könnte eine ganze Reihe möglicher Gründe genannt werden, warum das so ist. Uns aber geht es nicht darum zu erläutern, weshalb diese Ansichten immer noch hochgehalten werden oder was ihnen entgegenzusetzen wäre. Die Verfasser hegen die Hoffnung, daß die hier zugänglich gemachte Untersuchung zusammen mit künftigen Forschungsstudien besagten Personen Veranlassung genug ist, innezuhalten und ihre Ansichten über diese Technik zu überdenken.

Ebensowenig geht es hier um den Versuch, die theoretischen Grundlagen der legitimen Graphologie zu erläutern oder gar zu erforschen. Das Buch, das der Hauptautor über diese Technik veröffentlicht hat[4], bietet einen umfangreichen Überblick über die Entwicklung der wissenschaftlichen Graphologie, ihre theoretischen Grundlagen sowie die Parameter und Indizes, die für eine sorgfältige graphologische Betätigung unverzichtbar sind.

Dieser Bericht geht zuvörderst von den empirischen Daten einer jüngst in den Vereinigten Staaten abgeschlossenen Graphologie-Studie aus, die ihre Bewertungen einer experimentellen Versuchsanordnung verdankt.

4 Ulrich Sonnemann, Handwriting Analysis As a Psychodiagnostic Tool, New York 1950 (vgl. dessen deutsche Übersetzung im vorliegenden Band)

Voraufgehende Untersuchungen

Eine vorwärtsschauende, fortschrittliche, international bekannte Firma, *Richardson-Merrell, Inc.* (ehemals *Vick Chemical Company*) entschloß sich, auf ihrer Suche nach Techniken zur Früherkennung von Marketing-Führungs-Talenten, die Möglichkeiten der Graphologie genauer unter die Lupe zu nehmen. Dieses große marktorientierte Unternehmen hatte viele Jahre zuvor bereits – in den 1930ern – erkannt, welche Bedeutung Leuten mit *Idea Ability* (der Befähigung, Ideen zu entwickeln) für ihre Geschäfte zukommt. Die ganze Zeit über hatte man sich auf zahllose Untersuchungen und Forschungen zu diesem Thema eingelassen; hatte die verschiedensten Tests auf den Prüfstein gelegt; hatte zahlreiche Psychologen auf Weitersuche geschickt.

Als man die hier vorgestellte Untersuchung auf den Weg brachte, geschah das keineswegs blindlings. Eine voraufgehende, vom Hauptautor durchgeführte kleine Pilotstudie zur Bewertung von Marketing-Praktikanten hatte eine große Übereinstimmung mit den Bewertungen der nämlichen Praktikanten durch das Management erbracht. Die zwei unabhängig voneinander, im Abstand von drei Monaten vorgenommenen graphologischen Bewertungen der gleichen Handschriftenproben (zumeist handelte es sich um nichts als Unterschriften) erwiesen sich als in höchstem Maße zuverlässig.

Sodann wurden für eine zweite Pilotstudie einige der heute leitenden Angestellten ausgewählt zur Bewertung auf der alleinigen (»blinden«) Grundlage ihrer Handschrift *zum Zeitpunkt ihrer Anstellung.* Mit dieser Formel ist im folgenden gemeint, daß die Handschriftenproben dem Material entstammten, das sich in den Personalakten aus der Zeit erhalten hat, da die betreffenden Personen ihre Arbeit aufnahmen, daß die Bewertungen aber *jetzt,* Jahre später vorgenommen wurden. Diese Bewertungen wurden in Vorhersageform erstellt, das heißt: bewertet wurde die *Befähigung* zum Aufstieg in eine verantwortungsvolle Management-Position dieses marktorientierten Unternehmens.

Die Vorhersagen erwiesen sich, gemessen am tatsächlichen Erfolg dieser Personen in den vergangenen fünfzehn bis fünfundzwanzig Jahren, als ziemlich akkurat. Zwar wurden keine exakten Statistiken ausgearbeitet; der leitende Angestellte jedoch, der die Pilotstudie initiiert hatte, bemerkte dem Hauptautor gegenüber anerkennend: »Ihre Ergebnisse erstaunten mich durch ihren hohen Grad an Genauigkeit.«

Mit Reaktionen wie dieser sind Industriepsychologen vertraut. Oft ist das alles, was an Bewertung am Ende herauskommt, nachdem massenhaft Dollars in die Erforschung neuer Auswahlinstrumente, Ausrichtung von Lehrgängen für leitende Angestellte, Durchführung internationaler Management-Entwicklungsprogramme usw. gepumpt worden sind.

Die Studie

Zum Glück – für die Psychologie im allgemeinen wie die Graphologie im besonderen – war der Erkundungswille des Unternehmens damit jedoch noch nicht ans Ende gelangt. Den beiden Pilotstudien schloß sich eine größere, mit größerer Sorgfalt betriebene Untersuchung an – die Gegenstand dieses Berichtes ist.

Annähernd vierzig Angestellte auf mehreren Ebenen der Management-Hierarchie standen als Versuchspersonen zur Verfügung. Sie hatten zwischen zwei und dreißig Jahren Dienst hinter sich, die mittlere Dienstzeit betrug dreizehn Jahre (im Durchschnitt waren es fünfzehn).

Besagte Management-Mitarbeiter wurden von zwei oder drei leitenden Angestellten bewertet, die seit vielen Jahren bei dem Unternehmen beschäftigt waren. Ein jeder von ihnen bewertete lediglich diejenigen, die er »gut genug kannte, um sie bewerten zu können«. Die Bewertungen wurden in fünf Kategorien vorgenommen. Die ersten vier waren in der Organisation als *The Four Vick Qualities* wohlbekannt. Ihre sorgfältige Beschreibung war vor etlichen Jahren bereits schriftlich niedergelegt worden, jetzt stand sie den betrieblichen Bewertern und dem Graphologen gleicherweise zur Verfügung. Im einzelnen handelte es sich um:

1. *Idea Ability* (Fähigkeit, Ideen zu entwickeln);
2. *Executive Caliber* (Eignung zum Vorgesetzten);
3. *Expression* (Ausdrucks-/Mitteilungsvermögen);
4. *Achievement Factor* (Stehvermögen: Entschlußkraft, Ausdauer, Hartnäckigkeit).

Zusätzlich wurde eine fünfte Kategorie eingeführt: den Gesamtwert (*Overall Value*) betreffend, den eine Person für das Unternehmen darstellt. Die ersten vier Qualitäten wurden mit Hilfe einer Zwölf-Punkte-Skala bewertet, mit 0 für niedrig und 12 für hoch. Die fünfte (Gesamtwert) wurde auf der

Grundlage einer verbalen Sieben-Punkte-Skala festgelegt: von *Very Inferior* (sehr unterlegen) bis *Very Superior* (sehr überlegen).

Das Unternehmen wählte, ohne irgendeinem Prinzip dabei zu folgen, für jede Versuchsperson aus dem Material der jeweiligen Personalakte zwei Handschriftenproben aus. Die erste stammte aus der Zeit, da die Versuchsperson angestellt worden war; die zweite war zur Startzeit der Untersuchung nicht älter als sechs Monate. Diese Proben wurden von einem der leitenden Angestellten des Unternehmens mit einem Code versehen und dem Graphologen zur Bewertung übergeben, wobei sichergestellt wurde, daß er die beiden Schriftproben ein und derselben Person nicht zur gleichen Zeit in die Hände bekam. Die Bewertungen des Graphologen wurden auf Band diktiert und dem Unternehmen zusammen mit den Proben zurückgereicht; nachdem sie in der Firma eingegangen waren, wurden ihm weitere Handschriftenproben zugeschickt. Mit jeder Probe erhielt der Graphologe Angaben über das Alter der Person zum Zeitpunkt, da die Probe abgefaßt worden war; das Geschlecht; und die *Handedness*, soll heißen: welcher Hand sich die Versuchsperson beim Schreiben bedient hat.

Der Graphologe lieferte jeweils eine kurze verbale Bewertung einer jeden Versuchsperson sowie eine Einstufung unter den Gesichtspunkten der fünf Faktoren, wie sie gleicherweise den Bewertern des Unternehmens vorlagen.

Die Ergebnisse

Als allgemeine Regel kristallisierte sich heraus, daß die jeweils zwei Bewertungen durch den Graphologen in sich konsistenter waren als dies bei den Bewertungen durch die zwei, drei leitenden Angestellten des Unternehmens der Fall war.

Oft wird ja, was eine Person niedergeschrieben hat, aus irgendeinem Grund aufgehoben und steht deshalb einer viele Jahre später vorgenommenen Untersuchung zur Verfügung. Von daher sind von jedem beliebigen Zeitpunkt ausgehende *post factum*-Bewertungen möglich, die dann, *hier und heute*, mit derzeitigen Leistungen verglichen werden können. Genau das geschah bei dieser Untersuchung, was die *Overall Value*-Einstufungen angeht. Die Bewertungen durch den Graphologen waren im Effekt Urteile über die *Fähigkeit* der Versuchsperson, in besagtem Unternehmen zu einer Topmanagementposition aufzusteigen oder eine solche zu halten.

Vergleicht man nun die Bewertungen *zum Zeitpunkt der Anstellung* durch den Graphologen mit den *heute* (also viele, im Durchschnitt fünfzehn Jahre später) vorgenommenen Einstufungen durch das Unternehmen, so stellt man fest, daß am oberen Ende zweiundachtzig Prozent der vom Unternehmen als *Superior* oder *Very Superior* Eingeschätzten vom Graphologen als der gleichen Kategorie zugehörig eingestuft (vorhergesagt) wurden. Am unteren Ende wurden drei Personen vom Unternehmen als *Inferior* oder *Very Inferior* eingestuft, der Graphologe teilte zwei von ihnen der nämlichen Kategorie zu. Am geringsten war die Übereinstimmung in der mittleren Kategorie *Pros and Cons in Balance* (bei der Für und Wider einander die Waage halten). Das liegt zum einen an einer gewissen Vorliebe der Unternehmens-Bewerter für diese Kategorie, während der Graphologe sie eher umging. Ein anderer wesentlicher Faktor aber wird später noch zu erörtern sein.

Nicht außer Acht gelassen werden darf schließlich ein weiterer Punkt, der mit dem »uralten Kriterien-Problem« zu tun hat. Zweiundzwanzig Personen wurden durch den Graphologen als zum Zeitpunkt der Anstellung *Superior* oder *Very Superior* eingeschätzt. Nimmt man sich diese zweiundzwanzig im Lichte dessen, was aus ihnen geworden ist, genauer vor, ergibt sich folgendes Bild:

- Vierzehn von ihnen wurden vom Unternehmen als *jetzt* in die gleiche Kategorie gehörig beurteilt, das sind vierundsechzig Prozent. Sie alle hatten in der Geschäftsleitung mindestens die Position eines Vizepräsidenten bzw. im Mitarbeiterstab mindestens die Position eines Abteilungsleiters erreicht oder halten können.
- Sieben wurden durch das Unternehmen *jetzt* in die mittlere Kategorie *Pros and Cons in Balance* respektive als *Adequate* (ausreichend) eingestuft. Sechs dieser sieben hatten gleichwohl auf der Management-Ebene mindestens die Position eines Divisions-Vizepräsidenten bzw. im Mitarbeiterstab mindestens die eines Divisions-Abteilungsleiters erreicht oder halten können. Die Position, in die der siebte aufgestiegen war, entsprach der eines Divisions-Vizepräsidenten.
- Der zweiundzwanzigste wurde vom Unternehmen *jetzt* als *Inadequate* (nicht ausreichend) eingestuft. Er hatte als einziger von den zweiundzwanzig durch den Graphologen als zum Zeitpunkt der Anstellung *Superior* oder *Very Superior* Eingeschätzten den Aufstieg dann doch nicht geschafft.

Kommentar

Die Ergebnisse der vorliegenden Studie lassen erkennen, daß von der Graphologie als einem Bewertungsinstrumentarium erheblich mehr zu erwarten ist, als man ihr in der amerikanischen Psychologie bis dato zutraut – einer Graphologie natürlich nur, die sich ihrer theoretischen Grundlagen versichert hat und von kompetent geschulten Personen betrieben wird.

In der hier vorgestellten Studie erwiesen sich die unabhängig voneinander vorgenommenen graphologischen Bewertungen zweier viele Jahre auseinanderliegender Handschriftenproben als in höchstem Maße übereinstimmend und zuverlässig – genauso zuverlässig wie die vieler objektiver Tests. Im übrigen und *wichtiger noch* trat ein weitreichender Zusammenhang zutage zwischen diesen »Blind«-Bewertungen auf der einen und Leistung und Erfolg, wie sie gegenwärtig im Job erbracht werden, auf der anderen Seite.

Graphologie eignet sich, aufgrund ihrer Beschaffenheit und im Unterschied zu Tests und anderen Bewertungsinstrumenten, ohne weiteres und auf höchst ökonomische Weise für die wissenschaftliche Forschung. Sie kann, auf jeden beliebigen Zeitpunkt bezogen, eine *post factum*-Vorhersage-Studie oder – unerreichtes Lieblingsziel so vieler Psychologen – die sogenannte »ideale« Bestätigungs-Studie liefern. Und das, ohne fünf, zehn, fünfzehn, zwanzig oder noch mehr Jahre warten zu müssen mit der Bewertung ihrer Vorhersagen respektive der Bestätigung durch die später im Beruf erbrachte Leistung.

Jedes derzeitige Personal, von dem man über die Jahre hinweg weiß, was es geleistet, was es beigetragen hat, kann zum Versuchspersonal werden. Entsprechende Handschriftenproben, ob aus der Zeit der Anstellung oder von irgendwann später, können aus den zur Verfügung stehenden Aufzeichnungen ohne weiteres beigebracht und als Verhaltensdaten der Bewertung zugeführt werden. Diese »Blind«-Bewertungen aufgrund früherer Daten können sodann verglichen werden mit den derzeitigen Leistungen der Versuchspersonen. Auf diese Weise können beliebig viele Jahre zur Gegenwart komprimiert und Langzeitstudien beliebigen Umfangs ohne die entsprechende Wartezeit ausgeführt werden.

Graphologie hat darüber hinaus etliche weitere klar auf der Hand liegende Vorteile. Sie ist einfach in der Handhabung; anspruchslos, was etwa benötigte Test-Einrichtungen oder den Zeitaufwand angeht; weder auf Bewerber angewiesen noch auf besonders erfahrenes Personal (im Range etwa eines Managers, Technikers, Wissenschaftlers), das eine Menge an Tests vorzunehmen hätte – deren Zwang überdies von vielen mißbilligt, wo nicht als bedrohlich empfunden wird.

Saul W. Gellerman[5] hat jüngst den Ruf nach neuen Entwicklungen im Testwesen ertönen lassen, indem er fragte: »Wo sind sie denn, die Tests der dritten Generation – deren Entwicklung wir meinen erwarten zu dürfen im Lichte unseres wachsenden Verständnisses menschlichen Verhaltens?« Unter den neueren, auf die er aufmerksam macht, sind die »projektiven Tests«. Doch hätten, bemerkt er, auch sie noch viel Entwicklungsarbeit nötig, »ehe wir wissen können, wie wir uns ihrer wirksam zu bedienen haben«.

Nun ist die Graphologie zwar keine *neue* Technik. Freilich hat es den Anschein, als sei sie, als sie noch ein Kind war (zuzeiten der Untersuchung von Hull und Montgomery anno 1919[6]), von den amerikanischen Psychologen mit dem sprichwörtlichen Bade ausgeschüttet worden. Glücklicherweise fand sie anderswo eine ihrem Heranwachsen zuträgliche Umgebung. Nun, da sie volljährig geworden ist, tritt sie erneut auf den Plan und wartet darauf, von der amerikanischen Industrie und den amerikanischen Psychologen dem entscheidenden Test unterzogen zu werden.

Annäherungsversuche macht sie jetzt nicht nur an die Sphäre der Psychologen, sondern auch an die der Mediziner. Eine ganz eigene Handschriftenanalyse-Technik (die sich des Mikroskops bedient) wurde von Alfred Kanfer entwickelt – Kanfer und Casten berichteten darüber vor nicht allzu langer Zeit[7] –, sie hat bereits beträchtliche Erfolge aufzuweisen in der zuverlässigen Früherkennung von Krebs bei Patienten sowohl als Nichtpatienten. Ihre Genauigkeit ließ selbst in jenen Fällen nichts zu wünschen übrig, in denen die Medizin noch keinerlei Anzeichen von Krebs festzustellen in der Lage war.

Die Autoren des vorliegenden Berichtes haben ihrerseits inzwischen in ihrem verschiedentlichen Umgang mit der Graphologie genügend Beweise

5 Saul W. Gellerman, A hard look at testing. In: Personnel, XXXVIII/3, Mai/Juni 1961, S. 8–15

6 Clark L. Hull und Robert B. Montgomery, An experimental investigation of certain alleged relations between character and handwriting. In: Psychological Review, XXVI, 1919, S. 63–75

7 Alfred Kanfer und Daniel F. Casten, Observations on disturbances in neuromuscular coordination in patients with malignant disease. In: Bulletin of the Hospital for Joint Diseases, XIX/1, 1958, S. 1–19

dafür erbracht, daß mit deren Hilfe schöpferische Begabung, Erfolgspotential im Management und wissenschaftliche Kreativität mit beträchtlicher Genauigkeit erkenn- und vorhersagbar sind. Und das zu einer Zeit, da erhebliche Forschungsmittel und Forschungsanstrengungen ausgegeben respektive unternommen werden, um den Bewertern in diesen wichtigen Bereichen immer genauere und praktikablere Werkzeuge an die Hand geben zu können.

Überhaupt stünde den Vereinigten Staaten mit der Graphologie ein vielversprechendes Instrumentarium zur Verfügung. Was sie damit anfangen sollen? Ganz einfach: Es gibt zuviel kreatives, hochkarätiges Talent, das unerkannt, unerschlossen, unentwickelt bleibt in unserer Nation. Unser Bedarf an kreativen Wissenschaftlern und Ingenieuren, an kreativem Management-Personal, an kreativen Lehrern usw. ist offenkundig. Die entsprechenden Talente können von kompetenten Graphologen sehr früh und mit beträchtlicher Zuverlässigkeit erkannt werden – im späten Teenageralter bereits. Sind ihre besonderen Talente aber erst einmal offenkundig geworden, können unsere jungen Leute die Anleitung und Führung erhalten, die sie brauchen, um ihre Talente wirksam entwickeln und einsetzen zu können.

Einige der Bereiche mögen genannt werden, in denen die Graphologie einen besonderen Beitrag zu leisten vermag: bei der Ausbildung während der letzten Highschool- und ersten College-Jahre bereits; bei der Vorbereitung auf die berufliche Laufbahn in den höheren College-Jahrgängen; bei der Berufswahl, wo es um Industrie, Regierung, Erziehungswesen geht. Die Graphologie kann viel dazu tun, daß die Leute und ihre Talente alles andere als ungenutzt auf der Strecke bleiben.

Grundsätzlich betrachtet, mit der Theorie im Blick, sollte allein schon die Tatsache, daß die Handschriftenanalyse in den Vereinigten Staaten und in Europa einen so gänzlich verschiedenen Stellenwert hat, die Psychologen nicht ruhen lassen, kollidiert sie doch mit dem Prinzip der Universalität der Wissenschaft: Physik zum Beispiel ist, gleich wo auf der Welt, ein und dieselbe Physik. Weitere Forschungstätigkeit ist denn vonnöten bei uns auf dem Gebiete der Graphologie: in großem Umfang, sorgfältig durchgeführt und beaufsichtigt – unter der Ägide von Industriepsychologen sowohl als ihrer akademischen Kollegen.

Endlich objektiver, vorurteilsfreier hätten sie vorzugehen, die amerikanischen Psychologen und insbesondere die amerikanischen Industriellen bei ihrer graphologischen Forschung. Die hier vorgestellte, von *Vick* initiierte

Untersuchung ist ein Anfang. Wie es aussieht, wird eine Stiftung die Graphologie in ihr Forschungsvorhaben zum Thema »Kreativität« einbeziehen. Und ein anderes großes international bekanntes Industrieunternehmen hat sich bereits von der Effektivität dieser Technik, wie sie in einer kleinen Pilotstudie im Zuge von »Blind«-Bewertungen demonstriert werden konnte, überzeugt. Hier sind weitere Untersuchungen geplant, man will in einem ersten Versuch die Graphologie in ausgewählten Bereichen an der Personalauswahl teilhaben lassen.

Bislang unveröffentlicht. Originaltitel: Graphological Evaluation and Prediction of Executive Potential and Success. Gedruckt wurde seinerzeit eine nurmehr zusammen mit John P. Kernan erarbeitete Fassung (Handwriting Analysis – A Valid Selection Tool? In: Personnel [New York], XXXIX/6, November/Dezember 1962, S. 8–14)

Worin, notabene, die beiden Fassungen sich voneinander unterscheiden, zeigt gleich der Anfang der zweiten, gedruckten (im übrigen weniger wissenschaftlich ausgerichteten, weniger auch eine amerikanische Aufbruchsstimmung einfordernden):

Wenn Sie sich eine Handschrift anschauen – was sehen Sie? Ihre Antwort auf diese Frage wird natürlich davon abhängen, was für eine Art Person Sie sind. Wenn Sie zum Beispiel zu der nüchternen Spezies gehören, für die ein Rorschach-Tintenklecks bloß ein Tintenklecks ist, wird Ihr Interesse an einer Handschrift vermutlich in der praktischen Erwägung, ob Sie sie entziffern können oder nicht, sein Ziel erreicht haben. Sollten Sie aber nicht so phantasielos sein, mag Sie bei der einen oder anderen Gelegenheit, nachdem Sie einen Blick auf ein paar auf Papier gekritzelte Wörter geworfen, das eigentümliche Gefühl beschlichen haben, Sie könnten beinahe beschreiben, was für eine Art Person das ist, die das geschrieben hat.

Vermutlich stimmen wir alle mehr oder weniger darin überein, daß Leute unbewußt etwas von sich selber preisgeben in der Art, wie sie schreiben; wie ja auch in der Art, wie sie gehen, sprechen, sich kleiden oder mit irgendeiner ihrer sonstigen Gewohnheiten beschäftigt sind. Die meisten gebildeten Amerikaner aber würden an diesem Punkt unvermittelt einhalten. Sie mögen noch zu dem Zugeständnis bereit sein, daß man aus der Fertigkeit, welche die Leute beim Umgang mit ihrem Federhalter entwickeln, zu irgendwelchen einfachen, intuitiven Urteilen über sie kommen könnte; dem systematischen Studium der Handschrift als eines Schlüssels zur Persönlichkeit aber wissenschaftliche Berechtigung zuzusprechen, ginge ihnen mit ziemlicher Sicherheit schlicht zu weit …

Handschrift als Spiegel
Deutscher Graphologenkongreß in München (1964)

Zu einer Festtagung, die ihr fünfzehnjähriges Bestehen feierte, bat die Sektion Schriftpsychologie des Bundesverbands Deutscher Psychologen ihre Mitglieder und Freunde letztes Wochenende ins Künstlerhaus. Philipp Lersch eröffnete die Tagung, der Herr Rehbinder (Weißkirchen) präsidierte. ›Reife- und Entwicklungsprobleme in der Handschrift‹ war das Thema, zu dem am ersten Tag unter anderen Wilhelm Hager (München), Herbert Hönel (Wien) und Rudolf Spieth (Eßlingen) Material beisteuerten, mit dessen theoretischer Koordinierung es, bei manchem anregenden Detail, manchmal haperte. Noch bei den gelungensten Beiträgen der Tagung fiel auf, wie die undifferenzierte Übernahme älterer psychiatrischer Begriffspakete (etwa »zwangsneurotischer Charakter«) in der Anwendung auf den Einzelfall durchschaubare Dilemmata produziert.

Wie andere Forschungszweige, die in Deutschland einst geblüht haben, treibt auch die theoretische Graphologie hierzulande noch nicht wieder so kräftig aus, wie es ihrem ständig wachsenden Reichtum an Einzelbeobachtungen gerecht würde; aber schon an diesem ersten Sitzungstag sorgte Alice Enskat (Berlin) für ein zur Hoffnung stimmendes Gegenbild. Ihre Beispiele für die Wirksamkeit des Leitbilds bei Schriftwandlungen lieferten einen guten empirischen Auftakt zu dem Grundsatzreferat ›Darstellung als anthropologisches Problem‹, das August Vetter (München) dann am Abend hielt. Dabei ging es um nicht weniger als eine Revision der von Klages einst geschaffenen Grundlegung der Graphologie: Über die Beschränktheiten ihrer »ausdruckskundlichen« Basis strebt diese Wissenschaft immer ungestümer hinaus.

Die Aktualität der Tagung war damit hergestellt. Diese bisher immer nur stückweise erarbeitete Revision ist – systematisch – stark überfällig. Freilich erschwert die Entwicklung, die die Graphologie als Berufsstand inzwischen genommen hat, die Ausführung eines solchen Entwurfs: Der Bahnhof muß umgebaut werden, während die Züge durchfahren. Auch beschwört, wie die Praxis nun einmal ist, das Projekt das so traditionsreiche Schreckgespenst einer Entartung in platonische Routine herauf, eine Gefahr, die die Graphologie nur durch gleichzeitige Schärfung des Begriffs und des Auges bestehen kann, deren Nutzen, was die des Auges betrifft, in manchen Wahrnehmungsschwächen vor demonstriertem Schriftmaterial auf der Tagung selbst offenbar wurde; aber die Dringlichkeit der Revision bleibt von solchen Erwägungen unberührt. Die Geist- und Wortfeindschaft des Großvaters der heutigen Graphologie verführte ihn zu einer tendenziösen Verpflichtung der »Seele« zu pflanzenhaft pathischer »Schau«; zu einer völligen Verkennung des Bildcharakters, Selbstdarstellungscharakters der Schrift, deren durchgängige Beziehung zur Idee, die in einer menschlichen Existenz sich verwirklichen will, Klages so wenig klar wurde wie das Wesen der Idee und sein Verhältnis zum Menschentum überhaupt.

Von den mannigfachen Schwierigkeiten, mit denen die Graphologie es wissenschaftstheoretisch zu tun hat und die erst nach und nach in ihr Bewußtsein dringen, war wenigstens eine so der Bewältigung nähergebracht. Von anderen ließ sich das leider nicht sagen: etwa von der, die die Relativität charakterologischer Perspektiven, ihre Abhängigkeit von sozialen Umwelten, Kulturmilieus mit sich bringt und die sich besonders im Hönelschen Vortrag weit mehr zeigte, als sie vom Referenten gezeigt wurde. Kern des Referats: Lebenserfolg ist in vielen Fällen nicht Effekt von Leistung, sondern von charmanter Infantilität. Durchaus einleuchtend – was sich von dem behaupteten Charme einiger der Schriftbilder, die zur Illustration gezeigt wurden, dann aber gerade nicht sagen ließ und so die Frage nach dem Wesen des Charmes im allgemeinen und des Wiener im besonderen auf den Plan rief. Damit wieder rief es aber auch den bundesdeutschen Charme auf den Plan: Hier wie immer tat er sich hervor, ja, er ruhte nicht eher, als bis er, in der nachfolgenden Diskussion, den Begriff der Charmeverdächtigkeit geboren hatte.

Die Gefahr, daß die Graphologen aus irgendeiner frühen Fixierung ihrer persönlichen Bewußtseinsgeschichte ein Leitmaß der Beurteilung ableiten, ist mit der letztgenannten verwandt. In Gestalt einer Stipulierung, Christian Morgenstern – und zwar der der »ernsten« Gedichte! – sei der »tiefste Dichter« der ersten Jahrhunderthälfte gewesen, zeigte sie sich am zweiten Tag der Zusammenkunft im sonst ausgezeichneten Referat ›Unauffälligkeit der Handschrift als Bild der Reife‹ von Roda Wieser (Wien), das dem Tagungsthema vielleicht am genauesten gerecht wurde. Einen höchst souveränen Beitrag, ebenso empirisch fundiert wie durch Gedankenreichtum fesselnd, zur Systematik aller Schriftanalyse brachte dann Hans Knobloch (Mainz, ›Vital- und Haltungsstrukturen in der Handschrift und ihre Wandlungen‹), während Lutz Wagner (München), der letzte Referent der Tagung und ihr trennschärfster Logiker, einige Widersprüche der Klagesschen Rhythmustheorie unter gleichfalls längst fälliger Preisgabe des Ebenmaßidols auflöste. Vorher hatte noch Maria Paul-Mengelberg (Bonn) an Handschriftengruppen von Spätheimkehrern und von rassisch Verfolgten nicht nur Symptome der Voralterung in der Handschrift, sondern auch die völlig verschiedenen Seelenklimata der KZ und Sibiriens gezeigt – ein sehr wichtiges Referat, da es mit graphologischen Mitteln, deren Erkenntnismacht es so unter Beweis stellte, alle Fachgebundenheit sprengte. Das Bewußtsein der Versammelten wurde abgelenkt, ins Fernste verschlagen; richtiger, es begriff, wie gegenwärtig-nah dies Fernste bleibt. Warten die Signaturen des Unmenschen, die unsere Welt erfüllen, nicht längst auf Enträtselung? Vielleicht nimmt die nächste Graphologentagung 1966, für die eine Einladung nach Amsterdam bereits vorlag, sich der Aufgabe an.

Erstdruck in: Süddeutsche Zeitung (München) Nr. 255,
23. Oktober 1964, S. 21

Zweite Abteilung: Das ›Irrationale‹

Über den Widerspruch im Irrationalismus (1937)

Als vor nun bald fünf Jahren die Freunde des Philosophen Ludwig Klages zu seinem sechzigsten Geburtstag eine Festschrift veröffentlichten und sie ›Die Wissenschaft am Scheidewege von Leben und Geist‹ nannten, gedachten sie nicht allein den Punkt zu bezeichnen, an welchem nach ihrer Meinung die Wissenschaft zu jener Zeit angelangt war; sie wollten ihr auch einen leisen Wink geben, welchen der beiden sich dort angeblich abzweigenden Wege sie gefälligst einzuschlagen habe. Man errät (wozu sonst hätten sie gedachten Weg sich gabeln lassen?), daß es das »Leben« war, das sie, nicht ohne Aufwand an Geist, ihr als Leitgestirn empfahlen, man errät aber auch, daß dieses Leben, das zum Geist da auf einmal in Opposition trat, unmöglich jenes sein konnte, das der umfassende Begriff des Lebens zu meinen pflegt und das alle nur denkbaren Oppositionsspannen vorurteilslos und großmütig einschließt.

Erinnern wir uns, daß die Festschrift im Jahre 1932 erschien, so scheint das Bewußtsein jener Wissenschafter, an einem Scheideweg zu stehen, immerhin und auf ahnungsvolle Weise begründet. War aber der Scheideweg einer der Wissenschaft selber? Es scheint nicht; aber da Klages' Freunde es behauptet und sich dabei auf seine Lehre gestützt haben, können wir die Frage nicht wirklich beantworten, ohne zuvor die Haltbarkeit jenes Geist-Leben-Dualismus geprüft zu haben, der A und O dieser Lehre und die Essenz der irrationalistischen Philosophie ist. Was aber ist diese? Schon ein Versuch ihrer historischen Abgrenzung mag schwierig erscheinen, denn sie besitzt, zumal in der deutschen Geistesgeschichte, eine lange Reihe von Ahnen, von denen man vor allem Nietzsche heute oft, gern und zu Unrecht für sie verantwortlich macht – zu Unrecht, weil dieser tragische Sucher, der sich gegen einen entarteten Taschenspieleridealismus erhob und der Vernunft Platz und Aufgabe im Leben selber zuwies, sich mit seiner (nicht unglückseligen, wie Klages will, aber unbequemen) Lehre vom Willen zur Macht jeder Einfügung in die Weltanschauungsschubfächer einseitiger Systemkonstrukteure versagt. Der Versuch, Geist und Bewußtsein, wenn auch unter reichlicher Anwendung ihrer eigenen Mittel, als lähmendes Gift zu denunzieren, als eine Art Teufel und Erbfeind der Seele und ihrer auf keine Urteilskraft und keine des Willens ursprünglich angewiesenen Spontankraft, blieb Klages vorbehalten, welcher ihn in Werken gewagt hat, denen man Kleinlichkeit der Anlage nicht nachsagen und in deren Pathos man ein Zeichen sehen kann, daß ihr Urheber Gewaltiges mit ihnen vorhatte. Ist es gelungen?

Die Frage scheint an der Zeit. Nichts hat einer Erscheinung wie Klages so willig als Resonanzboden gedient wie jene »Katerstimmung« der Nachkriegszeit, die aus Ressentiments der Aufklärungsmüdigkeit und Verzweiflung am Geiste bestand, Affekten, denen seine »Lebensphilosophie« zugleich entsprang und entgegenkam. Was bleibt von ihr, wenn sie einmal verebbt sind? Heute schon, da sie ihren geschichtlichen Niederschlag gefunden haben und ihre Flut noch hoch steht, zugleich aber, aufmerksamen Blicken erkennbar, die Zeichen der Umkehr sich mehren, läßt sich sagen, daß Klages' Philosophie keine neue Epoche des Denkens einleiten konnte, weil sie, die als Denk-Fazit eines Jahrhunderts Romantik wesentlich Morphologie ist, Rückschau auf vollendete Werdephasen des Lebens, nicht zugleich in seinem Strome zu schwimmen, seine neuen Gesetze nicht auf Tafeln zu bannen vermochte. Sieht man dann schärfer hin, so gewahrt man nicht ohne Verwunderung jenen schweren Bannfluch, den Klages gegen Geist, Bewußtsein und Erkenntnistätigkeit geschleudert hatte, in einen Bumerang verwandelt, der auf sein eigenes Bemühen, zum System zu zwingen, was sich der Systematisierung verweigern oder aufhören muß, zu sein, aus eben diesem Grunde und mit nicht geringer Wucht zurücktrifft. Denn indem sein Bewußtsein jene Mächte der Unbewußtheit, deren geheimnisvolles Walten er am Grunde des Daseins verspürt, zu begreifen, zu halten, zu fixieren versucht, *hat* es sie doch schon nicht mehr; indem er bestrebt ist, die Seele des Menschen rein kategorial zu beschwören, sie isoliert, ohne jene dämonischen Spannungen zu erfassen, die ihr eigentliches Wesen bilden, ihr aber eben aus der Berührung des Geistes und Willens erst zuwachsen, erhält er zwar einen neuen *Begriff* von ihr, der Begriff aber, auf der Jagd nach seiner eigenen sich ständig verflüchtigenden Substanz, weckt die Vorstellung eines Kindes, das einen Singvogel einfing, dessen Lied es im Walde entzückte, und das nun enttäuscht vor dem Bauer des Gefangenen steht, der stumm, mit glanzlosen Augen und zerschlissenem Federkleid dahockt. Gewiß hat Klages nicht als erster den unfreiwilligen Beweis dafür geliefert, daß jene gestaltende Tiefe des menschlichen Herzens, in ihren Wirkungen a posteriori erkannt, sich dem Auge des Spähers entzieht; gewiß liegt etwa in dem Umstand, daß die große Zeit der Germanischen Seminare der klassischen Zeit der deutschen Dichtung *nach*folgt, der allgemeiner gültige Fingerzeig, daß der »Vulkan der Seele« umso schweigsamer werde je lauter die ästhetisierenden Touristen auf ihm. Umso merkwürdiger aber scheint es uns, daß ein so erfahrener, gründlicher und strenger Charakterologe wie Klages nicht beizeiten erkennen mußte, daß man, den heimlichen Reichtum der Seele bewundernd, das Mysterium ihres Wirkens nicht ungestraft verletzen, seine Anonymität nicht preisgeben darf, daß nur ihre – unbewußte! – Affizierung an Bewußtseinsinhalte, realen oder idealen Ursprungs, sie des Zaubers großer Form befähigt, nur der hemmende, herrschende, Aufgaben setzende Widerstand des Geistes ihre Dynamik zu entfesseln und in gültigem Ausdruck zu binden imstande ist, in welchem sie, ohne doch selber das Ausgedrückte zu sein, transparent wird.

Erinnern wir uns nun der eingangs gemachten Feststellung, unter jenem »Leben«, das bei Klages als Widersacher des Geistes figuriert, könne unmöglich das *ganze* begriffen sein, weiter des Hinweises auf die notwendige Wesenlosigkeit einer ihres natürlichen Kontaktes mit Geist und Wille beraubten Seele, so wird die Beschränkung, die der Lebensbegriff von seiten Klages' erfährt, schon weit deutlicher sichtbar, zugleich aber erkennt man, daß der letzte Widerspruch seiner Lehre anderswo liegt als in jener rein methodischen, zwischen Inhalt und Form, rationaler Begrifflichkeit und irrationalem Anschauungsmaterial herrschenden Unversöhnbarkeit, die tatsächlich nur Spiegel einer tieferen ist. Diese besteht einfach zwischen der psychologischen Natur des Menschen und ihrer metaphysischen Stilisierung durch Klages, welche ihn schließlich dahin führt, daß er über einer seiner Lieblingsvorstellungen, jenem »fremden« »Keil«, als welcher der Geist, aus unbekannten Zonen kommend, Leib und Seele zu entzweien trachte, die Bodenständigkeit vergißt, die, wenn nicht der »Botschaft« des Geistes, so doch allen seinen Erscheinungen im Element des Seelischen und im unzerreißbaren Zusammenhang der seelischen Funktionen eignet. Nicht *gerettet* scheinen daher diese Funktionen durch jenen Vitalismus, den Klages' System, in einer sonderbaren Mischung von betrachtender und wünschender Haltung, proklamiert, sondern *bedroht*; der Klages'sche Mensch sieht nicht mehr *in* die Welt, er *er*lebt, *er*leidet sie. Der Umstand, daß Klages an Stelle des Erkennens, das der Rationalismus ins Zentrum seines Weltbilds stellte, weil es die Flucht der Erscheinungen zum verharrenden und starren, gleichsam gefrorenen Sein der Begriffe fixiert, das *Erleben* setzt, diese »bald triebmäßige, bald enthusiastische Preisgegebenheit der Seele«, vermag daran nichts zu ändern, auch wenn Klages die Verwirrung so weit treibt, dem derart charakterisierten Erleben trotzdem und eben um der ihm anvertrauten Stellung willen *Akt*charakter zuzubilligen.

Es gibt in der Philosophie der Chinesen jene gleichfalls biozentrische Lehre des sogenannten *Tao*, in welcher der Geist als Diener der Seele erscheint, im Rahmen eines hierarchischen Denkgebäudes, dessen uralte Überlieferung für Solidität zeugt. Für Klages ist der Geist nicht Diener, sondern Tyrann der Seele, und da er ein zutiefst »anderes«, ihr wesensfremdes, dem Satanischen des mittelalterlichen Weltbilds vergleichbares Prinzip vertritt, das von allem Anfang dem elementaren Geborgensein des Lebens im irdischen Himmel der Unbewußtheit entgegenwirkt, kann nie ihr Verhältnis ein ausgewogen hierarchisches werden. Welche Ästhetisierung der Wirklichkeit zeigt sich hier aber am Werk! Die alte Frage der Philosophie, ob das Erkannte Wirklichkeit besitze oder die Erkenntnisvermeinung, scheint freilich gelöst, denn die Wirklichkeit ist selbst eine »Wirklichkeit der Bilder«. Aber verhält es sich so? Setzt Klages' Realitätsbegriff nicht das tatenlose Dasein eines Ichs voraus, dessen einzige Beschäftigung die »Schau« ist? Gerade der beschworenen »schönen Blindheit« des Vergehens und Werdens im Kosmos, der ewig zeugenden Veränderungen der Lebenspolaritäten und jeder echten Dämonie wäre die Wirklichkeit ohne Frage beraubt, ließe sie sich, unter Verlust ihrer tragischen Tiefendimension, als idyllischen Reigen sich selber bezweckender Gestalten und Phasen begreifen, als *Spiel* bloß, dem man zuschauen kann – als hätte dies »man« in allem Geschauten nicht seinerseits Platz und Funktion! Daß der von Klages beschriebene Zug dem Geist tatsächlich innewohnt, eben darum aber das Leben seiner als eines Gegengiftes, eines Giftes gegen die eigene Tendenz des Überwucherns und der blinden Selbstzerstörung, bedarf – es hätte, seitens Klages', eines andern Geistbegriffes (und Geistes) bedurft, das einzusehen.

Der seine ist im Grunde noch immer der des vorhegelischen Idealismus: der Geist betrachtet, er handelt nicht. Tatsächlich handelt er aber, nur bewegt er sich dabei nicht im eigenen Element, sondern in dem der Sachwelt und des organischen Seins – Grund genug für Klages, diese ganze Seite seiner Natur, als empfindliche Störung seines streng dualistischen Konzepts, zu ignorieren. Zuletzt, es ist ihr ständiges, unüberwindliches, einer Hörigkeit nicht unähnliches *Systembedürfnis*, das Klages' Denkarbeit zum Rückhalt und zur Schranke zugleich wird, weil es sie zwingt, sich an den Zwekken des mit ihrer Hilfe erstrebten Systems mehr als am ursprünglichen Sinn der Begriffe zu orientieren, aus denen sie es aufbaut. Sie verkündet uns die Herrschaft der Seele; was aber ist Seele, die nicht aus ihrer eigenen spontanen Bindung an Objekte des Geistes und Willens, nicht aus deren überzeugender Meisterung, nicht aus Aussagen über Wirkliches, nicht aus Taten in ihm, sondern einzig aus spekulativen teils, teils programmatischen Behauptungen ihrer selber spricht? Fragen wir doch lieber, ob sie, unter solchen Umständen, überhaupt *ist* und sein kann – ob sie nicht, um zumal in dieser Zeit wieder Realität und beflügelten Schwung zu erlangen, vielmehr der ganzen Ungebrochenheit eines Lebens bedarf, das den Geist weder fürchtet noch verabscheut, sondern ihn braucht – aus den Notwendigkeiten seiner Existenz und einem inneren und tiefen Bedürfnis.

Erstdruck in: Neue Zürcher Zeitung Nr. 605, 6. April 1937
(Blatt 1, Morgenausgabe)

Hellseherei

Erzählung (1930er Jahre)

Der große Empfang bei Professor Hugrull – aus Anlaß seiner Hochzeit mit Marie Verwein, der Harmlosen vom Stadttheater – war seit etwa einer Stunde im Gange, und das Haus füllte sich immer mehr mit herumstehenden oder Portweingläser vor sich her tragenden Menschen, als Paul Peladan eintraf, dem Paar seine Glückwünsche auszusprechen. Diese Szene, für Marie nur eine Gelegenheit mehr, in ihrem Spezialfach zu glänzen, verlief wirklich sehr erleichternd für Paul, welcher seit kurzem erster Assistent des berühmten Seelenforschers war, während er Marie – vor nun fünf Monaten – nicht aus der Perspektive des Theaterenthusiasten kennengelernt hatte, ohne es alsbald aus einer intimeren zu tun.

Hugrull war die Aufgeräumtheit selbst. »Warten Sie, gleich werden Sie durchschaut«, sagte er jovialen Tones, ohne zu bemerken, daß der Gratulant bei dem »durchschaut« leicht zusammenzuckte; »dort kommt Imbiß, der Hellseher. Sie kennen ihn noch nicht?« Und schon schritt er der Tür zu, durch die ein schwarzbärtiger, für einen Seher erstaunlich trübäugiger Herr eben eingetreten war.

»Du siehst heute wieder ganz entzückend aus«, bemerkte Paul Peladan leise zu Marie. »Ich finde mich an jenen ersten Abend erinnert – fünf Monate ist es her ...«

»Bitte – Paul!« entgegnete Marie, indem sie einhaltgebietend die Hand hob.

»Sie tun unrecht, Herrn Imbiß nicht zu kennen«, sagte der Professor zurückkommend. »Er erschüttert die Kategorien, lieber Freund, seine Existenz wirft alle unsere Mutmaßungen um, er ist ein Urphänomen, eine Nötigung zum Zweifel und zum Zweifel am Zweifel ... Erst vorige Woche, über diesen unsern heutigen Empfang befragt, äußerte er, er sehe ein Dreieck – nun, und was glauben Sie, daß mir heute früh, beim Stöbern unter alten Büchern, in die Hände fiel? Ein kleines Holzdreieck, wie man es in der Schule, für den Geometrieunterricht, verwendete – ich hatte es seit meiner Gymnasiastenzeit nicht mehr erblickt ...«

»In der Tat ...«, sagte Paul und lächelte unbestimmt und eigentümlich. Auch Marie lächelte, während sie dem Seher die Hand gab. Paul aber entfernte sich bald. Herrn Imbiß' Auftreten machte ihn nervös, und übrigens fesselte ihn der Anblick eines vollkommen schönen Mädchens, das sich in einigem Abstand von ihm an der Seite einer stark verwitterten, von Schmuck und Schminke starrenden Dame hielt. Während diese auf dem Sofa saß und von dort die Gesellschaft unter ihr Lorgnon nahm, stand ihre Begleiterin, die ziemlich unelegant gekleidet war; sie schien sich zu langweilen und erwiderte lebhaft die noch lebhafteren Blicke Pauls.

»Wer ist dieses Mädchen?« fragte er leise Doktor Rips, der mit zwei Seminardamen vorbeiwandelte.

»Die? Ach, so ein Aschenbrödel ... Sie heißt Alice, wenn ich nicht irre – ja, Alice Heidelin ... Sie ist die Nichte und Gesellschafterin des reichen Fräulein Moller dort und soll diese Dame, von der sie übrigens wie ein gefangener Vogel behandelt wird, einmal beerben – ich nehme an: wenn Alice nichts mehr davon haben wird, denn die Moller ist sehr zäh, und vorläufig sieht Alice keinen Rappen ... Vielleicht ist ihre Tante ein bißchen rachsüchtig? Vielleicht möchte sie Alice ihr Vermögen nur zuzüglich ihres Schicksals vermachen? Das wäre möglich. Ich wenigstens möchte es dafür halten.« Und er ging weiter, in Begleitung der Seminardamen.

Die Zahl der Gäste wuchs. Sie drängten mehr und mehr nach einer Richtung. Dort, am Ende des Saals, stand Herr Imbiß und hielt Cercle.

Plötzlich erhob sich Fräulein Moller, und gefolgt von ihrem Schatten Alice schritt sie rasch auf den Seher zu, der eben einen jungen Komponisten glänzender Aussichten in der Heizkörperindustrie versicherte. Hugrull stellte ihn ihr vor, und nachdem sie einiges Gleichgültige miteinander gesprochen, zog sie ihn rasch beiseite, ihre und ihrer Nichte Zukunft zu erfahren. Herr Imbiß folgte ohne Zögern; aber er hatte den beiden Damen gegenüber kaum Platz genommen, als Paul, der die Szene aus nächster Nähe beobachtete, ihn erzittern und blaß werden sah ...

Was war es mit Herrn Imbiß? Er hatte sich schon gefaßt und gab Auskunft, doch schien es nicht, daß diese Fräulein Moller zufriedenstellte: Paul sah das ganz deutlich. Sie schwieg zwar und begab sich wieder zu ihrem Sofa, aber eine Viertelstunde darauf, als er zufällig den menschenleeren Vorraum durchquerte, erblickte er sie dort abermals mit dem Seher. Herr Imbiß schien nachzudenken. Er bewegte zuweilen unschlüssig die Lippen. Fräulein Moller bewegte ihre Handtasche. Alice fehlte.

Wo war Alice? Er fand sie noch im Saal, irgendwo unter den Leuten. Er sprach sie an. Wenige Minuten darauf hatte sie merklich an Farbe gewonnen, aber da war es auch schon vorbei und er sagte nur schnell noch: »Bis morgen!« – da Fräulein Moller in einer der Türen erschien. »Ja, bis morgen«, flüsterte Alice und lief der Tante entgegen. Sie lief rasch, da sie sie sonderbar schlecht aussehend fand. Näherkommend nahm sie mit Erschrecken wahr, wie stürmisch Fräulein Mollers Brust auf und nieder wogte und daß sie den Mund aufs eigentümlichste verzerrte ...

»Er sagt ... er sagt ... ich würde noch heute mein gesamtes Vermögen verlieren«, brachte Fräulein Moller heraus.

Sie zitterte, weinte, bedeckte ihre Augen ... Alice, der die abergläubische Natur der Tante bekannt war, suchte vergebens sie zu beruhigen, die Voraussage als Unsinn hinzustellen ... Endlich ging sie, ein Glas Wasser für sie zu besorgen. Zu ihrer eigenen Verwunderung vermochte der Zustand der alten Dame sie nur teilweise zu beschäftigen; sie dachte unaufhörlich an Paul Peladan. Als sie an der Bibliothek vorüberkam, deren Tür angelehnt war, hielt sie inne, da sie von drinnen die Stimme des Assistenten vernahm, und zwar abwechselnd mit der des Hellsehers, der eben sagte:

»Nun gut – aber warum wollen Sie das eigentlich wissen? Schön, das ist Ihre Sache. Ich stehe zu Diensten. Für beide Damen, dies zunächst, ist der heutige Tag von allerhöchster Wichtigkeit ...« Er dämpfte die Stimme. »Die eine wird ihr Vermögen verlieren«, sagte er und wartete einige Sekunden. »Die andere – sterben!« Er räusperte sich.

»Welche?« fragte Paul Peladan leise und erregt. »Welche wird sterben, Herr Imbiß? Welche ihr Vermögen verlieren?« Alice hielt den Atem an, sie legte fast das Ohr an den Türspalt, aber eben in diesem Augenblick kam eine lautredende Gästeschar einher und blieb dicht bei ihr stehen, sodaß sie weder Imbiß' Antwort noch sonst irgendetwas von der weiteren Unterhaltung mitanhörte ... Wozu stehe ich hier herum? dachte sie voll Bitterkeit ... Die Tante verliert ihr Vermögen, Imbiß hat es ihr ja selber gesagt, also bleibt für mich nur das andere ... Sie schauderte. Nun sie selbst betroffen war, schienen Wörter wie »Aberglaube« ihr ohnmächtig und leer. Ich werde sterben, sagte sie sich, noch heute werde ich sterben ... Warum? Sie wußte es nicht. Sie vergaß, daß sie der Tante ein Glas Wasser bringen wollte, ein brennendes Gefühl stieg in ihren Mund und verharrte, auch empfand sie plötzlich Abneigung gegen den Lärm, die Gesellschaft – ich werde nach Haus gehen, beschloß sie, alles ordnen.

Ordnen? Sie besaß wenig Habseligkeiten. Die mochte an sich nehmen, wer wollte, in Gottes Namen die Tante, da sie doch ihr Vermögen verlor; aber dann waren da noch dreihundert Franken, Alices ganze Barschaft ... Sie wollte auch diese der Tante zuschreiben, sie war, in ihrem Zimmer in

Fräulein Mollers Wohnung angelangt, schon im Begriffe, es zu tun – als ihr Blick aus dem Fenster auf ein kleines Lastauto fiel, das am gegenüberliegenden Straßenbord hielt. »Städtisches Waisenhaus« stand auf der Seitenwand, und eben kam der Chauffeur aus einer Haustür, Pakete in den Armen. Alice lief die Treppe hinunter, gab die dreihundert dem Chauffeur, ließ ihn quittieren und ging weiter. Sie wollte nicht zu Hause sterben, in Fräulein Mollers Haus. Es war Juli und die Luft in den Vorstädten vom Geruch der Fichtenwälder voll.

Den ganzen Nachmittag ging Alice in den Wäldern spazieren und wartete auf den Tod. Der Hunger kam statt seiner, denn sie hatte seit dem Morgen nichts verzehrt, aber auch in der Gastwirtschaft, wo sie ihr letztes Kleingeld ausgab, blieb sie am Leben und nicht minder auf der Stadtparkbank, wo sie den Abend und die Nacht verbrachte, in jeder Stunde ihre letzte vermutend. Die Nacht war warm und windstill, mit Wolkenfetzen, die durchsichtig unter der Mondscheibe trieben. Gegen sieben verließ Alice ihre Bank. Sie fröstelte ein wenig im hellen Schein des Morgens, als sie langsamen Fußes heimging, und war nicht froh und nicht traurig sondern so, als dächte sie darüber nach, warum der Tod sie verschmäht habe und was nun eigentlich werden solle.

Vor der Tür von Fräulein Mollers Haus stand Paul Peladan. Sie erkannte ihn erst ganz zuletzt und wäre fast mit ihm zusammengestoßen, so benommen war sie. Dann aber reichte sie ihm die Hand, und er sagte »Nanu!«

»Nanu!« sagte er; »alles sucht sie ja, Fräulein Alice – schon seit gestern! Wo haben Sie denn gesteckt? Und was machen Sie denn jetzt – weinen Sie etwa?« Das tat sie nämlich, sie konnte nicht an sich halten.

Dann erzählte sie ihm alles, was sie wußte.

»Sieh an!« sagte Paul Peladan. »Und Ihr Vermögen – haben Sie noch?«

»Nein, das hat ja das Städtische Waisenhaus!« erwiderte Alice tief erstaunt. »Natürlich, soweit von Vermögen die Rede sein konnte«, fügte sie hinzu ... »Ich habe es wahrhaftig verloren! – Aber wieso *ich*?« rief sie kopfschüttelnd. »Die Tante sollte doch –«

»Das ihre verlieren? Keineswegs! Im Gegenteil. Ich weiß von Herrn Imbiß, daß Ihre Tante ihm draußen in der Garderobe eine größere Banknote unter die Nase hielt, damit er wenigstens *etwas* mehr aus sich herausgehe als das erstemal ... Das tat er. Eine von Ihnen beiden, sagte er zu Ihrer Tante, Ihre Nichte oder Sie, wird noch heute ihr Vermögen einbüßen ... Er sagte nicht, welche von Ihnen beiden, obwohl er es hätte sagen können und mir übrigens dann gesagt hat, und von dem andern sagte er Ihrer Tante überhaupt nichts, aus Rücksicht, aber es ist ja verständlich, daß sie das mit dem Vermögen ohne weiteres auf sich bezog ... Die arme Tante! Sie hat sich derart aufgeregt darüber, sie war ja nicht mehr jung, sie hat die Aufregung offengestanden nicht vertragen können ...« Er verstummte. Alice stieß einen kleinen Schrei aus.

»Sie meinen damit –« brachte sie heraus, einen Schritt zurücktretend und ihren Blick in seinen heftend.

»Sie liegt droben in ihrer Wohnung«, entgegnete Paul Peladan gedämpft, indem er behutsam ihre beiden Hände ergriff ... »Ja, die Hellseherei! Sie erschüttert die Kategorien, verstehen Sie, sie wirft alle unsere Mutmaßungen um ... Wollen wir hinaufgehen?«

Bislang ungedruckt. Entstanden während Ulrich Sonnemanns Schweizer Emigrationszeit (1934–1939)

Max Picard, ›Hitler in uns selbst‹

Eugen Rentsch Verlag, Erlenbach-Zürich 1945

Rezension (1946)

Den in Hitler verdichteten Seelenzustand in der Masse seiner deutschen und nicht-deutschen Zeitgenossen nachzuweisen: mag der Versuch an sich verdienstlich sein, das Material, das für ihn zur Verfügung steht, ist von solcher Fülle, Bekanntheit und Augenfälligkeit, daß er im heutigen Zeitpunkt verspätet, fast überflüssig, erscheinen muß, wird neben der Mißlichkeit der erhellten Sachverhalte nicht eine Maß, Halt und Richtung auf ein Neues gebende Philosophie sichtbar. Das Buch des Schweizer Schriftstellers und Physiognomen wiederholt nun zwar keineswegs die oberflächlichen Formeln und Wendungen, mit denen die analytische Populärpsychologie unserer Zeit dem Nazi-Phänomen begegnet ist; es enthält neue und fruchtbare Einsichten, die alle um die Zentralthese von der inneren Zusammenhangslosigkeit und Augenblickshaftigkeit als des beherrschenden Merkmals der zeitgenössischen Seelenverfassung kreisen; und es gründet diese auf Beobachtungen, von denen mindestens ein Teil vorzüglich ist und unmittelbar überzeugt. Im ganzen aber haftet ihm etwas zu wenig Zwingendes, im Verhältnis zum Umfang seines Gegenstandes fast zu Spielerisches an, und dies Spielerische bestimmt nicht allein seine literarische Atmosphäre; vielerorts durchdringt es sich mit den wirklichen Leistungen des Buches in einem Maße, das auch deren Wert herabmindern muß und ihre Aussonderung und Anerkennung erschwert.

Ausgezeichnet etwa und reich an wesentlicher Erkenntnis sind die Abhandlungen über die Zerstörung der Wahrheit, insbesondere der Teil, der von der ›Ersetzung der Wahrheit durch die Feststellung‹, und jener, der von der ›Ersetzung der sinnvollen Ordnung durch äußerliche Gruppierung‹ handelt, ferner ›Die Degradierung des Symbols zum Abzeichen‹ und ›Die Okkupation der Natur‹. »Der zerstörte, zusammenhangslose Mensch […] verwechselt das bloß Sprunghafte mit dem Spontanen, das bloß Sprunghafte des Menschen, der keine Kontinuität mehr hat, mit der Spontaneität der Natur, die aus der Fülle heraus tausend Dinge beginnt, während der zerstörte Mensch tausend Dinge anfängt aus dem Defekt«. »Die Lager am Strand der Seen sind wie böse Heerlager. Die Menschen überfallen die Natur, sie okkupieren sie wie Feindesland, sie sind da, sie haben es erreicht, sie haben die Natur erobert. Dieser Überfall der Natur ›zur Erholung‹ ist gefährlicher und zerstörender als der Überfall der Natur zur Ausbeutung für industrielle Zwecke«. Im Wechsel von spezifischer und gut gesehener Empirie mit radikalen antithetischen Urteilen, welche die Empirie verallgemeinern und in der Verallgemeinerung doch scharf bleiben, bewährt Picard seinen Physiognomenblick besser als in der geistigen Eroberung des historisch-politischen Vordergrundes, die großenteils mißlingt: wie immer, wenn ein unzweideutig induktiver Geist zu deduzieren anfängt, erstarrt die Deduktion ihm unter der Hand zur bloßen Anwendung von Formeln auf Wirklichkeiten, die eingezwängt und vergewaltigt aber nicht bewältigt werden. Über den Nationalsozialismus, den Faschismus, läßt sich gewiß vieles diese Bewegungen im ungünstigsten Sinn von der Welt, mit der sie im Kampf lagen, Unterscheidendes sagen, aber eben was Picard darüber sagt, unterscheidet, zum erheblichen Teil, sie von jener keineswegs, und schon etwas krampf- und nebelhaft muten Sätze wie dieser an: »Wie der Deutsche heute nicht mehr imstande ist, ein Phänomen als Ganzes zu sehen, so sieht er auch den Raum nicht als Ganzes, sondern nur als etwas, in dem er sich sehr rasch vorwärts bewegt«.

Der Satz steht an einer Grenze, über die Picard sich sehr rasch vorwärts bewegt und jenseits welcher sich solch ungeschickte Demonstrationen der Wortmagie aus kapuzinerpredigender Gesuchtheit finden wie: »König Alexander von Serbien und der französische Minister Barthou wurden auf Befehl Mussolinis mit einer Maschinenpistole ermordet – Mussolini selber wurde ein paar Jahre darauf mit einer Maschinenpistole vernichtet, gerichtet. Das italienische Heer vergaste in dem Krieg gegen Äthiopien die äthiopische Bevölkerung und ihr Heer, ein paar Jahre darauf fiel das italienische Heer auseinander, flüchtig wie Gas, es wurde selber vernichtet«. Daß feuilletonistisches Libertinieren einen Geist, zumal dort, wo er sich obendrein ereifert, um seine Freiheit bringt, ist nicht neu; die Beispiele, wie Picard dies zustößt, ließen sich mehren, und wenn es unter ihnen auch nur einige gibt (wie eine allzu billig begründete Leugnung der mitteleuropäischen Raumnot), bei denen eine Aussage ihren Gegenstand schlechterdings verfehlt, so bleibt die Zahl der platten Gewaltsamkeiten weitaus zu groß im Verhältnis zu dem gehörigen Maßstab, nach dem eine derart anspruchsvolle Unternehmung verlangt. ›Hitler in uns selbst‹ – könnte es sein, daß der Autor sein Thema nicht wörtlich genug genommen, sich allzu wenig ernsthaft gefragt hat, ob seine Haltung der »Welt der Zusammenhangslosigkeit« denn tatsächlich so entgegengesetzt sei wie seine Absichten? Seine Urteile ästhetisieren noch; um aber zu richten, auf eine mehr als subjektiv absprechende Weise, müßte alles Moralische darin sich weniger »von selbst verstehen«, weniger konventionell übernommen, mit weniger einseitiger Willkür angewendet sein; die Anerkennung, daß das Moralische sich keineswegs von selbst verstehe, daß es erfahren, erlitten, erarbeitet sein wolle, ist aller Neugeburt heute unabweisbar vorausgesetzt. Die »Physiognomie des Zeitalters« wohl erfaßt Picard; indessen, was sie zu ändern vermöchte und was selbst niemals physiognomischer Schau, sondern nur einer radikal fragenden, radikal entscheidenden Moralität, den Bereich nicht der Wie-, sondern der Was-Kriterien, entstammen müßte: dies »ganz andere« wird erhofft, es wird gefordert, sentimentale Allgemeinheiten umreißen die Gegend, aus der »die Möglichkeiten der Rettung« zu gewärtigen sind, es selbst aber, das Rettende, erscheint nicht. Zuletzt, es mag das Schicksal aller Bücher sein, welche, einem Prozeß von paroxystischer Unbändigkeit verhaftet, ihn doch als Ganzes zu erfassen trachten, daß ihr Abstand zu gering, ihr Atem zu kurz sein muß. Picards Fall ist der eines sich selbst beschwichtigenden, das Sublimere suchenden Ressentiments – etwa deutet er, vage übrigens, auf »Einzelne in Deutschland« hin, »die vollkommener sind als die Vollkommenen in den andern Ländern« – aber es kommt zu keinen Konsequenzen, es bleibt beim Ressentiment. In politischen Folgerungen, wo sie sich finden, etwa dem Vorschlag zu »Deutschlands Zentrierung von außen her«, wobei die Besatzungsmächte »das Gute tun« und der Deutsche es dann schließlich gleichfalls tun würde, »mimikryhaft, wie er früher das Böse tat«, scheint der Edelmut weder eines starken Einschlags von vielleicht unbewußter Bosheit noch, ein Jahr nach Potsdam, einer fast rührenden Weltfremdheit zu entraten. Picards Blick, geschult in der Erfassung des räumlich Gestalthaften, versagt vor der zeitlichen, der geschichtlichen Struktur. Er sieht noch, daß »die Welt der Diskontinuität« in Hitler auf eine ihrer Höhen kam; daß Hitler zugleich auch Reaktion, wenn auch eine noch so negative, auf eben diese Welt gewesen ist, daß er innerlich noch unüberwunden ist und es bleiben muß, solange eine höhere Ordnung, in und unter den Menschen, nur postuliert, nur ersehnt, nicht auch geistiges Ereignis und leibhaftige politische Wirklichkeit wird, sieht er *nicht*.

Erstdruck in: Deutsche Blätter [Hojas Alemañas] (Santiago de Chile) IV/34, November/Dezember 1946, S. 40f.

Der Teufel und sein deutsches Privileg (1976)

Die Tatsachen, an die anzuknüpfen ist, sind bekannt. Da sie ein paar Monate zurückliegen, seien sie ins Gedächtnis gerufen. Am 1. Juli 1976 starb, auf zweiundsechzig Pfund abgemagert, die Theologie- und Pädagogikstudentin Anneliese Michel, die nach unbestrittener medizinischer Diagnose an Epilepsie litt. Diese Krampfbereitschaft des Gehirns, die durch Züchtung von Angst- und Schuldgefühlen schon im Kindesalter intensiviert wird, ist mit typischen Zügen der Persönlichkeitsentwicklung verbunden, unter denen religiöse Präokkupationen schon dem Mittelalter derart geläufig waren, daß die Epilepsie viele Jahrhunderte lang *morbus sacer*, heilige Krankheit hieß. Anneliese Michel starb in der Macht von Priestern, die die schwerkranke, die von ihm besessen gewesen sei, durch eine Austreibung des Teufels nachweislich über den Rand der Erschöpfung trieben, während sie die Zuziehung ärztlicher Hilfe – die ihr Leben vermutlich gerettet hätte – bis zuletzt unterließen. Neben einem Pater Renz, der den Exorzismus, wie der alte lateinische Name für eine Teufelsaustreibung lautet, vollzog, war ein Leibhaftigenspezialist, Pater Rodewyk, als Autorität bei der Unternehmung zugange, diese selbst aber durch Auftrag des Würzburger Bischofs Stangl gedeckt, schriftlich, mit Amtssiegel: *kirchlich* gedeckt, nicht strafrechtlich. Manchen Heilpraktiker, der so fatal kurpfuschte, brächte dar Tatbestand mit erheblicher Wahrscheinlichkeit hinter Gitter, aber was besagt dieser gesetzliche Unterschied zwischen den beiden *Deckungen* in der Wirklichkeit der Justiz? Nichts, sehr viel sicherer als die Seele einer verhungerten Epileptikerin holt *ihn* nach der Tradition unserer Rechtsprechung seit jeher der Teufel.

Wie sehr er es in dieser Angelegenheit wieder tut, darauf bleibt zurückzukommen. In seiner chronischen Erscheinungsform als Verschandelung unserer demokratischen Institutionen wird zwar des Teufels deutsches Privileg immer sehr greifbar, aber kann es verstanden werden, solange wir dieses Privilegbesitzers eigene Identität nicht durchschaut haben? Wie kaum einer kann deren Erkenntnis der Fall der Anneliese Michel voranbringen, die nicht nur nicht im Krankenhaus, sondern, wie staatsanwaltlicher Ernst uns zu wissen gab – mit dem angegebenen Körpergewicht –, »unbemerkt und für ihre Angehörigen überraschend« starb: in ihrem Elternhaus in Klingenberg, einem kleinen alten Weinort in Unterfranken, »nur eine gute Autostunde von Frankfurt entfernt, wo das Leben der modernen Welt pulst«: wie mit sinnendem Stolz die ›Frankfurter Allgemeine‹ in ihren Bericht flocht.

Rückschlüsse auf diesen Puls, wie auch die Qualität, Modernität, jener Art Leben, die darin pocht, zog sie nicht; und wie nahe doch lagen solche! Schließlich pulste solch modernes Leben auch in Klingenberg, ja in dem Exorzisten persönlich, hätte er seine Veranstaltung sonst auf dreiundvierzig Tonbändern festgehalten? Keineswegs glaubt er nur an den Teufel, nein, auch durchaus an den Fortschritt, wenn nur der Fortschritt dem Teufel eben nicht wie ein Arzt Scherereien macht, sondern seiner Stimme sich fügt. Dieses verräterische Detail ist in den vielen Diskussionen um die trübe Sache zu wenig beachtet worden. 1614, als das Rituale Romanum des Großen Exorzismus verkündet wurde, nach dessen Weisung man versuchsweise den Teufel in der Studentin vertrieb, hätte man kirchlicherseits Teufelswerk so gewiß in einem Tonband gesehen wie weitere Jahrhunderte früher Thomas Aquinas in einem von seinem Lehrer Albertus Magnus verfrüht gebastelten Roboter, den er in Stücke schlug. Pater Renz denkt gar nicht daran, sein Bandgerät in Stücke zu schlagen. Da anderseits Thomas dem schockierten Albert gleich zu Hilfe geeilt sein soll nach Art eines Krankenpflegers, kann das entschuldbare, aber falsche Klischee vom Rückfall ins finstere Mittelalter, das der Teufel-auf-Tonband wieder auftischen ließ, wenigstens auf diesen Vergleich nicht gestützt werden: deutsche Rückfälle finden nicht ins Mittelalter statt, sondern in die vorchristliche Barbarei.

Was in ihnen durch- und hervorbricht, ist dumpfer, knechtender Aberglaube: Formelkram, Zauberwesen, angstbeherrschter animistischer Wahn. Es ist der wüste Zustand vor den Anfängen menschlicher Gesittung und Freiheit, deren Untergrabung und Zerstörung solche Rückfälle daher zu ihrem einzigen Ziel haben: wie häufig auch ihr Nihilismus die Masken wechselt, die dann immer erst hinterher, so daß seinem Verfahren nichts passieren kann, leider des Teufels waren. Zur Bestätigung erfährt man, daß dem Exorzismus biographisch die wahrhaft hitlerische Hypothese voraufging, Anneliese Michel sei schon im Mutterleibe verflucht gewesen. Nach christlicher Lehre gibt es diese Möglichkeit nicht, ist ihre Mutmaßung Frevel. Ein auf sie gestützter Exorzismus wäre schwindelhafter Betrug nicht nur am Leidenden, sondern ein Verrat auch am Glauben, der gotteslästerlich hinter den ganzen Sinn des Monotheismus und der menschlichen Selbstbestimmung zurückfiele: die Erlösungsbotschaft zum Spott machte.

Nicht ausdrücklich – sie wird sich hüten –, umso deutlicher mit der Praxis des Unfugs, der in ihrem Auftrag vollzogen wurde, hat die Kirche bei dieser Infamie tätig mitgespielt, also ihre Voraussetzung sanktioniert. Offensichtlich hatte schon von Kind auf den Teufel, dessen Austreibung dann geplant wurde, der Studentin ihre bigotte Umwelt mittels Verteufelung ihrer Geburt zunächst eingeblasen, sie durch Suggestion für ihn abgerichtet, der Leibhaftige selbst aber, dem sie einsehbar nach solcher Konditionierung, solchem niederträchtigen Dauerdruck sich als Wohnsitz bot, wie besaß er denn die Anneliese Michel dann eigentlich und wozu verführte er sie? Nun, wahrhaftig dazu, daß sie, die doch sogar Religionslehrerin werden wollte, auf den Bischof von Würzburg, eben den Kirchenfürsten schimpfte, der dann der Veranstaltung grünes Licht gab. Da so Grauenhaftes nur ein Satanas, der in einen Menschen gefahren ist, fertigbringt, wird freilich verständlicher, wenn auch zu meinem Bedauern nicht fürstlicher, daß er für den Plan der Vertreibung einer so ungehörigen Stimme Verständnis hatte. Die betrübenden Worte selber sind in den Zeitungen nicht zitiert worden, also ob sie ihn nun – wie Luther den Papst – des Teufels Sau nannte oder was sonst, bleibt Verschlußsache.

Anderweitig wird, in deprimierendstem Sinn, manches klarer. Sieht man sich die Kriterien an, die für die kirchliche Diagnose von Besessenheit seitens des Teufels genannt werden, ergeben sich Ungereimtheiten, etwa das Sprechen und Verstehen von Sprachen, die dem Heimgesuchten zuvor nicht bekannt waren, wird da genannt, demnach wären ebenso die in Zungen redenden Empfänger des ursprünglichen Pfingstwunders wie viel später Therese von Konnersreuth, die plötzlich aramäisch konnte, vom Teufel besessen gewesen. Das gleiche gilt für Wunderkinder wie dem kleinen Mozart, da es auch für teuflisch erklärt wird, von Alter und Konstitution her nicht erklärbare Kräfte zu zeigen; wie immer es um die Fachkompetenz theologischer Bestimmungen von *Konstitution* steht. Genug von dem Wirrwarr, dessen Bewußtseinsmechanik etwas Verdinglichtes hat, während es zu seiner Verteidigung, in Leserbriefen etwa, offenbar ausreicht, mittels des Allerweltsschlagworts Materialismus seine Kritiker der Verständnislosigkeit ausgerechnet für den Geist zu bezichtigen, den er nicht hat.

Im Gegenteil ist der so auffällig Abwesende immer dort gerade – und dann nach seiner Art ganz spontan – auf den Plan getreten, wo der Wirrwarr, zum verdummenden Spuk geronnen, mit seinen menschenmörderischen Konsequenzen zu jenem unvergeßlichen Gewissenswiderstand ihn herausforderte, für den der Name Voltaire steht. Entgegen einer verbreiteten Annahme ist nur solche Aufklärung nie das Monopol von Schriftstellern und Philosophen gewesen. Schon die Volksweisheit, daß der Teufel, wenn man ihn an die Wand malt, erscheint, kommt bei Einblick in seine Austreibungen wie die von Klingenberg seiner Erkenntnis sehr nahe, läßt sie doch die Möglichkeit zu, auf der das ganze Ritual zu beruhen scheint, daß er, nachdem er erschienen ist, sich das nächste Mal selbst an die Wand malt. Mit dieser unausgesprochenen Einräumung, ruft uns der alte Spruch in Erinnerung, will er uns einschärfen, daß man faulem Zauber meist zu spät, niemals, soll er nicht tödlich werden, zu früh wehrt, die Abwehr aber nur bei größter Aufmerksamkeit auf den Vorgang glückt, der sich in dessen Machart verstecken möchte. Der Klingenberger Fall verdeutlicht diesen Sachverhalt exemplarisch. Daß den Berichten nach zwar keine Teufelsstimme auf Pater Renzens dreiundvierzig Bändern zu hören ist, deren Wechsel zwischen Schreien des Mädchens und monoton gemurmelter Wiederholung lateinischer Gebete des Exorzisten aber allerdings etwas Teuflisches, nämlich alptraumhaft Unfreies haben soll, könnte selber ein Schlüssel zur Natur jener Bösartigkeit sein, die man sich im Teufel verkörpert dachte: offenbar wird sie auch ohne solche Verkörperung, wenn man in einem solchen Fall nur seinen Ohren vertraut, sinnlich greifbar. Die personelle Verkörperung, die somit andere Ursachen in der Seele ihrer Anhänger haben muß, ist dann selber schon Exorzismus, nämlich jener verborgene *erste*, mit dem ein Unbewußtes seine Bösartigkeitskomponente aus sich selbst heraus in die Umwelt verlegt.

Der zweite, bewußte Exorzismus treibt dann zielgerecht dieses Unannehmbare, daher notwendig Verfremdete, dieses Ausgetriebene, das man in Abwehr eigener Triebregungen in ein fremdes Wesen, das dazu Vorwand bietet, verschoben hat, in der Verlängerungslinie solcher *Projektion* – wie Sigmund Freud den Vorgang nannte – noch einmal aus. Das heißt weder, daß es in der Umwelt keine präzis nachweisbare Bösartigkeit gibt und deren Bekämpfung nicht so vernünftig ist wie es gerade die Klingenberger Vergewaltigung von Menschenrecht und Menschenwürde plausibel macht, noch daß der unbewußte Exorzismus die gegenwärtige relative Seltenheit des bewußten hat; im Gegenteil wuchert er. Zum letzteren Punkt kann es genügen, den Blick, mitten im bundesdeutschen Wohlstand, auf die nicht abreißende Kavalkade öffentlicher Verteufelungen zu lenken, Feinden Nummer eins, deren Platz, für den die Juden nicht mehr in Frage kommen, diese glaubenskämpferische Etikettproduktion nun mit näherliegenden Gruppen verfembarer Mitmenschen zu besetzen pflegt, die das ohne großes Risiko zulassen. Ächten heißt schutzlos machen, so ausgeliefert schutzlos wie die

Kranke in Anneliese Michel gewesen ist und wie es unlängst, entsetzlicher, noch ein weiteres weibliches Opfer zeitgenössischer Vertreibung des Teufels war: in noch prallerer Bestätigung des Projektionscharakters des exorzistischen Handelns, da die Unterdrückung und Verteufelung menschlicher Naturwüchsigkeit durch patriarchalische Herrschaft, das heißt aber, wie es schon für die Hexenverfolgungen galt, der *Frau* als Symbol für den abzuwehrenden Geschlechtstrieb des Mannes, ohne dessen eigene Entschädigung durch sadistischen Lustgewinn nicht gelingt, der Trieb sich also gleichzeitig selbst verleugnet und die Verleugnung Betrug ist. Objekt in jenem andern Fall war die minderjährige – siebzehnjährige – Schweizerin Bernadette Hasler, die bei Austreibung eines Teufels, der sie stundenlang buchstäblich *besaß*, nur daß es sich um einen genitivus subjectivus statt objectivus handelte: der Teufel gar nicht in ihr war, sondern über ihr stand, zu Tode geprügelt wurde; ihr Heimvater und exorzierender Pater, wir befinden uns in den Rechtsverhältnissen der Eidgenossenschaft, sitzt im Gefängnis.

Daß die Verantwortlichen für die Klingenberger Katastrophe dort landen werden, ist aufs äußerste unwahrscheinlich. Ich komme damit auf die gerichtliche Seite des Privilegs zurück, das der Teufel in Deutschland hat, und auf die sprachverwaltende Umsicht dabei, mit der er die schlichte Wahrheit je nach Bedarf einer gesellschaftlichen Machtkonstellation aus dem Blick bringt. Nach einer Meldung der ›Frankfurter Rundschau‹ vom 27. Juli 1976 ermittelte die Aschaffenburger Staatsanwaltschaft, »ob Personen aus der Umgebung der Studentin das Zuziehen eines Arztes *verhindert* hätten« (Hervorhebung von mir). Schon die Wortwahl ist Weichenstellung für die zu erwartende Einstellung der Ermittlungen: nach dem Gesetz macht sich strafbar, wer solche Hilfeleistungen wie die versäumten bei offenbarer Gefahr für das Leben eines Schutzbefohlenen *unterläßt*, und ebenso irreführend tendenziös ist die im gleichen Bericht zitierte staatsanwaltschaftliche Mitteilung, daß ein Fremdverschulden durch ein aktives Tun »nach den bisherigen Untersuchungsergebnissen ausscheidet«. Sollte der Staatsanwalt von der exorzierenden Prozedur nichts gehört haben? Was auf den dreiundvierzig Bändern vernehmbar wird, war nach übereinstimmenden Berichten nicht allein ein aktives Tun, sondern ein mit den Überlebenschancen der schon völlig Entkräfteten unvereinbares, das sie zu Tode erschöpfen mußte.

»Vielleicht«, schließt die ›Frankfurter Allgemeine‹ ihren Bericht, »gibt es keinen Schuldigen am Tod der Anneliese Michel, *törichte Leichtfertigkeit* scheint vorerst zu *greifbar*« (Hervorhebungen von mir). Was für eine geschmeidige, ob auch logisch drückebergerische Alternative, und wie taschenspielerisch eilfertig dient sie dem verschwiegenen Privileg, das der Klumpfüßige seit Feudalzeiten über die Gerichtsbarkeit deutscher Staatswesen innehat! Wäre es denkbar, daß eine Zeitung, hinter der immer ein steckengebliebener Kopf klügelt, wie man sich in vollem Ernst selbst für kritisch halten und in der Aufhellung öffentlicher Schändlichkeiten nicht bis Drei zählen kann, diesen Zustand aufs Korn nähme? Mindestens ebenso *greifbar* – ist ihrem Berichterstatter zu antworten – würde *törichte Leichtfertigkeit* selbst als schuldhaft nach der Regel der deutschen Justiz Menschen zugerechnet, deren Rechtsgleichheit mit der unterfränkischen Geistlichkeit sich insofern mit einem ungedeckten Scheck schwer verwechseln läßt, als ihre Einklagung nichts verspräche.

Bislang ungedruckt. Rundfunksendung WDR/NDR 1,
19. September 1976

Die Feyerabend-Kontroverse (1978)

In den Semestern Sommer 1977 und Winter 1977/78 hielt der aus Wien gebürtige, in Berkeley lehrende, so gern wie verkürzt aufs Schlagwort »Anything goes« festgelegte Philosoph Paul Feyerabend (1924–1994) Gastvorlesungen an der Gesamthochschule Kassel. Am 18. Januar 1978 kam es, auf der Grundlage des Feyerabend-Aufsatzes ›Auf dem Wege zu einer dadaistischen Erkenntnistheorie‹[1], zu einem Diskussionsabend – dessen »Verlauf« Feyerabend als ›Kleines Gespräch über große Worte‹[2] festzuhalten suchte: eine, so Feyerabend selber, »gekürzte und natürlich durch Illusionen des Gedächtnisses und des Verstehens verfälschte«, mit »Antworten«, die ihm »erst hinterher eingefallen« seien, sowie mancherlei ›Abschweifungen‹ und »Randbemerkungen« angereicherte Darstellung. Zwischen ihm und Ulrich Sonnemann kam es, Feyerabend zufolge, zu diesem Wortwechsel:

Ulrich Sonnemann: Sie schreiben im ›Pflaster‹, und Sie wiederholen es eben, daß eine Idee, wie die Wahrheit, nur eine von vielen Ideen ist, und daß sie in den Grundlagen der Gesellschaft, die Ihnen vorschwebt, keine Rolle spielt. Aber wo immer zwei oder mehrere Menschen zusammenkommen und miteinander reden, da hat das doch nur dann einen Sinn, wenn sie ein gemeinsames Ziel haben, sie wollen etwas erreichen, zusammen, sie wollen an einem gemeinsamen Plan arbeiten und das heißt eben, daß sie zusammen eine bestimmte Wahrheit anstreben, nicht eine dogmatische, verabsolutierte Wahrheit …

Paul Feyerabend: Dazu kann man sehr viele Dinge sagen. Erstens, daß ein gemeinsames Fortschreiten nicht aufgrund eines gemeinsamen Zieles zu geschehen braucht. Die Eltern, die einem Säugling Sprache, Gehen, richtigen Stuhlgang beibringen, haben zwar eine vage Idee vor Augen (nicht immer – oft handeln sie einfach instinktiv), aber der Säugling hat zunächst überhaupt kein Ziel vor Augen, er imitiert, experimentiert, wird hier korrigiert, dort ermuntert, hat Schwierigkeiten oder Lusterlebnisse, und so spielt er sich langsam auf die Absicht der Eltern ein, ohne sie zu kennen. Ein Anthropologe bei einem Stamm, den vorher noch niemand

1 Nachzulesen in: Hans Peter Duerr (Hg.), Unter dem Pflaster liegt der Strand, Band 4, Berlin 1977, S. 9–88

2 Zuerst veröffentlicht in Nr. 17 der Zeitschrift der Gesamthochschule Kassel Prisma, Juli 1978, S. 43–50

beschrieben hat, ist in einer sehr ähnlichen Lage. Er hat zwar ein Ziel, auch die Mitglieder des Stammes haben ein Ziel, aber diese Ziele sind den beiden Parteien unbekannt, und sie spielen sich aufeinander ein, und zwar so, daß der Anthropologe dann am Ende vielleicht ein ganz anderes Ziel hat als das Ziel, als die ›Wahrheit‹, von der er ausging. Tiere und Menschen treten in Verbindungen ein, ohne daß da eine gemeinsame Absicht wäre, die stellt sich erst später ein, wenn überhaupt. Woran Sie zu denken scheinen, Herr Sonnemann, ist so etwas wie eine rationale Diskussion unter Studenten der Philosophie. Da ist schon ein gewisser Rahmen gegeben, eine Minimallogik, da sind gewisse gemeinsame Ziele, und unter solchen *sehr speziellen* Umständen kann man sagen, daß beide Parteien gemeinsam an der Auffindung der Wahrheit bemüht sind. Aber in der Gesellschaft, von der ich spreche, sind alle Traditionen gleichberechtigt, das heißt es gibt keinen gemeinsamen Rahmen außer dem, den sich die Diskutanten für einen bestimmten und ganz konkreten Zweck *erst schaffen* – und ob dieser Rahmen die Wahrheit enthalten wird, das ist noch die Frage.

Ulrich Sonnemann: Das kann aber nicht die Frage sein. Sie haben sehr schön ausgeführt, auf wie viele verschiedene Weisen Menschen miteinander in Kontakt treten können, und daß dabei nicht nur Argumente, sondern auch Gesten, Mienen und dergleichen mehr eine Rolle spielen. Ich gebe Ihnen auch zu, daß sich das Ziel verändern kann während der Diskussion, aber man sucht doch nach etwas, man redet nicht einfach so daher …

Paul Feyerabend: Wieso denn? Vielleicht redet man einfach so daher, einfach um durch den Ton der anderen Stimme sich die Einsamkeit zu vertreiben. Mütter reden oft eine Menge Unsinn zu ihren Kindern – also Unsinn im Sinne des Wiener Kreises –, aber das hat schon seinen Zweck, das gibt dem Kinde die Sicherheit, das Gefühl des Geborgenseins. Konversation macht man oft nicht, um Erkenntnisse zu erlangen, sondern um Kontakte herzustellen, die fast schon abgebrochen sind, und selbst im Bereich der Erkenntnis selbst hat es ja große Änderungen in der Auffassung der Wahrheit gegeben. Die Idee, daß es da so etwas wie ein allgemeines Übereinstimmen von Rede und Welt geben muß, diese Idee kam erst mit den Vorsokratikern auf, früher war man mehr daran interessiert, wie bestimmte Dinge in bestimmte Situationen passen. Nun kann man sicher alle diese Dinge in einen und denselben großen Hut werfen und den dann ›Wahrheit‹ nennen – aber damit verliert der Begriff Wahrheit seinen

Inhalt. Denn dann heißt ja ›die Wahrheit suchen‹ nicht mehr, etwas Bestimmtes tun, sondern was immer man tut, ist Suche nach der Wahrheit.

Der Kasseler Philosophie-Professor Wolfdietrich Schmied-Kowarzik sah sich, knapp einen Monat danach, zu einem ›Brief an Paul Feyerabend‹[3] veranlaßt: einer ausführlicheren Erläuterung insbesondere, warum ihm – angesichts der Bedrohung, die der »unersättliche Absolutheitsdrang« der »neuzeitlichen Wissenschaft und Technik« für Mensch und Natur darstelle – Feyerabends »Position«, sein »Relativismus«, »nicht radikal genug« sei. Ulrich Sonnemann brachte die Diskussion mit dem hier folgenden Text zu ihrem vorläufigen Abschluß.

Monadischer Pluralismus?
Noch ein Brief an Paul Feyerabend

Lieber Herr Feyerabend,
Ihr erstaunliches Gedächtnisprotokoll – ich komme darauf, was es so erstaunlich macht, bald – bringt mit den Vorgängen jenes Abends auch die Erinnerung an Gespräche zurück, in die er auslief und deren Zeuge ich wurde. Sie selbst waren schon weg. Wie könnte, war der Generalnenner der Reaktionen, die Zusammenfassung einer gewissen Ratlosigkeit, der Paul Feyerabend mit soviel Gründlichkeit, soviel Argumentationslust eine Theorie auseinandersetzen – auch eine anarchistische Erkenntnistheorie ist eine Theorie –, wenn er sie nicht für wahr hielte? Denn diesen Begriff hatten Sie ja verworfen; und anders als die Begründungslinien Ihres Buches[4], das in ei-

3 Veröffentlicht (im Anschluß an das Feyerabend-›Gespräch‹) in Prisma 17, Juli 1978, S. 50ff.

4 »In ›Against Method‹ [deutsche Ausgabe: Wider den Methodenzwang, Frankfurt 1976] habe ich zu zeigen versucht, daß Rationalität und Wissenschaft einander oft ausschließen, daß der Konflikt nicht zufällig ist und daß ein Bestehen auf den Maßstäben und Regeln der Rationalität die Wissenschaften oft schwer geschädigt hätte. Genauer gesagt mache ich zwei Behauptungen, nämlich (a) *Regeln und Maßstäbe werden oft de facto verletzt* [und zwar sowohl im Kontext der Entdeckung als auch im Kontext der Rechtfertigung], und (b) *man muß sie verletzen*, um in den Wissenschaften vorankommen zu können.« Paul Feyerabend, Erkenntnis für freie Menschen, Frankfurt 1979, S. 14

nen übermächtigen Nonsens minutiös gearbeitete Minen legt, hatte diese Verwerfung nicht eingeleuchtet. Sie ergibt sich, soweit ich sehen kann, auch nicht zwingend aus dem Ansatz der Theorie. Da das zwischen uns der einzige Streitpunkt war, komme ich darauf zurück.

Dabei muß ich – in einem einzigen Punkt, und nicht trotz, sondern wegen seiner Erstaunlichkeit – Ihr Gedächtnisprotokoll korrigieren: so erstaunlich für das, was gesagt wurde, ist in der Tat Ihr Gedächtnis, daß die unauffällige Veränderung des Arguments eines andern es gleichfalls ist. Selbstverständlich ziehe ich es vor, sie aus einem Mißverständnis, etwa einer momentanen diskursiven Unklarheit, an der ich selbst die Schuld trage, zu erklären als aus den Selektionsmächten Ihres Unbewußten; aber das prüfen besser Sie selbst. Jedenfalls hatte ich bestimmt *nicht* gesagt, daß Gemeinsamkeit von *Zielen* Voraussetzung des Miteinanderredens von Menschen sei, bei dem es um die Wahrheit (deren Begriff also etwas bedeuten muß) geht, sondern genau umgekehrt, daß ein gemeinsamer *Horizont*, den das mit diesem Begriff Gemeinte als Bedingung von Strittigkeit um sie schlägt, sich als ein solcher gerade dort einfach *herausstellt*, wo sie sich streiten, wo ihre Interessen divergieren, ihre Ideologien in Fehde liegen, überhaupt nichts Gemeinsames, innerhalb der besagten Unüberschreitbarkeit, sie verbindet. Wäre es keine, was hätten sie (und Sie) für einen Grund, sich von Argumenten, also dem, was auf Wahrheit Anspruch erhebt, irgendwas zu erwarten? Daß die Unüberschreitbarkeit eine ist, kann durch sorgfältigen Nichtgebrauch der Wörter wahr, Wahrheit natürlich verschleiert werden, wie ja auch terrestrische Horizonte im Nebel liegen oder blockiert sein können. Aber würde ein Kind, ein sonst ununterdrücktes, das falsch bezichtigt wurde, ausrufen: Das ist nicht richtig!? Es ruft: Das ist nicht wahr! Während es aber dabei nicht zögert; würde es nur mit äußerstem Widerwillen, wo überhaupt, die unsinnige Frage beantworten, ob es *an* die Wahrheit *glaubt*.

In der Tat ist nicht zu sehen, was dieses Glauben-an (oder auch Nicht-Glauben-an) gerade im Falle der Wahrheit bedeuten könnte; da auch die Begriffe des Glaubens und Unglaubens sie selbst schon voraussetzen. Daß Sie aber auf diesen Unglauben sich beriefen, als Herr Asemissen[5] Sie darauf aufmerksam machte, daß Sie selbst soeben (auf sehr handfeste Weise, völlig untheologisch) jene Vokabel Wahrheit gebraucht hatten, machte den ande-

5 Hermann Ulrich Asemissen lehrte in Kassel Philosophie und Ästhetik

ren Teil ihrer Erwiderung – »weil Sie mich so besser verstehen« – umso aufschlußreicher. Offenbar geht es also nicht um die Substanz des Begriffes, sondern um Semantisches, um das Wort. Es muß etwas Traumatisches für Sie haben – wie für das wissenschaftstheoretisch unbewanderte Kind eben noch nicht –, muß, bei allen augenscheinlichen Unterschieden, doch in einem Punkt dem Precarium vergleichbar sein, das für Patienten mit funktioneller Aphasie jeweils ein Wort ist, auf dessen Wiedererinnerung sie sich, weil es für sie eine unbestimmte bestimmte Bedeutung hat, mit besonderer Anstrengung konzentrieren. Es fällt und fällt ihnen nicht ein, und sie wenden sich einem anderen solchen Wort zu. Wieder versagt es sich ihnen; aber bei ihren Bemühungen, es zu finden, gebrauchen sie mit größter Selbstverständlichkeit und ohne es auch nur zu bemerken, das erstgesuchte.

Nun ist es ja nicht so – das gehört zu den besagten augenscheinlichen Unterschieden –, daß Sie diesen deutlichen Widerwillen, der angesichts der abendländischen Metaphysik-Geschichte einschließlich der Gegenmetaphysik-Geschichte schließlich begreiflich ist, nicht distanzieren können. Sie tun es am Schluß Ihrer zweiten Replik an mich, meinen dort aber, ein zu weiter Begriff von Wahrheit verliere seinen Inhalt – ich nehme an, die nähere Begründung wäre, daß er seine Kontur, seine Trennschärfe verliert, und würde dem zustimmen. Nur ist die Prämisse nicht meine, da ich gar nicht vorschlage, wie Ihre Antwort impliziert, den Begriff mehr oder weniger weit zu fassen, also so etwas wie einen Hut aus ihm zu machen, welches Bild Sie ja dort tatsächlich verwenden; diese Vorstellung scheint mir noch Teil des diskreten positivistischen Erbes zu sein, auf das Wolfdietrich Schmied-Kowarzik Sie in seinem Brief an Sie aufmerksam machte. Mein Vorschlag ist im Gegenteil, es strittigem Begriff selber zu überlassen, was er jeweils faßt und was nicht. Dabei stellt sich dann heraus, daß es in der Tat unabsehbar ist. Nur ist dieses nicht Begrenzbare in andauernder Bewegung begriffen, die zwar über die Grenze des Begriffes selber immer wieder vieles, was vorher darin war, hinausspült, *sie aber nicht auflöst*. Es ist die gegen seinen Gegenbegriff. Nur wenn die Schranke zwischen Wahrheit und Unwahrheit wirklich verschwömme, hätten Sie recht, aber wie würden Sie gerade davon das oben zitierte Kind überzeugen wollen – gegen dessen Erfahrung?

Das gebe ich zu bedenken. Meine Sorge ist, daß Ihr Pluralismus, so lange diese seine Voraussetzung nicht geklärter ist, Gefahr läuft, sich als eine tote Pluralität aus lauter Monologen zu erweisen, die miteinander nicht reden. Jeder davon hätte auf seine Weise recht, und die menschliche Verbindung zwischen diesen Weisen, das Überzeugen, das erfahrene Wahrheit vermitteln will, wäre weg. Von dem Zustand, den wir jedenfalls in der Bundesrepublik ohnehin haben, wäre das nicht so weit entfernt, daß es besonders aufregend zu werden verspräche, aber auch die Indianer, von denen Sie irgendwo sagen, daß sie nun Chancen hätten, ihre vergewaltigten Rechte mit mehr Aussicht auf Wiedergutmachung einzuklagen, sähen in einem solchen Monadenpluralismus sich zum zweitenmal um diese gebracht. Mit vollem Recht, da freilich wäre schon die intermonadische Grenzpolizei vor, wären sie die Eigentümer ihrer eigenen Rechtsauffassung, dürften uneingeschränkt diese hegen und pflegen, aber was weiter, mit ebenso vollem hegte und pflegte das Staatsdienertum, das ihnen ihr Land vorenthält, seine.

Das können Sie nicht meinen; und doch ist es bloß die Verlängerungslinie eines zu wenig noch von Ihnen bemerkten Restbestands an Systemtendenz in Ihrer sonst so förderlichen Anti-Systematik.

Mit bestem Gruß
Ihr Ulrich Sonnemann

Erstveröffentlicht in: Prisma 18, Dezember 1978, S. 41f.
(Übrigens reagierte Paul Feyerabend brieflich auf Ulrich Sonnemanns Einwendungen: weitgehend zustimmend; wenn er auch, fürs Lösen von Problemen, sein Mißtrauen gegenüber der Philosophie, seine Hoffnung auf die Praxis bekundete ...)

Theorieverbote des Wissenschaftsglaubens
Zum Zusammenhang von Naturunterjochung mit tabuierender Verleugnung von Empirie (1978/80)

Dem folgenden Text, der »nur Hinweise«, keine »Vollständigkeit oder Systematik« bieten wolle, schickte Ulrich Sonnemann, als er anderthalb Jahre, nachdem er ihn in Kassel vorgetragen hatte, im Druck erschien, eine »Vorbemerkung« voraus. Darin verwies er zuerst auf den Zusammenhang mit einem »älteren, in seinen Thesen unveralteten Korreferat zum Begriff der Natur in seinem Verhältnis zur Gesellschaftstheorie«[1] – der in Band 10 der Schriften Ulrich Sonnemanns wiederveröffentlicht werden wird. Die Anknüpfung des gegenwärtigen an den früheren Text ist freilich derart, daß jener ohne diesen in seiner Verständlichkeit keine Einschränkung erfährt. Entscheidend jetzt waren für Sonnemann einige »inhaltliche Hinweise«, die er als Aktualisierungen »in substantiellem Sinn« verstand und die hier im Anschluß an den Vortrags-Text nachzulesen sind.

Widersprochen wurde [in meinem Korreferat von relativer Geschlossenheit über ›Natur als Begriff der Gesellschaftslehre‹] der mit Descartes beginnenden Einengung des Naturbegriffs auf die Gegebenheiten der räumlichen Außenwelt in ihren instrumentell und methodisch aussonderbaren Aspekten als Meßbarkeiten; in welchem eingeengten Begriff, den das Radikalwerden der reinen Raumvorstellung, das die Epoche beherrscht, ebenso rechtfertigt wie fordert, die technische Unterwerfung von Natur, die danach einsetzt, bereits angelegt ist, da Natur als äußerer Widerstand, Entgegengeworfenes, *Ob-jekt* also – mithin als *Feind* – konzipiert ist. Sie ist das nicht explizit, umso nachzeichenbarer nach der inhärenten Bestimmung des neuen Naturverhältnisses, das sich dann geschichtlich herausstellt. Einen Feind soll man angreifend spalten, und getreu diesem *divide et impera* spaltet denn auch die moderne Naturwissenschaft – anders als die aristotelische Grund sah – ihren Gegenstand in lauter Befragbarkeiten experimentell erst herausgeschälter, im Naturprozeß selber miteinander verschränkter Momente auf, die sich der isolierenden Beobachtung fügen. Es komme, hatte mein Kontrahent[2] ja gesagt – und das ganze Verhältnis von Natur und Gesell-

1 Natur als Begriff der Gesellschaftslehre. In: Prisma 17, Juli 1978, S. 58–62

2 Karl-Hermann Tjadens Referat zum gleichen Thema ist in Prisma 17 auf den vorhergehenden Seiten 53–58 nachzulesen.

schaft auf Input und Output, einen Metabolismus objektivierbarer Energien, zurückgeschraubt – es komme darauf an, das besagte Konfliktverhältnis zugunsten *des* Menschen – aber wer ist das eigentlich, *der* Mensch? – zu entscheiden, also nach der Implikation dieser Zielsetzung auf alle Fälle zu Ungunsten der Natur.

Freilich steht diese Entscheidung nicht mehr an, da sie längst gefallen ist; durchgesetzt wurde; gelungen ist. Die Natur fügt sich solchen quantitativen Bestimmungen, tut es grenzen- und widerstandslos überall, außer in ihrem Status als menschliche Natur, in welchem sie es zunehmend vor ihrer eigenen Omnipotenz mit der Angst bekommt, schließlich nur noch Angst ist: nur als diese kehrt sie, unbesiegt, gleichsam von hinten in die Schaltzentralen einer Cogitatio zurück, welche ihrerseits Natur als Extensio ja immer bloß *vor* sich wähnte. Darum war an die ganz andere, sich immer wieder erhebende Tradition eines älteren Naturverständnisses erinnert worden, das uns nicht einschließen, nicht dem Begriffenen spontan zuordnen könnte, wäre Natur ihm nicht Inbegriff eines pansubjektiven, entwerfenden Willens, der in genetischen Stufen nach Bewußtsein trachtend, Innewerdung seiner selbst: also Menschwerdung, die Erscheinungen, Individualitäten, Gestalten aus sich entläßt und hervortreibt. So ist er dem Geist, ist er der ganzen Möglichkeit von Erkenntnis, einschließlich seiner eigenen, vorgeordnet, wird er zu deren Bedingung – jede große Philosophie hat das wahrgenommen, im deutschen Idealismus sieht es nicht bloß Schelling auf der Spur Spinozas, sondern auch Hegel.

Natur ist das *Andere* des Geistes, in ihr ist er noch nicht bei sich selbst, die Natur, heißt es bei Hegel, kann ihre Kategorien nicht rein halten – aber warum nicht? Weil es, nicht nach Hegel, umso deutlicher aber an seinem Fall exemplifizierbar, gerade ihr Präkategoriales, Prälogisches ist, was als Unruhe des Hegelschen Hirns noch den Kategorien, die es etabliert, schließlich Beine macht, sie über sich hinaustreibt, ihnen jene sich selbst notwendig unbegreifliche, nur in ihren Positionen sich begreifende Bewegung des Denkens schafft, ohne deren Ursprung aus logisch Unklärbarem noch die Große Logik nicht hätte werden können. So erfahren, verstanden, hat Natur gerade an dem ihr Wesen, was ihr die Naturwissenschaft austreibt, nämlich an sinnlichen Qualitäten, ihrer unendlichen Differenzierung und Fülle; an *Physiognomischem*. Daß sie Gesichter hat, unabsehbar viele, und sie sämtlich im Griff der Naturwissenschaft und ihrer technischen Folgen verliert, beantwortet sie damit, daß sie anfängt, uns Gesichter zu schneiden;

etwa das unstillbar Expressive eines im Öl verendenden Seevogels an der bretonischen Küste uns vorhält. Diese außenweltliche Erfahrung, auf die sie selbst von innen als Angst antwortet, ja von der diese unverkennbar sich nährt, fassen wir seit einiger Zeit in den Begriffen Umweltverschmutzung, ökologische Krise zusammen; schon viel ältere Erfahrungsbegriffe wie Verdinglichung, Selbstausbeutung, Entfremdung sind zur Erfassung dieses unheimlichen Weltzustands auf dem Weg.

Von dieser Positionsbestimmung her ergeben sich, sich gleichsam radial auseinanderfächernd, eine Reihe von Fragen, von denen keine Natur betrifft, ohne Geschichte immer schon gleichzeitig zu betreffen. In ihrer Gesamtheit sind sie viel zu umfangreich, als daß ihre Behandlung an einem einzigen Abend seriös sein könnte, ich greife daher aus ihnen heraus, was mir für Philosophie als Instanz von Erkenntniskritik im Moment in besonderem Maß relevant erscheint, nämlich am auffallendsten jene Denkträgheit widerspiegelt, die jetzt als Wissenschaftsgläubigkeit auftritt und ohne die dieser ganze Vorgang einer sich anbahnenden Katastrophe nicht denkbar wäre. Ihre Kritik von seiten Paul Feyerabends, die uns in Erinnerung ist, ging durchaus nicht zu weit. Auch nicht zu weit, bloß in falsche Richtung, gehen einige kategoriale Folgerungen bei ihm, die sich so von selbst ad absurdum führen, daß sie vielleicht nur private Idiosynkrasien in Verbindung mit Restspuren von Positivismus sind – ich verweise hier auf den einschlägigen Brief Wolfdietrich Schmied-Kowarziks[3] und auf den von mir[4]. Feyerabends minutiöser Nachweis, daß sich Wissenschaftsgeschichte ganz anders vollzogen hat als sie es nach den Stipulierungen eines angeblich kritischen Rationalismus gedurft hätte, wird davon nicht berührt. Der unvernünftig eingeschränkte Vernunftbegriff, diese sich um den Hauptteil ihrer eigenen Erfahrungsbasis in spontanem Verstehen, erratender Sinnlichkeit, präziser Phantasie selbst betrügende Ratio, gegen die Feyerabends Kritik stichhält, ist Prinzip eines szientifischen Spezialismus, der, gegen seine eigene Maxime, keiner nicht theoretischen Regel zu folgen, die seinen experimentellen oder sonstwie messenden Aufgabenstellungen etwa schon *vorgängig* wäre, nach-

3 Brief an Paul Feyerabend. In: Prisma 17, Juli 1978, S. 50ff. (vgl. Die Feyerabend-Kontroverse im vorliegenden Band)

4 Monadischer Pluralismus? Noch ein Brief an Paul Feyerabend. In: Prisma 18, Dezember 1978, S. 41f. (vgl. wiederum Die Feyerabend-Kontroverse im vorliegenden Band)

weisbar jenem Leitspruch politischer Macht gehorcht, dem alten *Teile und herrsche.*

Da er mit diesem, wie ich damals ausführte, selbst zur Objektwelt rechnet, nämlich der der Sozialwissenschaften, der historisch-politischen Disziplinen, wird die kartesische Prämisse seines Waltens – das Nicht-Teilen konstitutiver Bestimmungen zwischen Subjekt und Objekt, Denken und Ausdehnung – hinfällig; da nicht nur die Anwendung des teilend-messenden Ansatzes auf den humanwissenschaftlichen Themenbereich, wo dieser Ansatz – Herrschaft – ja selbst *Gegenstand* ist, was jene Prämisse klar verletzt, manifest widersinnig, sondern der totaltheoretische Anspruch dieses Ansatzes selbst zur Fiktion; was auf andere Weise übrigens schließlich schon an einer Brüchigkeit in seiner deduktiven Begründung, im ›Discours de la Méthode‹, sich beweisen läßt. Solange das nicht gesehen wird, trocknet Kritik an den historischen Folgen bei bestem Willen leider immer neu aus; erreicht ihr Wurzelschlag nicht das ihm zubestimmte erkenntniskritische Grundwasser. Die Opposition gegen die ökologischen Anrichtungen hat wissenschaftstheoretisch bis heute zu kurz gegriffen; hat ihre kognitive Legitimationsbasis insofern noch gar nicht entdeckt, als sie im Spezialismus, der das Augenmerk des Theoretikers so auf Teilbereiche einschränkt, daß er das Ganze des Zerstörungsprozesses, in dem man ihn einsetzt, nicht sieht, bloß eine Kalamität erkennt, die als eine ihrer konstanten Bedingungen zu den kritisierten Verhältnissen freilich beitrage; nicht, wie geboten wäre, das höchst zielstrebige aktive Interesse eines wie immer unbewußten, wie immer selbstverborgenen, daher nicht, wenigstens in der Regel nicht, in Individuen lokalisierbaren *Machtwillens.* Es handelt sich dennoch um einen, der jetzt fällige Erkenntnis nicht mehr bloß als inertes Hemmnis verlangsamt, sondern sie sabotiert. Sein Träger ist das gesellschaftliche Gesamtsubjekt, anders ausgedrückt, das für die Masse der Individuen, ihren Bewußtseinshorizont, geschichtlich Bestimmende; also ihr Unbewußtes.

Die wissenschaftlich drastischsten Ungereimtheiten, die als Beleg hierfür geliefert werden können, sind nicht notwendig auch die auffälligsten, zeitgeschichtlich spektakulärsten; sie können es gar nicht sein, da die theoretische Borniertheit, die sie ebenso voraussetzen wie verstärken, andernfalls Horizont des Bewußtseins ihrer Träger nicht sein könnte, in anderen Worten der besagten Wissenschaftsgläubigkeit nicht als so selbstverständlich erschiene. Genau umgekehrt wie nach der Erwägung, der hier widersprochen wird, können die dramatischeren Ungereimtheiten, also diejenigen mit den fatalsten öffentlichen, ökologischen Konsequenzen selbst erst begriffen, Strategien zu ihrer Abstellung eventuell dann mobilisiert werden, wenn man die Wissenschaftsgläubigkeit gerade in ihrer Alltäglichkeit, dort wo sie öffentlich gar nicht bemerkt wird, ihrer Absurdität überführt. Anders als die ökologischen Greifbarkeiten, die ohne Naturwissenschaft zwar nicht wären, die sie als Theorie aber ebensowenig deckt, daß sie subjektiv auch nie verantwortlich für sie zeichnen möchte, sind diese diskreteren Beispiele schon deshalb die für die fragliche Ideologie relevanteren, weil sie im Medium von Theorie, also in dem auftreten, was von der Ideologie als ihr eigenes Element – wenn sie Theorie auch gerade vereitelt, Ideologie sonst nicht wäre – beansprucht wird. Zur Einführung, besseren Verständlichkeit, der fraglichen Beispiele nur noch rasch ein summarischer Rückblick auf die Gesamtkonstitution des technokratischen Rationalismus, das *divide et impera* ist genannt worden, seine geschichtliche Manifestation als Spezialismus längst überdeutlich; ein weiteres solches constituens ist der Anspruch, daß alles innerweltlich Begegnende, insofern feststellbar, auch machbar sein müsse, ohne Rücksicht auf seine eigene phänomenale und genetische Ordnung, was dann im Geschichts- und Gesellschaftsbereich, der dem Kartesianismus von Haus aus am fremdesten ist, an dem Descartes selbst sich daher aber auch gar nicht vergriff, zu den bösartigsten Dummheiten ausartet; die ich aber sooft erörtert habe, daß ich mir die Ausführung heute spare[5]. Schließlich drittens, als vielleicht fundamentalstes, daher verstecktestes constituens dieses technokratisch-rationalistischen Denkens, das dessen nicht-theoretische, *politische* Wurzel bestätigt, mithin aber seine Selbstrechtfertigung – nämlich mit der Uneinschränkbarkeit des Erkenntnisakts – Lügen straft: daß der ihm zugrunde liegende Herrschaftsanspruch sich als viel mächtiger über ein Bewußtsein, das er in seinen Bann schlug, herausstellt als solche Empirie, die die Selbstherrlichkeit des erkennenden Subjekts, dessen Unberührbarkeit durch das Erkannte, in Frage stellte, würde es sich ihr vorurteilslos öffnen. Ich beschränke mich also, wie begründet, auf das erste und dritte dieser Constituentien; in allen drei Beispielen von gesamtgesellschaftlicher Wissenschaftsgläubigkeit, die jetzt folgen, wirken sie, das dritte als erkennbares Grundmotiv, das erste als Bereitsteller der erforderlichen Konditionierung, zusammen; und in allen drei Beispielen handelt es sich um die

5 Ansatzweise zuletzt in dem in Fußnote 1 nachgewiesenen Korreferat

Zerstörungswürdigkeit theoriefeindlicher Tabus; mithin vorerst um diese selber.

Erstes Beispiel – da in der Bundesrepublik das zur Zeit nächstliegende – Hackethal. Die wochenlange Kontroverse im ›Spiegel‹[6], wenn das Wort Kontroverse für diese lynchartige Abschlachtung einer abweichenden Lehrmeinung statthaft ist, haben Sie sicher verfolgt, aber *à Rome comme les Romains*, der Sprachgebrauch folgt den Sitten des Landes, und in dem der Glaubenskrieger, des Carl Schmittschen Freund-Feind-Prinzips und des Bundestags, war das bestimmt eine Kontroverse. Seine besonderen deutschen Bedingungen schwächen das Allgemeine der Bedeutung, das nur als Besonderes geschichtlich konkret wird, nicht ab, im Gegenteil machen sie darauf aufmerksam, daß die von Hackethal kritisierte Selbstherrlichkeit, wenn sie auch nach ihrem ideengeschichtlichen Ursprung aus Frankreich stammt, nirgendwo selbstherrlicher, durch Kritik ungehemmter ins Kraut schoß als an den Hochschulen Deutschlands. Daher diese zähnebleckende Wut, die aus den Positionsdifferenzen nicht zu erklären war: diese Ersetzung von Argumenten, wo man keine hatte, durch die mechanische Disqualifizierung des Kritikers, die man immer und gratis hat. Was war geschehen? Plötzlich soll dem erkennenden Subjekt als medizinischem Diagnostiker dessen Gegenstand, im besagten Falle der Prostatakrebs, nicht mehr mit der Bereitschaft, sich der Erkenntnis einfach zu ergeben, verfügbar sein, abgetrennt wie durch eine Glaswand von deren Instrumentarium, also ohne sich dabei selbst bereits zu verändern, sondern dem kogitierenden Eingriff wird die Möglichkeit der Verwandlung eines Haustierkrebses in einen Raubtierkrebs angelastet, welche Art Vorgang nach erkenntnisdualistischer Rationale auf die Seite der Extensio gehört. Daß diese Art Entdeckungen in

6 Der Chirurgie-Professor Julius Hackethal veröffentlichte – im Anschluß an einen ›Spiegel‹-Titel und ein ›Spiegel‹-Gespräch mit Carl-Friedrich Rothauge als Mit- respektive Gegenstreiter, Thema: Krebsvorsorge und Prostatakrebs (»Ich lasse keinen Arzt ran« / »Sie Schreibtischmörder! Medizinverbrecher«, ›Der Spiegel‹ Nr. 40/1978, S. 130ff.); vorausgegangen war ein ›Spiegel‹-Interview zum gleichen Thema (»Mach aus dem Haustier kein Raubtier«, ›Der Spiegel‹ 9/1978, S. 209) mit teils heftigen Leserbriefen im Gefolge (›Der Spiegel‹ 14/1978) – eine vierteilige ›Spiegel‹-Serie ›Keine Angst vor Krebs‹, mit der eine Abqualifizierung Hackethals als »leichtfertiger Schwätzer«, wo nicht gar »Psychopath« einherging und die nicht zuletzt die Bundesärztekammer auf den Plan rief (vgl. ›Der Spiegel‹ 41–46/1978).

der Physik inzwischen ein alter Hut ist – natürlich, daran könnte man sich erinnern, aber einmal ist sie als Wissenschaftsgebiet soviel existenzferner als die medizinische Diagnostik, oder so scheint es, zweitens greift hier eben die spezialistische Fachidiotie ein –, in den Köpfen wirklich präsent, wenn man auch davon gehört haben wird, ist das nicht. Natürlich übersehe ich keinen Moment, daß sich Hackethal, leider, von dieser Affektmechanik anstekken ließ; daß er in seinen Positionen und praktischen Schlußfolgerungen, wo er mit der Ventilierung eines unterdrückten Problems differenzierend begonnen hatte, selbst am Ende pauschaler wurde. Das Problem, wie auch das hinter ihm stehende andere, das sich im Zeichen des technokratischen Rationalismus aus der Verelendung des Dialogischen selbst ergibt, besteht also fort.

Zweites Beispiel, vor wenigen Wochen wurde in der Presse gemeldet, bei Ausgrabungen im Irak seien topfartige Geräte aus der Zeit des seleukidischen Reiches gefunden worden, deren Ausstattung nach Übereinstimmung aller Sachverständigen, die sie bisher untersucht haben, nur als Vorrichtung für ein Vergoldungsverfahren durch Verwendung von Elektroden zu deuten ist. Da das nicht sein *darf,* nämlich ein Geschichtsbild umstieße, das der erkenntnismächtigen *unitas absoluta* als ihr bestätigender Hintergrund unentbehrlich ist, von der Vorstellung von Naturwissenschaft und Technik als eines einmaligen progressiven Geschehens, nicht etwa eines seiner Möglichkeit nach zyklisch wiederkehrenden, nämlich nicht loskommt, kann es nicht sein: die Geschichtswissenschaft, weit entfernt, sich mit den Funden etwa auseinanderzusetzen, stellt sich tot; ein Historiker, den ich darauf ansprach, sagte bloß Erich von Däniken. Auch sprach er damit, ohne doch zu ahnen, warum, bloß die Wahrheit aus, da es eben die Dänikens sind, die in einer szientifischen Scheuklappenwelt sich auf ihre Weise solcher Funde bemächtigen. Andererseits gibt es da nicht nur die Dänikens, sondern auch den soviel analytischeren Velikovsky; in den frühen Fünfzigern, als ich noch in Amerika lebte, wurde er dort in allen Wissenschaftsdomänen, mit denen er kollidierte, verlacht, inzwischen nimmt man ›Worlds in Collision‹[7] – nicht nur nach Feyerabends Bericht; die Belege sind inzwischen vielfältig – sehr viel ernster. Ich verweise im gleichen Zusammenhang auf die immer minutiösere Vervollständigung der ursprünglich von Otto

7 Immanuel Velikovsky, Worlds in Collision, New York 1950 (deutsch, in der Übersetzung Fritz W. Gutbrods, als: Welten im Zusammenstoß, Stuttgart 1952)

Muck aufgestellten, mit Velikovskys Lehre auffallend konvergierenden Atlantis-Theorie durch Müller-Ahlfeld und Wackers; nachzulesen in einem einschlägigen, vor ein paar Monaten erschienenen Taschenbuch des Verlags Droemer-Knaur[8]. Was ausbleibt, wie es etwa ja auch Freud jahrzehntelang vorenthalten wurde, ist in solchen Fällen viel zu lange nur die offizielle fachwissenschaftliche Wahrnehmung – um von der Anerkennung zu schweigen –, was bei Involvierung mehrerer Fachgebiete gleichzeitig dann natürlich noch schwieriger, noch verstockter, noch feiger, noch dumpfer und noch unredlicher wird, denn was da entscheidet, ist nun wachsend bloß die Seelenmechanik einer politisch motivierten Ideologisierung von Wissenschaft, deren Träger mit Grund sich in Frage gestellt sehen, wo auf eigene Hand nicht nur geforscht, sondern auch, man denke! gedacht wird: so entschieden gedacht, daß am Ende sogar die Zahlen, mit denen Theorie freilich nie *anfangen* kann, stimmen. Einstein hatte ihre Resultate, ehe er in seiner großen Freundlichkeit auch ihnen schließlich erlaubte, zu nicken. Man stelle sich die Konsequenzen oder auch Nichtkonsequenzen vor, wenn er, als er die Relativitätstheorie veröffentlichte, die einen Menschenverstand, der seine Gesundheit beteuert, mit soviel umsichtiger Phantasie und theoretischer Konsequenz auf den Kopf stellt, nicht als Physiker sich zu jenem Zeitpunkt in seinem Fachkreis schon einen Namen gemacht, sondern Physik als engagierendes Hobby und im übrigen die Ausbildung von Violinschülern an einer Musikhochschule betrieben hätte. Die verbreitete Ansicht, gegenüber der im zwanzigsten Jahrhundert immer gefährlicher werdenden Schwerfälligkeit, Langsamkeit, mit der sich das zeitgenössische Bewußtsein im Verhältnis zum technologischen Tempo verändert, gebe es wenigstens in der Wissenschaftswelt einen Tempovorsprung, ist nach diesen Modellen Chimäre.

Das gilt mindestens so emphatisch für mein drittes und letztes Beispiel. Vor etwas über einem Monat verschwand spurlos auf dem Fluge vom australischen Kontinent nach der nahe Tasmanien gelegenen Smith-Insel ein Sportflugzeug mit seinem jungen Piloten, nachdem er unmittelbar vorher über der Bass-Straße, dem trennenden Meeresteil, Funkmeldung über die

8 Otto H. Muck, Alles über Atlantis. Überarbeitete und erweiterte Neuausgabe unter Mitarbeit von Theodor Müller-Ahlfeld. Einleitung und wissenschaftliche Ergänzungen von Ferdinand Wackers. Mit einem Vorwort von Ernst von Khuon, München o. J. (Erstausgabe: Düsseldorf/Wien 1976)

Annäherung eines riesigen, unbekannten, seltsam strahlenden Flugkörpers gemacht und im letzten Moment noch berichtet hatte, dieser vollführe nun eine Drehbewegung auf seine Maschine zu und *zwinge sie in die gleiche Bewegung*. Danach hörte man noch ein sonderbar knirschendes metallisches Geräusch; dann riß der Funkkontakt ab. Das Wetter war gut, die See ruhig; nichts ist trotz tagelanger Suche seither gefunden worden, keine Trümmer, keine Ölspur; nichts angeschwemmt. In der Presse, auch der australischen, ist der Fall seither der Nichterwähnung, einem offenbar angstvoll verlegenen Schweigen, verfallen, nachdem die Konstruktion einer Psychose, die ohnehin hier kaum etwas erklärt haben würde, gescheitert war: Valentich – so heißt der Pilot – war, meldete die *Associated Press*, ein sehr ernsthafter junger Mann und besonnener Pilot, auf den seine Ausbilder große Stücke hielten; keine Spur irgendwelcher Bewußtseinsstörungen ist in seiner Vergangenheit registriert worden. Nachgeforscht – dem Vorfall selber – wird aber, trotz dessen Einschneidendem, auch nicht: Ufos, obwohl die Zahl der gemeldeten Auftritte ständig steigt, es auch von diesen inzwischen nicht nur nüchterne und minutiöse Berichte, sondern schon etliche Fotos gibt, darf es nicht geben.

Jeder Vorschlag, der erstaunlichen Sache einfach in so vorurteilsloser Offenheit endlich nachzugehen, wie man es bei andern Phänomenen gewohnt ist – oder zu sein sich doch einbildet –, stößt sofort auf das Vorurteil selber. Es erscheint dann in der Form der stereotypen Gretchenfrage, ob man etwa an Ufos *glaube* – oder auch *nicht glaube*: was vom Himmel kommt, ohne von Lockheed oder der Airbus-Gesellschaft oder einer nationalen Luftwaffe verantwortet zu sein, blieb ohne die leiseste Bewußtseinsveränderung, trotz Mondflügen, Theologicum: eben *Glaubens*sache.

Nur im umgekehrten Fall, wenn die Initiative auf seiten der Irdischen liegt, hat die Beschäftigung mit der Möglichkeit ihrer kosmischen Duplikate was Wissenschaftliches: ohne unsinnigen Fragen, der Spur irgendwelcher Glaubensverdächte, sich auszusetzen, errichten Astronomen riesige Radioteleskope, jagt man ins Blaue des Alls, wenn man auch inzwischen weiß, daß es schwarz ist, immer wieder gesprächige Funksprüche in der wie immer begründeten Zuversicht, daß dort irgendwo doch noch ein Publikum lauscht, gar sich eines Tages ein Konversant meldet. Der Unterschied ist ja klar, im letzteren Fall redet dieses Monopolunternehmen, das Subjekt der Erkenntnis, ins Ausgedehnte, wobei es sein gesuchtes Gegenstück – dessen Antwort, nicht etwa physischen Auftritt, erwartend – so ins Unendliche projiziert hat wie im Grunde gar keiner Vorstellung von Wesen, die ihm selber vergleichbar wären, sondern der abgedrängten Gottesvorstellung der Tradition entspricht; welche unbewußte Adressierung unter kartesischem Prinzip erst die Botschaft rechtfertigt. Was die Cogitatio da anspricht, ist bei aller Monologik gar nicht sie selber, die das *hic et nunc* ja schlechthin ist, sondern nach besagtem Prinzip jene ihr übergeordnete *erste* Substanz, die sie zwanglos, konfliktlos, beide nachgeordneten Entitäten in sich aufhebend, also ebenso ermöglichend wie versöhnend, mit der Extensio zusammenschließt. In dem umgekehrten Fall dagegen, wo die Irdischen selbst die Besuchten, mithin Passiven sind, bekommt sie, gegen ihr Interesse – das ihres Bedarfes an Sicherheit – unweigerlich etwas von Montezuma in seiner trostlosen Unterlegenheit unter Cortez. Solcher Fatalität möchte sie auf jeden Fall aus dem Weg gehen: Minervas Eule macht dem Vogel Strauß Platz, Wappentier eben nicht bloß von deutschen Bildungspolitikern, auch einer modernen Spielart der *Moira*.

Ihr erinnerungsvoller Name, an dem ein eingedenkender, alter Schauder hängt, gebietet mir an diesem Punkt Einhalt. Nur um zusammenzufassen, der naturwissenschaftliche Logos – der nach dem Zeugnis der neuen Physik durchaus imstande ist, seine kartesische Phase hinter sich zu lassen, ja mit deren Überschreitung, die sie voraussetzt, sie schließlich zu erlösen, vielleicht sogar zu rechtfertigen und zu ehren –; der naturwissenschaftliche Logos ist eine Sache, der positive Wissenschaftsbetrieb samt der Gemeinschaft seiner Gläubiger der ziemlich stumpfsinnig gemischte Verschnitt aus einer mittelmäßigen Karikatur dieser Sache mit einer völlig anderen Sache. Letztere ist nicht die Sachordnung irgendeines Phänomenbereichs der Natur, sondern die Hackordnung der Gesellschaft; einschließlich inzwischen – was sie selbst zu einer zweiten Natur macht, die dann begreiflich auch nur eine zweitklassige sein kann – ihrer Widerspiegelung in der Seele.

Aber muß das so bleiben? Und wenn nicht, warum sollte eine Initiative, es in fällige Bewegung zu bringen, nicht von Kassel her so leicht oder schwer zu entfesseln sein wie in der Bundesrepublik sonstwo? Die Gesamthochschule, ihr philosophischer Arbeitskreis denkbarerweise voran, sollte ihr offensives Potential – nachdem sie lange genug in der Defensive gewesen ist – jetzt in der öffentlichen Kritik an analysierbaren wissenschaftsweltlichen Ungereimtheiten: sinn- und gedankenlosen Tabus trainieren, Vorurteilen der Gesellschaft – von denen die hiesige starrt – überhaupt natürlich; zunächst aber und in erster Linie solchen im eigenen Element einer Hochschule: also an Theorieverboten. Medizinische Meuterer könnten eingeladen, der Elektrotechnik des hellenistischen Zeitalters nachgegangen werden, von Elektrotechnikern, Historikern, Archäologen, eventuell auch Germanisten – zumal den Schweizern unter diesen – gemeinsam: war es doch Dürrenmatt, der aufs ahnungsreichste in seinem Stück ›Ein Engel kommt nach Babylon‹ diese Sache in einer Variante – als *altbabylonische Straßenbahnen* – »vorweg« nahm; es gibt eben manchmal *rückwärtige* Prophetie. Schließlich empfehle ich einen Ufo-Kongreß, am zweckmäßigsten gleich im großen Saal des Hermann-Schafft-Hauses und unter ausdrücklicher Einladung nicht nur der Behörden, auch der Extraterrestrischen selber. Danach wäre noch nicht alles gewonnen, woran es jetzt so auffallend mangelt, bestimmt aber neue Erfahrungen.

Ulrich Sonnemanns Aktualisierungen nun: betrafen zuerst jenen, im Erstdruck des Vortrags bereits berichtigten Punkt, …

… der die zeitliche Plazierung der im Irak ausgegrabenen, ein gewohntes Geschichtsbild erschütternden Vergoldungsgeräte betrifft, die auf elektrotechnische Kenntnisse schließen lassen. Sie entstammen, was dieses Erschütternde freilich nicht mindert, nicht – wie zunächst der ›Spiegel‹ gemeldet[9], der den Vortrag in seiner mündlichen Version übernommen hatte – der altbabylonischen, sondern der hellenistischen Periode zwischen dem dritten und ersten Jahrhundert vor unserer Zeitrechnung und befinden sich in einem Museum in Bagdad; die Siedlungen (nahe Ktesiphon), in denen sie entdeckt wurden, sind parthische, die zu ihrer Zeit zum Diadochenreich der nachalexandrinischen Seleukiden gehörten. Bemerkenswert ist, daß einige auf Produktionsgeschichte spezialisierte Historiker der DDR das Vorurteil, um das es geht, nicht zu teilen scheinen: für eine sehr genaue Beschreibung der Funde verweise ich auf Burchhard Brentjes', Siegfried Richters, Rolf Sonnemanns ›Geschichte der Technik‹, Leipzig 1978 (bundesdeutsche Lizenzausgabe des gleichen Jahres im Aulis-Verlag Köln), S. 119–122; für welche bibliographische Entdeckung Gottfried Heinemann, der sie zuerst machte, hier bedankt sei.

Die Probleme im Hintergrund der beiden anderen Exemplifizierungen dauern fort, ohne daß Einschneidendes auf ihrer empirisch-theoretischen

9 Vgl. Archäologie. Knisternde Funken. In: ›Der Spiegel‹ Nr. 40/1978

Seite irgend mehr als die kritisch wünschbaren Lockerungen jener tabuierenden Haltung zu melden wäre, die der Vortrag beleuchtet. Dagegen hat es zu den Arbeiten Velikovskys, die sein Text gleichfalls berührt, inzwischen von einem Bremer Kollegen, Gunnar Heinsohn, der über das gleiche Thema am 11. Juni 1980 im Kasseler philosophischen Arbeitskreis referiert hat[10], eine sehr aufschlußreiche Publikation (›Die heiße Venus und das akademische Zittern‹) in der Zeitschrift ›Freibeuter‹ (Wagenbach-Verlag Berlin), Nr. 2/1980, S. 1–20 gegeben, die ich wärmstens empfehle.

Schließlich raten einige Reaktionen auf den Vortrag zu einer grundsätzlichen Verwahrung gegen das Mißverständnis, daß das von den Geschichtsfolgen des Kartesianismus uns gestellte komplexe Problem, wie es im heutigen Verhältnis von Naturerkenntnis, gesellschaftlicher Praxis und Technik sich darstellt, eine Vorzeichnung seiner möglichen Lösungen aus weltanschaulichen Präferenzen gewinnen könne. An der Erkenntnisfront ihrer Pioniere, denen die Welt technologischer Realisierungen freilich immer mit einem deutlichen Phasenverzug nachfolgt, ist die Naturwissenschaft selbst inzwischen über eine radikale Subjekt-Objekt-Spaltung, die an ihre Grenze gelangte, hinaus, aber sie hätte diese Chance gar nicht haben können, wäre sie ihrer klassischen Wegrichtung nicht zunächst bis an die Grenze gefolgt. Auch künftig wird dieser Weg, der seine Richtung verändern kann, sich in einem Gelände gegenwärtig fortsetzt, das mit immer provokanteren Aufschlüssen (wenn sie auch neuerdings sich offenbar etwas verlangsamen) aufwartet, nur ihr eigener sein können: Probleme, die der Naturwissenschaft sich nicht als solche ihrer eigenen Theorie stellen, welche Bedingung sie keineswegs so einschränkt, wie es erscheinen mag, kann sie als Theorie auch nicht lösen. Inzwischen bleibt es wichtig, sich klarzumachen, daß die einschneidendsten Objektivierungen, die den jetzigen Mißstand der moralischen, politökonomischen, ökologischen und sozialen Kultur schaffen, nicht von Maschinen stammen, die immer menschenähnlicher werden, sondern von Menschen, denen es wirklich so vorkommt; welche einfache perspekti-

10 Immanuel Velikovskys Eingriff in die Wissenschaften der Geschichte und Erdgeschichte (Ulrich Sonnemann, indem er den Vortragsabend mit Gunnar Heinsohn eröffnete, begrüßte ihn als »Gelegenheit«, den »Unterschied wahrzunehmen zwischen den ritualisierten Borniertheiten des gewohnten Wissenschaftsbetriebs, seines akademischen Standesstolzes, und den seltenen Durchbrüchen einer konsequenten wissenschaftlichen Neugierde, die diese Sedimente durchbrechen kann«.)

vische Täuschung sich leicht aus der Überlegung begreifen läßt, daß sie ihrerseits, immer maschinenähnlicher zu werden, viel zu beschäftigt sind, um diesen Prozeß auch noch wahrzunehmen.

Erstveröffentlicht in: Prisma Nr. 23, Juni 1980, S. 34–38
(in Kassel vorgetragen wurde der Text am 5. Dezember 1978)

Dei ex machinis
auch Unerwartete Wiederbelebung des Himmels (1979)

»Die Welt jenseits der geschliffenen Gläser ist wichtiger als die jenseits der Meere und wird vielleicht nur von der jenseits des Grabes übertroffen.«
Georg Christoph Lichtenberg (1792)

I Mit jeder Nachricht von einer neuen Sichtung unidentifizierter fliegender Gegenstände, wie sie aus den verschiedensten Weltecken mit Beschreibungen, die sich alle auffallend ähnelten, seit einem vollen Vierteljahrhundert immer wieder in der Presse gemeldet wurden, wuchs seine Hoffnung auf eine baldige Ablösung aller derzeitigen Regierungen auf der Erde durch transspatiale Vernunft. Er bemalte daher, als er sich ein Haus baute, das ganze Dach mit dem Bilde des Erdglobus zwischen zwei großen, weit geöffneten Flügeltüren – aber durfte solch ein Fresko bleiben, was es unbestreitbar vorerst war: in den Wind gemalt?

Kurz entschlossen versah er es mit einer extragroßen realen Verkehrsampel. Bei Tag und bei Nacht und in solcher Stärke, daß er den Stromverbrauch binnen kurzem von einer ad hoc gegründeten Stiftung begleichen ließ, warf sie ein ewiges Licht – und zwar ein grünes – wundermild strahlend – smaragdklar – in die höchst ergründliche Tiefe des Raumes, aber fehlte, als alles fertig war, nicht eine Wechselschaltung, um Verkennungen vorzubeugen? Im Gegenteil, antwortete er Werbefachleuten, die ihm dringend ein solches Farbspiel schon zur Reizung extraterrestrischer Neugierde nahelegten: mangels jeder einleuchtenden, regelnden Aufgabe, wie die Brüderlichkeit des Projekts (diese Undenkbarkeit eines praktischen Bedarfs!) sie strikt ausschließe, lehne er so die Reize wie die Risiken eines von sich selber verblendeten unvordenklich knäbischen Technizismus ab, der nur prekären kosmischen Mißverständnissen – der Kontrastfarbe – grundlos sich aussetze.

II Mit jeder Nachricht von einer neuen Sichtung unidentifizierter fliegender Gegenstände wuchs seine Befürchtung eines Azteken- oder Inkaschicksals der Menschheit, da sie erstens durch nichts gegen derartige Eventualitäten versichert ist, zweitens kein Hochstand technischen Wissens – nach den niederschmetternden Erfahrungen, die sie mit sich selber im zwanzigsten Jahrhundert gemacht hat – die Vernunft ihm gesetzter Zwecke durch das

Übermaß seiner schieren Erstaunlichkeiten verbürgen kann und es drittens sich auch gar nicht verstehen läßt, warum die Besucher bei ihrer Überlegenheit nie die naheliegende Höflichkeit aufbringen, wenigstens durch Versuche einer einfachen Funkverständigung sich selbst und ihre Absichten vorzustellen, wäre den letztern zu trauen. So richtete er sich bei allem Planen auf die wachsende Wahrscheinlichkeit ein, daß es sich um keine freundlichen handelt, konzentrierte sich aber besonders – mit zähem, bald ertragreichem Forschen: in der durch Beobachtung und Erfahrung seit langem begründeten Annahme, daß in gefährlichen Situationen, wie er sie in naher Zukunft nach seiner unbeirrten Analyse erwarten mußte, die Intelligenz der Delphine die der Menschen (diese teilweise übertreffend) ergänzen kann – auf die Sprache dieser Wesen, die für künftiges Überleben vielleicht einschneidenden Möglichkeiten ihrer Erlernung: die er erst im Keller einer stillgelegten Fabrik betrieb, den er in ein gemeinsames großes Schwimmbecken für die Lehrmeister und sich selber verwandelt hatte, dann aber, da die Zeit drängte, er auch der Unzulänglichkeit – für seine Zwecke – einer fortdauernden Gefangenschaft der ebenbürtigen Tiere gewahr wurde, indem er erst an, später unter das Wasser einer unbewohnten Meeresbucht der Bermudas zog, wo er sich nach Übungen im Gebrauch einer vollständigen Taucherausrüstung ein Haus baute. Erst in ihm, das nur mit dem First und der von diesem prangenden eingemeißelten Weisung: *Nur aus der Tiefe der Wasser wird endlich euch, Irdische! gegen die Himmlischen Rat* aus der See ragte, konnte er seinen geschichtsprophylaktischen Plan interbestialer Bündnisstiftung endlich soweit vorantreiben, daß ganze Großfamilien von Delphinen fasziniert bei ihm Astrophysik studierten, ohne daß Störungen oder Zwänge dieses weitsichtige Rettungsprojekt noch behinderten.

III Mit jeder neuen Sichtung unidentifizierter fliegender Gegenstände, die sich intraterrestrischen Klärungen nicht bequemte, daher tabuiert wurde, wuchs von selbst seine Aufmerksamkeit für jene neuartigen Theorieverbote des Wissenschaftsglaubens, in denen sich die Baufälligkeit des kartesischen Erkenntnisprinzips jetzt verrät.

Im Herbst 1978 »verschwand spurlos auf dem Fluge vom australischen Kontinent nach der nahe Tasmanien gelegenen Smith-Insel ein Sportflugzeug mit seinem jungen Piloten, nachdem er unmittelbar vorher über der Bass-Straße, dem trennenden Meeresteil, Funkmeldung über die Annäherung eines riesigen, unbekannten, seltsam strahlenden Flugkörpers gemacht und im letzten Moment noch berichtet hatte, dieser vollführe nun eine Drehbewegung auf seine Maschine zu und *zwinge sie in die gleiche Bewegung.* Danach hörte man noch ein sonderbar knirschendes metallisches Geräusch; dann riß der Funkkontakt ab. Das Wetter war gut, die See ruhig; nichts ist trotz tagelanger Suche seither gefunden worden, keine Trümmer, keine Ölspur; nichts angeschwemmt. In der Presse, auch der australischen, ist der Fall seither der Nichterwähnung, einem offenbar angstvoll verlegenen Schweigen, verfallen, nachdem die Konstruktion einer Psychose, die ohnehin hier kaum etwas erklärt haben würde, gescheitert war: Valentich – so heißt der Pilot – war, meldete die Associated Press, ein sehr ernsthafter junger Mann und besonnener Pilot, auf den seine Ausbilder große Stücke hielten; keine Spur irgendwelcher Bewußtseinsstörungen ist in seiner Vergangenheit registriert worden. Nachgeforscht – dem Vorfall selber – wird aber, trotz dessen Einschneidendem, auch nicht: Ufos, obwohl die Zahl der gemeldeten Auftritte ständig steigt, es auch von diesen inzwischen nicht nur nüchterne und minutiöse Berichte, sondern schon etliche Photos gibt, darf es nicht geben.

Jeder Vorschlag, der erstaunlichen Sache einfach in so vorurteilsloser Offenheit endlich nachzugehen, wie man es bei anderen Phänomenen gewohnt ist – oder zu sein sich doch einbildet –, stößt sofort auf das Vorurteil selber. Es erscheint dann in der Form der stereotypen Gretchenfrage, ob man etwa an Ufos *glaube* – oder auch *nicht glaube*: was vom Himmel kommt, ohne von Lockheed oder der Airbus-Gesellschaft oder einer nationalen Luftwaffe verantwortet zu sein, blieb ohne die leiseste Bewußtseinsveränderung, trotz Mondflügen, Theologicum: eben *Glaubenssache.*

Nur im umgekehrten Fall, wenn die Initiative auf seiten der Irdischen liegt, hat die Beschäftigung mit der Möglichkeit ihrer kosmischen Duplikate was Wissenschaftliches: ohne unsinnigen Fragen, der Spur irgendwelcher Glaubensverdächte, sich auszusetzen, errichten Astronomen riesige Radioteleskope, jagt man ins Blaue des Alls, wenn man auch inzwischen weiß, daß es schwarz ist, immer wieder gesprächige Funksprüche in der wie immer begründeten Zuversicht, daß dort irgendwo doch noch ein Publikum lauscht, gar sich eines Tages ein Konversant meldet. Der Unterschied ist ja klar, im letzteren Fall redet dieses Monopolunternehmen, das Subjekt der Erkenntnis, ins Ausgedehnte, wobei es sein gesuchtes Gegenstück – dessen Antwort, nicht etwa physischen Auftritt, erwartend – so ins Unendliche projiziert hat wie im Grunde gar keiner Vorstellung von Wesen, die ihm selber vergleichbar wären, sondern der abgedrängten Gottesvorstellung der Tradition entspricht; welche unbewußte Adressierung unter kartesischem Prinzip erst die Botschaft rechtfertigt. Was die Cogitatio da anspricht, ist bei aller Monologik gar nicht sie selber, die das *hic et nunc* ja schlechthin ist, sondern nach besagtem Prinzip jene ihr übergeordnete *erste* Substanz, die sie zwanglos, konfliktlos, beide nachgeordneten Entitäten in sich aufhebend, also ebenso ermöglichend wie versöhnend, mit der Extensio zusammenschließt. In dem umgekehrten Fall dagegen, wo die Irdischen selbst die Besuchten, mithin Passiven sind, bekommt sie, gegen ihr Interesse – das ihres Bedarfes an Sicherheit – unweigerlich etwas von Montezuma in seiner trostlosen Unterlegenheit unter Cortez. Solcher Fatalität möchte sie auf jeden Fall aus dem Weg gehen: Minervas Eule macht dem Vogel Strauß Platz, Wappentier eben nicht bloß von deutschen Bildungspolitikern, auch einer modernen Spielart der *Moira*.

Ihr erinnerungsvoller Name, an dem ein eingedenkender, alter Schauder hängt, gebietet mir an diesem Punkt Einhalt«[1]. Widerstünde er solcher Unentrinnbarkeit, der unter II vorgestellte Zeitgenosse wäre wenigstens mit seinem Pessimismus im Recht, die Voraussetzung aber bliebe auch dafür, daß die Bedingungen der Möglichkeit solcher extraterrestrischen Besuche erfüllt sind. Ungeklärt sind auch weitere Fälle, wie der des von Tausenden bezeugten Erscheinens vor dreizehn Jahren einer ganzen Ufoflotte über dem Fußballstadion von Buenos Aires, während gerade ein Spiel lief, und der berühmt gewordene zweier Eheleute Smith aus Boston während einer nächtlichen Heimfahrt aus kanadischen Ferien, Anfang der Sechziger, in den Bergen New Hampshires – für deren aufregende Begegnung noch die nachträglichen Evidenzen so handfest waren, daß die Erörterung, in den USA seither, eines bewohnten Planeten des Zeta Reticuli nicht zur Ruhe kommt: als von dorther zur Erde gereist hatten die fraglichen Fremden sich mit Hilfe einer präzisen, nur in ihrer Perspektivik ganz verschobenen Sternkarte, die unter Hypnose später wieder gezeichnet wurde und deren Identifizierung dann gelang, sogar vorgestellt. Aber ungeklärt heißt nicht schon gegen die Denkbarkeiten einer nach Konstruktionsbedarf und eigener Unbeweisbarkeit noch so fragwürdigen – selber unbeweisbaren – Wegerklä-

1 In dem hier endenden, in Anführungszeichen gesetzten Abschnitt koinzidiert der gegenwärtige Text mit einem älteren: ›Theorieverbote des Wissenschaftsglaubens‹ – der im vorliegenden Band zur Gänze und in *seinem* Zusammenhang nachzulesen ist.

rung gesichert; und im Recht also bleibt die Frage nach der Existenzmöglichkeit von Besuchern mit so eindrucksvoll überlegener Reisetechnik und dabei so viel Menschlichem – mindestens Menschenähnlichem: etwa nach der Beschreibung der Smiths.

IV Beantwortet wird die Frage hier nicht (ich werde mich hüten). Vielleicht reicht es aus, auf einige Züge ihres Pro und Contra einen Blick zu werfen – der dann freilich selbst unabschließbar wird.

Wenig erheblich scheint mir die neuere Einschränkung der vor wenigen Jahren noch verbreiteten Mutmaßung, daß allein in unserer Galaxie bis zu einer Million Planeten mit »höheren« Zivilisationen sich finden könnten, auf eine sehr viel geringere Zahl – die nur offenbar schwer präzisierbar ist – durch die Überlegungen – und dazugehörigen Berechnungen – einiger amerikanischer Analytiker der einschlägigen speziellen Problemdaten. Eine Million ist als Ansatz der Schätzung für ein von vornherein und nur zu deutlich als relative Seltenheit zu vermutendes Vorkommen selber schon eine sehr hohe, ja eine phantastische Zahl, zur Ausschließung aber schon der Möglichkeit einiger Hundert davon scheinen die Gegengründe nicht auszureichen. Bereits ein einziges würde zur prinzipiellen Sicherung der Eventualität, um die es sich hier handelt, genügen. Es gibt Milliarden von Sonnensystemen in der Milchstraße, Milliarden von Milchstraßen im Universum: hat es irgendwelche Wahrscheinlichkeit, daß höheres Leben sich auf ein x-beliebiges Stäubchen am Rand eines ebenso x-beliebigen Seitenarms einer von diesen Milliarden beschränkt haben könnte – muß nicht schon die Frage rhetorisch klingen?

Ungleich ernsthafter ist eine andere Gegenüberlegung, die nur in der Diskussion kaum gehört wird. Sie bezieht in ihre Schätzungen der räumlichen Vorkommensfrequenz höheren Lebens in unserer galaktischen Sphäre die *Zeit* ein, bedenkt, daß vor dem Hintergrund der astronomisch-physikalischen Erdgeschichte die »Geschichte«, also die der Zivilisation, einer Fünftelsekunde im Verhältnis zum Tag gleicht: wieso, lautet ihr kritischer Einwand, sollten ausgerechnet solche Fünftelsekunden für die in Frage stehenden Planeten so zusammenfallen, wie es zu auch nur annähernder Gleichzeitigkeit technologischer Evolutionsphasen nötig wäre? Die Zahl solcher Planeten könnte sehr hoch sein, dennoch jeweils nur einer in einem bestimmten Jahrzehntausend oder Jahrhunderttausend diese Phase erreicht haben. Hier gäbe es nur die eine, freilich ebenso fundamentale Erwiderung, daß jetzt interstellare Parameter, denen die Geschichte des Lebens ebenso periodisch gegliedert gehorchen könnte wie sie kalendarischen auf der Erde gehorcht, noch im mindesten nicht bekannt sind: aus rein statistischer Unwahrscheinlichkeit eines Ereignisses, die aus qualitativ unzureichenden, insofern willkürlichen Berechnungsdaten ermittelt wurde, folgt auch sonst nicht, daß es nicht eintreten kann, jederzeit: wie es in *Harrisburg* eintrat.

V Vielleicht ist das Wichtigste an den Ufos gar nicht, ob ihre eingreifende Massenlandung bevorsteht, für welche Denkbarkeit freilich die Häufung der gemeldeten Auftritte ein respektables Indiz ist. Diese Häufung unterscheidet das Phänomen von seinen Präzedenzen, die aus älterer Zeit überliefert sind, etwa der Erscheinung einer rätselhaften »Scheibenflotte« im sechzehnten Jahrhundert – nach einem alten Stich – über Basel. Die Häufung selber könnte im Funkverkehr, der seit Beginn des Jahrhunderts auf uns aufmerksam macht, ohne daß diese Wirkung bedacht worden wäre, eine äußerst zwanglose Deutung finden. Auch würde ein Eingriff von außen und oben so die Antwort auf eine Ratlosigkeit sein, die unter dem Kennwort der *post-histoire* seit Jahrzehnten in der Menschheit sich ausbreitet, wie die Landung des Cortez auf eine Krise des Aztekenreiches eine gewesen ist; wenn auch keine, die Glück brachte.

Daher die Polarität der beiden möglichen Einstellungen, wie sie an den eingangs vorgestellten Zeitgenossen gezeichnet wurde. Aber der Eingriff kann ausbleiben. Die fremden Besucher wären auf jeden Fall überaus weit von ihren Heimatbasen entfernt, hilflos in dem Moment vielleicht, wo sie sich von ihren Raumfahrzeugen entfernen, auch nicht mit Sicherheit so begeistert von dem, was sie nach und nach über menschliche Zustände bei ihren Jagden auf einsame Reisende in Erfahrung bringen, daß die Aufnahme von Beziehungen oder eine Haupt- und Staatslandung sie notwendig reizen muß. Das Wichtige ist vielleicht wirklich nicht, ob eine solche erfolgt, sondern daß ihre Denkbarkeit dämmert.

Es bedeutet, wie ich schon festhielt, daß das selbstherrliche Subjekt der Erkenntnis als Naturunterjocher in seiner Sicherheit wankend wird; und dieser fällige Effekt mit anderen Verwandlungen koinzidiert, die ihre Schatten vorauswerfen. Dieser Effekt kann nur gut sein, es wird Zeit, daß die Menschen endlich wieder lernen zu staunen. Je angstfreier dies geschieht, desto sicherer dürfte eine solche Wendung das Denken fördern, also der Menschlichkeit Chancen schaffen.

Der alte Konflikt zwischen anthropomorphen Denkweisen und ihrer Diskreditierung durch kopernikanische Wendungen fände die überraschende Lösung, daß die letzte dieser Wendungen den Anthropomorphismus wieder völlig in alle seine ursprünglichen Rechte setzte, ja zu einem universalen Prinzip erhöbe; diese Erhebung aber mit dem Verzicht der Menschheit auf ihren *geozentrischen* Einzigkeitsanspruch bezahlt würde; was ein Unglück nicht sein muß.

Es wird nur zu einem, wenn sie der Seelenherrschaft ihrer angestammten, blutrünstigen Götzen kein Ende setzt: unentwegt in ihrem Wahnsinn, der ihrer Selbstzerstörung zutreibt, verharrt; statt vorerst selber über eben diesen so verrückt zu werden wie er längst es verdient hat.

VI Den fliegenden Untertassen fehlt es nicht an Erklärungen, sondern an Tassen.

VII Da es den fliegenden Untertassen an Tassen fehlt, ist es an uns, diese beizustellen; sind es doch die, die wir unhöflicherweise im Schrank haben. Solange wir darauf beharren, werden umgetriebene kosmische Neugierige nach ihrem langen und riskanten Anflug es sich zweimal überlegen, ehe sie mit uns Tee trinken.

Erstdruck in: Die Außerirdischen sind da. Umfrage durch Matthes & Seitz anläßlich einer Landung von Wesen aus dem All, München 1979, S. 267–274

Auferstehung der Windmühlen (1981)

Das Irrationale ist der Windmühlenfeind einer irrenden Ratio; der Irrationalismus deren Racheakt, womit nach Abschmetterung ihres Angriffs durch die gleichmütig sich bloß weiterdrehenden Mühlenflügel sie der Wahrheit nur noch entkommen kann, indem sie deren Ableugnung offensiv betreibt: ihren unablässigen Selbstbetrug, da eine Erfahrung, die sein Eingeständnis verlangt, ihn rabiater macht, so im Publikum zu verbreiten trachtet, daß sie es über die Übermacht irreführt, die ihr so erstaunliche Wunden schlug. Außer durch Identifizierung mit dem Phantom, das von selbst dabei, ohne seine Unheimlichkeit einzubüßen, an Wert gewinnt, kann ein solcher Versuch nicht auf Touren kommen, seine andere Seite ist dieser Lage entsprechend eine Entwertung ihrer eigenen Bestimmung, Vernunft zu sein, die an ihrer Herkunft Verrat übt; mit welchem zu Lamentos neigendem Selbsthaß, da sie ohnehin die genannte Bestimmung, wie eine Ahnung ihr souffliert, nicht erfüllen könnte, sich die irrende Ratio schließlich auch nur nach dem Muster des Fuchses verhält, dem die Trauben zu hoch hingen.

Aber wie lange, man kennt sie doch, braucht sie, um zu ihrem Ursprung zurückzufinden, während es doch gerade die Rede vom Zurückfinden nach verlorenen Ursprüngen ist, womit sie jetzt ihr eigenes hinzögert. Seit ihrem Auftreten in Don Quichotte ist diese Eifernde sich gleichgeblieben bis in die Wahl eines übermächtigen Feindes hinein, immer aus Vorentscheiden verkennt sie als ein vielarmiges, phantastisches Ungeheuer, was ohne die Streiche, die diese ihr spielen, eine so eminent praktische Einrichtung zum saatlosen Ernten von Energie ist, daß dies anerkennen die Verausgabung eigener samt den Niederlagen und Verwundungen ihr ersparen könnte, die ihr ihre Angriffe eintragen. Da die Windmühle von ökologisch rücksichtsvollster Vernunft ist, wie in ihrer kulturlandschaftlich altvertrauten Gestalt (vielleicht gerade einmal so malerisch) es in jener wäre, mit der sie als Produzentin von Strom aus dem himmlischsten unter den irdischen Freigütern auferstehen will, muß das Verblendete, das da dreinschlägt, sich so gründlich in seiner Identität wie in ihrer täuschen, die es uns madig macht. Im Moment tut es das aus den Mündern und Mitteln einer Kernkraftlobby, deren Kern die Bereitschaft ist, einer um Obdach bettelnden Lust am Untergang auch in ihrem Vaterland endlich wieder ein neues Dachstübchen einzuräumen, aber wie geschwind kann sich dann ein solches hier zur absoluten Kommandozentrale emporarbeiten, ohne daß man es merkt! Während diese Lust von der Perversion der Vernunft, die ihr erst in Umständen, wie sie die deutsche Kultur schafft, bis zu Holocausten erbötig wird, unterscheidbar bleibt, erspart uns dieses Verhältnis gerade am wenigsten eine Identitätsbestimmung der armen Botmäßigen, die so blindlings ins Nichts drischt. Die Ratio, die vermißt und verfügt, wahnverstrickt jenem *Teile und herrsche* folgt, das die Geflechte einer natürlichen Wachstumsordnung aus der Vermeintlichkeit seiner kartesischen Autonomie auseinanderreißt, ohne bei den Dingen der Welt, die da unfertig, schutzbedürftig, selbst erst nach einem richtigen Weg tastet, anzufragen, ob das tote Schema isolierender Rechnungsbegriffe, das es ihnen selbstherrlich immer bloß überstülpt, ihren Segen hat, kann in keinem Anbetracht die Vernunft sein, aber sie könnte unter deren lateinischem Namen keinen Kredit genießen, wenn sie nicht von ihr abstammte.

Seinem Treiben auf die Sprünge gekommen, muß die gedemütigte, getäuschte Vernunft, wenn anders sie, betrügende Betrogene, nicht vollends zu seinem Komplizen verkommen soll, ihren instrumentellen Sproß zur *Raison* bringen. Daß diese abermals nur sie selbst ist, wo ein beeilter Abscheu doch von ihr erwartet, daß sie ihn verstoße, verdamme, weltanschaulich mit Bekenntnisbeteuerungen einer entrüsteten Anständigkeit von sich abschneide, hat seinen Grund ebenso in der Deutlichkeit, mit der gerade eine solche Aufführung sie den Veranstaltungen des entglittenen Wesens nur angliche, wie in der Unüberschreitbarkeit ihrer Grenzen: während sie sie unendlich (wenn man ihr nur zuhört) erweitern möchte und dieses Verlangen nicht tragen könnte, wenn nach ihren Erfahrungen und Selbsterfahrungen – die keinem Blueprint folgen, sondern sich auftauchend Bahn brechen – nicht Unendlichkeit selbst ihre potentielle, also auch einzige Grenze wäre, könnte der Begriff eines Jenseits der letztern nur offenkundig absurd sein: bestätigend kommt in gleicher Unendlichkeit, die als die gleiche konstitutive Unüberschreitbarkeit sich erfahren läßt, diese horizontartige Bestimmung der Sprache zu, die der Leib der Vernunft ist. Die Irreführung, die mit Kant in die Welt kam, war nicht, daß er Vernunfterkenntnis in die Schranke von Erfahrung verwies, welche Verweisung diese Schranke selbst freilich – wie die transzendentale Frage beschaffen ist – überschreiten mußte, sondern daß er die Grenze möglicher Erfahrung stationär sah, statt sich unabschließbar erweiternd.

Diese kantische Einengung des Erfahrungsbegriffes beginnt damit, daß die Selbsterfahrungen der Vernunft, die in jener Erweiterung die jeweils entscheidende – erst aus einer Geschichte reflektierenden Sichtweise selbst freilich entdeckbare – Rolle spielen, nicht in ihn eingehen: in klarem Widerspruch zur produktiven Selbsterfahrung von Kants eigener – auf der doch die ganze Vernunftkritik aufbaut –, wie zumal die *transzendentale Dialektik* sie nicht allein manifestiert. Als Quintessenz der genannten Überschreitung kann sie ihre Rechtfertigung vielmehr selbst erst aus der Einsicht finden – ohne deren Intervention auch ihr stiller Widerspruch zu Kants Verbot (das ihr inhaltlich selbst entspringt) unbehebbar bliebe –, daß solche Selbsterfahrung eben auch Erfahrung ist, welche Einsicht freilich einen andern *Zeit*begriff implizit voraussetzt als Kants raumanalogen. Wie der verengte Erfahrungsbegriff, mit dem die Positivität kantischer Setzungen, die auf ihrer einen Seite (als empirischer Realismus) das Wirkliche zur Fakteninventur reduzieren mußte, bis auf Wittgenstein nachwirkt, einen ausweglosen Widerspruch bei ihm zeitigt, habe ich an anderer Stelle (die auszugsweise zu zitieren hier praktisch ist) als die Merkwürdigkeit festgehalten, »daß die Welt, als Kollektion alles dessen bestimmt, was der Fall ist, in diesem Fall – da auch er einer wäre – in jene Kollektion selber eingehen müßte, der Fall der Welt sich also als Partikel ihrer selbst erwiese; und dies schon wieder der Fall ist. So hecken die Fälle einander in unendlicher Folge, ohne daß doch in der Welt, die sich aus ihnen zusammensetzt, sich das geringste ereignen könnte: offenbar ist es leichter, die Welt als Leitzordner zu bestimmen, als einen zu konstruieren, der dieser unerhörten Expansionstendenz auch nur entfernt so entgegenkommend gewachsen wäre wie das raumzeitliche Kontinuum mit seiner rotverschobenen Galaxienflucht seiner – die zudem interessanter ist.« Ob man den »Fällen«, fährt der Passus fort, die unserer vorherrschenden Erfahrungsregel entsprächen, unter Wittgensteinschen Gesichtspunkten andere anfüge, die jenseits des »Zauns« lägen (jener hegenden Hecke, auf der einst die Hagazussa, die nach beiden Seiten äugende Hexe, gesessen hat), mache dabei gar keinen Unterschied: »[...] in Ermangelung von Katzen, die klüglich eine Leitzordner-Welt meiden werden, sind alle Mäuse dort grau.«[1]

Das (angeblich) Irrationale möglicher Erkenntnis, die über jene Hecke hinausblickt, erscheint also erst als eines, wo eine Vernunft, die hinter ihrer Bestimmung zurückbleibt, erst es aus ihrem Geltungsbereich selber abspaltet, es verlegen ins Off verbannt, dann es entweder dort zur Chimäre entwer-

1 Zitiert aus einem hochschulinternen Habilitationsgutachten, Kassel 1980

tet oder als exotisches Faktum zurückholt: welche Perspektive, die die Wittgensteinsche Inventur unerschüttert läßt, sie im Gegenteil nur noch um ein peripheres Kuriosum erweitert, es doch ebenfalls nur in seiner Äußerlichkeit, ja so schnöde zum *Fall* verkürzt, wahrnimmt, daß der untilgbare Wahrheitsanspruch, der von so *ordnungswidriger* Erkenntnis gestellt ist, in seiner Vermittelbarkeit mit ihrem eigenen (demjenigen der Vernunft) nicht gesehen wird: unvernünftigerweise. Beide Verfahrensweisen sind »rationalistisch«: die zuletztgenannte, wie alle Irrationalismen, die als pervertierte Rationalismen sich von Klages bis Gehlen erwiesen haben – schon in ihrer systemversessenen Oberbegrifflichkeit ohne die abgenütztesten Werkzeuge des geschmähten Verstands gar nicht auskommen –, um nichts weniger als die erste.

Die Vernunft dagegen, die in Nietzsche – oder in Bergson, in Bataille, in Whitehead, in Litt, in Adorno – gegen ihre eigenen Verengungen aufstand, die auch immer schon als ihre Verfälschungen sich bestimmen lassen, schließt ihre Sache nicht ab: noch wo nach der d'Alembertschen Unterscheidung ein Esprit systématique sie beflügelt, gilt dem Esprit de Système, sieht man hin, umso tiefer ihr Argwohn. Da sie selbst Natur (als schellingisch denkende), also Spontaneität ist, die um ihre äußere ontologische, begriffsadministrative Einstufung nicht bekümmert ist, nur in ungeteilter Aufmerksamkeit ihre jeweiligen Topoi erhellen möchte, hat sie keine übrig, die auf *sie selbst* schielte, daher ist sie keiner Weltanschauung, keinen ideologischen Schemata subsumierbar, dem Rationalismus, der sie ohne ihre Zustimmung absolut setzt, so wenig wie seiner schattenboxenden Antithese. Umso entschiedener wird in unserer Zeit ihre *unteilbare Aufmerksamkeit* auf den Verfälschungen ruhen, die von Nietzsches eigener durch die frisierende Fingerfertigkeit deutscher Irrationalisten, die ihn zum Pionier des Reichsschrifttums stutzten – und die er in so gestochen scharfer Teleskopie in den Spätschriften selbst vorausgesagt und verabscheut hat –, bis zu den Ansätzen eines Verhängnisses reichen, das schon wieder – an der Alternativbewegung – in mechanischer Reiterierung deutscher Bewußtseinsmuster von notorischer Blindheit sich abzeichnet. Da diese Herrschaft nur in Gegenlagern erkennt, folgt sie ihrem Prinzip umso unkritisch-oberbegrifflicher in den identitätslogischen Pauschalierungen ihres Sprachgebrauchs: schon meine Anmerkung weiter oben, daß die Galaxienflucht interessanter sei als eine Leitzordner-Welt, mag sie auch »Irrationalem« sich offenhalten, dürfte nach dem Freund-Feind-Prinzip des Carl Schmitt in einer deutschen Weltanschauungswelt, die sich für anti-positivistisch hält, anecken.

Aber die Naturwissenschaft ist eine Sache, der Positivismus, diese selbstverordnete Begriffsstutzigkeit, die fast nur noch innerhalb der Humanwissenschaften ein längst abgelaufenes Stadium jener jetzt nachäfft, eine vollständig andere. Nicht »irrational«, bloß vernunftlos, ist der Weltanschauer kleingärtnerische Totalverwerfung technischen Wandels, die ohne Sensorium für Phasenverschiebungen ebenfalls nur auf dessen *Gestrigkeit* antwortet, über ihrer ökologischen Spätwirkung, deren Spur überaus begreiflich erst in der Gegenwart in solcher Massierung zutage tritt, eine in der Automation sich längst abzeichnende Speerspitzenbewegung heutiger Technik gleich mitverwirft, die die Menschen von entfremdeter Arbeit, nicht nur des Fließbandarbeiters, auch des Schalterbeamten, befreien möchte. Daß der letztere, den das Zeitalter der absoluten Monarchie in die Welt setzte, gleichaltrig mit einem gesamtdeutschen, von keiner Gesellschaftstheorie noch durchleuchteten Staatskult ist, der so unerschütterbar in den Menschen des Landes sitzt, weil ihn keine bürgerliche Revolution je gebrochen hat, mag seine besondere deutsche Schutzbedürftigkeit, also die Solidarität erklären, die ihm von seiten von Weltanschauern künftig sicher sein dürfte, die in *der* Technik den Feind sehen.

Schließlich folgen sie damit nur dem Wegweiser eines Instinktes: insofern sie selbst etwas Maschinelles haben, sind sie von ihrem jüngsten Fortschritt bedroht. Denn in Wahrheit ist sie die Provokation, mit der die Menschen auf ihre Menschlichkeit hin jetzt nicht nur befragt, sondern gefordert werden: belehrt werden, daß ihre bisherigen Tätigkeiten, wenn eine Maschine diese rationeller besorgen kann, gar nicht für menschenwürdige gelten sollten, ihr eigener Wettlauf mit dem technisch Möglichen also gerade klären dürfte, was an ihrer Vorläufigkeit selbst *mechanisch* war; während der Irrationalismus, der für menschliche Ge- und Verbrechen jetzt mit Vorliebe Wissenschaft und Technik in deren bequemer Unadressierbarkeit haftbar macht, in seiner »kulturpessimistischen« Theoriebildung bloß das inhumane Ideologem dupliziert (und es also effektiv vor Kritik schützt), bei einer jeweils erreichten Machbarkeit (etwa der des Holocaust) könne das entsprechende Machen nicht ausbleiben; welche Heideggersche Ansicht der Praxis des Unwesens, das dieser Irrationalismus zu kritisieren sich beharrlich einbildet, selber zugrunde liegt. Ohne bei dessen Verfechtern erst anzufragen, die ja keineswegs als Personen auf ihre technischen Bequemlichkeiten verzichten möchten, für deren Larmoyanz aber schon Frank Wedekind die Kategorie des weinerlichen Schwerenöters gefunden hat, ist die

Geschichtsbewegung der modernen Naturwissenschaft kaum an ihrer Endstation angekommen. Vielmehr will die Technik, die so lange Zeit schwer und laut war, jetzt mit zunehmender Deutlichkeit leicht und leise werden – ja den Menschen selbst ihre Schwere nehmen.

Die überraschende Erfahrung der Weltraumflüge, daß die Irdischen in der Tat ohne das Fundamentum der Gravitation existieren können, muß für die Zukunft des menschlichen Geistes, also der menschlichen Art, eine noch ganz unbegriffene Konsequenz haben. Ihre Voraussetzung bleibt, daß die Art überlebt, also ihre suizidalen Tendenzen, die fast alle jetzt mit der Kernkraft – die nicht irrational ist, sondern unvernünftig – zu tun haben, *vor* der finalen Katastrophe eines immer näher erscheinenden dritten Weltkriegs besiegt werden.

Der Machtwechsel in Frankreich[2] dürfte in dieser Richtung ein Schritt sein; vielleicht gar ein rettender. Daß gleichwohl an seiner Rationalität etwas unverkennbar *Kartesisches* ist, macht deutsche Rezipienten der begründeten Einsicht, daß die Verfahrenheit der szientifischen Moderne eine ihrer Geschichtswurzeln in der Subjekt-Objekt-Spaltung Descartes', der herrscherlichen Selbstherrlichkeit seines Ich-Begriffs hat, auf den anderen Stellenwert aufmerksam, den dieser Anspruch der Cogitatio in seiner Heimatkultur hat, der die Intersubjektivität des Mitmenschlichen, das Spontane an Öffentlichkeit, an Gesellschaft, zu jeder Zeit selbstverständlich war: im Vergleich mit seiner destruktiven Rolle in einer, wo solche Modifikationen ihm mangelten. Noch nach aller inhaltlichen Entkräftung der Lehre unter dem Zugriff jüngster erkenntnistheoretischer und Kulturkritik bleibt am Autonomie-Impuls des Descartes in seinem Land daher ein nicht zu entkräftender Überschuß: Voraussetzung einer Vernunft, die geschichtlich sich immer aufs neue als solidarischer Widerstand gegen den Keim von Tod und Schicksal hat sammeln können, braucht er selbst sich nicht auch noch, konstitutionstheoretisch, vor ihrer Instanz zu rechtfertigen.

Wie alles, was Sympathie mit dem Licht hat, darf er seiner dunklen Wurzel versichert sein: also mit ihrer Beschaffenheit unbefaßt bleiben. Umso zuversichtlicher darf vermutet werden, daß unter seinem Walten der Bau von Kernkraftwerken eingedämmt wird, dem sein eigener Leichtsinn entgegenkam, dessen treibende Kraft aber nicht seine, sondern eben jener Zen-

2 1981 kamen in Frankreich die Sozialisten an die Regierung: Staatspräsident wurde, in der Nachfolge Valéry Giscard d'Estaings, François Mitterrand

tralismus der Macht war, in dessen Gestalt er *nicht aufging.* Eben daß er *Überschuß* menschlicher *Möglichkeit* ist, worin Natur und Vernunft ineinander, in beiden Richtungen, übergehen, kann heutige Leidtragende deutscher Zerrissenheit von der deprimierenden Täuschung befreien, daß gegen diese Kalamität nichts zu machen sei.

Mit diesem Blick auf die perennische Regung, die die Kontinuität französischer Selbstbestimmung bis heute trägt, kann dieser Versuch seinen Kreis schließen. Jenes angeblich Irrationale, das der Windmühlenfeind der irrenden Ratio ist, kann keinesfalls ihrer sein, darum braucht man lediglich an die lange, beseligend turbulente Atlantikküste, die Kapazität ihres heulend hallenden Westwinds zu denken, die kaum kalibrierbar ist, um in die Auferstehung der Vernunft wenigstens soviel unverzagtes Vertrauen zu setzen wie sie selbst jetzt in Windmaschinen.

Erstdruck in: Hans Peter Duerr (Hg.), Der Wissenschaftler und das Irrationale.
Zweiter Band: Beiträge aus Philosophie und Psychologie,
Frankfurt 1981, S. 457–463

Astrologie und Erkenntnis

Über Fragwürdigkeit und mögliche Wahrheit eines uralten Anspruches auf Erkenntnis (1982)

Kann Astrologie Erkenntnis sein? Kann sie es werden? Um vom möglichen Recht ihres hartnäckigen Wahrheitsanspruchs zu reden, tun wir von vornherein gut, ihn von der anreißerischen Praxis zu unterscheiden, die in Zeitungs- oder auch Salonecken unter ihrem uralten Namen geübt wird und in der das Problem, das sich mit ihrer Sache stellt, auf keinen Fall aufgeht. Bei dieser Küchensprüche-Astrologie brauchen wir uns nur so lange aufzuhalten, wie an deren Fall etwas unklar ist. Unklar daran ist nicht die ramschartige Windigkeit, auf die die Bereitschaft der Menschen, betrogen zu werden, das berühmte *mundus vult decipi*, spekuliert, und unklar daran ist auch gar nicht, daß das Erkenntnisproblem der Astrologie mit der Durchschaubarkeit solcher Praktiken nicht erledigt ist: wer käme auf den Gedanken, den Wahrheitsgehalt der Medizin nach der Praxis eines Doktor Eisenbart zu beurteilen oder die Erforschungswürdigkeit ungeklärter Probleme der Früh- und Vorgeschichte nach dem dubiosen Charakter der Erklärungshypothesen Erich von Dänikens – wenn auch leider, wie sich gezeigt hat und worauf wir zurückkommen müssen, die letztere Frage nicht bloß rhetorisch ist? Unklar am Fall der Zeitungseckenastrologie ist etwas ganz anderes, daß ihre unfragliche Nichtigkeit meistens nämlich ganz falsch begründet wird. Man wirft ihr vor, sich für die Zukunft Voraussagen anzumaßen, wo die Ersteller individueller Horoskope, die ja etwas überaus Differenzierendes haben können, weit zurückhaltender abwägend bloß vom Wirken konstellativer *Tendenzen* sprechen, aber ich meine, daß dieser Vorwurf an jedem nachprüfenden Blick in die plauderhafte Tatsächlichkeit solcher Ecken scheitert: noch allgemeiner, noch kautschukartig unverbindlicher geht es nicht, daher wird ein Versuch, die Zeitungseckenastrologie der Unrichtigkeit zu überführen, selten gelingen. Wo das *Wenn der Hahn kräht auf dem Mist, ändert sich das Wetter oder es bleibt wie es ist* zum Modell der Prognosen wurde, kann zwar keine Erkenntnis gewonnen, nur die eine, sie freilich umso gründlicher, aber verschleiert sein, *daß* eben keine gewonnen ist, sondern bloß die Stimmungs- und Suggestionsrequisiten einer so privilegiert wie andererseits intim tuenden Eingeweihtheitspose solchen Wissensgewinn vortäuschen.

Mehr ist über diese populärste Astrologie, wenn man den Blick auf ihre eigene Leistung beschränkt, nicht zu sagen. Aber ihre Art Betriebsamkeit und deren Massen-Appeal stehen zur geheimwissenschaftlichen Esoterik der alten Sterndeutungslehre in denkbar seltsamstem Widerspruch: wie unerledigte Interessen der Kindheit in eine Zone des Seelenlebens verdrängt werden können, wo sie sich abgesperrt, verelendet, nur noch so hinfristen wie sie ihren eigenen Ursprung vergessen haben, scheint die Astrologie damit in eine Schicht des gesellschaftlichen Bewußtseins abgesunken zu sein, deren nach billigem Glaubensersatz dürstende Anrüchigkeiten ihr keineswegs an der Wiege gesungen waren. Ihrer geschichtlichen Rolle nach seit den ältesten Reichen Sumers und Chaldäas, Babylons und Ägyptens, wie übrigens auch, man weiß das inzwischen und es datiert noch viel weiter zurück, der von den Spaniern vernichteten Maya-Kultur im mittelamerikanischen Yukatan und in Guatemala – welche Rolle nur für die wenigen Jahrhunderte seit dem sechzehnten überhaupt unterbrochen wurde –, könnte sie gar nicht respektabler, ja die Unteilbarkeit des *einen* Erkenntnisinteresses, aus dem sie einst gemeinsam mit der Astronomie erwuchs, nicht evidenter sein. Erst im Zeitalter der Aufklärung wurde sie von der letztern getrennt gesehen, damit auch tatsächlich von ihr abgespalten, aber die Schar der bedeutenden Geister, die zu allen Zeiten Grund sahen, von ihrem Wahrheitspotential und seiner prinzipiellen Ergründbarkeit überzeugt zu sein, riß damit keineswegs ab. Was ist dieser Grund? Er ist heute der gleiche wie zu den Zeiten, als nach den Forschungsergebnissen der Kulturgeschichte die antike Astrologie und die sich eng an sie anschließende mittelalterliche und in der Renaissanceperiode die paracelsische Weltauffassungen großen Stils waren, die ein durchgearbeitetes Entsprechungssystem zwischen der makrokosmischen Ordnung der Himmelsbewegungen und der mikrokosmischen der menschlichen Existenz, ihrer Möglichkeiten und Grenzen, geschaffen haben, aber dieser gleiche Grund ist auf kaum vermutete Weise, nämlich durch die Erkenntnisfortschritte ausgerechnet in einem Lager heute wieder aktuell geworden, dem das am fernsten lag, da es durch die ganzen gleichen Jahrhunderte hindurch mit der prinzipiellen Ablehnung der Astrologie als vorwissenschaftlichem Aberglauben geradezu identifiziert war: in der Naturwissenschaft. Ihre inzwischen sprichwörtlich gewordene Grundlagenkrise betrifft nicht diese jetzigen Einsichten, die das Zeug haben, aus dem Dilemma herauszuführen, sondern genau die kartesisch-newtonische, sich bei Kant, dann im Positivismus fortsetzende Sichtweise jenes Erkenntnisdualismus der Naturwissenschaft in ihrer klassischen Phase; die mit der Astrologie in der Tat nichts anfangen konnte, da für ihresgleichen kein Platz in einer in Subjekt und Objekt brückenlos gespaltenen Welt bleibt, die auf ihrer Objektseite zur qualitätslosen Meßbarkeit ohne Bedeutung, ohne Gesicht reduziert war, während die Subjektseite sich als reine Verstandestätigkeit, autonome Unterwerferin dieser res extensa, der Welt als Ausdehnung, definieren durfte, die ihre eigene existentielle Naturwüchsigkeit nie in ihre Verrechnungen äußerer Natur als instrumenteller Verfügbarkeit einbezog. Das Neue an der heutigen Situation ist nicht, daß eine alternative Naturwissenschaft bereitstünde, die bisherige abzulösen, sondern daß die bisherige aus ihrem klassischen Ansatz heraus selber zu Einsichten vorstieß, die deren Fundament, eben diesen Erkenntnisdualismus, der aus dem siebzehnten Jahrhundert stammt, widerriefen. Mit der Quantenphysik, der Heisenbergschen Unsicherheitsrelation, die das Subjekt der Erkenntnis nicht länger in seinem kartesischen Glashaus ließen, sondern es in ein Weltgeschehen, das es nicht beobachten kann, ohne in es einzugreifen, zurückholten: die Beobachtung nämlich selber am naturhaft Geschehenden teilhat, ging die Entwicklungslinie der Naturwissenschaft in eine Haarnadelkurve von noch kaum ausgeloteter Konsequenz; die praktischen Folgen einer neuen Naturwissenschaftsstufe zeigen sich ja stets erst mit erheblicher Phasenverschiebung, die Verelendung von Natur wie Kultur, die auf die Gegenwart apokalyptische Schatten wirft, ist nur die letzte Folge jener instrumentellen Verkennungen, deren Technokratismus etwas immer deutlicher Antiquiertes hat. Was ergibt sich aus dieser Geschichtskurvatur für unseren Gegenstand, der ihr scheinbar so fern liegt? Da es die Naturwissenschaft selbst, keine alternative ist, die jene außerordentliche Richtungsänderung fertigbrachte, also die Kontinuität der Linie selbst – nur würde sie unter dem Bilde der *Geraden* eben völlig mißverstanden – davon unberührt blieb, muß es ein kontinuierliches Moment an der Geschichte der Naturwissenschaft selbst geben, das in noch so verschwiegener Unauffälligkeit diese Einheit bestätigt.

Genau dies ist der Fall; und paradox gibt es für die Sache der Astrologie das denkbar einfachste und schlagendste Argument her, versteht man diese Sache nur als prinzipielles Recht eines Erkenntnisinteresses statt als Vorläufigkeit, Überholbarkeit eines Systems noch so langfristiger Beobachtungen und Erfahrungen. Ihren schon von Leibniz in seiner Monadologie systematisierten Grundgedanken, den in unserem Jahrhundert der amerikanische Philosoph und Mathematiker Alfred North Whitehead wieder aufnahm und weiterdachte, daß es das gesamte physikalische Universum sei, das sich in der Wahrnehmung jedes einzelnen Lebewesens auf nur verschieden konstellierte Weise und mit stufenartigen Unterschieden in den Deutlichkeitsgraden, Bewußtseinsgraden, vergegenwärtige, ist die Geschichte der modernen Naturwissenschaft schon von ihren Anfängen an, ohne es selbst zu bemerken, entgegengekommen, nur bei Descartes selbst herrscht noch die reine Mechanik, ist der Raum, der ihm so wichtig war, durchgängig als von Masseteilchen erfüllt gedacht, die nur in unmittelbar anstoßender Nahwirkung ihre Bewegungen fortpflanzen. Schon in Newtons Himmelsmechanik wird dieses Bild durch die Erkenntnis fernwirkender Kräfte, die seine Gravitationslehre auf einfache Formeln bringt, abgelöst, dann löst sich im zwanzigsten Jahrhundert die Vorstellung von Masseteilchen, wie unser Sensorium sie so nahelegt, überhaupt auf, die elektromagnetischen Wellen, als die die kleinsten Materiepartikel sich darstellen lassen, sind an keinerlei zugrundeliegendes Medium mehr geknüpft, sondern nur noch mathematische Ausdrücke. Soweit der Materiebegriff gleichzeitig sein Recht behält, in einer doppelten Perspektivik, mit der die Quantenmechanik das Subjekt der Wahrnehmung in den wahrzunehmenden Prozeß bereits einbegreift, unterliegt er nun dem schon um die Jahrhundertwende von Ernst Mach formulierten Prinzip, daß die träge Masse eines Teilchens durch die Interaktion seiner Schwerkraft mit derjenigen entfernter Materie bestimmt werde, und sechzig Jahre später baut der Physiker der Princeton University Robert H. Dicke, eine Arbeit Paul Diracs, die zu ihrer Zeit vernachlässigt worden war, wiederaufnehmend, dieses Mach'sche Prinzip, das schon er das anthropische, also menschliche nennt, zu kosmologischen Konsequenzen aus, die seither andere amerikanische Physiker, Brandon Carter, Hugh Everett III, Bryce de Vitt, Archibald Wheeler, noch um einiges weiterdachten. Die Einzelheiten sind hier nicht nachzuzeichnen, jedenfalls sind es einerseits die eines durchgängigen Geflechts gravitativer Fernwirkungen, als die das Universum sich darstellt, andererseits, was noch einschneidender ist, auch die Namensgebung *anthropisches Prinzip* erst erklärbar macht, einer Zuordnung des physikalischen Kosmos auf die Hervorbringung von Subjektivität, in der er sich selber erkennen kann: Subjektivität nicht mehr als Zufallsprodukt seiner Evolutionen, sondern als deren bestimmendes Ziel.

Die Naturwissenschaft des einundzwanzigsten Jahrhunderts ist damit eingeläutet, die kosmologische Theoriebildung, die im anthropischen Prinzip sich zusammenfaßt, kann sich auf astrophysikalische Erwägungen von schlüssigster mathematischer Präzision stützen. Nachdem im Widerspruch zu seiner kartesischen Selbstherrlichkeit sich der Mensch als kosmologisches Thema auf der Objektseite der gleichen Weltspaltung fast verflüchtigt hatte, dürfte die Tragweite des anthropischen Prinzips, mit dem er sein kosmisches Privilegium zurückerlangt, in jedem Fall unabgrenzbar sein. Da meine Sendezeit das umso weniger ist, genüge ein Hinweis auf die Implikationen für das Astrologieproblem, die in dieser jüngsten Physik stecken. Mit ihr erst erreicht, was bei Newton einen tastenden Anfang hatte, als sein Gravitationsgesetz die kartesische Physik überholte, die energetische Fernwirkungen ausschloß, den Punkt voller Übereinstimmung mit dem Grundgedanken der Astrologie, daß das Ereignis eines Zur-Welt-Kommens, das für die zeitliche Selbstregelung des sich entfaltenden Lebens den Plan enthält, nicht unabhängig vom physikalischen Zustand der Welt sein könne, auf die da gekommen wird. Das ist einerseits schwierig, da es als weitere Implikation des anthropischen Prinzips, die uns hier nur zu weit verschlagen müßte, eine gegenüber der linearen ganz veränderte Auffassung von der Zeit und ihrer Ordnung voraussetzt, die in unserer hergebrachten Vorstellung von Kausalität und ihren Determinationen nicht aufgeht – und ist andererseits einfach: jeder typische Zeitgenosse sieht ein, daß die Umwelt einer Person keinesfalls gleichgültig für ihre Bildung und die Steuerung ihres Lebenswegs sein kann, nur auf den Gedanken, daß eben die Umwelt selber an den Grenzen der so wichtigen *Gesellschaft* nicht endet, kommt er aus dem einfachen Grunde – da auch die Schulphysik etwas Nachhinkendes hat – noch so schwer, daß er grundsätzlich zwar der Naturordnung ein gleiches Gewicht mit der gesellschaftlichen zuerkennt, unnachdenklicherweise aber eben seine Naturbegriffe über das irdisch Nächstliegende an äußerer Natur nicht hinausgelangen: daher noch nicht einmal bis in jene allerengste, kosmologisch hautnahe Nachbarregion des Planeten, auf deren Bewegungsstruktur zumal – unser Sonnensystem – die Astrologie seit jeher ihren Blick richtet.

Demnach wird es Zeit, daß ihr Status so wie derjenige aller Themenkreise öffentlich revidiert wird, denen spontane Erkenntnisinteressen sich mit einer Art geschichtlicher Unbesiegbarkeit zuwenden: daß also etwa die einfachste astrologische Überzeugung einer ebenso einfachen statistischen Nachprüfung unterworfen wird, daß für die Menschen nach ihren Geburtsdaten, die sich den Sonnenzeichen des Tierkreises zuordnen, weiterer Differenzierung nach Aszendenten unterliegen, eine charakterologische Skala bestimmbar sei, die präzise genug für solche Erfassungen auf ein paar trennscharfe Begriffe sich bringen ließe, um ihre Abgrenzung gegen andere

Differenzen – oder auch Gemeinsamkeiten – experimentell zu gewährleisten; also die genannte Ansicht zu testen. Dabei ging es gar nicht um die Bewahrung astrologischer Einsichten, wie sie sich historisch entwickelt haben, sondern um eine Weiterentwicklung, die durchaus, wie immer sie sie partiell auch rehabilitieren, ja bestätigen dürfte, in der Revolutionierung ihres bisherigen erkenntnistheoretisch unzulänglichen Systems kulminieren könnte: verräterisch für die Unwissenschaftlichkeit der prinzipiellen Ablehner, die sie ins Abgelehnte zu projizieren pflegen, ist auffällig nie der Zweifel, den sie, wo er sich begründen ließe, an Thesen, sondern die Berührungsscheu, die sie vor Themen haben. Erst die so tabuierten fallen dann begreiflich den Dänikens anheim, auf deren Fall ebenso durchsichtig dann wiederum das Tabu sich berufen, seine Theorieverbote verstärken wird; und zuweilen wird dann zu den Dänikens auch einer gerechnet wie Immanuel Velikovsky, dessen berühmtes ›Worlds in Collision‹ heute ernst genommen wird, Harvard-Doktoranden in Arbeit hält. In den frühen Fünfzigern gab es in Amerika keinen seriösen Wissenschafter, der über das Buch sich nicht lustig gemacht hätte, außer allerdings einem einzigen, damals schon, ja sofort: Albert Einstein.

Wieviel Aufmerksamkeit für ein Sachproblem, das sie in ihrer Ungeteiltheit verlangt, kann dort übrigbleiben, wo man vor allem damit beschäftigt ist, auf die jeweils kanonischen Vorurteile einer für fachlich zuständig gehaltenen Zunft zu schielen? Eine Sache, so scheint es, ist die Wissenschaft, eine gänzlich andere, ja entgegengerichtete, eine statusängstliche, scheuklappenbewehrte Wissenschaftsgläubigkeit, die selbst in Aberglauben längst umschlug: da sie nicht nur die Wissenschaftsgeschichte retrospektiv verfälscht, wie am ausgiebigsten, mit schöner Schlüssigkeit, Paul Feyerabend in ›Gegen den Methodenzwang‹ demonstriert hat, sondern auf Themenverbote, damit Theorieverbote, Abriegelung ganzer Erkenntnisquellen hinausläuft, es am häufigsten in Fällen tut, wo sich uralte menschliche Erfahrungen nur in die heute mythisch erscheinenden Formen zu kleiden wußten, in denen sie wie im Falle der Sintfluterinnerungen oder des Atlantis-Berichts in Platons ›Timaios‹ überliefert sind. Die Träger dieser Wissenschaftsgläubigkeit verleugnen ebenso die Aufklärung als kritisches Prinzip, dem sie nach ihren Vorsätzen dienen sollten, wie sie sie ihrerseits, nämlich in ihrer Gestrigkeit, die mit Recht abgelaufen ist, mythisiert haben. Dem entspricht ihre Unproduktivität, halten sie es doch in dem ersten Augenblick mit den jeweils neuen theoretischen Durchbrüchen, die in jedem Stadium der Erkenntnisgeschichte von verhältnismäßig wenigen abweichenden Köpfen geleistet werden – oft genug von ursprünglichen Außenseitern –, wo deren Vorstöße schon genügend Erfolg hatten – äußeren –, daß es gar keine *neuen* mehr, sondern von der Macht der Gewohnheit wenigstens soweit bereits selber verdaute sind, daß Verwaltungsbeamten im Reiche des Geistes nichts Ernstliches dabei mehr passieren kann, was ihr jeweiliges Geschäft aus dem Gleis brächte.

Vielleicht wird es Zeit, zwischen diesem Troß der modernen Wissenschaftsbewegung und ihr selbst besser unterscheiden zu lernen. Eine der heute schon aufdämmernden, auf die Dauer unausweichlichen Strittigkeiten, an denen eine solche Lektion ihren öffentlich-praktischen Nutzen bewähren sollte, dürfte sehr bald schon, spätestens wohl um die Wende zum dritten Jahrtausend, die Astrologie sein.

Bislang unveröffentlicht. Geschrieben für eine Sendung des Bayerischen Rundfunks Anfang 1982, die dann ohne Ulrich Sonnemanns Beitrag auskam – was, so schätzte er selber es ein, mit der Entwicklung des »deutschen Hörfunks« zusammengesehen werden könne: der ja einmal »selbstkritischer« gewesen sei, »waghalsiger und vorurteilsfreier bereit, auf Neues sich einzulassen«; inzwischen verstärkt auf »Plaudereien« setze, »zwischen Astrologie-*Gläubigen* und *-Ungläubigen*« etwa, und sich damit auf die ›Bildzeitung‹ zubewege. Daß die »Themenfrage« eine »erkenntnistheoretische« sei und »keine des Glaubens«, sei ja nicht seine, Sonnemanns, »Erfindung« (Brief an den zuständigen Redakteur vom 14. Januar 1982).

Beispiel Atlantis (1983–1989)

»Das Thema verdient eine Rehabilitierung. Man muß es der ›Science Fiction‹ entwinden und der Wissenschaft bzw. der Literatur zurückgeben.« Mit diesen Sätzen fand sich 1986 Dietmar Kampers und Ulrich Sonnemanns ›Atlantis‹-Buch angekündigt, das sowenig die erste Station wie die letzte war auf einem Weg, der drei Jahre zuvor mit einem »verlängerten Frühstück« begonnen, im gleichen Jahr noch ein gemeinsames ›Memorandum‹ zum Ergebnis hatte, mit etlichen Treffen dann, Tagungen, Kolloquien, Symposien, Reisen im Gefolge, einer Radiosendung nicht zuletzt – und stets zweierlei im Blick behielt: das eigentümliche Ineinander von Untergangs-›Lust‹ und Forscher-›Unlust‹. Wobei die hier versammelten fünf Texte zugleich weniger und mehr dokumentieren als alle die Unternehmungen; in manchen Details sich dabei überschneiden sowohl als einander ergänzen (worin etwas von Ulrich Sonnemanns Arbeitsweise überhaupt zutage tritt, wie sie ihm nicht zuletzt die zahlreich änderungsunwilligen Umstände selber nahelegten).

Das wiederaufgetauchte Atlantis

Die Katastrophe vor der Geschichte

Von Dietmar Kamper und Ulrich Sonnemann (1983)

Einem Diktum des Sprachdenkers, Soziologen und Historikers Eugen Rosenstock-Huessy zufolge nimmt die historische Erinnerung den entgegengesetzten Weg wie die in der Zeit verlaufenden Ereignisse selbst. Je später es wird, desto frühere Zustände der Menschheitsgeschichte tauchen auf, werden in Umrissen sichtbar, können entschlüsselt werden. Nach der Faszination des achtzehnten Jahrhunderts durch die griechische Klassik, nach der enormen Wirkung der Mythologie im neunzehnten und frühen zwanzigsten Jahrhundert ist das Interesse an einer Vorzeit der Schriftkulturen im Laufe des zwanzigsten Jahrhunderts kontinuierlich gewachsen. Vor allem das Katastrophische, wie es sich in den weltweiten Sintflutsagen und in den Erzählungen vom Verlust des Paradieses niedergeschlagen hat, scheint zu einer Art Obsession der achtziger Jahre zu werden. So betrachtet, wäre es Zeit für Atlantis, wäre es Zeit vor allem dafür, diesen Themenkomplex aus dem Schweigen der »Wissenschaft« ebenso wie aus den pseudowissenschaftlichen Besetzungen zu befreien, die in dessen Konsequenz in die Bresche sprangen: ihn endlich mit theoretischer Imagination anzugehen, also ebenso nüchtern und minutiös in den Einzelheiten wie mit unbeklommen spekulativem Mut im Erwägen und Entwerfen der Fragen, Möglichkeiten und Hypothesen.

Dem Zweifel, ob dergleichen ausführbar und ob es notwendig sei, wollen wir im folgenden mit einigen Argumenten begegnen, die schon nach flüchtiger Durchsicht der einschlägigen Literatur sich uns aufdrängten. Am plausibelsten sind uns bisher die Veröffentlichungen von Otto Muck vorgekommen, der die über hundert Jahre alten Thesen von Ignatius Donelly differenziert und um einige überaus wichtige, ja einschneidende Spezifikationen ergänzt hat. Die vorgenommenen Forschungen und die investierten Spekulationen haben zu Ergebnissen geführt, die trotz ihrer losen Enden ein überzeugendes Hypothesengeflecht ergeben, das – nähme man es ernst – die Konstruktion der europäischen und der Weltgeschichte erheblich verändern würde, unter Einschluß der Exegetik, die an die jüdisch-christliche Heilserwartung anknüpft und an ihre säkularisierte Mutationsform im Fortschrittsbegriff, der das bisherige Geschichtsverständnis zusammenhält. Wir selbst können, obwohl die Absicht besteht, hier noch keine Tatsachenkontrolle vornehmen. Wir nennen und reihen nur die wichtigsten Thesen zur leichten Einsicht und besseren Übersicht. Uns interessiert zunächst die Plausibilität möglicher Erklärungsversuche und die Stringenz einiger ihnen dienender Argumente, die einen angemessenen und für uns annehmbaren Zugang zum Problem von Atlantis eröffnen könnten.

Die Thesen Ignatius Donellys[1]

Donelly behauptet,

1. daß es einst im Atlantischen Ozean gegenüber der Mittelmeermündung eine große Insel gab, die der Überrest eines atlantischen Kontinents und im Altertum als Atlantis bekannt war;
2. daß Platons Beschreibung dieser Insel nicht, wie lange Zeit angenommen wurde, eine Fabel, sondern ein auf historischen Tatsachen beruhender Bericht ist;
3. daß Atlantis im Laufe der Zeitalter ein blühender und mächtiger Staat wurde, durch dessen Ausbreitung die Küsten des Golfs von Mexiko, die Ufer des Mississippi und des Amazonas, die Pazifik-Küste Südamerikas, das Mittelmeer, die Westküste Europas und Afrikas, die Ostsee sowie das Schwarze und das Kaspische Meer mit Kulturvölkern besiedelt wurden;
4. daß Atlantis die wahre vorsintflutliche Welt war, der Garten Eden, die Gärten der Hesperiden, die Insel der Seligen, die Gärten des Alkinoos, der Olymp, das Asgard der Germanen und eine universelle Erinnerung an ein herrliches Land hinterließ, in dem die Menschheit im Frühstadium ihrer Geschichte lange Zeitalter hindurch in Glück und Frieden lebte;
5. daß die Götter und Göttinnen der alten Griechen, der Phönizier, der Hindus und der Germanen nichts anderes waren als die Könige, Königinnen und Helden von Atlantis und die ihnen in der Mythologie zugeschriebenen Taten eine verschwommene Erinnerung an historische Ereignisse sind;
6. daß die Mythologie der alten Ägypter und Inkas die ursprüngliche Religion von Atlantis darstellte, die ein Sonnenkult war;
7. daß die älteste von den Atlantiden gegründete Kolonie wahrscheinlich Ägypten war, dessen Kultur und Zivilisation genau denen der atlantischen Insel entsprachen;

1 Zitiert nach Charles Berlitz, Das Atlantis-Rätsel, Wien/Hamburg 1976

8. daß das phönizische Alphabet, Urform aller europäischen Alphabete, auf ein atlantisches Alphabet zurückging;
9. daß Atlantis durch eine furchtbare Naturkatastrophe vernichtet wurde, bei der die gesamte Insel mit fast all ihren Bewohnern im Meer versank;
10. daß einige wenige in Schiffen und auf Flößen entkamen und den Völkern im Osten und Westen Kunde von der grauenhaften Katastrophe brachten, die in den Flut- und Sintflutlegenden der verschiedenen Völker der Alten und Neuen Welt bis zum heutigen Tag lebendig geblieben ist.

Die Ergänzungen Otto Mucks[2]

1. Atlantis lag im Gebiet der heutigen Azoren, welche gewissermaßen die Bergspitzen der um circa dreitausend Meter abgesunkenen Insel darstellen.
2. Die Sintflut war nicht die Ursache des Untergangs von Atlantis, sondern beide waren Folgen eines interstellaren Ereignisses: des Einsturzes eines riesigen Himmelskörpers, eines Planetoiden in die Erde. Aufschlagstelle des kurz vor dem Auftreffen auseinandergeborstenen »Planetoiden A« war die Gegend des heutigen Puerto-Rico-Grabens.
3. Der Planetoid hat wegen seiner Größe und seines Gewichtes die Erde aufgerissen. Eine Reißnaht von etwa viertausend Kilometer Länge, quer (bzw. längs) durch den Atlantik bis Island entstand, und Magma in unvorstellbaren Mengen ist mit Wasserdampf vermischt in die Atmosphäre um die ganze Erde verblasen worden. Eine Verfinsterung des Himmels, jahrelanger Regen mit Schlamm vermischt, Flutwellen an allen Küsten des Atlantik – also die aus den Sintflutsagen bekannten Verhältnisse – waren die Folgen.
4. Durch die Wucht des Einschlages haben sich die Erdpole verschoben, was ein plötzliches Abschmelzen des alten Polkappeneises und ein plötzliches Neubilden von Eis an den Orten des gegenwärtigen Nord- und Südpols, den bekannten jähen Erfrierungstod – der bisher unerklärt blieb – der sibirischen Mammuts und ein sich nach und nach abschwächendes Torkeln der Erde nach sich zog. Zugleich kippten infolge des Magma-Ver-

2 Vgl. die letzte, überarbeitete Fassung seiner Thesen, die mit einem Vorwort von Ernst von Khuon erschienen ist: Otto Muck, Alles über Atlantis. Alte Thesen – neue Forschungen, Düsseldorf/Wien 1976; Taschenbuch: München o. J.

lustes die Kontinentalplatten Amerikas und Europa-Afrikas zum Atlantik hin, was erhebliche Höhenveränderungen (etwa auch bisher rätselhaft gebliebene an der südamerikanischen Pazifikküste) bewirkte.

5. Atlantis verschwand plötzlich durch Absinken des Meeresbodens nach dem erwähnten Magma-Auswurf. Da es von dem katastrophalen Einschlag nicht direkt, sondern von einem Sekundär-Effekt betroffen war, bestehen Chancen, Zeugnisse seiner Existenz auf dem Meeresgrund wiederzufinden. (Die zeitlich jüngste Notiz, die uns in die Hände kam, berichtet davon, daß ein russisches Forschungsschiff unter der Leitung von Andrej Monin treppenstufenartige Trümmer in großer Tiefe bei den Azoren aufgenommen hat: ›International Herald Tribune‹, 6. April 1981.)
6. Es hat Augenzeugen des Ereignisses gegeben, nicht nur der Folgen. Neben Platons von den Ägyptern übernommenen Berichten im ›Timaios‹ und ›Kritias‹ und den universal auftretenden Sintflutsagen sind die frühen Berichte vom »Tanzen der Sonne am Himmel«, zum Beispiel in der ›Völuspa‹, zu beachten. Besonders wichtig ist der Anfang des Maya-Kalenders, der wahrscheinlich den Tag Null der Katastrophe festhält. Durch Rückberechnungen unter Einbeziehung auffällig konvergenter Daten aus den verschiedensten Wissensgebieten konnte Muck den Zeitpunkt der Katastrophe exakt auf den 5. Juni 8498 v. Chr., 13 Uhr (Erdzeit Greenwich) festlegen.
7. Durch das Versinken von Atlantis konnte der Golfstrom nun unbehindert weiterströmen und an den Küsten Europas bis in den hohen Norden seine wohltuenden Wirkungen entfalten (Ende der letzten Eiszeit). Die europäischen Aale aber auf ihren wahnwitzigen Laichzügen ins Sargasso-Meer bewegen sich so, als ob Atlantis noch da wäre. Sie können es nicht vergessen, ebensowenig wie gewisse Zugvögel auf ihren Zügen in den Süden.

Unsere Argumente

1. Bei einer ernsthaften Beschäftigung mit Atlantis geht es *nicht* um Sicherung einer noch höheren Zivilisation und ihrer Errungenschaften, auf die ein Großteil der Science-fiction-Literatur immer wieder zurückkommt. Dieses »Däniken-Syndrom« erscheint uns verhängnisvoll insofern, als es verkappt die Normen der zusammenbrechenden Fortschrittsideologie Europa/Amerikas hochhält und rückprojiziert. Das technisch-mathema-

tische Wissen, das man von den übriggebliebenen Bauwerken (Menhiren, Pyramiden) glaubt ablesen zu können, hatte, wenn es vorhanden war, gewiß nicht die unterstellte isolierte Bedeutung, sondern war einbezogen in einen Kontext religiöser Weisheit, von dem selbst die esoterischen Traditionen kaum noch etwas ahnen lassen. Jedenfalls gehört eine derartige Verbindung von Supertechnik und magischer Praxis, die zur Vernichtung von externen Gegnern benutzt worden sein soll, eher in den Bereich juveniler Omnipotenzphantasien; sollte ihr, was nach Platons Bericht denkbar erscheint, temporär etwas geschichtlich Reales entsprochen haben, hätte nach dem gleichen Bericht ein Verfall von Atlantis bereits vor seinem Untergang stattgefunden, der über den Charakter der atlantischen Kultur eher irreführt. Noch irreführender spielt die hier kritisierte Vorstellung mit einem infiniten Regreß auf extraterrestrische Wesen an, der eine unbegründete Rückprojektion der begründeten heutigen Präokkupation mit der Frage ist, ob allein die Erde Entfaltungsstätte denkenden Bewußtseins im Weltall gewesen sei.

2. Die Suche nach Atlantis ist *nicht* die nach dem verlorenen Paradies. Auch das erscheint uns als eine retrospektive Mystifizierung, die nicht ungefährlich ist, weil sie schon zu lange die Träume von einer menschlicheren Menschheit blockiert. Davon abgesehen, daß die atlantische Realität wahrscheinlich alles andere als paradiesisch war (Platon schreibt von Hochburgen mit königlicher Gerichtsbarkeit über Leben und Tod, von verschiedenen Ständen und Klassen, von Militärmächten, von Menschenopfern usw.), der erinnerte Atlantis-Komplex könnte gerade den historisch wirksamen Mechanismus des »goldenen Zeitalters« und der Utopie (als praktischer Unverbindlichkeit) außer Kraft setzen. Die bloßen Rückkehrträume, für welche die Eldorado-Sage des sechzehnten Jahrhunderts bezeichnend bleibt, haben erst bei der letzten Eroberung der Welt ihre schrecklich-zerstörerischen Wirkungen entfaltet: Alle geschichtlichen Herstellungen des Paradieses endeten bisher in der Hölle. Es darf also, wenn es denn um den Garten Eden geht, gerade nicht um den »Garten Eden« gehen; zum Paradies kommt man nur auf paradoxe Weise. Die Wiederauffindung von Atlantis liefe dann auf einen »kopernikanischen« Einsturz des bisherigen Geschichtsbildes hinaus. Für diesen gibt es auch sonst Indizien: Der vermessene Anspruch, der diesem Geschichtsbild innewohnt, der Anspruch auf Einzigkeit und Einsinnigkeit eines sich in linearer Progression vollziehenden vermeintlichen

Aufstiegs mündete inzwischen in die Endzeit-Antizipation eines apokalyptischen Absturzes, die so aktuell wie bestürzend ist. Daß das Verhältnis dieses Geschichtsbildes zur sich ständig rückwärts verlängernden »Naturgeschichte« des Homo sapiens – nach den neuesten Forschungsergebnissen – selbst inzwischen zu einer immer absurderen Disproportion gerät, sei am Rande notiert.

3. Der Zusammenhang von Erinnern und Vergessen, von Offenbarung und Verschleierung, von Kontinuität und Diskontinuität wäre selbst ein wesentlicher Bestandteil des Themas: Sind Fabeln, Legenden, Mythen eher Merkposten oder eher Verdrängungen? Oder ist diese Frage unzulänglich: Könnten sie nicht beides in einem sein? Und was wird, angesichts einer Katastrophe so unvorstellbaren Ausmaßes, aus dem Verdrängten? Muß nicht die gesamte Tradition der Atlantis-Bibliographie, besonders ihr Schicksal im Abstellraum des Phantastischen, reflexiv einbezogen werden? Kann die offenbare Angst sich vor dem Denken rechtfertigen? – die Angst, aus der heraus ein Wissenschaftsglaube, der sich jeweils an »die« Wissenschaft in ihren spezialistischen Positionen *von gestern* hält, längst zum Erkenntnisverbot ausartete: Indem er nicht etwa, was sein gutes Recht wäre, der Herausforderung ungewohnter Thesen in vorurteilsloser Prüfung begegnet, sondern ein selbstverräterisches Tabu schon über deren Themen breitet. Muß diesen Glauben nicht die Wirklichkeit einer Wissenschaftsgeschichte bereits Lügen strafen, die von jeher ihre entscheidenden Durchbrüche gegen den institutionsmächtigen Widerstand der Verwalter von Wissenschaft durchsetzt?

   Vor allem steht für uns das Verhältnis von Weisheit und Wissen neu zur Debatte und das der entsprechenden Realitäten. Denn die historischen Kerne der Fabeln sind selbst fabelhaft: Nackte Tatsachen hat es früher nie gegeben. Die Erde war und ist kein toter Körper, und ein Planetoiden-Einsturz konnte – wenn überhaupt – nur als Epiphanie eines strafenden Gottes erfahren werden.

4. Zentral aber ist für uns das Problem einer Traumatisierung der historischen Menschheit durch die vorausgegangene Katastrophe. Wir haben den Verdacht, daß die gegenwärtige Anfälligkeit für die Apokalypse (als Ereignis wie als dessen Vision), also für befürchtete oder erhoffte Weltuntergänge, in einer direkten Korrespondenz zu der schlecht verheilten Narbe steht, die der Untergang von Atlantis im Gedächtnis der Erdbewohner hinterlassen hat. Eine solche Wunde (die in der vom »Planetoi-

den A« aufgerissenen ihr geophysisches ebenso wie ihr symbolisches Korrelat gehabt hätte) muß – gerade weil sie nicht adäquat verarbeitet werden kann – einen kollektiven Wiederholungszwang nach sich ziehen, der zum Gefährlichsten gehört, was der Geschichte seitdem überhaupt anhaftet. Der Zwang würde darin bestehen, das Schreckliche *zu machen*, weil man es nicht erträgt, daß es *geschah*. Jedenfalls bleibt diese Katastrophe unentwegt virulent, solange sie im Selbstverständnis der Lebenden nicht akzeptiert ist. Andererseits könnte eine Beschäftigung mit ihr der Einsatz eines wirklich planetarischen Denkens sein, das seit Jahrzehnten als unabdingbar für eine Zukunft der Menschheit gefordert wird.

Mit unseren ersten beiden Argumenten hoffen wir die Möglichkeit einer neuartigen Atlantis-Forschung angedeutet zu haben. Es geht uns um Erdgeschichte, sofern sie das Gedächtnis der Menschheit betrifft. Erforderlich dazu wäre eine internationale, transdisziplinäre Kooperation von Astronomen, Geophysikern (Geologen, Geographen), Ozeanologen, Ichthyologen, Ornithologen, Paläontologen, Archäologen, Vorgeschichtlern, Sprachwissenschaftlern, Ägyptologen, Gräzisten, von Erforschern des präkolumbischen Amerika, Mythos-Forschern, Philosophen, von Eschatologie- und Apokalypse-Kennern und von interessierten Laien.

Unser drittes und viertes Argument handelt von der Notwendigkeit, einen Wiederholungszwang in der Geschichte aufzulösen. Dazu bedarf es des Einsatzes einer präzisen Phantasie, wie sie wissenschaftshistorisch leider selten verzeichnet wurde; in unserem eigenen Jahrhundert, in auffälliger Nachfolge und Bewahrheitung einer auf Goethe zurückreichenden Konzeption, sind Theoretiker wie Einstein, Whitehead, Prigogine und Wheeler die Ausnahmen. Es ist für uns unvorstellbar, daß die jetzt gängige »Arbeitsteilung« von Rationalismus und Irrationalität, zwischen einer auf ihre Instrumentalfunktionen eingeschränkten Vernunft und einer von ihr abgedrängten, aber steigend selbstmörderischen Phantastik angesichts der Zukunftsaufgaben der Erkenntnis (nicht nur mit Blick auf Atlantis) noch weiterhilft. Was wir brauchen, ist eine Verbindung von Genauigkeit und seismographischer Seelenkraft, wie Robert Musil sie vorschlug, *in* der Wissenschaft, also eine divinatorische Aufmerksamkeit, welche die Buchhalter-Mentalität endlich überwände und dem Gegenstand, der lebendigen Erde, gewachsen wäre. Was wir brauchen, ist eine trunkene Nüchternheit des Forschens, Rückfragens, Überprüfens, mikrologischen Gegenlesens. Was wir brauchen, ist als vorläufiges Erstziel eine gut ausgerüstete Forschungsexpedition in die submarine Sockeltopologie der Azoren, zunächst aber, in dessen Verfolgung, eine »argonautische Sozietät«. Wir wissen, daß das Projekt an Abenteuerlichkeit durch nichts als seinen eigenen Gegenstand überboten werden kann.

Erstdruck in: Dietmar Kamper und Ulrich Sonnemann (Hg.),
Atlantis zum Beispiel, Darmstadt/Neuwied Oktober 1986, S. 10–18

Anamnesis

Warum Atlantis ans Licht will (1986)

I Um der Frage auf die Sprünge zu helfen: warum nicht bei ihm selber, dem Licht, beginnen, seiner phänomenalen Buchstäblichkeit? Schon in der Klarheit seines transparenten Gesetzes scheint es unbesorgt, daß es damit einen Zirkel beschreibt, selbst präsent zu sein, da es stets ja von dunkelfarbigen Gegenständen im Grade dieser Eigenschaft resorbiert wird, während helle es je mehr sie das sind reflektieren, also seine Richtung verkehren. Die in solcher Verkehrung liegenden Möglichkeiten bleiben auf ihren Ausgangsbereich – der nur schon ihre ganze Anlage enthält – nicht beschränkt: da *Reflexion* in dessen Ordnung nicht aufgeht, insoweit sie es aber *nicht* tut eben diese es ist, was sie verkehren muß, bewahrheitet es, scheinbar paradox, in Wahrheit folgerichtig, ihren eigenen Nomos, daß in dem Augenblick, wo sie über den Quell seines Geltens, der eben die physikalische Optik ist, sich hinausbewegt, an ihm selbst sich die Umkehrung als vollzogene zeigt, die sein Prinzip ist.

An den Konstellationen des Reflexionstopos »Atlantis«, die die Belege stellen, läßt sich das nachzeichnen. Die Nachzeichnung bringt am Element des Historischen das Konstitutionsgesetz des *Spiegels* zum Vorschein, ruft seine Tragweite in Erinnerung. Der metaphorische Gebrauch der Begriffe, deren Vorstellungsgehalt desto bereiter sich seiner Widerspiegelung durch figurative Symbolik fügt, je inniger er nach seiner Abkunft selbst an sinnesweltliche Erfahrung gebunden bleibt, unterläge nicht dem Reflexionsgesetz, dem dieses Spiegelverhältnis ihn als Chiffrengefüge homologistisch erfaßbarer Bedeutungen zuordnet, bestätigte nicht auch an ihm sich der seitenverkehrende, nicht bloß Blickrichtungen wendende, unauffällige Effekt alles Spiegelns: *qualitativ* polt er das eingangs Berührte, das als Gesetz des Lichts in der physischen Welt waltet, für die Farbigkeiten ihrer Objekte gilt, um. Eine immer schwärzer verhängte Zukunft resorbiert keinen Strahl der Erkenntnis mehr, sondern schickt in totaler Brechung ihn in umgekehrter Richtung zurück; und so, restlos zurückgeworfen, angelangt in der Zone des Wissens dann, wo geschichtliche Frühe ihren ältesten Zeugnissen nach aus einem Nebel taucht, der gegen manche Evidenz für beharrlich gilt, trifft er zwar in ihm auf ein Hindernis, das seinesgleichen, da es stets zu schwach geriet, stets versickern ließ, aber auf keines, das jener Prämisse figurativer Umpolung just der Licht rezipierenden Eigenschaften des Hellen und Dunklen zufolge seine Bahn nochmals wendete.

Vielmehr dringt er nun weiter. Daß seine Vorwärtsbewegung gestoppt wurde, als Erkundungsroutine der Hoffnung so total wie geschichtlich erstmals gescheitert ist, alles an ihm am Arcanum des Todes, zu dem längst die Erscheinung des Künftigen sich verfinsterte, also unverbraucht abprallte, hat auf seinem Rückgang in fernstes Vergangenes ihm die Energien bewahrt, die er brauchen wird, soll das schwierige Erhellungsgeschäft, das ihm damit zugefallen ist, nicht wieder im Diffundierenden steckenbleiben. Nach der Erfahrungsweise der Menschen selber zu reden, so direkt endlich, wie es offenbar Zeit wird – welcher *Strahl* schon kann die Zeit *rückwärts bereisen* und verleugnete seine erstaunlichen Urheber! –, sieht das so aus, daß zu präzedenzlos verrammelter Zukunft nur die Aufdeckung eines Gewesenen, das zu Recht für das irdische Ultimum an *Verdecktheit* gilt, der Vernunft eine Tür öffnet; also für Atlantis die Stunde schlägt.

II Die Vernunft, der die Tür geöffnet wird, bedarf keiner Verteidigung gegen die Schwärme von Verzerrungen ihres Namens, die das zwanzigste Jahrhundert durchtummeln, besagte Verrammelung zementiert haben. Für die Anforderungen des Themas bietet ein kursorischer Blick auf sie (am Beispiel ihrer heimischen Spielarten) Aufschlüsse. Von den Fällen eines grimassierenden Ingrimms, todesbeschwipst beschwörenden Suchertums, das mit ressentimentaler Verbissenheit (wenn es keine handfesteren Ziele verfolgt) in den Seinsgrund starrt, der augenscheinlich nicht antwortet, abgesehen, gliedern sie sich im ganzen in solche, die gegen die Stimme der Vernunft sich auf sie berufen haben, daher inzwischen nicht weiterwissen, und in andere, die umso weniger wissen *wollen*, daß sie, was sie wissen, durch sie wissen: da sie immer schon solche Berufungen mit ihr selbst verwechseln, statt dieser Differenz auf die Spur zu kommen, und die bangen Vorbehalte, die das in ihnen wachruft – und die die Klärung ihrerseits dann behindern –, zur Folge haben, daß sie, unter umgekehrter Bewertung, die Verkennungen auf seiten der anderen Schar übernehmen; also im Effekt überbieten. Geht man der Spur der geschichtlich realen, immer unzweideutiger destruktiven Prozesse nach, in denen diese beiden Positionstypen ihre Parts haben, schrumpft ihr Widerstreit zu einem verteilten Rollenspiel ein, dessen Regie zu bestimmen bleibt. Abgewürgt ist im einen wie im andern Fall die Spontaneität des erkennenden Denkens – die im Verstand, den sie in ihren Dienst nimmt, nicht aufgeht, daher in unserer Sprache Vernunft heißt; als welche sie gegen Kants Verengungen keinen Regeln gehorcht, die sich von ihr abziehen ließen, da es keine geben kann, die sie nicht selbst schon voraussetzten, wie auch ihren prüfenden Eingriffen exponiert blieben. Daß die besagte Differenz sich auf einen ideologischen Vordergrund einschränkt, wird an der Vernunftlosigkeit greifbar, in die in dem Augenblick beider Arten, urteilend zu reagieren, sich teilen werden, wo etwas Unerwartetes an sie herantritt: ein Topos, der aus dem Rahmen des üblichen fällt, sie herausfordert. Daß diese Innovationsscheu auf *das* Neue sich ausdehnt, das ihr Eingeständnis wäre, ist konsequent: sie schafft es, indem sie umso hastiger es mit allem hält, was ein betriebsamer Zeitgeist für neu verkauft. Aber unter der Voraussetzung eines Belegs, der zu nennen bleibt – für genannte gemeinsame Vernunftlosigkeit prototypisch wäre – kann die Frage, die offenblieb, allerdings nun beantwortet werden. Der biogenetische Sinn einer wachsenden Innovationsabwehr ist bekannt: besagte Regie führt der *Tod*.

Oder, wie die Psychoanalyse es ausdrückt, seine intrapsychische Repräsentanz, also der *Trieb* zu ihm. Natürlich stößt das auf Widerstand. Aber an diesem Ergebnis ist so wenig Erstaunliches wie an der Einschlägigkeit – deretwegen sie zitiert wurde –, die die soeben genannte Wissenschaft für es hat und wie drittens für die Identität des ausstehenden Belegs gilt, der *Atlantis-als-Thema* heißt. Für den ersten Punkt mag es hinreichen, auf die Triplizität der apokalyptischen Schrecken den Blick zu richten, die als planetare Naturvergiftung, atomare Rüstungsspirale und Hungertod von Millionen in der Dritten Welt ins Gesicht der Menschheit sich einzeichneten. Für den zweiten, auf das gemeinsame Memorandum ›Das wiederaufgetauchte Atlantis. Die Katastrophe vor der Geschichte‹ zurückzuverweisen, das Dietmar Kamper und ich vor drei Jahren versandten: auf die Deutung seines *Vierten Arguments*, »der Zwang« – unter dem die Menschheit dazu im Begriff scheint – »würde darin bestehen, das Schreckliche zu *machen*, weil man es nicht erträgt, daß es *geschah*«. Diese These, die explizit in den Zeilen, die dem eben Zitierten vorausgehen, einen *kollektiven Wiederholungszwang* der Menschheit in ihrem geschichtlichen Werdegang supponiert, hat ihre Voraussetzung, ihre Substanz und ihren Rückhalt in psychoanalytischem Denken: spezieller in der Antizipation einer unausbleiblichen Pathologie der Kulturneurosen, die Sigmund Freud in seiner Abhandlung ›Das Unbehagen in der Kultur‹ schon in den Zwanzigern vortrug.

Hält diese These des Memorandums – was seit seiner Niederschrift eher wahrscheinlicher wurde, da die Saat der fatalen Verblendungen, die ihr das Wort redet, nur noch immer üppiger und unwiderstandener inzwischen aufging –, wird der *Widerstand gegen Atlantis-als-Thema*, unser dritter Punkt, den seinerzeit aber auch jener Text schon vermerkt hat, psychoanalytisch noch spezifischer deutbar: was in ihm sich mit der Innovationsscheu, die schon genannt wurde (und auf die zurückzukommen bleibt), fusioniert hätte, wäre der aus der Erfahrung der Analyse geläufige jedes verdrängten Traumas gegen seine Aufdeckung und Bewußtwerdung. Dabei ist das Verhältnis der beiden Deutungsbestimmungen kein äußerliches, das ihre Trennung als »Faktoren« erlauben würde, es addiert sie nicht zueinander, sondern hält, wie es psychoanalytischen Deutungen in Fällen wie seinem von je entspricht, sie als eines das andere modifizierende Moment an etwas fest, das als psychische Konstellation sich nicht nur unter beiden Aspekten *erzählen* ließe, sondern die Affinität dieser beiden zueinander in der Erzählung verdeutlichte. Für den Widerstand gegen *Atlantis-als-Thema* gilt das in so ausnehmend hohem Maß, daß die Stärke seiner Verankerung im Unbewußten, die bei solchen Versuchen zum Vorschein kommt, auch die Gemeinsamkeit seiner Präsenz jenseits der genannten Differenzen verständlich macht, die dem ideologischen Vordergrund zurechnen. Eine kritische Bestimmung dieser *psychischen Konstellation* nach dem Maßstab ihrer Fähigkeit, »sich vor dem Denken [zu] rechtfertigen«, kann hier gespart werden: auch sie hat – in seinem *Dritten Argument* – das besagte Memorandum schon ausgeführt. Denn natürlich handelt es sich einfach – diese Gestalt nimmt im Fall von Atlantis die besagte Konstellation immer und in jedem Fall an – um die selbstverräterisch erkenntnisfeindliche Angst eines Wissenschaftsglaubens, der der Herausforderung ungewohnter *Thesen* damit begegnet, daß er ihre *Themata* tabuiert.

Während dieser Kritik im Kern nichts hinzuzufügen ist, rät sie einen Hinweis auf die Gebotenheit weit schärferer künftiger Unterscheidungen an – ohne die sie selbst nicht beherzigt wäre – zwischen den Pionieren wissenschaftlicher Durchbrüche und dem Troß derer, die ihnen erst mit Spott begegnen, dann nachhinken. Der Fall Velikovskys, über dessen Thesen heute Harvard-Dissertationen geschrieben werden, während mit der einzigen Ausnahme, die Albert Einstein war, ihn in den Fünfzigern niemand ernst nahm, spricht in dem gleichen Zusammenhang Bände, in den auch die Zerrüttung Popperscher Vorschriften, wie die Geschichte von Wissenschaft zu verlaufen habe, durch die einschlägigen Untersuchungen der Theoriehistoriker Feyerabend und Kuhn gehören. Was mit der Methodentyrannis der eingestandenen und der uneingestandenen Positivisten zu Ende geht

– sich andernfalls nicht so schrill »orthodox« gebärdete –, ist noch immer die *frühe Neuzeit*, es ist die kartesisch-newtonische, in ihrem Weiterverlauf dann die kantische Ära; ein oft übersehenes Moment an ihr, gerade in Atlantis-Zusammenhängen vielleicht ein einschneidend wichtiges, ist die Verräumlichung der Vorstellung (als der auf Okularität, mithin Räumlichkeit, schon *in sich* angelegten Weise eines repräsentationellen Erfassens), die sie sich, am extremsten bei Kant, von der *Zeit* machte – die aber zunächst, wenn man sich ihre Implikationen vor Augen führt, gerade für Vorhaben von der Art des geforderten, das ja an Zeit (als an der von Geschichte) sein Element hat – dessen uneingeschränkte Verfügbarkeit nach Art des Raumes also seinen Aufgaben dienlich fände –, höchst reelle forschungspraktische Vorteile bringen könnte – wenn sie nämlich essentiell wahr wäre.

Offenbar ist sie es nicht. Wäre sie es, mit »anisotropischer« Beliebigkeit könnte die Forschung sich in der Zeit wie im Raum bewegen, der ihr nach allen Richtungen offen ist, während die Einsinnigkeit des Zeitpfeils sich noch nicht einmal mit ihrer Einschränkung auf seine begnügt, welche die auf die Zukunft ist, sondern strikter bei weitem als für forschende Griffe in Vergangenes sich behaupten ließe gerade sie ja verweigert, als das schlechthin Unentschiedene, welches Verdikt prinzipiell gilt, da es keine Zukunft gibt, die sich *in sich selber*, solange sie eine bleibt, schon entschieden hätte. Daß die Isotropie der Zeit selbst, die zu dieser Unvorentschiedenheit kommender Ereignisse in einem wechselseitig implikativen Verhältnis steht, in fundamentalerem Sinn auf sie zutrifft als von d'Alembert bis selbst noch Einstein die Naturwissenschaft in ihrem »klassischen« Zeitalter konzedieren wollte – es mit ihrer kantischen Ablösung durch die Vorstellung eines Quasiraums also nichts sein kann –, hat mitsamt den historischen Hintergründen eine nicht in diesem Kontext auseinanderzusetzende Bedeutung[1], aber in der Raum-Auge-Präokkupation der frühen Neuzeit, die mit Wandlungen dieser Art nun zu Ende geht, ist das Zeitverräumlichungsthema per se offenbar nicht erschöpft. Hinter seine Akzentuierung zurück durch eine bestimmte okzidentale Geschichtsepoche entspricht es – worauf Whitehead

1 Zeit ist Anhörungsform. Über Wesen und Wirken einer kantischen Verkennung des Ohrs, erstveröffentlicht in: Gottfried Heinemann (Hg.), Zeitbegriffe. Ergebnisse des interdisziplinären Symposiums ›Zeitbegriff der Naturwissenschaften, Zeiterfahrung und Zeitbewußtsein‹ (Kassel 1983), Freiburg/München 1986, S. 51–78 (Wiederveröffentlichung geplant in Band 8 der Schriften)

Bergson korrigierend hinwies – einer in der menschlichen Zeiterfahrung selbst angelegten permanenten Tendenz, nur macht diese (worauf wiederum Whitehead *zu wenig* hinwies) sich nicht wie ihre objektivistische Hypostase an einer Suspension der Zeit als Bewegung zugunsten von dieser durchmessener Strecken fest, sondern erfaßt beides in einem: das Unteilbare des fließenden Übergehens (nach Augustin und Bergson) *und* die Teilbarkeit dessen, wozwischen dieses Übergehen sich vollzogen haben *wird*, also retrospektiv registrierbar wurde, wo schon der »Strecken«-Bedacht der Erinnerung, nicht erst stoppende Zeitvermessung von außen, es zum Schein unterbrach. Sie kann es nur, wo sie als *kognitiv dies Erfassende selbst* an solcher »stehenden« Bewegung so teilhat, einfacher gesagt, diese *ist*, wie mit keiner Objektivierung von Zeit, die sie eben als Bewegung mit deren eigener Spur verwechselt, zu vereinbaren glücken kann. Eine solche Erfassung rechnet der Inwendigkeit, dem unmittelbaren Innesein unserer zwischen Erwartung und Erinnerung aufgespannten Erfahrung der Zeit zu; wo, wie im Fall von Atlantis, es verdeckte Vergangenheit ist, was der letzteren ansteht, kann die zu vollziehende Entdeckung *im ganzen* nur als Leistung von der Art sich vollziehen, die der Begriff der *Anamnesis* meint.

Das erläutert dann endlich, warum »zu präzedenzlos verrammelter Zukunft«, wie es im Vorstehenden heißt, »nur die Aufdeckung eines Gewesenen, das zu Recht für das irdische Ultimum an Verdecktheit gilt, der Vernunft eine Tür öffnet«: die Einheit der Zeit als Bewegung, die szientifischem Verständnis so abhanden kam, daß es fraglichem Diktum nicht folgen wird, schließt ihre Quasiräumlichkeit in dem praxeologisch jedem objektivierenden überlegenen Sinne ein, daß dort, wo es auf keine dem Bedürfnis nach Zuversicht gewohntere Weise mehr weitergeht, eine Orientierung am Ganzen der zurückgelegten Bewegung gefordert ist, die sie an deren Anfang zurückverweist, eben damit aber, indem ihr dies Ganze erkennbar wird, sie *über* es erhebt, nach der Implikation dieses Vorgangs also quasi-vertikal aus der Linearität der rekognoszierten Bewegungsbahn ausbricht; was über die Klärung des Problems von Atlantis hinaus – Analogien dazu stellen archäologische Spurenfunde, die sehr folgenreich, aber erst vom Flugzeug aus möglich waren – zur eventuellen Entdeckung vorher unbemerkter Türen ins Künftige führen mag, zunächst aber unsere These verstärkt, daß der Quintessenz des fälligen Aufdeckungsvorgangs, der hier erhofft und gefordert wird, unter allen explorativen Verfahrensweisen, ihren heutigen *Techniken*, die der Psychoanalyse am nächsten wäre.

III Diese Nähe stellt endgültig klar, daß es um keine Caprice geht. Doch bedarf das Projekt auch keiner Verleugnung seiner spekulativen Momente, die ihm nur verdenken kann, wer in dem doppelten Irrtum verharrt, daß Erkenntnis je aus *Sklavenmühe* (Hölderlin), ihren spezialistischen Leichenbittermienen entsprungen sei, und daß zweitens ihre Produktivität für die Orientierung, also auch für eine mögliche Praxis, sich nach vorgegebenen instrumentellen Zielen bestimme; beide Annahmen irren. Beide, die letztere in frappanter Verkennung einer im Bereich menschlicher Dinge zwischen Theorie und Praxis waltenden unvordenklichen Dialektik, widersetzten sich nicht dem erwartbaren Zugewinn – um den es zu tun ist – an geschichtlicher Wahrheit, wären sie nicht selbst bereits mit jener Konsequenz des Instinkts deren Gegenteil, die Borniertheiten kennzeichnet. Was zu wenden bleibt, nur eben keine Aufgabe ist, die sich einer instrumentellen Erledigung unterwerfen könnte, ist nach allem Gesagten das Schicksal, das nach einer Regel der Geschichte, der sie nachzeichenbar für seinesgleichen seit jeher folgt, jetzt in einer deutschen Gedächtnislosigkeit *für sie selber*, die nur der nachgeschleppte Pferdefuß des versunkenen Historismus ist[2], zwar sich wieder einmal potenziert, zu seiner extremen Repräsentation sich zusammenfaßt, aber sich schwerlich begrenzen ließe: als Zeitigung jenes fundamentalen Traumas bedroht es, wenn nicht die Menschheit im ganzen, mindestens den nicht unerheblichen Teil von ihr, der so achtlos wie paradox, da es auf seinen notorischen Wissenschaftsstolz ein gespensterhaft irisierendes Licht wirft, unentwegt an den Rätseln vorbeiflaniert, die seine eigenen Küsten ihm aufgeben. Diese Gleichgültigkeit schafft nicht die Fatalität, deren Gesetz zu brechen ist, sondern umgekehrt diese sie; aber sie könnte es nicht, wäre sie nicht auf die Aufrechterhaltung dieser Indifferenz zu ihrer eigenen Sicherheit angewiesen. Der Grund dieser Verleugnung, der mit deren Begriff in der Theorie der Psychoanalyse zusammenstimmt, deren an einzelne Lebensläufe geknüpfte Einsichten aber weitertreibt, läßt mit dem schon zitierten Satz sich umreißen: »Der Zwang würde darin beste-

2 Vgl. des Verfassers Negative Anthropologie. Vorstudien zur Sabotage des Schicksals, Frankfurt 1981, und Geschichte gegen den Strich gebürstet. Die Aporien des Historismus und die Thesen Walter Benjamins über den Begriff der Geschichte, in: Materialien zu Benjamins Thesen über den Begriff der Geschichte, Hg. Peter Bulthaup, Frankfurt 1975. (Geplante Wiederveröffentlichung: in Band 3 bzw. Band 10 der Schriften.)

hen, das Schreckliche zu *machen,* weil man es nicht erträgt, daß es *geschah*« – oder gibt dieses Diktum aus unserm alten Erklärungstext Rätsel auf? Dann sind es keinesfalls welche, die mit den genannten sich messen könnten: ungleich diesen, die das verdeckte Ereignis uns als Spur einer geschichtlichen Welt hinterlassen hat, die es stürzte und abschnitt, forderten sie nur noch, die Geschichtsbewegung, die die zutage liegende Fährte des Traumas ist, von dessen Eintritt her nachzuzeichnen. Inzwischen bleibt es so greifbar akut wie Unverarbeitetes in seiner Abgespaltenheit, aus der heraus, da es nicht in ihr altert, es als Störung in die Geschäfte des Tages wirkt (ihre sichere Logik beeinträchtigt) immer. Man wandere, um das Aktive, Gewaltsame an jener Achtlosigkeit zu erkennen – die seit dem dumpfen Platzen jedweder »Kelten«-Hypothese eher auffälliger, da verlegener wurde: sich nur noch als zielstrebiges Überhören einer beredten steinernen Stummheit verstehen läßt, die mit mildem Spott *Begreift ihr denn nicht?* fragt –, unter den Menhiren der Bretagne.

In welchem Maß der Vergleich mit der Psychoanalyse trägt, der in voller Berücksichtigung des topologischen und situativen Unterschiedes gezogen wird, zeigt sich an unauffälligen Analogien zwischen ihren Praxiserfahrungen und der Verwirklichungsschwierigkeit des Projekts. Wie die fragliche Praxis gelehrt hat, zwischen lebensgeschichtlichen Einsichten eines Patienten, die in einem dünnen Sinn in ihm »Theorie«, für die Therapie daher virtuell folgenlos bleiben, und einer solchen zu unterscheiden, die zur voll anamnestischen, vergangenes Leiden wiederholenden *Erfahrung* seiner ganzen Person wird: den Schein einstiger Weglosigkeit nur durchschlagen kann, wo sie als begegnendes Ereignis real wird, zeigt sich längst annäherungsweise eine Art Gabelung des Atlantis-Interesses, die dieser Differenz deutlich ähnelt. Ihre nähere Erläuterung kann erspart bleiben, vollzieht sich schon, wie ich meine, von selber: keine Aufdeckung eines Traumas, die mit ihrem eigenen Entwurf-Sein, ihrer theoretischen Vorzeichnung, sich begnügen könnte. Sie findet nur statt, wenn sie als wirkliches Ereignis in den Erfahrungsprozeß derer sich einschreiben kann, die unter den Folgen des Traumas zu leiden haben, also wird ein Vorgang, der Atlantis ans Licht bringt, dessen Untergang zwar nicht rückgängig machen, als Aufdeckungsgeschehen indessen nur mit der gleichen handfesten Buchstäblichkeit sich vollziehen können, mit der es einstmals versank.

Ist das eingesehen, bleibt alles Weitere fast ausschließlich zunächst eine Sache der Planung, bei der überaus viel zu bedenken und zu entscheiden bleibt, von der Koordinierung einzelwissenschaftlicher Kompetenzen über technische Probleme, ihre denkbaren Lösungen und deren Erfordernisse bis zu dem Grundproblem, das in dieser Reihung zuletzt erscheint, während es in der Organisation der Sache selbst klar den ersten Platz in Anspruch nimmt, wie ihr Finanzierungsbedarf zu bemessen ist und welche institutionellen oder sonstigen Mächte ihm zur Deckung verhelfen können. Während all das nur allzu klar den Rahmen eines Aufsatzes überschreiten muß, der es akzentuieren, aber nicht vorwegnehmen konnte, tut er gut, sich zu seinem Abschluß der Frage zu stellen, was die zuletzt berührte Analogie, deren Gemeinsames jener drastische Unterschied zwischen »dünner« und »erfahrener« Theorie ist, für die Konstitution der Vernunft besagt. Da sie offenbar nicht bereit ist, einschneidende Einsichten sich zu eigen zu machen, wenn es welche lediglich des Verstandes sind, sondern eben dafür Erfahrung, die sich auf den Kopf nicht beschränken läßt, solche Erkenntnis ihr bieten muß, kann sie bei Gefahr seiner eigenen Beschränktheit selber auf ihn nicht beschränkt sein; und was wäre dann ihre Wohnung? Die Antwort, die ein erhaltenes Fragment Heraklits gibt, ist so direkt wie erschöpfend. »Geh hin! Der Seele Grenzen findest Du nicht, und wenn Du alle Straßen abwanderst; so tief reicht ihr vernünftiges Wesen.«[3]

Was an Position das dem Anspruch des *Ich* läßt, das dann zunehmend von der frühen Neuzeit an zur Hypostase raumgreifender Herrschaftsgelüste der abendländischen Moderne geronnen ist, bleibt dabei unerörtert. Aber daß dessen Selbstgleichsetzung mit besagtem *vernünftigen Wesen* desto weniger, je gesicherter sie sich gibt, wahr sein kann, muß schon der Epheser erfaßt haben.

Erstdruck in: Dietmar Kamper und Ulrich Sonnemann (Hg.),
Atlantis zum Beispiel, Darmstadt/Neuwied Oktober 1986, S. 246–256

3 Fragment 97; vgl. Die Vorsokratiker, Hrsg. Wilhelm Nestle, Jena 1929, S. 124

Atlantis Trauma

Ulrich Sonnemann im Gespräch mit Florian Rötzer (1986)

Florian Rötzer: In einem Text, den Sie zusammen mit Dietmar Kamper verfaßt haben, verkündeten Sie, daß Atlantis die Obsession der achtziger Jahre werden könnte, weil gegenwärtig die Faszination am Katastrophischen gedeihe. Da wir uns heute vorstellen können, was möglich wäre, werden die bislang nur fiktiven Katastrophenszenarios wahrscheinlich. Worin besteht die Faszination an der Katastrophe von Atlantis? Warum taucht gerade für Sie als kritischer Gesellschaftstheoretiker Atlantis auf?

Ulrich Sonnemann: Meine Faszination, was Katastrophisches betrifft, ist ziemlich begrenzt. Atlantis habe ich immer faszinierend gefunden, schon als ich in meiner Jugend die einschlägigen Dialoge Platons las, den ›Timaios‹ und den ›Kritias‹. Es ist nicht einzusehen, warum man Atlantis unbedingt einer Mythologie zurechnen muß, denn Platon gehört ja einer Periode an, die wir heute als die griechische Aufklärung kennen und in deren sehr deutlich antimythologischer Tendenz er steht. Es ist alles so minutiös beschrieben, daß eigentlich kein Zweifel sein kann, daß – jedenfalls in Platons Bewußtsein – es sich um Historisches gehandelt hat. Es ist sehr wahrscheinlich, was die Zeitangabe betrifft, daß diese Beschreibungen in gewissem Maße revisionsbedürftig sind; aber daß dem nachgeforscht werden sollte, scheint mir aus dem einfachen Grund evident, weil es in der Tat in den achtziger Jahren eine Faszination, nicht etwa meine, an der Apokalypse, an der Endzeit gibt. Die Zukunft scheint verrammelt zu sein. Wenn man gegen eine Mauer stößt, ist es ganz natürlich, daß der Blick zurückschweift, weil man sich orientieren will, was eigentlich die ganze Wegspanne gewesen sein könnte, die an dieser Mauer endet. Es gibt Indizien genug dafür, daß an unserem ganzen bisherigen Geschichtsbild etwas Fundamentales nicht stimmen kann.

Florian Rötzer: Man könnte auch meinen, daß Atlantis als Chiffre einer großen Naturkatastrophe, die in die Geschichte eingreift, nur eine Umkehrung des bislang utopisch orientierten Geschichtsverständnisses ist. Postmodern wird doch jenes Zeitbewußtsein genannt, das glaubt, mit der Emanzipationsgeschichte, mit dem Fortschritt zu immer größerer Perfektibilität und Naturbeherrschung sei es zu Ende. Und das gegenwärtige Interesse an Atlantis wäre dann die Folge jenes Umkippens der Geschichtsperspektive, die sich immer nach vorwärts richtete.

Ulrich Sonnemann: Auf den ersten Blick liegt das sehr nahe; aber auf den zweiten scheint es mir nicht haltbar zu sein. Natürlich gibt es dieses Umkippen. Das von den religiösen Überlieferungen in den Ursprung der Menschheit verlegte Paradies ist ja die rückwärts gewandte Utopie. Nur passen die nüchternen Momente in den Erzählungen Platons, der in seinem Spätwerk durchaus auch utopische Tendenzen hatte, bloß ganz andere, dazu gar nicht. Es ist jedenfalls so, daß etwas Düsteres, Inhumanes, Abstoßendes zumindest die Spätzeit von Atlantis gekennzeichnet haben muß, das in diesen Berichten auch gar nicht verheimlicht wird. Man kann also nicht sagen, daß hier bloß in rosa Farbe gemalt wird.

Florian Rötzer: Atlantis gilt gemeinhin als Thema von Phantasten, von wissenschaftlichen Irrläufern, die immer etwas suchen, was außerhalb des Vorstellbaren liegt und ein Rätsel ist. Sind Sie ein Phantast? Und wo liegt Ihr philosophischer Zugang zu diesem Thema?

Ulrich Sonnemann: Phantasten, die welche sind, werden schwerlich von sich selber sagen, daß sie welche sind. Wenn ich jetzt von mir sage, daß ich keiner bin, hat das keine besondere Beweiskraft. Ich kann das getrost anderen überlassen. Im ganzen – soviel kann ich, glaube ich, schon feststellen – werde ich nicht als Phantast gesehen. Übrigens habe ich keine bestimmten Thesen für Atlantis, jedenfalls keine, die über den ungefähren Rahmen von Otto Muck hinausgehen. Auch das ist alles nur als erforschungswürdig gedacht. Was mir an vielem auffällt, ist, was man im Englischen »jumping to conclusion« nennt: daß man schon bei der Formulierung des Themas auf phantastische Tendenzen schließt; daß man, wo man bestimmte Thesen wenig glaubhaft findet oder etwas an ihnen auszusetzen hat, sich nicht etwa kritisch auf sie einläßt, sondern ganze Themata tabuiert; daß man, mit anderen Worten, das den Wissenschaften entgegengesetzte Verhalten an den Tag legt. Dagegen bin ich allerdings. – Man findet ja in der Wissenschaftsgeschichte häufig, daß neue Thesen von Außenseitern vertreten werden. Ich erinnere an Velikovsky, den man, als ›Welten im Zusammenstoß‹ erschien, auch wenn das zum Bestseller wurde, als Phantast belächelt hat. Nur einer nahm ihn damals ernst; das war Einstein. Inzwischen werden über Velikovskys Thesen an der Harvard University Dissertationen geschrieben. So ändert sich das!

Florian Rötzer: Sie haben zusammen mit Dietmar Kamper vorgeschlagen, ein Forschungsschiff auszurüsten und es zu finanzieren. Ihr Projekt Atlantis ist aber vor allem darauf gerichtet, eine Veränderung des traditionellen heilsgeschichtlichen Geschichtsbildes einzuleiten und dies mit Atlantis zu belegen, mit der Katastrophe *vor* der Geschichte. Warum gerade Atlantis? Und worin würde sich eine Veränderung ergeben?

Ulrich Sonnemann: Es gibt, was die frühe Antike betrifft, riesige weiße Flekken in der Zeit. Wie das in der Geographie noch im späten neunzehnten Jahrhundert für die Karte Afrikas galt, so gilt dies heute für Zeitgegenden, die hinter das erste Jahrtausend vor unserer Zeitrechnung zurückreichen. Hier weiß man – jedenfalls wissen das die Ägyptologen –, daß vor allem die Wissenstraditionen der ägyptischen Priesterkaste, die ihre Geheimnisse sehr eifersüchtig hütete, weit hinter das erste Reich, von dem unsere bisherige Geschichtsrechnung weiß, zurückreichen. Nach den Berichten bei Platon ist es in der Tat ein ägyptischer Priester gewesen, der Solon die ganze Atlantiserzählung vermacht hat. In der späteren Geschichtsschreibung Ägyptens gibt es die immer wieder mit dem Titel »Seevölker« bezeichneten Einbrüche von irgendwo jenseits der See. Wer das gewesen ist, dem ist man bisher noch nicht auf die Spur gekommen; aber man hat sich auch nicht besonders angestrengt. Es gibt viel Rätselhaftes an rezenten archäologischen Funden in Mesopotamien hinsichtlich der technischen Geheimnisse, die wiederum dessen Priester besessen haben. Ich will dazu gar keine These aufstellen. Mir fällt nur auf, wie wenig geforscht wird, wie wenig zunächst an Hypothesen, die ja dann Material von Explorationen werden könnten, überhaupt aufgestellt wird. Es besteht auf seiten des positiven Wissenschaftsbetriebs, der manchmal den Pionieren um astronomische Entfernungen hinterherhinkt, eine Beklommenheit mit einem Schielen auf den nächsten: was der dazu sagt und ob man noch ernst genommen wird, wenn man so etwas wie Atlantis thematisch aufnimmt. Diese ganze Haltung hat etwas Durchsichtiges und ein bißchen Lächerliches.

Florian Rötzer: Wenn sich bei Atlantis etwas Ähnliches herausstellen würde wie bei Schliemanns Troja, wenn also Atlantis die Spur einer vergangenen Naturkatastrophe ist, was würde dieses Ereignis in unserem Geschichtsbild ändern? Es wäre doch wohl ein historisches Faktum, das neben vielen anderen untergehen würde.

Ulrich Sonnemann: Zunächst ist es sehr auffällig, daß diese recht lächerlich kurze Geschichte im Verhältnis zu der biologischen Geschichte der Menschheit, die die Forschung bereitgestellt hat, daß das Verhältnis dieser beiden Zeitgrößen immer disproportionierter und absurder wird.

Wir haben durchaus keine Sicherheit, daß das, was wir Geschichte nennen, sich nicht mehrmals, wenn nicht sogar ziemlich häufig, in der Vergangenheit abgespielt haben könnte. Wenn wir wiederum Schlüssel dazu finden, wie vergangene Kulturen untergegangen sind, und wenn wir begreifen, warum jetzt diese Verdrängung des Atlantiskomplexes und seine Verwandlung in eine vermeintliche oder auch wirkliche Legende stattgefunden hat, dann wäre das durchaus bestimmten Vorgängen in der Psychoanalyse vergleichbar. Deswegen bin ich dafür, daß diese Forschungsarbeit aufgenommen wird; denn solange etwas im dünnen Sinne Theorie bleibt, eine Einsicht, die sich in der psychoanalytischen Situation herstellen kann, hat es auf das Befinden und auf die Praxis eines Analysanden wenig Einfluß. Es muß mit der ganzen Person eine Wiederholung des ursprünglichen Traumas erfahren worden sein, damit plötzlich ein existentieller Durchbruch erfolgt. Es gibt also auf seiten von Dietmar Kamper und mir eine menschheitsexistentielle Spekulation, daß sich so etwas einstellen könnte, wenn man endlich dieser Sache nachforscht; wobei durchaus damit gerechnet wird, daß auch die Muckschen Thesen modifiziert werden müssen. Wir erwarten keine bestimmten, sozusagen vorgeschriebenen Ergebnisse, sondern mit einiger Sicherheit nur, daß wir auf dem Wege dieser Forschungen schließlich eine neue Situation für das theoretische Bewußtsein finden und in dessen Konsequenz früher oder später auch für das praktische.

Florian Rötzer: Der Analysand wäre die ganze Menschheit. Sie haben versucht, die Menschheitsgeschichte in die Perspektive der atlantischen Katastrophe einzutragen, wenn Sie die These aufstellen, die technologische Entwicklung sei im Grunde eine Verdrängungsleistung des atlantischen Traumas gewesen, die darauf zusteuert – im Sinne einer Wiederkehr des Verdrängten –, das Verdrängte, also die Katastrophe, wirklich zu machen, weil man nicht ertragen könne, was einmal geschah.

Ulrich Sonnemann: Es hat natürlich, vor allem in der Entwicklung des europäischen und christlichen Abendlandes, eine einseitige Bevorzugung bestimmter menschlicher Fähigkeiten und Funktionen gegeben. Demgegenüber muß nach allem, was sich an Vermutungen bisher angedeutet hat, in der Atlantiskultur, mindestens in ihren Frühzeiten, eine viel größere Betonung der uns etwas verloren gegangenen innigeren Verbindung von Vernunft und Gefühl die Menschen und ihr Verhalten bestimmt haben. Es ist uns da vieles verloren gegangen. Wie es verloren gegangen ist, eventuell auch bereits in der Entwicklung von Atlantis selber, das würde alles zu dem gehören, was zu erforschen wäre. Wir haben den Eindruck, daß gerade durch die Scheu vor diesem Thema unterstrichen wird, daß eine Vergleichbarkeit zwischen ihr und der Selbstflucht eines Neurotikers besteht, die eine Flucht vor dem ist, was ihn in einer sehr frühen Zeit, die für sein Gedächtnis verdeckt ist, verletzt haben muß. Es gibt bislang keinen uns mitgeteilten vernünftigen Grund, warum Analoges nicht für die Geschichte der Menschheit im ganzen gelten soll oder gelten kann. Das ist andererseits durchaus hypothetisch; daraus wurde auch gar kein Hehl gemacht. Aber es sind immer hypothetische Erwägungen, das Aufdämmern von Möglichkeiten, die die Richtung bestimmt haben, in der in der Geschichte der Wissenschaften überhaupt geforscht wurde.

Florian Rötzer: Ist es nicht doch, um es einmal böse zu sagen, ein gewisses Ablenkungsmanöver? Wir stehen doch heute deswegen vor einer verrammelten Zukunft, weil wir die Katastrophe selber machen können, sei es durch langsame ökologische Vernichtung oder durch schnellen nuklearen Suizid. Hingegen war Atlantis eine Katastrophe, die – zufällig – durch die Natur bewirkt wurde, also nicht beeinflußbar war. Ist die Beschäftigung mit Atlantis als einer Naturkatastrophe nicht schon ein Abfinden mit oder ein Sicheinstellen auf die kommende Katastrophe?

Ulrich Sonnemann: Das glaube ich überhaupt nicht, daß ausgerechnet ich von unmittelbar Aktuellem ablenken sollte. Das wird sehr leicht und sehr schlüssig durch meine Publikationsgeschichte widerlegt, die in erster Linie die Kritikwürdigkeit der bundesdeutschen Nachkriegsentwicklung betroffen hat und in zweiter Linie andere philosophische Themen, die aber mit diesem ersten Themenkreis sehr viel inniger zusammenhängen als man vermutet. Das gleiche gilt auch für beider Zusammenhang mit dem Atlantisthema. Von Ablenkung kann meinerseits keine Rede sein; ich verwickle mich noch ständig in unmittelbar tagespolitische Kontroversen, manchmal auch forensischer Art. Ich sehe auch nicht, wieso gerade die Beschäftigung mit etwas, das die allgemeine Bewußtseinskalamität unserer gegenwärtigen Zivilisation erklären könnte, und das ist nach dem vorher Gesagten zumindest einer der Schlüssel unseres Vorhabens – wieso ausgerechnet das unpolitisch sein sollte, auch nur sein könnte. Die Aufarbeitung etwa der deutschen Vergangenheit ist inzwischen an einen Punkt gelangt – ich habe das in anderen Veröffentlichungen nachgewiesen –, wo man ohne eine Art psychoanalytischer Fragestellung gar nicht mehr auskommt, weil das, worauf man trifft, eine Art Wiederholungszwang ist, derengleichen in der psychoanalytischen Arbeit bekannt ist. Infolgedessen sehe ich nicht nur keine Ablenkung in Atlantis, sondern gerade in einer solchen Forschung einen direkten Vorstoß in diesen gesellschaftspsychoanalytischen Weg. Nur daß dies nicht nur für eine Gesellschaft gilt in ihrem Verhältnis zu sich selbst und ihrer Geschichte, die wie unsere etwas anormal ist, sondern für die Menschheit. Aber das ist der einzige Unterschied. Sie bemerken, daß dieser Unterschied im Grundsätzlichen keiner ist.

Erstdruck in: Ästhetik und Kommunikation 17/1986, Heft 64, S. 23–26 (der Bayerische Rundfunk sendete unter dem Titel ›Florian Rötzer spricht mit Ulrich Sonnemann über die Faszination des atlantischen Untergangs‹ eine gekürzte Version des Gesprächs in: Sonntag um sechs. Ein Kulturjournal, 2. November 1986)

Riegel des Gedächtnisses und des Golfstroms (1988)

Wenn es das fragliche Ereignis auch nur annäherungsweise in dem Umriß gegeben hat, den die Forschung und Hypothesenbildung Otto Mucks uns zunächst jedenfalls zu erwägen und mit Mitteln, die wir noch nicht haben, zu prüfen gibt, sind wir im Fall von Atlantis in das dialektische Verhältnis verstrickt zwischen einem Zeitriegel, den es uns vor-, und einem Raumriegel, den es umso entschiedener wegschob, da der wärmende Golfstrom eben seit damals dermaßen wohltätig die Küsten dieses unruhigen Erdteils bespült – immer nach Muck –, daß mit einigem sonst, das zu nennen wäre – unverschweigbar seither sich begab –, auch diese Veranstaltung möglich wurde. Vielleicht muß jene Hypothese ja revidiert, mindestens modifiziert werden, aber allein was sie an thematischen Fingerzeigen aus den allerverschiedensten Wissensgebieten zusammenbringt, die alle auf eine Menschheitskatastrophe *vor* der Geschichte – eine sehr begreiflich traumatische – hindeuten, ist jedenfalls mit der Denkträgheit eines offiziellen Wissenschaftsbetriebs, die sich hinter Seriositätsposen verschanzt, weder reimbar noch räumbar: anstatt *Thesen* sei es zu verifizieren, sei es stichhaltig zu widerlegen oder wie immer weitgehend zu berichtigen, wogegen wir ja nichts hätten, werden *Themen* verfemt, werden tabuiert, wurde ein faktisches Denkverbot aufgerichtet, das was immer an Heideggers Denken und Dasein die Sondierungen einer kritischen Gelassenheit nicht bestehen kann, jedenfalls sein Diktum »Die Wissenschaft denkt nicht« dumpf bestätigt, nämlich für deren Troß. Ohne die Ausnahmen, die aus ihrer tendenziellen Selbstgefälligkeit ausbrechen, ihr mit Überlegungen, Aha-Momenten, die ihre jeweiligen Denkgewohnheiten – die ja ein Widerspruch in sich selber sind – umwälzen, ihre fertigen Wahrheiten auflösen, eingrenzen oder relativieren, ihr von Zeit zu Zeit ihre neue und nächste, gänzlich unerwartet gewesene paradigmatische Schneise bahnen, gäbe es Wissenschaft nicht, wäre sie überhaupt nicht, auch nicht in ihren sich neu verfestigenden, abermals immobilen, wiederum bloß dahintrottenden sedativen und stagnativen Figuren dann: waltete nicht so strahlend jetzt, ob auch unbekömmlich für Verzehrer von Rehragout, mit so schaurig bedenkenloser, ganze halbwertzeitliche Zukunftsäonen teils von innen verkrachender, teils von außen verwaltender Spaltgewalt, hätte statt zum Gegenstand einer Augenheilkunde, die es noch nicht gibt, die bestehende auch kaum Lust zeigt, hervorzubringen, nicht den Sehfehler aller Fachspezialisten, diese ihre Ableugnung keineswegs jedweden Jenseits, nein exakt nur immer desjenigen ihrer Nasenspitze, zu einem Gesetz unserer Welt gemacht. Was, wenn es solchen *Experten* gelingen sollte, endlich und erstmals den Einbruch des Denkens in ihr Reich überhaupt zu vereiteln, ihn mit einer Sperre unmöglich zu machen, an der wirklich ja auch dort schon gebaut wird, wo das Denken selber zunächst durch sein surrogatives Double ersetzt wird, also der Computer es ablöst, der mit so atemraubender Geschwindigkeit zählen kann, ob auch immer noch eigentlich nur bis zwei, nicht bis drei, und man diesem Modell dann alle Kriterien eines Begriffes vom Denken entlehnt, den die szientifische Betriebsamkeit zuläßt? Vielleicht unvermutet wird dieser Frage hier die Antwort zuteil, daß das gar nicht so schlimm wäre. Wie immer ein solcher Versuch ausginge – glückte er vorerst, müßte sein Erfolg nicht von Dauer sein –, die ihn planten und anstellten, wären nicht selbst ja Computer, würdigten lediglich, nicht ganz zu Unrecht vielleicht, diese nützlichen Vorrichtungen als die unerreichbaren Idealmuster ihrer Hirne. Eine menschenähnliche Maschine aber ist einem maschinenähnlichen Menschen schließlich nicht bloß, weil er unsympathischer ist, vorzuziehen, auch weil sie ihm tatsächlich überlegen ist, ja es mit vollem Recht ist. Angewandt auf mein Thema: während der typische Fachwissenschafter auf den Namen *Atlantis* so souverän wie eine viktorianische Teegesellschaft auf den jäh lautwerdenden des Popos reagiert, ist es keineswegs ausgemacht, daß ein Computer der neuesten Perfektionsstufe, wenn ihm nur gründlich genug, umsichtig genug alle einschlägigen Daten verfüttert wurden, zeitliche wie räumliche, faktische wie theoriegeschichtliche, nachgewiesene wie denkbare, aber ungesicherte, nicht die Frage, ob es versprechend sei, die Sache endlich zu erforschen, bejahen würde. Aber die genannte Bedingung müßte erfüllt sein, und solange sie es begreiflich schwer hat, erfüllt zu werden, ist die Möglichkeit nicht mit Sicherheit auszuschließen, daß wir noch eine Weile in dieser Angelegenheit gegen den Strom schwimmen.

Wissenschaft gegen die Wissenschafter? Vielleicht, aber das sollte uns nicht so erstaunen, in der Geschichte dieser menschlichen Tätigkeit wäre das am wenigsten neu: ich erinnere, um nur von diesem Jahrhundert zu reden, an den Fall des Immanuel Velikovsky, über dessen ›Worlds in Collision‹, wenn das Buch auch stark einschlug, schon zur Erscheinungszeit ein Bestseller wurde, die offizielle Wissenschaft im Amerika der Fünfziger doch mit einer einzigen Ausnahme – die allerdings war Albert Einstein – nur lachte. Heute tut man es nicht mehr, im Gegenteil, über Velikovskys Thesen werden an der Harvard-Universität Dissertationen geschrieben, aber wann würden sie es endlich über den Hintergrund ihres eigenen Falles, diesen Verzug, diese chronische Ungleichzeitigkeit, dieses mechanische, fast schon immer vorauszusehende, offenbar unabdingbare geschichtliche Hinterherhinken? Könnte es sein, daß nicht nur Journalisten, wie Karl Kraus sie kritisierend aufs Korn nahm, vom schlechten Gedächtnis der Leute leben, sich darauf verlassen können, daß man morgen nicht mehr wissen wird, was sie heute geschrieben haben, sondern eben häufig auch Wissenschafter? Und könnte es weiter sein, daß dem von seiten der Umgangssprache ihr stets reichliches Angebot an entleerten Begriffshülsen nachhilft, das es ja auch wirklich bequem macht, so geläufig und einleuchtend, durchaus keine explizite Denkträgheit muß im Spiel sein, statt von einer ungeklärten Geschichtsspur unentwegt vom Atlantis-*Mythos* zu reden: welcher Usus in die gleiche Kerbe schlägt wie jene eingangs berührte Verwechslung, dann Auswechslung, einer unbequemen These gegen ihr Thema, das sich dann stillschweigend tabuieren läßt?

Die Evidenz dafür ist sehr reichlich. Und in Sachen Atlantis läuft das auf den unbewußten, aber doch sehr einfachen Mechanismus hinaus, daß jedes Denkverbot, das ein je persönlicher Denkverzicht ist, in die Intellektuellen der Antike, den nüchtern humanen Solon und den betont antimythologischen Platon-Kreis, in Timaios, in Kritias, in Sokrates und in Platon selbst projiziert wird, über die uns in Dialogen des letztern, dem ›Timaos‹ und dem ›Kritias‹-Fragment, die Kunde von Atlantis erreichte. Aber von der Tradition der ägyptischen Priesterkaste, die dem Solon auf seiner Ägyptenreise zufolge Kritias diese Kunde vermittelte, ist den Ägyptologen längst deutlich, daß sie weit hinter das erste Reich, die früheste Dynastie, die uns bekannt ist, zurückreicht, und wieso sollte gerade Sokrates, sollte Platon, in denen die kritische Bewegung der subversiven griechischen Aufklärung gipfelt, sich zu Sprachrohren eines Mythos gemacht haben, statt der offenbar gemeinten Aufdeckung von *Geschichtlichem*; wozu ja auch der Sprachduktus der beiden Dialoge nicht das mindeste hergibt? Das ist nur so offenbar unvernünftig wie es gerade rational nicht begründbar ist – ohne Rückgriff auf Psychoanalytisches nur unter explikativen Verrenkungen, die so gewaltsam wie anfechtbar sind, sich begreifen läßt –, daß eben nicht nur Atlantis, sondern einmal ganz von ihm abgesehen, wenn auch – Muck sowohl als auch aller Wahrscheinlichkeit nach – mit seiner Geschichte in denkbar engstem Zusammenhang, der um den ganzen Erdkreis gehende Ring konkordierender Sintfluterzählungen, wenn auch wenigstens einige davon in der Tat ja in mythischen Verdeckungen überliefert sind (in der Regel sehr transparenten), systematischer historisch-empirischer Nachforschung nicht nur auffällig gegen das Zeugnis dieser Erzählungen selber entgangen ist, auch gegen das Schlüsselindiz einer vertikalen Verteilung archäologischer Spuren, die mit dem alten Bericht übereinstimmt.

Kurz, es sollte in diesen Dingen, die die *Zeit* erschließen – wo wir im Erschließen des *Raums* so bewandert sind, wie auch so grenzenlos erfolgreich, bereits diese Asymmetrie fällt doch auf –, diesen Rätseln eines *Noli me tangere*, Rühr-mich-nicht-an, das an sich ja schon ein Indiz ist, daß etwas überaus Fundamentales in unserem Verhältnis zu unserer Geschichte nicht stimmen kann, endlich empirisch geforscht werden. Je vernagelter, dank ihr selber, die Zukunft der Menschheit erscheint, umso notwendiger lenkt der Blick sich aufs Ganze eines Geschichtswegs zurück, dessen Auskundung selbst nicht länger einem Spezialismus der Historiker zu überantworten bliebe, der seiner Provokation kaum schon Antwort steht; während gleichzeitig die Disproportion immer unwahrscheinlicher, ja ungereimter, absurder wird, die zwischen der Zeitstrecke der tradierten Geschichte und der dem homo sapiens nun erstaunt zugebilligten biologischen klafft, die sich das ganze letzte halbe Jahrhundert lang unausgesetzt rückwärts verlängert hat. Konkrete Forschung ist die einzige Antwort auf diesen Widersinn, die sich seiner Herausforderung anmäße, und wir müssen es wohl in Kauf nehmen, daß sie als notwendig empirische den Verdacht des Positivismus dort auf sich zieht, wo über diesen Begriff eine bedauerliche, aber schließlich unmaßgebliche Unklarheit einriß. Es gibt keine Erkenntnis, die ohne ein Erfahrbarmachen des zu Erkennenden auskäme, mit dem Positivismus hat das gar nichts, umso deutlicher mit der Einsicht der Psychoanalyse zu tun, daß zum Wenden einer Lebensgeschichte – und wie sollte es sich mit jener der Menschheit jetzt, soll sie das Jahrtausendende überdauern, nicht wenden müssen? – der Rückschluß aus ihren Leidenssymptomen auf traumatisch Erfahrenes, seine verdrängte Erinnerung, nicht genügt, wenn sie nicht schließlich selbst aufsteigt, als Wiedererfahrbarkeit erlebter Situationen, über die der Rückweg aus einer existentiellen Sackgasse laufen muß, der Person also keine »Theorie«, keine Selbstobjektivation wie von einem ihr äußeren Standort bleibt, sondern sie ganz in Anspruch nimmt und durchdringt: nicht sich wieder verflüssigend in ihr *wirklich* wird. Gälte für Geschichte nicht Homologes, unbegreiflich bliebe bereits der Widerstand, der einer Forschung, die allerdings umzustürzen droht, was sich die Menschen an gefälligen Bildern – ihrer stolzen Einmaligkeit, progredienten Einsinnigkeit – von ihr machten, sich so merklich, so argumentlos und so ohne Einsicht in ihren eigenen Grund noch entgegensetzt; wobei freilich jene Geschichtsbilder, wenn sie auch schon seit dem Ersten Weltkrieg stark abblaßten, wohlverdient an Kredit verloren, jetzt ein apokalyptisch gestimmter Zeitgeist auf die paradoxe Weise – die zu einer praxislosen Koketterie gefror, einer unverbindlichen intellektuellen Manier – konserviert, daß er sie als verlorene Sicherheit, ideatives Zubehör einer untergegangenen Wirklichkeit gelten läßt, der nun bloß noch Phantomhaftes nachfolge.

Nicht phantomhaft wäre ihre Herausforderung durch Entdeckungen, die diese scheinbare Abgeschlossenheit wieder aufbrächen, in sie eingriffen, sie in sich selbst umstürzten, welcher weitere Werdegang, als geschichtliche Zukunft, nur so unverfügbar wäre, wie es deren Bestimmung verlangt: als wahres, also erstes Futur, widerstünde sie ihrer Verbildlichung, Verräumlichung zum Surrogat des Perfektfuturs. Sie läßt sich nicht *vorstellen,* ja hier erst wäre es mit dem Vorstellenmüssen, diesem so manipulationssüchtigen wie ideenlosen Extrapolieren und Projizieren der maskenhaften historischen Ikonik, wirklich zu Ende, die okulare Tyrannis durch die doppelte Offenheit abgelöst, die Geschichte selbst als Entscheidungsfreiheit und das Ohr für ihre Bewegung als *Zeit* hätte: jene Rhythmen erfaßte, in denen sie, sich selbst gliedernd, sich ihrer Anlage nach zugleich *vollzieht* und *erzählt,* es nämlich täte, beides in einem Atem, wo Geschichte endlich ihre Bestimmung, zur Sprache zu kommen, erfüllt hätte. Offenbar hat sie sie nicht erfüllt, kann sie sie gar nicht erfüllt haben, nicht entschieden genug, ganz genug, was für diese bedürftigste aller Sprachbedürftigkeiten dann allerdings nur jenes unerbittliche *gar nicht* heißt, wo sie und die Sprache so verhängnisvoll immer wieder voreinander versagen wie im zwanzigsten Jahrhundert konstant. Wenn das endlich aufhören soll, wird es also wirklich *Zeit für Atlantis,* Zeit zunächst für die Aufgabe, nachdrücklicher als bisher geschah Aufklärung über den Problemkomplex einschließlich der psychoanalytischen Begreiflichkeit seines eigenen, unvermindert steten und unbesiegten, ihn so zielstrebig und erfolgreich immer schon entstellenden Widerstands: also über die Bedeutung des Erkenntnisgewinns und die Chance eines unabgrenzbar praktischen in einer endlichen Auffindung von Atlantis so umsichtig und gezielt zu verbreiten, daß auch die einer Finanzierbarkeit der fraglos kostspieligen Forschung gefördert würde, mit der hier alles beginnt.

Eine für den September nächsten Jahres in Aussicht genommene Seereise samt dem mußevollen Atlantis-Symposion an Bord, das für sie geplant ist, kann nicht selber bereits dieser Anfang sein: Forschungsexpedition wird sie nicht, soll nur innigerer Einstimmung auf das Thema wie auch weiterer Förderung seiner internationalen Publizität dienen. Die Forschung selbst kann nicht anfangen, ehe nicht die Millionen, die sie auf jeden Fall kostet, bereitstehen, aber auch über diesen Punkt sind Mißverständnisse verbreitet, wir brauchen nicht beängstigend viele davon, nur eben ein paar. Was mich schließlich, soweit das Ausgeführte sie nicht implicite schon zerstreut hat, auf die eingangs erwähnten tiefer wurzelnden Mißverständnisse bringt, die über Dietmar Kampers und meine Atlantis-Erklärung von 1983, unsere These von einem verdrängten Trauma der Menschheit, die die vermutete Katastrophe wirklich erfahren hat, aber nicht verarbeiten konnte, also einen unbewußten, unausgestandenen, immer deutlicher nun zutage tretenden Wiederholungszwang, dessen Verhängnis zu brechen wäre, im Umlauf sind, Mißverständnisse, als idealisierten wir, ja idyllisierten, Atlantis, sähen in ihm ein verlorenes, Geborgenheit verheißendes Paradies, das zu seinem Wiedergewinn lüde und lockte, ihn lohnen könnte, was für ein Nonsens, nichts stimmt davon, das präzise Gegenteil ist der Fall. Was dem Irrtum zugrundeliegt, scheint die Verwechslung einer erkundenden mit einer ersehnenden Richtung des Blicks zu sein; was sich natürlich verstehen läßt. Über die Spezifizität unserer These hinaus ergibt sich die erstgenannte Richtung schon aus der Verriegelung heute – für die sich kein Praecedens, kein Vergleich findet – der geschichtlichen Zukunft, dieser Mauer aller natürlichen Zuversichten, an der abprallend – und so zu einem Beginn in der Tat, der uns seinerseits verhüllt blieb, zurückgeworfen – die Orientierung dann gar nicht umhin kann, eben im Ganzen des Weges, den dieser Blickriegel so scheinbar total blockiert, eine Fragwürdigkeit zu beargwöhnen, die sich dann nur noch von ihrem Anfang her, damit wird er auf einmal so wichtig, erhellen läßt, und nur zu begreiflich, bei so viel Dringlichkeit, wird ein solches Erkenntnisinteresse libidinös besetzt sein, wie es in der psychoanalytischen Fachsprache heißt, und die Intensität dieser Besetzung leicht den Eindruck erwecken, das Erkenntnisobjekt sei auch Lustobjekt. Wie enorm er daneben greift, hat zu meiner Erleichterung schon Wolfgang Müller-Funk mit seinen skeptisch nüchternen Hinweisen[1]

1 Vgl. (erweitert) Wolfgang Müller-Funk, Der Atlantis-Komplex. In: Die Presse (Wien), 19./20. November 1988, Spectrum/S. 1f.

etwas vorgeklärt, für die ich ihm, da sie diese Ausführung abkürzen können, sehr dankbar bin. Mindestens in seiner Spätzeit war den platonischen Texten nach an Atlantis alles andere als etwas Friedliches, bergend Idyllisches, Paradiesisches, war es im Gegenteil eher Originalmodell aller Blutrünstigkeit und repressiven Gewalt, die die Geschichte seither, weil ihre Urszene eben abgeschnitten ist, nicht mehr loswurde. Das Ferne an Atlantis ist paradox also zugleich seine Nähe, wir haben es gar nicht verloren, es ist auf das wahrscheinlich dauerndste in uns und unter uns, und wenn wir es finden sollen – und wo sollte es notabene zu finden sein, wenn nicht dort, wo es den Berichten nach unterging, also in den inselgruppenreichen Meeresteilen westlich und südwestlich Gibraltars –, so weil das unserer Hypothese nach, die doch nicht unplausibel ist, der einzige Weg ist, es loszuwerden. Insofern könnte man unser Atlantis-Projekt gerade so gut ein Anti-Atlantis-Projekt nennen, aber nicht nur würden die Journalisten das mißverstehen, es ginge natürlich auch an dem einzuräumenden, damit keineswegs kollidierenden Interesse an der objektiven Schlüsselposition einer Kultur vorbei, die in jener hochentwickelten, wenn auch düsteren Spätform selbst schon Geschichte, eine wahrscheinlich ziemlich lange, voraussetzt, in der Tat also *Erkenntnis* in nicht abzusehendem Ausmaß voranbrächte, wenn wir sie auffinden.

Daß Atlantis-Interessenten des Dritten Reiches das Thema auf ihre Art im Visier hatten, sollte uns nicht beirren. Erstens wollen wir ja forschen, also genau das tun, was zu tun sie mit gutem Grund, wenn sein eigener auch schlecht war, verabsäumten, allzu durchsichtig ist die Helgoland-These, setzt man sie in Vergleich mit den platonischen Texten, ein Wahn, und was für einer erst – zu dieser Gewaltsamkeit hat man sich ja zur Stützung der These entschließen müssen –, ausgerechnet dem Platon zu unterstellen, er hätte (was immer an seinen Zeitangaben einem viel spezifischeren Revisionsbedarf unterliegen sollte) so wenig zwischen Jahren und Monaten unterscheiden können, daß er, wo er jene nennt, diese meinte. Und zweitens gibt es ja nichts Dümmeres als seinem Gegner Themen zu überlassen, selbst also in den geistlosen Trott ihrer Verwechslung mit Thesen zu fallen, von der schon so reichlich die Rede war – und deren Hintergrund nur ein bißchen unnachsichtiger anzuleuchten vielleicht zum Schluß lohnt. Wo immer diese Verwechslung waltet, herrscht Trägheit, man reagiert nur, nämlich auf Namen, Stichworte, statt sich tätig mit Ein- und Ansichten, Urteilen, Positionen von Theorie, auseinanderzusetzen, immer gibt es ja nur die Alternative, dieses wunderbare gegenseitige Ausschließungsverhältnis entweder zu assoziieren oder zu denken, beides gleichzeitig geht nicht, und die genannten Verwechsler mögen es ihren Bekenntnissen nach noch so sehr mit der Vernunft, also dem Denken halten, sie selbst assoziieren nur. Aber nicht nur ist diese Bequemlichkeit, die so überaus schnell fertig mit dem Vorwurf des Irrationalismus ist, wo die Vernunft, wie es ihre Aufgabe in der Welt ist, sich nicht um sich, sondern gerade um das kümmert, was ihr widersteht, ja sie bis zum äußersten fordert, vernunftlos, sondern diese Vernunftlosigkeit deshalb so schwer von ihrem Götzenthronsitz zu stürzen, weil er immer ein *Ich* ist: also ein keineswegs unbefangener, nein erweislich korrumpierbarer Seelenzensor, der ja seiner Angreifbarkeit auch hinreichend inne ist, umso unbedingter, in sich und außer sich, alles Auftauchende kontrollieren, also beherrschen zu müssen, nichts noch Unverfügbares, Unberechenbares, Fremdes und Neues in der Welt daher dulden mag. Dem entspricht es, daß die Vernunft, für deren Träger und Instanz er sich ausgibt, eben die ist, von der schon gesagt wurde, daß sie sich ausschließlich mit sich selbst befaßt: wenigstens theoretisch muß sie sich daher ihr Gegenteil, da es einen eigenen Anspruch ja nicht haben darf, schon so gleichmachen, daß was der Gleichmachung nicht gehorcht – sich nicht *einordnen* läßt –, eben irrational ist, oder es ist eo ipso nichtig; eleatisch substantiviert das selbst das *nichts*, mag es auch auf seiner eigenen Kleinschreibung in stiller Verzweiflung gegen die Ansprüche eines Substanzdenkens insistieren, das nicht einzig in expliziter – etwa Heideggerscher – Gestalt wiederauferstand. Wirksamer, weil versteckter, hat es dem Selbstbehauptungsinteresse des Geschichtsverhängnisses mit so verklärenden Affirmationen einer Identität der Vernunft mit dem *Ich* gedient – dem selbstherrlich kontrollbefugten, dessen Korrumpierbarkeit dabei stets unterschlagen wird –, wie es von Parmenides über Fichte und Hegel zu Habermas sich gegen alle Regungen gerade spontaner Vernunft, die dabei unterdrückt werden muß, desto einschüchternder durchsetzte, je imponierender die *Systeme* gerieten, diese ambitiösen Gebäude, die umso sicherer der Tod des Gedankens sind, je ordnungswütiger ihre Erbauer ihn in deren Joch zwingen, das die Begriffe erstarren läßt. Dieser Traditionslinie wird hier abgesagt, umso entschiedener, wie es das Atlantisprojekt fordert, die ganze kritische, in Deutschland verlorengegangene authentischer Aufklärung wiederaufgenommen. Vernehmend – wovon ihr deutscher Name kommt –, nicht in fixen Bildern, Ordnungsfetischen, Zwangsregeln einer schematisierenden Geistesverwaltung versackend, regt sich Vernunft in der Welt, und da ihr Ohr unterscheiden kann, verwechselt sie Platons Vermächtnis *über* Atlantis nicht mit einem der Atlantiden.

Kaum entschieden genug kann sie dann nochmals zuletzt an den Gehalt ihrer Gründe erinnern, dem versunkenen Objekt, das es wiederzufinden gilt, einen Identifikationsvorschuß nicht zu gewähren. Daß sie nicht nur zu manchen älteren Atlantis-Spekulationen damit unverblümt in Distanz tritt, muß Vernunft jetzt in Kauf nehmen, und ihre Kritik gilt den Atavisten somit, die somnambulisch, wenn auch selten so traumverstrickt, sie zum Wittern von Morgenluft außerstande zu setzen, Atlantis *besetzt* halten – magisch-macherhaft unter seinem Namen eine gewähnte verlorene *Ganzheit* herbeibeschwören –, also gerade so unbeirrt wie jenen Themen tabuierenden Geisteskontrollbeamten – aber dieser Zweifrontenkrieg der Erkenntnis jetzt, erspart ihr gerade er nicht aufs gnädigste, sich auf eine Himmelsrichtung festlegen zu müssen, aus der auf ewig ihr Licht strahle? Daß das der Aufklärung aus Westen kam, hat der berühmten Wahrheit des *ex oriente lux* unabweisbar eine Grenze gezogen, aber andererseits und sehr triftig, stellt es nicht zu unserer Überraschung sich auch immer erneut wieder her, tut es auf das auffallendste eben heute? *Glasnost* jedenfalls – an dem so unentwegt auch in unserem Land ja ein keineswegs geringer Bedarf besteht, wenn auch letzterem sein Seinkönnen mangels dessen korrekter Ermöglichung durch ein Seindürfen nach der Sitte des Landes verwiesen wird –, Glasnost ist aus Osten gekommen, und Glasnost ist denn auch das erlösende Stichwort für eine summarische Beendigung dieser Rede: Die bewegende Sache, um die es – wie ja in manchem – mir betont auch beim Einsatz für die voranzutreibende Auffindung von Atlantis geht, ist die Verwandlung der immerdeutschen – sich zu unaufmerksam in der Regel erst an trügerische Modelle verschwendenden, dann beklommen meistens nur noch in Sekten und Träumen rumorenden – üblichen und typischen Nostalgie in eine *Glasnostalgie.*

Erstdruck in: Gabriele Lanzrath (Hg.), nachtgespräche. Lesebuch ARTlantis, Berlin Dezember 1988, S. 47–57 (der Vortrag wurde am 19. März 1988 auf dem die Berliner Ausstellung ›ARTlantis – ein Workshop im Nordmeer‹ begleitenden Symposion ›Atlantis und die Phantasie‹ gehalten)

Uhr-Sprünge
Wie tönte Atlantis? (1989)

Sich auf Unabsehbares einlassen, macht das Walten einer diskreten Signalanlage, die für nötige Einsätze im Ensemble der Sinne wie ein Ukas aus dem Rat der Musen sorgt, der zum Beistand ruft, aus dem Privileg seiner innigen Erleuchtung Solidarität einfach befehlen kann, desto absehbarer, wo das Auge nicht hinreicht, wird die Hilfsbereitschaft des Gehörs fulminant. Die Entdeckung, die uns beschäftigen wird, daß das Atlantisrätsel eine akustische, ja eine rundheraus musikalische Seite hat, kommt so offenbar und so zwanglos der genannten Kalamität des Sensoriums entgegen wie ihrem speziellen Interesse umgekehrt dessen Notstand gelegen kommt, nur klärt das noch nicht, was seiner Benennung – die ja zunächst etwas Resignatives hat – vorschwebt: wieso unabsehbar?

Atlantis wird abgewehrt: Diese Meldung vorweg, als ein erster Spurenfund für die Antwort, wo nicht etwa diese selber bereits, für welchen Fall sie freilich am wenigsten, soll er plausibel werden, ohne nähere Aufschlüsse auskommt. Atlantis wird abgewehrt, konsterniertes Lächeln meist, wenn der Name fällt, Umschweife, nicht so häufig mehr Stirngerunzel, sehr viel öfter verlegene Berufungen heute auf mangelnde Fachkompetenz des jeweils Angesprochenen und die zweifellos umso einschlägigere eines Nachbargebiets, wo es alsbald ganz das gleiche ist. Atlantis wird abgewehrt, aber der Gestus der Abwehr ist in topologischer Verschiebung begriffen, zuviel Datenförmiges, Theorieförmiges, Marktförmiges nicht zuletzt von der Börse so zweifellos respektabler, einen der Lästigkeit, sich genieren zu müssen, überhebender Autoritäten wie Einstein war, sorgt für den Wandel, weiß man doch mittlerweile, wie er rätselhafterweise der einzige gewesen ist in den Fünfzigern damals, der den Velikovsky schon ernst nahm, angelegentlich nachbohrend mit ihm Briefe wechselte, unbesorgt, was die Leute sagten, als die ›Worlds in Collision‹ alles in Amerika zwar verschlang, aber auch alles belachte, inzwischen, nur Velikovsky selber ist tot, übt die Dissertationswürdigkeit seiner Thesen einen belebenden Effekt selbst auf Harvard aus. So ist das mit der Wissenschaft, selten läßt sich, aber vor kommt es, von ihren Widersprüchen einer dermaßen faszinieren, daß er anfängt, zu denken, mit welcher Tätigkeit er zwar immer schon, da das ihre jeweils gegebenen Gewißheiten sprengt, aus ihr ausbricht, alsbald aber, im Rückblick, der ja eine perspektivische Einebnung höchst präsent gewesener, erfahrener Differenzen ist, wird der Ausbruch, ist er erst abgeschlossen, so zu ihrem eigenen Durchbruch gediehen sein, dessengleichen es ja merkwürdigerweise eben immer nur im Modus des zweiten oder Perfektfuturums zu geben scheint, daß es dann unaufhaltsame Folgen für die instituierte szientifische Szene hat, ein ganzer Troß von Betriebsamen sich der Umwälzung endlich anschließt – wozu? Um in wiedergewonnener Sicherheit an die Wissenschaft weiter *glauben* zu dürfen, also ihre nächstfälligen Aus- und Durchbrüche zu vereiteln solange es irgend geht. Und es geht ja recht lange meist, ehe unerbittlich, da sie ihrerseits nie eins nimmt, die Fristen zu Ende gehen, die der Denkträgheit, ja von wem nur, gesetzt sind? Jedenfalls und fürs erste, wie immer sich ihr *Wer*, diese Subjektivität bestimmt, die spontan ihrem Walten beizulegen wir so auffällig gar nicht umhin können: der *Geschichte*. Im Fall des Atlantisproblems könnte der Termin fast erreicht sein, zu direkt, als daß sie nicht zur Ungeduld Grund hätte, ist ihr eigener Fall sowohl – der der Geschichte – mit der rätselhaften Sache verkettet als auch das, was deren Aufklärung hinhält, in einem unvermuteten, aber empirisch erfüllbaren, nämlich krankengeschichtlichen Sinn transparent. Denn Atlantis wird *abgewehrt* wie ein Seelentrauma aus biographischer Frühe, dessen Wiederaufstieg in die Rechenschaft des Bewußtseins die Person, der es zustieß, zwar retten kann, der Instanz in ihr, die sich für ihre Identität hält, aber trotzdem und nicht selten aufs lästigste als direkte Bedrohung des prekär Eingespielten an ihrer Selbstbehauptung in die Quere kommt, eben abwehrt, daher – darf dann psychoanalytisch geschlossen werden; wenn auch die Lebensgeschichte, die da anamnestisch in Frage steht, aufs bestürzendste eben die der Menschheit zu sein einen stillen, aber unabweisbaren Anspruch erhebt – *ist es eins*.

Sehr Erhebliches spricht dafür. Ich werde es hier nicht ausbreiten, in dieser Einleitung zu einer Musikexegese nur verhältnismäßig weniges nennen können, das zu Dietmar Kampers und meiner Atlantis-Vermutung, die wir 1983 näher begründeten, einen Schlüssel stellt. Zunächst in knappster Verdichtung die These selbst, wenn der katastrophische Untergang des Inselkontinents, von dem in zwei Dialogen des Platon, dem ›Timaios‹ und dem detaillierteren, wenn auch nur als Fragment erhaltenen ›Kritias‹ berichtet wird, der Verdecktheit seines Vermächtnisses nach nicht verkraftet, verarbeitet werden konnte, daher verdrängt wurde, ergibt sich in Anwendung des für Verdrängungen von Unbewältigtem geltenden Wissen die Wahrscheinlichkeit eines Wiederholungszwangs, der die Neigung zu wie die Präokkupation mit Katastrophen unserer eigenen Spätzeit, ihr zunehmendes Selbstverständnis als apokalyptische Endzeit erklären könnte: der Zwang, in den Worten unserer Erklärung damals, »würde darin bestehen, das Schreckliche zu machen, weil man es nicht erträgt, daß es geschah«. Der Widerstand, den dieses Nicht-Ertragen dem erinnert sein wollenden Ereignis entgegensetzt, desto unfreier so das Widerstandene nur zur fatalsten Weise von Wiederkehr nötigt, die es dann statt im Bewußtsein im Sein hält, diesen Widerstand bekommt man bei seinem bezeichnend allgemeinsten Zug schon zu fassen, wo man auf die übliche – schon mit Aristoteles einsetzende – Zuordnung der Atlantis-Erzählung zum Gebiet des Mythischen, Legendären stößt; gegen welche eilige Realismus-Pose, besserwisserische Attitüde nüchterner Abgeklärtheit es von Anbeginn substantielle Indizien gibt: vom beharrlichen Kampf der platonisch-sokratischen Aufklärung nicht nur gegen Mythisches, auch die Fiktionen der Dichter – insofern sie nach Platons Urteil ihm durch Grenzverwischung zwischen Wahrem und Erfundenem Vorschub leisten – bis zu dem, was der ›Kritias‹-Text selber über die Herkunft des Berichts konstatiert. Daß der reisige Solon, Athens Staatsmann, von dem nach dieser Rechenschaft die Erzählung von Atlantis auf seinen Nachfahren Kritias gekommen sei, nach Vollendung seines berühmten Gesetzgebungswerks tatsächlich in Ägypten gewesen ist – wo er sie von einem hochgestellten Priester empfangen habe –, ist historisch auch sonst bezeugt; und wenn die Kontinuität der ägyptischen Priesterkaste samt der ihres esoterischen Wissens nicht noch weit hinter die erste der bekannten einunddreißig Dynastien zurückreichte, bliebe das unnahbar Statische, das ihr Nimbus durch deren Wechsel bewahren konnte, diese offenbare Unberührbarkeit durch Veränderungen der politischen Macht unerklärlich. Erst Ende des neunzehnten Jahrhunderts wagt es denn auch, spekulativ, aber textgetreu, nach unzähligen Unternehmungen ebenso der Destruktion wie der Mystifikation, die voraufgehen, ein amerikanischer Forscher, der sehr unabhängige, streitbare und scharfsinnige Ignatius Donnelly, Platons Angaben unbeirrt nachzugehen, kann zumal dabei keinen Grund finden, warum deren Ortsbestimmung von wegweiserhafter antik-geographischer Bündigkeit, diese Situierung des versunkenen Landes »jenseits der Säulen des Herkules«, im Atlantik westlich Gibraltars also, nicht buchstäblich zu nehmen wäre. Donnellys pionierhafte Annahme, daß die *Azoren* die noch sichtbaren Bergspitzen der um dreitausend Meter abgesunkenen Insel sind, nimmt vor vierzig Jahren dann ein Österreicher, der Polyhistor und Naturforscher Otto

Muck auf, baut sie mit einer Fülle konvergierender Sachargumente aus den verschiedensten, ja denkbar getrenntesten Disziplinen, der souveränen Interessenvielfalt eines selten gewordenen enzyklopädischen Wissens aus, ohne daß die Theorie, die herausspringt, unbeschadet ihrer erstaunlichen Präzisionen, doch die Möglichkeit präjudizierte, daß sie in einigen ihrer Punkte für Berichtigungen, mindestens Modifizierungen, offenbleibt. Eben dies weist Mucks Deutung als legitimen Beginn einer Forschung aus, die sich in ihren Hypothesen nicht blindlings verhärtet – wie von einer Kreta- bis zu einer Helgoland-These für ihre sämtlichen Konkurrenten unter den Atlantis betreffenden Theorien gilt; mehr oder weniger auffallend haben sie alle etwas vorentschieden Ideologisches, Weltanschauliches –, sondern selbst ihre Überprüfung an der Empirie spezifizierbarer Forschungen einfordert, denen ihre Differenziertheit den Weg weist; mit welcher Neugier und Zuversicht sie doch nur die bare Selbstverständlichkeit impliziert, die ihr Kohärenzgrad verdient. An diesem Punkt greift sich ein Dilemma mit Händen, das nicht das des vor über einem Vierteljahrhundert verstorbenen Theoretikers Muck ist, sondern das eines spezialistisch zerklüfteten, wurstelnden Forschungsverständnisses, das bis heute ihm diese Antwort, dieses nach dem Tenor ihrer tradierten Verkündigungen Elementarste für das Leben von Wissenschaft, schuldig bleibt: eine Forschung, die das Postulat erfüllen, empirische Nachprüfung eines hinterlassenen Lebenswerks von erstaunlichster innerer Schlüssigkeit leisten könnte, findet nicht statt.

Gewiß kostete sie Millionen: gar nicht unmäßig zahlreiche, aber eine handvoll, äußerstenfalls wohl auch zwei, bedenkt man nur – ohne aus dem Blick zu verlieren, daß eine noch so verkürzte Exposition von Mucks Thesen zwar unweigerlich diesen Vortrag zu weit verschlüge, ihre Reichweite wenigstens anzudeuten auch ihm indessen keinesfalls schaden kann –, was an ozeanologischen, klimatologischen, astronomischen, geophysikalischen Daten über eigentlich geologische wie auch paläontologische, archäologische, ichthyologische (etwa über das Laichverhalten von Aalen), weiterhin dann noch solche, die der rezentesten Gattungsgeschichte von Mammuts und Mastodonten verfügbar sind, bis zu weitgestreuten Überlieferungen aus der vorgeblich frühesten Zeit der Historie, schließlich auch speziellen Erstaunlichkeiten, die ein kaum noch begonnenes Nachbohren interkontinental vergleichender Sprachgeschichte erklären mag, an erforderten Materialen alles in dieses Forschungsprojekt einginge, wenn es gelingen soll. Gleichwohl kann für die Abwehr, der wir auf der Spur sind, seine Kostspieligkeit nicht der Grund sein, kostet doch Millionen – aus öffentlichen Mitteln oder auch aus industriellen – manche heutige Forschung. Nur in extremer Vereinzelung hat die Abwehr sich bis heute artikulierter zu begründen versucht, immer dann mit dem Argument eines Spurenmangels auf dem Grund des Atlantik, als ob er, zum ersten, schon kartographierter sei als Europa es im siebzehnten Jahrhundert gewesen ist, zum zweiten die Theorie nicht eher Spuren unter dem Meeresgrund postuliere als so griffbereit welche auf ihm.

Welcher Hinweis freilich die Möglichkeit von Dimensionen der geforderten Forschung eröffnet, die ihren Finanzbedarf steigern. Seine Deckung würde eher wahrscheinlicher, verbände sich mit einem selektiven Nachgraben unter Inselsockeln, das solche Spuren entdecken könnte, doch auf seiten denkbarer Geldgeber gleich die Hoffnung auf Öl, Mangan oder sonstige Erdschätze. Aber unterschätzen wir nicht den gemeldeten Widerstand, jenes Militante der *Abwehr*, das wie kaum etwas gerade der berührte Sachverhalt nach der Vermutung der Theorie voll ins Licht rückt: ausgelöst von der gleichen Ursache – und synchron damit –, die Atlantis *versinken* ließ, sei unter niederstürzenden Massen von Bims und Schlamm es *begraben* worden (Massen von treibendem Bimsstein, was den fraglichen Meeresteil noch zu seiner Zeit unbefahrbar mache, sind auch bei Platon notiert). Nach Muck ist in Erklärung des Untergangs nicht nur der Meeresboden im ganzen Atlantikbereich abgesunken, sondern dem planetarischen Ereignis eines Asteroideneinschlags im Bermuda-Dreieck von heute sei zugleich mit einem erweislichen Polsprung die Eruption in die Atmosphäre so immenser, mit Wasserdampf vermischter Massen von Magma gefolgt, daß die Konsequenz nicht nur jenes Absinken, auch das weltweite meteorologische Ereignis gewesen sei, das als Sintflut dann fortlebte.

Daß es das unabhängig voneinander in den Überlieferungen der allerverschiedensten Völker, weit voneinander getrennter Kulturen tut, zu welcher Evidenz die der Archäologie trat, wo ihre Inspektion übereinandergelagerter, einander ablösender Kultursedimente auf eine spurenlos unterbrechende Zwischenschicht von mehreren Metern stieß, unterhalb welcher erst es mit den Funden dann mit einemmal wieder anfängt, schärft das Abwehrproblem zu: die große Flut ist kaum zweifelhaft, aber forscht man selbst ihr denn, die als eingeräumte Möglichkeit eines Diluviums nicht verhehlen kann, daß sie im allgemeinen Bewußtsein Gerücht blieb, mit einem unbemäntelt ausdrücklichen und entsprechend dotierten Projekt nach, wie es ihr offenbar Einschneidendes für das Aufdämmern von Geschichte verdient?

Als Stein des Anstoßes ragt Atlantis nur aus einem sehr viel weitläufigeren und massiveren, dunklen Gebirge gleich beharrlich ans Licht wollender wie wissenschaftsoffiziell um es betrogener Themen hervor; zu welchem Niemandsland es nach dem Ausgeführten zwar mit größter Wahrscheinlichkeit ohnehin gehört, als konstantes Spezialtabu scheuender Wissenschafter aber insofern auch der lohnendste Zugang ist, als es dieses ganze verfemte Gelände als *Komplex abgewehrter Geschichte* erkennbar und seine Pathologie transparent macht. Das Mechanische daran wird schon greifbar, wo der Abwehrer das Atlantis-Interesse mit einer Suche nach dem verlorenen Paradies identifiziert: die, gesetzt, sie vollziehe sich (Annäherungen daran gab und gibt es tatsächlich), doch nichts gründlicher als eben gelassene Forschung ihres sehr vermutbaren Wahns überführte; der des Abwehrers ist insofern, als er gegen den Vernunftanspruch seiner vermeintlichen Wissenschaftlichkeit sich dort, wo zu denken wäre, auf ein These und Thema verwechselndes Assoziieren beschränkt, das das letztere mit der ersteren argumentlos in den nämlichen Topf wirft, der verstecktere, aber primitivere. Nur versteckt dabei das Verwechselnde auch noch seinen eigenen offenbar hintergründigen Grund. Warum wird Geschichte abgewehrt, ist zum Jahrtausendschluß sie gerade, die im neunzehnten Jahrhundert Horizont des Bewußtseins war, wenn auch eines, das nach ihren Antworten seit damals zu schließen ihr eher avers, ja verdrießlich war, ist sie weder doch eine Zwangsläufigkeit noch ein gutgehendes Panoptikum mit Kostümverleih, auf einmal bedrohlich?

Weil das Bild von ihr eben nicht stimmen kann, einerseits, das man sich damals so von ihrer Einzigkeit wie ihrem Sinn wie am verborgenen Grund explikativer Strittigkeiten auch schließlich von ihrer Gesetzmäßigkeit machte, diesem mit vermeinter Notwendigkeit ins immer Höhere, Hellere, Herrschendere führenden Weg, mit welchen H's sich dann das des Humanen, wenn auch das Menschliche nicht so sicher, von selbst verband, andererseits, nach den bestürzenden Antworten, mit denen sie dieses gefällige Bild von ihr im zwanzigsten Jahrhundert zerschlug, man in seiner tiefen Verstörung nicht mehr sicher ist, ob es überhaupt mit ihr weitergeht – aber das galt bis vor kurzem. Wunderbar, wie es den Auftritten des *Ex oriente lux* stets zu eigen war, und was immer aus dieser Bewegung – wie bliebe eben dies nicht offen – noch werden mag, geht es doch mit ihr weiter, das in jedem Fall, seit einer Reihe von Wochen, gegen jegliche Erwartung so seiner Herkunftsrichtung wie erst recht seines Tempos und also gewiß gegen jene

Abschreibung von Geschichte, die wir gerade berührten. Was ist es mit dieser, die ihren ruhevollen Wohnsitz im Westen hat? Als Destillat einer Befindlichkeit, die sich in ihrer vorsichtigeren Form Postmoderne, ihrer sich auf Hegel berufenden einschneidenderen mit vollem Recht aber, da lupenreiner Konsequenz, Post-Histoire nennt, ist sie doch eine Projektion des Posthistorismus auf seine eigene Nasenspitze und verwechselt nur versehentlich dabei diese mit dem Ende der Welt, ist sie konsequent auch insofern, als sie an jenem Bild der Geschichte, die diese selber zerschlagen hat, festhält, nur wird ihr nun seiner sinnerfüllten, darum unverrückbaren Abgeschlossenheit halber das Zerschlagende zur bloßen Simulation von Geschichte: *darf* sie doch selbst nicht mehr fortschreiten. Es geht also um ein Bild: um die Grenzen der Verbindlichkeit von Bildern für ein Verständnis von *Zeit*. Stellt Geschichte selbst nicht aufs drastischste, als geschehende so gut wie als Erzählbarkeit, sich als Bewegung von Zeit dar, die ja schon ihrerseits, protestierend, in allen Gestalten gerade ihrer Unmittelbarkeit nämlich – ob auch dahingehend Kant sie verkannte – keine *Anschauungsform* sein kann, wuchs sie nicht aus Geschichten zusammen, wendet mit ihnen allen sich nicht ungleich direkter Geschichte ans Ohr statt ans Auge? Und im Fall von Atlantis, was sagt sie denn als Erzählung, etwa daß, was da unterging, das Paradies war? Der Bericht zeigt das Gegenteil. Eine sehr weit entwickelte, hochentwickelte, ergo sehr *späte* Kultur und schon mit dieser einzigen unerhörten Nuance doch eine einzige ausweglose Ruinierung des besagten Geschichtsbilds, und wo hielte es denn überhaupt noch, weiter und weiter ja haben, seit man in Afrika Lucys Knochen gefunden hat, sich die Zeitmaße der Menschheitsgeschichte, die Biohistorie des Homo sapiens zurückgedehnt, ist ihr Mißverhältnis zu den wenigen Jahrtausenden konzedierter »Geschichte« absurd geworden, was kann nur sein Wesen und Wirken gewesen sein in all den Zeiträumen vorher, und wird die Einzigkeit seiner sublimen Bewußtseinsgeschichte selbst in intergalaktischer Hinsicht erwogen nicht mindestens ein bißchen dubios? Doch zurück zu Atlantis, wie immer vorgerückt seine Kultur war nach der Meldung der platonischen Texte, war sie darum doch nicht weniger grausam, ja mit einer mörderischen Unmenschlichkeit, die sie unserer eigenen eher auffallend naherückt, aggressiv, ein Atlantis-wird-abgewehrt meldete schon der ägyptische Priester, schreibt als geglückte Verteidigungsleistung es vermeintlichen Vorfahren seines athenischen Gasts zu und irrt damit, wenn auch sehr begreiflich, unzweifelhaft, kann es nach dem Zeitbezug des Mementos sich doch nur um die Bevölkerung Attikas *vor* der ionischen Besiedelung gehandelt haben. Umso unzweideutiger nur die geschichtliche Tragweite dieser frühen kriegerisch ausgreifenden Angriffslust, die auch nach andern verstreuten Indizien kolonisierend bis ins östliche Mittelmeer vorstieß, nachdem sie weiter nördlich, an Europas atlantischen Westküsten, wo ihre Spuren zwar so greifbar wie bis heute aufs provozierendste unerklärt, kaum irgendwo aber über die Küsten hinaus ins Innere der Länder gedrungen sind, offenbar nicht ihr Genügen fand: das Überleben eben dieses Kriegerischen dann die ganze dokumentierte Geschichte hindurch bis auf unsere bei Gefahr des Menschheitstods nur noch seine Abschaffung konzessionierende Tage. Wahrscheinlich hat Atlantis als Trauma, Destruktivitätskomplex, so auch diese fatale, in jenem Thesentext von 1983 noch gar nicht erwogene Seite: da man seinen Untergang nicht verwand, schleppt man umso bewußtloser bis heute sein martialisches Erbe mit. Es geht also – insofern kann das Atlantis-Interesse auch als Anti-Atlantis-Interesse bestimmt werden – um die endliche Aufhebung des Komplexes: wo die Zukunft verhangen erscheint, unverkennbar ein bisheriger Geschichtsweg so am Ende ist, daß er in seiner vollen Länge dubios wird, wendet mit Recht sich das Auge zum Beginn dieses Weges zurück, schlägt auch der *Anschauung* eine neue Stunde. Keineswegs kann die Tyrannen- oder auch bloß Polizistenrolle, die man ihr seit Anfang der Neuzeit über die menschliche Erkenntnistätigkeit aufzwang, ihr selber bekommen sein, nicht bespülte uns sonst jetzt eine Bilderflut von immer inflationäreren Flüchtigkeiten noch hätte schon Nietzsche den Verfall des physiognomischen Sehens beklagt. Je inständiger erzählt und zugehört, der *Zeit* zu ihrem akustischen Leben, das ja auch das aller Dichtung, erst recht aller Musik ist, verholfen wird, desto williger steigen aus dem Erzählen plötzlich Bilder auf, die wirklich welche sind – etwa das des *Atlas*.

Aber welches denn, wird zurückgefragt. Ein so zweideutiger Name, wie gewiß, eben deshalb wohl, ein bedeutungsschwerer, heißt mit der umrätselten Insel doch seit alters der ganze Ozean nach ihm, worin sie versunken sei, also meinen wir nun die Figur aus dem griechischen Mythos, die zwar eigentlich nur den Himmel, insofern aber eben der sonst, alles kaputtschlagend, auf die Erde stürzte, tatsächlich die Last eben der ganzen Welt trägt, oder das gleichnamige Gebirge Marokkos? Nun, beides in eins geschaut, wie es einer animistischen Eidetik sich zu fügen offenbar leichter als uns fiel, nur daß es offenbar nicht jenes mäßig hohe, auch sehr spät erst so genannte Gebirge, sondern ein unvergleichlich höherer Berg war, was nach der Rekonstruktion Otto Mucks den Namen sowohl wie den Himmel trug in der Zeit von Atlantis, und durchaus ist es plausibel, daß auf frühen Handelswegen sich der Mythos einschließlich seiner Nomenklatur bis tief in den Mittelmeerraum ausbreitete, die Hethiter hatten ihn gleichfalls. Heute der Pico Alto der Azoren, wenig über zweitausend Meter hoch, wäre er vor dem Untergang ein weithin sichtbarer Fünftausender gewesen, von umso riesenhafterer Erscheinung, als er unmittelbar aus dem Meer stieg, bis zum Himmel zu reichen mithin überzeugende Evidenz bot. Nach den schon angeführten diluvialen Umständen des Atlantis-Untergangs nach der fraglichen Hypothese könnte dieser, wie ihn die Atlantiden erfuhren, also leicht sich als Streikbeschluß, Rebellion des gepeinigten Atlas – endlich schmeißt er seine Bürde hin – präsentiert haben, und wie würde man dann das Trauma, seine uns bis heute nachhängende Düsternis, los, ohne endlich und zunächst einmal mit der wagenden Aufsässigkeit zu sympathisieren, die in einer solchen Befreiungstat steckt? Heinrich Heine muß das antizipiert haben, mitten in seinem ›Buch der Lieder‹, Cantus 27 von dessen Zyklus ›Die Heimkehr‹, ist es übergangslos plötzlich Atlas, der singt; wir kommen mit diesem Gesang, der dann Franz Schubert inspiriert, ihn in Musik zu setzen, zum ersten Fall einer Musik, die der Thematik um Atlantis sich zuordnet.

Erste Einspielung:
Franz Schubert, Der Atlas

Soweit Franz Schubert und Heinrich Heine, und wie könnte man danach nicht begreifen, daß Atlas endlich genug hat und das ganze Himmelsgewölbe einfach fallen läßt, ob es dann auch, wenn Muck recht hat, als Schlammregen unvermeidlich herabstürzt. Vorgängig solcher Konsequenz, ist das Lied selber noch reine Klage, inständige Expression einer unüberbietbar schweren Bedrücktheit; insofern kommt es, wie alle Klagen von Bedrückten, gleichsam von unten – und kontrastiert damit am entschiedensten mit dem hymnisch Jubelnden des berühmtesten aller musikalischen Werke, die Atlantis selbst thematisiert haben, der Kantate ›Atlántida‹, die der Spanier Manuel de Falla nach einem Text seines Landsmanns Jacinto Verdaguer komponierte: Hören wir den Prolog.

Zweite Einspielung:
Manuel de Falla, Atlántida – Prolog

Mit seinen dithyrambischen Gesten, seinem euphorischen Ausklang kommt diese Musik einer möglichen Deutung, von der wir Grund fanden, uns zu distanzieren, noch am nächsten vielleicht, scheint mit Atlantis doch wirklich so etwas wie das Paradies assoziiert zu werden, aber das allzu buchstäblich nehmen liefe auf eine Verkennung nicht nur mancher Unter- und Zwischentöne eines zweifellos bedeutenden Werkes, zumal seines jubilierenden Schlußteils hinaus, der einer schon als *Nachfolge* von Atlantis geltenden Geschichtlichkeit gilt, jener den Ozean überbrückenden Gemeinsamkeit, Hispanizität, die Spanien in der Zeit seines transatlantischen Kolonialreichs vollbracht hat – wie immer dazu Stellung zu nehmen sein mag, ist jedenfalls dieser letzte Teil des Prologs in der Tat ein Hymnus auf Spanien als Träger einer expansiven Kultur, die in die Spur von Atlantis getreten, seinem Vermächtnis gefolgt sei: unverschweigbar hielt die Zeit, in der dieses Opus entstand, es mit dem Heroischen als Geschichtsmodell, allzu unbesehen Beschworenem, oft Mißbrauchtem, was in solcher Gesellschaft de Fallas Werk rettet, ist ein Einschlag von unverkennbarer, enthusiastischer Naivität. Was in ihr widerhallt, ist weit weniger ein offizieller Katholizismus, dafür ist de Falla zu unabhängig, als eine bergende und bewahrende, um Verarbeitung von Dunklem, Versöhnung von Widersprüchen bemühte, rettenwollende Katholizität, die es sich keineswegs leicht macht. Aber der Geist, der in der Welt vorherrscht, die sich ihr und die sie selber eröffnet, ist der eines im buchstäblichen Raumsinn ins Weite greifenden, herrscherlich sich bestimmenden Stolzes. Keinen tieferen Kontrast möchte es zu der Ostentation, die ihrer Bewegung natürlich ist, geben, als die stille Innigkeit des ›Vineta‹-Chors, der nun folgt, aus den Drei Gesängen opus 42 von Johannes Brahms nach einem Text Wilhelm Müllers. Was ihn mit Atlantis verbindet, ist das Motiv einer *Stadt auf dem Meeresgrund* – die es denkbarerweise ja auch gegeben hat vor ihrem Untergang, wenn auch ihre Spuren bisher nie gefunden wurden; die Vineta-Sage verlegt sie in die Nähe der südschwedischen Küste, insofern hat Vineta etwas von einem Atlantis des Nordens, nur im Gegensatz zu jenem als das in sich Versenkte dieser Musik ist gerade das in sie eingegangen – das Gehegte, Umschlossene seines Binnenmeers, dieser baltischen See.

Dritte Einspielung:
Johannes Brahms, Vineta

Und bei dieser ruhevoll romantischen Spannung, dieser Sehnsucht nach dem Untergegangenen, rätselhaft in eine Tiefe Entschwundenen, die es zu abgründig auch noch der *Zeit* entrückt, sich nicht insgeheim in seine Bewahrung, Rettung seiner Lebendigkeit zu verwandeln, kann es dann, eben darum, nicht bleiben. Die Beschwörung will umschlagen, das Beschworene selbst endlich hörbar werden, als des Nichtauftauchendürfenden Auftauchen in Musik kehrt das Motiv der versunkenen Stadt im Impressionismus Claude Debussys zurück, und was wäre nach ihrem Vermächtnis in Frankreich so Quintessenz und Zentrum für die Stadt eben, wo nicht die Kathedrale? Hier geht es um eine versunkene – was folgt, und in seiner zwanglosen Macht, das Meer selber gegenwärtig zu machen, ja auch Debussys großem Opus ›La Mer‹ aus den frühesten Jahren dieses Jahrhunderts sehr nahekommt, selbst aber in den Kontext seiner Préludes gehört, ist ›La Cathédrale Engloutie‹; es spielt Friedrich Gulda.

Vierte Einspielung:
Claude Debussy, La Cathédrale Engloutie

Ein sehr plastischer Kindheitstraum, worin Fische jeder Größe und Gestalt den versunkenen Dom in sich abwechselnd weitenden und nähernden Kreisen umschwammen, ist diesem Stück, als ich es mit zwölf erstmals hörte, gefolgt, wollte kurz hier erwähnt sein. Aber es gab im musikalischen Impressionismus, wenngleich thematisch sehr viel näher an dem Unheil, das mit Atlantis verbunden blieb, auch eine diesem Meeresverständnis sehr ferne, in jeder Beziehung, die sich ausmachen läßt, unverkennbar kontinentalere Komposition, was Sie hören ist das Vorspiel zu Franz Schrekers Oper ›Die Gezeichneten‹, deren dritter Akt auf einer Insel der Seeligen namens Elysium spielt.

Fünfte Einspielung:
Franz Schreker, Die Gezeichneten – Vorspiel

Keinesfalls kann, was dann vorgeht, von elysäisch beseligender Eintracht und Beruhigtheit sein, und es ist es auch gar nicht, nur auf das Widerspiel seiner schroffen Kollisionen, ihrer wahrhaft tragischen Verwicklung hier einzugehen weder die rechte Gelegenheit noch die Zeit. Wie mein einführender Vortrag einen Versuch unternahm, zu verdeutlichen, ist an der Ungelöstheit des Atlantisrätsels, diesem Nachhaltigen, Nachhängenden einer Fatalität, die offenbar unverwunden blieb, etwas Nagendes, ein Moment von unstillbarem, eventuell katastrophischen Wiederholungszwang, und kein Wunder dann, daß der dritte Satz der ›Glassworks‹ von Philip Glass, worin es seinen bestürzenden Auftritt hat, wie betitelt ist? ›Islands‹. Inseln also. Hören Sie nur!

Sechste Einspielung:
Philip Glass, Glassworks – Islands

Aber unsere Analyse hat ja auch klargestellt, daß dieses Lästige, das zu einer Unerledigtheit ja auch immer schon eben als einer solchen gehört, nicht die einzige Seite dessen sein kann, was da auf Aufhellung wartet. Wer vor den rätselhaften Menhiren der bretonischen Küste verharrend je den Ruf eines fernher Hallenden, divinatorisch Herübertönenden hörte, vernimmt ihn auch aus den beiden musikalischen Werken, die wir in diesem Rekapitulationsversuch folgen lassen – zunächst aus Felix Mendelssohn Bartholdys dritter Sinfonie, der Schottischen, das Vivace des zweiten Satzes.

Siebte Einspielung:
Felix Mendelssohn Bartholdy, 3. Sinfonie – zweiter Satz

Und noch deutlicher, unüberhörbar, wird dieses rätselvoll Herübertönende in der noch Widerspruchsvollstem bereiten Offenheit seines Eingedenkens dann in einer Konzeption Johannes Brahms', der berühmten Hornstelle aus der Einleitung zum vierten Satz seiner ersten Sinfonie.

Achte Einspielung:
Johannes Brahms, 1. Sinfonie – Einleitung vierter Satz

Zuletzt, wir sind fast am Ende, ein präziser Beleg für die Macht der Erinnerung, sich in die einer sicheren, leuchtkräftigen Zuversicht zu verwandeln, die dann auch ohne ihre anamnestische Stütze an der Konkretion von geschichtlich Wirklichem auskommt. Wie Atlantis getönt hat, es selber, wir wissen es nicht, nur wie es nachtönt, konnte an einigen seiner Spuren verdeutlicht werden, aber wie könnte es für das, was an dem Untergegangenen höchst wirklich gewesen sein muß, indifferent sein? Das *Zerspringen der*

Zeit, das dieser versteckte Zusammenhang intuierbar macht, l'éclatement du temps nach der philosophischen Lehre des Geschichtsdenkers Emmanuel Lévinas, es vollzieht wohl kaum irgendwo so authentisch sich, so real und so menschlich wie in Weylas Gesang ›Du bist Orplid, mein Land!‹ von Eduard Mörike, wie Hugo Wolf ihn vertont hat; womit wir diese Sendung beschließen.

Neunte Einspielung:
Hugo Wolf, Gesang Weylas

Bislang ungedruckt. Rundfunksendung SWF 2,
18. Dezember 1989

Anhang zur zweiten Abteilung

Gurs 1941

Geschichte von der Gegenrichtung des Uhrzeigers (1981)

Die Geschichte, die ich erzählen will, da sie mich vor ihrer Alternative rettete, die mit tödlicher Gewißheit die Verschleppung nach Polen gewesen wäre, wird demnächst vierzig Jahre alt. Von sieben überschrittenen Grenzen, über die sich mein Exodus aus der Festung Europa vollzog, geht es in ihr nur um eine.

Und diese eine ist noch nicht einmal auf irgendeiner Landkarte zu entdecken; obwohl es gerade doch, das ist daran das Merkwürdige, die politische Geographie war, was das Motiv der Geschichte stellt. Sie widerfuhr mir in Frankreich, wohin ich, der zuletzt in Brüssel gelebt hatte, mit vielen Tausenden von Emigranten in Güterwaggons verbracht worden war, als im Mai 1940 Hitlers Westoffensive begann, seine Armeen sich näherten. Zunächst war das die Rettung vor ihnen: nach der französischen Kapitulation beließ es uns in den Lagern der noch unbesetzten Teile Südfrankreichs. Über mehrere Zwischenlager, erst im Poitou, dann ein halbes Jahr lang, man durfte sogar baden, am Mittelmeer, waren wir im Spätherbst in eine Barakkenstadt der mittleren Pyrenäen verfrachtet worden, die total ungeheizt war.

Die Szene ist Gurs, Département Basses-Pyrénées, nicht weit von Pau; über dreitausend Zivilinternierte, Frauen und Männer, zum überwiegenden Teile sogenannt rassisch Verfolgte. Aber es gab auch Fahnenflüchtige der deutschen Armee, wie einen Angehörigen der berühmten Zirkusfamilie Wallenda, der untröstlich sich um seinen Seelöwen ängstigte, er hatte ihn, von der Straße weg verhaftet, in einer Brüsseler Hotelbadewanne zurücklassen müssen. Viel effektiver, ich kann es bezeugen, als die Lagerärzte der Infirmerien heilte er Streptokokkeninfektionen buchstäblich über Nacht mit Zitronensaft, ebenso erfolgreich haben wir ihn später in unserer Baracke versteckt, als eine deutsche Offiziersdelegation, die nach Deserteuren fahndete, in die Lager kam. Die Gurser Landschaft ist schön, Ernährung und hygienische Verhältnisse schrecklich, die Todesrate enorm. Wenn man morgens aus der Baracke tritt und den Blick hebt, der von der plötzlichen Helle geblendet ist, wird er nur dann, wie er möchte, auf die schon weiß schimmernde Hauptkette des Gebirges fallen, wenn er zuvor auf die eigenen Füße geachtet hat, daß sie den schmalen Plankensteg nicht verfehlen. Sonst stecken sie schon im Morast, bis über die Knie: Gurs, das erleichtert seine Isolierung gegen die Dorfbevölkerung der benachbarten Täler, ist Rest eines Hochmoors. Aller

Verkehr zwischen den Baracken vollzieht sich über diese wackeligen Laufplanken, und vorausgesetzt, man hat einen Passierschein, gilt das weitgehend auch für den zwischen den stacheldrahtumzäunten *Inselchen,* den Ilôts, zu denen außer nach Geschlechtern die Baracken auch nach Herkunftsgruppen geordnet sind. In einem dieser Ilôts, erfahre ich Mitte März 1941, haust der Dichter des ›Glühenden‹, des ›Sfaira‹ und des ›Thron der Zeit‹, Alfred Mombert: neunundsechzigjährig, krank, aus der Ruhe seines Heidelberger Hauses gerissen, in diese Sümpfe verschleppt.

Es ist schwierig, nach der geltenden Lagerordnung, von Ilôt J nach Ilôt D zu gelangen, aber es glückt. Auf den Besuch komme ich bald, einiges wenige ist zum Verständnis der Entscheidung, die er beschleunigt, vorauszuschicken. Den Passierschein gibt ein Leutnant Guyot aus, der sich nicht allein in dieser Einöde langweilt, sondern zu den Verhältnissen, die ihn uns bewachen lassen, soviel kritischen Abstand gewonnen hat, daß er manchmal abends zum Schach kommt. Andere seiner Kameraden, die zunehmend ebenfalls kommen, ziehen Bridge und Belotte vor, wieder andere, die er darin bestärkt, die improvisierten Veranstaltungen der in unserem Ilôt organisierten Kulturbaracke, aber die ganze Gruppe von Offizieren, in der er mit zwei andern das Sagen hat, sabotiert die rigiden Anordnungen des Kommandanten, eines petainistischen Martinets. Umso korrekter, was der Geschehnisse wegen dann von einschneidender Wichtigkeit für mich werden wird, hat diese Gruppe keimender Maquisards die Interessen der Internierten geschützt, unter ihnen kleine Differenzen geschlichtet, größeren vorgebeugt. Es gab zwischen den Gefangenen, unter denen sich gerade in meiner Baracke reiche Geschäftsleute und Industrielle befanden, die zum Teil sehr erhebliche, in Säckchen eingenähte Dollarbeträge unter dem Hemd trugen, oft auch untereinander um Geld spielten, riesige Unterschiede der Liquidität, wenn auch einiges davon der internationalen Umstände wegen etwas Zufälliges und Verzerrtes hatte. Mit der Etablierung ambulanter Zusatzküchen durch Internierte, denen Kontakte mit den umliegenden Dörfern gelungen waren, führte das zu einer Ungleichheit der Versorgungslage in den Baracken, die die Offiziersgruppe auf den Plan rief. Als Gegenmittel schlug sie eine Verbrauchssteuer auf solche Käufe vor, deren Ertrag diese Ungleichheit kompensieren sollte. Es klappte nicht, war undurchführbar, stärkte unter den Internierten aber das Gefühl, daß man sich auf diese Gruppe verlassen konnte.

Da ich mit Guyot Schach spielte, öfters mit ihm Gespräche hatte, teilte ich diese Empfindung erst recht. Aber meine eigenen Mittel waren zu Ende,

Geldsendungen von meinem Konto in Belgien unmöglich, Kredite, die ich in der Schweiz gehabt hatte, erschöpft, begrenzte Möglichkeiten, die in den USA lagen, für das Affidavit und die Schiffskarte zu reservieren, darüber hinaus unverfügbar: zweifelhaft war schon, ob sie für die genannten Verwendungen reichen würden. In diesem März, kurz bevor ich Mombert besuchte, erreichte mich dann die Nachricht aus den USA, daß ein Non quota-Immigrationsvisum – Publikationen in der Schweiz hatten mich auf die Liste der spezieller Gefährdeten setzen lassen – für mich bewilligt war, das schon hinübergelangte Freunde im Verein mit meiner Schwester beantragt hatten. Davon Gebrauch machen hieß indessen – und woher hätte ich die Mittel beschaffen sollen, die Kreditgeber waren selbst knapp –, daß ich meine Verlegung in das Auswandererlager von Les Milles zwischen Aix und Marseille betrieb, in Marseille mich, wahrscheinlich wochenlang, um die Unzahl der erforderlichen Papiere bemühte, schließlich noch die Reise nach dem spanischen Hafen bezahlen konnte, von dem aus die Passage Mitte 1941 noch möglich war. Das alles war unmöglich; und nicht weniger unmöglich schien eine bestechende, abenteuerliche Idee zu sein, es doch möglich zu machen, die mir in diesen Tagen gekommen war.

Erst Mombert überzeugte mich, daß sie Aussichten hatte, das Projekt, das da vorschwebte, nicht so phantastisch war, wie es heute noch im Rückblick erscheint. Jedenfalls habe ich es ihm zu danken, daß ich es noch am selben Abend, zurück in meiner Baracke, in Angriff nahm, indem ich gleich hinüber zu Gerson ging.

Gerson war der Reichste in der Vierergruppe, die der Rest von uns die Bankiers nannte. Nicht nur konnte er sich nach allem, was man über ihn wußte, seine Spielerleidenschaft wirklich leisten, er bot auch gewohnheitsmäßig bei differierenden Voraussagen Wetten an; aber obwohl die Bedingungen, die er dabei vorschlug, in ihrer vorteilhaften Ungleichheit für den erhofften Kontrahenten verlockend schienen, stieß er kaum je auf Abnehmer. Zu evident, um dagegen zu halten, waren seine eigenen Voraussagen, auf die er solche Wetten bot, das schlicht Einleuchtende, nur hatte dieser Plausibilitätssinn des welterfahrenen Mannes eine schwache Stelle: drei Abende vorher hatte ich sie in einer Unterhaltung mit ihm wahrgenommen, es bloß selber nicht glauben wollen.

Aber ich eile voraus. Die Wette, die ich ihn dazu brachte, *mir* anzubieten und deren Gewinn mich gerettet hat, kann nicht ohne die Dinge verständlich werden, die bei Mombert zur Sprache kamen. Mit einiger Sorge bin ich an jenem Märztag, ich meine jetzt nicht die längst chronische Finanzsorge, zu ihm aufgebrochen, nach Erfahrung und Urteil war mein Verhältnis zu seiner Dichtung nicht so widerstandslos, wie ihre Hermetik zu fordern schien. Was für ein Anspruch auf Absolutheit in ihr lag, ein Mombertianer war ich nicht, wenn auch beeindruckt: oft hatte ich in seinen Werken mehr Beschwörung gesehen als das Beschworene auftreten hören, oft ein sinnliches Gelingen des Wechsels der Töne vermißt, der doch ihr Bauprinzip sein sollte. Das beständig Ekstatische dieses hymnischen Gesangs schien oft fremd, ja es war dann, als habe Terpsichore eine ziemlich unnachsichtige Dauerumarmung zu dulden, an der sie ersticken konnte. Und dann hatte es andere Stunden gegeben, zu denen ich diese Dichtung ganz anders hörte, die Eigenart ihrer Bilder gegen die Bildungsrequisiten, die sich in ihr häuften, sich durchsetzte: ihr prophetischer Zug alles das an ihr durchdrang und verwandelte, was zuvor bloßer Schwall schien.

Dieser Widerstreit der Vorgefühle wurde durch die persönliche Erscheinung Momberts nicht entschieden, sondern schlicht aus dem Weg geräumt. Von seiner Dichtung, wenn es ihn auch freute, daß ihn einer besuchte, der zu wissen schien, wer er war, war gar nicht die Rede.

Anders als sein Antipode George hatte er nichts Feierliches, Huldigungen Heischendes, sondern war leger, freundlich gesprächig, in der Art zu reden von einem federnden, mit Understatements gespickten Humor, den ich von einem deutschen Hymniker nicht erwartet hatte. Der beherrschende Eindruck war der großer menschlicher Wärme und einer solchen Freiheit des Urteils, daß ich mir vornahm, seine Prosa zu lesen, die ich nicht kannte. Mitten in der Gurser Misere, und obwohl man ihm sein Leiden ansah, an dem er ein Jahr später bei seinen Winterthurer Freunden gestorben ist, fand ich ihn zu meinem Erstaunen vergnügt, ja von einer euphorischen Zuversicht. Er erklärte sie selber aus einer allgemeinen und einer besonderen Ursache, letztere war die schon greifbare Aussicht, die sich schon vom nächsten Monat an dann verwirklicht hat, durch die Bemühungen seines mäzenatischen Freundes Hans Reinhart entlassen zu werden und in die Schweiz einreisen zu dürfen; erstere eine Schutzschicht seines Wesens, mit der der Geist selbst ihn gegen die Unbilden einer Weltgeschichte versehen habe, die des Geistes eigenes Werk sei. Dieser Anspruch auf geistige Alldurchdringung war mir aus seiner Dichtung, die eine Geschichtsphilosophie beherbergt, vertraut, andererseits merkte er schnell, wie sehr das mein eigenes Thema war, wollte dann auch mehr über meine Umstände wissen, das Gespräch war sehr lebhaft. Zur Sternstunde wurde es, als ein folgenreicher Consens sich herausschälte, daß die Vernunft eher auf eine Erweiterung ihrer szientifisch eingeengten Erfahrungsbasis verwiesen sei, als sie nach Hegelschem Muster noch von einer Ausdehnung ihres eigenen Begriffes Gewinn habe. Wenn sie ihre Abgrenzung gegen das reiche Leben der Sinne, den schönen Überfluß der Phantasie widerrufe, könne das auf Räumliches, Optisches nur nicht länger beschränkt bleiben; die Zeit selbst, sagte Mombert, *Geschichte*, sei unverkennbar in ihren Ordnungen dichterisch: so der Sinnlichkeit zugänglich, daß die Vernunft sie wohl durchdringen könne, mit der Furchtlosigkeit, die sie dafür brauche, aber erst dann, wenn sie ihr eigenes Sinnliches, Dichterisches nicht mehr verleugne.

Diese Bemerkung gab mir das Stichwort. Ich teilte ihm eine Wahrnehmung mit, die ich in der Muße des Lagerlebens an der sinnlich greifbaren Bewegungsfigur des expandierenden Nazireiches gemacht, bisher verschwiegen hatte; und auf die, wie mir schien, eine Voraussage über *die* Aggression, die als nächste fällig war, und über ihren Zeitpunkt ziemlich präzise zu gründen war.

Was ich entdeckt hatte, war etwas sehr Einfaches. Hitlers Reich schlug nicht nur um sich, sondern dieses Um-sich-Schlagen, das gar nicht wörtlich genug zu verstehen war, war doch nicht regellos, es folgte im geographischen Raum einer einheitlichen planimetrischen Richtung: der *gegen* den Uhrzeiger. Von Wien im März 1938 über Prag ein Jahr später, Warschau noch im September des gleichen, Dänemark und Norwegen im nächsten April zur großen Westoffensive gegen Frankreich und die Beneluxländer wenige Wochen danach war das nicht allein eine klare Kreisbewegung – gegen den Uhrzeiger; eben als Bewegung, raumzeitliche Einheit, konnte sie nur angemessen erfaßt werden, wenn man ihrer Beschleunigung Rechnung trug, der sie in offenbar ebenso strenger, unbewußter Stetigkeit unterworfen war wie der Anziehungskraft fremden Raumes. Für die Voraussagbarkeit der Aggressionen ergab das als perfektionierendes Merkmal, daß ihre Zeitabstände sich beständig verkürzten – nicht allein das jeweils nächste Ziel der Bewegung auf der Landkarte Europas bestimmbar war. Daß sie keineswegs mit der Westoffensive an ihrem Ende war, zeigte sich jetzt schon, mit dem deutschen Eingriff in Libyen – Rommels beginnender Offensive, die seit dem vorigen Monat im Rollen war – hatte diese unverkennbare Kreisbewegung – zur Spirale geworden – abermals den Süden erreicht, ihre nächste Station, unmittelbar bevorstehend, mußte der Südosten sein, Jugoslawien und Griechenland; woraufhin sie, gleich danach, in den Osten wieder zurücklaufen mußte: diesmal *jenseits von Polen* – was hieß, daß sich die Spirale vollendete.

Mombert fand das sehr hörenswert; und mit den Fakten der Zeitgeschichte in nicht zu bestreitender Übereinstimmung. Auch daß die Spiralbewegung, die ja selber kaum Absicht der Nazis, sondern Resultat ihrer Blindheit sei, im Gegensinn des Uhrzeigers sich vollziehe, gebe zu denken: der stille Witz dabei sei, daß gegen eine Dämonie, die sich das Sonnenrad unter den Nagel gerissen und es wie alles dabei verfälscht, nämlich verdreht habe, die Wahrheit des alten Swastika aufstehe, der sich nämlich nach links drehe.

Er verabschiedete mich mit viel Herzlichkeit; das Placet für mein Projekt, das er in meiner Situation äußerst einleuchtend fand, war erteilt. Auf dem Weg zurück ins Ilôt J überdachte ich die Abschätzungen des in Frage stehenden Datums für Hitlers Einfall in Rußland genauer. Es war inzwischen Ende März, der Südostfeldzug stand selbst noch bevor, wenn auch nach den Nachrichten, die uns erreichten, seine Vorzeichen sich täglich verdichteten. Aber wenn Hitler noch vor dem Winter in Moskau sein wollte, mußte er auf alle Fälle noch in der ersten Jahreshälfte auch damit beginnen.

Noch am gleichen Abend verwickelte ich Gerson in ein Gespräch über die weltpolitische Lage. Er fand die Möglichkeit eines Bruches des Stalin-Ribbentrop-Paktes auf die Dauer *nicht* abwegig, nur für das laufende Jahr, vor dem 1. Juli gar, vollständig lachhaft. Dem entsprach die Wette, die er wie erwartet mir antrug: achthundert Dollar – damalige – gegen einen. Guyot protokollierte. Wir unterschrieben vor drei Zeugen, Kameraden von ihm, im Licht – anderes gab es nicht – dreier Kerzen. Es wurde ein sehr würdiger Abschluß; blieb auf Wochen Barackenthema.

Am Nachmittag des 22. Juni hatte ich achthundert Dollar; keine Sekunde zögerte Gerson, zu zahlen, seine Gratulation selbst klang aufrichtig. Da das Ereignis die Gewißheit samt ihren Konsequenzen für die Verfolgten bedeutete, daß Hitler seinen Krieg schließlich verlieren werde, hatte das seinen guten Grund. Ich reklamierte dann erst mein Visum beim amerikanischen Generalkonsulat in Marseille, der Bescheid lag dort seit Wochen, war nur in dem Andrang von Tausenden von Visumsangelegenheiten verzögert worden, aber der bestätigende Brief, den ich für die Entlassung aus dem Lager, die mit ihr verbundene Verlegung nach Les Milles brauchte, kam zu meiner Freude nun postwendend. Danach ging alles sehr schnell, einmal aus Gurs heraus, entdeckte ich auch ein Komitee, das beschleunigend bei der Beschaffung der meisten Papiere half, die für die Reise benötigt waren.

Noch in den letzten Junitagen war ich in Les Milles, schon in der dritten Juliwoche in Spanien, am 12. September lief die *Navemar* nach mehrfach unterbrochener Überfahrt in New York ein.

Noch vor Jahresende waren die USA im Krieg. Der amerikanischen Landung in Nordafrika folgte sofort die deutsche Besetzung des noch unbesetzt gebliebenen Teiles von Frankreich. Soweit die in den Lagern Zurückgebliebenen nicht entkamen und in der französischen Bevölkerung untertauchten – die in zahlreichen Fällen, von denen ich später hörte, ihnen dabei sehr behilflich war –, wurden sie im Herbst 1942 von den Deutschen nach Polen geschafft. Es waren meistens, außer den Kranken, die vollkommen Mittellosen. Das Schicksal, das sie im Osten erwartet hat, ist notorisch, in einem Fall, wo mir der Betreffende nahestand, wurde es von dessen Witwe, als ich sie 1955 in Aachen besuchte, bestätigt. Von Gerson habe ich naheliegende Gründe, zu vermuten, daß er sich retten konnte.

Soweit die Geschichte, die hier zu Ende ist, sich nicht selbst kommentiert, ist mir heute zweierlei an ihr auffällig: erstens, die Grenze, die ich an einem entscheidenden Punkt in ihr hinter mir lasse, wurde anders als die anderen sechs gar nicht überschritten, sondern durfte sich auflösen: eine *Entgrenzung* des erkennenden Ich ist in dem im Spiel, was von Alfred Mombert ermutigt wurde. Zweitens und komplementär dazu, denn im Grunde ist die Einsicht, die in beidem sich ausdrückt, die gleiche: die Entdeckung, der ich die gewonnene Wette, mit ihr mein prekäres, gerade noch rechtzeitiges Entkommen verdanke, war eine Frucht reiner Betrachtung. Zu griechisch, *theoria*. Man darf dieses Wort nur nicht so eng und so sterilisiert hören, wie unser Wissenschaftsbetrieb es begreift. Er begreift damit immer weniger, am wenigsten sich selbst und die Verkümmerung des erkennenden Auges und Ohrs, der er Vorschub leistet. Aber diese Klärung vorausgeschickt, hat meine Geschichte von damals, ihr schließlicher Sinn, etwas Unmißverständliches: Theorie ist in jener Lage nicht nur praktisch gewesen, sondern das einzig Praktische.

Freilich bedeutet die Klärung auch, daß man Theorie nicht nach Belieben in Gang setzt. Sie ereignet sich oder läßt es bleiben. Ich hatte Glück.

Erstdruck in: Bernt Engelmann (Hg.), Literatur des Exils. Eine Dokumentation über die P.E.N.-Jahrestagung in Bremen vom 18. bis 20. September 1980, München 1981, S. 141–149. (Mehrfach nachgedruckt: eine von Jean-Luc Evard angefertigte französische Übersetzung erschien im Februar 1990 in der Pariser Zeitschrift Château-Lyre.)

Editorische Nachbemerkung

Nicht gerade wie eine Wundertüte, aber doch in einiger Buntheit kommt der erste Band von Ulrich Sonnemanns ›Schriften‹ daher. Dem in Amerika jahrelang erfolgreichen, wenn auch anspruchshalber nicht geradezu populär gewordenen, jetzt erstmals ins Deutsche übersetzten Graphologie-Buch samt den zugehörigen drei Einzelbeiträgen schließt sich eine beträchtliche Anzahl von Texten an, deren vorsichtige Überzeile (Das ›Irrationale‹) ihr Gemeinsames sowohl untereinander als mit der ihr vorausgehenden Abteilung betonen will. Zu beobachten hier wie dort: Sonnemann im Verfolg seines Interesses an den »ungelösten Problemen« – wie er es sich auch dann nicht begrenzen ließ, wenn der Wissenschaftsbetrieb sein Urteil über sie längst gefällt hatte; da waren nicht Ufo- noch Astrologie vor ihm sicher.

An der Handschriftenkunde interessiert war Sonnemann von früh an; Joseph Roth und Siegfried Kracauer, die in seinem Elternhaus verkehrten, beförderten seine »Vertiefung in die Physiognomik expressiver Bewegungen«. Studium samt Basler Promotion ließen die »wissenssoziologische« Richtung dominieren; die im weitesten Sinn psychologische rückte weiter nach vorn wieder beim Zürcher Ergänzungsstudium. Seine berufliche Laufbahn in Amerika begann Sonnemann als Psychotherapeut: mit einer Praxis, deren Erfolg rasch ein Ende fand durch die Einberufung zur Armee. Eingewandert war er mit einem *Non quota*-Visum, beim Ausfertigen des *first paper* hatte er für die amerikanische Staatsbürgerschaft optiert; in der Armee sah man sich seine Fähigkeiten an, verwarf alles Philosophische, Soziologische, Schriftstellerische und bestimmte ihn zum ›klinischen Psychologen‹. Daß er ›alternative‹ Behandlungshilfen bald bevorzugte, ergab sich wie von selbst; die dortzulande für unseriös gehaltene Graphologie rückte verstärkt in sein Blickfeld, seine besonderen Fähigkeiten riefen Einsichtige auf den Plan, die ihm das für Amerika grundlegende Buch schließlich ermöglichten und ihn für Vorlesungen und Industrieaufträge weiterempfahlen.

Noch eingangs der 1960er Jahre erarbeitete Sonnemann, von Deutschland aus jetzt, *grapho analyses* für amerikanische Klienten – wenn auch seine endlich zum Zuge gekommenen »vielen anderen Interessen« seine überwiegende Aufmerksamkeit beanspruchten, nicht zuletzt, weil ihm die »industriepsychologische Ausnutzung der Graphologie wie überhaupt des ganzen Testwesens« inzwischen »zuwider« geworden war. Geblieben ist sein Umgang mit den »dahintersteckenden erkenntnistheoretisch potentiell sehr produktiven Beziehungen«; genährt wurde er durch all die Umstände, die ihn nach und nach und ohne es dann zu bedauern zum »Aufklärer auf eigene Faust« hatten werden lassen.

Die Wiedergabe der, soweit möglich, chronologisch angeordneten Texte des vorliegenden Bandes orientiert sich, soweit vorhanden, an den Manuskripten, etwaige Abweichungen davon im Erstdruck wurden, sofern sie mit genügender Sicherheit nicht auf Ulrich Sonnemann selber zurückgingen, wieder zurückgenommen, Druckfehler stillschweigend korrigiert. Im übrigen gehört es zur Leseausgabe, als welche die ›Schriften‹ Ulrich Sonnemanns sich verstehen, daß nicht bloß die Zitat-, Druck- und sonstigen Nachweise unmittelbar beim jeweiligen Text plaziert sind, sondern alles darüber hinaus zum Verständnis Erforderliche ebenfalls an Ort und Stelle sogleich – wodurch es gelegentlich zur ›Moderation‹ eines Textes kommt, wie sie in rein wissenschaftlichen Ausgaben mindestens nicht üblich ist. Insofern Sonnemann mit Nachweisen, Fußnoten und dergleichen zeitlebens unsystematisch verfuhr, auf Fußnoten, sobald es die Gelegenheit erlaubte, überhaupt gern verzichtete, sah sich der Herausgeber nicht veranlaßt, da nachträglich normierend einzugreifen; wo er von heute her Ergänzungen für angebracht hielt, nahm er sie mit aller nötigen Zurückhaltung vor. Für Erläuterungen über den speziellen Zusammenhang hinaus eröffnete er am Ende des Bandes ein ›Glossar‹, in das sich womöglich eher zu viel als zu wenig aufgenommen findet – in der Absicht, dem Leser das Heranziehen diverser Speziallexika zu ersparen; in der Absicht nicht zuletzt, durch das, was dem gelegentlich beinah Selbstverständlichen beigefügt ist, den Blick über den einzelnen Band hinauszulenken.

Die Tatsache, notabene, daß gleich in diesem ersten Band unter die ›wissenschaftlichen‹ Texte ein literarischer aufgenommen wurde, weiß sich einig mit Sonnemanns Selbsteinschätzung. Peter Fuss, Sonnemann-Neffe und -Kollege, sprach vom »Künstler so sehr wie Wissenschaftler«. Sonnemann selber verwies darauf, seine Lehrer hätten in sein Abiturzeugnis die Bemerkung »Ulrich Sonnemann will Schriftsteller werden« eingerückt, mit welcher es damals längst seine Richtigkeit gehabt, ohne daß schon Klarheit über die *Gegenstände* seines Schreibens geherrscht hätte. Erzählendes, Gereimtes, Dialogisches brachte er sein Leben lang zu Papier und nicht einer Augenblickslaune bloß folgend; die aus der Schweizer und ersten amerikanischen Exilzeit erhaltenen Texte, Fragmente vielfach, rechnen zum überwiegenden Teil den poetischen Genres zu.

Die Zeit(geschichte) mag manches, dem Ulrich Sonnemann mindestens *auch* zugewandt war, zeitweilig an den Rand gedrängt, ihn mit ihrem Tagtäglichen in die Zange genommen haben: indem die Sachen, die sie ihm vor Ohren gerückt, von ihrem Lärmenden zu selten nur abließen; indem das, womit sie ihn beschäftigte, kaum je, unter der schreibenden Hand gar, zu etwas erfreulich anderem sich änderte. Aufs Andere freilich, Weiterführende, kam und kommt es an, ihm schon und für uns Leser nicht weniger. Ulrich Sonnemanns Ins-Gespräch-Treten hört(e) mit dem Ende eines Textes, am Rand eines Genres nicht auf.

Paul Fiebig Baden-Baden, im Juni 2004

Glossar

Ambivertiert Extravertiert und introvertiert zugleich (oder wechselnd).

Anisotropisch Mit *Anisotropie* wird in der Physik die Eigenart von Kristallen bezeichnet, nach verschiedenen Richtungen verschiedene physikalische Eigenschaften aufzuweisen.

Aphasie Verlust des Sprechvermögens oder Sprachverständnisses als Folge einer Erkrankung des Sprachzentrums im Gehirn.

Ataxie Störung in Ablauf und Koordination der Muskelbewegungen.

Atrophie Organ-, Gewebe- oder Zellschwund, von Ernährungsstörungen verursacht.

Bellak, Leopold (1916–2000) Psychiater und Psychologe: aus Wien gebürtig; seit 1938 in den USA; geschätzt für seine Beiträge auf dem Gebiet des Testwesens. Das bekannteste seiner Bücher behandelt den ›Thematischen Apperzeptions-Test‹.

Belot(t)e Das in Frankreich weit verbreitete Kartenspiel wird am liebsten zu viert, von zweimal zwei Partnern gespielt; das Abheben, Bieten und Ausspielen geschieht in Gegenrichtung des Uhrzeigers.

Bender-Gestalt-Test 1938 von Lauretta Bender (1897–1987) entwickelter neuropsychologischer Test, der mittels Nachzeichnen einfacher Figuren organische Beeinträchtigungen zu entdecken sucht.

Blind analysis ›Blind‹ ist der Analysierende (oder Diagnostizierende) – insofern er über die Person, um deren Erkenntnis es ihm geht, kein Vorwissen hat.

Cogitatio vgl. Descartes

Cortez, Hernando (1485–1547) Der spanische Konquistador drang auf seinem mexikanischen Eroberungszug 1519 zur Hauptstadt des Aztekenreiches vor, nahm Kaiser Montezuma gefangen, mußte sich aber in der Folge eines Azteken-Aufstandes im Jahr darauf, bei dem Montezuma den Tod fand, zurückziehen. Erneute Eroberung Mexikos 1521, Cortez wurde schließlich Generalkapitän von »Neuspanien«.

Dementia praecox Einstiger Name der Hebephrenie (der in der Pubertät auftretenden Schizophrenie).

Deri, Susan (1916–1983) Medizinische Psychologin: Studium und Promotion in Budapest; Mitarbeiterin des österreichisch-ungarischen »Schicksalsanalytikers« Leopold Szondi; seit 1940 in den USA. Ihr Buch über den Szondi-Test erschien 1949 in New York (im gleichen Verlag übrigens wie Ulrich Sonnemanns ›Handwriting Analysis‹).

Descartes, René (1596–1650) »In Descartes' Weltbild existieren zwei Substanzen, ›die sich im Menschen zusammenfinden‹ – das Denken (*cogitatio*) und das räumlich Ausgedehnte (*extensio*), beide ihrerseits lediglich von einem letzten Dritten (Gott) abhängig –, mit entschieden größerer Radikalität nebeneinander her, als ihre von der Reflexion noch unberührte Einheit in uns zu bestätigen bereit ist.« Mit diesem Satz brachte Ulrich Sonnemann in seinem zweiten amerikanischen Buch ›Existence and Therapy‹ (New York 1954, S. 60) seine Auseinandersetzung mit der kartesischen »Weltspaltung« auf den Weg. Vgl. insbesondere auch das Kapitel ›Kartesische Erbschaft‹ in Ulrich Sonnemanns ›Negativer Anthropologie‹ (Reinbek 1969), S. 164ff. (Die Wiederveröffentlichung der beiden umfangreichen Texte ist in Band 2 respektive 3 der Schriften vorgesehen.)

Dextrogyr Nach rechts drehend (im Sprachgebrauch von Physik und Chemie als Eigenschaft dem polarisierten Licht zugehörig).

Diffundieren In der Physik wird mit dem *Diffundieren* von Strahlen ihr ›Entbündeln‹, Zerstreuen bezeichnet.

Ehrenberg, Miriam (Klinische) Psychologin: Studium und Promotion in New York (New School for Social Research, Graduate Faculty). Lehrt an der New Yorker City University (als »Adjunct clinical Professor«) und unterhält eine psychologische Privatpraxis in New York City. Unter ihren Büchern: ›The Intimate Circle: Sexual Dynamics of Family Life‹, zu dessen deutscher Ausgabe (Erziehungsproblem Sexualität, 1990) Ulrich Sonnemann das Nachwort verfaßt hat.

Endokrin Als *Endokrinie* wird in der Medizin ein Krankheitszustand bezeichnet, der seine Ursache in einer Störung der inneren (Drüsen-)Sekretion hat.

Enurese Das unwillkürliche Harnlassen (Bettnässen).

Extensio vgl. Descartes

Fokal Von einem infektiösen Krankheitsherd ausgehend.

Genitivus subjectivus / objectivus Als – es mag hier daran erinnert sein – die Diskussion zum Thema ›Der Tod der Moderne‹, die 1983 unter Beteiligung Ulrich Sonnemanns stattfand (auch Jean Baudrillard und Dietmar Kamper waren dabei), sich momentweise verwirrte, darüber, wie der Titel zu nehmen sei: ob als *Genitivus subjectivus* oder *objectivus*, übernahm Sonnemann die Klärung: »Das Thema handelt ja sehr unzweideutig vom Tod der Moderne und nicht vom Todesbegriff in der Moderne«, sagte er, »Moderne ist in diesem Fall Subjekt und der Tod doch der ihre«. (Der Tod der Moderne, Tübingen 1983, S. 139)

Grand Mal Schwerer epileptischer Anfall, mit Krämpfen, Bewußtlosigkeit und Gedächtnisverlust.

Halo-Effekt Wenn sich zu ihrem Fehler, in der Psychologie, die Beurteilung eines Persönlichkeitsmerkmals von der eines anderen leiten läßt, ohne daß ein unmittelbarer Zusammenhang zwischen beiden besteht. (Das vom Griechischen hergeleitete *Halo* bezeichnet etwa den Ring unterm Auge oder den Hof um die Brustwarze.)

Hebephrenie In der Pubertät auftretende Form der Schizophrenie.

Hermann-Schafft-Haus 1960 eingeweihtes Vortrags- und Veranstaltungshaus in Kassel, das zum Beispiel die Jugend-Volkshochschule beherbergt.

Hirnläsion Funktionsstörung des Gehirns.

Hypertrophie Übermäßige Vergrößerung von Geweben und Organen infolge Zellwachstums.

Hypomanie Leichte Form der Manie, die in gehobener Stimmungslage und Lebhaftigkeit sich äußert und gern mit depressiven Verstimmungen abwechselt.

Hypothyreose Schilddrüsenunterfunktion.

Ideational Die Ideenbildung, das Vorstellungsvermögen betreffend. Ein medizinisches Lexikon umschreibt *Ideation* mit »gedanklicher Entwurf eines Tatzusammenhangs als Voraussetzung für eine zielgerichtete Bewegung« (die allgemeinere Duden-Definition lautet: »terminologische Bestimmung von Grundtermini der Geometrie, der Kinematik und der Dynamik«).

Ideomotorisch Unbewußt, ohne Beteiligung des Willens ausgeführt.

Idiopathisch Zeigt bei Krankheiten an, daß sie – im Gegensatz zu den traumatischen, starken seelischen Erschütterungen geschuldeten – ›selbständig‹, von sich aus entstanden sind.

Intrakraniell Nennt man einen Tumor (zum Beispiel), wenn er innerhalb des Schädels lokalisiert ist.

Involutionsdepressionen (Involutionsmelancholie) Niedergeschlagene, traurige Stimmungen im Gefolge der (weiblichen) Wechseljahre.

Isomorph Von gleicher Form, gleicher Gestalt, gleicher sprachlicher Struktur.

Isotropie Als *isotrop* gilt in der Physik, was nach allen Richtungen hin gleiche Eigenschaften aufweist.

Kardiovaskulär Herz und Gefäße betreffend.

Katatonie Form der Schizophrenie mit Krampfzuständen der Muskulatur und Wahnideen (»Spannungsirresein«).

Koarktation Einengungs- oder Hemmungsprozeß; in Rorschach-Test-Zusammenhängen aufs Ego und dessen Befähigung zum Antworten bezogen.

Köhler, Wolfgang (1887–1967) Zählt zu den Begründern der Gestaltpsychologie; berühmt wurden seine Untersuchungen über das Problemlöseverhalten von Menschenaffen (›Intelligenzprüfungen an Anthropoiden‹, 1917).

Kompulsiv Nötigend, zwingend.

Konversion Wenn sich, in psychologischer Hinsicht, die Unbewältigtheit starker Erlebnisse in Form körperlicher Symptome bemerkbar macht.

Korollar In der Logik ein von einem bewiesenen Satz sich herleitender Folgesatz.

Kortex Hirnrinde; von ihr ausgehend, an ihr sitzend: *kortikal.*

Kraepelin, Emil (1856–1926) Gilt als »Vater der modernen Psychiatrie«, Entdecker der Dementia praecox und der manischen Depression, Mitentdecker der Alzheimer-Krankheit. Gründete 1917 die »Deutsche Forschungsanstalt für Psychiatrie« (die später in »Kaiser-Wilhelm-Gesellschaft« umbenannt wurde, heute »Max-Planck-Institut für Psychiatrie« heißt).

Machover, Karen (1902–1996) Psychotherapeutin: aus Minsk gebürtig; seit 1910 in den USA; Studium, Magister, Krankenhaus- und Lehrtätigkeit sowie psychotherapeutische Praxis in New York. Ihr Buch ›Personality Projection in the Drawing of the Human Figure‹ erschien 1949 in Springfield.

Maquisard Angehöriger der sich *Maquis* (Dickicht) nennenden französischen

Widerstandsorganisation im Zweiten Weltkrieg.

Martinet Wörtlich Schmiedehammer, Klopfpeitsche; was demnach unter einem als *petainistischer Martinet* bezeichneten Lagerkommandanten vorzustellen ist, läßt sich denken. (Marschall Philippe Pétain [1856–1951] war 1940 zuerst französischer Ministerpräsident, wenig später Staatschef geworden; sein Vichy-Regime kollaborierte bekanntlich mit den deutschen Besatzern.)

Minervas Eule »Wenn die Philosophie ihr Grau in Grau malt, dann ist eine Gestalt des Lebens alt geworden, und mit Grau in Grau läßt sie sich nicht verjüngen, sondern nur erkennen; die Eule der Minerva beginnt erst mit der einbrechenden Dämmerung ihren Flug.« Georg Wilhelm Friedrich Hegel in der Vorrede zu den ›Grundlinien der Philosophie des Rechts‹, Werke (Edition Moldenhauer/Michel, Frankfurt/Main 1971) Band VII, S. 28.

Mittelmann, Bela (1899–1959) Psychiater in New York (Marlon Brandos »erster jüdischer Analytiker«). Ulrich Sonnemann arbeitete vielfältig mit ihm zusammen (für Sonnemanns ›Handwriting Analysis‹ steuerte Mittelmann 1950 dann das Geleitwort bei). Am weitesten verbreitet war sein zusammen mit Abraham Maslow verfaßtes Buch ›Principles of Abnormal Psychology. The Dynamics of Psychic Illness‹ (New York 1941).

Moira Griechische Schicksalsgöttin; das Menschen wie Göttern zugeteilte Schicksal.

Montezuma II. (um 1466–1520) vgl. Cortez

Neurasthenie Zustand nervöser Erschöpfung (Nervenschwäche).

Nomos Im Unterschied zum Natur- und zum göttlichen das vom Menschen gesetzte Recht.

Nosologie Systematische Einordnung und Beschreibung von Krankheiten (Krankheitslehre).

Nutritional Die Ernährung (*Nutrition*) betreffend.

Organismisch Einem Organismus zugehörig.

Parese Muskelschwäche respektive partielle Muskellähmung.

Parietal Nach der Körperwand hin gelegen, zu ihr gehörig, sie bildend (»wandständig«).

Paroxysmus Anfallartig auftretende oder verstärkte Krankheitsbeschwerden.

Pathognom Johann Kaspar Lavater zufolge ist *Pathognomik* das Herauslesen eines Seelenzustandes aus Gesichts- und Körperbewegungen. Auch soviel wie *Pathognostik*: Erkennen einer Krankheit anhand charakteristischer Symptome.

Perimetrisch Den Umfang des Gesichtsfeldes betreffend.

Petit Mal Kleiner epileptischer Anfall, mit kurzzeitiger Bewußtseinstrübung, aber ohne eigentliche Krämpfe.

Phrenologie ›Wissenschaft‹, die aus den Schädelformen auf bestimmte geistig-seelische Veranlagungen schließt.

Projektive (projizierende) Tests oder Techniken Gehen davon aus, daß das Unterbewußtsein die Wahrnehmung leitet; bedienen sich zur Persönlichkeitsanalyse der Projektion (der Testperson werden eher diffuse ›Reize‹ vorgegeben: Bilder, Wörter, Satzanfänge und so weiter, auf die sie erzählend, assoziierend, ergänzend zu reagieren hat).

Propriozeptiv Wahrnehmungen aus dem eigenen Körper (aus Muskeln etwa) vermittelnd.

Psychastheniker An psychischer Kraftlosigkeit Leidender, mit Neigung zu Depressionen, Ermüdbarkeit, Unsicherheit seiner selbst.

Reiterierung (Eine Art der) Wiederholung (lateinisch *reiteratio*, englisch *reiteration*). Im Deutschen hat sich auf Rezepten die Formel *reiteretur* für ›es werde erneuert‹ erhalten.

Rorschach-Tintenklecks 1921 von dem Schweizer Psychiater Hermann Rorschach (1884–1922) zur Gewinnung eines Persönlichkeitsbildes entwickelter projektiver Test (die Testperson bekommt eine Folge symmetrischer, ›sinnfreier‹ Klecksgebilde zur Deutung vorgelegt).

Rotverschiebung Verschiebung der Spektrallinien leuchtender Körper nach dem energieärmeren roten Ende des Spektrums. Daß die Rotverschiebung mit der Entfernung der Galaxien zunimmt, beobachtete der amerikanische Astronom Edwin Powell Hubble (1889–1953) eingangs der 1930er Jahre.

Schizoid Seelisch zerrissen, ähnliche Symptome wie im Falle der Schizophrenie aufweisend (deren hauptsächliche Störungen das Denken, die Wahrnehmung, die Motorik, den Affekthaushalt betreffen).

Schizothym Eine dem schmalen, schlankwüchsigen (»leptosomen«) Körperbau zugeschriebene Temperamentsform.

Schmidl-Waehner, Trude (1900–1979) Malerin und Grafikerin; »Antifaschistin«; arbeitete am Bauhaus; emigrierte 1938 in die Schweiz, dann nach Amerika; kunstpsychologische Untersuchungen.

Spezifizität Soviel wie Eigentümlichkeit, Besonderheit (gebräuchlicher das zugehörige Tätigkeitswort: *spezifizieren*).

Stalin-Ribbentrop-Pakt Der auf zehn Jahre ausgelegte deutsch-sowjetische Nichtangriffs- und Konsultationsvertrag wurde am 23. August 1939 im Kreml ausgehandelt und wird, von den damit einhergehenden territorialen Verabredungen her, als Freibrief Hitlers für den Einmarsch der deutschen Truppen in Polen (1. September 1939) angesehen.

Szondi-Test Von Leopold Szondi 1937 entwickelter, 1947 veröffentlichter Test zur Diagnose der individuellen Triebstruktur. (Szondi [1893–1986] begründete als neben der Freudschen Psychoanalyse und der Jungschen Analytischen Psychologie dritte tiefenpsychologische Schule die »Schicksalsanalyse«.)

Terpsichore Muse des Tanzes und des Chorgesanges.

Thematischer Apperzeptions-Test (TAT) In den 1930er Jahren in Harvard von Christiana D. Morgan (1897–1967) und Henry A. Murray (1893–1988) erarbeitetes Verfahren zur Persönlichkeits- und Neurosendiagnostik (die Testperson ist gehalten, zu einer Reihe von Bildern, die unterschiedliche gesellschaftliche und zwischenmenschliche Situationen darstellen, jeweils eine Geschichte zu erzählen).

Therese von Konnersreuth Therese Neumann (1898–1962), Landwirtschafts-Magd zu Konnersreuth. 1918 durch Unfall gelähmt und erblindet. 1923 Rückkehr des Augenlichts. 1925 Wiedererlangen der Bewegungs- und Gehfähigkeit. 1926 Auftreten der Wundmale Jesus Christus' (Stigmatisierung). Seit 1927 außer Empfang der Hostie keine Nahrungsaufnahme. Sie visionierte religionsgeschichtliche Ereignisse, konnte das dabei Gehörte in der Originalsprache wiedergeben, verfügte, wie es heißt, über die »Gabe des Rates und der Weissagungen«.

Vektor In Mathematik und Physik ein gerichtetes Geschehen. Gegenstand der von Kurt Lewin (1890–1947) begründeten *Vektorpsychologie* sind die in einer bestimmten Konfiguration wirksamen gerichteten Kräfte, die zusammen das Verhalten eines Menschen bestimmen; ihr *Feld* ist der Lebensraum.

Wiener Kreis Gruppe neopositivistischer Philosophen um Moritz Schlick, Rudolf Carnap, Otto Neurath, Viktor Kraft in Wien 1922–1938, zeitweise in näherer Verbindung zu Ludwig Wittgenstein. Programmschrift (1929): ›Wissenschaftliche Weltauffassung. Der Wiener Kreis‹. Ziel, im Anschluß an die Forschungen von Ernst Mach: Vereinigung von Empirismus und moderner Logik zu einer Einheitswissenschaft, unter Ablehnung der Metaphysik. Grundlegende Bemühung: alle wissenschaftlichen Aussagen in eine umfassende formale (mathematische, physikalische) Sprache zu übersetzen. (Das *Institut Wiener Kreis* übrigens veranstaltete am 18. und 19. Juni 2004 ein internationales Symposion zum Thema ›Paul K. Feyerabend. Ein Philosoph aus Wien‹.)

Wucht Auch *Reibungsdruck* (Klages), englisch *impact*. Bezeichnet, in graphologischer Hinsicht, was vor sich geht in Zusammenhang mit dem Auftreffen des Schreibgerätes aufs Papier.

›Zeichne eine Person‹-Test Von Karen Machover 1949 entwickelt zur Erfassung von Persönlichkeitsstruktur und psychischen Konflikten (die Testperson ist aufgefordert, zwei Personen zu zeichnen: eine weibliche und eine männliche).

Zentripetal (Von der Peripherie her) zum Mittelpunkt strebend.

Zerebralsklerose Verhärtung der Gehirnsubstanz.

Zykloid Zwischen Heiterkeit und Traurigkeit (wie in einem Kreis) hin- und herschwankend.

Zyklothym Extravertiert und gesellig, dabei Stimmungsschwankungen unterworfen.

Personenregister